가치 흐름을 디자인 하라

4차 산업 혁명 시대의 린 공장을 향해 가는 길

가치 흐름을 디자인 하라

4차 산업 혁명 시대의 린 공장을 향해 가는 길

정보 속에서 우리가 잃어버린 지식은 어디로 갔는가?

T.S. Eliot *The Rock*

서문

영문판

'경제가 예기치 않은 방향으로 경로를 전환할 때, 우리 스스로가 익숙해져 왔던 지속적인 성장 대신 과거의 자유방임적 자본주의 시대를 연상케 하는 경제 위기의 위협에 처했을 때, 우리는 당연히 경제 질서를 결코 탓하지 않는다. 우리는 스스로 최선의 조망에 따라 노력해 오지 않았고, 우리의 가장 숭고한 많은 수상자들은 이 세상을 번영된 세상을 만들기 위해 노력해 오지 않았던가? 우리의 모든 규제완화와 신념은 보다 커다란 자유주의, 공정함, 그리고 민영화를 지향하지 않았던가? 만일 결과가 우리가 목표한 것과 그렇게 다르다면, 만일 자유화와 민영화 대신에 국유화와 부채가 우리를 정면으로 마주보고 있다면, 투기적인 세력이 우리의 의도를 좌절시킨 것이 분명하고, 우리 스스로가 우리가 싸워 이겨내야만 다시 번영의 길로 복귀할 수 있을 그 어떤 탐욕스러운 세력의 희생양이 된 것은 아닌가? 그것이 탐욕스러운 투자은행가이건 또는 이념화한 노동조합의 완고한 태도이건, 우리 정치가들의 무능이건, 아니면 비록 우리가 반 세기에 걸쳐 개혁을 추진해 왔음에도 불구하고 여전히 충분히 다운사이징되지 못한 복지국가이건 관계 없이, 그 장본인을 거명할 때 우리가 얼마나 그 장본인과 다를 지는 몰라도, 우리 모두는 한 가지를 지금도 확신하고 있거나 최소한 최근까지지도 확신을 하고 있었는데, 그것은 지난 십년 동안 선의를 가진 대부분의 국가에 있어서 현실이 되었으며 우리의 기업 생활의 주요한 변화를 결정해 온 경제 정책이 잘못되었을 수는 없다는 것이다. 우리는 단 한 가지를 제외하고 오늘날의 우리의 경제 위기에 대한 거의 모든 설명을 받아들일 준비가 되어 있다. 그것은 바로 현재의 경제 상황이 근본적으로 오도된 경제학의 결과일 수 있으며, 우리의 매우수익성 높은 사업의 일부를 놓아버린 것이 결국에는 명백히 우리가 의도했던 것과는 전혀 다른 전환으로 귀결되었다는 설명이다.'

결국, 아담 스미스의 보이지 않는 손이 우리의 시장 경제를 1776년도 이후로 모든 가능한 경제 세계 가운데 최선의 것을 향해 이끌어 왔으며, 그 이후로 줄곧 정통 경제 이론은 인간 즉, 경제적인 인간은 자신의 이윤을 추구함으로써 사회 일반의 부 역시 신장시킨다는 것을 잘 이해해 왔다. 괴테의 파우스트 속의 메피스토펠레스의 말을 빌사면, 집요한 이기주의자로서, 인간은 '언제나 악을 원하는 세력의 일부이면서, 항상 선한 일을 한다'. 하지만, 최근의 금융 위기를 통해서 새롭고도 매우 놀라운 통찰이 자유롭고 이상적이며 잘 작동하는 시장에 일격을 가했다. 그것은 바로 명확히, 세상에는 두 개의 별개의 시장이 존재하는데, 그것은 이른바 '실물 경제'와 금융 세계라는 것이다. 이것은 물론 금융의 세계가 실제의 재화와는 아무런 관계가 없다는 것을 암시하며, 근본적인 지각된 진실은 우리에게 그것은 실제와도 (더 이상은) 관련이 없다는 것을 말해준다. 하지만, 효율적인 시장 가설에 따라 이상적인 금융 시장으로서의 증권 시장이 조만간 기업의 내재 가치를 올바르게 즉, 지각 있게 평가하게 되는 것과 마찬 가지로, 헤겔의 다음과 같은 오래된 금언은 마침내 현실화될 것이다. 효율적인 시장 이론이 시장에 적합하지 않다면, 현실은 더 불행할 것이다…….

그러는 사이, 미국에서는 이른바 실물 경제를 대표하는 실리콘 밸리는 가치를 창출해 내고 금융 세계의 상징인 월 스트리트는 이렇게 창출된 가치 가운데 직접 보너스 형태로 지급되는 것을 제외하고, 최소한 투자가라는 '멍청이'들이 (여전히) 소유하고 있는 가치를 투기로 날려버리는 엄격한 기능적인 분업을 통해 동해안과 서해안의 두 시장의 물리적인 분리가 한 걸음 더 진행되게 되었다. 독일의 '멍청한 돈'이 전 세계적으로 나쁜 투자를 찾고 있는 동안, 독일의 산업은 일부 개혁과 개선을 구현해 왔는데, 그것은 처음에는 많은 사람들이 미처 인식하지 못했으나 위기 후에는 이제 일부 구체적인 '독일의 다음 번의 경제적 기적'이 그 뒤를 잇고 있다. 어려운 시절에는, 부가가치는 다시 한 번 중요한 것이 되며, 그것 없이는 무엇보다 금융 시장에서의 어떠한 가치의 흡수도 존재할 수 없다. 이것은 이전에 스스로를 산업 사회로부터 서비스 사회로 발전하고 있다고 생각했던 국가 내에서의 산업의 재발견을 어느 정도 설명해 준다. 대체로 이러한 것들은 생산 최적화를 다루는 이 책에 대한 탁월한 틀을 구성하는 조건들이다.

전지구적으로 활발하게 활약하는 산업체는 스스로의 생산 전략을 많은 다양한 국가와 문화에 맞춰 조정할 필요가 있으며, 따라서, 일반적으로 인정되는 방식으로 생산의 최적화를 다루는 전문화된 책은 영구히 자국어의 영역에 머물 수 없다.

이 책에서 소개하는 설계 지침은 물론 공장이라는 것이 그 각각의 입지적인 요인에 따라 달라진다고 할지라도 보편적인 타당성이 있다고 명시적으로 주장하고 있다. 공장을 표준화한다는 것은 단순히 표준적인 요소를 복제하여 이전하는 것을 뜻하는 것은 아니며, 각각의 지배적인 현지 상황에 따라 보편적으로 정의된 생산 원칙을 선택적으로 차별화하는 것을 의미한다. 전 세계적인 산업계의 고객들로부터의 질의와 스프링거 출판사의 요청에 격려를 받아, 나는 마침내 이 책을 영어로 번역하는 프로젝트에 나서기로 결정했다. 미래의 방법론적인 발전과 관련해서, 나는 학계 및 산업계의 독자들로부터의 피드백을 통해 기대되는 보편적인 적용 가능성의 실제 범위에 관해 더 많은 것을 발견하기를 매우 기대해 마지 않는다.

본 영문판은 2010년도의 독일어 판을 거의 변경하지 않은 번역본으로서, 오로지 린 생산 시스템의 목표의 계층 구조에 관한 몇 가지 구절을 보완하고 이전의 사소한 실수를 시정한 것이다. 이 책이 찰스 왕자가 말하는 우리의 공통 언어인 잘못 된 영어로 출판되는 일을 방지하기 위하여 일부 전문가의 도움을 받았으며, 번역자인 사빈 사로의 완벽한 작업에 대해 진심 어린 감사를 표하고자 한다. 일부 의도적인 차이를 제외하고, 나는 그림 및 등식과 관련하여 정의한 기술적인 용어를 해당하는 영어로 된 전문 서적에서 사용하는 것과 가까운 용어로 번역하는 번역을 유지하였으며, 그러면서도 이 책의 성격을 유지하는 데 성공하였기를 바라는 마음이 크다. 독자들이 이 책을 읽는 일을 즐기고 많은 유용한 통찰을 얻기를 기원하며, 무엇보다 여러분 모두가 가치 흐름 방법의 적용에서 큰 성공을 거두기를 기원한다.

슈투트가르트에서, 2012년 6월

클라우스 에어라흐

서문

독일어 제2판

'누군가는 필시 독일의 생산 경제에 심각한 위기를 유발하였음에 틀림이 없으며, 독일은 스스로 아무런 잘못도 저지르지 않았다고 생각하고 있었으나, 어느 날 갑자기 독일의 금융이 바닥났다. 이전에는 몇 년 동안 매일, 고객들 즉, 전 세계의 구매자들이 주문을 했으나, 오늘은 그들이 주문을 하지 않았다. 이런 일은 이전에는 한 번도 없었다. 독일의 제조업체들은 불신을 품고 한 동안 기다리다가, 투기를 저지르고, 그들에게는 매우 흔하게도 뻔뻔한 얼굴을 하고 정부의 보조금을 현금으로 빨아들이다가, 마침내는 격리되고 여전히 주문도 없는 상태로 지원을 요청했던 은행들을 쳐다보았다. 그리고는 즉각 일부 금융 지원이 있었고, 오랜 동안 기업에는 관심을 보이지 않던 정치가들이 나서서 국유화를 진행하기 시작했다.'

우리의 과거 2년 동안의 경제에 관한 이야기는 이와 같이 시작해도 하등의 문제가 없을 것이다. 그러나, 모든 위기의 근본이 되는 명백한 스태그네이션에도 불구하고, 심지어 현재와 같은 근본적인 경제 위기는 전기자동차에 관한 갑작스러운 매우 심화된 토론이나 대규모 대체 에너지 생산 프로젝트에 관한 이니셔티브 등과 같은 근본적인 기술적인 혁신을 위한 기회를 제공하는 것처럼 보인다. 이것이 새로운 사회적인 경향으로 바뀐다면, 예를 들어 자동차가 영구히 강력해질 것이라는 우리의 오래되고 대단히 애착을 가진 개념을 갑자기 버리게 된다던가 또는 낡은 발전 기술이 마침내 중단된다면, 비록 아직 긍정적으로 식별되지는 않았을 지라도, 콘트라티에프 류의 새로운 경제 순환의 근본적인 혁신은 지금과 같은 기후 변화의 시기에 충분히 새로운 유형의 에너지 기술로 구성될 수 있을지도 모른다. 이것은 공장 계획 수립과 생산 최적화에 대해 새로운 도전을 제기하게 될 것이다. 그러나 물론, 공장 계획 수립에 있어서의 공장 최적화와 공장 운영을 위해 높이 평가되는 가치 흐름 방법을 적용하게 되면, 이러한 새로운 제품 라인뿐만 아니라 다른 면에서도 지속적으로 높은 투자 수익을 낼 것이다.

이 책의 성공은 그 독자들에 의해 요약된다. 책의 판매 수치뿐 아니라, 경영자, 기업 컨설턴트, 교수 및 학생들로부터 받은 수 많은 의견은 많은 사람들이 이 책의 초판을 진정한 자산으로 여기고 있다는 것을 입증한 바 있다. 이러한 긍정적인 피드백뿐만 아니라 많은 사람들이 가치흐름 방법의 수 많은 상세한 응용 프로젝트에 참여함으로써, 비록 휴가와 주말에 긴 시간을 투자해야 했음에도 불구하고 이 책의 개정을 매우 보람 있고 매력적인 과업으로 만들었다.

현재의 제2판에서는 일부 새로운 설명을 보완하고 특정한 부분에 대해 내용을 확장하였다. 다른 생산 관리 방법에서도 다루고 있는 주제(REFA 시간 및 동작 연구, 설비종합효율(OEEE)과 같은)에 관한 유사성과 차이점을 명시하였다. 이번 판에서는 노력을 절감하기 위한 탁월한 도구로서 공식, 기호 및 기술적인 용어에 대한 색인을 포함하는 부록을 포함시켰다. 사소한 오류의 시정과는 별도로, 이 책은 오로지 한 가지 중요한 변경을 반영하고 있는데, 그것은 작업자 균형 도표 내에서, 품질 결함에 대한 묘사 수단을 고객 탁트 타임에서 주기 시간으로 전환한 것이며, 그것은 그 동안에 그렇게 하는 것이 명백히 보다 현실적이며, 방법론적으로도 타당하다는 것이 입증되었기 때문이다(섹션 2.3.1 참조). 작업에 수반하는 시간 부분에 대한 집중적인 연구 분석과 그것들 각각의 작업자 균형 도표 상의 가능한 표현 방법에 대한 연구 결과, 산업 표본 프로젝트의 사례도 그에 맞춰 개정하였다.

추가적인 내용과 관련해서는, 몇 개의 등식을 보완함으로써 공식에 대한 색인을 가치 흐름 설계를 간단히 배치하는 뼈대로 활용할 수 있게 만들었다. 연속적 흐름 생산에 관한 섹션에서는, 기술적인 공정의 통합이라는 방법론적으로 중요한 측면을 예시하였다. 그리고, 이른바 시간 및 공간 스와핑 장소를 갖춘 고정 작업대 조립에 있어서 매우 중요한 흐름 원칙의 응용도 역시 새로이 포함하였다. 또한, 제2판은 제1판에서는 관심을 기울이지 않았던 적절한 생산 자동화의 수준에 관한 일부 의견을 반영할 수 있는 완벽한 기회였다.

이 책은 주로 가치 흐름 방법의 기술 지향적인 측면을 예시하려는 목적도 겸하여, 추가적인 산업적 사례를 포함하고 있다. 새로이 소개한 캠페인 형성 절차는 명백히 복잡한 생산 내의 주문 순서에 관한 제약에 대한 보다 효과적인 준수를 가능하게 하며, 그런 관점에서 일곱 번째 설계 지침을 따른다(섹션 3.4.2 참조). 마지막으로, 이전에는 고려하지 않았던 공장 운영에 있어서의 계획 수립 및 통제 업무를 '가치 흐름 관리'에 관한 섹션을 따로 두어 설명하고(섹션 3.6 참조), 그럼으로써 가치 흐름 방법의 응용 가능 분야를 단순한 공장 계획 수립에서 공장 운영으로까지 확장한다.

후자의 두 가지 개정 즉, 캠페인 형성과 가치 흐름 관리는 지난 몇 년 간에 걸친 미카엘 리케펫(Michael Lickefett)의 매우 생산적인 협력의 덕분으로 가능하였다. 공동 산업 프로젝트에서, 최초에는 가치 흐름 지향 공장 계획 수립과의 관련하에 첫 번째 판에서 구성하였던 린 주문 관리의 생성이라는 아이디어는 '린 생산'과 전통적인 주문 관리 원칙의 종합으로서 변형 및 구현되었다. 적절한 산업 프로젝트와 많은 사람이 참석한 여러 번의 세미나는 추가적인 방법론적인 발전을 가능하게 하고 그러한 발전에 많은 도움이 되었다. 따라서 나는 그들의 주문을 통해서 직접 또는 간접적으로 이 책의 확장에 필요한 근본적인 작업을 가능하게 해 주신 기업들에 대해 특별히 감사를 드리고 싶다.

하지만, 린 주문 관리의 개념적인 종합은 그 이후 대개 부적절하게 사용되고 그 매력의 많은 부분뿐만 아니라 내용 면에서도 많은 강점을 상실하였다. 따라서 가치 흐름 설계의 틀의 구체적인 개념적 및 방법론적인 틀 즉, 가치 흐름 관리에 대한 유명한 PPC 솔루션 접근 방법에 대한 성공적인 적응과 적절한 수정 방안을 모색할 필요가 있었다. 따라서, 가치 흐름 관리자에 대한 전통적인 그림에 부분적으로는 이전에 생산 계획자 및 방법 기술자와 관련된 것과 동등한 추가적인 업무로부터 귀결되는 일부 새롭고 확장된 측면들을 반영하였다(섹션 3.6.1 참조).

첫 판이 발간된 이후, 새로운 공장 계획 수립에 관한 VDI 지침 5200(독일 기술자협회(VerbanddeutscherIngenieure: VID)가 발간한 지침서)이 공장 계획 수립에 관한 VDI 전문가 위원회의 오래된 대변인인 저자와의 협력 하에 완성되었다. 간략하게 구성되어 있는 이 지침은 일반적인 계획 수립 프로세스를 규정하고 그 명확한 개요를 제공한다. 이러한 절차적인 공장 계획 수립 접근 방법은 가치 흐름 지향 공장 계획 수립에 관한 장에서 간략히 다루고 있다(섹션 4.1 참조).

2009년 7월, 새롭게 개발된 에너지 가치 흐름 설계 방법(Erlach 2012 참조)에 관한 워크북이 슈투트가르트의 프라운호퍼 IPA 제조 기술 및 자동화 연구소의 50주년 창립 기념일을 기념하여 발간되었다. 첫 번째 적용 경험은 가치 흐름 분석에

에너지 측면을 포함하는 것과 에너지 효율의 개선을 위한 여덟 가지의 가치 흐름 설계 지침의 유추 적용이 기대 이상으로 유용하다는 점을 입증한 바 있다. 다시 한 번, 가치 흐름 관점이 공장에 대한 전망을 변화시켰다. 초점이 각각의 해당하는 자원이 아닌 제품이기 때문에, 에너지 요건은 완전히 다른 맥락 하에서 나타나며, 이것은 가치 흐름 방법이 현재의 이미 탁월한 수준을 넘어서서 추가적으로 발전할 수 있는 가능성을 잘 보여주는 것이다.

나는 이 책을 만드는 데 기여한 모든 분에게 진심으로 감사를 드리고 싶다. 특히, 통찰력을 일깨워주는 대화 상대였을 뿐만 아니라 모든 장애에도 불구하고 가치 흐름 방법의 추가적인 발전과 그것의 가능한 적용을 계속하도록 항상 나를 격려해 준 미카엘 리케펫에게 감사를 드린다. 또한, 그녀의 주의 깊은 눈을 통해 많은 실수가 제거되었으며, 또한 끊임 없는 질문을 통해 빈번하게 표현과 구조 모든 면에서 매우 지루하지만 명확하게 이 책을 만들도록 해 준 수잔 람스탈러에게 그녀의 근면한 교정에 대해 감사를 드린다.

슈투트가르트에서, 2010년 부활절

클라우스 에어라흐

서문

독일어 초판 서문

유령이 독일을 엄습하고 있다. 글로벌화라는 유령이. 수 많은 개발도상국 경제가 독일이 만들어낸 사회 시장 경제를 투매에 가까운 임금, 헐렁한 환경 법률 그리고 투자 친화적인 조세 제도를 이용해 쓸어내려 공모하고 있다. 이로 인해, 독일의 고용 동향은 많은 제조 산업의 일자리가 저임금 국가로의 이전이 임박한 상황에 이르는 위협을 받고 있는 매우 섬뜩한 모습을 연출되고 있다. 이 그림은 올바른 것인가? 우리가 이것에 대해 할 수 있는 일은 과연 무엇인가?

오늘날의 글로벌화 논의는 글로벌 통신, 연기, 그리고 관광의 전망을 순수한 상품 및 통화 시장의 경제적인 측면으로 한정하고 있다. 글로벌화 자체에 대해서는 본질적으로 필요한 것이라고 주장하고 있으며, 어떤 사람은 기회로 가득한 '자유 시장'이라고 극찬을 하고 있지만, 다른 쪽에서는 무자비한 이윤 극대화 전략이라며 같은 강도로 맹렬히 비난하고 있다. 그러나, 양 쪽 모두 우리의 전체 생태계, 조세, 그리고 복지에 관련된 의식은 배타적으로 우리의 경제적인 생활과 그것의 본질적인 현실적 제약 조건에 전적으로 지배된다는 점에는 동의하는 것으로 보인다. 그런 주장을 지지하느냐 지지하지 않느냐는 별개의 문제로 하고, 생산 입지의 이전이라는 것은 제조 기업이 경쟁력을, 그리고 그림으로써 생존 자체를 확보하기 위한 최후의 수단인 것으로 생각된다. 그러나 어떻게 하면 우리가 제조 기업의 가능한 행동 경로에 추가적인 선택 대안을 추가할 수 있을 것인가?

대체로 표준화되고, 노동 집약적이며, 쉽게 이전이 가능한 제품은 발생 가능한 입지 이전의 영향을 받을 가능성이 가장 높다. 많은 기업은 오로지 그들의 현재의 시간당 임률 요건과 각각의 임률의 차이를 바탕으로 한 가능한 인건비 절감에 대한 평가에 기초하여 이전에 관한 결정을 하고, 그럼으로써 '만일'이라는 질문을 '어디로'라는 질문으로 대체하는데, 이는 대체로 매우 솔깃한 접근 방법이다. 하지만, 어딘가 그보다 낮은 가격에 동일한 제품을 생산하는 기업은 항상 존재하기 마련이다. 경향을 보면, 이와 같은 판단은 상대적으로 임금이 높은 국가에 대해 더 많이 적용되는데, 하지만 임금의 측면에서 그보다 더 낮은 위치를 발견하고, 만일 그곳으로 이전했다고 하더라도, 최소한 새로운 위치의 임금과 다른 곳의 임금이 상승할 때까지 보다 나은 생산 장소를 발견할 가능성은 항상 존재하기 마련이다. 그 결과, 공장 노마디즘은 영원히 끝나지 않게 된다.

입지 의사결정은 전략적으로 매우 중요하다. 한 편, 이전하는 기업이 사후에 이전에 관한 근본적인 공약과 지향을 시정하는 데는 엄청난 노력이 필요하며, 또 다른 한 편으로, 원가 최소화는 생산이 추구하는 유일한 가치는 아니다. 가격뿐만 아니라, 고객 지향적인 융통성, 일관된 품질, 그리고 충분히 짧고 신뢰할 만한 인도 시간도 똑 같이 중요한 시장 성공 요인들이다. 글로벌화의 효과에 대한 사회의 올바른 반응 문제와 마찬 가지로, 입지 의사결정은 절대 인건비만을 가지고 결정해서는 안 되며, 항상 다른 시장 관련 목표에도 역시 주의를 기울이지 않으면 안 된다.

이전 의사결정은 종종 기존의 독일 내의 입지에서 실현 가능한 최적화 잠재력에 대해 어떤 주의도 기울이지 않은 채 이루어지고 있다. 특히 오랜 세월에 걸쳐 발전해 온 공장 구조를 해외의 신규로 건설되는 '처녀지의' 프로젝트와 비교할 때는 특히 그렇다. 하지만, 그와 같은 불공평한 전제 하에서 비교하게 되는 경우 이전 대상이 되는 생산에 대한 평가는 불비례적으로 부실해지게 된다. 더욱 문제가 되는 것은, 최적화의 잠재력을 무시하게 될 경우 기존의 위치에서 신규 위치로 비효율적인 생산 공정과 업무 프로세스가 그대로 이전될 수 있다는 점이다. 이전에 따르는 초기의 기동 비용 및 기타의 이전 위험과 함께, 이것은 상황을 개선하기보다는 회사의 상황을 더욱 악화시킬 수 있다. 따라서, 이전의 위험 및 모든 그에 관련한 비용 및 시간 관련 위험성을 고려하기 전에 항상 현재 위치에서의 입지 최적화의 잠재력을 살펴보아야만 한다.

이런 목적을 위해서, 이 책은 매우 효과적이면서 매우 유용한 방법인 가치 흐름 설계를 소개한다. 원래는 도요타가 자동차 산업에서 적용하기 위해 개발한 것으로서, 이 방법은 그 동안에 다른 산업으로 확장되어 큰 성공을 거두었다. 슈투트가르트의 프라운호퍼 IPA 제조 기술 및 자동화 연구소는 가치 흐름 방법론을 공장 계획 수립 프로젝트에 통합하고, 그럼으로써 세그먼트와 관련된 작업장적 성격을 지닌 원래의 접근 방법을 매우 강력한 계획 수립 도구로 발전시키는 데 성공했다. 그 결과, 오늘날의 계획자들은 불과 몇 년 전만 하더라도 가치 흐름 방법을 활용하지 않으면서 어떻게 산업 프로젝트를 실행하는 것이 가능이나 했었는지 상상하기 어렵다고 생각하게 되었다.

그러는 동안 독일 내의 입지의 잠재력은 몇 년 전 이전에는 무시되었던 생산 최적화를 갖추고 있는 기업을 매수하였다가 이제는 같은 회사를 구조조정을 거친 후 매력적인 이윤을 남기고 매각할 수 있게 된 모든 사람들이 인정해 온 바 있다. 지금이야말로 명백히 경영자에게 공장의 목표를 검토해 보고 그러한 공장의 생산 공정을 최적화할 수 있는 적절한 방법론을 제공할 때가 되었다. 최소한 공장 차원에서만큼은 이러한 접근 방법은 모든 이러한 글로벌화 담론에 맞서는 적절한 도구가 될 수 있을 것이다.

저자에게 있어서, 책을 쓰는 일은 항상 즐거움이자 부담이다. 따라서, 그러한 부담을 덜어 주고 나의 노력을 개선하는 데 지원과 도움을 주신 분들께 특별한 감사를 보내야 할 것이다. 특히, 한스 헤르만 빈달(Hans Hermann Wiendahl), 미카엘 리케펫(Michael Lickefett), 그리고 알렉산더 슈탐(Alexander Stamm)에게 그들의 전문가적인 제언에 대해 감사드린다. 수잔 람스탈러(Susanne Ramsthaler)와 카린 에어라흐(Karin Erlach)의 근면한 교정은 본문에 명확한 구조를 부여하였다. 나는 또한 미노우 프릴레(MinouFriele), 지그프리트 로이쉬(Siegfried Reusch) 그리고 카린 무터(Karin Mutter)에게 큰 감사를 드린다. 또한 나의 작업에 기반을 제공한 모든 분들께도 감사를 드린다. 내게 가치 흐름 방법을 소개해 준 마이크 로더(Mike Rother), 내게 훌륭한 영감을 주는 업무 환경과 내게 공장 조직과 관련한 일에 관한 조언을 할 수 있도록 기회를 준 모든 기업들을 제공한 프라운호퍼 연구소에도 감사를 드린다.

2007년 2월

슈투트가르트에서, 클라우스 에어라흐

역자서문

독일은 4차 산업혁명의 발원지로 알려져 있다. 이는 "생산" 시스템의 계획 및 운영을 감지하고 반응하는 데 있어서 특히 인간과 자동화 시스템 특히, 사물인터넷(IoT)으로 대표되는 시스템이 역할을 분담하는 데 있어서 혁신적인 변화를 이끌고 있다는 것으로 요약할 수 있다.

우리의 기업과 생산 시스템을 ERP(전사적자원관리)와 MES(생산실행시스템)를 기본으로 하는 형태로 구축하기 시작한 지 20여 년정도 되어 간다. 그러나, 실제를 들여다 보면 생산 시스템의 설계에 대해서는 전혀 고려가 없이 운영하고 있는 것은 아닌가 하는 생각이 든다.

ERP, MES, 기타의 자동화 및 분석 시스템을 통해 생산 및 기업 운영 계획을 수립하고 운영 결과를 파악하면서 경영 합리화와 생산성향상을 추구한다 하더라도, 처음부터 가치 흐름이 잘 못 설계되어 있다면 생산성 향상과 최적화의 달성은 불가능할 것이다.

가치 흐름 설계는 요약하자면 고객 탁트 타임에 모든 생산 시스템의 속도를 맞추고, 공정 간의 균형을 맞춤으로써 전혀 낭비 없으며, 고객 서비스를 극대화할 수 있는 생산 시스템을 구현하는 데 초점이 있다.

가치 흐름 분석 기법은 1998년도에 John Shook과 Mike Rother가 쓴 책인 Learning To See: Value Stream Mapping to Add Value and Eliminate Muda (Lean Enterprise Institute)가 세상에 나오면서 일반에 알려지기 시작했다. 이 책은 가치 흐름 분석 기법의 고전으로서, 국내에서도 번역 출판된 바 있고, 그 뒤로 제조 분야 외에도 사무 및 행정 업무 프로세스, 의료 부문(예: 윤태근 역, 의료가치흐름지도 작성법: 2013년, 인제대학교 출판부 편) 등 여러 분야에서 응용 서적들이 나오기도 했다. 그러나, 기존의 가치 흐름 분석 기법은 어떤 방법으로 접근해야 한다는 방향과 여러 가지의 기법들을 소개하기는 하였으나, 구체적인 분석 방법 및 설계 지침, 그리고 간반 등의 구현 기법을 세밀하게 설명하지 못하며, 생산 현장의 전문가들이 스스로 해방 방법을 쉽게 납득할 수 있도록 자세한 설명이 되어 있지 않다는 아쉬운 부분이 있었다. 그런 점에서 이 책은 그 동안 모자랐던 부분을 채워 주는 책이라고 할 수 있다.

이 책의 큰 특징을 요약하면 다음과 같다.

첫째, 가치흐름 분석 기법을 체계화된 가치흐름 설계 방법으로 확장하고 보다 구체적으로 그 방법을 제시하고 있다.

둘째, 가치흐름 분석 및 설계에서 소홀히 하였던 생산 시스템의 계획 수립과 운영과 같은 업무 프로세스(주문 처리 및 생산 계획) 분야를 전체의 틀 안에서 좀더 구체적으로 다룬다.

셋째, 가치흐름 관리에 대한 기업에서의 접근 방법에 관해서 체계적으로 정리를 하고 있다. 즉, 가치흐름의 설계가 일시적인 프로젝트 성의 업무가 아니라 상시적인 대응 체제를 갖추어 대처하지 않으면 안 된다는 관점에서 가치흐름 관리자의 역할 및 책임 등을 다루고 있다.

마지막으로, 가치흐름 설계 방법론을 자동차 산업 및 대규모의 기업뿐만 아니라 거의 모든 산업의 모든 규모의 낱개 단위 생산에 적용할 수 있다는 것을 실제 사례를 통해 입증하고 있다.

이 책에서도 주장하는 바와 같이, 여기에서 제시하는 방법은 모든 산업 분야에 적용이 가능하도록 가치흐름 방법을 보완, 확장한 것이다. 실제로, 이 책의 번역을 준비하고 있던 지난 해 겨울에도 저자가 한국 기업의 해외 공장에서 이 방법을 적용한 프로젝트를 진행한다는 이야기를 들은 바가 있기도 하다. 그리고 소규모의 공장에도 이 방법을 적용할 수 있다는 것은 이 책에 실려 있는 사례 1의 담요 공장의 예를 보아도 알 수 있다. 처음부터 균형 잡히고 낭비 없는 공장을 설계하고, 지속적으로 그와 같은 상태를 유지할 수 있도록 이 방법을 적용해 나갈 수 있다면, 4차 산업 혁명이 제대로 실현되는 것이 아닌가 한다.

이 책은 작년 1년 동안 번역을 위해 준비를 해 왔으며, 마침내 한국조직자원관리협회(KPICS)의 강두원 대표의 도움으로 세상에 나오게 되었다. 그 점에서 강 대표께 진심으로 감사를 드린다. 그리고, 내가 이 길을 걸어올 수 있게 이끌어주신 KPICS의 이성인 전임 회장님께도 감사의 말씀을 드리고자 한다. 그리고, 바쁜 중에 영어판에 대한 질문에 친절히 대답을 해 준 원저자인 에어라흐 박사께도 감사를 드린다.

부디 이 책이 오래도록 우리 산업계에 조금이나마 도움이 된다면 더 바랄 것이 없겠다.

2018년 9월

윤태근 ㈜크렉솔 대표

차례

CHAPTER 03 가치 흐름 설계

CHAPTER 04 린 공장을 향하여

CHAPTER 05 사례 연구

CHAPTER 06 참고문헌

CHAPTER 07 부록

CHAPTER 01

생산 최적화

Production Optimization

CHAPTER **01**

생산 최적화

최적의 생산 절차를 설계하는 일은 공장 기획자의 가장 중요하고 핵심적인 임무이다. 이에는 고려하지 않으면 안 되는 개별 공장 고유의 제약 조건과 상충하는 부분 생산 목표 등과 같은 다양한 장애가 따른다. 또한, 마침내 이상적인 상태에 도달하였다고 생각되는 순간 골대가 다시 움직이기도 한다. 고객의 희망, 생산 기술, 법률적 요건 또는 기타의 중요한 영향 요인은 끊임 없이 변하게 마련이다. 그러므로, 우리는 모든 공장 운영에 있어서 끊임 없이 공장 최적화라는 과제를 추구해 나가야 한다.

방법

훌륭한 이론만큼 실용적인 것은 없기 때문에, 생산 효과의 증진이라는 목표는 타당하면서도 정교한 방법에 기반을 두어야만 한다. 진정으로 지속 가능한 개선을 달성하기 위해서는, 모든 이전의 습관적인 생산 절차를 체계적으로 검증하고 그러한 절차를 목표 지향적인 방식으로 새로이 개발하지 않으면 안 된다. 이 책의 목표는 **가치 흐름 방법**의 탁월한 효과를 사례를 통해 결정적으로 입증하는 데 있다. 이 책은 뛰어난 시각화를 통해 부가가치 사슬 전체를 관찰할 수 있게 할 뿐만 아니라, 목표 지향적으로 설계 지침을 적용함으로써 생산 설계의 최적화를 지원하기도 한다.

이 책에서는, 유명한 가치 흐름 방법(Rother 1999)의 주된 특징을 정확하고 체계적으로 제시할 뿐만 아니라, 이 방법을 대폭 확장하였다. 전통적인 표현 방식과 기호를 보완하였으며, 특히 정보 처리[1])에 관해 보다 상세한 표현이 가능하도록 보완했다. 우리가 잘 알고 있는 지침을 생산 조직의 문제 해결 원칙을 활용하여 확장하고, 그러한 원칙 사이의 일관된 상관 관계를 고려하여 추가적으로 발전시켜 설명한다. 그 다음, 그 결과 도출된 **8개의 연속적인 설계 지침**을 소개한다. 또한, 생산 공장을 제품군 지향적

1) 정보 처리란 자료 수집, 계획 수립, 주문 생성 등의 생산을 지원하는 물류 이외의 사무적 활동을 의미하는데, 이러한 것들을 나타내는 기호는 제7장 부록에서 찾을 수 있다: 역자 주

으로 세분화할 수 있도록 하기 위하여, 전통적인 제품군의 구성 방법을 생산과 관련된 기준과 사업 유형이라는 개념을 도입하여 확장한다. 이와 같은 종합적인 구조화 접근 방법은 프로젝트 단위로 접근하는 전통적인 공장 계획과 보다 일관성을 지향하는 가치 흐름 접근 방법을 조합함으로써 **가치 흐름 지향형 공장 계획**(value stream-oriented factory planning)의 토대를 구성한다.

이 책은 수 많은 산업 현장에서의 **프로젝트**를 통해 얻은 경험을 담고 있으며, 개별 사례는 적절히 응용하여 실용적인 사례로 활용하였다. 먼저, 가치 흐름 방법에 관해서 쉽게 이해할 수 있는 순차적인 생산을 예로 들어 소개하고, 점차 다양성이 늘어나는 소규모 배치 생산뿐만 아니라 고객별 고유 제품 생산으로 옮겨가면서 상대적으로 복잡한 사례를 들면서 가치 흐름 방법의 적용 범위를 복잡한 다단계 생산 구조와 제품 다양성이 커지는 낱개 생산으로 성공적으로 확장할 수 있다는 것을 입증하고자 한다.

가치 흐름 방법은 원래 도요타에서 자체 생산 시스템에 활용하기 위해 개발한 것이었기 때문에, 이 방법의 **적용 범위**는 자동차 산업으로 국한된 것으로 생각되었다. 하지만, 수 많은 설계지침의 적용 사례와 공장 계획 사례들로 인해서 이것이 맞지 않다는 점이 입증되었다. 설계지침의 적용에 관한 다소의 체계적인 수정과 변형 덕택으로, 이 방법을 다른 산업에서도 구현할 수 있게 되었으며, 그 이후로 기계 제작 및 광학뿐만 아니라 전기 및 전자 산업, 의료 공학, 광학, 위생 및 라인 기술과 소비재 산업에서도 긍정적인 경험이 쌓여 왔다. 이렇게 가치 흐름 방법은 모든 유형의 낱개 단위 생산의 분석 및 신규 설계에 매우 적합하다는 것이 입증되어 왔다. 그 외에도, 지금까지의 경험에 비추어보면 이 방법이 다국적의 대규모 제조업체 및 그 공급자들뿐만 아니라 중소 규모의 기업에도 완벽하게 적합하다는 것이 입증되었다.

이 책은 기업의 경영자뿐만 아니라 현재 및 미래의 생산 관리자도 그 대상으로 삼고 쓴 책이다. 가치 흐름 방법은 경영자에게 명확한 생산에 대한 실상을 제시하며, 그럼으로써 본질적인 생산 요건에 대한 정확한 평가를 할 수 있게 해 준다. 단순한 기호를 활용함으로써 서로 다른 유형의 개선 잠재력과 그러한 개선 하나하나가 지니고 있는 해결 대안에 대한 접근 방법을 예시하고 종합적이고 전사적인 의사소통이 가능하게 된다. 가치 흐름에 대한 상세한 기술 및 수 많은 실무적인 사례를 보면 이 방법이 얼마나 장점이 많으며 폭넓게 적용 가능한 지를 알 수 있다. 이 접근 방법은 생산 효율의 향상이라는 목표 지향적인 구상과 구현에 직접적으로 적용하여 그것을 실현할 수 있게 해 준다.

아무리 많은 사례가 제시된다 할지라도, 방법에 관한 책을 통해 실무적인 프로젝트 경험을 대신할 수는 절대 없다. 그러나, 그것은 목표 지향적으로 현실적인 맥락 속에서 각각의 관련된 경험을 수집하는 작업을 촉진할 수는 있다. 이러한 일에는 아직 습관적인 제약에 익숙하지 않으며, 따라서 제약이 없고 혁신적인 접근 방법을 찾는 데 그와 같은 습관적인 제약을 무시할 수 있는, 외부의 객관적이고 중립적인 조언자의 관찰이 크게 도움이 된다. 개선을 시작한 최초의 동력을 계속 유지하고 그러한 동력이 중간에서 약화하는 것을 방지하기 위하여, 의도하는 구현에 대해 한 사람의 책임자를 지정하여 일상 업무를 근거로 얼버무리는 일이 없도록 할 것을 권한다. 외부의 감시는 끊임없는 의사소통을 뒷받침할 수 있을 뿐만 아니라, 그럼으로써 또한 개념적인 초점을 유지하는 것이 가능할 것이다.

내용

비록 이 책이 생산의 세부에 초점을 맞추고는 있으나, 생산 관련 원가 효과성이 우리가 추구하는 초점인 것은 아니다. 오히려, 이 책의 초점은 모든 생산의 목적 즉, 제품에 있다. 비록 이것 역시 완전히 올바른 설명이라고 할 수는 없으나, 제품의 목적은 그것이 판매되기 전에는 실질적으로 실현되는 것이 아니기 때문에, 생산해야 할 실제의 제품에 이 책의 초점이 있다. 그러므로, 생산 공정의 평가에 있어서 **고객의 관점**을 채택한다는 사고가 이 책에서 소개하고자 하는 방법의 가장 중요한 부분이다(제2장).

그러나, 전사적인 관리의 관점에서 보았을 때는, 통상적으로 상황이 달라 보인다. 제품의 개발, 생산 및 유통은 단순히 재무적인 이윤을 달성하기 위한 수단일 뿐이다. 그러므로, 생산 원가를 포함하는 원가가 생산의 평가에 있어서 중요한 요인이 된다. 하지만, 성공적인 사업 아이디어, 그리고 판매할 만한 제품이 없이는, 이윤을 낼 수 있는 방법은 거의 없다. 따라서 원가 평가만을 가지고는 생산과 연관이 있는 기술적인 여러 활동에 대한 설계를 적절히 개선하는 일에는 큰 도움이 될 수 없을 것이다.

따라서, 제품을 생산하는 행위 자체의 유용성이 확보되지 않은 상태에서는 생산의 목적을 돕기 위해 고안된 공정의 효율을 증대시키기 위한 방법을 계획하는 일은 전혀 의미가 있을 수가 없다. 만일 제대로 이해가 되었다면, **생산의 최적화**란 이 두 가지의 측면을 모두 존중하는 것이며, 따라서 모든 고객 고유의, 그리고 제품과 관련된 생산 공정에 대한 비판적인 분석에서 시작된다. 이것은 모든 낭비의 예방을 주로 추구하는 생산 설계의 기본 개념 속에 반영되어 있다(제3장). 낭비를 줄이기 위해서 즉, 린 생산을 위해서는, 생산 원가를 낮게 유지하는 것만으로는 충분하지 못하고, 고객의 수요에 따라 올바른 제품을 만들어 내야만 한다. 그것이 바로 지속 가능한 수익성을 보장하는 유일한 방법이다. 하지만, 종종 보는 바와 같이, '린 생산'이라는 용어를 날씬한 이라는 뜻으로 오해해서는 안 된다. 목표는 근육을 유지하되 불필요한 지방을 제거하는 것이다.

생산이라는 행위의 배경에 자리잡고 있는 목적은 고객의 수요를 충족시키는 것이다. 고객의 수요란 특정한 특성과 기능을 구비한 제품을 통해 충족된다. 기본적인 제반 측면은 제품 개발 단계에서 결정되며, 고객 별로 고유한 수요는 주문 처리 과정을 통해서 나중에 변경된다. 그러나, 고객 고유의 수요는 제품 특징의 기본적인 적응 이상의 것으로 구성되어 있다. 고객은 특정한 품질의 제품이, 특정한 수량으로 가용하고, 특정한 기간 내에 사용할 수 있게 되기를 원하며, 또한 특정한 가격에 구하기를 원한다. 따라서 생산은 서로 다른 목표에 맞춰 정렬되어야 하며, 그러한 서로 다른 목표 사이의 상호 의존 관계에 관해서는 다음에서 설명하게 된다(섹션 1.2). 이와 같은 **생산의 목표**에 대한 상세한 성찰은 궁극적으로 생산을 통해 필요한 수준의 유용성을 달성하기 위해 필수적인 전제 조건이다.

그러므로 목적 지향적인 생산을 조직하는 일이 필요하다. 린 생산 절차는 고객 지향적이며, 매우 효율적인 생산 흐름의 형태로 실현된다. 이와 같은 가치 흐름의 관점에서 바라봤을 때, 전체 생산은 가치의 창출에 집중한다. 생산의 구조는 모든 개별 가치 흐름이 나름의 편리한 입지를 차지하고 존재하는 공장 내의 공간적 및 사회적 배치의 형태를 통해 정의할 수 있다. 다음에서는 가치 흐름의 하나로서의 **생산 조직화**(organization of production)에 관해 서론 삼아 설명하고자 한다(섹션 1.1).

1.1 생산 조직

산업 생산의 조직화는 공장에서 이루어진다. 공장 건물은 물리적인 환경만을 제공하는 것이 아니라, 공장 자체를 또한 하나의 사회 기술적인 생산 시스템으로 생각할 수도 있다(섹션 1.1.1). 공장 내의 모든 상호 관계를 갖춘 생산 절차를 가장 전체적으로 잘 바라보기 위해서, 가치 흐름 관점을 채택하여 생산을 가치 창출의 흐름으로 보는 것이다(섹션 1.1.2).

1.1.1 공장

일반적으로, 한 사회의 부는 통상 그 사회가 자체적으로 확보한 물질적 기반에 기초하고 있다. 오늘날, 우리는 쉽게 정보 또는 서비스 사회 대신 산업 사회라는 말을 사용하는데, 이것은 독립적으로 존재하는 일은 거의 없다. 어원적으로, '산업'이라는 단어는 '근면'과 '활동'을 의미한다. 이러한 활동의 중심은 **공장**이며, 그 속에서는 필요한 것뿐만 아니라 필요하지 않은 것까지 만들어진다. 이러한 생산은 단순히 생존하기 위해서 하는 것이 아니라, '객관적으로 잉여의' 재화를 제공하기 위해 하는 것으로서, 그것으로 인해 삶은 보다 다양하고 흥미로운 것으로 된다. '공장'이라는 용어는 일반적으로 전통적인 수공업 제조와 대조되는, 기계적으로 작업을 분담해가면서 재화를 생산하기 위한 상업적인 기업 또는 생산 시설을 지칭한다. 공장 계획에 관한 VDI 지침 5200(독일 기술자 협회 Verband deutscher Ingenieure가 2010년도에 출간한 지침서)에서는 공장을 '생산 요소를 사용하여 산업 재화를 분업을 통해 생산함으로써 가치를 창출하는 장소'라고 정의하고 있다. 실제로, 공장은 역사적으로 발전되어온 공장 작업에 변화 및 적응을 적용하고 공장 계획에 대해 계획적으로 개입한 결과이다.

공장은 다음과 같은 다섯 가지의 차원을 통해 상세하게 설명할 수 있다. 입지, 전체 공장 부지의 구조, 공장 구조와 배치를 포함하는 공장 건물, 생산 물류 및 작업 조직화 등이 그러한 다섯 가지의 차원이며, 이 모든 것들에 대해 다음에서 보다 상세하게 다루기로 한다.

입지. 우선, 공장은 그 **입지**에 의해 정의된다. 국지적인 차원에서 볼 때, 입지의 선정은 주로 가격, 규모 및 지형뿐만 아니라 수도 및 에너지의 공급, 도로, 철도 및 수로 등의 기반시설 등의 기준에 따라 결정된다. 지역적인 차원에서는, 인적 자원, 노동 시장, 임금 수준, 조세 및 보조금 그리고 기후 및 문화적 환경 등과 같은 특징이 고려의 대상이 된다. 이들 모든 입지 요인은 공장의 운영에 큰 영향을 미친다. 역으로, 공장 및 그 생산 공정 모두는 그들 각각의 입지 및 그에 내재하는 여러 특징에 적합해야만 한다. 이와 같이, 공장은 그 환경에 내에 뿌리를 박고 있다.

공장 부지. **공장 부지**는 해당 입지에 자리잡고 있다. 첫 번째 경계는 최초의 구조적 계획과 관련해서 고정적이다. 기존의 토양을 고르고, 한 필지의 토지에 울타리를 친다. 미래의 생산, 보관, 또는 관리용 건물 또는 (구내 식당 및 회사 부설 유치원 등과 같은) 사회적 용도의 건물에 대해 건설 계획을 정의한다. 이와 같은 제반 건물은 물류적으로 보도와 가로로 연결되고, 공간이 허용하는 경우에는 주차장 및 옥외 시설 또한 계획할 수 있다. 그 결과 구성되는 이상적인 경내 구조는 공장 단지 내의 건물 사이의 연결뿐만 아니라 외부의 기반시설과의 연결도 나타낸다. 이것은 비록 고도로 다양화된 기능을 가지고 있지만 기본적으로 그 자체로서 하나의 작은 마을을 형성하게 된다. 그러므로, 공장 부지의 구조 계획은 실제로는 도시 기획자의 업무 영역에 해당한다.

공장. 부지 내의 최소한 한 동의 **건물**은 진정한 단어의 의미에 있어서의 생산을 의도하는 공장에 할당되게 될 것이다. 모든 공장은 기본적으로 세 가지의 기본 구성 요소로 구성되는데, 그것은 외부의 건물 외피, 내부 구역의 구조, 그리고 공장 배치 내의 자원의 공간적인 배치 등이다. 공장 건물은 세 개의 구성요소로 구성된다. 지지 구조물을 포함하는 건물의 외피, 매체 공급을 포함하는 포함하는 HVACR(난방, 공조, 냉장: heating, ventilation, air conditioning and refrigeration), 그리고 벽과 구멍(창문, 문)과 같은 영구적인 지지 요소 등이 그것들이다. 일단 공장 건물이 지어졌다 하더라도, 생산의 관점에서 보았을 때 이것은 아직도 비어 있다고 볼 수 있다. 투명하면서도 효율적인 공장 구조를 조성하기 위해서는 공장 건물 안에 구획을 나누는 방법을 통해 서로 다른 생산 구역을 조성해야 한다. 다른 무엇보다도, 결정적인 배치 기준은 자재의 흐름과 그러한 흐름의 상호 관계이며, 자원 사이의 자재의 운반과 보관에 관해 정의하는 일이다. 그 최종적인 결과가 **공장 배치**인데, 이것이 보다 좁은 의미의 생산 시설의 공간 소요와 물리적인 배치를 규정한다.

물류. 공장의 건설이 기본적으로 마무리되고 난 다음에는 비로소 진정한 작업 즉, 조치가 시작된다. 기계와 자재를 움직이게 해야 한다. 이를 위해서는 어떤 일을 어디에서 언제 해야 하는지에 대한 정보가 필요하다. 정보의 흐름은 생산 계획 및 통제에 필요한 데이터 및 지침의 기록, 편집, 처리, 저장 및 주문 처리 등에 관련된 업무를 조직화한다. 공장은 생산 계획을 참조하여 구체적으로 설계한 **생산 물류**를 통해 관리하며, 이것은 생산 행위를 체계화된 기술적 조치로 변환하는 작업에 해당한다. 이와 같은 체계적인 조치는 세 가지의 물류 목표를 기준으로 이루어지는데, 그것은 고도의 기계 가동률, 낮은 재고 수준, 그리고 높은 인도 신뢰성이다. 이러한 목표를 동일한 수준으로 달성하는 것은 거의 불가능에 가깝기 때문에, 생산 계획자는 이 지점에서 이른바 생산 일정계획의 딜레마와 마주치게 된다(섹션 1.2.1). 그 결과, 비록 통상 사후적으로밖에 드러나지 않지만, 기술적인 조치에 관한 계획의 잘못을 생산 운영 과정에 가서야 마주치게 된다.

작업 조직. 이렇게 여러 가지를 감안한 뒤에도 여전히 마무리되지 않은 공장의 다섯 번째 차원이 남는다. 그것은 그 생산에 관련된 의무 및 권리를 **작업의 조직화**라는 과정을 통해 결정해야만 하는 특정한 기량과 자격을 갖춘 직원들이다. 이와 같은 업무와 직원의 할당은 작업의 배분을 조직화한다. 공장의 사회적인 차원에는 작업 시간 모형, 교대조 근무 시간표, 그리고 급여표 등도 포함된다. 나아가, 직원들을 구조화된 조직으로 구성하여야 하며, 그것은 나아가 경영 구조를 결정하게 된다.

위에서 설명한 다섯 가지 모든 차원 즉, 입지, 부지 구조, 공장 배치를 포함하는 공장 건물, 생산 물류 및 작업 조직은 공장 계획 단계에서 실제의 공장 운영을 위해 설계하고 준비된다. 실제의 공장 즉, 완전하게 설비를 갖춘 건물은 공장 건설을 외주 받는 업체의 입장에서는 나중에 완전히 사용할 준비가 된 상태로 사용자에게 인도해야 할 턴 키 방식의 제품이라고 생각할 수 있다. 하지만, 이와 마찬 가지로 중요한 것은, 공장에서 효율적이면서도 고객 지향적인 생산 활동이 작동하도록 하기 위해서는 공장은 그것이 위치하고 있는 지리적 및 사회적 환경 속에서 확고하게 자리를 잡아야 할 뿐만 아니라 목표 지향적인 생산 물류가 확립되어야 한다는 점이다. 그러나, 공장에 관련된 사회적인 규칙을 정의하는 작업 조직은 개략적으로밖에는 계획할 수가 없다. 즉, 그것은 제품과 같이 판매할 수 있는 것이 아니라, 공장 내에서 생활을 하면서 만들어 나가야 하는 것이다. 그렇기 때문에, 공장은 매우 **사회 기술적인** 시스템이다(Ropohl 1982). 그렇다고 해서 공장이 복잡하고 대규모의 기술적인 장치인가 하면, 오히려 숨을 쉬며 사는 사람들을 위한 기술적으로 형성되고 기술형태학적으로 설계되었으며 그 속에서 살아가야 하는, 살아 있는 공간이다.

그 속에서 살아가야 하는 공간으로 보았을 때, 공장은 '생물군집 서식공간(바이오토프: biotope)'이라는 용어와 유사한 뜻을 가지는 **기술적 생활 공간**(테크노토프: technotope)(Erlach 2000)이라고 부를 수 있다. 인간의 생활, 특히 공장 내의 생활은 기술적인 환경 속에서 이루어진다. 인간은 단순히 기술로 자신을 둘러쌀 뿐만 아니라, 인간 **자신**이 기술이다. 이와 같은 인류학적인 상수는 우리의 생활양식을 생각할 때 매우 영향력이 커 보인다. 공장은 그저 건물 또는 단순한 생산 시설이라기보다는 삶의 장소이다. 이는 또한 매력적인 작업 환경을 갖춘 공장을 건설하는 것이 반드시 필요한 이유를 설명하는데, 이렇게 함으로써만 직원들이 자신의 최대한의 성과를 완전히 발휘하여 작업에 임하도록 만들 수 있기 때문이다. 이는 또한 성공적인 공장 설계가 그 제품의 성공적인 생산과 일치하는 이유를 설명하기도 한다.

1.1.2 가치 흐름

공장이 어떤 모습으로 보일 것인가라는 질문에 대한 일반적인 대답은 건물 또는 공장 부지의 사진을 이용해서뿐만 아니라 전통적인 공장 계획의 전반적인 결과물인 공장 배치도를 가지고도 할 수 있다. 하지만, 위에서 설명한 바와 같이 이것은 오로지 일부의 측면만을 나타내 줄 뿐이다. 대개의 경우 자원의 명칭, 규격 및 공간적인 배치 등이 기술되어 있는데, 그것은 생산 절차에 관해서는 거의 정보로서의 가치가 없으며, 공장의 품질에 대해서는 우리에게 거의 아무 것도 말해주지 못한다. 그것의 표현은 자재 흐름을 그림으로 그려 봄으로써 크게 향상될 수 있다. 이것은 특정한 제품이 자원을 거쳐가는 순서를 나타내 주며, 그럼으로써 그러한 순서가 자원의 배치와 얼마나 잘 일치하는지를 평가할 수 있게 해준다. 하지만, 복잡한 생산 절차인 경우에는 중첩되는 자재의 흐름을 표시함으로써 쉽게 혼동을 일으키며, 다음과 같은 중요한 질문이 일어나게 된다. "비록 우리가 무엇인가가 자재의 흐름과 함께 움직이고 있다는 것을 이해할 수는 있지만, 이것을 보고서는 어떠한 정보의 흐름이 어떠한 생산 공정의 계기가 되는지를 알 수 있는 방법은 전혀 없다."

가치 흐름 방법

바로 이 지점에서 가치 흐름 방법과 그 장점이 나타난다. 이 방법은 생산 공정과 자재의 흐름을 시각화할 뿐만 아니라, 정보의 흐름도 시각화하며, 그것도 이 모든 것을 하나의 그림 안에 표현한다. 추가적인 업무 프로세스에 관한 흐름 도표는 오로지 추가적인 상세를 살펴볼 때만 필요할 뿐이다. 주문 처리에서 발견할 수 있는 공정 사슬 도표는 가치 흐름 지도 작성에 깊은 뿌리를 두고 있으며, 그것은 생산 공정과 업무 프로세스 사이의 인터페이스를 시각화한다. 유사한 기능을 하는 자원은 가치 흐름 지도 내에서는 생산 공정 안에 통합된다. 이와 같은 추상화된 가치 흐름의 묘사를 통해 공장 배치도 상에 개별적으로 표시된 수 많은 낱개의 기계에 비해서 생산 공정을 보다 투명하게 묘사할 수 있다. 그러나, 자원의 공간적인 배치는 나타나지 않는다. 따라서, 공장은 항상 먼저 가치 흐름으로 설계, 계획 및 묘사하고 나서, 그 다음에 배치의 형태로 고안, 계획 및 묘사한다(섹션 4.1).

생산 공정을 명확하게 **시각화**(Visualization)할 수 있기 때문에, 가치 흐름 방법은 공장의 현재 상태뿐만 아니라 바람직한 미래 상태에 관련한 상호 의견 교환을 위한 탁월한 내부 의사소통 플랫폼 역할을 한다. 생산 공정에 대한 종합적인 묘사를 통해, 우리는 약점을 정확하게 식별하고 잠재적인 개선에 대한 판단을 하기 위한 투명한 공장 분석을 할 수 있다(제2장). 앞에서 설명한 내용을 기초로, 개선된 생산과 가치 흐름이 최적화된 공장을 향한 경로를 지시해 주는 설계지침의 도움을 통해 변경된 생산 절차가 미치는 효과에 대한 개념적 검토가 가능하다(제3장).

'가치 흐름 방법'이라는 용어는 두 가지의 설명적인 요소를 내포하고 있는데, 그것은 '가치'와 '흐름'이라는 요소이다. '가치'란 재화의 생산에 본질적으로 내재하는 **가치 창출**을 지칭한다. 이것은 생산의 일반적인 목적을 설명하는데, 그것은 바로 원천 자재를 보다 높은 가치가 있다고 생각되는 제품으로 변환하는 것을 의미한다. '흐름'이라는 용어는 해당 생산의 본질적인 특징이 **생산의 흐름** 속에서의 부품 및 제품의 공간적인 이동과 질적인 변경에 있다는 사실을 의미한다. 하지만, 기계의 사용과 작업의 분화로 인해서, 다양한 공정 단계를 한 장소에서 수행하거나 또는 동시에 수행하는 것은 불가능하다.

가치(Value)

생산이 이루어지는 동안, 가치 창출 과정에서 원천 자재에 가치가 부여되며, 그렇기 때문에 완제품을 '재화'라고 부르는 것이 적합하다. 이와 같은 재화의 **가치**는 특정한 기준에 따른 재화에 대한 평가로부터 발생한다. 이로 인해 제품 특징으로부터 가치가 발생할 뿐만 아니라 특정한 기준에 대한 적합성으로부터 가치가 발생한다는 근본적인 문제가 발생하게 된다. 재화를 생산하는 회사의 관점에서 보았을 때는, 재화의 가치를 각각의 재화의 생산에 투입된 노력 즉, 원가를 기준으로 하여 평가하는 것이 편리해 보일

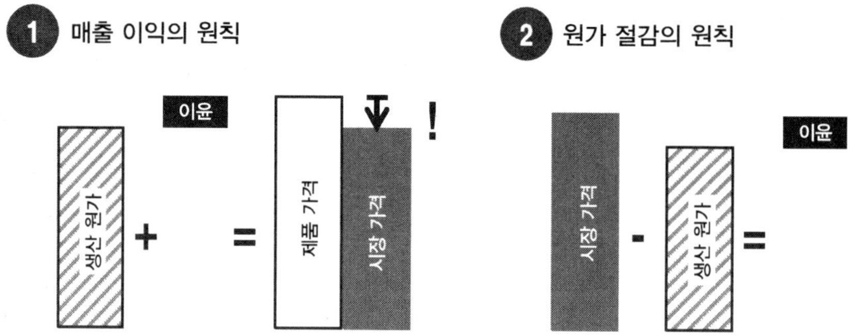

그림 1.1 원가 절감의 원칙

것이다. 이것은 일반적으로 공급자 시장에서 발견할 수 있는 계산의 유형으로 귀결된다. 가격은 총 생산 원가에 생산자가 결정한 매출 이익을 더해 계산한다(그림 1.1의 1의 경우). 고객은 주문 접수 또는 기타의 기준의 순서로 제품을 할당 받는다. 생산 원가라는 것은 언제나 임금 인상, 대체 투자, 그리고 구매 가격의 상승 등으로 인해 시간이 지나면 오르게 마련이기 때문에, 판매 가격의 빈번한 인상은 불가피하다.

공급자 시장의 경우에는 **원가 절감**에 대한 어떠한 인센티브도 제공할 수 없는 반면, 경쟁적인 환경에서는 시장 가격보다 높은 제품 가격이 나타날 수 있다. 자유로운 시장 접근이 가능한 글로벌 경쟁 속에서, 기업의 성공은 달성 가능한 시장 가격에 훨씬 더 의존하게 되며, 이런 환경에서는 이윤은 반대로 시장 가격에서 생산 원가를 차감하여 결정된다(그림 1.1, 2의 경우). 그러므로, 이윤 역시 일관된 원가 절감을 통해서 늘릴 수가 있다. 하지만, 생산에 관련된 한, 이것은 일관된 생산 원가의 절감을 보장하고, 그럼으로써 불가피하게 인상되는 요소 원가를 상대적으로 낮은 생산 노력을 통해 완충하기 위해서 끊임 없는 개선을 요구하게 된다. 생산의 관점에서 볼 때, 이것은 어떤 입지의 경쟁력을 지속적으로 가능하도록 보장하기 위한 유일한 실행 가능한 수단이다.

하지만, 적용 가능한 요소 원가의 가능한 다양한 입지 고유의 조합에 따라서는, 전 지구적인 지속 가능한 경쟁력이라는 것은 일부 제품의 경우에는 전혀 희망 없는 바람일 수도 있다. 따라서, 기업은 가격이라는 것이 실질적인 제품의 유용성에 대한 고객의 주관적인 기대라는 기준에 기초한 제품의 **사용 상의 가치**도 반영한다는 점을 마음 속에 새겨둘 필요가 있다. 그와 같은 유용성은 제품 각각이 고객의 수요를 충족시킬 수 있는 능력으로부터 나온다. 그러므로, 전등은 가격과 상관 없이 책을 읽는 데 적합하거나 그렇지 않을 수도 있는 반면, 대표적인 특성은 자재의 품질에 따라 달라질 수 있으며, 이것이 가격에 직접적인 영향을 미칠 수 있다. 실제의 생산을 위한 노력과는 무관하게, 어떤 제품의 편익은 생산 원가보다 훨씬 높거나 심한 경우에는 낮을 수도 있다. 따라서, 생산 입지의 성공 여부는 대개는 기업이 제품이 창출해 내는 각각의 고객 편익에 대해 집중하는지 여부에 따라 결정된다. 그것은 한 편으로는 구체적인 제품의 구체적인 특징이 영향을 미치기도 하는데, 이 부분에 대해서는 이 책에서는 무시하기로 하고, 다른 한 편으로는 고객마다 고유한 생산의 특정한 성과 특성에 따라 결정되기도 한다. 후자는 특히 인도의 신뢰성 및 인도의 품질에 반영되기도 하며, 대개는 전반적인 생산 절차의 고객 지향적인 설계 여부에 따라 결정된다.

흐름

흐름이라는 은유는 공장의 생산을 기술하는 데 있어서 폭넓게 자리를 잡아 왔다. 자재가 한 작업대로부터 다음 작업대로 흐르는 경우와 같이 무엇인가가 생산 과정 속에서 변화하거나 또는 이동할 때, 우리는 해당하는 생산 활동을 긍정적인 것으로 간주한다. 부정적인 생산에 있어서는, 자재가 쌓이거나 대기를 하면 생산 공정이 정체되었다고 말한다. **생산 흐름**은 긍정적인 생산 공정의 결정적인 특징으로 간주하며, 그것을 평가하는 핵심적인 수치는 흐름도(degree of flow)이다.

하지만, 공장 내의 변화 및 이동은 해당 활동의 부가가치적 즉, 진정한 가치의 창출이라는 특성에 대한 어떠한 보장도 되지 못한다. 이러한 측면은 '가치 흐름'이라는 용어를 통해 강조된다. **가치 흐름**은 원자재를 완제품으로 변환하기 위해 요구되는 모든 업무 및 활동을 포함한다.

- 첫째, 이들 과업에는 모든 직접적인 생산 과업 즉, 각각의 자재의 특성을 변화시키는 활동이 포함된다. 그러한 직접 생산 활동은 독일 산업 표준인 DN 8580에 따라 다음과 같은 여섯 가지의 주요 제조 절차로 분류한다: 1차 성형, 성형, 분리, 결합, 도장 및 물질의 속성 변경.
- 둘째, 이러한 과업은 또한 취급, 운송, 보관, 공급 및 시운전 등과 같은 과업으로도 구성된다.
- 셋째, 이러한 업무는 사전 계획 및 통제와 기계, 공장 및 작업장의 유지보수, 경정비 및 수리 등과 같은 일반적으로 간접 업무라고 부르는 업무를 포함한다.

또한, 특정한 상황, 지역적인 경계조건 및 기술적인 요건으로 인해 요구될 수 있는 수많은 보조 업무가 존재한다.

가치 흐름 관점을 채택한다는 것은 부가 가치 업무에 초점을 두고 이와 같은 모든 업무 전체에 대한 종합적인 관점을 취한다는 것을 의미한다. 위에 언급한 모든 업무를 **부가 가치**(value adding) 업무라고 간주하는 것은 아니며, 결정적인 기준은 각각의 업무가 고객의 관점에서 보았을 때 가치를 증진하는 특징을 지닌 자재, 그리고 나중에는 제품을 산출해 내는가 여부인데, 이것은 언제나 확신을 가지고 쉽게 판단할 수 있는 일은 아니다. 또한, 다양한 경계조건으로 인해서 생산 절차에는 중요한 것처럼 보이지만 실제로는 그렇지 않은 수 많은 비부가가치 업무가 존재한다. 따라서, 생산 최적화의 한 가지 목표는 비부가가치 업무를 감축 또는 배제하는 데 있다.

생산의 개선

따라서, 린 공장의 실효적인 논리는 일관된 생산의 개선에 있다(그림 1.2). 이와 같은 상관관계의 표현은 품질 경영 시스템으로 인해 알려진 이른바 데밍 사이클 즉, PDCA (plan-do-check-action: 계획-실행-점검-조치) 사이클에서 도출된 것이다. 지속적인 개선이란 가치 흐름이라는 굴러가는 바퀴를 적절한 업무 조직의 도움을 받아 가파른 생산 품질이라는 경사 위로 끌어 당기는 힘이다. 모든 종류의 낭비는 개선 수단의 실현을 위한 노력을 통해 극복해야만 하는 장애물이다. 일단 구현되고 나면, 개선은 구속력 있는 표준을 따른다는 결의를 통해 보장되는데, 이는 긍정적인 생산 절차라는 것은 동일한 방식으로 절차를 실행한다는 특징을 지니고 있기 때문이다. 그림에서는 **표준화**가 매우 중요하다는 점을 명확하게 강조하고 있는데, 이러한 표준화 없이는 나쁜 습관이라는 중력으로 인해 생산의 수준이 도로 언덕 아래로 굴러 떨어지게 될 것이다. 또한, 생산에서 발생하는 특정한 장애와 낭비의 많은 부분은 그러한 표준화라는 배경에 비추어 보았을 때에 비로소 눈에 드러난다. 그러므로, 가치 흐름이 최적화된 공장을 지향하는 모든 설계지침은 표준화를 목표로 하거나 심지어는 그것을 사전에 전제하기조차 한다. 통상 신제품 또는 상당히 바뀐 제품과 함께 새로운 생산 기술이 도입되는 경우에는 언제든, 지속적인 개선이라는 과정은 무에서 새롭게 시작한다. 하지만, 이와 같은 변화를 촉진하는 사람들은 과거의 경험으로부터 학습을 한 사람들일 것이며, 따라서 이번에는 상대적으로 빠른 질적인 향상을 달성할 수 있는 능력을 더 잘 갖추고 있을 것이다.

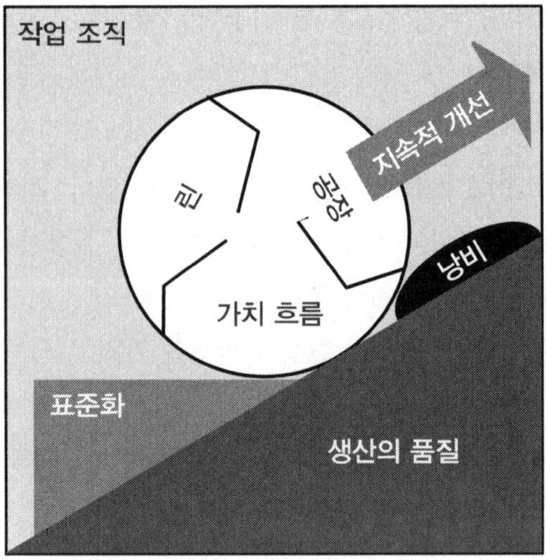

그림 1.2 지속적인 생산 개선의 실효적인 논리

하지만, 새로운 생산을 설계하거나, 또는 기존의 생산을 개선하기 전에는 반드시 각각의 공장의 목표 및 그 목표들 사이의 우선순위를 명확히 하고 그에 따라 가중치를 부여하여야만 한다. 구체적인 개별 목표는 구체적인 목표의 체계 속에서 계층적으로 배열할 수 있다. 하지만, 가장 높은 추상도의 차원에는 상호 환원할 수 없는 네 가지의 독립적인 목표 차원이 존재한다. 이들 목표 차원뿐만 아니라 그것들 사이의 상관관계 및 상호의존성을 다음에서 보다 상세하게 설명하고자 한다.

1.2 생산의 네 가지 목표

생산의 최적화에서 가장 먼저 제기되는 질문은 의도하는 개선을 통해 어떤 목표를 달성하여야 할 것인가에 관한 것이다. 그런 다음 각각의 목표의 달성은 다음으로는 생산의 품질 및 효율의 개선을 지시할 것이며, 그에 따라 시장에서의 해당 공장에서 만든 제품의 성공을 나타낼 각각의 요소를 정의할 수 있게 될 것이다. 해당 성공 요인은 공장이 시장에서 성공적으로 스스로를 확립하기 위해서는 어떠한 성과 기준을 통해 어떠한 고객의 수요를 충족시켜야 할 것인지를 나타낸다.

생산의 주된 목표는 그 각각에 대해 느끼는 주관적인 중요성에 따라 중요성의 순서가 바뀔 수 있는, 원가, 품질, 그리고 시간이라는 '성 삼위일체'라고 우리는 알고 있다.

가장 중요한 점은 목표 달성의 올바른 방향을 찾아내는 일이다. 낮은 생산 원가, 높은 제품 품질, 그리고 생산 및 주문 처리의 짧은 리드 타임이 그것이다. 최근에는, 비록 드문 일이기는 하지만, 이와 같은 생산의 목표에 고객에게 제안하는 제품의 다양성이 추가되기도 한다. 헨리 포드의 "검은 색인 한 고객은 어떤 색깔이든 선택할 수 있다"는 대량 생산의 시절은 이미 지나갔다. 연이어 생산되고 최저 가격의 세분 시장에 입지하지 못한 제품은 셀 수 없는 가능한 변종의 '롱 테일'에 밀려 경쟁에서 사라져버릴 수밖에는 없다.

목표의 차원

따라서, 생산의 효율은 항상 기본적으로 네 개의 독립적인 목표 차원에 따라 결정된다(그림 1.3). 일반적인 차원에서 보았을 때, 다양성, 품질, 속도 및 경제성이라는 네 개의 차원은 생산에 해당하는 **목표 체계** 전체의 폭에 대응하고 있다. 모든 목표 차원은 복수의 일반적인 부분 목표로 구성되어 있으며, 이들은 자체적인 상호 간의 상관관계 속에서 생산의 목표 체계를 정의하며 따라서 **공장의 목표** 역시 정의한다. 그러나 이와 같이 상호 간에 매우 상호의존적인 네 개 차원의 공장의 목표는 때로 상호간에 충돌할 수 있다(섹션 1.2.1). 이러한 제반 목표는 양립이 불가능한데 즉, 특정한 목표 차원에 할당된 목표는 다른 목표 차원과 관련된 어떤 목표로 변환하거나 환원할 수 없다. 예를 들어 품질 목표는 필요한 교체 시간 단축과 동시에 자동적으로 충족될 수 없을 것이며, 비록 이들 목표에 적절한 가중을 통해 서로 다른 수준의 중요성을 부여할 수 있다 하더라도 공장을 설계하는 데 있어서 수익성이라는 관점으로만 바라볼 수 있는 것도 아니다.

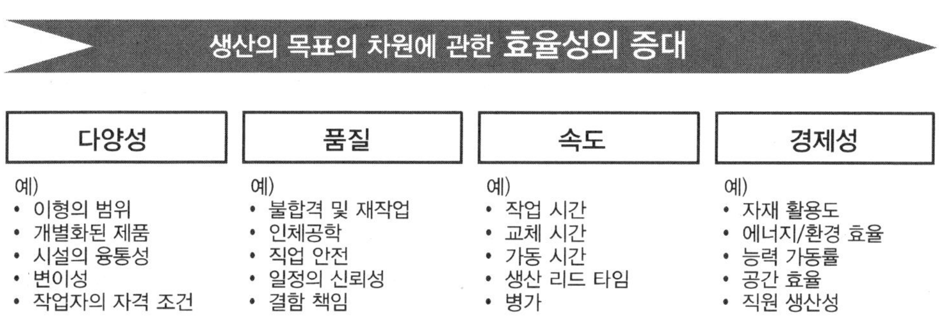

그림 1.3 생산의 네 가지 목표 차원

생산의 네 가지 목표의 차원을 다음에서 각각의 부분적인 목표의 예를 이용하여 예시하고자 한다.

1. 생산의 **다양성**(variability)은 달성 가능한 생산 제품의 범위가 얼마나 폭이 넓은지를 의미한다. 이 차원은 어떤 제품에 대해 얼마나 많은 이형을 생산할 것인지, 그리고 개별화된 제품을 둘 것인지를 여부를 결정한다. 생산 시스템의 융통성은 생산 시스템이 어느 정도로 단기적인 시장 수요의 변동을 충족시킬 수 있는지를 나타낸다. 변이성은 생산이 자체 구조를 적응시킴으로써 중단기적으로 변화하는 요건을 충족시킬 수 있는 능력을 의미한다.
2. 한 편, 생산의 **품질**은 생산 공정의 수율을 나타낸다. 다른 한 편으로, 그것은 허용오차 수준을 얼마나 잘 준수하고 있는지뿐만 아니라 모든 생산 공정이 얼마나 신뢰성 있게 작동하고 있는지를 나타낸다. 이것은 필요한 수량을 얻기 위하여 정확한 수의 제품을 생산할 수 있는지 여부라는 질문과 밀접하게 연결되어 있다. 또한 생산 공정의 인체공학 및 직업 안전도 생산 내에서는 품질 척도가 되기도 한다. 나아가, 내부 및 외부적인 일정의 신뢰성은 생산의 품질 특성에 해당한다.
3. 생산의 **속도**는 부가 가치 단계뿐만 아니라 교체 시간과 같은 보조적인 작업이 얼마나 시간이 걸리는가를 나타낸다. 생산 리드 타임의 길이 역시 이 목표 차원에 속한다. 기계 및 기타 생산 시설의 가용성은 시간이라는 관점에서의 생산 공정의 질적인 신뢰성을 나타낸다. 고장의 빈도와 지속 시간은 생산의 효율에 큰 영향을 미친다.
4. 생산의 **경제성**은 모든 생산 요소와 관련된 생산성을 나타낸다. 여기서, 다양성, 품질, 그리고 속도의 영향을 받는 모든 요소 원가가 발생한다. 직접적으로 관련이 있는 것은 노동 생산성, 능력 가동률, 그리고 자재 활용도 즉, 폭넓은 의미의 지속 가능성이다.

위에 제시한 목표의 제 차원의 순서는 이러한 목표의 제 차원의 중요성을 반영하는 것은 아니다. 모든 목표 및 목표 차원의 중요성은 생산이 처하고 있는 구체적인 조건에 따라 결정된다. 하지만, 이 순서는 각각의 차원 속에서의 목표를 정의하는 데 있어서의 논리적인 순서를 나타낸다. 따라서, 우리는 시장에서 성공하기 위해서 생산해야 할 제품 범위의 정의에서부터 시작한다. 그리고 나서, 바람직한 제품 품질과 그에 수반하는 생산의 품질을 정의해야만 한다. 만일 그 결과로 생산 공정을 위한 기술이 확립되면, 작업 시간 및 공정 지속 시간을 계산할 수 있게 된다. 마지막으로, 경제성은 앞에서 언급한 다른 목표 차원을 달성하기 위해 필요한 시설을 설계 및 선정한 후에 점검할 수 있다. 최종적으로, 이와 같은 경제성의 관점이 다른 세 개의 목표 차원에 미치는 영향이 있다. 종종, 바람직한 생산의 설계 특성이 지나치게 비싸거나 비효율적인 경우가 있다. 원칙적으로, 이와 같은 경제성이 미치는 파급효과는 목표 달성에 있어서 상호 제약으로 귀결된다. 원가 상의 이유 및 여타의 제약으로 인해서, 생산의 다양성, 품질, 또는 속도가 일정 정도 제약을 받게 된다.

생산의 최적화는 네 개의 상충되는 목표의 제 차원이 존재함에도 불구하고 생산의 **효율성**을 일관되게 향상시키는 것을 목표로 하고 있으나, 다양한 목표 차원의 상대적인 가중치는 주로 기술의 발달과 사회적인 부의 증가의 결과로 시간이 지나면서 바뀌었다는 것을 염두에 두어 왔다. 부와 기술적인 경험의 축적에 따라, 특정한 제품을 단순히 소유하고자 하던 원래의 수요는 기능과 품질과 같은 원하는 제품의 특성에 관심을 두는 특정한 기대에 자리를 내주게 된다. 제품 효율에 관한 그와 같은 기대가 높아지면서 종종 (약간) 높은 가격을 쉽게 수용하는 일을 따르게 되지만, 때로는 상대적으로 가격에 대한 관심과 낮은 기대로 인해 엄청난 압박으로 이어지기도 한다. 이와 같은 경험은 일관되게 가격을 인하하거나 또는 약간의 가격 인상만을 수반하는 효율의 향상을 통해서만 사회적인 부의 증가를 달성할 수 있다는 사실에 그 기반을 두고 있다. 그렇기 때문에, 생산에 있어서의 원가 압력은, 생산에 있어서 결정적으로 보다 높은 수익성의 달성을 가능하게 하면서 동시에 최소한의 수익성의 손실을 통해 성과 관련 목표를 충족시키기 위한 다양한 방법을 제시하는 기술적인 진보를 통해 실현이 가능하게 되는 사회적인 부라는 개념이 가지고 있는 불가피한 약점이다.

성공 요인

이와 같이 다소 폭넓은 경계로 인해서 기업은 시장에서 자사의 제품에 대해 구체적인 포지셔닝을 할 수 있게 된다. 네 개의 목표 차원 내의 구체적인 목표는 시장에서의 기업의 구체적인 **성공 요인**에 따라 결정된다. 그리고 이와 같은 성공 요인과 관련하여,

제품의 원가는 상대적으로 높거나 낮을 수 있다. 각각의 가격 수준은 자재 품질, 생산 기량, 내구성 및 신뢰성, 디자인 및 브랜드의 이미지, 가용성, 제품 혁신, 그 결과로서 부과되는 비용, 환경 친화성, 그리고 기타 등으로 인해 정당화될 수 있다(그림 1.4). 생산의 목표 차원과 제품의 성공 요인의 유사한 구조는 양자 모두 상호에 대해 적응을 할 필요가 있다는 것을 보여준다. 특정한 생산 현장의 목표는 반드시 상응하는 성공 요인에 관한 규정을 준수해야만 한다. 그리고, 각 생산 현장의 강점은 그곳에서 생산되는 제품에 대한 구체적인 수요를 충족시켜야만 한다.

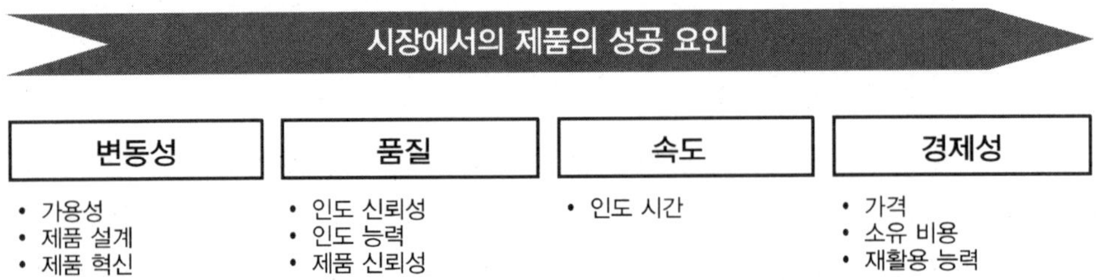

그림 1.4 제품의 시장 내의 4개의 성공 요인

목표의 차원

생산 최적화는 4개의 상충되는 목표 차원에 관한 생산 **효율**의 지속적인 개선을 목표로 하고 있다. 이들 4개의 차원 즉, 다양성, 품질, 속도 및 경제성은 시장에서는 해당 제품의 성공 요인으로서 반영된다. 생산의 본질적인 전략적 매개변수는 시장 목표인 가용성, 인도 역량, 인도 신뢰성 및 인도 시간을 이용하여 종합적으로 정의할 수 있다.

1.2.1 생산 공정 계획 수립의 딜레마

생산 관리의 난제는 다양하고 상충되는 목표를 달성할 수 있는 최선의 방법을 찾는 데 있다. 하나의 목표의 달성을 개선하기 위한 일반적인 수단은 다른 목표 차원의 목표 달성에 제약으로 작용한다. 이와 같은 목표의 충돌은 모든 경우 일정계획 수립과 자재 계획 수립에서 세 개의 목표 기준과 관련하여 나타난다. 이러한 난제는 문헌에서는 자재 계획 수립 및 일정계획 수립의 '딜레마'(Gutenberg) 또는 생산 물류의 **목표 충돌**(Wiendahl

1995)이라고 알려져 있으며, 이것을 약간 변형하여 아래에 삼각형 모양의 도표 형태로 예시하고자 한다. 이와 같은 예비적인 작업에 기초하여, 네 번째의 목표 차원인 '다양성'을 이용하여 보완함으로써, 목표 차원에 대한 일반적인 도표를 개발하기로 한다(섹션 1.2.2).

생산 일정 계획 수립의 딜레마

생산 일정계획 수립의 딜레마는 생산 주문, 그리고 무엇보다도 고객 주문을 일정에 맞추어 완료하려는 목적으로 수행하는 생산 일정 계획의 수립 과정에서 종종 발생한다(그림 1.5). 인도 신뢰성은 공장 내의 물류적 공정의 신뢰성에 대한 척도로서, 이것은 극대화(목표 차원의 '품질')되어야 한다. 만일 고객의 수요가 변동한다면, 이 목표는 다소 제약이 없는 생산 능력을 이용해서 매우 쉽게 달성할 수 있다. 제한된 투자 자원으로 인해서, 능력은 항상 제한이 된다. 바로 그렇기 때문에 일정 계획을 수립하는 부서의 입장에서는 높은 수준의 능력 가동률을 추구하는 것이다. 이는 판매 가능한 낮은 생산 원가를 달성하기 위한 전제 조건이다(목표 차원의 '경제성'). 이를 위해서는 생산 수량을 균일화하는 것이 필요하다.

만일 고객 수요가 변동할 경우에는, 균일 생산 물량을 실현하게 되면 불가피하게 고객 주문과 생산 주문 모두의 쓰루풋 시간의 변동으로 귀결된다. 이것은 인도 신뢰성을 위태롭게 만드는데, 그것은 일정의 준수를 위해서는 쓰루풋 시간의 예측 가능성이 요구되기 때문이다. 일반적으로, 쓰루풋 시간이 짧은 경우에는 쓰루풋 시간이 상대적으로 긴 경우보다 예측 가능성이 높아진다. 이는 무엇보다도 일정과 관련된 지연 시간이 적어지기 때문이다. 말하자면, 어떠한 일정에 차질을 계획하기도 전에 생산 주문은 이미 실행되는 것이다. 따라서, 그리고 두 번째로, 쓰루풋 시간이 짧은 생산 시스템은 보다 쉽게 관리할 수 있는데, 이는 노력이 드는 일정 및 우선순위의 변경을 회피할 수 있기 때문이다. 세 번째로, 쓰루풋 시간 변동의 백분비가 상대적으로 높더라도 그 중요성은 상대적으로 낮다. 2일의 인도 시간에서 50퍼센트의 지연은 하루가 되는데 이는 특송을 이용하여 회복할 수 있지만, 1개월의 인도 시간에 대한 동일한 백분비의 지연은 2주가 되어 큰 부담이 된다(목표 차원 '속도'). 결과적으로, 생산 일정 계획 수립에 있어서는 높은 일정 신뢰성, 높은 쓰루풋 시간의 신뢰성뿐만 아니라 낮은 생산 원가를 달성하는 것이 주된 목표가 된다. 따라서, 그림으로 예시한 부분에서 보아서도 알 수 있듯

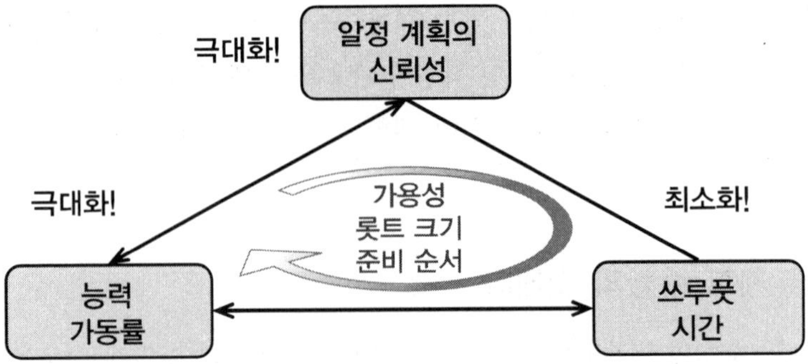

그림 1.5 목표와 결정 요인이 충돌하는 생산 일정계획 수립의 딜레마

이 능력 가동률의 극대화는 일정 신뢰성의 극대화 및 쓰루풋 시간의 최소화와 충돌하는 한 편, 뒤의 양자는 일정 정도는 양립이 가능하다(그림 1.5).

제한적인 생산 능력은 자원의 기술적인(technical) **가용성**으로 인해 추가적으로 제약을 받게 된다. 기계의 가동률, 쓰루풋 시간, 그리고 무엇보다도 일정의 신뢰성은 예측할 수 없는 방식으로 낮아진다. 특히 준비 요건으로 인해 추가적인 제약 사항이 발생한다. 한 편으로, 준비 시간은 능력의 가용 시간을 감소시키며 그럼으로써 자원 원가를 증대시키고, 결국은 능력 소요를 증대시킨다. 다른 한 편으로, 준비 시간은 롯트 크기 구성이 필요하게 만들고, 이것은 통상적으로 고객의 수요와 서로 일치하지 않는다. **롯트 크기**와 그 순서, **준비 순서**는 양자 모두 서로 충돌하는 목표에 관해 생산 일정을 최적화하기 위한 매개변수이다(그림 1.5). 준비 작업은 고객이 바라는 이형을 생산해야 한다는 필요성과 충분한 능력이 가용하도록 하기 위해서 적절한 롯트 크기를 확보하고 준비 순서를 유지해야 한다는 필요성 사이에 목표의 충돌을 발생시킨다. 이렇게, 생산 일정 계획 수립은 내부적으로 가용성, 롯트 크기, 그리고 준비 순서라는 세 가지의 결정 요인의 영향을 받는다.

자재 계획 수립의 딜레마

자재 계획 수립의 딜레마는 반제품 및 완제품의 자재 계획의 수립과 원자재의 조달을 위한 자재 관리 모두에서 나타난다(그림 1.6). 자재 계획의 목표는 높은 수준의 인도 역량을 달성하는 데 있는데, 이는 고객이 요청한 인도 일자를 충족시킬 수 있다는 것을 의미한다. 인도 역량은 공장의 물류 프로세스의 역량에 대한 척도이며, 이것은 극대화되어야 한다(목표 차원의 '품질'). 이것은 만일 모든 제품이 고객 주문에 대한 최대의 수량으로 완제품 상태로 가용한 경우에는 쉽게 달성할 수 있을 것이다. 최종 제품이 다양하기 때문에, 이렇게 하기 위해서는 자본 속박 비용과 보관에 필요한 공간이 지나치게 많이 필요하게 될 것이다. 이를 회피하기 위해서는, 원자재 및 반제품에 대한 계획 수립이 필요하게 된다. 필요 최소한의 자재를 유지한다는 것은, 공급자에 대해서 그리고 내부의 사전 가공에 대해서 보충 리드 타임이 짧아진다는 것을 전제한다. 인도 시간이 시징 수요를 충족시킬 만큼 충분히 짧아야 한다는 것은 중요한 추가적인 조건이 된다(목표 차원 '속도').

보충 리드 타임이 짧아짐에 따라 재고가 줄어들면 보다 빈번한 운송과 함께 보다 소량의 보다 **빈번한 주문**이 필요하다. 보다 **빈번한 주문**은 결국 자재 원가의 증가로 귀결된다. 이것은 보다 높아진 관리비 지출, 소규모의 포장에 담긴 소량의 주문, 그리고 보다 빈번한 인도에 따르는 결과이다. 구매 기능의 임무는 보다 소량으로 이루어지는 주문에 따르는 주문 거래 속에서 자재 계획 수립 및 구매에 있어서 낮은 원가를 달성하는 것이다. 같은 방식으로, 보다 자주 생산 주문을 발주하게 되면 사전 가공에 따르는 내부의 원가가 증대된다. 이들 원가는 관리비 지출, 운송 거리, 그리고 교체 시간 등을 줄임으로써 최소화해야 한다(목표 차원 '경제성'). 이렇게 해서, 일정 계획 수립은 자재 가용성 또는 인도 역량을 감안하면서 공장의 공정 역량을 확보하고자 하는 관점에서 구매 원가를 낮게 유지하고 원자재 및 반제품 재고 수준을 낮게 유지하려 한다. 그 결과, 인도 역량의 극대화는 재고 최소화뿐만 아니라 자재 원가의 최소화와도 충돌하게 된다(그림 1.6).

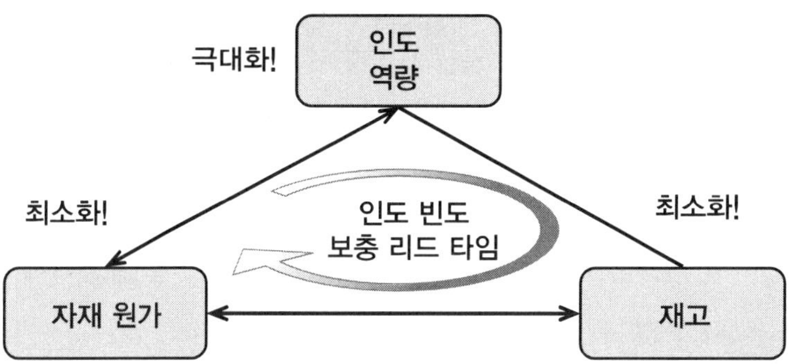

그림 1.6 목표와 결정 요인이 충돌하는 자재 계획 수립의 딜레마

자재 계획 수립 및 관리는 **인도 빈도**와 **보충 리드 타임**을 조정함으로써 최적화할 수 있다(그림 1.6). 인도 빈도를 높이면 공급자 및 사전 가공 공정에 대해 상대적으로 소량의 발주를 할 수 있으며, 이것은 원자재 및 반제품 재고를 줄이는 데 있어서 전제 조건이다. 인도 빈도의 최대 수준은 발주 비용에 의해 제약된다. 한 작업에서 발생하는 원가를 절감하게 되면 목표간의 충돌을 완화하고 생산 공정을 전반적으로 개선할 수 있다. 보충 시간이 짧아지면 계획 대상 기간이 짧아져서 구매 부서가 고객 수요의 변동에 신속하게 대응할 수 있게 된다. 하지만, 공급자가 짧은 통지 기간 내에 재고로부터 공급을 할 수 있도록 함으로써 보충 시간을 줄이는 것으로는 충분하지 못한데, 이는 얼마 지나지 않아 구매 단가가 높아지고 말 것이기 때문이다. 보충 시간은 긴 상태로 유지한 채로 단순히 주문 빈도를 늘린다는 것 역시 도움이 되지 못하는데, 이는 통상 운송 중에 있는 보충 주문의 수가 많아지게 될 것이라는 점을 감안할 때 수요 예측 오류로 인해 재고가 늘어나게 될 것이기 때문이다.

생산의 목표 딜레마

위에서 살펴 본 일정 계획 수립 및 자재 계획 수립의 딜레마를 생각해 보면, 일반적으로 알려져 있는 생산에 있어서의 목표의 충돌이 품질, 속도, 그리고 경제성이라는 세 개의 주요 목표에 국한된다는 것을 알 수 있다. 요약하면, 이것은 세 개의 전통적인 생산 목표의 딜레마를 보여 주는 삼각형 구도로 시각화할 수 있다(그림 1.7). 다음에서는, 아래에 각각의 방향과 함께 묘사되어 있는 핵심적으로 중요한 몇 개의 하위 목표들의 예를 이용하여 목표의 딜레마에 대해 보다 상세하게 분석해 보기로 한다.

품질. 여기서는, **기술적인** 품질 목표와 **물류적인** 품질 목표 사이의 구분이 필요하다. 기술적인 품질은 산출 측, **제품 품질**과 공정 측, **생산 품질**로 분명해진다. 이 둘은 주로 오류가 언제 그리고 어디에서 감지되는가에 따라 구분된다. 만일 오류가 공장 내에서 일어난다면, 그것은 불량 또는 재작업으로 이어진다. 품질 결함은 직접 작업 현장에서 처리된다. 만일 결함이 고객에게 인도된 후에 발견된다면, 이것은 고객의 제품 품질에 대한 평가에 영향을 미치게 된다. 이것은 성공 요인 가운데 하나에 영향을 미친다.

물류 품질 성과는 주로 일정 준수라는 측면에서 측정된다. 기본적으로, 다음과 같은 네 개의 서로 다른 일자를 구분할 수 있다. 주문에 기재되어 있는 고객이 요청한 납기,

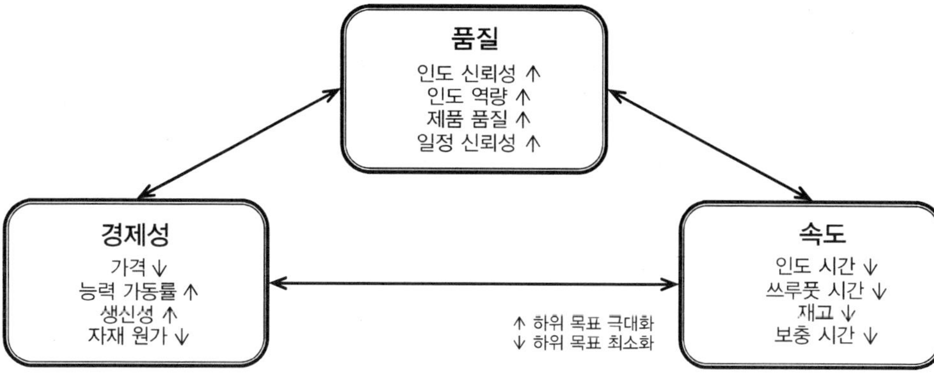

그림 1.7 생산의 3개의 목표의 충돌을 보여주는 표현의 개요

주문 확약 시에 합의된 인도 일자, 작업 현장에서 계획된 내부 완료 일자, 그리고 최종적으로는 실제의 선적 일자가 그것이다. 이상적으로는, 이들 네 개의 일자 모두는 시간적으로 동일한 시점을 지칭해야 한다. 만일 이들 일자가 서로 다르게 될 경우, 두 개의 일자에서 발생하는 차이는 별개의 품질 성과 척도로 귀결된다. 산업 실무에 있어서는 다음과 같은 세 개의 성과 지표를 측정하는 것이 의미가 있다.

- **인도 역량** 이것은 고객이 요청한 납기가 어느 정도 원하는 인도 수량으로 확약 인도 일자와 일치하는지를 나타낸다.
- **인도 품질** 이것은 고객 주문이 올바른 수량으로 제품 품질의 결함이 없이(제품 품질) 확약한 인도 일자에 인도되는 비율을 나타낸다(인도 신뢰성).
- **인도 신뢰성** 이것은 계획된 완료 일자에 일정에 맞추어 올바른 수량으로 제조되는 제품의 비율을 나타낸다.

인도 역량은 물류 **공정 역량**과 관련이 있는 한편, 인도 품질은 물류의 **공정 신뢰성**과 관련이 있다(Wiendahl 2009). 이 둘은 모두 기업이 추구하는 시장 목표이다. 하지만, 내부 인도 신뢰성은 내부 작업의 일정계획에만 관련이 있는 것으로서, 통상적으로 고객에게는 드러나지 않는다. 일반적으로, 시장과 기업의 목표 사이에는 차이가 존재한다. 만일 가능하다면, 일정 준수 및 결함의 부재와 관련되는 모든 품질 성과 척도가 극대화되어야만 한다.

속도. 시간 기준의 지표에 관해서는, 시장과 기업의 목표 사이에 유사한 구분이 가능하다. 전자는 인도 시간으로 표시 또는 측정하는 반면, 후자는 리드 타임으로 표시 또는 측정한다. 시장과 관련해서는, 목표는 경쟁력 있는 **인도 시간**을 달성하는 데 있다. 내부적으로는, 이것은 주문 입력 또는 주문 포착에서부터 선적까지에 이르는 주문 충족을 통해 달성된다.

이것은 내부적인 **생산 리드 타임**과 구분할 필요가 있다. 이것은 재고와 상관이 있는데, 재고는 비록 원가 요소임에도 불구하고, 다소 시간 기준의 생산 척도로서의 기능을 한다. 인도 시간과 생산 리드 타임은 상호간에 어느 정도는 독립적이다. 인도 시간은 리드 타임에 비해서 추가적인 주문 처리를 위한 관리적인 단계 때문에 리드 타임보다 길지만, 고객과는 독립적인 사전 가공이라는 누락된 부분으로 인해서 리드 타임보다 짧기도 하다.

또 하나의 시간 요소는 **보충 리드 타임**이다. 그것은 고객과는 독립적인 내부적인 사전 가공뿐만 아니라 공급자로부터의 원자재의 구매라는 외부 구매를 지칭할 수도 있다. 후자는 고객 고유의 제품의 인도 시간에 직접적인 영향을 미친다. 갑작스럽게 그리고 대규모로 고객 수요가 증가하는 경우에는, 심지어 주문과 무관한 자재도 절품이 될 수 있으며, 그 결과 인도 시간에 부정적인 영향을 미치게 된다. 내부 보충 시간은 사전 가공 시간 즉, 상응하는 리드 타임의 영향을 받을 뿐만 아니라, 관련 생산 주문의 일정 계획을 수립하고 배치하는 데 드는 시간에도 영향을 받는다.

상대적으로 짧은 인도 시간이라는 성공 요인은 위에서 언급한 시간 기준의 척도를 줄임으로써 뒷받침할 수 있는데, 그 가운데서도 특히 생산, 구매, 그리고 주문 충족 프로세스의 **속도를 높임**으로써 뒷받침할 수 있다. 만일 시간 기준의 척도가 최소화되어 그것이 요구되는 인도 시간을 달성하는 데 필요한 값 안에 들게 된다면, 제한된 능력에도 불구하고 인도 역량이라는 품질 목표도 제고될 수 있다. 아래에서 설명하는 바와 같이, 이와 같은 상관은 목표가 상호 의존적이며 서로 영향을 미친다는 사실을 지적해 주고 있다.

경제성. 우리가 주문할 서비스에 대해 동의할 수 있다는 전제 하에서, 시장의 핵심 성공 요인은 **가격**이다. 글로벌 경쟁 속에서 경쟁력 있는 가격으로 이윤을 창출하기 위해서는, 모든 **원가**를 최소화하는 것이 필수적이다. 그러나, 경제성의 계산은 다소 복잡한 일이며, 따라서 여기서는 다루지 않기로 한다. 여기서는 오로지 인건비, 운영 자원 및 자재에 대해서만 간략히 살펴보고자 한다. 중요한 점은 절대적인 원가 요율이 중요한 것이 아니라 그에 상응하는 상대적인 성과 척도라는 점이다.

- 인력의 경제적인 효율을 평가하는 데 있어서 중요한 것은 시간당 인건비가 아닌 제품 단위당 인건비로 측정되는 **인력 생산성**이다. 투자 역시 인력 생산성에 영향을 미친다는 것에 유의할 필요가 있다. 그러므로, 고정비 원가는 비록 동일한 방식으로 영향을 받을 수는 없지만, 변동비 원가와 중첩된다.
- 기계 시간 임률은 고정 원가의 일부이지만 사실상으로는 **가동률**에 따라 결정되며, 가동률은 다시 수요와 선택한 롯트 크기의 영향을 받는다.
- **자재 원가**는 구매 단가 및 운송 비용과 같은 외부 요인에 따라 결정될 뿐만 아니라 주문 수량과 관련이 있는 주문 비용과 같은 내부 절차에 따라 결정되기도 한다. 생산 기술 또한 예를 들어 불량과 같은 경우에서처럼 자재 활용도를 통해 단위당 자재 원가에 영향을 미친다.

세 개의 고전적인 목표 차원의 상호 의존성에 대해서는 아직 다루지 않았다. 나아가, 네 번째의 목표 차원인 다양성을 삼각형 구도에 추가할 필요가 있다. 이것은 목표의 논리적인 사각형을 구성하는 방법을 통해 다음에서 마무리하고자 한다.

성과 수치

품질, 속도 및 경제성이라는 세 개의 목표 차원 모두는 **시장 목표**와 **공장 목표**라는 측면에서 구분할 수 있다. 시장 목표는 인도 품질 및 인도 역량, 인도 시간 및 인도 가격을 포함한다. 공장 목표는 기본적으로 인도 신뢰성, 리드 타임, 보충 시간, 생산성, 가동률, 그리고 자재 원가 등을 대상으로 한다. 이것들은 생산의 성과를 측정하기 위해 사용되는 일반적인 핵심 수치의 일부이며, 이것은 개별 기업의 상황에 따라 확장이 가능하다.

생산 시스템에 대한 **성과 측정 시스템**은 공장 목표로부터 시작해서, 매개변수를 시장 목표에 따라 수정하여 규정하여야 하며, 물론 목표 차원에 맞추어 구조화해야 한다.

1.2.2 목표의 논리적 사각형

생산 시스템의 다양성의 증대에 관련된 것인 네 번째의 목표는 생산 조직에 관한 기술적인 문헌에서는 다루어지는 일이 거의 없거나 명시적으로 다룬다고 하더라도 지나가는 정도로만 다루어지고 있다. 따라서 위에서 보다 상세하게 설명하였던 생산 목표의 딜레마에 대해 또 하나의 차원을 추가한다. 따라서, 공장의 목표를 규정하는 데 있어서는 네 개의 독립적이면서도 상호 호환 불가능한 제 차원 사이의 구체적인 목표의 충돌을 고려하고, 그에 따라 적절한 의사결정을 할 필요가 있다. 다음 섹션에서는 네 번째의 목표 차원에 대하여 다룰 뿐만 아니라, 확장된 생산 목표의 딜레마 속에서 목표 차원 사이에서 개별적인 충돌선이 취하는 경로에 대해서도 다루게 된다.

다양성

여기서 시장 목표는 **인도 가능성**(deliverability)이다. 이 매개변수는 일시적인 가용성과는 무관하게 어떤 제품이 최종적으로 인도 가능한가 여부를 나타낸다. 인도 역량의 경우에는 어떤 품목이 특정한 인도 일자에 인도 가능할지 여부에 관한 정보를 제공하는 한편으로, 인도 가능성은 원칙적으로, 고객 수요가 충족되고 공급이 될 것인가 여부 즉, 제안된 제품 범위가 어떤 모습의 것인가를 나타낸다.

따라서, 공장의 목표 가운데 하나는 반드시 제안한 제품의 이형을 취급 또는 공급할 수 있는 능력이 되어야만 한다. **융통성** 또는 **변이성**은 그 다양성 및 개별화의 범위 내의 모든 제품 범위가 생산될 수 있다는 것을 보장한다. 다른 목표와 비교했을 때, 다양성은 점점 기업의 성공의 관심 대상이 되어가고 있다. 기업들은 많은 시장에서 이 목표에 가중치를 줌으로써만 경쟁력을 유지할 수 있다. 최상의 품질은 종종 당연한 것으로 여겨지며, 신속하게 고객에게 가용하게 제공되는 맞춤형 제품을 만들어낼 수 있는 능력만이 대부분의 경우 낮은 매출 총이익에 전 세계적으로 가용한 제품 표준으로부터 회사를 차별화할 수 있게 해 준다.

목표의 충돌

위에서 이미 나타낸 바 있듯이, 네 개의 목표 차원은 서로 다른 정도로 상호간에 충돌한다. 이러한 목표 간의 충돌은 그 심각성에 있어서 다소의 차이가 있다. 일부 목표는 다른 목표에 비해 보다 쉽게 달성할 수 있으며, 일부 목표는 어느 정도 상호 간에 양립 가능하지만 일부의 목표는 상호 양립이 완전히 불가능하다. 요약하자면, 네 개의 목표 차원 사이의 가능한 관계는 다음과 같은 네 개의 유형으로 구분할 수 있다.

1. **목표 간의 모순되는 적대성**이란 가장 강한 형태의 충돌을 의미한다. 여기서, 한 목표의 달성 수준을 높이면 다른 목표의 달성 수준은 낮아진다.
2. **목표 간의 상반되는 적대성**이 있을 경우, 두 개의 상반되는 목표의 달성은 상호 조정이 불가능하다. 이와 같은 다소 완화된 갈등은 두 목표의 달성을 동시에 증진시키는 것은 불가능하지만, 어떻든 한 목표의 달성을 개선하는 것은 다른 목표의 충족에 영향을 미치지 않을 수도 있다는 것을 의미한다.
3. 상대적으로 낮은 구현 요건으로 인해서 일부 목표의 경우에는 다른 목표보다 달성하는 것이 상대적으로 쉽다. 이와 같은 **목표의 종속성**은 논리적인 측면에서는 이해가 가능하지만, 현실적인 의미의 측면에서는 그렇지 않다.
4. **목표 사이의 양립성**은 비록 명시적으로 그것을 목표로 하지는 않았다고 할지라도 두 개의 목표의 달성 수준이 동시에 악화될 수 없을 경우에 존재한다. 이 경우, 두 개의 목표는 독립적으로 더 잘 달성될 수가 있다.

목표의 논리적 사각형

이제 네 개의 목표 차원을 하나의 사각형으로 정리할 수 있다. 네 개의 변과 두 개의 대각선을 모으면 네 개의 목표의 차원에 대해서 도합 여섯 개의 대응 관계를 나타낼 수 있다. 이들 여섯 개의 대응 관계 각각은 위에서 설명한 목표 간의 충돌 가운데 하나와 연관을 지을 수 있다. 네 개의 목표 차원 사이의 관계와 그것들과 관련이 있는 목표 사이의 충돌은 그림과 같이 목표의 논리적 사각형(그림 1.8)로 표현할 수 있다. 네 개의 목표 차원 사이의 충돌의 사각형 형태의 배열은 목표 상호 간의 충돌의 유형에 따라 결정되기 때문에, 이와 같은 배열은 임의의 것이 아니다. 이와 같은 도식적인 묘사는 생산에 있어서의 목표 충돌의 서로 다른 논리적인 특성을 보여준다. 목표 사이의 관계를 일반적인 방법으로 표현함으로써, 이 사각형은 현재 실현되고 있는 목표의 충돌의 배경에 깔려 있는 적대성의 유형을 보다 쉽게 발견하고 최소한 부분적인 양립성을 쉽게 달성할 수 있도록 해준다. 여섯 가지의 충돌 모두에 대해서 다음 섹션에서 보다 자세히 설명하기로 한다.

1. **품질과 경제성: 목표 간의 모순되는 적대성.**

이 충돌선은 품질을 개선하게 되면 원가가 상승하게 된다는 것을 의미한다. 그러므로, 제품 품질의 개선은 보다 정밀하고 보다 값비싼 자원을 필요로 하며, 보다 기량의 수준이 높고 따라서 보다 급여를 많이 지급해야 하는 직원을 필요로 하며, 어쩌면 거저 구할 수 없는 추가적인 품질 보증 프로세스를 필요로 하게 된다. 만일 우리가 이와 같은 추가적인 지출을 꺼린다면, 이제는 허용오차 범위 내에 속하게 될 부품의 수가 상대적으로 적어지게 될 것이므로, 아마도 상대적으로 높은 품질 요건으로 인해 직접 불량 비용은 증가할 것이다. 하지만, 빈번하게 높은 가동률을 달성하기 위해 상대적으로 큰 롯트 크기를 통해 경제성 향상 목표를 추구하게 되면 물류 품질은 떨어질 것이다. 상대적으로 롯트 크기가 커지면 자원 앞에서 대기해야 하는 대기 시간이 더 길어지고 더 변동성이 많아지

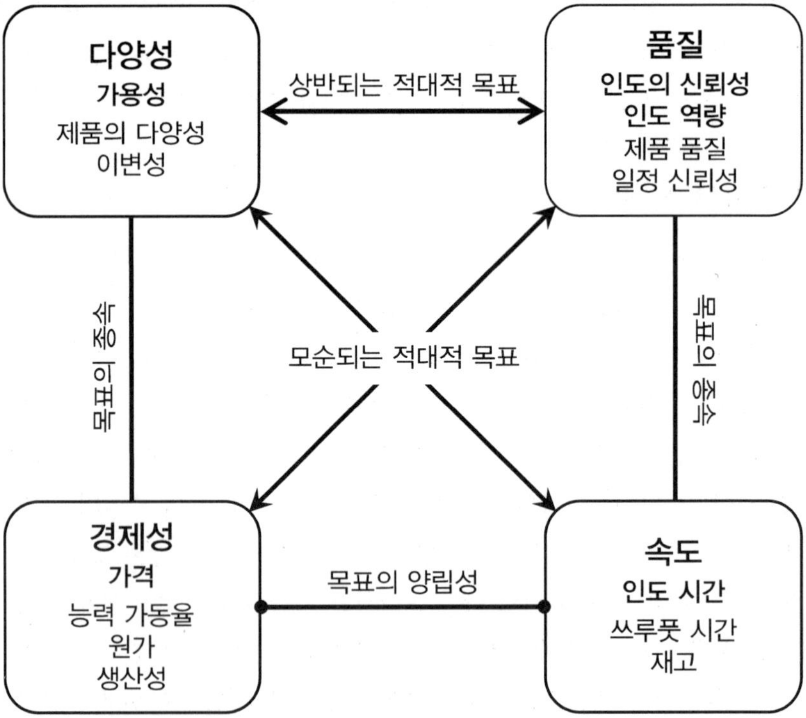

그림 1.8 생산 목표의 논리적 사각형과 여섯 개의 충돌선

게 되므로, 긴급하게 필요한 부품을 기다리는 시간이 길어질 것이며 그럼으로써 인도의 신뢰성이 줄어들게 될 것이다. 이와 같은 목표 사이의 충돌은 시장 가격에 어울리는 품질 수준을 달성하기 위한 노력을 통해 어느 정도 해소될 수 있을 것이다.

2. 다양성과 속도: 목표 간의 모순되는 적대성

이 충돌선은 다양성이 증대되는 경우 인도 시간이 상대적으로 길어지거나 재고 수준이 상대적으로 높아지게 된다는 것을 의미한다. 이와 같은 효과를 간단하게 보여주는 예로서 모든 이형을 보관하고 있는 간반 슈퍼마켓 창고가 될 것이다. 이형의 수가 늘어나면 재고 수준도 높아질 것이며, 생산 리드 타임도 길어질 것이다(섹션 3.3.2). 제품 재고를 유지하면 가능한 가장 빠른 인도 시간을 달성할 수 있을 텐데, 그 이유는 재고에서 불출하는 것이 통상 제품을 제조하는 것보다 빠르기 때문이다. 하지만, 재고 생산(Make−to−stock)은 제한된 제품 범위에서만 가능하다. 즉, 주문 생산(Make−to−order) 제품에 대해서는 이것이 매우 불가능하다. 일반적으로 다음과 같은 것이 현실이다. 즉, 이종의 수가 많고 개별화된 제품의 수가 많을수록, 제조 공정 사슬의 보다 앞에서 고객을 고려한 생산이 시작되어야 하며, 그만큼 고객의 대기 시간은 길어지게 된다. 이러한 목표 충돌은 이종이 만들어지는 시점을 가능한 한 제조 공정의 가장 늦은 시점으로 옮김으로써 어느 정도 해소할 수 있다. 이와 마찬 가지로, 만일 융통성 있는 기계를 제조를 위해 사용하는 경우, 종종 전체 공정이 늦어진다. 가공을 위해 더 많은 수의 공구가 필요하게 되고, 더 많은 작업 고정물을 사용해야만 하게 될수록, 공정 속도를 올리는 일은 더욱 어려워질 것이다.

3. 다양성과 품질: 목표 간의 상반되는 적대성

이 충돌 선은 한 편으로는 다양성의 증가로 인해서 품질 목표를 달성하는 일이 어려워지는 반면, 품질 요건의 증가로 다양성과 융통성이 제약을 받게 되는 것을 나타낸다. 따라서, 예를 들어, 고객에 따르는 설계의 적응으로 인한 제품 이형의 증가는 예기치 않은 지연과 함께 완전히 새로운 유형의 위험을 유발하게 된다. 따라서, 인도 신뢰성은 줄어들 수 있으나, 반드시 그렇게 되지는 않을 수도 있다. 연속 생산보다는 이 분야에서 더 성과를 잘 낼 수 있게 되는 것은 다소 그럴 듯해 보지지 않는 목표이다. 정의에 따라, 카탈로그 제품을 생산하게 되는 경우에는 느리거나 올바르지 않은 설계 적응으로 인한 품질 문제는 발생할 수 없다. 일반적으로, 다양성이 증가하게 되면 생산 시스템에 더 큰 수요를 유발하게 되며, 그 결과 부품 품질이 열악해지거나, 일정 준수율이 낮아지거나, 또는 인도 역량이 악화된다. 이와 같은 목표의 충돌은 한 쪽에서는 천천히 요건을 늘림으로써 다른 한 편이 동시에 개선될 수 있도록 즉, 지나치게 뒤쳐지지 않도록 또는 뒤쳐질 경우에는 약간만 그렇게 되도록 하는 방법으로 어느 정도는 해소할 수 있다.

4. 다양성과 경제성: 목표의 종속

이 충돌선은 대부분의 경우 제품 범위를 넓히기보다는 생산성과 가동률을 개선하는 것이 쉽다는 것을 의미한다. 일반적으로, 다변화된 제품 범위를 제조하기 위해서 기존의 생산 시스템을 보다 융통성 있게 만들기보다는 표준화된 제품의 제조 원가를 절감하는 것이 상대적으로 쉽다. 기존의 생산 시스템의 적응성을 늘리는 것은 더욱 어려운 문제인데, 그것은 이를 위해서는 건설뿐만 아니라 제조 자원의 설계 변경이 요구되기 때문이다. 이와는 반대로, 보다 융통성이 있는 기계의 경우에는 융통성이 적은 기계보다 가동률을 제고하기도 쉽다. 따라서, 비록 이 두 가지 목표 차원이 생산 설계에서는 완전히 다른 수준에 있음에도 불구하고, 두 가지 목표 차원을 더 많이 충족시킬 수가 있다. 이와 동시에, 이들 두 목표 차원은 상호 충돌하게 마련인데, 그것은 일반적으로 지나치게 융통성이 높을 경우에는 비효율적이 되게 마련이기 때문이다.

5. 품질과 속도: 목표의 종속

이 충돌선은 일반적으로, 속도를 개선하기보다는 품질을 향상시키는 것이 상대적으로 어렵다는 것을 의미한다. 따라서, 제품을 재고로 유지함으로써 인도 시간을 최소화 할 수는 있으나, 진정한 과제는 일반적으로 고객이 원하는 이형 이외의 제품을 재고로 가지고 있을 때, 어떤 경우든 적시에 인도를 할 수 있는 능력에 있다. 이와 마찬 가지로, 품질이 좋은 제품을 생산하는 것보다는 신속하게 제조하는 것이 상대적으로 쉽고, 아니면 언제나 인도할 수 있는 능력을 갖추기보다는 재고를 줄임으로써 생산 리드 타임을 줄이는 것이 상대적으로 쉽다. 만일 회사가 제조 공정을 관리하기 위한 훌륭한 전략을 개발한다면, 리드 타임을 줄임으로써 인도의 신뢰성을 개선하는 것 역시 가능하다. 마찬 가지로, 만일 실행을 가속화한다면 일부 생산 공정의 품질도 향상될 것이다.

6. 경제성과 속도: 목표의 양립성

이 충돌선은 일반적으로, 경제성과 속도는 동시에 둘 다 개선할 수 있다는 것을 의미한다. 예를 들어, 준비 시간을 줄이면서 한 편으로는 약간 롯트 크기를 줄임으로써 재고를 줄인다면, 이것은 동시에 리드 타임을 줄이고, 기계 가동률을 늘리고, 준비 비용을 줄이게 될 것이다. 리드 타임을 줄이게 되면 반드시 관련된 재고 비용은 줄게 된다. 두 가지 목표 차원 모두는 어느 정도 긍정적으로 상관을 가지고 있다.

목표의 논리적 사각형

여기서 제시하고 있는 생산 목표의 논리적 사각형은 생산의 네 개의 목표 차원이 어떻게 서로 다른 **목표 충돌**의 여섯 가지의 관계 유형으로 배열될 수 있는지를 보여준다. 개별 목표를 개선한다고 반드시 다른 어떤 목표가 동일한 정도의 영향을 받게 되는 것은 것은 아니다. 일부의 목표는 실제로 동시에 개선될 수도 있다.

생산 최적화의 목표는 최고 수준의 목표를 달성하기 위하여 네 개의 목표 차원을 활용하여 구체적인 생산 현장에서 생산 운영과 제품 범위 사이에 상호 균형을 최적화하는 데 있다.

전통적인 린 생산의 방법과 그것들의 목표를 보다 상세히 살펴보면 그것들의 바탕에 깔린 목표 체계를 확인할 수 있다. 각각의 목표 계층 구조에 관해 물류적인 목표와 생산 관련 목표로 나누어 다음에서 설명한다.

품질이라는 목표 차원은 린 생산에 있어서 쉽게 가장 중요한 우선순위를 차지한다. 매우 지당한 말이지만, 불합격은 가장 심각한 기술적인 낭비의 유형이라고 생각되는데, 이는 그것이 단 하나의 공정 단계에서 이전에 실현된 모든 부가 가치 활동을 쓸어 버릴 뿐만 아니라, 활용되었던 원부자재까지 쓸어 버리기 때문이다. 결함이 나중의 공정에 이르러서만 감지될 경우에는 해당 공정 이후에 발생된 가치마저 상실된다. 또한, 불합격된 제품은 짧은 기간 내에 고객 주문을 위해 가용하지 않기 때문에, 생산이 단절된다. **결함 제로 생산**은 따라서 신뢰성 있고 낭비가 적은 생산 절차에 있어서는 절대적인 중요성을 지닌다. 물류의 관점에서 보았을 때는, 또 하나의 질적인 목표인 인도 신뢰성에 가능한 최고의 우선순위가 부여된다. 고객의 관점뿐만 아니라 그에 따르는 고객 수요에 대한 엄밀한 생산의 정렬이라는 일관된 가정은 린 생산에 있어서 기본적인 개념 가운데 하나이다(섹션 2.2 참조). 다른 모든 규정은 이러한 기초 위에서 개발된다.

일반적으로 린 생산과 관련이 있는 속도와 관련된 **생산 리드 타임의 단축**이라는 목표는 두 번째 자리를 차지한다. 따라서, 고객 마감 시한을 충족시킨다는 전제 하에, 재고는 가장 심각한 물류 상의 낭비로 생각된다. 생산 관련 관점에서 보았을 때, 이것은 기계 가동 시간을 극대화하고 그에 따르는 설비 가용 시간을 개선하는 것을 작업 시간을 단축하기 위해서 머시닝 공정을 가속화하는 것보다 상대적으로 더 중요하게 여긴다. 전사적 생산 설비 보전(total productive maintenance: TPM) 방법은 고장 관련 시간 손실 및 속도의 손실을 줄이기 위한 린 생산의 맥락 하에서는 가장 중요한 일이다. 그렇게 해서 증가된 바람직한 기계 효율의 증가는 시간 관리의 중요성을 잘 설명하고 있다.

경제적 효율이라는 목표 차원은 세 번째의 자리를 차지한다. 이것은 린 생산에 있어서는 원가가 중요한 요인이며, 절대적으로 최소의 수준으로 유지되어야 한다는 점에서 생각한다면 놀라워 보일 수 있다. 하지만, 애초에 원가 절감은 직접적으로 원가 요율을 낮추는 방법이 아닌 불합격, 기계 고장 및 재고 등과 같은 비금전적인 낭비를 예방함으로써 간접적으로 달성한다. 이 세 번째 목표 차원은 **저원가의 자동화**라는 원칙에 따라 자원 관련 투자(그럼으로써 기계 관련 시간당 임률)를 낮게 유지하는 것을 목표로 하고 있다. 물류적인 관점에서 볼 때, 이렇게 하는 것은 생산 계획 수립에서 기계 가동률에 관련된 목표의 가중치를 낮추는 것을 허용하는데, 다시 말하자면 재고 수준의 감축 및 인도 일자 준수를 기계 가동률에 비해 우선하는 것이다. 작업자에 관해서 볼 때는, 린 생산에서는 마찬 가지로 낮은 임률을 목표로 하는 것이 아니라 보다 높은 직원의 자격 조건 및 직원 동기 부여를 바탕으로 작업자의 생산성을 제고하기를 원한다. 자원과는 반대로, 이 부분에서는 최대 가동이 바람직하다. 단, 그것은 인력 계획을 통해 물류적으로 최대 가동을 추구하는 것이 아니라, 모든 작업 현장에서 **최적의 인원 생산성**을 보장할 수 있도록, 모든 작업 함량을 시간적으로 정렬함으로써 생산 공정마다 각각 고유의 방식으로 가동률을 높이는 것을 추구한다. 동시에 이것은 조립 공정에서 알려져 있는 작업자 균형 차트(operator balance chart)의 생산 전반에 걸친 적용을 가능하게 한다.

물류적인 관점에서는, 다양성이라는 목표 차원은 서로 다른 제품 이형의 생산 순서를 쉽게 정할 수 있게 해 주는 단순한 헤이준카(平準化) 원칙을 이용하여 구현한다. 하지만, 이것은 이형이 많은 제품의 생산에 있어서는 오로지 제한적인 도움이 될 뿐이며,

이러한 목표의 우선순위가 낮아지는 점은 린 생산 체계의 약점이라고 생각할 수 있다. 그 결과, 생산 믹스를 평준화하기 위한 이 방법은 이 책에서 상당히 개선하였다(섹션 3.4.2 참조). 생산 관련 목표와 관련해서, 이 부분의 척도의 하나인 이른바 EPEI 값(섹션 2.3.1 참조)을 보면 잘 알 수 있듯이, 높은 설비 가동률은 제품 다양성을 높이기 위해 매우 중요하지만, 이러한 방법이 널리 활용되지 않는 것은 이 목표의 우선순위가 낮다는 점을 봐도 알 수 있다.

이 책은 최적의 생산 공장을 설계하는 방법을 제시하는 것을 목표로 하고 있다. 가치 흐름 설계를 활용하여, 각각의 공장을 특정한 목표 관련 지점에서 일관되게 운영 가능한 방법으로 생산을 설계할 수 있게 해 줄 설계지침을 제시하고자 한다. 여기에서 소개하는 설계지침에서는 린 생산의 전통적인 해결 방안에 대한 접근 방법을 확장하였으며, 특히 이전에 간과되던 목표 차원인 다양성에 주안점을 두었다(3장 참조). 하지만, 의도하는 또는 새로운 생산의 설계를 하기 위한 출발점을 명확하고 적절하게 시각화하기 위해서는 무엇보다도 우선 생산을 현재 상태 그대로 지도화하는 일이 필요하며, 이러한 목적을 위해서는 다음에 소개하게 될 가치 흐름 분석이 완벽한 도구가 될 것이다(제 2장).

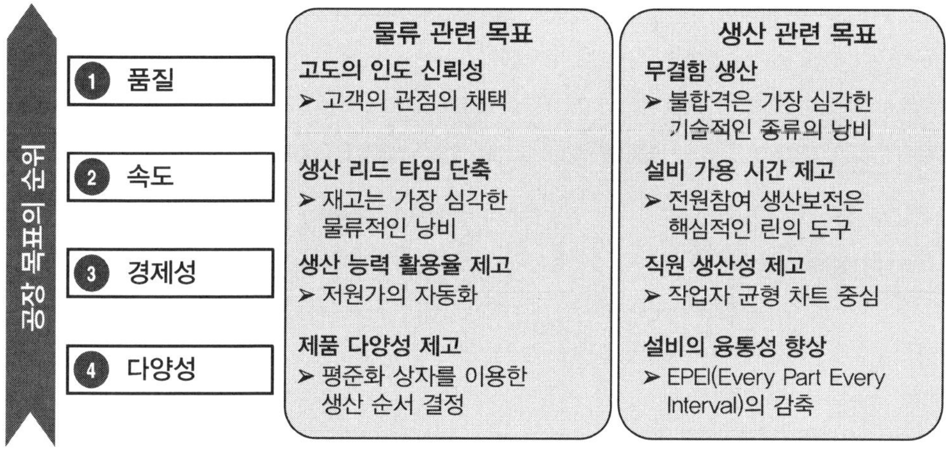

그림 1.9 재래의 린 생산 시스템 내에서의 공장 목표의 순위

CHAPTER 02

가치 흐름 분석

Value Stream Analysis

2.1 제품군

2.2 고객 수요

2.3 생산

2.4 개선 잠재력

CHAPTER 02

가치 흐름 분석

독일의 공학 분야에서 가장 인기 있는 분야는 지속적인 기업의 성공을 위해 가장 중요한 요인에 속하는 품질, 신뢰성 및 산출의 측면에서 개별 생산 공정에 대한 깊이 있는 최적화를 추구하는 일인데, 이 부분이 바로 구체적인 기술적인 노하우가 생성되고 발전되는 부분이기 때문이다. 하지만, 기술적인 핵심 역량에서 선두 주자가 되거나 선봉에 선다는 것만을 가지고는 언제나 경쟁에서 승리하는 데 충분한 조건은 아니다. 최적화된 다양한 공정들 간의 공동 상관 관계 역시 그에 못지 않게 중요한 성공 요인이다. 따라서, 기업에게는 기능적인 기량뿐만 아니라 업무 흐름에 대한 관리 역량 또한 요구된다. 개별 생산 공정에서 달성한 개선은 전체 생산 공정을 염두에 두고 계획 및 구현하지 않으면 쉽게 연기처럼 사라질 수 있다. 모든 생산 절차가 미세 조정되고 물류적으로 적절히 연계되었을 때 비로소 기업은 진정으로 성공할 수 있다. **가치 흐름 관점**은 따라서 다양한 생산 공정 사이의 상관이라는 상위의 측면에 집중하고, 그럼으로써 관심의 초점을 그렇지 않았을 경우에는 간과할 수 있는 특정한 매우 중요한 생산의 성공 요인으로 옮기는 것이다.

순수하게 기술적인 관점만을 가지고는 오로지 생산에 대한 매우 선택적인 검토 즉, 개별 생산 절차에 대한 검토밖에는 가능하지 않기 때문에, 생산 전반에 관한 검토를 위해서는 보다 생산 절차와 관련된 접근 방법이 필요하다. 전자를 통해 분석한 결과는 단순히 단절된 개선만을 달성할 수 있을 뿐으로서, 전체적인 접근 방법만이 전체 생산 절차의 개선을 가능하게 할 수 있다. 하지만, 후자 즉, 생산 절차에 대한 검토는 성공에 있어서 결정적인 요인인데, 이는 단절된 최고의 성과를 가지고는 미세한 정도밖에는 전반적인 성과를 개선할 수 없기 때문이다. 이와 반대로, 관점을 뒤집어 볼 필요가 있다. 즉, 전반적인 생산 절차에 기초하여 개별 공정에 대한 **요건**을 개발하여야만 한다. 이것은 가치 흐름 방법을 통해서 매우 설득력 있는 방식으로 진행할 수가 있다.

목표 지향적인 현재 상태 지도 작성은 생산의 개선을 위해 불가결한 전제 조건이다. 많은 분석 방법은 **가능한 한 망라적으로** 데이터를 수집하는 것을 목표로 삼고 있다. 하지만, 불행하게도 이러한 접근 방법은 일반적으로 노력은 많이 들지만 실제 정보로서의 가치에 비해서는 겉보기에만 정밀해 보이는 결과를 내는 경우가 많다. 뿐만 아니라, 이런 접근 방법은 전반적인 생산에 대한 잘 정돈된 개요를 보여주기보다는, 단순히 개별적인 결과를 그래프로 요약하는 것에 그칠 뿐이다.

생산의 현재 상태를 올바르게 지도로 나타내기 위한 또 한 가지 방법은 모든 생산 절차를 **가능한 한 종합적으로** 묘사하는 방법이다. 하지만, 이를 위해서는 공정을 기록하는 프로세스를 체계적으로 단순화하고, 차별화된 데이터 분석을 경험적으로 추정한 또는 평균 값으로 요약하는 일이 요구되므로, 관련된 분석적인 노력을 상당 수준 줄이면서도 동시에 명확성과 각각의 결과의 명확성과 정보로서의 가치는 향상시킬 수 있다. 또한, 노력이 적게 들기 때문에 분석 결과를 훨씬 빨리 활용할 수 있으며, 정상적으로는 몇 주 정도 걸릴 완전한 분석에 단 며칠 밖에는 필요하지 않게 된다. 이와 같은 여러 가지의 장점이 있는 **가치 흐름 분석**은 진정 탁월한 분석 도구이며, 그 적용 방법에 관해 이 장에서 상세히 설명한다.

가치 흐름 분석은 명확하고 종합적인 현재 상태 지도를 작성하기 위한 **유일한** 완벽한 방법이다. 이는 주로 생산 공정뿐만 아니라 자재와 정보의 흐름을 감안함으로써 가능해지며, 그 외에도 단순한 기호를 이용하여 시각화하는 것도 한 몫을 한다. 이 책은 잘 알려진 그래픽 기호를 이용하는 방법(Rother 1999)을 확장한 방법이며, 특히 정보의 흐름 측면에서 확장이 이루어졌고, 쉬운 데이터 분석 방법을 이용하여 해당 방법을 보완하고 있다. 이로써 크게 어떠한 노력이나 어려움을 증내시키지 않고도 해당 방법의 적용 범위를 확장할 뿐만 아니라 정보로서의 가치도 늘어나게 되었다.

가치 흐름의 묘사

한 공장의 다양한 생산 활동을 가능한 한 종합적인 지도로 나타낼 수 있기 위해서는, 적절한 **모형화** 작업이 필요하다. 적절한 모형화란 어떤 사물을 단순하고 기능적인 방법으로 묘사하는 모형을 의미한다. 바로 이것을 가치 흐름 방법은 매우 효과적인 방식으로 달성한다. 공장의 가치 흐름에 대한 모형화는 **여섯 가지의 기본적인 요소**에 기초를 두고 있으며, 이들 모두는 특정한 매개변수를 통해서 설명하고 유형 별로 추가적으로 구분할 수 있다(그림 2.1).

1. '생산 공정'은 공장 내의 직접적인 생산 활동뿐만 아니라 외부 가공 활동을 의미한다.
2. '업무 프로세스'는 생산 계획 수립 및 생산 관리를 포함하는 주문 처리 업무를 의미한다.
3. '자재 흐름'은 자재의 현재고를 포함한 생산 공정 사이의 자재의 이동을 의미한다.
4. '정보 흐름'은 데이터의 빈도를 포함하는, 개별 업무 프로세스 사이 및 생산 공정으로 향하는 데이터와 문서의 전송을 의미한다.
5. '고객'은 생산이 충족시켜야만 하는 고객의 수요를 반영하며, 따라서 시스템에 대한 부하를 모형화한다.
6. '공급자'는 원자재 및 부품을 생산에 공급하는 공급자를 의미한다.

가치는 공급자로부터 공장을 거쳐 고객 방향으로 즉, 아래 그림에서 왼쪽으로부터 오른쪽 방향으로 흐른다(그림 2.1 참조). 따라서, 하류의 생산 공정은 상류의 공정보다 고객에게 가까이 있다. 주문 처리와 관련된 업무 프로세스, 공장 내의 실제의 자재의 흐름, 그리고 생산 공정으로의 모든 정보 흐름이 모여 공장의 완전한 생산 물류를 구성한다. 두 개의 생산 공정 사이의 **물류적인 연계**는 두 공정 사이의 자재의 흐름과 그에 상응하는 통제 논리를 반영한다. 따라서, 상위 차원에서 우리는 생산과 물류를 구분할 수 있다.

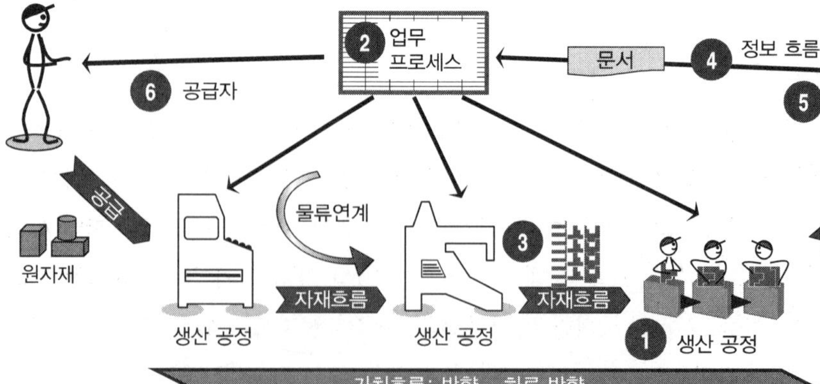

그림 2.1 공장 내의 가치 흐름

앞에 언급한 모형화를 바탕으로 하여, 가치 흐름 방법은 가치 흐름을 간략하게 **시각화**할 수 있게 해준다. 위에서 언급한 여섯 가지의 모형 요소 각각은 간단한 **기호**를 이용하여 표현할 수 있다. 가치 흐름 관점은 특정한 특징에 따라 서로 다른 기호를 이용하여 묘사되는 물류적 연계에 집중함으로써 생산 절차의 일반적인 특성을 즉각적으로 식별할 수 있게 해 준다. 추가로 자기 설명적인 아이콘을 추가함으로써 중요한 특성을 시각화할 수 있다. 따라서 전체 생산에 대한 **가치 흐름 묘사**는 기호로 작성된 그림으로 구성할 수 있다.

단순한 기호를 이용하여 생산을 묘사하는 방법에는 다음과 같은 두 가지 장점이 있다. 첫째, 그렇게 함으로써 완전한 분석 결과를 축약적으로 묘사하는 것이 가능해진다. 다른 한 편으로, **가치 흐름 지도 작성** 방법은 그것 자체로서 몇 가지의 장점이 있으며, 이에 대해서는 아래에서 상세하게 설명한다.

1. 기호가 단순하기 때문에 가치 흐름 묘사를 현장에서 연필을 이용한 스케치 형태로 작성할 수 있어서, 분석 과정에서 작업 현장의 지배적인 상황 즉, 실질적인 표준의 **현재 상태**를 지도로 만들어 내는데, 이는 공장 외부에서 수행하는 데이터 분석과는 상당한 차이가 있다.
2. 시각화 과정에서는 생산 전체에 대한 잘 정돈된 묘사가 수행된다. 그 과정은 간략하며, 일반적으로 단 한 장의 DIN A3(297mm × 420 mm 또는 11.69 인치 × 16.54 인치) 또는 유사한 규격의 종이 위에 공급자로부터 고객에 이르는 전체의 생산 공정을 묘사할 수 있고, 이는 생산을 둘러싼 제반 조건에 관하여 사용자에게 훨씬 많은 **투명성**을 제공한다. 동시에, 불필요할 수 있는 개별 생산 절차에 대한 높은 **수준의 복잡성**을 식별한다.
3. 모형화의 유형에 따라서, 주의는 작업 시간, 준비 시간, 그리고 재고 등과 같은 다양하고 통상적으로 평균화된 중요한 매개변수에 집중된다. 가치 흐름 지도 작성의 구조화된 접근 방법은 지나치게 복잡하고 상세한 대량의 데이터를 작성해 내느라고 초점을 잃게 되는 일을 예방한다.
4. 총 작업 시간과 각각에 상응하는 생산 리드 타임을 비교함으로써 수치적인 분석 결과를 생성한다. 두 수치 사이의 차이는 전반적인 절차에 관한 커다란 **개선의 잠재력**을 알 수 있게 해준다.

5. 직관적으로 쉽게 이해할 수 있는 기호를 사용함으로써 현재의 생산 절차와 그 약점 및 미래의 생산의 배치에 대한 접근 방법에 관한 내부 의사소통을 촉진한다. 그것은 또한 생산의 효율 및 그에 따른 요건의 구현에 있어서의 재량에 관해 외부의 동반자와 의사소통을 하는 기초 역할을 할 수도 있다.

고객의 관점

전반적인 생산뿐만 아니라 개별적인 생산 공정에 부과되는 요건을 결정하는 것은 고객의 관점이기 때문에, 모든 가치 흐름 분석의 바탕에 깔려 있는 기본 개념은 **고객의 관점**에 대한 배려이다. 선적 도크에서 시작하여, 자재의 흐름을 따라 생산 공정을 거슬러 상류 방향으로 고객의 관점을 가져가야 한다. 따라서, 가치 흐름 분석은 전통적인 방향으로 진행하지 않는다. 즉, 자재의 인도 지점 또는 입고 도크에서 시작하지 않는 것이다. 직관적으로 생각할 때는 하류로 진행하는 것이 보다 논리적으로 보일 것이고, 어쩌면 그것이 인과 관계의 원칙을 반영한다고 생각될 것이다. 하지만, 반대 방향으로 진행하는 방법 즉, 모든 생산의 실제 원인이 되는 고객으로부터 시작하는 방법에는 다음과 같은 많은 장점이 있다.

1. 모든 생산은 고객이 희망하는 것을 만족시키기 위한 목적으로 존재한다. 분석에서 고객의 관점을 채택하고 자재의 흐름을 하류의 끝에서부터 접근함으로써 우리는 고객의 요건을 생산에 보다 잘 반영할 수 있다.
2. 검토 대상인 모든 생산 공정은 그 자체가 상류에서 자재를 공급하는 공정에 대해서는 고객이다. 그러므로 분석에서 전체 생산에 걸쳐서 그리고 그 과정에서 모든 개별 단계에 이르기까지 고객의 기대를 반영할 수 있게 된다. 역방향 접근 방법 즉, 상류에서 시작하는 방법을 택할 경우에는 고객 공정이 인도된 자재를 어떻게 처리할 것인가라는 질문을 제기하게 되는 한 편, 이와 같은 접근 방법은 고객의 공정에 대해 이상적인 역할을 수행하기 위해서는 인도 공정이 어떤 모습이어야 하는가를 질문한다.
3. 복수의 부품이 있거나 조립 제품인 경우, 가치 흐름은 상류로 거슬러 올라가면서 분기가 이루어진다. 선정된 모든 제품의 가치 흐름 분석은 명확히 그 출발점이 제품을 선적하는 말단에 있는데, 입고 도크에서는 어떤 부품 또는 원자재를

대상으로 분석을 시작해야 할 것인지를 결정하기가 상대적으로 어렵다. 상류의 분기 지점에서는 우선순위를 신중하게 설정할 수도 있겠지만, 모든 느슨한 끝들은 입고 도크에서 최종적으로 끝나게 마련이다.

4. 가치 흐름 분석에 있어서는, '어떻게?'라는 기술적인 질문 즉, '특정 제품이 어떻게 생산되는가?' 라는 질문은 아리아드네의 실[2]과 같이 생산 전체를 관통해 이끈다. 이것은 외부의 방문자가 사물을 상대적으로 이해하기 쉽게 해 주는데, 그것은 생산 공정의 각각의 결과가 "어떻게"라는 질문에 대한 답을 찾기 쉽게 만들기 때문이며, 그것은 이 단계에서 다양한 기술적인 단계에 관한 '왜'라는 질문에 대한 답을 이미 알고 있기 때문(고객의 희망을 반영하여 제품을 만들었으므로, 고객 관점을 알고 있으면 '왜'에 대한 답은 이미 알고 있는 것임)이다.

접근 방법

제조 회사의 가치 흐름 분석의 실행은 다음과 같은 네 개의 단계로 구성된다(그림 2.2 참조).

1. **제품군의 도출.** 가치 흐름 분석은 회사의 전체 제품 범위를 방법론적으로 제품군으로 분류하는 일로 시작한다. 생산 공정에 관한 차이를 기반으로, 동일한 가치 흐름 내에서 지도로 작성할 제품군으로 제품을 분류한다. 이 방법을 처음으로 사용하는 기업은 먼저 적절한 제품군을 선정해야만 한다(섹션 2.1).
2. **고객 수요의 분석.** 다음으로는, 제품 수요를 모형화하는데, 이상적으로는 직전 회계 연도의 판매 수량을 기준으로 한다. 이것으로 모든 준비 활동은 종료된다(섹션 2.2).
3. **가치 흐름 지도의 작성.** 공장을 둘러 보며 실제 가치 흐름 지도의 작성을 수행한다. 가치 흐름은 현재 상태를 묘사하며, 생산 공정 및 물류의 모든 중요한 매개변수를 지도 상에 표현한다(섹션 2.3).
4. **개선 잠재력의 파악.** 작업 시간과 생산 리드 타임 사이의 관계, 그리고 개별 생산 공정 사이의 일관성을 살펴보면 그렇게 지도화한 해당하는 현재 상태의 가

2) 모든 가능한 경로에 망라적으로 논리를 적용함으로써 복수의 명백한 진척 수단을 이용하여 문제를 푸는 것을 의미: 역자 주

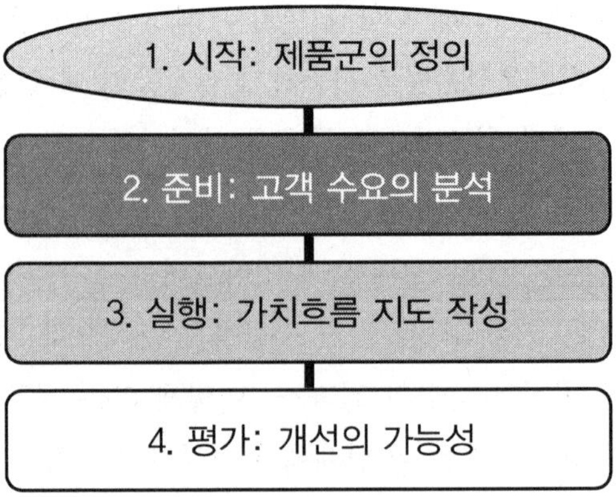

그림 2.2 가치 흐름 분석 절차

치 흐름의 품질에 대한 평가가 가능하며, 개선을 위한 잠재력을 짚어낼 수 있다 (섹션 2.4).

> **사례연구** **정수필터주식회사**. 이 방법의 많은 측면은 실무적인 사례를 통해 보다 잘 이해할 수 있다. 따라서, 이 책의 방법론은 가상적인 회사인 정수필터라는 회사의 비교적 단순한 사례에 대한 가치 흐름 분석을 이용하여 설명하는 것으로 한다. 창원에 위치하고 있는 이 재고생산 회사는 고정 및 이동성 제품에 사용되는 필터 장치를 개발 생산하는 회사로서, 개략 1,800명의 직원이 연간 거의 3억 유로의 매출을 올리고 있다.

생산을 지도화하기 위한 가치 흐름 분석

이 작업의 **목표**는 현재의 생산 공정에 대해 보다 깊이 있게 이해하고 개선을 위한 잠재력을 짚어내기 위해 한 공장 내의 현재의 상황을 효율적으로 지도의 형태로 명확히 묘사하는 데 있다. 이러한 맥락 속에서 한 가지 중요한 요인은 일관되게 고객 관점에서 가치 흐름을 바라 본다는 것이다.

접근 방법. 분석은 현재의 전형적인 공장의 조건을 스냅 샷으로 읽어 내는 방법을 통해 수행한다. 두 번에 걸쳐 고객 쪽의 끝 즉, 출고 도크에서 시작하여 역방향으로 가치 흐름을 살펴 보면서, 인터뷰, 측정 및 계수를 통해서 1차로는 생산의 흐름을, 그리고 2차로는 주문의 흐름을 지도화한다. 가장 중요한 매개변수와 함께 가치 흐름을 현장에서 손으로 스케치한다. 이 방법은 그다지 많은 시간과 노력이 요구되지 않는다.

결과는 생산 공정과 자재 및 정보의 흐름을 포함하는 완전한 가치 흐름을 단 한 장의 종이 위에 투명하고도 잘 정돈된 상태로 묘사한 이른바 가치 흐름 지도이다. 이것은 우리의 관점을 개별 공정과 자원에 대한 관찰로부터 서로 다른 생산 공정의 물류적 연계로 전환시켜 준다.

장점

- 거의 조감도와 같은 전체 생산에 대한 묘사는 모든 공정에 대한 전반적인 맥락을 보여 주며, 관점이 단절된 개별 문제 영역으로 좁혀지는 것을 방지한다.
- 모든 중요한 매개변수를 포함하는 기술 공정 및 자재와 정보의 흐름에 대한 투명한 묘사를 통해, 중요한 측면을 놓치지 않으면서도 생산에 대해 종합적으로 이해할 수 있게 해 준다. 다른 어떤 방법도 생산 공정과 그 바탕에 깔린 정보의 흐름을 함께 보여주는 것은 없다.
- 상세도의 수준이 상당히 낮기 때문에, 전통적인 분석에서와 같이 복잡하게 얽혀 있는 데이터 속에서 길을 잃어버리게 될 위험이 없이 본질을 볼 수 있다.
- 명확히 정의된 기호를 사용하는 방법으로 현재의 조건과 의도하는 개선의 효과를 시각화함으로써 개선 제안 및 목표에 관한 내부 의사소통을 개선한다.
- 가치 흐름 묘사는 전체적인 맥락과 관계가 없는 단절된 개별 매개변수들에 대한 효율성 평가에 기초한 일견 긍정적인 겉모습을 반영하기보다는, 배치와 공장 전체에 대한 두 가지의 관점 모두를 가지고 다양한 여러 공정이 상호 간에, 그리고 고객 수요와 얼마나 잘 일치하는지를 보여 준다.

2.1 제품군

실제로 가치 흐름 분석에 착수하기 전에, 우리는 어떤 제품들을 대상으로 분석을 할 것인가를 먼저 정해야만 한다. 일반적으로, 가치 흐름은 하나의 특정 제품의 생산에 관여하는 모든 생산 공정의 조합을 대상으로 적용한다. 서로 다른 제품인 경우에는 당연히 생산 과정에 걸쳐서 서로 다른 경로를 따르거나 동일한 생산 공정에 대하여 서로 다른 요건을 요구하게 될 것이며, 따라서 각자 나름의 가치 흐름을 형성하게 것이다. 만일 우리가 특성이 서로 다른 제품들의 복잡한 생산을 단 하나의 지도 상에 작성하려고 시도를 한다면, 거의 아무 것도 파악할 수 없을 것이다. 그 결과로 만들어진 지도는 공장 배치의 바닥 공간에 관한 정보는 없는 공장의 자재 흐름과 같이, 서로 다른 중요성을 지니고 있는 생산 공정 사이의 중첩되어 엮여 있는 거미줄과 같은 모습을 보여줄 것이다.

제품의 이형의 수가 매우 적은 대량 생산인 경우에는, 각각의 제품을 개별적으로 하나의 가치 흐름 분석을 통해 분석해 볼 수 있을 것이다. 하지만, 주문 조립의 경우에는, 개별 제품의 지도를 작성하는 것은 최상의 해결 대안이 될 수 없을 뿐더러, 유사한 제품들이 대부분 유사한 원자재를 이용하여 유사한 생산 공정을 통해서 생산될 것이기 때문에, 그러한 유사한 제품들은 하나의 가치 흐름으로 결합하는 편이 오히려 나을 것이다. 따라서, 모든 가치 흐름 분석은 한 공장 내에서 생산되는 전체 제품 범위를 생산에 관련된 기준을 이용하여 몇 개의 집단으로 묶는 일에서부터 시작한다. 이것은 결국 제품군에 따른 분류로 귀결되는데, 이것을 영업에서 분류하는 제품군과 혼동하지 않도록 해야만 한다. 그리고 나면 이들 제품군을 각각 하나의 가치 흐름 묘사에 지도화하여 나타낸다.

이와 같이, 가치 흐름 분석의 첫 번째 단계는 **제품군의 도출**이 된다. 어떤 의미에서 제품군은 공장의 나머지 제품과 분리되는 공장의 한 세그먼트[3]라고 말할 수 있다. 숙련된 분석가라면 한 집단에 속하는 공정, 부품 또는 제품을 구분하지 않고도 공장 내의 상호 관련이 있고, 중첩되는 생산 공정과 같은 복잡성이 줄어들 수 있도록 구분 선을 그을 수 있는 방법을 알 수 있을 것이다. 이것은 통상적으로 **제품군 매트릭스**(섹션 2.1.1)라는 단순한 방법을 통해 수행할 것을 권고한다. 이 매트릭스는 기본적으로 모든 개별 제품을 검토의 대상으로 하여 시작하는 방법으로 대량 데이터 분석에 해당하며, 따라서 오로지 대량 생산에 대해서만 적합한 방법이다. 이 책에서는 노력이 매우 적게 요구되며 따라서 가치 흐름 분석에 훨씬 더 적합한 다른 방법을 소개하고자 한다. 그 이유는 그 방법이 개별적인 제품의 상세 내용에서부터 시작하지 않기 때문이다(섹션 2.1.2). 오히려, 해당 방법은 **제품군의 유사성**이라는 특성들을 생산 절차의 일반적인 체계에 기초하여 결정하는데, 그 다음에서는 이를 바탕으로 개별 제품을 각각이 해당하는 제품군에 할당하는 방법으로 분석을 진행한다.

---

3) 이것은 시장을 세분화한 한 부분을 세분 시장(세그먼트)라 부르는 것과는 어찌 보면 시장과 공장이라는 측면에서 대칭된다: 역자 주

제품군의 선정

최초로 가치 흐름 분석을 수행하기 위해서는, 적당한 제품군을 선정해야만 한다. 본 파일롯 프로젝트를 위해서, 우리는 매우 어려운 제품군을 선택해서도 안 되고, 그렇다고 가장 중요하지 않은 제품군이어서도 역시 안 될 것이다. 이상적으로, 우리는 지나치게 회사의 매출에서 차지하는 점유율이 작지도 않으면서 롯트 크기가 크고 이형의 수가 적은 제품군을 선정할 것을 권한다. 이렇게 하면 처음에 방법을 적용하기가 상대적으로 쉬우면서도 달성된 개신의 효과를 실릴 수 있다는 추가적인 장점이 있다.

2.1.1 제품군 매트릭스

겉보기에 단순하면서도 안전한 제품군 선정 방법은 이른바 **제품군 매트릭스**에 기반을 둔 방법이다. 이 매트릭스는 회사가 생산하는 모든 제품과 그것들 각각에 해당하는 모든 공정 단계를 보여준다. 이것으로부터 동일 또는 유사한 공정 단계가 적용되는 모든 제품을 하나의 제품군으로 분류한다. 상세한 절차는 다음과 같다.

1. 품목 번호로 식별한 모든 품목을 첫 번째 열에 하나 하나씩 나열한다.
2. 전체 제품 범위에 걸쳐 필요한 모든 생산 단계를 열의 맨 윗줄에 나열한다.
3. 각각의 제품의 생산에 필요한 모든 생산 단계를 관련 매트릭스의 셀에 X 자로 표지를 한다.
4. 동일한 표지가 있는 모든 제품 즉, 동일한 생산 단계를 필요로 하는 제품들은 하나의 제품군에 속한다.
5. **유사성**의 원칙에 따라, 공정 순서가 유사한 제품들을 하나의 제품군으로 묶을 수 있다.

그러나, 유사성이라는 정의는 상당히 모호하며, 어떤 제품들이 제품군으로 묶을 수 있을 만큼 충분히 유사한가에 관한 판단은 사용자의 재량에 달려 있고, 어떤 공정 단계를 그룹으로 묶어 생산 공정을 형성할 것인가 하는 판단 역시 그 사람의 재량에 달려 있

품번	드릴링	밀링(수직)	밀링(수평)	밀링(소형 작업)	세척	경화	예비조립 1	예비조립 2	예비조립 3	조립 1	조립 2	조립 3	
612680-20	x		x		x		x		x				PF 1
612842-20	x		x		x		x		x				
612682-20	x		x		x		x		x				
612682-23	x		x		x		x		x				
612861-10			x		x		x		x				
612684-10			x		x		x		x				
612685-10			x		x		x		x				
612839-20	x		x		x		x		x				
612234-10			x		x		x		x				
612688-10			x		x		x		x				
615386-10		x			x			x		x			PF 2 버스 오일 필터
615387-10		x			x			x		x			
615387-23		x			x			x		x			
615722-10		x			x			x		x			
615389-10			x		x	x			x			x	PF 3
612871-20			x		x	x			x			x	
615502-10			x		x	x			x			x	
615608-05			x		x	x						x	
615608-10			x		x	x						x	
615719-10				x	x				x			x	PF 4
612866-20				x	x				x			x	
615736-05				x	x				x			x	
...													

PF = 제품군

그림 2.3 정수필터의 제품군 매트릭스의 발췌 내용

는 것이다. 만일 상세도를 제품의 경우와 같은 방식으로 선정한다면, 모든 기계를 개별적으로 관찰하여야 할 것이며, 오로지 거의 동일한 기계만을 하나로 분류할 수 있을 것이다. 하지만, 제품군의 결정을 위해서는 각각의 기계에 대해 요구되는 요건이 결정적인 역할을 한다. 예를 들어, 해당 기계들이 기하학적으로 유사한 부품들을 다룬다는 이유로 해서 작업 영역이 유사한 모든 머시닝 센터는 하나로 분류하게 될 것이다. 반면, 생산 단계는 '밀링'과 같은 일반적인 생산 공정 명칭보다는 보다 상세한 수준에서 정의할 필요가 있다. 그 이유는 그렇지 않을 경우 집단화함으로써 기계에 대해 요구되는 서로 다른 요건이 무시될 수 있기 때문이다. 그 결과, 지금과 같은 매트릭스라는 의미에서의 **제품군**은 유사한 생산 단계를 거치고 거의 동일한 기계에서 생산되는 모든 제품을 포함하게 될 것이다.

사례연구 정수 필터는 현재 1천 개를 훨씬 넘는 기존 품목 번호를 사용하고 있다. 명료하게 나타내기 위하여, 단 22개의 품목만을 발췌한 내용만을 여기 제시해 보고자 한다(그림 2.3). 전체적으로, 12개의 서로 다른 생산 단계가 열거되어 있다. 머시닝 센터와 밀링 머신은 세 개의 그룹으로 구분되어 있는데, "수평 밀링", '수직 밀링', 그리고 '작업 영역이 작은 밀링'으로 나뉘어 있다.

예비 조립 및 조립 각각은 서로 다른 장치와 서로 다른 인원으로 구성되어 있는 세 개의 작업 공간을 포함하고 있다. 조립 구역의 번호 분류는 오로지 보다 구분을 위한 목적으로만 사용된다. 여기에는 어떠한 순서적인 차이도 반영되어 있지 않다. 그림에 묘사되어 있는 품목들은 네 개의 제품군으로 분류되어 있다. 내부 직원이라면 제품군 2에 정수 필터가 생산하고 있는 버스용의 네 가지 유형의 오일 필터가 포함되어 있다는 것을 알 수 있을 것이다. 제품군 1은 드릴링을 거치는 품목과 거치지 않는 품목으로 구성되어 있는데, 여기서 우리는 유사한 공정 순서가 존재한다는 것을 알 수 있다. 하지만, 이 그림에서 명확하게 나타나 있지 않은 사실은 제품군 3에서, 경화 작업 뒤에 경화 전에 사용한 것과 동일한 기계를 사용하는 또 하나의 밀링 공정이 뒤따른다는 것이다.

하지만, 많은 품목 번호가 있는 복잡한 제품 범위에 있어서는, 위에 설명한 방법은 다소 품이 많이 들며, 수천 품목에 이를 경우에는 매우 일찌감치 길을 잃게 되기가 쉽다. 결국, 공정 구조에 관련된 유사성이라는 것은 처음부터 항상 명확하지가 않은 것이며, 더 문제가 되는 것은, 서로 다른 공정 단계의 실제를 순차적으로 배열하는 일은 매우 제한적인 방식으로 밖에는 묘사하기가 어렵다는 것이다. 표에 있어서의 모든 조합이 전체 제품 범위를 생산 지향적으로 세분화하는 데 같은 정도로 적합한 것은 아니다. 따라서 우리는 제품군 매트릭스 내에서 설정된 유사성 기준을 명확하게 정의할 수 없다는 주요한 단점에 직면하게 된다. 어떤 의미에서, 위에 말한 기준은 다양한 생산 공정 단계의 정의 뒤에 숨어 있어서, 제품군 매트릭스 내에 서로 다른 표시가 된 셀이 나타날 수 있는 가능성이 존재하는 것이다. 하지만, 기준이 정밀하지 못하면 실수를 유발하기 쉬우며, 그와 같은 실수를 회피하기 위해서 제품군을 도출하기 위한 또 하나의 방법을 다음에서 소개하고자 한다.

2.1.2 생산 절차와 제품군의 유사성

위에서 설명한 매트릭스는 **상향식**으로 그룹을 구성한다. 즉, 개별 제품과 기계에서부터 시작하여 제품군을 정의해 나간다. 다음에서 설명하는 제품군 유사성을 이용하는 방법은 제품군을 역의 순서로 도출하는데, 즉 먼저 생산 순서 및 생산 절차 체계를 기능적으로 모형화하는 데서부터 **하향식**으로 정의하는 방법이다. 그런 다음 이들 생산 순서 및 생산 절차를 규정하고 기계에 요구되는 요건을 입증하는 역할을 하는 제품 및 부품과 관련된 특징을 이용하여 세분화해 나간다. 이 때 적용되는 상세도의 수준은 공장이 생산하는 제품의 범위에 따라 달라진다.

생산 절차

첫 번째 단계에서는, 전체 제품 범위에 속하는 모든 생산 공정 순서를 **생산 절차 체계**(production procedure scheme)를 이용하여 모형화한다. 이 시점에서는, 우리는 아직 생산 공정이라는 차원에서만 바라보고 있으며, 자원 즉, 기계 또는 인력과 관련이 있는 측면은 다루지 않는데, 그 이유는 이러한 상세 내용은 우리가 두 번째 단계를 개시하기 전에는 고려의 대상이 되지 않기 때문이다. 그러므로 생산 절차 체계의 개별 요소는 매트릭스의 생산 단계보다 일반적인 수준에 머무른다. 공장의 모든 기존의 생산 절차 체계를 정한다. 이러한 첫 번째 단계의 목표는 다양한 생산 절차 사이의 주요한 차이의 개요를 파악하는 데 있다. 특별한 중요성을 가지는 단 하나의 생산 절차만을 우선 묘사하려는 경우에는, 이 단계에서는 다른 절차에 속하는 항목들은 생략할 수 있다.

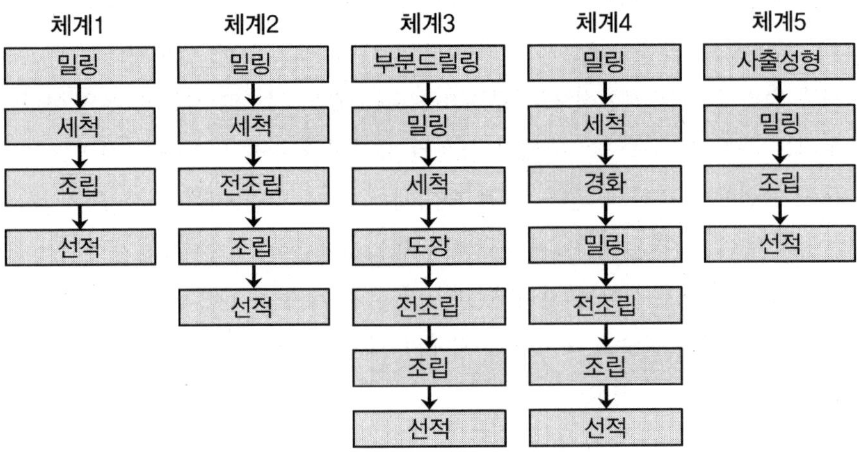

그림 2.4 정수필터의 생산 절차 체계

> **사례연구** 정수필터에서는, 복잡성 측면에서 서로 상당히 다른 다섯 개의 생산 절차 체계를 식별할 수 있다(그림 2.4). 첫 번째 생산 절차 체계는 매우 간단한데, 승용차에 사용되는 오일 필터에 적용되는 것이다. 두 번째의 절차 체계는 버스 및 트럭에 사용되는 오일 필터에 적용되는 것이다. 세 번째 절차의 경우는 예를 들어 첫 번째 생산 공정에서 그다지 중요하지 않은 부분적인 드릴 작업이 이루어지는 유압 필터에 적용되는 것이며, 따라서 이들 두 개의 절차는 구분을 하지 않는다. 네 번째 절차에는 밀링 순서가 두 번 포함된다. 다섯 번째 절차는 마지막으로 플라스틱 케이싱이 관련된다.

제품군 유사성

생산 절차 체계는 일반적으로 어떤 기술이 요구되는지를 결정한다. 하지만, 어떤 생산 절차의 관련 기술적인 요건은 제조 대상 제품에 따라 상당히 달라질 수 있다. 다양한 생산 절차를 세분하지 위한 기준은 아래의 표에 나타나 있는 관련 속성 목록에서 선정할 수 있다(그림 2.5).

생산 절차 체계를 제품군으로 세분하는 작업은 생산과 관련된 제품 기준 즉, 사용하는 원자재 또는 부품에 따라 결정되는 요건을 기준으로 결정한다. 따라서, 우리는 비록 그 부분을 제외하면 동일한 생산 절차라 할지라도, 기계 작업을 할 때 회전에 있어서 알루미늄, 강철 및 탄소 보강 화합물 등의 재질을 구분할 필요가 있다. 특히 조립 단계와 관련해서는, 다양한 부품의 관리 편의성의 차이로 인해 발생하는 구체적인 요건이 여러 제품을 서로 다른 제품군으로 분류하는 정당성을 부여할 수 있으며, 추가적인 범주화의 기준으로서는 다양한 제품의 기하학적인 구조, 복잡성, 또는 기능 등을 들 수 있으며, 그 결과 제품군은 밀링 머신의 규격 요건, 사출 성형 기계의 사출 규격 관련 기준으로서의 사출 성형의 물량, 물류 지향적인 조립과 관련한 결정적인 요소로서의 탑재 부품의 수량 등의 측정치에 따라 분류할 수 있다.

매우 많은 경우, 생산 절차 체계는 어떤 제품 범위 내에서는 거의 변화가 없게 마련이다. 예를 들어 전기 제품 제조의 경우에는 자동 위치 지정 장비 또는 수작업 작업대

주된 특성	기준
부품의 원자재	공정 요건(윤활제, 치공구, 오염,…)
	내구성
제품의 제원	중량
	부피 또는 가장 큰 치수
	개별화 정도(표준화, 매개변수화, 자유 형태)
제품 복잡성	탑재 부품 수
	작업 함량(work content) 합계
	부품 변경 빈도
제품의 기능	개별화의 정도(표준화, 옵션, 설계 수정)
	가능한 이형의 수
	시험 요건
취급	제품 및 부품의 관리편의성
	일부 부품의 보호 요건(표면, 청결, …)
	부품의 가치 (재고 관리, 도난 방지 보호)

그림 2.5 제품군 유사성 기술에 사용되는 일반적인 제품 및 부품 기준

위에서의 부품 놓기, 납땜 또는 접합과 같은 작업이 반복적으로 나타난다. 이 경우, 생산 공정 또는 기계를 이용한 제품군 분류는 매우 어려워진다. 이런 경우에는 매트릭스 방법은 정말로 어떤 구분 수단도 될 수 없다. 하지만, 제품군은 필요한 반조립품의 수량 또는 유형, 회로기판의 규격, 또는 어쩌면 조립된 최종 장치의 전반적인 규격과 같은 제품 특성을 이용하여 명백히 분류할 수 있다.

사례연구 정수필터의 생산 절차 2를 세분화하는 데 있어서, 원자재와 제품의 복잡성이 중요한 역할을 한다(그림 2.6). 첫 번째의 구분은 가공된 부품의 원재료와 관련이 있다. 윤활제와 깎아낸 부스러기를 분리하기 위해서, 또한 공구의 경제성이란 이유로 인해서, 주강 부품은 통상적인 알루미늄 다이 캐스팅 부품과는 다른 기계에서 가공해야 한다. 후자의 경우에는 심지어 기하학적 구조와 기존 기계의 특징으로 인해서 두 번 고정시켜야 하는 경우조차 있다. 제품군 2는 버스용 오일 필터 제품군이다. 그러나, 접근 방법이 달라지게 될 경우, 일반적으로는 서로 다른 제품군이 도출되게 마련이다.

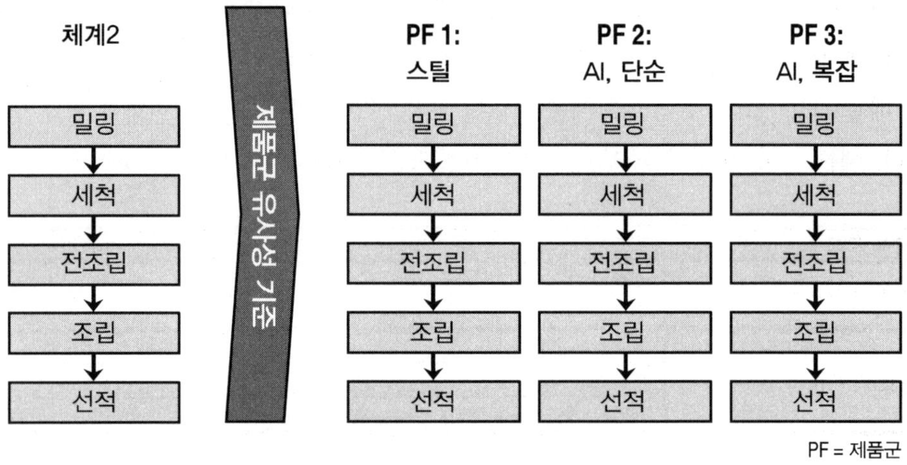

그림 2.6 정수필터의 생산 절차 체계의 세분화

어떤 제품군의 **제품군 유사성**은 제품과 부품의 생산과 관련된 기준을 이용하여 결정할 수 있다. 이와 같은 분류 기준은 절대적으로 모호하지 않게 정의하도록 함으로써 새로운 제품이 생길 경우 쉽게 기존의 제품군에 할당을 할 수 있거나 아니면 논리적으로 새로운 제품군을 구성할 수 있어야만 한다.

모든 제품군 내에서, 우리는 이른바 **이형**(variant)이라는 것을 발견할 수 있는데, 이것은 가치 흐름 분석의 맥락 속에서는 대개 동일한 것으로 취급한다. 가치흐름 지도 작성법에서 우리는 하나의 특정한 품목에 집중하는데, 해당 제품은 그 후 제품군 전체를 대표하게 된다. 생산 공정과 그에 관련된 시간 및 기타의 매개변수는 그와 같은 **대표 제품**을 기준으로 묘사한다. 모든 대표 제품은 대상 제품군의 일반적인 특성을 갖추고 있을 뿐만 아니라 합당한 롯트 크기로 만들어진다. 이형이 특정한 측면에서는 상당한 차이가 있을 경우에는, 이형 고유의 특수한 매개변수의 유관 범위를 지정할 수도 있다. 각각의 데이터의 품질에 따라, 전년도의 제품에서 얻은 값의 평균 값을 계산하면 제품군의 **가상적인** 대표 제품을 구성해 낼 수 있다.

일단 그것을 구성하는 특징으로 제품군을 정의하고 나면, 우리는 이제 관심을 고객 수요에 집중할 수 있다.

생산을 지도화하기 위한 가치 흐름 분석

목표는 하나의 제품 범위 내에서 제품 요건을 이용하여 투명하게 제품군을 분류하는 데 있다.

접근 방법. 제품군을 도출하는 작업은 하향식으로 두 단계를 거쳐 이루어진다. 먼저, 제품 범위에 대해서 요구되는 생산 공정과 순서를 바탕으로 생산 절차 체계를 도출한다. 두 번째, 이와 같은 생산 절차를 처리의 대상이 되는 원자재, 부품 및 제품의 구체적인 특성에 따라 세분하여 기계에 대한 통일된 요건을 식별한다. 다음과 같은 점에 대해서도 유의하기 바란다.

- 모든 제품군의 정의는 반드시 문서 기록으로 남긴다.
- 하나의 제품군 내에서는, 모든 이형은 하나의 제품으로 취급해야 한다.
- 하나의 제품군 내에서는, 하나의 제품이 **대표 제품**의 역할을 하며, 따라서 시간, 측정 및 기타 제품과 관련된 매개변수와 기타 제품과 관련된 구체적인 데이터를 제공한다. 그리고 나서 이와 같이 각각에 대해서 얻어낸 데이터는 해당 제품군 내의 다른 제품으로 이전된다.

이 작업의 **결과**로 동질적인 기술적인 요건을 갖춘 제품군이 만들어진다. 이로써, 생산은 이제 통상적으로는 갖추어질 수 없을 것으로 생각되는 연속적인 제품 특징을 갖추게 된다.

2.2 고객 수요

가치 흐름 설계는 고객 지향적 생산을 목표로 하고 있다. 그러므로, 고객의 관점을 분석의 맨 처음부터 채택하며, **고객**은 또한 제품군을 정의한 다음 관찰하게 되는 첫 번째 요소이기도 하다. 소비자로서의 고객에게는 집 모양의 기호를 할당한다(그림 2.7). 고객 기호 아래에 있는 데이터 상자는 고객의 고객 탁트 타임(takt time) 단위로 계산한 생산에 요구되는 부하 판단에 필요한 관련 정보를 표시한다(2.2.1). 수요의 변동이 상당한 경우에는 이와 같이 하여 계산한 평균 부하 값에 고객 수요의 변동 폭을 이용하여 보완하는 것도 좋은 방법이다(섹션 2.2.2).

가장 먼저, 고객을 **고객 기호** 안에 표시한다(그림 2.7). 고객은 관찰 대상 제품을 추가로 가공하는 다른 공장이 될 수도 있다. 이것은 통상 산업재 산업에서 존재하는 현상이며, 소비재 산업에서는 일반적으로 직접 소매업체 또는 가공 기업에 공급한다. 가장 단순한 경우 즉, 대량 생산 기업의 경우에는, 명칭과 인도 주소를 알고 있는 단 하나의 주요 고객만이 존재할 것이다. 그러나, 다양성 또는 고객마다의 특이성이 달라지게 되면서, 고객 수 또한 증가하게 되고, 고객 명칭 대신에 고객의 수 또는 대표 고객의 이름을 기재한다.

또한, 각각에 해당하는 대표 제품군(PF)의 명칭을 고객 기호 안에 표시한다. 관련된 이형의 수 (# Var)는 해당 제품 군 내에서 발생 가능한 제품의 다양성을 나타낸다. 가치 흐름 분석의 정보 가치는 잘 선정한 단순화에 크게 의존한다. 따라서 모든 개별 품목을 관찰하는 대신, 하나의 제품군 내의 다양한 이형은 각각의 제품군의 구체적인 제품으로 대표해서 표현한다. 달리 기술하지 않는 한, 이후의 모든 가치 흐름 지도 작성 과정에서 얻은 분석 결과는 특정한 대표 제품(Rep)을 지칭한다.

그림 2.7 고객 기호

서로 다른 고객에게는 배송 방식, 운송 방식, 포장, 포장 규격, 인도 시간 또는 품질(허용 가능 오차, 허용 가능 인도 부족 수량) 측면에서 서로 다른 **인도 요건**이 있게 마련이다. 이들 가운데 운송 방식 또는 포장 등과 같은 많은 부분은 지리적인 위치에 따라 달라지는데, 즉, 해외 배송의 경우에는 나무 상자를 사용할 것이며, 가까운 지역의 고객의 경우에는 용기 재활용 체계를 도입하게 될 것이다. '공장도' 또는 '주소지 인도'와 같은 운송 방식뿐만 아니라 인도 규격에 따라 운송 방식은 구매자 손수 운반, 내부 또는 외부 운송업체, 택배 서비스 또는 회사 자체의 정해진 경로를 운행하는 트럭을 이용할 것인가 등을 결정하게 된다. 마지막으로, 인도 요건은 고객 수요 발생 형태, 예를 들어 판매 자회사의 재고 보충 필요의 순서에 따라 제품을 공급할 것인가 등에 크게 의존한다.

위에서 설명한 모든 인도와 관련한 고객의 물류 관련 요건은 생산 절차의 올바른 설계에 큰 영향을 미친다. 따라서, 기존의 제품군 속에는 유사한 제품을 서로 다른 조건으로 주문하는 추가적인 **고객 집단**을 정의할 필요가 있을 수 있다. 그런 경우 이들 각각의 고객 집단에는 나름의 고객 기호를 부여해야 한다.

2.2.1 고객 탁트 타임

하나의 제품군에 대한 고객의 수요를 고객 기호 아래의 별도의 데이터 상자에 표시한다(그림 2.8). 일반적으로, 이것은 직전 연도의 **연간 매출 수량** 즉, 품목의 연간 판매 수량(Pcs.)을 반영한다. 물론, 다른 기준 기간을 선택할 수도 있으나, 연도 전체를 관찰하게 되면 자동적으로 계절적인 변동까지를 살펴 볼 수 있다. 여기에 차년도의 목표 물량을 넣을 경우, 분석 결과는 생산 기능이 미래의 요건을 충족할 만한 능력을 갖추고 있는지 여부를 판단할 수 있다.

Pcs.	연간 판매 수량
FD	공장 작업 일수
WT	작업 시간
TT	고객 탁트 타임
DT	인도 시간
DR	인도 신뢰성

그림 2.8 고객 기호용 데이터 상자

일반적으로, 일일 또는 월간 생산 수량을 사용하여 생산 효율에 관한 정보를 획득한다. 이와 같은 수치는 연산 생산 수량을 연간 작업 일수(공장 작업 일수 FD)로 나누거나 생산 공정당 일일 실효 작업 시간으로 나눔으로써 구할 수 있으며, 수작업 공정의 경우에는 휴식 시간을 차감해야 한다(작업 시간 WT).

하지만, 이와 같은 접근 방법에는 중요한 단점이 있는데, 그것은 평균 고객 수요를 충족시키기 위해 수행하여야 할 최적 작업 속도에 관한 어떠한 정보도 즉각적으로 제공할 수 없다는 것이다. 그러나 시간 단위당 생산량의 역수 값은 우리에게 바로 그와 같은 정보를 제공한다. 그것은 평균 판매 속도에 직접적으로 근거를 두고 생산되는 제품당 시간을 기술함으로써 생산 속도를 보여준다. 이와 같은 생산 속도를 우리는 고객 탁트 타임(customer takt time)이라고 부르며, 다음과 같이 계산한다(등식 2.1). 이것은 항상 모든 고객 집단에 걸쳐 기술한다.

$$TT = \frac{\text{연간 가용 작업 시간}}{\text{연간 고객 수요}} = \frac{FD \times WT}{Pcs} = \frac{WT}{DD} \tag{2.1}$$

여기서, TT 탁트 타임 [시간 단위/pcs.]
FD 공장 작업 일수 [d/a]
WT 일일 작업 시간 [시간 단위/d]
Pcs. 연간 생산 수량 [pcs./a]
DD 일일 수요량 [pcs./d]

비록 수학적으로는 간단하지만, 이 계산은 실무에서 거의 이루어지지 않는다. 하지만, 고객 탁트 타임을 알면 생산의 리듬과 판매 리듬 간의 균형을 맞추는 데 유용하다. 고객 탁트 타임은 이상적인 생산이 따르는 맥박의 박동과 같다. 일단 주문 처리에 관련되는 모든 회사의 공정이 이 맥박에 맞춰지면, 기업은 시장의 요건을 완전하게 충족시키는 것이며, 그 생산은 완전하게 고객 지향적인 것이 된다. 한 편, 이것은 물론 평균 값만을 지칭하는 것으로서, 절대적으로 일관된 수요이며, 다른 한 편으로 지배적인 기술 및 조직적인 제약이라는 관점에서 보았을 때는 일관되게 실현 가능할 수가 거의 없다. 하지만, 생산 설계와 배치뿐만 아니라 주문 처리의 지침으로서, 고객 탁트 타임의 중요성을 과소 평가해서는 안 된다. 이렇게, 고객 모형은 고객 기호 아래의 데이터 상자에 탁트 타임을 기입함으로써 완성된다.

고객 탁트 타임은 고객 수요를 생산 리듬과의 관계 하에서 직접적으로 가시화함으로써 생산에 대해 약간의 '시장 감각'을 더해준다. 이와는 반대로, 예측에 기반을 둔, 시간에 대해 최적화된 변동 롯트 크기의 재고 생산은 고객의 수요에 관한 어떠한 결론도 제시하지 못하며, 일반적으로 매우 투명성이 낮다. 서로 다른 대응 기간을 가지며 서로 다른 물량에 따른 계획 주문의 결과로 높은 재고 수준이 발생하기 때문에, 생산 현장에서 생산이 고객 수요에 비해 지나치게 빠른지 아니면 지나치게 느린지를 판단하는 일이 불가능하다. 또한, 롯트 사이의 긴 휴지 기간을 생산 현장에서는 볼 수가 없으며, 각각의 수요는 단지 '재고가 사라지는' 것과 같이 보일 뿐이다. 데이터가 잘 유지되고 있다는 전제 하에서, 수요를 실제로 충족시키고 있는지 여부는 단지 ERP 시스템의 조회를 통해서만 알 수 있을 뿐이다.

고객 탁트 타임은 생산에 요구되는 정량적인 성과 요건을 반영한다. 고객이 생산에 대해 요구하는 **시간 관련 성과 요건**은 필요한 인도 시간(DT)에 나타난다. 이것은 예를 들어 24시간 서비스 또는 카탈로그에 따르는 일일 또는 주간 인도 확인이 보장되는 인도 시간이 될 수 있다. 인도 요건에 대한 적합성은 인도 신뢰성(DR)이라는 핵심 수치를 가지고 측정한다. 물론, 선택한 기준 매개변수(고객이 원하는 인도 일자 또는 확약한 인도 일자) 및 회사와 관련된 또는 제품군 고유의 허용 오차에 따라, 이같은 수치는 달라지게 마련이다. 따라서, 정확한 인도 일자뿐만 아니라, 정확한 인도 주(week), 또는 3일 전에서 1일 후까지와 같이 비대칭적인 허용 오차를 적기 인도로 간주할 수도 있다. 이런 의미에서, 실제의 인도 일자와 목표 값 사이의 비교 가능성은 매우 중요하나. 모든 여타의 인도와 관련된 고객 요건(선적, 포장)은 외부적인 자재 흐름과 관련하여 기재한다(섹션 2.3.2).

사례연구 정수필터는 제품군 2 즉, 버스용 오일 필터에 대해 우선 가치 흐름 분석을 수행하기를 원한다. 회사는 해당 오일 필터를 연간 192,000개의 물량으로 서로 다른 고객의 12개 공장에 공급할 4개의 이형을 생산하고 있다. 개별 이형의 생산 물량은 각각 연간 96,000, 58,000. 30,000 및 8,000개이다. 전체 생산은 교대조당 1시간의 휴식 시간이 있는 상태에서 연간 240일, 3교대조로 작업을 실시한다. 밀링 머신은 휴식 시간에도 계속 가동을 한다. 등식 2.1에 따라, 이것은 자동 기계 및 수동 기계에 대해서 다음과 같이 두 개의 서로 다른 고객 탁트 타임(TT)이 있다는 것을 의미한다(단순화의 목적 상, 고객 탁트 타임은 일반적으로 기준 매개변수인 '개당'을 표시하지 않은 채로 기술한다).

$$TT_{man} = \frac{FD \times WT}{Pcs} = \frac{240d \times 21h}{192{,}000} = 94.5\text{sec.}\ \ TT_{aut} = \frac{240d \times 24h}{192{,}000} = 108\text{sec.} \quad (2.2)$$

여기서, 밀링 머신의 최대 산출량은 작업자가 지속적으로 부품을 공급하고 제거해야만 하는 경우에는 약간 낮을 수 있다. 수작업을 감안할 때, 해당하는 수요를 충족시키기 위해서는 1.5분마다 한 개의 오일 필터가 완성되어야만 한다.

일반적으로, 가치 흐름 지도 작성은 **일자** 표시를 한 상태로 DIN A3 또는 유사한 규격의 종이의 우측 상단에 고객 기호를 표시하여 (그림 2.9) 회의실 내에서의 준비 작업을 마무리함으로써, 작업 현장을 둘러 보고 생산 공정을 지도로 작성(섹션 2.3)할 준비를 마치는 것으로 완료된다. 하지만, 현장에서 가치 흐름 지도를 작성하는 단계에 들어가기 전에, 우선 고객 수요의 변동에 대해 살펴보기로 하자.

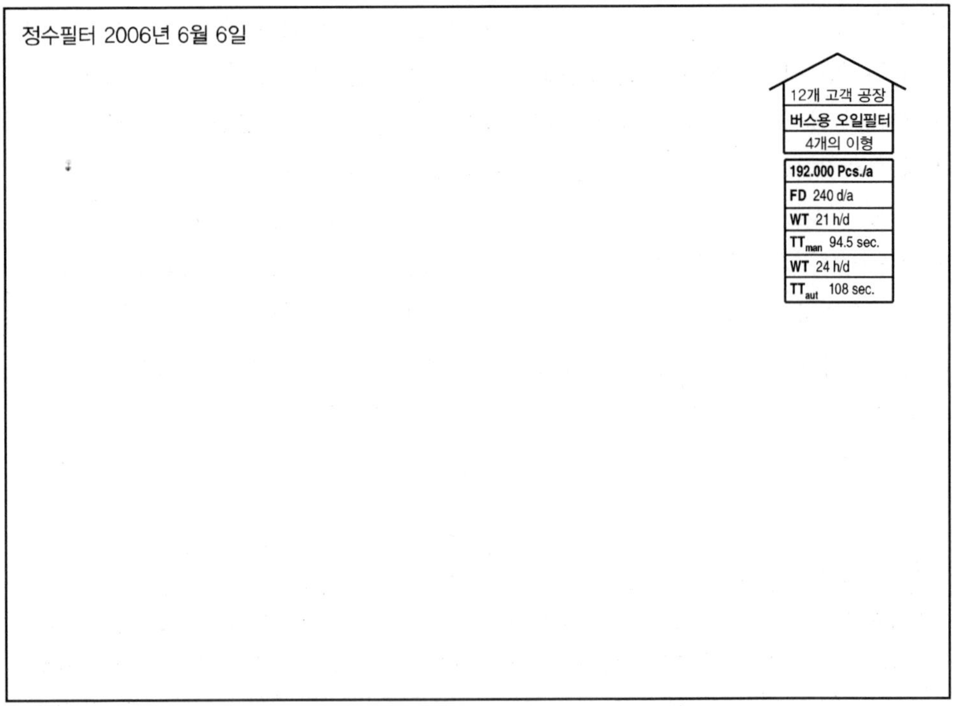

그림 2.9 정수필터의 가치흐름지도 작성: 고객 수요

2.2.2 고객 수요의 변동

탁트 타임을 이용하면, 관찰자가 대량의 데이터의 홍수에 빠지지 않으면서도 고객 수요에 대해 신속하고도 의미 있는 개요를 파악함으로써 간단한 평균 값 분석을 할 수 있다. 이를 통해서 공장이 유지해야만 하는 **성과 탁트**(performance takt)를 정의할 수 있다. 하지만, 때로는 한 편으로 고객의 주문 흐름의 유입이 상당한 정도로 변동할 수 있다. 고객 탁트 타임에 기초했을 때, 이와 같은 **고객 수요의 변동**은 생산이 대처해야만 하는 융통성의 범위를 결정한다. 다음과 같은 고려는 상대적으로 노력이 덜 들면서도 매우 신뢰할 수 있는 방식으로 생산에 요구되는 추가적인 융통성의 요건을 결정하는 방법을 보여 준다. 융통성 요건은 수요 변동의 일부에 완충을 제공할 수 있는 재고(안전재고)를 통해 완화할 수 있다.

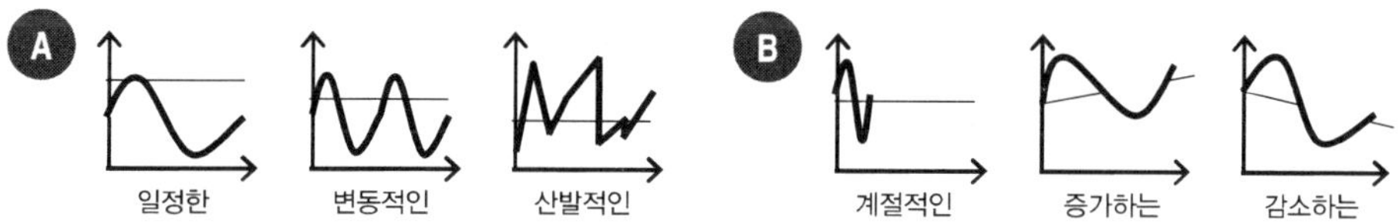

그림 2.10 고객 수요의 변동의 여섯 가지 유형

고객 수요의 변동성은 다양한 요인에 의존하는 경험적인 값이다. 예를 들어 영업 부서는 일시적인 또는 수량 관련 할인을 통해서 고객 주문 패턴에 영향을 미치고, 그럼으로써 생산의 관점에서 보았을 때는 부정적으로 수요의 변동 범위를 증가시킨다. 한 편, 계약 협상의 자유도를 활용하여, 영업 부서는 공장의 실제의 능력 상황을 고려할 수도 있다(예를 들어, 주문의 납기를 연기하도록 유도하는 등). 이 모든 것들의 전반적인 결과는 **단기적인**, 일정한 움직임과 산발적인 움직임 사이의 다소 변동적인 고객 수요로 나타난다(그림 2.10의 A의 경우). 또한, 이것은 일반적으로 생산의 융통성에 매우 높은 수요를 부과하는 정기적인 계절적 변동과 같은 중기적인 경향 또는 관련된 시장의 경향과 관련이 있는 롯트 크기의 증가 또는 감소와 중첩될 수도 있다(그림 2.10의 B의 경우).

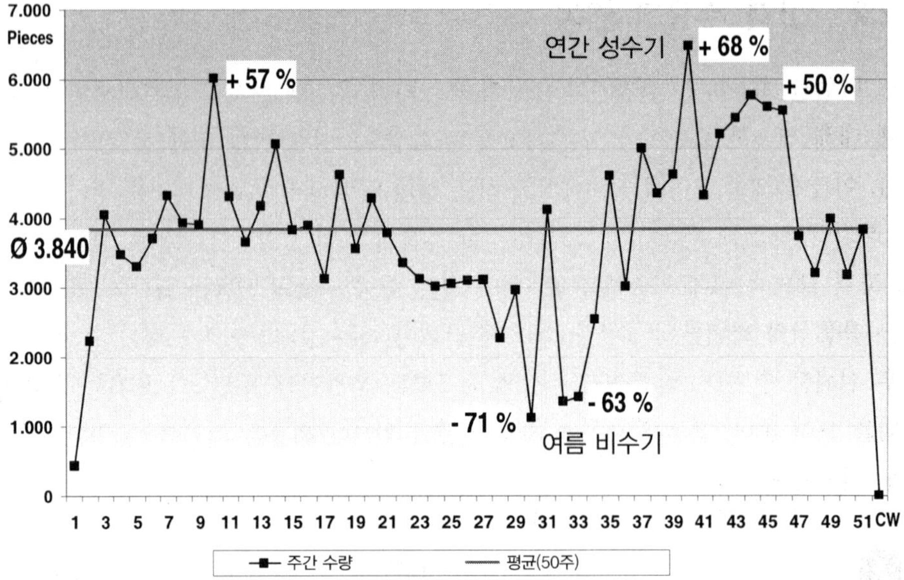

그림 2.11 정수필터의 주간 고객 수요

사례연구 관찰 대상 사업 연도 중에, 정수필터는 192,000개의 오일 필터를 판매했다. 연말연시 근처의 2개 주를 감안했을 때, 이것은 주당 3,840 단위의 수요에 해당한다. 연간 매출 상황에서 명확히 알 수 있는 바와 같이, 수요는 안정적인 것하고는 거리가 멀다(그림 2.11). 여름에는 최대 마이너스 71%에 이르는 수요 부진의 시기가 있는가 하면, 주로 가을철에 3주가 넘는 기간 동안 플러스 50%를 나타내는 기간이 있고 또한 추가로 한 번의 3주의 기간 동안에는 플러스 40%를 보이는 기간도 있다. 따라서, 여기서 생산에서 대처해야만 하는 변동 폭은 주간 단위로 + 68%(6,468개)에서 −71%(1,116개)의 범위에 해당한다. 이와 같은 요건을 충족시키기 위해 오로지 능력의 융통성만을 이용하여 대처하려고 시도하게 될 경우[4]에는 이를 실현하는 데 따르는 부담이 엄청나게 클 것이며, 과도한 잉여 능력을 보유하게 될 것이라는 것을 의미한다.

위의 문제를 보완하기 위해, 변동이 없이 정확히 연간 주당 평균 수요만큼을 생산하고 모든 고객 수요를 정확히 적시에 충족시키는 이른바 고정 생산량 전략(level production)을 취하는 가상 상황에 기초한 누적 **이론적인 재고 잔량**(theoretical inventory log)을 한 번 살펴보기로 하자. 그 결과, 매주의 재고 물량은 양 또는 음의 잔량을 보일 것이며, 그것은 다시 연중 고객 수요의 변동에 따라 다음 주의 결과를 상쇄하게 될 것이다. 안

4) 즉, 수요 추적(demand chase) 생산 전략: 역자 주

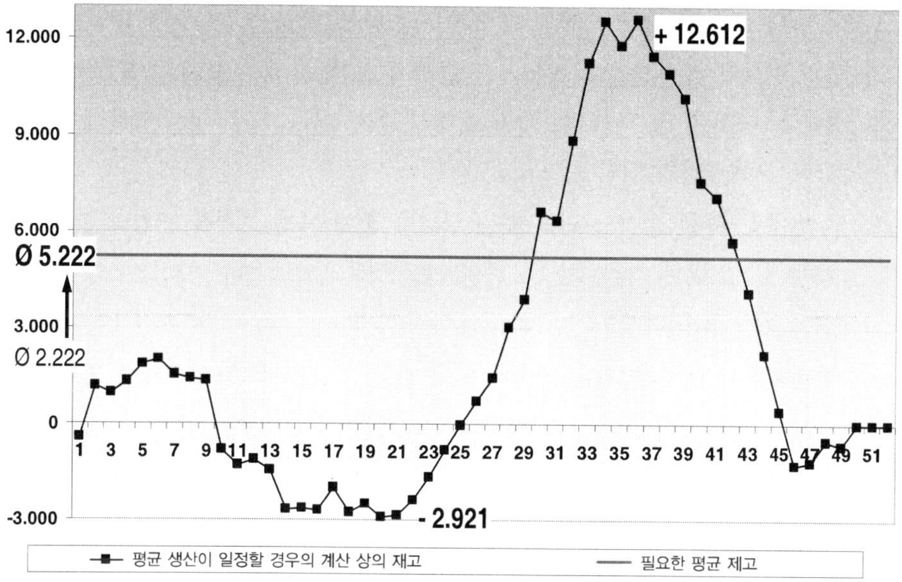

그림 2.12 이론적인 정수필터의 재고 잔량

정적인 평균 생산량에 대해서 계산한 이와 같은 재고는 당연히 음의 값을 보이게 되며, 이는 생산이 뒤미쳐 진행되고 있을 것이라는 것을 의미한다.

사례연구 정수필터에서는 상반기의 초과 수요로 인해서 최대 2,921개(그림 2.12)의 재고 부족이 발생하게 된다. 여름 수요 부진기에는, 가을의 성섬 수요에 대비하기 위해서 재고가 정점에 달하게 될 것이다. 평균 누적 재고 잔량은 2,222개이다. 만일 이제 우리가 실제 상황에 있어서와 마찬 가지로 음의 재고를 허용 불가능한 것이라고 생각한다면, 기초 재고 수량은 개략 3,000개가 되어야 할 것이다. 이렇게 될 경우, 능력의 융통성을 감안하지 않은 상태에서 모든 인도 의무를 충족시키기 이해 필요한 평균 누적 재고는 5,222개가 되며, 이는 개략 6.5 업무일에 대해 공급할 수 있는 물량이 된다. 따라서, 최대 재고 수량은 개략 15,600개에 이르게 되며, 이것은 개략 1개월의 업무 일수의 수요에 대응할 수 있는 물량이 된다. 하지만, 이 수치는 제품 이형과 관련된 재고 증가는 고려하지 않은 것이다.

전반적으로, 우리는 고객 수요의 변동에 대처하기 위한 방법으로서 다음과 같은 세 가지의 해결 대안에 대한 접근 방법과 그것들의 조합을 고려할 수 있다.

1. 첫 번째는, 수요 증가를 재고를 통해 대처하는 방법이다. 한 마디로 말해서, 생산을 수요와 분리시키고 변동을 감안하지 않은 전체 수요에 맞춰 작업을 하는 것이다. 이것은 정수필터와 같이 이형의 수가 매우 적은 생산 형태에 일반적으로 이상적인 방법이다.
2. 두 번째로, 예를 들어 잔업을 하는 방법을 통해 가용 능력을 변경할 수 있다. 상대적으로 덜 바쁜 다른 부문의 작업자를 전환 배치하거나 일시적으로 임시 직원을 채용할 수 있다.
3. 세 번째로는 인도 일자를 연기하거나, 인도 시간을 각각의 수요와 연계하는 방법이다. 고객 주문에 따라 생산하는 경우에는, 재고가 대안이 아니기 때문에 이와 같은 접근 방법은 때로는 불가피할 것이다. 때에 따라서는, 갑작스런 수요의 증감으로 인해 계획된 능력 또는 재고 관련 융통성의 여유를 초과하는 경우에는, 인도 일자를 변경해야만 하는 수도 있다.

고객 수요

가치 흐름 분석은 고객 수요를 **고객 탁트 타임**으로 표현한다. 평균 제품 수요를 이용하여 계산하는 이 시간은 생산의 성과 표준을 규정한다. 시계 속도에 맞춰 구성하면, 이것은 생산의 박자(rythm)를 결정한다.

고객 수요의 변동은 재고 또는 생산에 있어서 능력의 융통성을 필요로 한다. 평균 고객 탁트 타임에 대한 변동의 폭을 데이터 분석 결과로 구하거나 목표 값으로 정하고 난 다음, 생산 관련 융통성의 범위를 그에 따라 조정한다. 고객 수요의 변동이 크면 고객 수요 충족의 지연이 나타날 수 있다.

2.3 생산

관찰 대상 제품군이 결정되고 (섹션 2.1), 고객 수요를 소정의 절차에 따라 분석(섹션 2.2)하고 나면, 생산 과정에 대한 실제의 가치 흐름 지도 작성이 개시된다. 현재 상태 지도의 작성은 언제나 공장 내의 **현장**에서 수행한다. 즉, 작업 현장의 기계가 있는 곳과 직장 및 생산 계획 부서의 사무실에서 진행한다. 필요한 도구는 A3 또는 유사한 사이즈의 종이, 연필, 지우개 및 스톱 워치이고 나중에는 휴대용 계산기 등이 필요하다. 가치 흐름 지도의 작성은 다음과 같은 두 개의 별개의 시행을 통해 이루어진다.

1. 첫 번째 시행 과정에서는, 생산 공정과 이에 관련된 자재의 흐름을 지도화한다. 생산과 고객 수요 사이의 접점에서 작업을 시작하는데, 통상적으로 선적 도크에서 시작함으로써 가치 흐름을 고객의 관점에서 시작하여 입고 도크까지 계속해서 역으로 추적해 들어간다.
2. 두 번째 시행 과정에서는, 주문 처리 관련 업무 프로세스(business process)와 관련된 정보의 흐름을 기록한다. 이 때는 주문 처리와 고객 사이의 접점에서 시작하는데, 통상적으로 주문 접수 지점에서 시작하며, 여기서부터 생산 문서를 생성 및 취급하는 모든 장소를 접근할 수 있다.

(해당하는 경우) 일단 관련된 모든 직원과 노동조합에 통보를 한 다음, 다음과 같은 **네 개의 핵심 질문**을 하면서 단계적으로 생산 및 주문 처리 과정을 짚어 나간다. 가능한 한 실제를 가까이에서 살펴보고 가능한 한 정밀하게 다양한 작업 현장의 지배적인 실제의 상황을 반영하기 위해서, 생산 공정에 참여하고 생산 계획 부서에서 일을 하는 조.반장, 장인, 및 직원들과 직접 대화를 나누는 것이 매우 중요하다.

1. **당신의 업무와 임무는 무엇인가?**

   이 질문의 목표는 생산 및 주문 처리에 관한 프로세스의 기술에 있다. 생산 공정과 관련해서는 항상 관찰자가 직접 전체 작업 주기를 지도로 작성하고 시간을 측정할 것을 권장한다. 파일에 기재되어 있는 표준 시간이 항상 현장의 실제 조건과 일치하는 것은 아니다. 이와 같은 시간은 일상 업무의 압박 속에서 측정한 것이라서 지나치게 짧을 수 있고, 아니면 추가적으로 계획된 시간 또는 부분적인 교체 시간을 포함하고 있어서 지나치게 길 수도 있으며, 어쩌면 그 사이에 실제의 생산 절차가 변경 및 개선되었을 수도 있다. 우리가 스톱 워치를 이용하여 측정하는 시간은 생산 공정이 작동하는 방식에 대한 개요를 제공하는 임의의 표본이며, 이것은 임금 계산을 위해 잘 정립된 시간 기록을 대체할 수는 없다. 디지털 카메라를 사용하면 할당된 구역의 정돈 정도, 청결 정도, 해당 구역의 시각화, 공정 및 핵심 특징, 또는 어쩌면 작업 현장의 투명성 등과 같은 생산 조건의 다른 인상을 기록하는 데 좋은 역할을 할 수 있다. 업무 프로세스가 관련된 한에서는, 이 시점에서는 시간이라는 측면은 그다지 중요하지 않으며, 오히려 논리적인 순서를 더 주의 깊게 관찰한다.

2. 당신은 자신이 해야 할 일, 그리고 일을 수행하는 방법을 어떻게 아는가?

이 질문의 목표는 생산에서 사용할 수 있는 관리 정보를 찾는 데 있으며, 이런 정보는 예를 들어 주문 목록, 생산 주문, 작업 공정 시트, 재고 인출 문서, 커미션 목록 또는 어쩌면 계획 및 관리용 소프트웨어 또는 스프레드 시트 프로그램과 같은 온라인 형태로 발견할 수 있다. 가치 흐름 묘사에 사용하고 첨부한 다양한 생산 문서의 사본은 매우 유용하게 활용할 수 있다. 또한 정의된 절차 속의 결함을 부분적으로나마 완화하는 역할을 하는 비공식적인 정보의 흐름을 종종 발견할 수도 있다. 이와 같은 정보의 흐름 역시 가치 흐름 분석에 포함하여야 한다. 업무 프로세스에 관해서는, 각각의 단계가 개시되도록 만드는 촉발 기제에 관한 질문을 해야 한다.

3. 당신의 재고, 또는 작업 물량은 각각 어느 정도의 규모인가?

이 질문은 두 개의 생산 공정 사이에 저장 또는 완충으로 위치하고 있는 품목의 수를 세어서 자재 흐름 속에 존재하는 재고를 판단하는 데 목표가 있다. 동일한 재고 관리 수준에서도 서로 다른 보관 장소가 존재할 수 있다는 점에 유의하기 바란다. 물리적으로 이들 모든 저장 장소까지 걸어가 보는 것은 단순히 재고 관리 데이터를 확인하는 것보다 더 유용한 개요를 제공할 수 있다. 이 외에도, 실제의 재고와 전자적으로 유지되고 있는 재고 사이에 차이가 있는 경우가 빈번하다. 따라서, 정보 흐름에 대해서는 업무 프로세스당 현재 진행 중인 작업의 수를 파악하는 것이 필요하다.

4. 당신이 필요한 자재 또는 작업은 어디에서 구하는가?

이 질문에 대해서, 사내의 안내자는 (공장에 익숙하지 않을 수 있는) 가치 흐름 지도 작성자를 다음 작업 구역 즉, 상류 또는 하류의 업무 프로세스로 이끌고 갈 것이다. 문제의 흐름의 곁가지에 대해서 극소수의 사람들만이 알고 있으며 명확한 질문을 통해서만 드러날 수 있는 부분이 있기 때문에, 이 질문에 관해서는 다소 일관되게 질문을 할 필요가 있다는 점에 유의하기를 바란다.

가치 흐름 지도 작성은 마치 **스냅샷** 사진을 찍는 것과 같다. 즉, 여기에서 제기하는 질문은 특정 시점의 구체적인 생산 및 주문 처리 조건을 묘사하는 데 목표가 있으며, 만일 스냅샷을 찍은 상황이 예외적인 상황이었다는 것이 밝혀지면 시점의 선택을 잘 못한 것을 알 수 있을 것이다. 하지만, 경험에 비추어 보면 비록 사람들이 '통상은 이렇지 않습니다'라는 등의 주장을 하면서 예외적인 상황이라고 할 가능성이 있다고 하더라도 실제로 예외 상황이 포착되는 경우는 거의 없다. 다른 시점에 반복 시행을 해 보면 일반적으로 앞서의 결과, 이른바 예외적인 상황이 통상적으로 다른 어디에선가 발생하고 있다는 것을 확인할 수 있다. 우리의 네 개의 핵심 질문에 대한 답은 가치 흐름에 대한 스냅샷 지도 작성에 필요한 정보를 제공한다.

우리의 A3 또는 유사한 규격의 용지는 통상적으로 이렇게 수집한 정보를 아래에서 설명하는 기호를 이용하여 구조적이고 잘 정돈된 방식으로 기록할 수 있을 만큼 충분히 크다. 공정을 지도화하는 과정에서, 누락된 특별한 경우나 잘 못 이해했던 상세 내용을 반복적으로 수정하는 일이 필요하게 될 것이다. 어떤 부분에 대해서는 최초에 기대했던 것보다 상세하게 분석해야 하는 경우도 있을 것이다. 바로 이런 이유로 해서 현장에서 연필로 작성한 지울 수 있는 스케치가 가치가 있는 것이며, 좋은 지우개는 때로는 가치 흐름 지도 작성에 있어서 우리의 가장 중요한 도구라는 것이 입증될 수 있다. 이렇게, 가치 흐름 분석의 핵심적인 결과는 기호를 사용하는 **가치 흐름 도면**이다. 문서화를 위하여, 모든 가치 흐름 지도에는 날짜를 기재해야 한다. 구조 조정 프로젝트 과정에서, 이와 같은 가치 흐름을 묘사한 종이는 기억의 보조 수단으로서, 그리고 프로젝트 과정에 이르러서야 비로소 중요성이 입증되게 될 추가적인 상세 내용을 기록하기 위한 우리의 지속적인 동반자로서 계속해서 활용될 것이다.

다음 섹션에서는 가치 흐름 묘사의 여섯 개의 기본 요소를 이용하여 가치 흐름 묘사에 필요한 기호와 각각에 관련된 매개변수에 대해서 설명하게 될 것이며, 이 가운데 '고객'에 관해서는 이미 앞에서 설명한 바 있다(섹션 2.2).

1. **생산 공정.** 생산은 주로 원자재를 제품으로 변환하는 기계, 설비 및 작업대로 구성된다. 가치 흐름 분석에 있어서, 이들 기계는 기능적으로 생산 공정을 이용하여 모형화한다(섹션 2.3.1).
2. **자재 흐름 및 공급자.** 모든 자재를 처리하기 위해서는, 우선 자재를 다양한 작업대로부터, 또는 작업대로, 운반해야만 한다. 모든 기계에 대한 운반 및 이동과

관련된 전체의 연계는 기능적으로 생산 공정의 연계를 이용하여 모형화한다. 여기서는 공급자로부터의 외부의 자재의 흐름 역시 묘사하지 않으면 안 된다(섹션 2.3.2).

3. **정보의 흐름과 업무 프로세스.** 자재가 임의적으로 흐르지 않고 통제된 방식으로 전달되도록 하기 위해서는, 어떤 자재를 어디에서 어디로 옮기고 그 다음은 어떤 처리를 할 것인지에 관한 정보가 필요하다. 제품의 시각화에 대한 전통적인 접근 방식 즉, 배치와 자재의 흐름의 묘사와는 반대로, 여기서 우리는 또한 정보의 흐름과 그것과 관련된 주문 입력, 생산 계획/관리 및 구매 등에 관한 업무 프로세스를 광범위하게 지도화한다(섹션 2.3.3).

2.3.1 생산 공정

가치 흐름 분석에서, 생산은 생산 공정의 연속이라는 형태로 묘사한다. 생산 공정을 묘사하기 위해 사용하는 기호는 상단에 공정의 명칭을 기입한 단순한 직사각형의 형태를 하고 있다(그림 2.13, 1의 경우). 하지만, 보다 쉽게 구분하기 위해서, 이것을 단순히 '공정'이라고만 해서는 안 된다. 개략적인 능력의 표시를 위해서, 각 생산 공정의 두 가지의 가장 중요한 다음과 같은 기본적인 매개변수를 함께 기록한다. 경험에 비추어보면, 이들 두 개의 매개변수를 작은 아이콘을 이용하여 표시하는 것도 좋은 방법이다.

1. 교대조당 해당 공정에 할당된 작업자의 수. 이것은 팔이 달린 머리의 형태를 하고 있다.
2. 해당 공정에서 가용한 대체 가능한 기계의 수. 여기서는 이것을 자원이라고 부른다. 자원은 수직 직사각형의 형태로 기호화한다.

엄밀히 말하면, 생산 공정은 **기술적인 공정**(technical process)이다. 자재 및 부품에 다양한 유형의 처리를 가하며, 그럼으로써 가치를 부가하는 방식으로 변환하는 것이다. 특히, 여기에는 포장, 조립, 도장, 열처리 및 제조가 포함된다. 분류, 시운전, 마킹 또는 검사와 같은 보조적인 활동은 고객이 원하는 제품의 가공에 직접적으로 기여를 하지는 않는다. 하지만, 이와 같은 물류 공정 역시 생산 공정으로 묘사한다. 여기에는 선적, 품질 검사, 기능 검사, 시운전 및 제품의 인수 등이 포함된다. 재고 위치로의 이동 및 제거뿐만 아니라, 이동 및 운송과 같이 자재 및 부품의 위치를 변경하는 활동은 일반적으로 자재의 흐름에 할당되며 독립적인 공정 상자로 모형화하지는 않는다.

그러나, **외부 생산 공정**은 예외로 한다(그림 2.13의 2의 경우). 이 경우, 가치 흐름은 특정한 공정 단계를 거치기 위해 관찰 대상이 되는 시설에서 벗어난다. 그런 다음, 해당하는 처리는 도급 제조업체로서 문제의 공장에서 가용하지 않은 다양한 기술을 제공하는 공급자가 수행한다. 일종의 확장된 작업대로서의 역할을 수행하면서, 이와 같은 공급자는 기존의 사내의 기술을 보완한다. 외부 공정은 기술적인 부분과 물류적인 부분 모두를 가지고 있다. 기본적으로, 외부 공정은 그 나름의 아주 간략한 명칭을 지니는 하나의 가치 흐름 전체를 구성하며, 이것은 하나의 '블랙 박스'로 취급된다. 이와 같은 외부 공정의 핵심 매개변수는 공급자 명칭과 이송 준비 상태에서 회송 인도 후의 제품의 입고 완료 시점까지의 전체 생산 리드 타임이다. 우리의 기호 형태의 묘사에서는, 공정 상자에 공장 건물을 의미하는 비스듬한 지붕의 형태로 보완하여 표시한다. 사내 생산 공정의 능력 정보 대신, 각각의 리드 타임을 기록한다. 외부 생산 공정은 자재 흐름 요소와 유사하다.

어떤 생산 공정의 경우에는 하나의 가치 흐름에서만 배타적으로 사용하는 것이 아닐 경우가 있다(그림 2.13의 3의 경우). 이런 자원에는 현재 시점의 관찰 대상 제품군에 속하지 않는 다른 제품도 함께 처리하는 자원이 포함된다. 이것은 능력 관련 평가뿐만 아니라, 나중의 미래 상태 개념 구상에 있어서도 매우 중요하다. 따라서, 복수의 가치 흐름에서 공동으로 사용되는 자원을 포함하는 생산 공정은 외곽선을 이중 선으로 하여 표시한다.

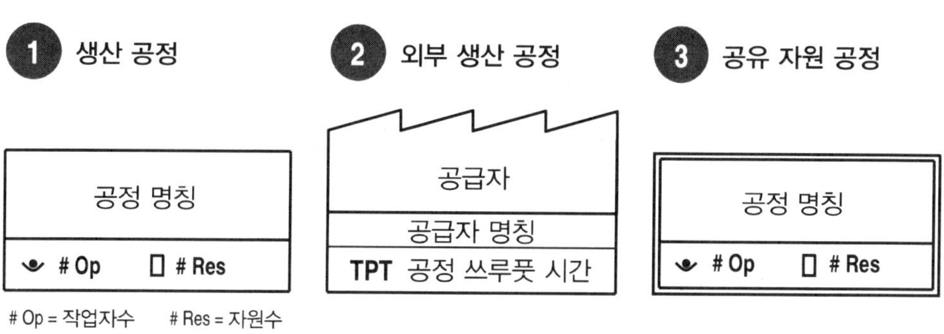

그림 2.13 생산 공정의 기호 형태의 묘사

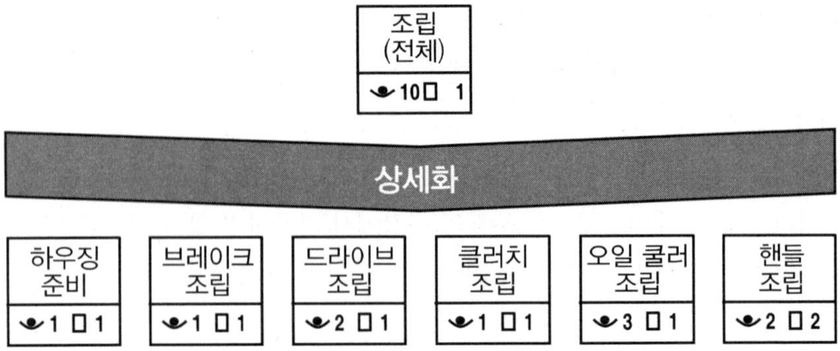

그림 2.14 생산 공정의 확장 가능한 상세화 수준

하나의 생산 공정을 모형화할 때, 우리는 어떤 활동을 어떤 공정 단계에 할당하고, 어떤 활동을 이전 또는 이후의 공정 단계에 표시하는 것이 좋을까 라는 질문에 직면하게 된다. 개별 생산 공정 사이의 경계를 정하는 데 있어서는 가치 흐름 지도 작성의 바람직한 상세도(level of detail)가 결정적인 요인이 된다. 생산 공정은 활동이 이어지는 형태로 구성된다. 그와 같은 활동의 가장 작은 부분은 개별적으로 시간을 측정할 수 있는, 이것은 예를 들어 나사를 잡는 것과 같은 단일 움직임이다. 이와 같은 부분적인 활동이 여러 개가 모여서 예를 들어 '케이싱의 위에 덮개를 놓고 나사를 박는 것'과 같은 완전한 활동을 구성한다. 하나의 활동 단위는 가치 흐름 지도 작성에 있어서 묘사할 수 있는 가능한 최소한의 상세도에 상응하는 것이다. 하지만, 대부분의 경우에는, 이보다는 낮은 수준의 상세도에서 생산 공정을 지도화하는 것이 합리적이다.

따라서, 하나의 최종 조립 공정 전체 – 위의 조립 (전체)를 참조할 것 – 를 하나의 공정 상자 안에 요약할 수 있다(그림 2.14). 연속적인 여러 가지의 조립 작업대에서 작업을 하는 10명의 작업자 모두를 이 최종 조립 공정에 할당한다. 위의 기어 박스 조립의 예는 여섯 개의 작업대를 포함하고 있으며, 이 가운데 마지막 작업대는 과도한 작업 부하로 인해서 자원을 두 배로 하였다. 여섯 개의 생산 공정 각각에 대해서 각각의 작업 함량과 관련 특징과 함께 표시하였다.

생산 공정을 특징짓는 매개변수 및 수치

가치 흐름 분석에서, 생산 공정은 네 개의 시간 요소를 이용하여 기술한다. 그것은 작업 시간(operation time), 처리 시간, 교체 시간 및 주기 시간 등이다. 이 가운데 앞의 세 가지는 측정하거나, 또는 측정하는 것이 문제의 공정의 성격으로 인해 시간이 많이 걸리거나 어려운 경우에는 검색을 통해 찾아내야 하는 매개변수이다. 주기 시간은 앞의 세 개의 매개변수로부터 도출해 내야 하는 공정성과 척도이다.

작업 시간(operation time)은 어떤 특정 부품이 생산 공정 내에 얼마나 오래 머무르는가를 나타낸다(그림 2.16의 1a의 경우). 여기에는 작업자의 수작업과 기계의 가동 시간 모두가 포함된다. 한 사람의 작업자와 한 대의 기계가 있는 단순하고 간단한 경우에는, 작업 시간은 해당 작업자의 기본적인 작업 시간(basic working time)과 동일하다(그림 2.15). 이와 같은 기본적인 '인간'의 시간은 작업자의 **실제 작업 시간**(wctual operation time)에 작업을 하는 기계가 자동적으로 가동되는 동안 발생하는 계획된 휴식으로 인해 발생하는 **대기 시간**(waiting time)을 더한 것이 된다. 예를 들어, 밀링 공정에 있어서는, 기본적인 시간은 해당 부품을 장착하고, 프로그램 호출을 통해 기계를 기동하고, 부품에 밀링 가공을 하고, 기계에서 집어 내고, 마지막으로는 디버(deburr) 작업을 하는 데 드는 시간을 합해서 계산한다. CNC 밀링 머신의 경우에는 복수 기계를 다루는 경우를 제외하고는 작업자의 대기 시간이 발생할 수 있다. 그러한 대기 시간은 물론 주된 작업 시간에 병행하여 디버링 작업에 활용할 수 있다. 하지만, 재래식 밀링 머신에서는 대기 시간은 거의 존재하지 않는다.

주된 가동 시간(main utilization time)과 보조 가동 시간(ancillary utilization time)으로 나뉘는 기계의 가동 시간(utilization time)은 공구의 교체, 체결, 그리고 처리 및 인출 시간을 포함한다. 만일 기계가 작업자를 기다려야 하는 경우에는, 그런 경우의 유휴 시간을 공정 관련 유휴 시간이라고 부른다. 그러나, 장애 관련 유휴 시간은 신뢰성 데이터에 의해 결정되며 (참조 그림 2.19), 따라서 기계의 가동 시간과 기본 시간은 가치 흐름 분석에서 오로지 간접적인 역할밖에 하지 않는다.

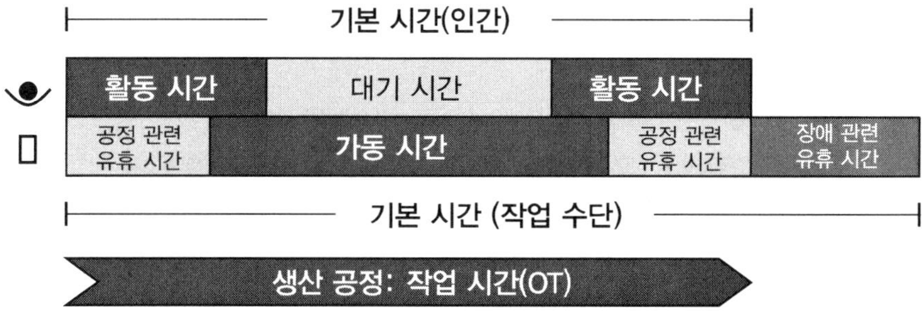

그림 2.15 서로 다른 시간 유형과의 관계 속의 작업 시간(REFA 1992)

직원의 작업 시간은 작업 과업의 간접 또는 직접 수행과 관련된 주된 활동과 보조 활동으로 구성된다. 제품을 정확히 고객이 원하는 것으로 변환하는 데 사용하는 실제의 처리 시간은 주된 활동에 사용한 시간이며 **부가 가치 시간**(value-added time: VAT)이라고 부른다(그림 2.16의 1b의 경우). 공정 관련 보조 활동과 대기 시간은 다소 필요하지 않은 보조 시간(ancillary time: AT)을 구성한다. 생산 공정 내에서 개별 시간을 이와 같은 시간 유형에 할당하는 것은 낭비 분석을 수반하는 상세한 시간 기록에 따라 결정되며, 이러한 시간 기록은 공정의 최적화를 위한 가치 흐름 분석과의 관련 하에 이루어질 수 있다.

처리 시간(processing time: PT)은 개별 부품들이 해당 생산 공정 내에 얼마나 오래 머무르는가를 나타낸다. 만일 하나의 부품을 공정 단위로 처리하는 경우에는, 작업 시간은 처리 시간과 같으며, 이 경우 후자(처리 시간)는 아예 기술을 하지 않는다. 하지만, 복수의 제품에 대한 복수의 부품 또는 자재를 하나의 공정 내에서 처리하게 되면 바로

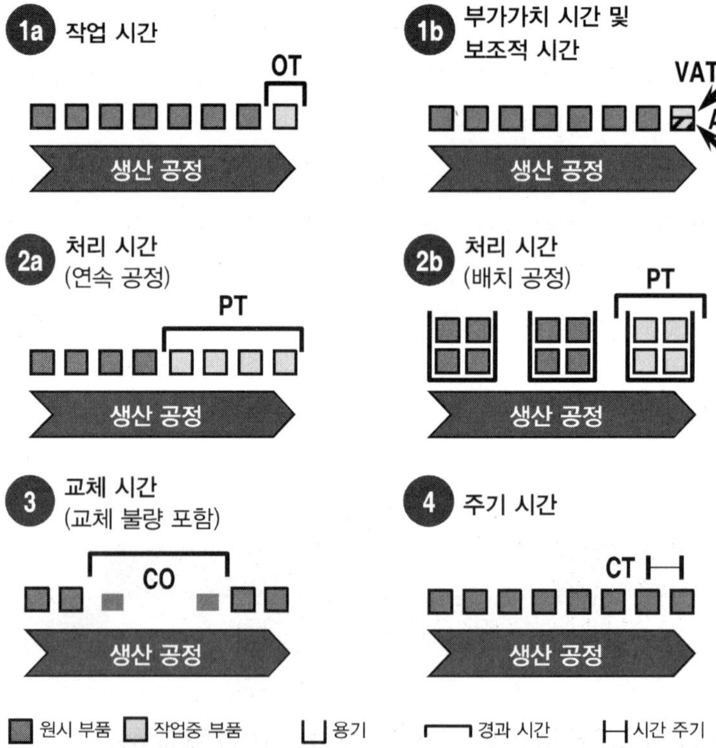

그림 2.16 서로 다른 시간 매개변수의 도식적 표현

상황은 더욱 흥미롭게 된다. 여기서 우리는 두 가지 종류의 공정을 구분한다. 연속 공정(continuous process)에 있어서는, 부품은 개별적으로 공급 및 인출되며(그림 2.16의 2a의 경우), 순차적인 롯트 처리인 경우를 제외하고는, 어떤 특정한 시점에는 복수의 부품이 공정 내에 존재한다. 하지만, 배치 공정(batch process)의 경우에는, 부품들이 동시에 처리될 배치 단위로 그룹화된다(그림 2.16의 2b의 경우). 열처리를 위한 연속 가열로가 첫 번째 경우의 예가 될 것이며, 바구니에 담긴 부품을 세척 또는 경화하는 경우는 후자에 해당하는 예가 될 것이다.

교체 시간(change-over time: CO)은 새로운 이형을 처리하기 위하여 치구, 공구 또는 자재(페인트, 코일, 과립)를 교체하는 관계로 기계를 처리에 사용할 수 없는 시간을 의미하며(그림 2.16의 3의 경우), 이 시간은 이전의 이형의 마지막 단위의 양호한 제품이 만들어진 시점으로부터 후속 이형의 양호한 제품이 만들어져 나오는 시점까지의 시간으로 기록한다.

주기 시간(cycle time: CT)은 가치 흐름 방법에 있어서는 중요한 특수한 수치이다. 이 시간은 생산 공정에서 어떤 부품 또는 제품 (1개를) 완성하는 데 소요되는 시간을 나타낸다(그림 2.16의 4의 경우). 만일 기계가 단 한 대밖에 없다면, 주기 시간은 작업 시간과 동일하다. 생산 공정에서 하나 이상의 대체 가능한 기계를 사용하는 경우 또는 연속 또는 배치 공정의 경우에는, 주기 시간은 계산을 해서 구해야만 한다(등식 2.3 참조). 조립 또는 인쇄 회로 기판의 부속 배치 라인과 같은 시계가 설치되어 있는 시설에서는, 작업 시간뿐만 아니라 **기계 탁트 타임**까지도 개별 작업대에서 측정할 수 있다. 그리고 나서 이 값을 주기 시간에 반영하는데, 단 하나의 설비만 존재하는 경우만 이 값이 측정한 기계 주기 시간과 일치한다. 또한, 어느 작업대가 가장 느린가를 판단하기 위해서는 개별 작업대에 대해 측정하는 것도 충분한 가치가 있다. 다양한 설비 가운데 가장 느린 설비의 속도를 주기 시간과 일치시켜야만 한다.

이제, 고객 기호와 유사한 데이터 상자 안에 표시된 각각의 생산 공정에 대해, 기본적인 **매개변수**와 공정 기술을 위한 각각의 **핵심 수치**를 기재한다. 매개변수의 결정의 배경에 자리잡고 있는 일반적인 개념은 공장 내의 지배적인 실제의 제반 조건을 기록하려는 데 있으며, 이것은 또한 우리가 워크시트 상의 표준 시간을 가치 흐름 도면에 옮겨서는 절대 안 되는 이유이기도 하다. 가치 흐름 지도 작성자는 스톱 워치를 이용해서 직접 작업 시간을 측정한다. 이것은 최대한 정밀한 측정을 한다거나 또는 심지어 새로운 급여 체계의 기초를 다지려는 것을 목표로 하는 것은 아니다. 그 대신, 절대적인 값과 상호간의 관계의 관점에서, 그리고 고객 탁트 타임을 감안했을 때의 다양한 생산 공정의 효율을 보다 효과적으로 평가하는 데 목표를 두고 있다. 이와 같은 작업은 직접 측정을 수행함으로써 훨씬 더 좋은 효과를 낼 수 있으며, 다른 어디에선가 옮겨 적은 추상적인 시간과는 반대로, 이를 통해서 우리는 각각의 생산 공정에서 정확히 어떠한 구체적인 활동이 수행되고 있는지를 구체적으로 알 수 있다. 상세하고 방법론적으로 검증된 시간 기록은 개별 생산 공정을 미래 상태 개념과의 관계 하에서 설계하기 전까지는 아직 필요하지 않다(섹션 3.2.2).

다음의 몇 개의 섹션에 걸쳐 설명하게 되는 생산 공정 데이터는 관련 문헌에서 일반적으로 발견할 수 있는 것보다는 상당히 보다 광범위하다. 이것은 주로 우리가 표준화된 데이터 필드에서 이형의 생산까지 관찰하는 것은 이번이 처음이기 때문이다. 그 외에도, 실무에 적용해 본 결과 작업 시간과 처리 시간 사이의 관계가 때로는 매우 복잡하다는 것을 알 수 있었다. 따라서 데이터가 보다 포괄적이면서도 신뢰성을 확보할 수 있도록 하기 위하여 추가적인 생산 공정에 관한 매개변수들을 기록한다.

전체적으로, 우리는 데이터 상자를 세 개의 섹션으로 나눌 수 있는데, 각 섹션은 각각의 가치 흐름마다 고유한 정보를 다음과 같은 핵심 수치로 요약하고 있다.

1. **공정 능력**에 대한 핵심 수치로서의 주기 시간의 결정을 위한 정보.
2. 하나의 생산 공정의 교체 시간과 관련이 있으며 가용성 수준마다 고유한 **이형 융통성**에 대한 핵심 수치로서의 EPEI 값의 결정을 위한 정보.
3. 생산 공정의 **품질** 평가를 위한 핵심 수치 및 공정 고유의 고객 탁트 타임 판단을 위한 정보.

이와 같은 세 가지의 데이터 블록에 대해서는 다음에서 보다 상세하게 설명하고자 한다. 사내의 의사소통을 보다 원활하게 하고 또한 기억을 돕기 위해서는, 각각의 데이터 상자 안에 문장으로 된 공정 기술뿐만 아니라 개별 설비의 명칭도 기입할 것을 권장한다(그림 2.17 첫 번째 행).

주기 시간

주기 시간은 생산 공정의 가용 능력(available capacity)에 관한 정보를 포함하고 있다. 우리의 데이터 상자 안에 들어가야 할 첫 번째 수치는 생산 공정 자체의 기본적인 값 즉, 작업 시간(OP)이다. 이 시간은 생산이 투입하는 **시간적인 노력**을 반영한다(그림 2.17). 현장에서 스톱 워치를 이용해서 시간을 측정할 때, 우리는 부가 가치 부분과 비부가 가치 부분을 구분하지 않으며, 이 부분은 데이터 분석 과정에서 해야 할 작업으로 남겨 둔다. 어떤 개별 부품의 처리와 직접적으로 관련이 있는 것은 아니면서 복수의 제품에 대해 공통적으로 수행하는 보조적 시간은 교체 시간에 할당한다(그림 2.19 참조).

복수의 부품이 동시에 생산 공정에 관계되는 경우, 작업 시간은 개별적으로 처리 시간(PT)으로 기록하는 것이 가장 좋은 방법이다. 일반적으로, **배치** 또는 **연속 흐름**의 형태로 작업을 하는 공정은 보다 폭넓은 의미에서 자재의 속성을 변경하는 공정에 속한다. 생산 공학에서, 이러한 공정은 열처리, 니스칠, 또는 샌드 블라스팅 등을 통한 코팅 또는 세척과 같이 자재의 속성을 변경하는 역할을 한다. 생산 공학에서 이러한 공정에 상응하는 공정으로서는 혼합, 여과, 증류 또는 대상 자재를 반응로 내에서 변성시키는 일 등이 여기에 해당한다. 이들 모든 공정은 일반적으로 조성, 성형, 분리 및 조립과 같은 주된 제조 공정에 비해서 상당히 긴 체류 시간을 포함한다. 따라서, 공정 공학에 있어서, 생산 공정의 처리 시간은 제조 공정의 작업 시간에 대해 오로지 조건적으로만 비교할 수 있으며, 따라서 별도로 기록을 해야만 한다. 이렇게, 가치 흐름 분석은 프로세스 산업에서도 수행할 수가 있다. 하지만, 작업 시간 외에도, 배치에 포함되는 부품의 수도 항상 공정 수량(PQ)을 기술하는 방식으로 기록해 두어야만 한다. 예를 들어 경화의 경우에는, 이것은 바구니당 부품 수가 될 것이며, 연속로의 경우에는 하나의 노에서 동시에 처리하는 부품 수가 될 것이다.

	설비 명칭
OT	작업 시간
PT	처리 시간
PQ	공정 수량
# P	제품당 수량
CT	주기 시간

그림 2.17 주기 시간 판단을 위한 정보를 포함하는 데이터 상자의 섹션 1.

일부의 장치 (예를 들어 밀링 머신) 또는 공구(예: 사출 성형기)는 복수의 부품의 동시 처리가 가능하다. 이런 상황은 한 부품에 대해 다양한 처리 대안이 존재하는 경우 더욱 복잡하게 된다(사출 성형기에 있어서의 2개 또는 4개의 구멍을 뚫는 일과 같이). 이런 경우, 일반적으로 해당하는 작업 시간에 대한 처리 물량을 기록하는 것이 최선의 방법인데, 그 이유는 이것이 그것의 관련한 구체적 특징으로 인해 배치 공정을 구성하지 않기 때문이다. 이러한 유형의 다중 접근 머시닝의 경우에는 통상적으로 다소 큰 공간을 필요로 하며, 따라서 각각의 이형마다 크게 달라진다.

일부 생산 공정은 각각의 최종 제품에 대해서 복수의 **동일한 부품**을 생산하는데 (#P), 이 수가 커지면 각각의 전체 작업을 수행하는데 필요한 시간이 증가하게 된다. 때로는 다양한 서로 다른 부품을 한 번의 생산 공정을 통해 가공할 수도 있다. 이런 경우 우리는 단순히 모든 작업 시간을 더하고 각각의 부품의 수를 데이터 상자 내에 기록한다.

해당 생산 공정 데이터에 기초하여 **주기 시간**을 판단하는데, 이 과정은 가치 흐름 분석에 있어서 중요한 중간 결과에 해당한다. 가장 단순한 경우, 주기 시간은 공정의 작업 시간과 동일하다. 만일, 공정 상자 각각의 기재 내용에 보이는 바와 같이 복수의 대체적인 자원이 존재하는 경우에는 여러 개의 제품을 동시에 처리하기 때문에, 공정에서 만들어지는 생산량이 상대적으로 많을 것이다. 이것은 다시 주기 시간을 줄이게 되며, 이 수치는 작업 시간을 자원의 수로 나누어 계산한다(등식 2.3, 왼쪽). 만일 하나의 조립기가 하나의 제품을 조립하는 데 10분이 걸린다면, 하나의 제품은 매 10분마다 한 개씩 생산되어 나올 것이다. 이 때 자원의 수를 두 배로 늘리면 주기 시간은 반으로 줄어들 것이다. 우리의 예에 있어서 조립기 두 대가 사용되고 있으면 한 개의 완성품을 매 5분마다 생산해 낼 것이다. 연속 또는 배치 공정의 주기 시간은 처리 시간을 공정 수량으로 나눈 몫(등식 2.3 오른쪽)이 된다. 연속 공정에 있어서는, 산출물의 탁트 타임은 정확히 주기 시간과 같으며, 여기서 우리는 또한 존재할 가능성이 있는 더 많은 수의 동일한 기계의 수를 감안해야 할 필요가 있다. 한 번에 100개의 부품을 처리하며 처리 시간이 200분인 두 개의 연속로의 경우, 주기 시간은 따라서 1분에 해당한다. 전체적으로, 주기 시간은 다음과 같이 계산한다.

$$CT = \frac{OP \times \# P}{\# Res} \text{ 또는 } CT = \frac{PT \times \# P}{PQ \times \# Res} \tag{2.3}$$

여기서,	CT	주기 시간 [시간 단위]
	OT	작업 시간 [시간 단위]
	PT	처리 시간 [시간 단위]
	PQ	배치 또는 연속 처리에 대한 공정 수량 [pcs.]
	#P	완제품당 동일한 부품의 수량 [pcs.]
	# Res.	동일한 자원의 수량 [pcs.]

주기 시간

주기 시간은 교체 또는 장애 관련 단절이 없는 연속 작업에 있어서의 시간 단위로 표현한 생산 공정의 효율을 반영한다. 주기 시간은 생산 공정의 가용 시간을 말해주며 해당하는 고객 수요를 충족시키기 위해서 아직도 어느 정도의 고객 탁트 타임을 감축할 수 있는지를 보여준다.

교체 시간 및 롯트 크기

이형 또는 개별화된 제품의 가공에 필요한 교체 시간은 각각 해당하는 생산 공정의 가용 능력을 줄이는 결과를 가져온다. 주기 시간은 그와 같은 제약에 대한 어떠한 공제도 허용하지 않기 때문에, 이제 우리는 데이터 상자의 두 번째 섹션에 있는 핵심 수치를 이용하여 이것을 정해야만 한다.

우선, 교체를 위해 필요한 시간인 **교체 시간**(CO)을 데이터 상자에 기재한다(그림 2.19). 그러나, 교체 시간은 이형에 따라 달라진다. 최적의 교체 순서는 아래 그림과 같은 **교체 매트릭스**(그림 2.18)를 이용하여 구할 수 있다. 그림에서 강조 표시가 되어 있고 틀로 표시한 부분은 어떤 이형을 순차적으로 가장 잘 다룰 수 있는지를 보여준다. 여기서 표시되어 있는 매트릭스는 대칭이 아니라는 점에 유의하기 바란다. 즉, VZ5 형에서 VZ10형으로 교체하는 것이 그 반대 순서로 교체하는 것보다 복잡할 수 있다는 것을 의미한다. 첫 번째 순서로 교체하게 되는 경우에는 240분이 걸리는 한 편, 그 반대의 순서로 교체하게 되는 경우에는 단 140분이면 교체를 완료할 수 있다. 최적의 선택은 각각의 현재 상태의 계획 및 관리 논리 모두를 적용한 결과 얻어지는 평균 값을 입력하는 방법이다. 다양한 롯트의 탑재 순서에 대한 최적화에 따라, 입력할 결과적인 교체

목표 / 교체 시간(단위 : 분)

시작 ↓

이형	VG 01	VG 02	VG 03	VG 04	VG 05	VG 06	VG 07	VG 08	VG 09	VG 10	VG 11	VG 12	VZ 01	VZ 02	VZ 03	VZ 04	VZ 05	VZ 06	VZ 07	VZ 08	VZ 09	VZ 10	VZ 11
VG 01		130	130	130	130	130	130	130	130	130	130	130	135	135	135	140	140	145	145	160	160	240	240
VG 02	130		130	130	130	130	130	130	130	130	130	130	135	135	135	140	140	145	145	160	160	240	240
VG 03	130	130		**35**	**35**	130	130	130	130	130	130	130	135	135	135	140	140	145	145	160	160	240	240
VG 04	130	130	**35**		**35**	130	130	130	130	130	130	130	135	135	135	140	140	145	145	160	160	240	240
VG 05	130	130	**35**	**35**		130	130	130	130	130	130	130	135	135	135	140	140	145	145	160	160	240	240
VG 06	130	130	130	130	130		**35**	**35**	130	130	130	130	135	135	135	140	140	145	145	160	160	240	240
VG 07	130	130	130	130	130	**35**		**35**	130	130	130	130	135	135	135	140	140	145	145	160	160	240	240
VG 08	130	130	130	130	130	**35**	**35**		130	130	130	130	135	135	135	140	140	145	145	160	160	240	240
VG 09	130	130	130	130	130	130	130	130		**35**	130	130	135	135	135	140	140	145	145	160	160	240	240
VG 10	130	130	130	130	130	130	130	130	**35**		130	130	135	135	135	140	140	145	145	160	160	240	240
VG 11	130	130	130	130	130	130	130	130	130	130		**35**	135	135	135	140	140	145	145	160	160	240	240
VG 12	130	130	130	130	130	130	130	130	130	130	**35**		135	135	135	140	140	145	145	160	160	240	240
VZ 01	130	130	130	130	130	130	130	130	130	130	130	130		**35**	**35**	140	140	145	145	160	160	240	240
VZ 02	130	130	130	130	130	130	130	130	130	130	130	130	**35**		**35**	140	140	145	145	160	160	240	240
VZ 03	130	130	130	130	130	130	130	130	130	130	130	130	**35**	**35**		140	140	145	145	160	160	240	240
VZ 04	130	130	130	130	130	130	130	130	130	130	130	130	135	135	135		**35**	145	145	160	160	240	240
VZ 05	130	130	130	130	130	130	130	130	130	130	130	130	135	135	135	**35**		145	145	160	160	240	240
VZ 06	130	130	130	130	130	130	130	130	130	130	130	130	135	135	135	140	140		**35**	160	160	240	240
VZ 07	130	130	130	130	130	130	130	130	130	130	130	130	135	135	135	140	140	**35**		160	160	240	240
VZ 08	130	130	130	130	130	130	130	130	130	130	130	130	135	135	135	140	140	145	145		**35**	240	240
VZ 09	130	130	130	130	130	130	130	130	130	130	130	130	135	135	135	140	140	145	145	**35**		240	240
VZ 10	130	130	130	130	130	130	130	130	130	130	130	130	135	135	135	140	140	145	145	160	160		**70**
VZ 11	130	130	130	130	130	130	130	130	130	130	130	130	135	135	135	140	140	145	145	160	160	**70**	

그림 2.18 교체 매트릭스의 예

CO	교체 시간
LS	롯트 크기
# Var	Var 제품의 의형의 수
UP	가용 시간 [%]
EPEI	EPEI 값

그림 2.19 EPEI 값을 구하기 위해 필요한 정보가 있는 데이터 상자 섹션 2

시간은 어느 정도는 최소화되어 있을 것이다.

데이터 상자 내의 **롯트 크기**(LS)는 나아가 각각의 생산 공정에서 동일한 부품이 얼마나 많은 수로 직접 연속적으로 처리되는가를 나타낸다(그림 2.19). 공정 수량과는 대조적으로, 하나의 롯트에 포함되는 제품은 동시에 처리되는 것이 아니다. 일반적으로, 롯트 크기는 이형과는 다른 것이며, 그것은 평균 고객 수요에 의해 결정된다. 데이터 상자 내에서, 우리는 최소, 최대 및 평균(또는 가장 빈번히 사용되는) 롯트 크기를 넣는 것이 가장 좋은 방법인데, 이렇게 했을 경우 이들 수치는 미래 상태 지도를 작성할 때 변경이 있을 경우 참조 값으로 유용하게 될 것이다.

산업 실무에 있어서 일정계획 수립자가 결정한 롯트 크기는 종종 경험 값에 근거를 두고 있으며, 수량 부족의 위험을 피하면서 보관 비용과 교체 비용 사이의 절충을 목표로 한다. 일반적으로, 5퍼센트를 초과하는 교체 시간은 과다하다고 본다. 때때로, PPS (생산 계획 수립 시스템: production planning system)와 ERP 시스템에서 제공하는 수학적인 계산 방법을 이용해서 경제적 롯트 크기를 결정함으로써 앞에 언급한 경험적인 값을 검증하는데 사용한다. 이것들은 통상적으로 1913년도에 포드 휘트먼 해리스(Ford Whitman Harris)가 개발한 방법에 기초를 두고 있다. 이 롯트 크기 계산은 다음과 같은 기초적인 사고에 기반을 두고 교체 비용과 보관 비용을 비교한다. 만일 선정된 롯트 크기가 지나치게 작다면, 그 교체 비용을 매우 적은 수량에 대해 배부해야 하므로 개별 품목에 배부되는 교체 비용이 지나치게 높으며, 반대로 롯트 크기가 지나치게 큰 경우에는, 모든 품목을 사용하는 데 소요되는 시간이 너무 길게 되어 보관 비용이 너무 높아진다. 보관 비용은 전반적인 보관 비용율을 제조 비용에 적용함으로써 결정되다. 교체 비용과 연간 이형의 수량을 함께 이용하여, 우리는 다음과 같은 '경제적 발주량' 공식을 이용할 수 있다.

$$LS_{opt} = \sqrt{\frac{200 \times COC \times \#P_{var}}{MC \times SCR}} \tag{2.4}$$

여기서, LS_{opt} 하나의 이형의 최적 롯트 크기 [pcs.]

LS_{opt}	하나의 이형의 최적 롯트 크기 [pcs.]
MC	제조 비용 [금액]
SCR	보관 비용율 [%]
COC	교체 비용 [금액]
$\#P_{var}$	연간 이형의 수량 [pcs.]

따라서 경제적 롯트 크기 공식의 바탕에 깔려 있는 필요한 기간 내의 교체 및 보관 비용은 합계 비용의 포물선 곡선 형태로 변화하며, 그 최소 비용 지점은 최적 롯트 크기와 일치하게 된다(그림 2.20). 하지만, 이런 유형의 비용 최적화는 이 모형의 제반 가정으로부터 다음과 같은 다양한 문제가 귀결되었기 때문에 다소 비싼 값을 치르고 얻은 것이다. 이와 같은 문제의 일부는 보다 복잡한 수학적인 모형화를 통해서 시정할 수 있으나, 다른 문제들은 그 성격이 보다 근본적인 것들이다.

- 이 모형은 보관 대상이 되는 전체 롯트에 대해 오로지 보관 비용만을 고려한다. 제조 과정에서 발생하는 재고 유지 비용은 완전히 무시된다.
- 이 모형에서는 일정한 속도의 소비와 함께 완전한 롯트가 생산에서 재고로 이전된다는 것을 가정하는데, 그 결과 재고수준을 나타내는 곡선은 이상화된 톱니 모양의 그래프로 귀결된다(그림 2.37 참조). 이와는 달리, 동태적 비용 모형은 외부로의 반출 재고 이동의 변동을 감안할 수 있다.
- 모든 개별 기간에 대한 롯트 크기를 재계산하게 되면 각각의 이형에 대응하기 위한 연속적으로 조정되는 롯트 크기로 귀결된다. 이것은 일반적으로 모든 동태적 모형에 적용된다. 하지만, 그렇게 되면 관리를 보다 복잡하게 만들고, 그럼으로써 결과적으로 끊임 없이 변동하는 물량에 생산 절차가 대처하지 않으면 안 되게 됨으로써 생산 절차의 투명성이 감소된다.
- 이 모형은 단일 단계 공정을 가정하고 작동한다. 하지만, 단계가 복수인 공정의 경우에는, 비용의 차이로 인해서 국지 최적 값도 각 생산 단계마다 변동하기 때문에, 최적 롯트 크기는 복수의 생산 공정에 걸쳐서 여러 범주에 걸쳐 변동한다.
- 보관 비용은 자본 비용, 보관 장소 비용, 그리고 재고 축적 및 재고 제거 비용의 영향을 받는다. 이와 같은 제반 지출은 과소평가할 수 없는 것으로서, 합당한 경험적인 값은 개략 생산 비용의 25%에 이른다. 그러나 이것은 정밀한 비용 단위요율이라기 보다는 추정치인데, 그것은 모든 비용이 생산 비용과 함께 변화하며, 그에 따라 할당할 수 있다는 것을 시사하기 때문이다. 그 결과, 예를 들어 재고관리 비용은 비싼 품목보다는 가격이 싼 품목의 경우에 상대적으로 낮아 보일 것이다.

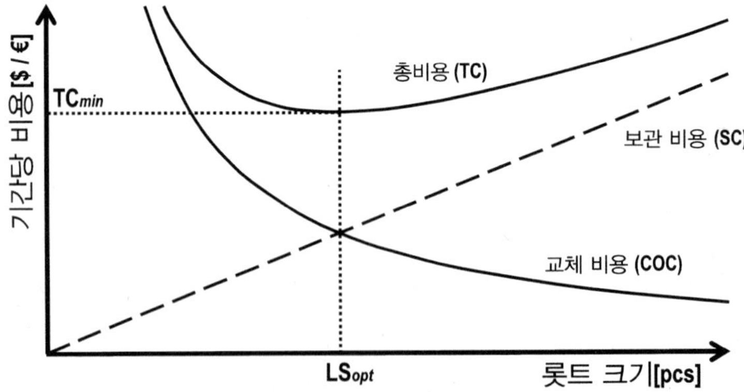

그림 2.20 경제적 롯트 크기 공식 모형의 비용의 변동

- 기계의 시간당 요율에는 감가상각이 포함되어 있는데, 상대적으로 짧은 교체 시간으로 인해서 유휴 시간 중에도 같은 요율로 축적되기 때문에, 종종 잘 못해서 교체 비용을 지나치게 높게 평가할 수 있다.
- 품목 수량이 적은 이색적인 이형에 대해서는, 인정할 만한 최소 수량이 정의되는데, 그러나 그 값은 계산된 최적 값보다 높다.
- 비록 포물선 형태의 총비용 곡선의 오해의 여지가 없는 최소점은 최적 롯트 크기와 일치하지만, 그것은 롯트 크기가 총 비용에 중대한 영향을 미치기에는 종종 지나치게 평편하다(그림 2.20).

각각의 경우에 대한 결과는 비록 생산의 약점은 무시되지만, 이 방법을 통해서 알려진 비용에 기반한 최적 값을 구할 수 있게 해 준다는 것을 시사한다. 예를 들어 교체 비용을 감소시키기 위한 시도를 하고 이를 줄이도록 만들 만한 인센티브가 전혀 없는데, 이는 주로 경제적 롯트 크기 덕분에 최적 값이 이미 달성된 것으로 보이기 때문이다. 그 외에도, 이 접근 방법은 전적으로 비용 단위 요율에 기초를 두고 있으며, 생산의 논리적인 효율을 감안하지 않는다. 따라서, 변경된 리드 타임은 평가에 영향을 미치지 않는다. 융통성 지향의 절차를 사용하였더라면 수월하게 롯트 크기 결정을 충분히 늦은 시점에 할 수 있게 하고, 그럼으로써 가능한 수요에 적절하게 그러한 결정이 이루어지도록 하면서도 동시에 비용 증가를 가능한 억제하면서 실제로 현실적으로 그러한 조정이 가능하도록 지나치게 많은 노력이 필요하지 않게 만들 수 있을 것이다. 경제적인 롯트 크기를 결정하기 위한 또 하나의 절차로서는 전적으로 물류적인 조건에 기반을 둔 것이 있는데, 이것을 미래 상태 개념과의 관련 하에 소개하고자 한다(섹션 3.3.2 참조).

가용 시간(Uptime)

지금까지 우리는 기계의 고장 시간으로 인해 가용 능력에 가해지는 제약에 관해서는 고려를 하지 않았다. 데이터 상자에 기입해야 할 나머지의 생산 공정 관련 성과 비율은 **기술적인 가용 시간**(technical uptime)(UP, 그림 2.19)이다. 계획된 경정비(service), 유지보수(maintenance) 또는 고장 또는 성능의 감소로 귀결되는 예측하지 못한 기술적인 오작동으로 인해 때로는 자원을 작업에 사용할 수 없다는 사실은 따라서 이를 통해서 요약된 수치로 반영할 수 있다. 근무 시간 모형에 따라 고객 탁트 타임 이외의 시간 즉, 우리의 15 교대조 모형(1일 3교대조, 5일 근무)의 경우에는 토요일에 수행하는 유지보수 활동(등식 2.1)은 가용 시간에 전혀 어떤 부정적인 영향도 미치지 않는다. 하지만, 기술적인 장치의 고장은 해당 장치에 걸리는 실제의 부하, 부품 및 구성품의 마모, 발생 가능한 기계의 가공 결함, 오작동 또는 유지보수를 충분하게 하지 못하거나 유지보수에 결함이 있었을 경우 등에 따라 달라진다.

위에서 설명한 다양한 영향 요인의 상대적인 가중치는 종종 기계 고장의 원인을 발견해 내고 선택적인 대응 조치를 개발해 낼 수 있도록 하기 위하여 전체 설비의 효율을 측정하는 방법으로 보다 상세한 분석을 하기도 한다. 설비의 성능 비율의 감소는 **설비 종합 효율**(overall equipment efficiency: OEE)이라는 수치로 요약되는데, 이 수치는 가치 흐름 분석 과정에서 결정되는 가용 시간과는 상당히 다른 핵심 수치이다(그림 2.21). 이 OEE 수치는 일반적으로 계획 생산 시간을 지칭하는데, 이는 근무 시간과는 달리 이미 주문 부족 또는 계획된 경정비 및 유지보수로 인해 발생하는 비가동 시간을 뺀 수치이다.

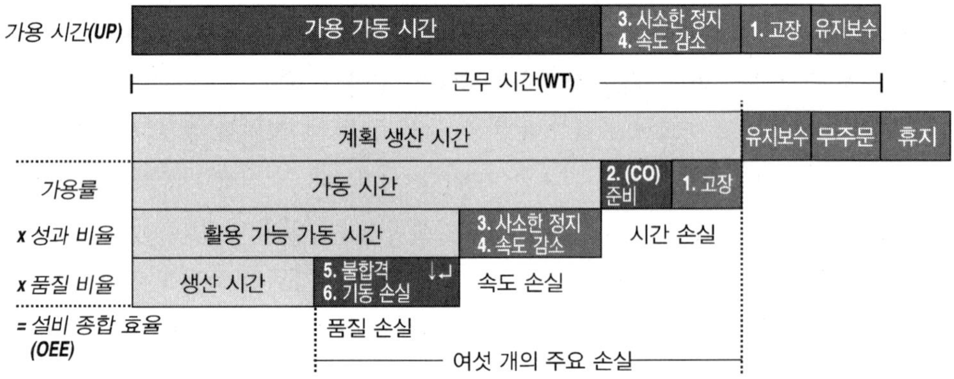

그림 2.21 가치 흐름 분석의 가용 시간과 비교한 OEE 수치의 여섯 가지의 주요 손실

이와 같은 근거로, 세 개의 범주로 나뉘는 여섯 개의 주요 손실을 OEEE 수치를 결정하는 데 적용한다(그림 2.21 하단).

첫째, 기술적인 오작동, 자재 또는 작업 인원의 부족으로 인한 의도하지 않은 **시간 손실**이 발생할 뿐만 아니라 준비 및 조정 등으로 인한 의도된 비가동 시간이 발생한다. 이와 같은 교체 절차는 물류적인 중요성이 높기 때문에 가치 흐름 분석에서는 독립적으로 지도화하며, 교체 시간으로 기록한다. 해당 설비의 잔여 가동 시간과 계획 생산 시간 사이의 관계에서 얻는 가용률은 가용 시간과 명확하게 구분해야만 한다.

둘째, 사소한 정지라든가 설비의 속도 감소 등을 통해 **속도 감소**가 발생한다. 이와 같은 사소한 장애는 작업 인원이 일상적으로 시정한다. 지속 시간이 짧고 문서화되지 않는다는 등의 이유로 해서, 비록 전체를 합해 보면 충분히 상당한 비율에 이를 수 있음에도 불구하고 이런 일들에 대해서는 성능 감소를 유발하는 요인으로서 주의가 기울여지는 일이 거의 없다. 따라서 가동 시간에서 성과 비율만큼을 줄이면 활용 가능 가동 시간을 구할 수 있다.

셋째, **품질 손실**은 재작업 및 보상적 생산을 수반하는 불합격과 기동 손실을 통해 발생한다. 가치 흐름 분석에서 이 부분은 데이터 상자의 세 번째 섹션에 별도로 기록한다.

OEEE 분석에서, 활용 가능 가동 시간에 결정된 품질 비율을 곱한 값은 해당 설비의 실제의 생산 시간을 나타낸다. 완벽한 조건 하에서만 발생하는 절대적인 최상의 값을 가정했을 때, 90%의 가용률, 95%의 성과 비율, 그리고 99%의 품질 비율을 곱한 OEEE 값은 단 85.4%에 지나지 않는다. 그러나, 만일 우리가 교체 시간에서 5%를 차감한다면, 그 결과 얻을 수 있는 가용률은 개략 90%라는 최상의 값에 이르게 된다. 가용률은 어떤 자원의 활용 가능 가동 시간과 작업 시간 사이의 관계를 반영한다(그림 2.21, 상단). 근무 시간 중의 계획된 예방 경정비 및 유지보수, 오작동 관련 고장 및 수리, 그리고 사소한 정지 또는 속도 감소는 성과 감소 기준으로 반영된다.

EPEI 값

데이터 상자의 두 번째 섹션에 보이는 비율을 이용하여(그림 2.19 참조), 우리는 이제 생산 공정의 **이형 융통성**(variant flexibility)을 판단할 수 있다. 이것은 모든 이형에 대한 전체 교체 주기를 완료하는 데 소요되는 기간과 동일하며, EPEI 값이라 칭한다. EPEI는 '모든 제품 모든 간격(Every Part – Every Interval)'의 약자이다. 데이터 상자에 기입한 이형의 수(# Var)는 또한 모든 이형의 한 롯트를 장착하기 위하여 얼마나 많은 교체 절차를 수행해야만 하는가를 나타내기도 한다(그림 2.19). 모든 이형과 그것 각각의 해당하는 작업 시간 및 중간의 교체 시간은 아래 그림과 같이 파이 차트 형태로 그래프로 표시할 수 있다(그림 2.22의 오른쪽). 복수의 자원을 사용할 수 있을 경우에는 EPEI 값이 줄어들게 되지만 그것은 이러한 자원들이 동시에 서로 다른 이형의 처리에 사용되는 경우에 한해서 그렇다.

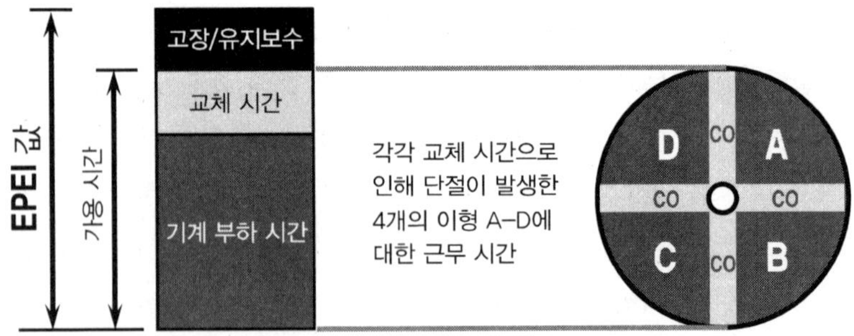

그림 2.22 EPEI 값의 도식적인 표현과 계산

모든 이형에 대해 롯트 크기가 동일하고 교체 시간이 같다고 단순하게 가정했을 경우, EPEI 값은 모든 작업 및 교체 시간을 합하는 방식으로 등식 2.5와 같이 구할 수 있다. 또는 각각의 평균 값을 사용할 수도 있다. 이형마다 롯트 크기가 다르거나 순서에 따라 교체 시간이 다를 경우에는, 각각의 개별 작업 시간과 교체 시간을 더한다.

$$EPEI = \sqrt{\frac{\Sigma OT + \Sigma CO}{\#Res \times WT}} = \frac{\#Var}{\#Res} \times \frac{((LS \times OT) + CO)}{WT} \tag{2.5}$$

여기서, EPEI	EPEI 값 [d]
#Var	이형의 수 [pcs.]
#Res	동일한 자원의 수 [pcs.]
LS	롯트 크기(평균) [pcs.]
OT	단위당 작업 시간(평균) [시간 단위]
CO	교체 시간 [시간 단위]
WT	일일 근무 시간 [시간 단위/d]

이렇게 해서 달성 가능한 EPEI 값(등식 2.5)은 그 다음 자원마다 고유한 가용 시간으로 인해 유발되는 성과 감소만큼 조정해야만 하며(그림 2.22, 왼쪽), 따라서 해당 계수만큼 증가시켜야 한다.

$$EPEI_{UP} = \frac{\Sigma OT + \Sigma CO}{\#Res \times UP \times WT} = \frac{\#Var}{\#Res \times UP} \times \frac{((LS \times OT) + CO)}{WT} \tag{2.6}$$

여기서, $EPEI_{UP}$ 가용 시간을 감안한 EPEI 값 [d]

UP	가용 시간 (%)
#Var	이형의 수 [pcs.]
#Res.	동일한 자원의 수 [pcs.]
LS	롯트 크기(평균) [pcs.]
OT	단위당 작업 시간(평균) [시간 단위]
CO	교체 시간 [시간 단위]
WT	일일 근무 시간 [시간 단위]

EPEI 값

어떤 생산 공정의 현재 상태의 **EPEI 값**은 모든 이형의 해당하는 롯트 크기에 대한 작업 시간에 필요한 교체 시간 및 계획 및 계획되지 않은 비가동 시간을 더하여 결정한다.

이 값은 현재의 지배적인 상황 하에서 모든 이형을 한 번씩 생산하는 데 얼마나 많은 시간이 걸리는가를 나타낸다. 단순히 교체 시간과 롯트 크기를 기술하는 외에도, 이 값은 생산 공정의 **융통성의 수준**에 대한 하나의 지표를 제시한다.

생산 공정의 품질

하지만, 생산 성과의 감소는 교체 시간 및 가용성의 제한뿐만 아니라 품질 결함에 의해서도 유발된다. 이에 해당하는 품질 데이터는 **초도 합격 수율**(first pass yield)(↑), **불합격**(rejections)(↓), 그리고 **재작업률**(rework rate)(↵) 등의 핵심 수치로 표시한다(그림 2.23). 이들 백분비가 증가하는 경우에는 실제의 고객 수요에 비해서 더 많은 제품을 생산해야 하므로, 능력 소요가 늘어나게 된다.

↑	초도 합격 수율 [%]
↓	불합격 [%]
↵	재작업 [%]
WT_p	공정 일일 근무 시간
Pcs_p	공정 연간 수요 수량
TT_p	공정 탁트 타임

그림 2.23 공정 품질, 공정 고유의 고객 탁트 타임 결정을 위한 정보가 있는 데이터 상자 섹션 3

품질 불량은 발생할 수 있는 낭비 가운데 가장 불량한 유형의 낭비로 꼽히기 때문에(섹션 3), 불합격과 관련한 생산 수량의 증가는 고객 탁트 타임의 감소로 표현해서는 안 된다. 품질 문제는 수요의 증가로 보이도록 묘사해서는 안 되며, 오히려 공정 성과의 감소로 표시해야만 한다. 이것은 불합격의 경우에는 사용 불가능한 제품 수에 비례하거나(등식 2.7), 또는 재작업이 필요한 경우에는 재작업 대상 제품의 수에 비례하는, 백분비로 표시된 순 주기 시간 증가의 형태로 계산한다. 해당하는 재작업에 필요한 시간이 정상적인 작업 시간에 비해 상당한 차이가 있을 경우에는, 그에 따라 가중을 할 필요가 있다. 하지만, 재작업을 위한 별도의 작업대 또는 작업 구역이 할당되어 있을 경우에는, 해당 재작업은 원래의 관찰 대상 생산 공정의 주기 시간에는 전혀 영향을 미치지 않을 것이다. 그러나, 재작업 대상이 되지 못하는 부품의 불합격이 발생하는 경우에는 또 하나의 부정적인 효과가 있다. 즉, 그 결과로 발생하는 상대적으로 높은 (불량품으로 인해 증가되는) 수요는, 그만한 수량을 추가 생산해야 한다는 의미에서, 상류의 모든 생산 공정에도 또한 상속된다는 것이다. 완제품에 대한 고객의 수요를 충족시키기 위하여, 관찰 대상 공정의 불합격품을 추가 가공해야 할 뿐만 아니라, 모든 상류 공정에서도 품질과 관련된 추가 수요 물량을 생산해 내야만 하는 것이다. 이것은 다음 등식에서 보는 바와 같이 해당 공정의 주기 시간을 품질 관련 계수만큼 늘리는 결과를 가져온다.

$$CT_Q^m = CT_{net}^m \times QL^m = CT_{net}^m \times \left(\lrcorner_m + \sum_{pss=1}^{m} (1 - \uparrow_{pss}) \right) \tag{2.7}$$

여기서, pss	생산 공정 m 앞의 $m-1$ 단계의 이전 공정에 대한 지수
$\mathrm{CT_Q}$	품질 결함으로 인한 시간 손실 [시간 단위]
$\mathrm{CT_{net}}$	CT; 등식 2.3에 따르는 주기 시간 [시간 단위]
QL	품질 손실률 [%]
↑	초도 합격 수율 [%]. 종종 ↓ 즉, 불합격 [%]으로도 표현됨
↲	재작업[%]

가장 단순한 경우, 재작업은 해당 롯트의 가공 중에 즉각 또는 해당 롯트의 작업 바로 뒤에 모든 재작업이 필요한 부품에 대해 수행한다. 이렇게 되면 재작업이 필요한 백분

비만큼 증가된 규모로 롯트 크기가 증가된다. 하지만, 나중까지 결함이 발견되지 않을 경우에는 후속 공정에서 재작업을 위해 부품이 되돌려지게 되어 해당 이형에 대한 나중의 주문의 롯트의 크기가 증가하게 될 가능성이 매우 높다. 두 경우 모두, 등식 2.6에 따라 계산한 EPEI 값을 재작업률의 영향으로 늘려야 하며, 그 결과 **고정 롯트 크기에 대한 EPEI 값**의 계산 등식은 다음과 같이 된다.

$$EPEI_{fix} = \frac{\sum_{\text{var}=1}^{n} LS_{\text{var}} \times OT_{\text{var}} \times (1 + \text{↲}_{\text{var}}) + \sum_{\text{var}=1}^{n} CO_{\text{var}}}{\#\text{Res} \times UT \times \text{WT}} \tag{2.8}$$

여기서,		
	var	*n*개의 이형에 대한 지수
	EPEI_{fix}	고정 롯트 크기에 대한 EPEI 값 [d]
	LS	롯트 크기
	OT	단위당 작업 시간 [시간 단위]
	↲	재작업 [%]
	CO	교체 시간 [시간 단위]
	#Res	동일한 자원의 수 [Pcs]
	UP	가용 시간 [%]
	WT	일일 근무 시간 [시간 단위/d]

주가적인 재작업은 재작업 소요가 탐지되었을 때 후속 공정으로부터 상류 공정으로, 또는 특수 재작업 공정으로의 분기 형태로 추가적인 자재의 흐름을 발생시킨다. 하지만, 후자의 경우에는 주된 공정의 EPEI 값은 변동이 없이 유지된다.

공정 품질

초도 합격 수율과 **재작업율**이라는 핵심 수치는 고객 수요를 초과하는 추가적인 작업 노력으로 인해 유발되는 품질 불량과 관련된 생산 공정 성과의 감소를 측정하며, 불합격 관련 추가 수요를 모든 상류 생산 절차에 전이한다. 품질 문제는 전반적인 가치 흐름 성과에 커다란 영향을 미친다.

공정 고유의 고객 탁트 타임

일부 생산 공정은 동일한 제품군에 속하는 모든 제품이 거치지 않고 다양한 이형이 우회 통과하는 경우가 있다. 이것을 다른 관점에서 보았을 때, 일부의 상대적으로 복잡한 이형의 경우에는 추가적인 생산 공정이 요구된다고 말할 수도 있다. 또한 하나의 가치 흐름이 부분적으로 두 개의 평행하는 분기로 구성되는 일도 가능하다(섹션 2.3.2 참조).

그러한 경우의 생산 공정에 요구되는 서로 다른 성과 요건 또한 데이터 상자에 기록하여 공정 고유의 고객 탁트 타임(TT_P)을 계산한다. 이들 각각의 핵심 수치는 데이터 상자의 세 번째 섹션에 기록한다(그림 2.23). 하지만, 서로 다른 이형에 대해 대안적인 공정 순서가 있는 **분기가 있는 가치 흐름**의 경우에는, 각각의 해당하는 분기에 대해서 단순히 전체 생산 수량의 백분비에 해당하는 수량(Pcs_p/Pcs)만이 할당되므로, 다음과 같이 고객 탁트 타임을 해당하는 백분비화한 수량으로 곱함으로써 고객 탁트 타임을 증가시킨다.

$$TT_p = TT \times \frac{Pcs}{Pcs_p} \times \frac{WT_p}{WT} = \frac{FD \times WT_p}{Pcs_p} \tag{2.9}$$

여기서, TT_p 공정 고유의 고객 탁트 타임 [시간 단위]

WT_P/WT 공정 고유의 근무 시간 대비 일반 근무 시간의 비율 [%]

Pcs_p/Psc 공정 고유의 연간 수요량 대비 전체의 연간 수요량의 비율 [%]

FD 공장 작업 일수 [d/a]

그러나, 일부의 생산 공정은 **공정 고유 근무 시간 모형**에 따른다. 이와 같은 경우, 해당하는 근무 시간(WT_p)은 가치 흐름 분석에서 일반적으로 고객 탁트 타임을 결정(등식 2.1)하는 데 반영되는 수치와 다르다. 이렇게 달라진 시간 예산은 두 개의 서로 다른 유형의 작업 시간과 관계된 고객 탁트 타임(WT_P/WT)을 비례적으로 변화시킨다. 이것은 등식 2.9와 같이 공정 고유의 고객 탁트 타임을 계산하는 데 사용되는 또 하나의 요인이다.

공정 고유 고객 탁트 타임

개별 생산 공정에 대하여, **공정 고유 고객 탁트 타임**은 전체 가치 흐름에 대해 구성된 전반적인 고객 탁트 타임 성과 표준을 조정한다. 이것은 근무 시간 모형에서 공정 고유 근무 시간의 차이와 분기되는 가치 흐름 모두에 있어서 필요하며, 이 둘은 생산 속도가 서로 다른 **이질적인 생산 공정**으로 귀결되고, 따라서 원활한 생산 흐름에 특수한 과제를 제기한다.

가치 흐름 지도 작성에 있어서는, 선적 도크로부터 시작하여 역방향으로 모든 생산 공정을 지도화하고 그것들 각각의 핵심 수치를 가치 흐름 도면에 기입한다. 공정 상자는 고객 기호 아래부터 시작하여 상류 방향을 향하여 그리는 용지의 아래 부분의 우측에서 좌측으로 순차적으로 그려 나간다(그림 2.24). 각 공정 상자 아래에는, 관련된 데이터 상자를 해당하는 핵심 수치와 함께 그려 넣는다.

사례연구 정수필터의 오일 필터의 기본 본체는 밀링 가공을 한 알루미늄 다이캐스팅 본체 하우징으로 구성된다. 또한, 완제품은 가스켓, 밸브, 스위치, 필터 유닛 및 플라스틱 하우징 구성품 등과 같은 24개의 구매 부품으로 구성된다. 전반적으로, 제품은 여섯 개의 생산 공정을 거치는데, 다음의 상세한 공정 기술에서와 같이 주물을 입고 받으면 밀링과 세척을 하고, 그 다음에는 2단계의 조립 공정에서 조립을 하고, 마지막으로 선적이 이루어진다.

1. **선적.** 오일 필터는 5개 층에 층당 60 pcs씩 팔레트에 담아 선적을 한다. 평균적으로, 각 팔레트의 준비 및 적재와 선적 문서의 인쇄 및 할당에는 30분이 걸린다. 또한, 생산 구역에서 운송되어 오는 제품의 입고 및 저장에는 개략 추가 10분이 걸린다. 이렇게 되면 40 min / 300 pcs = 8 sec의 개당 작업 시간이 걸리는 것이다. 이 공정은 또한 다른 제품에도 사용되며, 오일 필터에는 1/2의 인력이 할당되어 있다. 이렇게 보면 주기 시간은 16초가 된다. 선적 인력은 단일 교대조로 근무를 한다(7시간). 3개 교대조(21시간)의 생산에 94.5초의 고객 탁트 타임에 기초하여, 등식 2.9에 따르면 공정 고유 고객 탁트 타임은 31.5초가 된다.

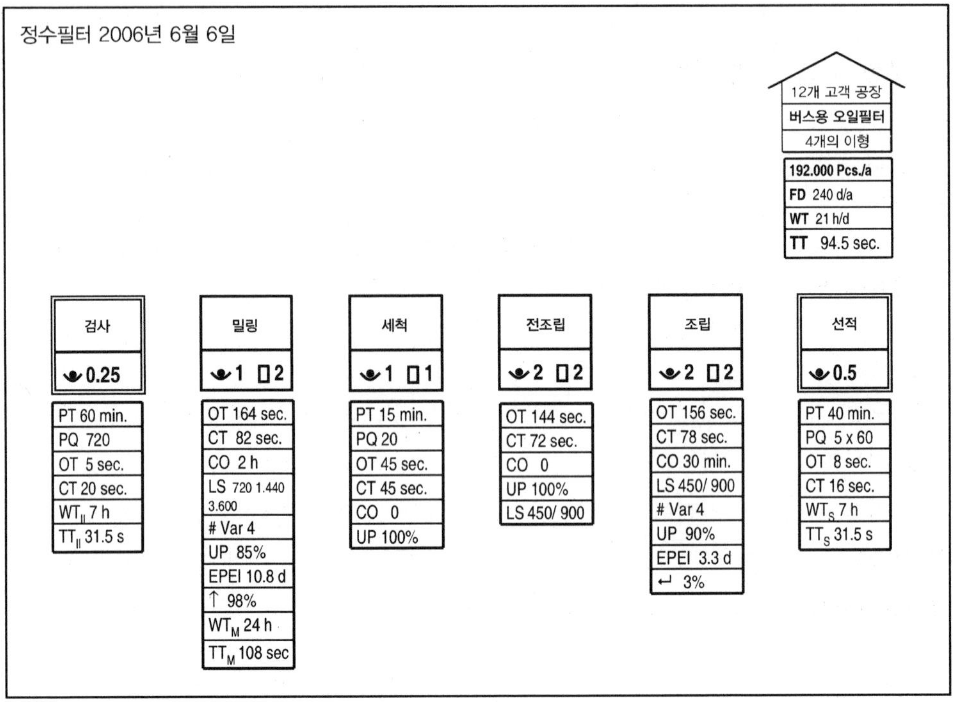

그림 2.24 정수필터의 가치 흐름 지도 작성(2): 생산 공정

2. 조립. 이 공정은 케이싱의 플라스틱 구성품의 위치를 정렬하고 탑재하는 것으로 마무리되는데, 여기에는 한 사람의 작업자가 156초를 작업을 한다. 두 개의 동일한 작업대에 각각 한 명의 작업자가 있을 경우, 주기 시간은 78초가 된다. 조정 장치는 두 작업대가 동일한 롯트를 처리하는 상태에서 다른 이형을 처리하기 위해서 30분에 걸쳐 교체할 수 있다. 롯트 크기는 두 가지의 대량 생산 제품에 대해서 900개이고, 상대적으로 적은 수량의 두 개의 제품에 대해서는 450개로, 가용 시간은 90%이다. 두 대의 작업대에서 항상 동일한 이형을 처리하므로, 완전한 이형의 주기에 대한 교체 노력은 그만큼 증가한다. EPEI 값은 등식 2.8 공식을 조정하여 다음과 같이 계산된다.

$$EPEI_A = \frac{\sum_{\text{var}=1}^{4} LS_{\text{var}} \times OT_{\text{var}} \times (1 + \hookleftarrow_{\text{var}}) + \sum_{\text{var}=1}^{4} \#\,\text{Res} \times CO_{\text{var}}}{\#\,\text{Res} \times UT \times \text{WT}} \tag{2.10}$$

$$EPEI_A = \frac{[((2\times 900 + 2\times 450)\times 156\text{sec.})\times(1+3\%)] + 4\times 2\times 0.5h}{2\times 90\%\times 21\text{h/d}} = \frac{69.2\text{h}}{21\text{h/d}} \approx 3.3\text{d}$$

여기서, OT 작업 시간 [시간 단위]

CO 교체 시간 [시간 단위]

LS 롯트 크기 [pcs.]

↲ 재작업[%]

WT 일일 근무 시간 [시간 단위/d]

#Res 동일한 자원의 수 [pcs.]

UP 가용 시간 [%]

롯트 크기가 위와 같으며, 항상 두 개의 작업대에서 동시에 작업을 하며, 재작업율이 3%인 모든 이형을 모두 한 번씩 탑재하기 위해서는 개략 3.3일이 걸린다.

3. **예비 조립.** 모든 소형 부품은 주물 하우징 내에 조립하는데, 이에는 한 작업자가 144초를 작업을 해야 한다. 두 개의 동일한 작업대를 사용하므로, 주기 시간은 72초가 된다. 이것은 기기 없이 이루어지며, 따라서 교체나 그에 관련되어 발생할 수 있는 시간이 전혀 없다. 롯트 크기는 조립 시의 롯트 크기와 동일하다.
4. **세척.** 20개 단위의 용기 속에 들어 있는 밀링 작업을 거친 주물 부품을 각각 15분이 걸리는 연속 공정에서 자동 세척을 한다. 처리 시간을 용기 수로 나누면 주기 시간은 45초가 된다. 나아가, 부품을 밀링 작업장에서 예비 조립 작업 구역으로 옮기고 취급하는 데는 한 명의 작업자가 필요하다. 따라서, 개당 추가로 45초의 작업 시간을 반영해야만 한다. 세척 장치에는 어떠한 오작동도 없으며, 교체 작업을 할 필요도 없다.
5. **밀링.** 마감 처리를 하지 않은 주물을 두 대의 밀링 머신에서 완전하게 기계적으로 처리를 한다. 한 사람의 작업자가 두 기계 모두의 자재 취급과 교체를 돌보고 있다. 개당 작업 시간은 164초이고, 따라서 주기 시간은 82초다. 기계당 교체 시간은 2시간이며, 두 대의 기계 모두 동시에 동일한 롯트에 대해 작업을 한다. 롯트 크기는 두 개의 대량 생산 이형에 대해서는 3,600pcs, 세 번째 이형에 대해서는 1,440pcs, 매우 수량이 적은 소량 이형에 대해서는 720pcs이다. 가용 시간

은 85%이다. 등식 2.10에 따라, EPEI 값은 11일이 조금 못 되는 것으로 계산이 된다.

$$EPEI_M = \frac{((2\times 3,600 + 1,440 \times 720) \times 164\text{sec.}) + 4 \times 2 \times 2\text{h}}{2 \times 85\% \times 24\text{h/d}} = \frac{260\text{h}}{24\text{h/d}} \approx 10.8\text{d} \quad (2.11)$$

가용 능력은 다른 공정보다 밀링 공정의 경우에 높은데, 이는 자동 밀링 머신이 휴식 시간 동안에도 계속 가동이 되기 때문이다. 등식 2.9에 따르면, 이는 밀링의 경우 고객 탁트 타임 108초로 나타난다.

$$TT_F = TT \times \frac{WT_P}{WT} = 94.5\text{sec.} \times \frac{24\text{hd}}{21\text{hd}} = 108\text{sec.} \quad (2.12)$$

여기서, TT_F 밀링 고유의 고객 탁트 타임 [시간 단위]

WT_P/WT 공정 고유 대비 전반적인 작업 시간 [%]

6. 입고 원부자재의 검사. 각각 240개씩 들어 있는 3개의 팔레트에서 무작위 표본을 추출하는데, 이를 취급하는 데는 3개의 팔레트에 대해서 60분의 시간이 소요된다. 따라서 개당 작업 시간은 60min / 720pcs = 5초가 걸린다. 입고 도크는 또한 다른 주물 부품에도 사용되며, 단일 교대조(7시간)로 작업을 한다. 한 작업자가 자신의 시간의 1/4을 이 제품군에 할당을 하므로, 주기 시간은 20초며, 선적 도크와 마찬 가지로 공정 고유의 고객 탁트 타임은 31.5초다.

2.3.2 자재의 흐름

생산 공정은 물류적으로 **자재의 흐름**으로 연계되어 있다. 자재의 흐름은 다음의 세 가지의 구성 성분으로 구성되어 있다. 그것은 운반, 취급 그리고 보관이다. 보관은 자재, 부품, 또는 제품을 적절한 보관 시설에 일시적으로 두는 것을 의미한다. 운반은 자재, 부품 또는 제품을 후속 생산 공정의 인출 구역 또는 다른 보관 장소로 이동하는 것을 의미한다. 취급은 재고를 쌓아 올리거나 재고를 인출해 내는 수작업 활동을 의미한다. 이와 같은 활동이 상당한 물량으로 일어나는 경우에는 언제나, 가치 흐름 분석에서 그것 자체를 하나의 물류적인 공정으로 별도로 고려하고 별도로 계수를 할 필요가 있다(섹션 2.3.1). 그렇지 않을 경우에는 그러한 활동이 누락되는데, 이는 바로 자재 흐름이 지도화되기는 하나 그에 속하는 작업 시간이 표시되지 않는다는 것을 의미한다. 따라서 자재 흐름은 두 가지의 측면을 묘사해야 하는데, 그것은 운반 기능과 보관 기능이다.

그림 2.25 일반적인 운반 및 보관 기호

1. 하나의 생산 공정에서 후속 공정으로의 **운송**은 화살표로 표시한다. 일반적으로, 공장 내의 이송 – 검정색 화살표로 표시한 부분 – 은 외부 운송 – 흰색 넓은 화살표로 표시한 부분 – 과 구분하여야만 한다(그림 2.25의 1a와 1b). 이와 같은 화살표는 각각의 운송 수단 또는 적재 단위 등과 같은 상세 내용으로 보완할 수 있다.
2. 두 개의 연속되는 생산 공정 사이의 **보관**은 단기간의 완충 또는 보다 장기간의 재고 누적 또는 임시 보관을 위한 것일 수 있다. 보관 기능은 바로 선 정삼각형의 형태로 기호화한다(그림 2.25의 2). 실제 사용해 본 결과, 다음과 같은 약어를 삼각형의 기호 안에 기입하였을 때 효과가 있는 것으로 판명된 바 있다. FG(완제품: finished goods), HRR(고층 랙 저장소: high rack storage), SFG(반제품 보관소: semi–finished goods storage), Raw(원부자재 보관소: raw materials storage), WIP(재공품: work in process). 보관 기호에 데이터 상자를 이용하여 보완한다.
3. **자재 흐름**은 두 개의 기호를 중첩한 형태로 표시한다(그림 2.25의 3). 자재 흐름의 특성은 그와 관련된 계획 및 관리 논리에 크게 의존한다. 정보 흐름과 자재 흐름은 함께 관련 물류 연계를 구성한다. 연계의 유형에 따라, 보관 기호 및 운송 화살표는 다르게 표현한다(섹션 2.3.3). 자재 흐름은 또한 나뉠 수도 있다.

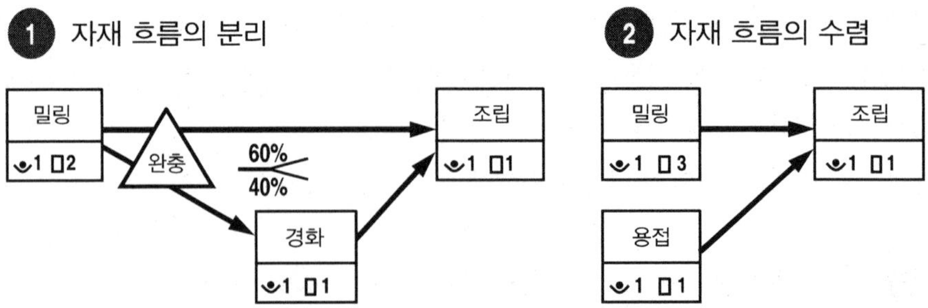

그림 2.26 자재 흐름의 분리

만일 자재 흐름이 서로 다른 경로로 분리되거나 또는 분기되는 경우에는, **분기 기호** 옆에 백분비 수치를 기재한다(그림 2.26의 1의 경우). 이들 부분적인 흐름이 나중에 다시 합칠 경우에는, 어떠한 기호도 필요하지 않은데, 이는 어떠한 손실도 발생하지 않았기 때문이다.

물류의 관점에서 보았을 때, 상호 평행으로 진행하는 생산 공정은 가치 흐름을 묘사하는 지도 속에서는 아래 위로 그린다. 조립된 제품은 종종 조립이 되기 전에 다양한 생산 공정에서 가공되는 다양한 복잡하고 소중한 부품으로 구성된다. 이 경우, 가치 흐름은 복수의 평행하는 흐름으로 구성되었다가 최종 조립이라는 최종 공정으로 수렴한다(그림 2.26의 2의 경우). 예를 들어 플라스틱 또는 알루미늄 케이싱과 같은 제품의 종류가 나뉘어졌다가 다시 합류하는 형태를 띠는 경우에는, 분기에 기호를 이용하여 각각의 부분적인 백분비를 표시할 수 있다.

이송과 운송

자재 흐름으로 기호화하는 운송은 운송 수단의 측면에서 추가적으로 명세화할 수도 있다. 기본적으로, 우리는 세 가지의 유형을 구분하는데, 외부 트럭 운송, 내부 포크리프트 및 컨베이어 등으로 나눈다(그림 2.27). 운송은 화물을 운송하는 운송 장치 상에 적재 단위로 이루어진다. 운송 물량에 대한 표준적으로 정의된 단위가 있을 경우에는, 자재 흐름 화살표를 컨테이너 기호인 위가 열린 직사각형으로 표시하고, 그 안에 해당하는 **용기 수량**을 기입할 수 있다.

1. 공장 구내를 벗어난 통상적인 운송 수단은 해당하는 그림 문자로 표시된 **트럭**이다(그림 2.27의 1). 운송 수단의 명칭을 붙어 있는 트럭 기호 안에 기재할 수도 있

다. 그렇지 않을 경우, 지배적인 상황에 따라 손수 운반 구매자 또는 특송 서비스를 기재할 수 있다. 각각의 운송 수단은 주로 적재 운송 수단 단위당 부품 또는 제품의 수량을 기준으로 특징을 짓는다.

팔레트, 골격만 있는 용기, 골판지 포장, 목재 상자, 회수형 용기, 또는 제품 고유의 특수 용기에 담아 운반하는 부품 또는 제품의 수를 용기 수량으로 표현한다. **인도 빈도**는 완제품을 얼마나 자주 고객에게 운송하는지 또는 공급자가 원자재를 얼마나 자주 인도하는지 등을 각각 기술한다. 또는, 인도 경로를 운행하는 일주일 중의 요일 또는 인도의 빈도 예를 들어 주간 단위 인도 등을 기재한다.

2. 내부 운송은 다양한 운송 수단을 이용하여 수행하며, 일반적으로는 포크리프트를 이용하여 이루어진다(그림 2.27의 2). 아니면, 공장 홀 내의 교통량을 묘사하기 위해서 리프트 트럭 또는 자동 유도 차량을, 실외의 교통량에 대해서는 트레일러를 스케치로 그리기도 한다. 시간표가 있을 수도 있다. 자재 흐름이 보관 기능 때문에 중단이 되는 경우에는, 현실적인 운송 기호는 통상적으로 누락시킴으로써 보관 기호를 사용할 여지를 남겨 둔다(그림 2.25 3).

3. 생산 공정은 롤러 컨베이어, 컨베이어 벨트 또는 현가 궤도와 같은 운반 기술을 통하여 견고하게 연결될 수 있다. 이와 같은 특수한 사례는 두 개의 선 사이의 화살표의 형태로 묘사한다(그림 2.27 3). 컨베이어 시스템은 통상적으로 고정된 수의 화물 운반 장치 또는 고정된 최대 수량의 화물 운반 장치를 수용하기 위한

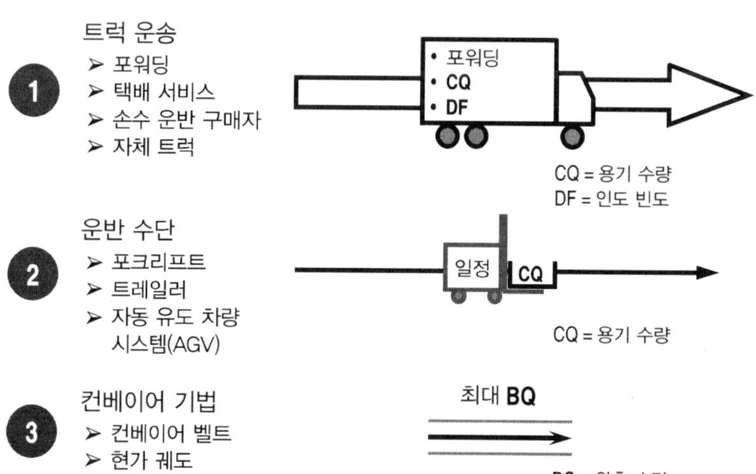

그림 2.27 자재 흐름 화살표와 운송 수단

누적용 컨베이어를 갖추고 있다. 이와 같은 최대 완충 수량(최대 BQ)은 완충으로서의 역할을 수행하며, 두 개의 생산 공정 사이의 재고 값으로 지도화한다.

재고 - 보관 장소와 재고

모든 보관 장소에는 생산 공정과 마찬 가지로 **데이터 상자**가 있어야 한다(그림 2.28). 무엇보다, 보관 장소의 명칭과 그와 관련된 보관 수단 즉, 특정한 보관 장소와 거기에서 사용하는 보관 기법을 사용하여 예를 들어, 자동 고가 랙 보관 장치, 랙 보관 장치, 플로우 랙 보관 장치, 바닥 보관 장소, 엘리베이터형 보관 장치 등과 같이 기록한다. 보관 장소 아래에는, 각각의 보관 장소의 전산 식별 기호와 모든 보관되어 있는 구매 자재, 중간재 또는 부품의 명칭을 코드화하여 기재한다. 각각의 **보관 용량**은 보관 장소 수(# SP)를 이용하여 개략적으로 표현한다.

보관 장소 명칭: 재고 위치	
자재 명칭	
# SP	보관 장소 수
SQ	재고 수량
# P	완제품당 동일 부품 수량
RC	수요 대응 기간

그림 2.28 보관 장소를 기술하는 데이터 상자

보관 장소의 가장 중요한 생산 절차마다 고유한 특징은 그곳에 있는 재고이다. 재고는 관찰 대상이 되는 모든 제품군의 이형을 만드는 데 필요한 모든 사전 가공된 부품을 포함한다. 이상적으로는 정보 시스템에서 표시하고 있는 값을 기재하는 것이 아니라, 가치 흐름 지도 작성자가 직접 재고를 계수하여 시간 기록 절차와 마찬 가지로 자신의 눈을 이용하여 지배적인 조건을 포착해야 한다. 한 편으로, 이것은 오류를 찾아낼 수 있게 하는 효과가 있으며, 다른 한 편으로는, 때로는 이전에 알지 못하였던 보관 장소를 찾아내고, 공간 요건, 배치, 분포 및 접근성과 같은 모든 현실적인 함의와 함께 재고에 대해 이해할 수 있게 해 준다. 계수한 물량은 재고 수량(SQ)으로 기재한다.

여기서 가치 흐름 분석의 관점에서 결정적인 지표는 평균 수요를 감안했을 때의 재고가 대응할 수 있는 기간이다. 각각의 재고의 **수요 대응 기간**(range of coverage: RC)

은 단순히 재고 수량을 일일 수요(DD)로 나누어 계산한 수치이다. 그런데, 재고의 수요 대응 기간은 후속 생산 공정에서 발생하는 원인으로 인한 불합격(↓)으로 인해 줄어든다. 이 밖에도, 제품 한 개당 동일한 부품의 수(#P)도 고려를 할 필요가 있다.

$$RC = \frac{SQ \times \uparrow}{DD \times \#P} \tag{2.13}$$

여기서, RC	수요 대응 기간
SQ	재고 수량 [pcs.]
DD	일일 수요 [pcs./d]
↑	초도 합격 수율 [%]
#P	완제품 개당 동일 부품 수 [pcs.]

상대적인 값으로서, 수요 대응 기간은 절대적인 재고 수량보다 훨씬 더 중요한 핵심적인 수치이며, 특히 잠재적인 개선 가능성의 평가와 관련하여 더욱 중요하다(섹션 2.4).

선적과 공급

외부 운송을 나타내는 자재 흐름 화살표는 관찰 대상 가치 흐름의 사내 생산 절차를 외부의 자재 및 제품의 원천 및 수령자와 연결하는 역할을 한다. 우리가 직렬형 연속 대량 생산에서 멀어지면 멀어질수록, 수령자의 지리적인 구성과 각각의 운송 수단 및 고객의 바람으로부터 귀결되는 **인도 요건**이라는 측면 모두에 있어서 고객의 범위는 더욱 다양해진다. 이와 같은 물류적인 요건은 전체적인 생산 절차에 영향을 미친다. 따라서 외부 자재 흐름을 나타내는 트럭 기호에는 다음과 같은 정보가 포함되어야만 한다(그림 2.27의 1).

- 고객이 요구하는 인도 시간(DT, 그림 2.8 참조)과 고객 위치까지의 거리에 따라 결정되는 각각의 운송 수단.
- 예를 들어 손수 운반 구매자, (외부의) 계약 운송업체, 자체 트럭, 택배 등과 같은 요구되는 배송 방식.
- 예를 들어 해외 인도의 경우에는 나무 상자, 여타 유럽 지역의 경우에는 골판지 포장, 국내 선적의 경우에는 회수형 용기 등과 같은 필요한 포장 유형.

• 통상적인 인도 빈도(DF). 순회 차량을 이용한 배송의 경우에는 관련 계획 업무를 정보 상자에 포함하여야 한다(그림 2.35 참조).

일반적으로, 가치 흐름 내의 최초의 생산 공정은 원자재 또는 부품을 입고하는 부분이 된다. 해당 자재의 인도는 자재 흐름 화살표와 트럭 기호로 표시한다. 선적 도크와 유사하게, 용기 수량(CQ)과 포장 유형 및 인도의 유형 및 빈도(인도 빈도: DF)를 트럭 기호에 기재하여야 한다.

자재 흐름 화살표는 도급업체와 마찬 가지로 기울어진 지붕 모양을 한 공급자 기호(그림 2.29)로 시작한다. **공급자 기호** 내에, 경우에 따라서는 해당 위치와 함께 특정 자재에 대한 공급자의 명칭을 기재한다. 또한, 그러한 공급자가 인도하는 원부자재 또는 구매 부품(RM)과 서로 다른 자재의 유형의 수(#Typ)를 기재한다. 때로는 공급자와 그들이 공급하는 자재의 수가 많기 때문에, 문제의 가치 흐름에서 핵심적으로 중요한 공급자만을 기재한다. 이것은 주된 구성품 또는 ABC 분석을 통해 결정된 'A' 등급 자재를 지칭할 수 있는데, 이는 해당 품목들의 구매 가격이 비싸기 때문에 매우 세심한 계획이 필요하기 때문이다. 이 외에도, 시장의 자재 부족 또는 품질의 변동으로 인해 가용성에 제한이 있는 핵심 부품에 대해서는 특별한 주의가 필요하다.

공급자의 성과는 데이터 상자를 이용하여 기록한다. 구매 부품의 가용성은 주로 해당 부품의 **보충 리드 타임**(replenishment lead time: RLT)을 이용하여 판단한다. 여기에는 구매 주문 처리에 필요한 시간과 공급자가 보장하는 운송 및 인도 리드 타임이 포함된다. 물량과 관련된 공급자 품질(QR)은 관련 오류율(ER)과 수량 신뢰성(quantity reliability: QR)을 이용하여, 공급자의 시간과 관련된 품질은 인도 신뢰성(DR)을 이용하여 측정한

그림 2.29 공급자 기호와 데이터 상자

다. 수량 신뢰성에 관한 한, 과도 또는 부족 인도, 또는 오류 인도로 인한 차질을 다르게 가중을 하고 그 결과에 따라 기록한다.

가치 흐름 분석에서, 생산 공정 사이의 자재 흐름은 이들 공정과 함께 지도화한다. 여기에서 모든 생산 공정을 자재 흐름보다 먼저 분석하는 것은 오로지 표현을 하기 위한 이유에서다(그림 2.24). 자재 흐름을 묘사하기 위해서는, 모든 생산 공정을 보관 장소 기호와 검정색 자재 흐름 화살표를 이용하여 연결한다. 재고는 수량을 계수하여 기입한 다음, 수요 대응 기간(range of coverage)으로 변환한다. 공급자는 상단 왼쪽에 고객과 같은 높이에 그린다. 공급자와 고객은 트럭 기호와 흰색 자재 흐름 화살표를 이용하여 가치 흐름과 연결한다(그림 2.30). 실제에 있어서, 외부 운송은 이제 도면 속에 '수직' 자재 흐름의 형태로 나타나는 한편, 내부 자재의 흐름은 '수평'으로 흐르는 형태로 그려진다.

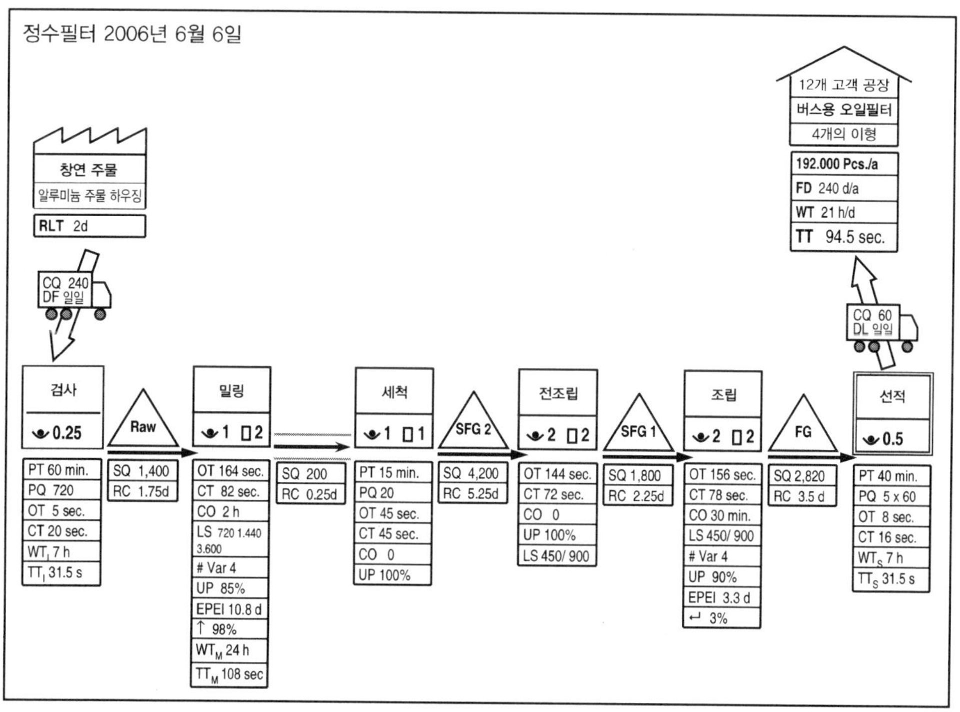

그림 2.30 정수필터의 가치 흐름 지도(3): 자재 흐름 및 공급자

사례연구 정수필터의 경우, 모든 생산 공정 사이의 재고를 세었다. 즉, 다섯 개의 서로 다른 장소의 재고를 계수하였다. 수요 일수에 해당하는 수요 대응 기간으로 변환하기 위하여, 이들 각각의 수치를 일일 수요인 800개의 오일 필터 수량으로 나누었다. 그런 다음 지도화한 데이터를 가치 흐름도에 기입하였다(그림 2.30).

1. **완제품 보관 장소.** 합계 47개의 완전 적재 팔레트에 총 2,820개의 오일 필터가 있었다. 수요 대응 기간은 3.5일이었다.
2. **미완성 제품 1.** 조립 전 및 조립 중에 있는, 2개의 이형에 속하는 총 1,800개의 오일 필터 예비 조립품이 계수되었다. 이것은 수요 대응 기간으로는 2.25일이 된다.
3. **미완성 제품 2.** 예비 조립 전 및 예비 조립 중에 있는, 4개의 이형에 속하는 총 4,200개의 가공된 주조 부품이 계수되었다. 이는 수요 대응 기간으로는 5.25일에 해당한다.
4. **세척.** 밀링 가공을 한 주조 부품은 즉각 세척을 한다. 세척 기계 상류에는 200개의 부품에 대한 완충 물량이 존재한다. 이것은 수요 대응 기간으로는 0.25일에 해당한다.
5. **미완성 주물 보관 장소.** 당일 인도로 인해서, 원자재 재고는 가치 흐름 분석을 시작하기 전임에도 불구하고 상당 수준 감축되어 있었다. 가치 흐름 지도 작성 첫째 날에는 1,400개가 있었으며, 이는 수요 대응 기간으로는 1.75일에 해당한다.

모든 정수필터의 외부 운송은 트럭을 이용해서 한다. 창연주물은 알루미늄 주물 하우징을 일일 단위로 240개씩 팔레트에 담아 인도를 한다. 주문은 인도 2일 전에 발주를 해야 한다. 선적은 일일 단위로 60개가 담긴 팔레트 단위로 선적한다.

자재의 흐름

두 개의 생산 공정 사이에 우리는 항상 부품의 이송을 묘사하기 위하여 **운송 연계**를 삽입할 필요가 있다. 만일 그렇지 않을 경우에는 단 하나의 공정 상자로 모형화해야 하는 통합된 생산 공정으로 생각해야 할 것이다. 이와 같은 규칙은 일관성이 있는 가치 흐름 지도를 작성하는 데 유용하다. 운송은 물류 연계의 유형에 따라 두 개의 서로 다른 유형의 화살표를 이용하여 반영한다. 분기되는 기호는 분리되는 자재 흐름 각각에 대해 백분비로 표시된 배분이 이루어진다는 것을 나타낸다.

일반적으로, 두 개의 기술적인 공정 사이의 공장 내 이송은 **보관 공정**으로 중단된다. 계획된 보관은 삼각형의 완충 기호로 표시하며, 특수 보관 전략에 대해서는 다른 기호를 사용한다(제3장 참조).

각각의 재고에 대해 가치 흐름 분석 과정에서 계수를 하여 일자 수로 표시한 수요 대응 기간으로 변환한다.

외부의 자재 흐름은 **고객과 공급자**를 관찰 대상인 가치 흐름과 연결한다. 원부자재의 **인도 빈도 및 보충 리드 타임**은 외부 물류의 핵심적인 특성이다.

2.2.3 주문 처리

생산 공정(섹션 2.3.1)이 원활하게 운영되도록 하고 자재(섹션 2.3.2)가 흐르도록 하기 위해서는 정보를 통제 또는 조절하는 일이 필요하다. 이러한 정보는 **업무 프로세스**(business process)를 통해 처리 및 제공한다. 이미 잘 정립된 가치 설계 문헌(Rother 1999)에서는 이른바 생산 계획 수립 및 관리(production planning and control: PPC)라는 단 하나의 업무 프로세스만을 활용하며, 모든 정보 처리 업무를 PPC라 부르는 블랙 박스 하나에 넣어 표시하고 있다(그림 2.31). 하지만, 이와 같이 엄청나게 단순화하는 것은, 다양한 단계에서 생산 공정과 다양한 업무와 활동에 영향을 미치는 주문 처리라는 과정이 훨씬 더 복잡한 과정이기 때문에, 각각 가치 흐름 분석 또는 가치 흐름 지도 작성에 있어서 그 가치를 입증할 수 없었다. 따라서 아래에서 우리는 상당히 더 상세한 묘사 방법을 제시하고자 한다.

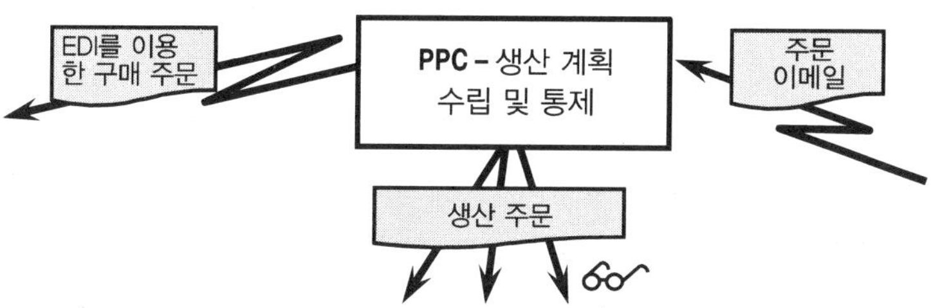

그림 2.31 전통적인 가치 흐름 분석의 단순화된 정보 흐름

하지만, 전통적으로 생산 공정에 대하여 하던 바와 같이 (관리) 업무 프로세스를 나름의 독립적인 가치 흐름으로서 묘사하기 위한 나중의 이른바 '린 관리'(Tapping 2003)의 경우에도 이와 같은 단점을 극복하지 못하였다. 예를 들어서 서비스 산업에서와 같은 관리 업무에 관한 가치 흐름 설계의 유사한 적용의 경우에는 서비스 프로세스의 묘사와 그 수행의 개선을 추구하는 역할을 한다. 하지만, 여기에서 설명하는 제조업에서 주문 처리와 관련하여 발생하는 업무는 최소한 생산과 관련해서 만큼은 절대 이 방법을 통해서는 간단하게 묘사 또는 최적화할 수가 없다. 따라서, 제조업의 주문 처리와 관련하여 발생하는 업무 프로세스에 관해서 여기서는 전통적인 가치 흐름 지도 작성 방법에서 다루었던 것보다 훨씬 상세하게 다루고자 한다.

이러한 목적을 위해서, 우리는 관찰 대상 업무 프로세스를 그것과 관련된 생산의 가치 흐름에 내장된 상태로 관찰하여야 하는데, 이와 같은 접근 방법은 이미 실무에서 그 가치가 입증되었으며, 또한 결정적으로 주문 처리의 분석을 개선시켜 주는 접근 방법이다. 그러나, 우리는 여기에서 그것을 순수한 서비스 제공업체에 대하여 적용할 수 있는 가능성에 관해서는 논하지 않기로 한다.

주문 처리는 가치 흐름 분석 안에서 다음과 같은 세 가지의 측면을 구분할 수 있으며, 이 부분에 대해서는 다음에서 보다 상세하게 살펴보게 된다.

1. 업무 프로세스는 고객 주문의 완료와 생산 계획 및 관리에 필요한 정보를 생성, 처리 및 보관한다.
2. 정보의 흐름은 업무 프로세스 사이에서, 고객 및 공급자에게, 그리고 생산 공정 사이에 데이터와 문서를 전달한다.
3. 물류 연계는 두 개의 이어지는 생산 공정 사이의 연결과 관련한 정보 및 자재 흐름의 상관 관계를 설명한다.

업무 프로세스

업무 프로세스는 직사각형의 기호를 사용하여 표현하며 각각의 업무 프로세스 명칭을 이용하여 식별한다(그림 2.32). 관련 업무 프로세스를 취급하는 직원의 수를 기호(팔이 달린 머리로 기호화함)의 뒤에 기재한다. 업무 프로세스에 대한 지도 작성은 전체 작업 공정을 단계적으로(주문 생성, 입력 및 품목 번호의 검증, 인도 주소의 결정, 가용성의 확인

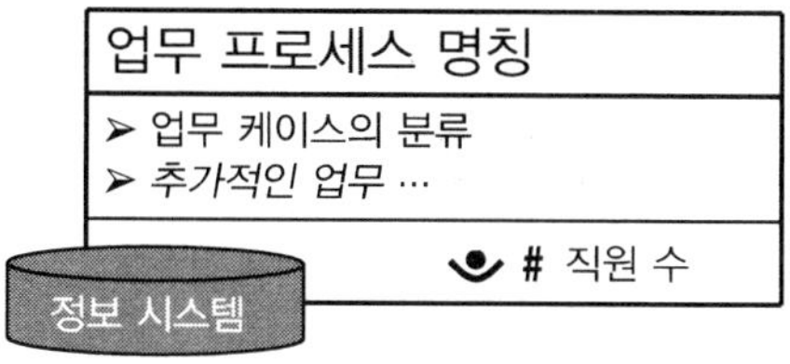

그림 2.32 업무 프로세스의 기호

및 인도 일자의 기록 등) 상세하게 표현하는 것을 목표로 하는 것이 아니라, 오히려 전반적인 절차를 명확하고 잘 정비된 방식으로 묘사하는 데 목표를 두고 있다. 우리의 주문 처리 사례에서는, 생산 공정을 묘사하는 경우와 마찬 가지로 복수의 활동을 하나의 공정 상자에 묶을 수 있다. 모든 업무 프로세스는 **업무 목록**(task list) 내에서 가장 중요한 업무를 이용하여 기술해야 한다.

각각의 업무 케이스(business case)를 해당하는 범주로 분류하는 일은 업무 프로세스의 묘사에서 가장 중요한 일이다. 이것을 이용하여 가치 흐름 분석자는 모든 주문에 대하여, 예를 들어 '긴급', '일반', 또는 '최고 우선순위' 등과 같이 각각 서로 다른 주문의 상태를 규정하고 또한 그것을 공정 상자 안에 기재할 수 있다. 주문 처리에 있어서의 또 하나의 업무의 사례로서는, '재고 보충 주문', '계획 주문', '재작업 주문', '고객 주문', '생산 주문', '작업 주문' 등과 같은 주문 범주, 또는 '발송 방식', '불출 상태' 등에 대한 판단을 들 수 있다. 한 편으로, 그와 같은 구분은 문제의 업무 프로세스로부터 어떠한 방향으로 정보의 흐름이 이루어져야 하는지를 판단하는 기준이 되면서, 다른 한 편으로 그것은 생산 공정의 필수적인 특징을 지도로 작성하는 기준이 되기도 한다. 일반적으로, 업무 프로세스를 지원하기 위하여 전자적인 데이터 처리 시스템[5]을 사용하는데, 이러한 정보시스템은 데이터 저장, 처리 및 출력 기능을 제공한다. 정보시스템은 흐름도표에서 저장 장치를 표현하기 위해 사용하기도 하는 원통 모양의 기호를 이용하여 표시하고, 사용하고 있는 시스템의 명칭을 기호 안에 기재한다. 이와 같은 정보시스템은 전사적자원관리(ERP) 시스템, 생산실행관리 시스템(MES), 또는 PPS 시스템과 같은 표준화된 시스템일 수도 있고, 아니면 어쩌면 유사한 특성을 지니는 기업 고유의 사적으로 개발된 시스템일 수도 있다. 종종, 데이터베이스 또는 스프레드시트 프로그램이 다소 기본적이면서도 어쩌면 매우 충분한 방식으로 업무 프로세스를 지원하는 특수

5) electronic data processing system: 여기서는 간략히 '정보시스템'으로 부르기로 한다: 역자 주

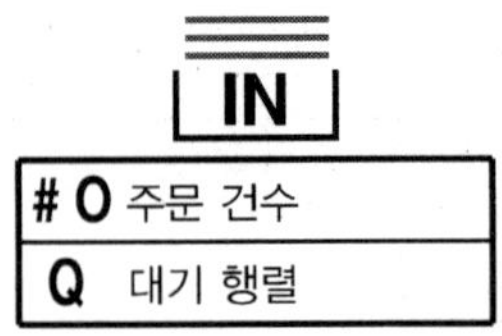

그림 2.33 주문 대기행렬의 묘사

한 사용자용 템플릿을 제공하는 경우도 있다. 또한, 정보시스템을 활용한 도구들을 활용하면 제품 구성 또는 물량 최적화, 관리 데이터의 계산, 품질 데이터의 기록, 핵심 일자의 보고 등과 같은 생산 공정 관리를 할 수 있게 하거나, 또는, 예를 들어서 고객관계관리(CRM) 솔루션을 통해서 고객 충성도 개선을 가능하게 하거나, 또는 원가 추정 및 추적 또는 수출 거래 시스템을 통해서 발송 처리 방안을 찾을 수 있게 해준다. 가치 흐름 분석을 통해서 종종 우리는 주된 시스템의 기능의 취약성, 관련 사용자에 대한 잘 못 된 훈련, 또는 직원들 쪽에서의 수용의 결여로 인해서 동일한 회사 내에서 유사한 기능을 위해 복수의 정보시스템을 사용하고 있다는 것을 알 수 있다. 이와 같은 상황은 종종 복수의 장소에 저장되어 있는 데이터의 불일치의 원인이 된다.

주문 처리의 경우에도 재고가 축적되며, 이것은 전체적으로 기초 재고를 구성한다(그림 2.33). 고객의 관점에서 봤을 때, 최초의 업무 프로세스는 주문 입력이지만, 이것이 일어나기 전에 실제로는 주문 접수가 이루어지게 된다. 하지만, 이와 같은 최초의, 그리고 모든 다른 업무 프로세스가 이루어지기 전에, 이른바 수신함(IN 박스)에 서로 다른 수량의 주문이 쌓이게 된다. 기호로 나타낸 이와 같은 공정의 묘사는 종이 더미를 기호화한 모습이 들어 있는 상자 모양을 하고 있다. 관련 데이터 상자에는 '저장된' 즉, 대기 중인 주문의 건수를 표시한다. 문제의 생산 공정의 교대조 모형에 상응하는 탁트 타임을 이용하여, 각각의 주문 잔량의 수요 대응 기간을 계산할 수 있다. 이와 같은 수요 대응 기간은 해당 가치 흐름의 기초 재고를 **대기행렬**(queue)의 길이(Q)로 표현한 것과 같으며, 다음과 같이 계산한다.

$$Q = \#O \times TT \tag{2.14}$$

여기서, Q　　대기 행렬 [시간 단위]

#O　　대기 중인 주문 건수 [pcs.]

TT　　고객 탁트 타임 [시간 단위/pcs.]

정보의 흐름

생산 공정이 자재와 부품을 운송하는 자재의 흐름을 통해서 상호 간에 연계되어 있는 것과 마찬 가지로, 업무 프로세스도 데이터와 문서를 전달하는 정보의 흐름으로 연결되어 있다. 또한, 정보는 업무 프로세스에서 업무 프로세스로 전달되면서 생산 공정을 관리할 뿐만 아니라 관련 자재의 흐름까지를 관리한다. 정보의 흐름을 통해 생성되는 연계는 얇은 화살표(그림 2.34a)로 기호화한다. 생산 공정을 관찰할 때, 서로 다른 유형의 정보를 전달하는 데 사용되는 서로 다른 전송 형태에 주의를 기울이고 해당 기호 안에 해당하는 기호를 기재하는 것이 중요하다. 이와 같은 제반 기호는 관련한 정보 흐름 화살표 위에 그려 넣는다. 그렇게 해서 전달되는 정보와 해당하는 양식은 처리 논리와 관련하여 4 개의 범주로 구분할 수 있으며, 그러한 범주는 데이터, 문서, 목록 및 정보 조정 절차 등으로 나뉘고, 이들 각각에 대해서는 다음과 같이 그 나름의 **정보 기호**가 할당된다.

1. **단순 데이터** 또는 **데이터 세트**는 전적으로 네트워크 케이블, CD-ROM 또는 USB 스틱 등과 같은 데이터 저장 매체를 통해 전자적으로 전송된다. 이러한 데이터 또는 데이터 세트는 서로 다른 데이터 처리 시스템 간의 데이터 전송을 제어하거나 또는 CNC 머신 용의 제어 데이터로서의 기능을 하며, 후자의 경우에는 제조할 제품에 해당하는 기하구조적인 데이터에 기반을 두고 있다. 데이터 세트는 흐름 도표에서 나디니는 것과 같은 평행사변형 기호로 표시되며(그림 2.34b), 기호 안에는 명칭과 기능을 기록한다. 정보 처리 애플리케이션 사이의 수

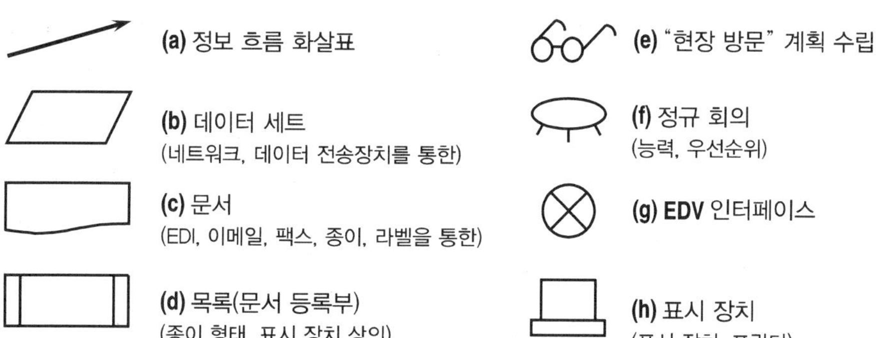

그림 2.34 정보 흐름 묘사용 기호

작업 입력이 없는 자동 데이터 전송은 인터페이스를 구성하는데, 이것은 원 안에 x자를 넣은 형태의 기호로 표현한다(그림 2.34g).

2. 우리는 주문 고유의 데이터를 양식에 입력함으로써, **문서**를 생성한다. 이들 문서는 전자 데이터 교환(electronic data interchange: EDI), 이메일, 팩스, 또는 재래식의 종이, 또는 인쇄를 통해서, 또는 인편 등과 같은 다양한 방법으로 전달할 수 있다. 종이를 이용하는 해법은 많은 경우 가장 합리적인 방법인데, 그것은 이렇게 하는 방법이 관리 대상이 되는 관련 자재의 흐름을 식별할 수 있기 때문이다. 하지만, 대부분의 경우에 최선의 식별 방법은 제품, 용기, 또는 포장에 부착된 라벨을 이용하는 방법인데, 이것은 추가적인 관리 기능도 수행한다. 흐름 도표에서와 마찬 가지로, 문서는 아래쪽이 물결 무늬가 있는 직사각형 즉, 문서 기호로 표시한다(그림 2.34c).

3. **목록**은 어떤 업무 프로세스와 관련이 있는 문서 전반에 대한 개요를 제공한다. 이것은 또한 순서, 우선순위, 또는 기타의 업무 프로세스 분류를 나타낼 수도 있다. 일반적인 예로서는 생산 계획, 개별 생산 공정에 대한 작업 순번 목록, 피킹 리스트, 선적 목록, 적하 목록 등이 해당한다. 이것은 좌우측의 변이 이중으로 되어 있는 직사각형을 이용하여 기호화한다(그림 2.34d). 문서와 마찬 가지로, 목록은 인쇄물 형태로 배포하던가, 아니면 표시 장치를 이용하여 접근할 수 있다(그림 2.34h). 종종, 시간에 관련된 피드백 데이터, 품질 데이터 또는 기타의 생산에서 생성한 정보를 수작업으로 입력할 필요가 있을 때가 있다.

4. 해당 데이터, 문서 및 목록을 통하여, 정보의 흐름은 생산 공정에 영향을 미치고 제어를 하기도 한다. 이와 같은 정보는 정확하게 문서화된 사양에 맞거나 아니면 지배적인 상황에 따라서 독립적으로 변경 또는 조정이 이루어지기도 한다. 오작동 등과 관련하여 생산 계획에 차질이 발생할 경우, 실제의 작업 현장에서 수행하는 이른바 **'현장 방문' 일정계획**(go-see scheduling)을 통해서 생산 계획에 대한 계획에 없던 분권화된 조정을 할 수 있다. 이와 마찬 가지로, 생산 관리에서 계획에 없었던 고객 수요의 변경 또는 긴급 주문을 함으로써 스스로 규정하였던 계획을 무시할 수도 있다. 이와 같은 현장의 자발적인 개입에 대한 기호는 한 켤레의 안경 모양의 기호인데(그림 2.34e), 이는 일반적인 생산의 융통성 및 예측 불가능한 성격을 반영하는 것이다.

종종, 둘 이상의 생산 영역이 실제의 수요에 맞추어 능력의 조정을 논의하거나 또는 긴급 주문을 통해 신속한 공급을 주선하기 위하여 정기적인 **조정 회의**에 함께 모이게 된다. 동시에, 이와 같은 회의에서는 현행 생산 계획의 구체적인 내용을 명확화하거나, 데이터, 문서, 또는 목록의 결함으로 인해 발생하는 질의를 처리할 수도 있으며, 사전 정의된 양식을 가지고는 대처할 수 없는 특수 사례를 해결할 수도 있다. 이와 같은 경우, 참여하는 생산과 업무 프로세스 사이의 정보 흐름은 양 방향으로 흐르며, 따라서 관련 정보 흐름 회살표는 양 끝에 회살표가 표시된다. 그와 같은 조정 프로세스는 테이블 즉, 발이 세 개 달린 타원형으로 표현하는 것이 가장 적합하다(그림 2.34f).

두 개의 공정 사이에 동일한 방향으로 흐르는 복수의 문서, 데이터 또는 목록은 하나의 정보 흐름 화살표를 공유한다. 전통적으로 사용되고 있는 전자적인 데이터 통신을 상징하는 지그재그 형상의 번갯불 모양의 화살표는 특히 종종 불가피하게 교차되는 정보의 흐름이 발생하는 경우에 일반적으로 혼동을 일으키며, 많은 경우에 있어서 할당의 문제를 유발하고, 또한 상대적으로 많은 그래픽한 노력을 필요로 한다.

위에 설명한 정보 기호를 사용하면, 우리는 이제 제조 기업의 정보 흐름을 묘사할 수 있다(그림 2.35). 아래의 사례 그림에서, 주문 처리는 상호 간에 부분적인 계층적 관계를 가지고 있는 **다섯 가지의 일반적인 업무 프로세스**로 구분된다. 우리의 가치 흐름 분석의 두 번째의 실행 과정에서 진행하게 되는 정보 흐름에 대한 지도화 작업은 우측 상단 즉 고객 쪽의 끝에서 시작하여 공급자 방향으로 진행한다. 상단은 '주문 입력', '생산 계획', 그리고 '자재 구매 및 처분' 등의 세 개의 업무 프로세스를 보여준다. 우리의 사례에서, 이것들은 모두 동일한 ERP 시스템의 지원을 받는다. 그리고 나서 우리는 한 수준 내려가서 '생산 관리'와 발송을 위한 '인도 준비'의 두 가지 업무 프로세스를 추가한다. 이 경우, 생산 관리는 MES 시스템에서 수행하지만, 이 일은 관리 센터에서 수행할 수도 있다.

다른 하위 시스템들은 예를 들어 재고관리 시스템(inventory management system: IMS)과 같이 인터페이스를 통해 연결이 되거나 '화물' 발송 시스템과 같이 단절된 애플리케이션을 구성할 수도 있다. 우리의 사례에 포함되어 있지 않은 것으로는 '청구'라는 업무 프로세스인데, 이것은 일반적으로 생산 절차에는 거의 영향을 미치지 않는 것이다.

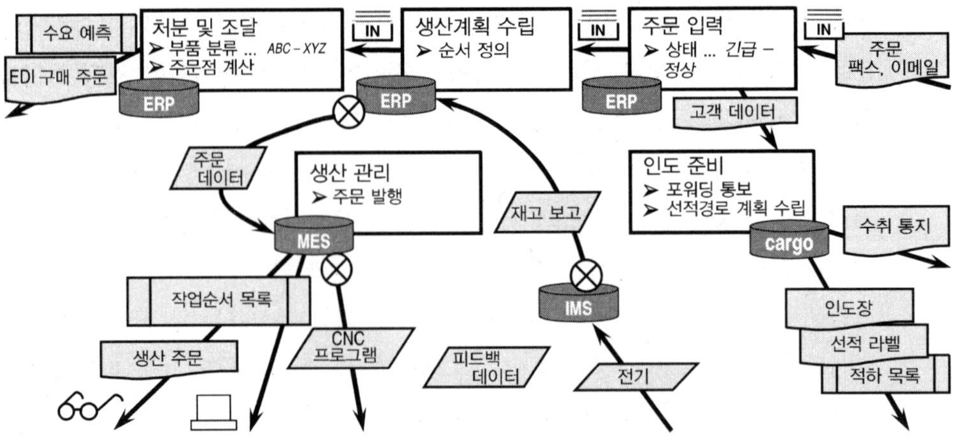

그림 2.35 종합적 정보 흐름의 상세 묘사

이와 마찬 가지로, '장기 생산 계획', '충원' 또는 작업 계획 작성 등을 포함하는 '작업 준비' 등과 같이 독립적으로 운영되는 상위의 근본적인 업무 프로세스는 보통 가치 흐름 지도에는 포함되지 않으며, 그것들은 가치 흐름의 실제 구현보다는 설계에 더 중요하다.

업무 프로세스 사이에는, 각각과 관련된 정보의 흐름을 그것과 관련이 있는 정보 기호와 함께 기록한다. 팩스나 이메일을 통해 접수된 고객 주문은 대기 행렬 내에서 예를 들어 긴급도에 따라 분류될 때까지 대기한다. 자재 구매 주문은 EDI를 통하여 공급자에게 전송된다. 생산에 있어서는, CNC 프로그램이 생산 공정에 공급된다. 생산은 제조 주문의 관리를 받는데, 제조 주문의 순서는 작업 순서 목록에서 정해지며, 또한 제조 주문은 '현장 방문' 안경이 나타내는 바와 같이 관련 상황에 따라 조정할 수가 있다.

물류 연계

생산에 적용하는 생산 계획 및 관리 방법은 자재 흐름에 큰 영향을 미친다. 따라서, 자재 흐름 기호는 각각에 해당하는 관리 논리와 맞도록 조정을 한다. 자재와 정보의 흐름은 함께 합쳐져서 하나의 단위를 구성하는데, 왜냐하면 정보 흐름이 없이는 마치 여러 층으로 쌓아 놓은 넘어지는 상자와 같이 중구난방이 되어 자재의 흐름이 제대로 이루어지지 않을 것이기 때문이다. ERP 시스템을 이용하는 고전적인 생산 계획에 있어서는, 이와 같은 **물류 연계**에는 다음과 같은 세 가지의 주된 요소가 있다. 그것은 예비 생산 계획, 생산 공정으로의 조치를 촉발시키는 생산 계획의 전송, 그리고 그 결과로서 일어나는 자재의 흐름 등이 그것이다. 이러한 물류 연계를 갖춘 상태에서는, 자재 흐름은 거의 계획에 따라 수행되는 생산의 결과로 발생한다. 생산 공정이 각 공정에 있는 처리되었으나 완료되지 않은 제품을 각각의 후속 공정 방향으로 '밀어' 낸다. 모든 후속 공정은 자체의 계획을 따르기 때문에, 처리가 완료되지 않은 제품은 처음에는 쌓이게 되고, 그 다음에 후속 공정에서 이러한 계획된 재고로부터 인출해 간다.

이와 같은 접근 방법은 통상적으로 '밀어내기 생산'이라고 부른다. 하지만, 이 용어는 다소 부정확하기도 하며 동시에 오도할 가능성이 있기도 하다. 비록 중간에 어떠한 보관 장소도 없지만, FIFO 연계 역시 완료되지 않은 제품을 다음 공정으로 밀어낸다(섹션 3.3.1). 그 외에도, 우리는 또한 '당겨가기 생산'이라고 부르는 것이 적합한, 계획된 재고와 함께 작동하는 소비 구동 방식의 처분 유형에 대해서도 알고 있다. 따라서 우리는 이 두 가지 경우 모두를 **계획 지향** 생산이라고 간략히 부른다.

수요 통제형 처분. 일반적으로, 계획 지향형 생산은 **수요예측을 기반으로** 했을 때 잘 작동하며, 특히 종속 수요일 경우에 잘 작동한다. 이 방법은 프로그램 통제형 생산이라고도 불리며, 미완성 제품 또는 완제품에 대한 **수요 통제형 처분**으로 귀결된다. 특히, 이와 같은 처분 방식은 직렬형 생산과 연계하여 적용했을 때 잘 어울리지만, 이형의 수가 많아지게 되는 경우에는, 예측 오류의 위험 역시 증가한다. 소비 추동형 생산에 있어서는, 한 편으로는 인도 기간을 단축시키고, 다른 한 편으로는 롯트 크기의 최적화를 통한 규모의 경세의 이점을 취하기 위하여 반세품을 이러한 방법을 통해 생산한다.

계획 지향형 물류 연계는 다음과 같은 기호로 표현한다(그림 2.36). '생산 계획 수립'이라는 업무 프로세스를 통해서 예측하거나 또는 기업의 고객 주문에 기반을 두고 모든 생산 공정에 대한 생산 계획을 수립한다. 이러한 계획은 특정한 계획 대상 기간(planning horizon: PH) 이내에 완성되어야 할 모든 생산 주문을 포함하는 하나의 목록을 구성한다. 생산 계획에 대한 계획 대상 기간은 그것을 수립하는 빈도 즉, 계획 수립 빈도와 일치하는데, 우리의 예에서는 일주일에 한 번으로 되어 있다. 일반적으로, 그렇게 해서 촉발된 계획은 연동 기준으로 생성되는 것이 아니다. 생산 계획에 기술되어 있는 순서는 의무적인 것이 아니라, 우선 순위의 제약을 받는다. 또한, 긴급 주문이나 계획 변경을 실행할 필요도 있다.

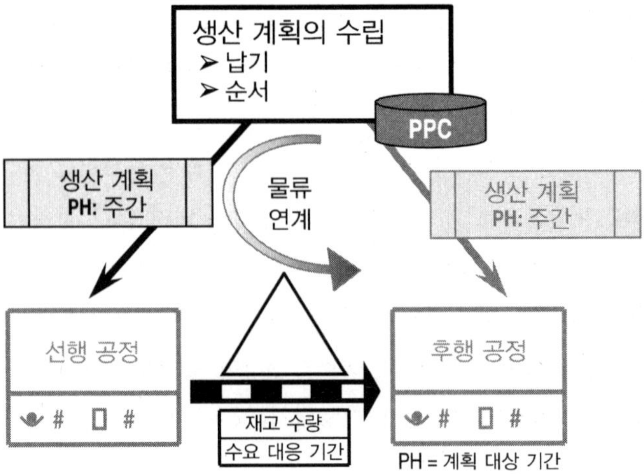

그림 2.36 예측 기반의 물류 연계

생산계획을 통해 관리되는 생산 공정은 이제 재고 생산을 하게 되며, 이는 삼각형의 기호로 표현한다. 이와 관련한 자재의 흐름은 기호 속에서도 예측과 관련이 있는 물류 연계라는 점을 강조하기 위하여 줄무늬가 있는 화살표로 표현한다(그림 2.36). 계획 지향형 생산의 한 가지 핵심적인 특징은 모든 후속 공정 역시 계획 수립 부서의 특정한 이전 공정의 구체적인 요건에 따라 완벽하게 조정된 그 자체의 개별적인 계획에 의해 관리가 된다는 점이다. 이와 같은 조정을 촉진하기 위해서, 시스템은 이른바 개별 생산 공정 사이의 **이행 시간**(transition time)을 감안한다. 이와 같은 시간 완충은 가치 흐름 분석 과정에서 계수하여 저장 기호 아래에 재고 숫자로 기입하게 되는 재고의 형태로 실체화된다.

소비 추동형 처분. 계획 지향형 생산에 대한 두 번째의 접근 방법은 서로 다른 형태를 띄는 이른바 **재발주점 방법**(reorder level method)이다. 이 방법은 **소비 추동형** 생산계획을 생성한다. 즉, 생산 주문이 재고 인출에 따라 자동적으로 생성되면 일정계획 수립자가 발주를 한다. 통상적인 상황에서, 재고 잔량은 이와 같은 유형의 관리에서 일반적인 톱날 모양을 띤다(그림 2.37, 왼쪽). 일정 기간에 걸쳐, 평균적인 재고 인출로 인해 해당 보관 장소의 재고가 점진적으로 줄어 간다. 보충 부품이 도착하는 즉시, 재고는 인도된 롯트 크기만큼 커진다. 이와 같은 절차를 반복하게 되면 일반적인 '톱날' 모양의 재고 윤곽선이 형성된다.

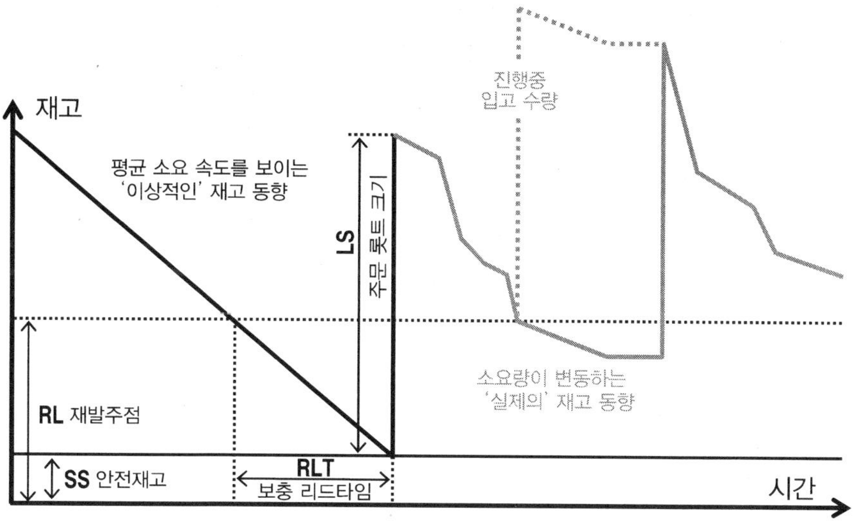

그림 2.37 재발주점 방법의 재고 잔량

자재가 줄어들어서 재발주 수준에 이르게 되면 자동적인 보충 주문이 생성되게 된다. 그렇게 되면 나머지의 재고는 주문된 롯트의 생산 물량이 입고될 때까지 사용할 수 있어야 한다. 아주 단기간의 수요의 증가나 발생 가능한 오작동과 관련한 인도 지연에 대처할 수 있도록 하기 위해, 이른바 안전재고를 준수해야 한다. 재발주점의 계산 방식은 다음과 같다.

$$RL = RLT \times DD + SS \qquad (2.15)$$

여기서, RL 재발주점 [pcs.]
RLT 보충 리드 타임 [d]
DD 일일 수요량 [pcs./d]
SS 안전 재고 [pcs.]

하지만, 자재의 실제 사용 수량은 절대 일정할 수가 없다. 주문이 촉발된 후에 대량의 자재 인출이 일어나는 경우에는, 안전재고마저 인출될 수 있는가 하면, 우리의 사례에서 보는 바와 같이 소량 인출이 일어나는 경우에는 안전재고를 사용하지 않게 될 것이다(그림 2.37, 오른쪽). 따라서, 주문 수량을 미입고 재고 수량으로 계상하는 것이 매우 중요한데, 이는 그렇게 했을 때에만 가상의 재고가 다시 재발주점 이하로 떨어졌을 때

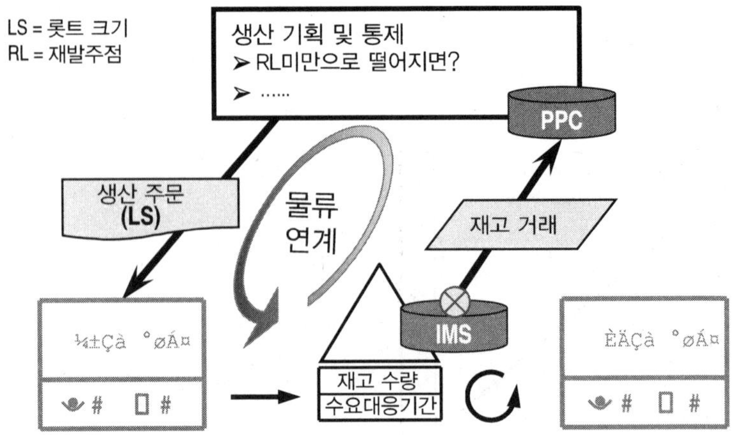

그림 2.38 소비 추동형 물류 연계

롯트 크기보다 작은 보충 생산 주문이 발주될 것이기 때문이다. 그러나, 이와 같은 미입고 수량을 계상하지 않았을 경우에는, 만일 첫 번째 롯트의 보충 주문의 인도로 재발주점을 넘어서지 못하게 될 때는 재고가 완전히 바닥날 수도 있다.

소비 추동형 물류 연계의 경우, 물류 연계는 폐쇄 회로 형태를 나타낸다(그림 2.38). 재고 관리 시스템은 현재의 재고 수치를 PPS 시스템에 전송하며, 이에 상응하는 계획 시스템은 재발주점 아래로 떨어진 재고 수준을 식별하여 정해진 롯트 크기에 따른 발주 제안을 생성한다. 발주가 이루어지고 나면, 해당 생산 주문은 이전 공정에 전달된다. 그리고 나면 완성된 부품은 재고에 추가되고, 재고관리 시스템에 반영된다. 개별적인 절차는 어쩌면 시스템 지향적인 설비 측면에서, 또는 어쩌면 위에서 언급한 계획 수립 논리의 측면에서, 여기 소개한 사례와 다소 다를 수 있다. 예를 들어, 매우 유사한 고정 발주 기간 방식은 고정 주문 빈도와 변동 롯트 크기를 이용한다.

그에 덧붙여, 재고의 예약을 사용하면 소비 추동형의 접근 방법에서 미래의 변화를 보다 잘 관리할 수 있게 해준다. 인도 확약에서 미래에 확실하게 완료하도록 보장하기 위해서, 필요한 자재와 부품은 생산 전에 취소 불가능하게 각각의 주문에 약정이 되도록 하여 실제로 수요가 발생하는 시점에 가용해야만 한다. 물리적으로 재고를 다른 목적을 위해 사용할 수 없기 때문에, 보충 생산을 보다 빨리 개시할 수 있으며, 이는 공정의 예측 가능성을 더해준다.

모든 업무 프로세스, 모든 정보의 흐름을 나타내는 화살표 및 그들 각각의 정보 전달 매체를 그리고 나면, 가치 흐름 지도가 완성된다(그림 2.39). 정보 네트워크는 고객, 공

정보의 흐름

가치 흐름 분석에서는 주문 처리라는 업무를 업무 프로세스로 구분하여 별도로 기술한다. 특히, 계획과 관리 프로세스를 각각 서로 다른 직사각형 기호로 표현한다. 데이터와 문서를 주고 받는 일은 업무 프로세스, 고객, 공급자 및 생산 공정을 연결하는 **정보 흐름 화살표**로 표시한다. 따라서 가치 흐름 분석에는 주문 처리와 관련하여 생성되고 다루어지는 모든 **문서**가 포함된다.

일단 계획 수립 및 관리에 관한 논리를 업무 프로세스와 정보 흐름을 이용하여 정의 및 기록하고 나면, 그 자체의 기호 형태로 표현된 자재의 흐름은 이에 따라 조정할 수 있다. 이것들이 한데 모임으로써, 이들 세 개의 모든 구성 요소는 두 개의 생산 공정 사이의 모든 **물류적인 연계**를 구성한다.

급자, 그리고 생산 공정을 연결하고 그럼으로써 가치의 흐름을 구성하며, 때로는 그것을 멈춰 서게 하는 요인이 된다. 생산 절차에 관계되는 모든 공정, 미완료된 제품과 모든 문서 및 현재 상태의 가치 흐름을 특징짓는 모든 특징적인 공정의 핵심적인 값들이 이제 절차에 따라 요약이 되었다. 이제 우리의 시트의 아래쪽 반은 왼 쪽으로부터 오른쪽으로 흘러 가는 생산 공정과 그것들을 연결하는 주로 공장 내의 자재의 흐름을 반영하고 있다. 오른 쪽과 왼 쪽에는 수직으로 흐르는 외부의 운송이 그것에 연결되어 있는 고객과 공급자와 함께 묘사되어 있다. 이와 같은 틀 안에서, 우리는 고객 쪽에서 시작하여 왼쪽의 공급자와 아래 쪽의 공정으로 퍼지며, 선적 도크를 통해 고객 쪽의 방향으로 흘러가는 네트워크 모양을 하고 있는 정보의 흐름을 볼 수 있다.

일일 단위로, SAP 인터페이스를 통하여 선적 부서의 '프롤로그' 시스템에 관련 발송정보를 제공한다. 고객의 사양에 따라, 운송업체를 선정하여 물량을 포함한 임박한

사례연구 정수필터에서는, 가치 흐름의 현재 상태 지도가 두 개의 업무 프로세스를 구분하고 있다. 그 하나는 '생산 계획 수립 및 자재 처분' 프로세스이며, 다른 하나는 '인도 준비' 프로세스이다(그림 2.39). 고객이 제출한 수요 예측에 따라 주간 생산 계획을 수립한다. 또한, 밀링과 예비 조립에는 주문 문서가 제공된다. 예측 지향적인 계획 수립에서 귀결되는 자재의 흐름은 항상 빗줄 무늬가 있는 화살표로 표시한다. 오로지 밀링과 세척 사이의 이행에 있어서만 중간 보관이 있으며, 따라서 이것은 컨베이어로 표시된다.

선적에 대한 통지를 한다. '선적' 프로세스에서는 인도 문서와 피킹 리스트를 접수하여 관련 오일 필터를 제품 창고에서 인출한다.

고객은 대상 기간이 길어질수록 정확성이 떨어지는 각각의 다음 주, 달력 상의 당월 및 달력 상의 당 분기의 수요를 반영하는 구속력이 없는 수요 예측을 SAP 시스템으로 전달한다. 상호 합의된 당일 인도 약정에 따라 입고 지시가 이루어진다. SAP 시스템은 수요 예측에 따라 주간 인도 일정계획을 수립하며, 이것을 EDI를 통해 공급자에게 전달한다. 원자재에 대한 취소 주문은 검증과 시각적인 확인을 거쳐 의도한 처리 일자의 이틀 전에 발주를 한다.

생산에 관해서는, 주간 생간 계획을 엑셀 스프레드 시트의 형태로 작성한다. 이 계획에는 모든 밀링 공정에 대한 제조 주문뿐만 아니라 모든 예비 조립 및 조립 공정에 대한 조립 주문을 공정 순서에 따라 열거한다. 일일 일정계획 회의에서는, 생산 계획에 대해서 현재 상황을 감안하여 물량과 순서의 변경 등이 이루어진다. 조립 주문은 예비 조립 공정에 투입되어 관련 자재와 함께 조립 공정으로 전달된다.

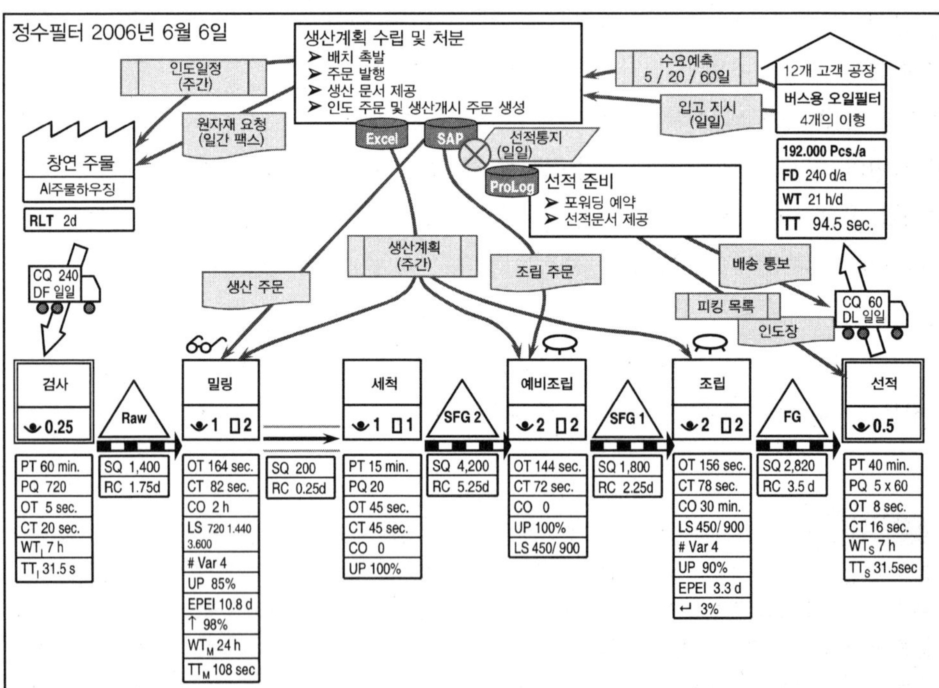

그림 2.39 정수필터의 가치 흐름 지도 작성(4): 업무 프로세스, 정보 흐름 화살표 및 정보 전달 매체

2.4 개선 잠재력

가치 흐름 지도 작성이 완료되었다고 해도 가치 흐름 분석이 끝나려면 아직 멀었다. 이제 우리는 가치 흐름 묘사를 이용하여 **개선의 잠재력**을 표현할 지점에 와 있다.

1. 개선 잠재력의 식별에 대한 근본적인 기준은 시간선(timeline)인데, 이것은 리드 타임과 작업 시간의 비교를 통해 현재 상태의 생산 시스템에 대한 1차적인 평가를 할 수 있게 해 준다. 이들 두 수치 간의 비율 즉, **흐름도**(ratio of flow)는 생산이 얼마나 느리게 진행되고 있는지를 나타낸다. 생산 지연의 주요 포인트는 재고가 많은 장소에서 발견된다.
2. 그 외에도, 개별 생산 공정의 효율을 비교해 보면, 공정 상호 간의 관점에서나 또는 고객 수요에 대비해서 보았을 때의 설비 또는 기계 배치의 품질을 알 수 있다(섹션 2.4.2). 공정의 상대적인 묘사와 함께 각각의 **능력 활용도**(degree of capacity utilization)에 근거하여, 고객의 탁트 타임을 감안한 일관된 생산 공정 능력을 구상해 낼 수 있다.
3. 또한, 중요한 개념 상의 전반적인 변화를 시도하지 않고도, 생산 공정에 쉽게 인식 가능한 **약점**이 있다는 것이 파악된 경우에는 선택적으로 즉각적인 개선 조치를 취할 수도 있다. 또한, 가치 흐름을 그려 보면 전반적인 생산 절차에 관련된 복잡성과 **투명성**의 수준을 파악할 수 있다. 현재 상태의 그림이 복잡해 보일수록 가치 흐름 설계의 설계지침에 따른 근본적인 구조조정의 중요성은 더욱 커진다(제3장).

가치 흐름 분석은 생산 관리자의 '현장 방문 경영 방식'이 가능하게 해주고 그것을 창출해 낸다. 반복적으로 가치 흐름 지도를 작성해 보는 과정에서 개선 프로젝트를 통해서 달성할 수 있는 변화의 효과를 평가할 수 있다. 그 외에도, 변화된 요건 또는 나쁜 습관으로 인해 유발되는 생산 절차 상에서 발생할 수 있는 부정적인 효과를 포괄적이면서도 동시에 정확하게 집어낼 수 있다. 이렇게 가치 흐름 분석은 생산 공정에 취해지는 일상적인 변화의 개시 및 평가를 위한 도구의 역할을 한다.

생산 감사

가치 흐름 분석은 특히, **외부의 관찰자**에게는 생산의 현재 상태를 묘사할 뿐만 아니라 개선의 잠재력을 식별하는 데 있어서도, 매우 효율적이고 목표 지향적인 접근 방법이다.

생산 현장을 묘사해 내는 이 방법의 추상화의 정도와 함께, 매우 다양한 생산 시설이라 할지라도 아날로그 형태로 그려낼 수 있는 이 방법의 능력으로 인해서 서로 다른 산업 간의 비교와 경험의 응용이 가능하다. 마찬 가지로, 핵심 수치를 기반으로 한 각각의 생산 절차의 묘사를 통해 동일 산업 내의 기업 간의 **벤치마킹** 또는 동일한 모회사 산하의 복수 공장 사이의 비교도 가능하다.

그러므로, 일반적으로 편견이 없는 외부 관찰자의 눈과 이른바 기술적인 제약을 감안하지 않는 관점이 결합했을 때는, 분석 대상 기업에 대해 전통적인 생산 방법에 대한 확립된 노하우라는 폭 좁은 관점을 벗어나서 탁월한 해결 대안을 제공할 수 있다. 이것은 내부 직원들도 같은 훈련을 받을 수 있는 경우의 실제의 가치 흐름 지도 작성에 비해서는 덜 중요하지만, 주로 후속적인 개선 잠재력의 파악을 위해서는 매우 중요하다. 그러나, 후자와 같은 성과는 대부분의 경우 오로지 우리가 습관적인 절차에 문제를 제기했을 때만 실현이 가능하다. 우리는 겉으로 보기에 가치 있으며 충분히 검증된 방법을 포기하고 '기술적인 제약' 에 관해 그것을 조각 즉, 변경할 수 있다는 점을 인식해야만 한다.

2.4.1 생산 리드 타임

'가치 흐름'이라는 용어는 생산에 있어서의 흐름에 적용되는 은유인데, 이는 처음에는 우리에게 강물 또는 산의 계곡과 같은 물의 흐름을 연상시켜 준다. 그러나, 생산은 자연적으로 이루어지는 일이 거의 없기 때문에, 운하의 모습을 떠올리는 것이 보다 적합할 것이다. 생산에 있어서는 흐름의 방향과 물량을 통제하기 때문에, 우리는 파이프 또는 파이프라인을 여기에서 모델로 활용하고자 한다.

생산에 대한 파이프라인 모델은 제품을 마치 파이프 내부에서 밀려가는 공과 같이 묘사한다. 생산 리드 타임은 하나의 제품 즉 공이 파이프의 입구에서부터 제품 불출 출구를 향해 이동하는 데 소요되는 기간으로 묘사할 수 있다(그림 2.40). 따라서, 우리는 특정한 하나의 원재료에 표시를 하고 해당 원재료가 선적 단에 도착할 때까지의 시간

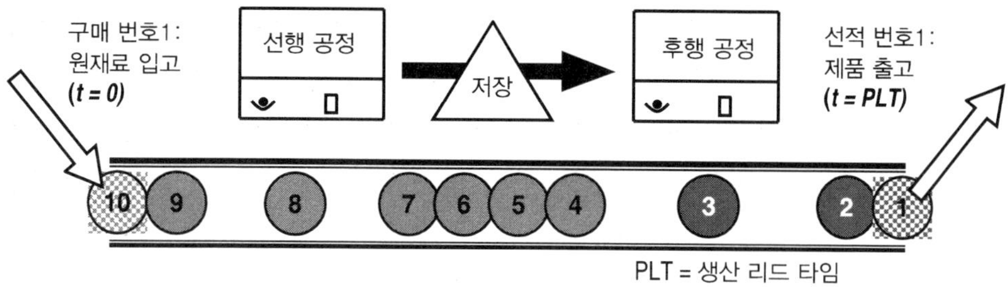

그림 2.40 생산의 파이프라인 모델

을 측정할 수 있다. 파이프 속을 지나가면서, 표시를 한 원재료는 모든 관련된 작업 및 처리 시간뿐만 아니라 모든 중간 보관 장소를 거치면서 모든 관련된 공정 단계를 통과해야 한다. 보관 장소에 있는 동안, 해당 부품은 다른 부품을 추월할 수 없다. 즉, 모든 다른 저장된 자재를 사용하기 전에는 인출할 수 없는 것이다.

이 모델에 따라, 공장의 총 재고를 보는 방법으로, 우리는 원자재 저장 시점부터 배송 준비가 될 때까지의 리드 타임을 알 수 있다. 따라서 가치 흐름의 리드 타임은 관찰 대상 가치 흐름의 가장 느린 분기를 감안한 모든 수요 대응 기간을 합한 것과 같게 된다(등식 2.13). 리드 타임에 대한 작업 시간과 처리 시간의 영향은 재공품(work in process: WIP)에 반영되며, 이것은 관찰 시점에 처리를 위해 공정에 물려 있는 부품까지 포함한다. 따라서, 가치 흐름 지도 작성에 있어서 우리는 모든 후속 공정의 재공품도 생산 공정 간의 재고로 추가해야 하며, 그렇게 해서 리드 타임은 모든 수요 대응 기간의 합으로 결정된다.

$$PLT = \sum_{i=1}^{process\ n} \frac{WIP_i \times \uparrow}{DD \times \#P} + \sum_{i=1}^{Stock\ m} RC_i = \sum_{i=1}^{m} \frac{(SQ_i + WIP_i) \times \uparrow}{DD \times \#P} = \sum_i RC_i \qquad (2.16)$$

여기서,

PLT	생산 리드 타임 [d]
RC	수요 대응 기간 [d]
WIP	재공품 [pcs.]
SQ	재고 수량 [pcs.]
DD	일일 수요량 [pcs./d]
↑	초도 합격 수율 [%]
#P	완제품당 동일 부품의 수량

수요 대응 기간은 재고 수량 또는 고객 탁트 타임으로 표시할 수 있다. 이와 같은 상호 관계는 리틀의 법칙이라 불리는데, 이는 존 리틀(John Little)이 대기행렬이론(Theory of Queues)과 관련하여 구성한 상호 관계에서 따온 이름이며, 이 이론에 따르면 생산 시스템 내에 있는 재고는 리드 타임에 생산 속도를 곱한 값과 같다. 만일 이제 우리가 생산 속도를 고객 탁트 타임을 이용하여 정의한 그 역의 값으로 대체하면, 등식의 간단한 변환을 통해 등식 2.16으로 구성되는 관계로 귀결된다.

가치 흐름의 상세 내용은 가치 흐름 묘사 아래쪽의 이른바 **시간선**에 기입한다(그림 2.41). 우선, 두 개의 수준을 나타내는 **시간선**(timeline)을 그리는데, 위에는 관련된 재고 및 완충이 나타나는 자재의 흐름을 반영하고, 아래 쪽의 선은 생산 공정에 할당한다. 이 선 상에, 각각 관련되는 수요 대응 기간 또는 작업 시간을 기록한다. 일반적으로, 처리 시간은 작업 시간과 상당한 차이가 있으며, 이것은 동시에 처리하는 롯트를 포함하나, 인시(manhour)는 포함하지 않으며, 따라서 이것은 여기에서 보는 것과 같이 시간선 아래에 별도로 표시하는 것이 가장 적절한데, 이렇게 해서 실제로는 세 개의 시간선이 만들어진다.

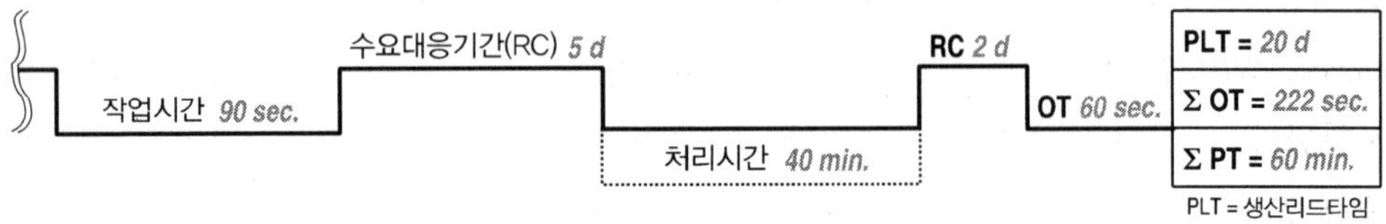

그림 2.41 (부분적인) 시간선과 합계 값이 포함되어 있는 상자

생산 리드 타임(production lead time: PLT) 즉, 모든 수요 대응 기간의 합계는 시간선의 오른 쪽 끝에 있는 상자에 기입한다. 비교 가능성을 높이기 위하여, 작업 시간의 합계(ΣOT)와 처리 시간의 합계(ΣPT)를 함께 기재한다. 그 결과, 거의 언제나 놀라울 정도의 작업 시간(초 단위), 처리 시간(분 단위), 그리고 리드 타임(일/주 단위) 사이의 차이를 한 눈에 볼 수 있다. 생산의 역동성의 지표인 흐름도(DF)는 작업 시간, 또는 처리 시간 각각을 리드 타임으로 나눈 몫으로 계산한다.

$$DF = \frac{\sum_{process}(OT + PT)}{\sum_{store} RC \times WT} \times 100 \tag{2.17}$$

여기서, DF 흐름도 [%]

OT 작업 시간 [시간 단위]

PT 처리 시간 [시간 단위]

RC 수요 대응 기간 [d]

WT 일일 작업 시간 [시간 단위/d]

한 눈에 보아도, 시간선은 특히 수요 대응 기간이 높은 부분이 가치 흐름의 어디에 있는지를 보여 준다. 하지만, 생산 시스템 속에 재고가 많다는 것은 전반적인 생산 절차가 느리다는 것을 의미한다. 즉, 자재가 충분히 빠른 속도로 다음 공정으로 전달되지 않으며, 그럼으로써 생산 공정 속에 뚜렷한 정체가 생성되고 있다. 이런 부분은 대부분의 경우 능력 관련 애로 바로 앞에 있을 가능성이 높으며, 이러한 애로는 모든 주문이 문자 그대로 틈을 비집고 통과해야 하는 부분이다(그림 2.42). 하지만, 수요 대응 기간이 긴 부분은 또한 애로가 없는 부분에서도 발생할 수 있는데, 예를 들어 ERP 시스템에서 이행 시간(일반적으로는 이동 시간)6)을 길게 설정함으로써 의도적으로 주문 잔량을 만드는 경우가 그렇다. 또한, 물류 연계가 없는 생산 공정은 최소한 각각의 이전의 생산 공정의 EPEI 값과 유사한 정도의 수요 대응 기간에 대응하는 재고를 갖추고 있어야 하는데, 이는 그렇지 않았을 경우에는 부품이 모자라는 경우가 자주 발생하기 때문이다. 생산 관리의 논리가 바뀌지 않고 유지되는 한, 수요 대응 기간은 롯트 크기를 줄이는 방법을 통해서만 조정이 가능하다.

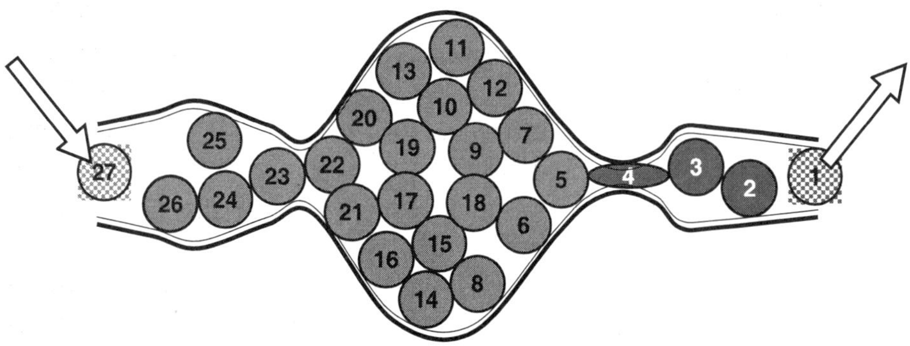

그림 2.42 생산 흐름의 지체가 발생한다는 것은 애로가 존재한다는 것을 의미한다.

6) move time: 어떤 한 단계의 작업을 마친 작업물이 해당 작업장에서 이동을 대기(wait)하다가 다음 작업장으로 이동(move)하는 시간)이라 부름: 역자 주

'우리 회사의 생산은 도대체 왜 단 몇 분의 제품 처리를 하기 위해서 그렇게 많은 날짜가 걸려야 하는가?'라는 질문은 단순히 시간이란 차원뿐만 아니라, 우리의 가치 흐름에 개선의 잠재력이 얼마나 많은지를 요약해서 말해 준다. 합계 작업 시간과 처리 시간을 보면 공장 운영이 실제로 얼마나 빨라질 수 있는지를 알 수 있으며, 리드 타임은 이와 같은 이론적인 최소 값과의 차이를 반영하는 것이다. 이 차이가 크면 클수록, 생산에서 지체가 많이 일어난다는 것을 말해 주는데, 그것은 이 수치가 단순히 공장 내의 어디엔가 잠자고 있을 부분적으로 처리된 자재의 불비례적인 수량이 많다는 것을 말해주기 때문이다. 얼마간의 예외로서, 오로지 원자재 재고 수량이 많다는 것은 관련된 재고 비

사례연구 일단 시간선을 추가하고 나면, 정수필터의 가치 흐름의 지도가 완성된다. 실제로 연필로 작성한 해당 가치흐름도의 초안을 여기에 하나의 예로서 포함하였다(그림 2.43). 시간 특성에 대한 평가 결과는 다음과 같다.

리드 타임. 합계 리드 타임은 13일이다. 이틀에 약간 못 미치는 물량에 해당하는 원자재의 수요 대응 기간은 다소 짧다. 재공품 수량은 7.75일분이며, 이는 전체 재고의 60%에 약간 못 미치는 수량으로 이것 역시 비율로는 다소 높은 값이다.

작업 시간. 합계 작업 시간은 522초로, 거의 9분에 가깝다. 이형의 수가 적고 용기 수량(60개)이 상대적으로 적은 점을 감안할 때, 이 재고는 쉽게 줄일 수 있을 것이다.

처리 시간. 115분의 처리 시간은 주로 원자재 및 제품의 입고 및 선적에 관련한 물류 관련 시간으로 구성되어 있는데, 이것은 생산의 흐름에 거의 영향을 미치지 않는다. 단 하나 관련이 있는 값은 세척 시간인데, 이것 역시 기껏해야 상대적으로 짧은 15분에 지나지 않는다.

결론. 완전히 빈 공장이라고 가정하고 생산 물량을 투입했다고 했을 때 사례의 가상의 오일 필터는 23분에 못 미치는 시간(전체 처리에 드는 464초에 세척에 소요되는 15분을 더해서)이면 완료될 것이다. 7.75일 분의 재공품에 기초해서 계산한 결과의 흐름도는 단지 0.23퍼센트밖에 안 된다. 한 운송 용기 분의 물량을 중첩 생산할 경우, 주문은 1.7시간에 처리될 것이다(두 개의 기계에서 병행으로 60 회의 밀링 작업과, 한 번의 세척 작업, 그리고 예비 조립 및 조립의 합계로 계산한 경우). 만일 전체 롯트를 함께 처리할 경우, 해당하는 리드 타임은 4.6 시간으로 증가할 것이다. 13일의 합계 재공품에 기초하여 계산하면, 그 결과로 계산되는 흐름도는 1.7%가 될 것이다. 이것은 리드 타임 감축의 잠재력을 정의한다.

그러므로, 원재료 재고의 절감 잠재력은 확실히 이전의 최적화 조치를 통해 최대 활용이 된 것이다. 하지만, 눈에 띄는 불리한 특징은 중간의 저장 장소로 인한 두 개의 조립 공정의 분리이다. 심지어는 정보 흐름에 있어서도, 밀링과 세척과 마찬 가지로, 이들 두 개의 공정을 하나에 속하는 것으로 간주하고 있다.

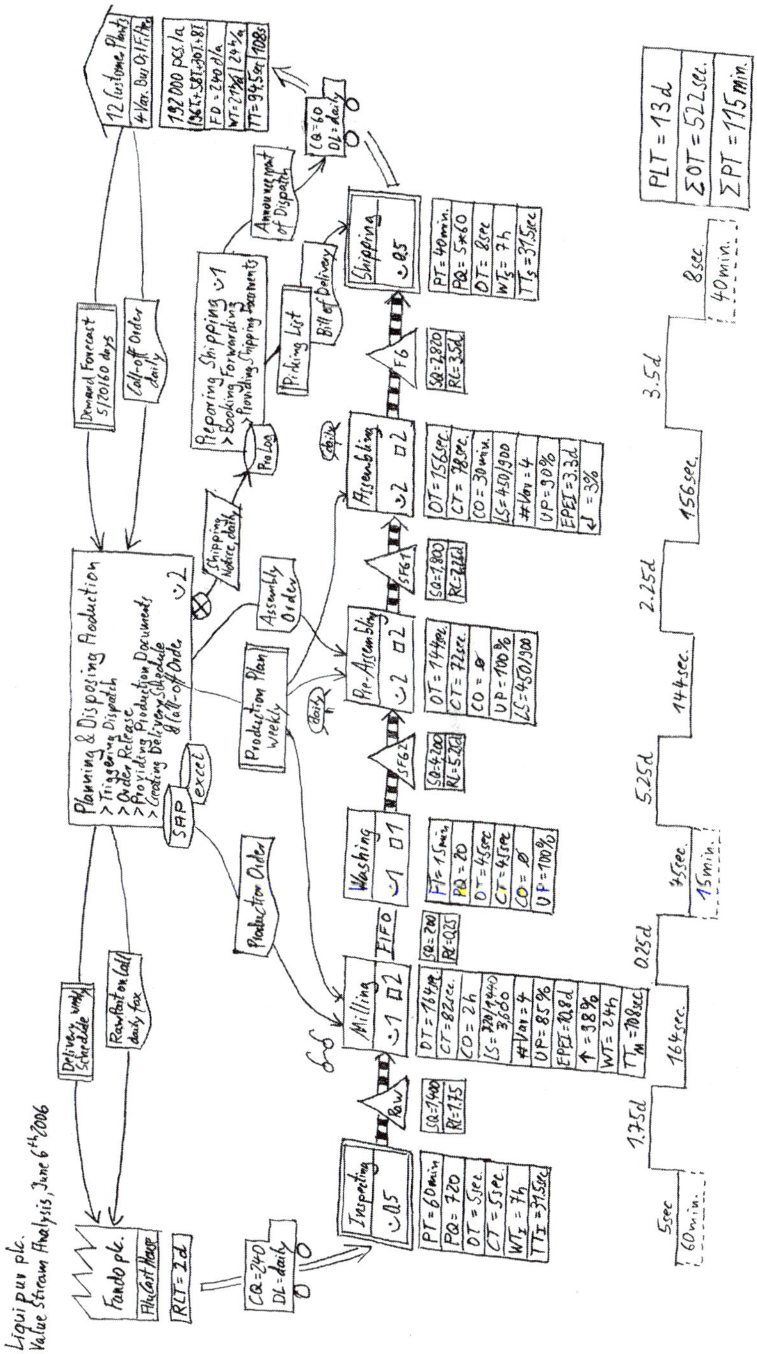

그림 2.43 2006년 6월 6일 작성한 정수필터의 전체 가치 흐름

용을 제외하면 상대적으로 문제가 덜한데, 이는 생산 공간을 차지하고 있지도 않으며 생산에 지장이 되지도 않기 때문이다. 하지만, 이상적으로는 원자재 재고는 인도 빈도와 일치해야만 한다. 경험에 비추어 볼 때, 생산의 지체는 모든 물류 목표 즉, 인도 시간, 인도 신뢰성, 그리고 인도 능력에 지장을 끼친다는 것을 우리는 잘 알고 있는데, 이와 같은 문제는 시간 측면에서 효율적인 공장의 경우에는 훨씬 잘 대처할 수 있다(제3장). 시간선을 이용하여 매우 간단한 생산 공정에 대한 묘사를 해 봄으로써 재고로 인해 유발되는 리드 타임과 전체 가치 흐름에 걸친 기술적 및 물류적 처리 시간으로 인해 유발되는 처리 시간 사이의 상호 관계를 추적할 수 있다. 시간선은 가치 흐름의 아래에 기재하며, 서로 다른 전체적인 합계 값으로 구성되는 데이터 상자는 오른 쪽 끝의 고객 아래에 기재한다(그림 2.43).

흐름도

흐름도(degree of flow)는 전체 가치 흐름의 **역동성을 측정**한다. 하지만 이것의 **최적값**은 제품에 따라 다르며, 주로 작업 함량(work content)에 따라 큰 영향을 받으며, 다음으로는 그것이 어느 정도로 직렬적인가에 따라 결정된다. 제품당 작업 함량이 많아지면 흐름도의 증가를 촉진하는 반면, 다양성이 증가하면 재고를 감축하기 오히려 복잡해지고 따라서 리드 타임도 길어진다.

따라서, 다양성이 낮고 작업 함량이 몇 분에서 한 시간 사이에 해당하는 매우 역동적인 직렬 생산이라 할지라도, 롯트 형성이 거의 불가능하기 때문에, 리드 타임이 최소 이틀이 걸리게 되고 최대 흐름도는 단지 1자리 수의 백분비에 머무르게 될 것이다. 하지만, 예를 들어 50에서 100 시간의 기계 조립 시간이 소요되는 경우와 같이 작업 함량이 훨씬 높은 경우에는 흐름도는 50%를 초과하게 될 것이다. 반대로, 흐름도가 한 자리 수의 백분비에 해당하는 경우라면 리드 타임이 1년에서 몇 년이 될 수도 있다.

2.4.2 라인 균형화

가치 흐름에 대한 정성적인 평가에서 두 번째로 살펴 보아야 하는 것은 공정 상호간의 균형이다. 이와 같은 목적을 위해서는, **작업자 균형 도표**(operator balance chart: OBC)가 가장 이상적이고 손쉬운 도구이다. 라인 균형화는 **연속되는 작업장에 작업 함량을**

균등하게 할당하는 것을 목표로 하며, 여기서 핵심적인 것은 각 작업장의 주기 시간과 고객 탁트 타임을 비교하는 일이다. 할당된 작업 함량을 막대 그래프로 표현하는 것은 개별 작업 장소 사이의 라인 균형화가 얼마나 잘 이루어졌는가는 평가하는 데 유용하다(그림 2.44). 이 도구는 주로 조립 또는 제조 라인에서 사용된다. 가치 흐름 분석에 있어서는 이것을 전체 가치 흐름에 적용하여 모든 생산 공정 사이의 비교가 가능하다.

아래의 계수적인 사례에서는 각 작업자에게 하나의 작업장이 할당되어 있는데, 이러한 작업장이 조립 라인에 있을 경우에는 복수의 작업대가 있을 수 있다(그림 2.44). 이제 각각의 개별 작업장의 작업 함량을 기록하는데, 우리의 사례에서는 작업장 3번의 44초에서 작업장 4번의 92초 사이의 값이 존재한다. 이것은 실제로 다양한 작업자의 능력 활용도를 비교하는 것이 된다. 가장 높은 막대는 해당 특정 라인의 애로를 나타내며, 이것이 최대 합계 산출량을 결정한다. 이상적인 경우 즉, 오작동이 없고 추가로 계획된 시간이 없는 경우, 애로의 탁트 타임인 92초에 산출량은 시간당 39개가 된다. 다른 보다 빠른 작업장에서 실현된 모든 노동력 절감은 산출량이나 각각의 작업장에서 발생하는 작업자의 대기 시간 등과 같은 두 가지 형태로 실질적으로 상실되고 만다. 특히, 우리의 계수적인 사례에서 작업장 3의 작업자는 작업장 4에서 발견되는 가장 높은 작업 함량의 52%에 이르는 대량의 대기 시간을 발생시킨다. 이와 같은 라인 균형화 손실은 작업자 균형 도표를 통해 매우 명확하게 파악할 수 있다.

고객 탁트 타임은 막대 그래프 안에 포함시킬 수도 있다. 정상적인 작업 조건 하에서 고객 수요를 충족시키기 위해서는, 각각의 개별 작업장은 고객 탁트 타임보다 빠른 속도로 작업해야 하는데, 이것은 바로 상대적으로 낮은 탁트 타임을 달성해야 한다는 것을 의미 한다. 탁트 타임은 그래프 내에 수평선으로 표시되어 있다(그림 2.44). 작업 함량 막대가 이와 같은 고객 탁트 타임 시간선에 못 미치는 모든 작업장은 충분한 능력을 보유하고 있다는 것을 의미한다. 수치적인 사례에서는, 고객 수요를 충족시키기 위해서는 고객 탁트 타임인 90초에 해당하는 40pcs/hr의 산출량이 필요하다. 따라서, 4번 작업장의 경우에는 가장 느린 작업장일 뿐만 아니라, 92초의 주기 시간은 고객 수요에 비추어 지나치게 적은 생산 수량에 해당한다. 우리는 이 작업장이 초과 근무가 잦거나 또는 자주 다른 직원으로부터 일시적인 도움을 받게 될 것이라고 가정해도 틀림이 없을 것이다.

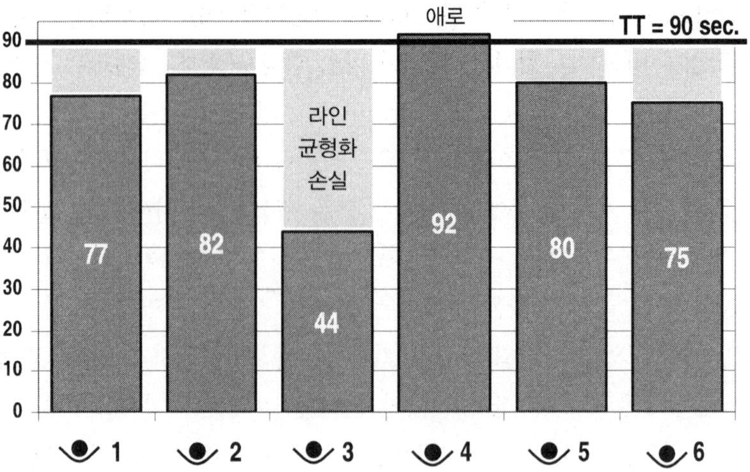

그림 2.44 작업자 균형 도표(수치적 사례)

가치 흐름 분석에 있어서, 작업자 균형 도표는 모든 관찰 대상 생산 공정의 산출량을 비교하는 데 활용한다. 한 공정의 주기 시간은 개당 소요되는 시간을 나타내며 따라서 해당 공정의 능력 활용 수준을 나타낸다. 주기 시간이 짧다는 것은, 관련된 능력이 상대적으로 크다는 것을 의미한다. 주기 시간을 기록함으로써, 전체 가치 흐름 및 그 가치 흐름의 가용 능력을 막대 그래프에 묘사할 수 있다. 전체 가치 흐름에 걸친 가용 능력을 찾아내는 것은 해당 가치 흐름의 **능력 윤곽**을 기술하는 것이라고 할 수 있다. 하지만, 이것은 시간과 관련된 능력의 변화를 의미하는 것이 아니라, 관찰 대상 가치 흐름의 다양한 생산 공정에 걸친 공간적인 변화를 의미한다. 작업자 균형 도표에서 그려낸 능력 윤곽은 가치 흐름 분석과 관련하여 중요한 분석 도구이며, 그런 의미에서 다음과 같은 사항을 알 수 있게 해 준다.

- 필요한 고객 탁트 타임을 초과 근무 또는 다른 직원으로부터 일시적인 도움을 받거나, 또는 대안적인 자원을 활용하는 일 없이 정상적인 작업 조건 하에서 충족시킬 수 있는지, 즉, 탁트 타임보다 짧은 주기 시간을 달성할 수 있는지 여부.
- 능력 상의 애로의 정확한 위치 즉, 가장 긴 주기 시간이 발생하는 공정이 어디인지.
- 가치 흐름 내에 존재할 수 있는 잉여 능력의 정도 즉, 여유 능력. 이와 같은 값은 해당 공정의 주기 시간과 고객 탁트 타임 사이의 차이와 같다.

작업자 균형 도표를 이용하면, 가치 흐름 분석과 그 바탕에 깔린 항상 고객의 관점을 취한다는 가정을 하는 사고는 개별 생산 공정이 고객의 수요와 얼마나 잘 일치하는지 (또는 일치하지 못하는지)를 명확하게 보여 준다. 이러한 맥락에서, 고객 탁트 타임은 생산 능력의 균형 정도의 평가 척도로서의 역할을 한다. 가치 흐름 분석의 가장 커다란 힘은 그렇게 식별된 애로와 잉여 능력을 배제하는 데 있다. 앞에서 언급한 개선의 잠재력은 다음과 같이 가치 흐름에 속한 생산 공정의 **평균 능력 활용도**를 계산함으로써 평가할 수 있다.

$$DU = \frac{1}{n} \times \sum_{i=1}^{Process\ n} \frac{CT_i}{TT_i} \times 100 \tag{2.18}$$

여기서, n　가치 흐름 내의 생산 공정의 수

DU　능력 활용도 [%]

CT　주기 시간 [시간 단위]

TT　고객 탁트 타임 (공정별) [시간 단위]

사례연구 아래의 정수펌프의 작업자 균형 도표는 두 개의 조립 공정이 어느 정도 균형이 잘 맞추어져 있는 상황을 보여주고 있다(그림 2.45). 밀링 공정은 최대 능력에 가깝게 작업을 하고 있으며 94.5초인 고객 탁트 타임의 13% 아래에 위치하고 있다 (등식 2.2). 세척 기계는 거의 50%의 가동률을 보이고 있다. '발송'과 '입고 자재의 검사'라는 두 개의 물류 공정은 단일 교대조로 작업을 하고 있으며, 따라서 이들의 탁트 타임은 31.5초, 94.5초의 1/3)이다. 가용성, 교체 시간 및 품질 문제를 무시한다면, 모든 생산 공정은 적절한 크기를 갖추고 있다. 이 가치 흐름의 두 개의 물류 공정을 제외한 평균 능력 가동률인 73%은 다음과 같이 계산할 수 있다.

$$DU = \frac{100}{4} \times \frac{(82sec. + 45sec. + 72sec. + 78sec.)}{94.5sec} = \frac{87\% + 48\% + 76\% + 83\%}{4} = 73\% \tag{2.19}$$

작업자 균형 도표는 또한 교체 시간, 가용 시간 제약 및 품질 문제로 유발되는 감속 효과를 감안하는 데 매우 적합하다. 이러한 목적을 위해, 지금까지 설명한 바 있는 **순 주기 시간**에 백분율로 표시한 증분을 추가해야 하는데, 이는 지금까지 설명한 순 주기 시간은 이상적인 조건 하에서 달성 가능한 시간이라고 한다면, 품질 불량 등을 감안한 상태의 실제 달성한 시간인 **조 주기 시간**(gross cycle time)인데, 이러한 조 주기 시간을 구

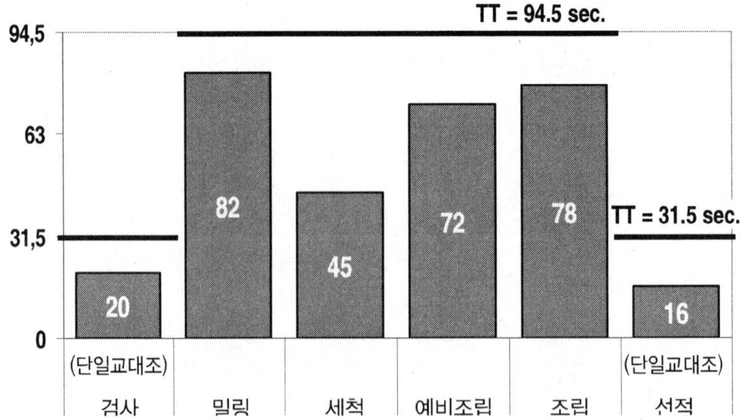

그림 2.45 정수펌프의 현재 상태의 작업자 균형 도표

하기 위한 것이다. 우리의 작업자 균형 도표에서, 세 개의 서로 다른 유형의 시간 손실에 따라 주기 시간 막대를 따라서 증가시킴으로써 모든 남아 있을 가능성이 있는 완충을 고객 탁트 타임만큼 감소시켰다(그림 2.46).

통일된 롯트 크기와 단 하나의 기계만을 사용하는 경우의 교체 작업에 필요한 추가적인 시간은 교체 시간을 롯트 크기로 나눔으로써 쉽게 결정할 수 있다. 그러나, 이형마다 롯트 크기와 교체 시간이 달라지는 경우에 있어서는, 교체와 관련된 증가분은 다음과 같이 연간 수요량을 롯트 크기로 나누어 순 주기 시간을 곱하는 방법으로 계산한다.

$$CT_{CO} = CT_{net} \times COF = CT_{net} \times \sum_{i=1}^{\#Var} \frac{CO_i}{LS_i \times OT_i} \times \frac{Pcs_i}{Pcs} = CT_{net} \times \frac{CO}{LS_\phi \times OT} \quad (2.20)$$

여기서, #Var 이형의 수

CT_{net}	CT 즉, 등식 2.3에 따라 계산한 주기 시간 [시간 단위]
CT_{CO}	교체로 인한 시간 손실 [시간 단위]
COF	교체로 인한 시간 손실 계수 [%]
Pcs.	연간 수요 수량 [pcs./a]
OT	작업 시간 [시간 단위]
LS	롯트 크기 [pcs.]
LS_ϕ	평균 롯트 크기 [pcs.]
CO	교체 시간 [시간 단위]

기계 고장으로 인해 발생하는 시간 손실은 제약이 가해진 가용 시간을 고객 탁트 타임의 백분비로 변환함으로써 계산한다. 가용 시간은 단지 생산성을 의미하는 것이 아니라 전체 작업 시간을 지칭하므로, 고장으로 인해 유발되는 시간 손실은 주기 시간을 활용해서는 계산할 수가 없다. 따라서, 다음과 같은 공식이 적용된다.

$$CT_{UP} = TT \times (1 - UP) \tag{2.21}$$

여기서, CT_{UP} 고장으로 인해 유발된 시간 손실 [시간 단위]

TT 고객 탁트 타임 [시간 단위/pcs.]

UP 가용 시간 [%]

품질 문제로 인해 필요한 추가적인 시간은 재작업, 불합격 및 후속 공정에서 전달된 불량을 의미하며, 이는 등식 2.7에 보이는 바와 같은 방식으로 결정된다. 이에 상응하는 조 주기 시간을 결정하기 위해서는, 다음과 같이 세 개의 유형의 시간 손실 모두를 합하여 그것을 순 주기 시간에 더하여 계산한다.

$$CT_{gross} = CT_{net} + CT_{CO} + CT_{UP} + CT_Q \tag{2.22}$$

여기서, CT_{gross} 조 주기 시간 [시간 단위]

CT_{net} CT. 등식 2.3에 의해 계산한 주기 시간 [시간 단위]

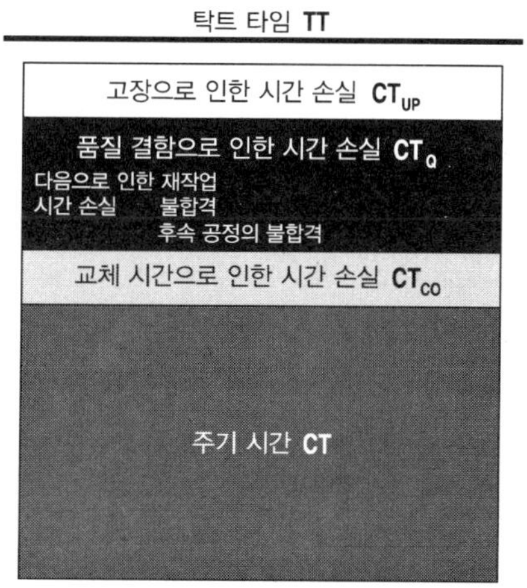

그림 2.46 작업자 균형 도표 내의 교체, 재작업, 불합격, 가용 시간 제약으로 인해 유발된 시간 손실의 도식적인 묘사

사례연구 교체 시간, 가용 시간의 제약, 그리고 품질 문제를 감안하였을 때, 정수펌프의 조립, 밀링 및 입고 자재 검사에 대한 주기 시간을 조정해야 한다. 조립에서는 시간 손실이 교체, 오작동 및 재작업으로 인해 발생하며, 조 주기 시간은 다음과 같이 계산된다.

$$CT_{CO} = 78\text{sec.} \times \frac{\left(\frac{96{,}000}{900} + \frac{58{,}000}{900} + \frac{30{,}000}{450} + \frac{8{,}000}{450}\right) \times 1\text{h}}{192.000 \times 156\text{sec.}} = 78\text{sec.} \times 3\% = 2.34\text{sec.} \quad (2.23)$$

$$CT_{UP} = 94.5\text{sec.} \times (1 - 90\%) = 9.45\text{sec.}$$

$$CT_{Q} = 78\text{sec.} \times 3\% = 2.34\text{sec.}$$

$$CT_{gross} = 78\text{sec.} + 2.34\text{sec.} + 9.45\text{sec.} + 2.34\text{sec.} = 92.13\text{sec.}$$

밀링의 경우에는 시간 손실이 교체, 오작동 및 불합격에 의해 발생하며, 따라서 조 주기 시간은 다음과 같이 계산된다.

$$CT_{CO} = 82\text{sec.} \times \frac{\left(\frac{96{,}000}{3{,}600} + \frac{58{,}000}{3{,}600} + \frac{30{,}000}{1{,}440} + \frac{8{,}000}{720}\right) \times 4\text{h}}{192{,}000 \times 164\text{sec.}} = 82\text{sec.} \times 3.4\% = 2.8\text{sec.} \quad (2.24)$$

$$CT_{UP} = 108\text{sec.} \times (1 - 85\%) = 16.2\text{sec.}$$

$$CT_{Q} = 82\text{sec.} \times (1 - 98\%) = 1.64\text{sec.}$$

$$CT_{gross} = 82\text{sec.} + 2.8\text{sec.} + 16.2\text{sec.} + 1.6\text{sec.} = 102.6\text{sec.}$$

입고 자재의 검사 공정에 대해, 우리는 밀링으로부터 2%의 불합격이 하류로 전달되는 것을 감안할 필요가 있다. 주기 시간이 20초인 조건에서, 등식 2.7에 따라 계산하면 0.4초의 시간 증가로 계산이 되는데, 이는 시간 기록의 정밀도가 높다는 것을 감안해 보았을 때는 무시할 만하다. 생산 공정의 시간 손실은 작업자 균형 도표의 옅은 회색 막대의 형태로 주기 시간의 위에 기재한다(그림 2.47).

밀링의 주기 시간은 명백하게 94.5초의 고객 탁트 타임을 초과하며, 이는 밀링 머신을 휴식 시간 내내 쉬지 않고 가동해야 하는 이유를 설명해 준다. 이 경우, 24시간의 작업 시간에 대해 108초의 탁트 타임이 적용된다(등식 2.12). 밀링과 조립은 모두 각각의 탁트 타임보다 약간 작은 주기 시간을 나타낸다. 그러므로 생산은 평균 고객 수요를 충족할 수 있으나, 능력의 면에서는 매우 융통성이 없다. 이 두 공정 모두는 쉽게 애로가 될 수 있다. 따라서 변함 없는 인도 능력을 보장하기 위해서는 기존의 높은 수준의 재고가 필요한 것이라고 판단할 수 있다.

라인 균형화 및 흐름도에 관한 개선의 잠재력을 식별하고 나면, 우리의 가치 흐름 분석은 이제 완료된 것이다. 우리는 이제 원래의 과제에 집중할 수 있을 것이며, 이 일이 성공하기 위해서는 탄탄한 사전 분석이 필수적인 요건인데, 원래의 과제라는 것은 바로 우리의 생산의 각각의 목표와 부합하는 최적의 가치에 도달하기 위해 생산의 구조를 조정하는 일이다(섹션 1.2). 가치 흐름의 개선을 위한 첫 번째 단계는 전체 생산을 가치 흐름 지향적으로 세분화하는 일이고 그 다음으로는 그 각각의 세부 영역에 할당된 능력 규모를 적절하게 정하는 일이 된다(섹션 3.1). 두 번째 단계의 목표는 개선된 생산 절차와 생산 공정에 대한 기술적인 개선을 활용하여 생산 흐름을 만드는 일이며, 이를 다른 말로 표현하면 우리의 목표가 생산 리드 타임을 줄이는 데 있다는 것이다. 이것은 다음 장에서 소개하게 될 가치 흐름 설계지침을 활용하여 수행한다(제3장).

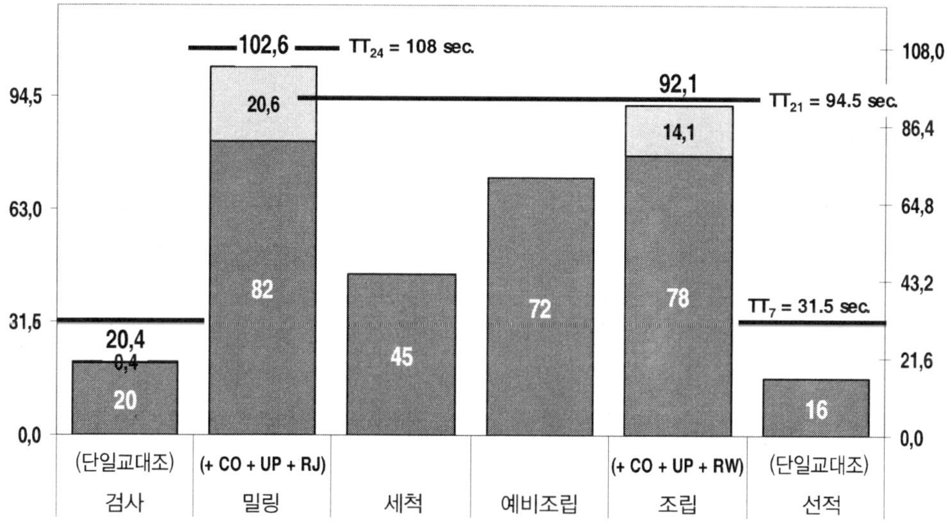

그림 2.47 조 주기 시간이 표시된 정수펌프의 작업자 균형 도표

개선의 잠재력 분석

목표는 생산 리드 타임 및 라인 균형화라는 두 가지 관점에서의 가치 흐름의 개선 잠재력을 식별하는 데 있다. **시간선**은 자재의 지체를 유발하는 생산 흐름의 애로를 나타내고, 동시에 해당하는 생산 리드 타임을 어느 정도로 단축시킬 수 있는지를 보여 주는데, 후자를 또한 **흐름도**(degree of flow)라고도 부른다. **작업자 균형 도표**(operator balance chart)는 공정 상호간에 그리고 고객의 수요와 관련하여 생산 공정의 성과가 얼마나 잘 균형을 이루고 있는지를 반영하며, 후자를 또한 **능력 가동률 수준**(degree of capacity utilization)이라고도 부른다.

가치 흐름 지도는 특히 다음과 같은 일반적인 문제들이 어떤 위치에서, 그리고 어떤 이유로 발생하는지를 보여준다.

1. 리드 타임이 지나치게 길고, 그 결과 재고 수준이 높아지며 생산 현장에 자재가 널려 있다.
2. 일반적으로 지나치게 긴 리드 타임에서 기인하는, 수 많은 긴급 주문이 발생한다.
3. 보관 장소 또는 완충으로 인한 생산 공정의 분리로 인해 생산 흐름이 방해를 받고 이것이 물류 상의 노력을 증대시킨다.
4. 제품 및 자원의 할당에 관한 생산의 구조가 명확하게 정의되어 있지 않다.
5. 공정의 주기 시간이 관련 고객 탁트 타임보다 약간 길며, 이로 인해 종종 생산의 애로가 발생한다.
6. 직원이 물류, 품질 보증 또는 기타의 처리할 자재와는 관련이 없는 보조적인 작업을 수행하기 위해서 자신의 부가 가치 활동을 중단한다.
7. 누락된 부품 또는 균형이 제대로 잡히지 못한 생산 일정으로 인해 작업자가 대기 시간을 발생시킨다.
8. 일부 자원이 관련 고객 탁트 타임에 비해서 명백하게 지나치게 효율이 높거나 과도한 자동화 수준을 갖추고 있다. 또한, 자동으로 작동하는 기계에서 작업자의 대기 시간이 발생한다.
9. 지나치게 높은 EPEI 값으로 인해서 변동하는 고객 수요에 대응하는 데 있어서 생산이 융통성을 발휘할 수 없게 만드는 높은 수준의 재고가 발생하는 것을 예방할 수가 없다.
10. 충족시켜야 할 고객 탁트 타임에 비해 어떤 자원의 가용 시간이 지나치게 모자라다.
11. 공급자의 부실한 신뢰성 또는 부품의 품질 불량 및 과도한 인도 시간 또는 과도하게 비싼 부품.

CHAPTER 03

가치 흐름 설계

Production Optimization

CHAPTER **03**

가치 흐름 설계

가치 흐름 방법의 목표는 가치 흐름이 최적화된 공장을 만드는 데 있다. 우리의 최초의 가치 흐름 분석은 생산의 현재 상태에 기초하여 진행하였다(제2장). 그러나, **가치 흐름 설계**를 활용하여 생산을 재설계하기 위해서, 우리는 이제 개발해야만 하는 열린 목표 공간으로 뛰어 들어야만 한다. 이를 위해서는, 이와 같은 작업을 해 나가는 과정에서 우리가 올바른 경로를 유지하고 길을 잃지 않도록 하는 데 도움이 되는 지침이 매우 중요한데, 가치 흐름 설계 접근 방법은 바로 이것을 생산의 재설계 및 개선에 요령 있게 적용하기 위한 명료하게 정의되고 구조화된 일단의 설계지침을 갖춘 방법론을 통해 제공한다.

첫 번째 설계지침에서도 기술하고 있는 바와 같이, 고객의 탁트 타임을 일관되게 준수 하기 위한 자원 능력 정의(capacitive dimensioning of resources)는 모든 생산 공장의 설계에서 필수적인 전제 조건이다. 다른 설계지침은 자재의 흐름, 관리 및 계획 수립에 적용된다. 이러한 여러 가지 지침은 단순하면서도 그 효과가 입증된 생산 절차에 관한 솔루션의 구성 요소를 제공한다. 가치 흐름 설계는 그래픽한 묘사와 기호를 사용함으로써 해당 솔루션 구성 요소가 생산 공정 전반에 미치는 효과를 명확하게 보여주며, 추가적으로 설명하는 **설계지침**을 통해 고객 지향적이며 효율적인 생산을 구상하는 일에 체계적으로 접근할 수 있게 해준다.

하지만, 아래에서 설명하는 설계지침에 정의되어 있는 솔루션 구성 요소를 일관되게 구현하는 일은, 단순하면서도, 어쩌면 심지어 그 속에 내재하는 일반성으로 인해서 때로는 문제점을 드러내기도 한다. 이러한 솔루션 구성 요소들을 구현하는 데 성공할 수 있는냐의 여부는 특정한 생산 상황에 대해 구성 요소들을 얼마나 개념적으로 탄탄하게 적용하느냐 여부에 달려있다. 설계지침에 대한 다음과 같은 의견은 이와 같은 접근 방법의 적용을 원활하게 하는 데 도움이 될 것이다. 이들 솔루션 구성 요소들의 주요 부분은 자동차 산업의 상황에서 개발되었으며, 여기서는 여타의 낱개 생산 산업의 구체적인 요건에 맞도록 보완 및 응용을 가한 것이다. 특히, 이를 위해서는 주문 처리뿐만 아니라,

주문 생산 체계에 맞는 생산 계획 수립 및 관리 방법 또는 애로(bottleneck) 방지 등을 감안한 개념적 확장이 요구된다.

낭비의 회피

가치 흐름 설계의 밑바탕에는 생산 최적화의 주된 관심의 초점을 원가의 절감 즉, 경제적인 효율에 집중하도록 만드는 생산 공정 내에 존재하는 **낭비의 회피**라는 사고가 깔려 있다. 하지만 '낭비'라는 용어 자체에서는, 이미 성능을 희생하면서 원가를 절감할 수는 없으며, 고객이 가격을 지불한 어떠한 즉각적인 효용과도 전혀 관련 없는 원가만을 배제할 수 있을 뿐이다는 점을 명시하고 있다. 따라서, 우리는 생산 공정에서 모든 비부가가치 업무를 배제하는 것을 목표로 삼고, 부가가치 업무에만 집중해야 한다. 교체 시간 및 공정 수량과 같은 모든 종류의 기술적인 제약은 (그것들이 현재의 고객 수요와 차이가 생기도록 강요하는 경우에는 언제든) 낭비로 볼 수 있기 때문에, 낭비의 회피는 생산 일정계획의 딜레마를 설명하는 부분에서 제시했던 것과 유사한 최적화 작업의 일부분을 구성한다(섹션 1.2). 하지만, 단순한 문제의 정의를 넘어서서, 이와 같은 관점은 이미 해당하는 솔루션에 대한 접근 방법을 제시하고 있다.

이러한 솔루션 접근 방법은 낭비의 주된 원천이 **불규칙한 생산**(불규칙한 생산은 도요타 시스템이 배제하려는 세 가지 문제 즉, **무리**(無理: Overburdening, 과도한 부담), **무라**(斑: Unevenness, 불규칙성), **무다**(無駄: Non-value-added)의 하나인 무라에 해당한다. Jeffrey K. Liker, The Toyota Way: 14 Management Principles from the World's Greatest Manufacturer: McGraw-Hill, 2004. Chapter 4.)[7]에 자리잡고 있다는 가정에 근거를 두고 있다. 생산에 대한 이와 같은 불규칙한 부담은 다음과 같은 두 가지의 함의가 있다. 한 편으로는, 기계와 인원에 대한 일시적인 과부하로 이어짐으로써 그에 따라 신뢰성, 품질 및 작업 안전에 영향을 미치게 된다. 다른 한 편으로, 이것은 일시적인 저부하로 이어지고, 부가가치 활동으로 메워지는 일이 거의 없는 유휴 시간이 발생하게 만든다. 이것이 바로 보다 좁은 의미의 실제의 낭비를 의미하는 일본어로는 **무다**라는 것이 발생하는 부분이다. 따라서 가치 흐름 분석의 상위의 목표는 고객 수요의 변동과 관계 없이 생산을 균일화하고 그럼으로써 낭비를 회피하는 데 있다.

히토시 다케다(Hitoshi Takeda)는 생산에서 발생하는 일곱 가지 유형의 낭비를 구분

---

7) 역자 주

하였는데(Takeda, 2006), 다음에서 이에 대해 좀 더 자세히 살펴보기로 한다. 그러나, 이에 더해서 여덟 번째 유형의 낭비가 존재하는데, 주문 처리에 있어서의 부적합하고 노력이 많이 드는 업무 프로세스와 IT 도구를 통한 낭비이다.[8] 네 가지 유형의 낭비는 즉각적으로 **생산 공정의 낭비**에서 그 원인을 찾을 수 있는 것들로서, 그것들은 제품의 불합격, 작업자 편의 부적절한 동작 순서, 최적화되지 못한 기계 작업 공정, 그리고 대기 시간으로 인해 유발되는 것들이다.

과다 생산, 재고 축적 및 운송 등은 **생산 절차의 낭비**와 관련된 낭비들로, 그 가운데 첫 번째 두 가지는 불합격품의 생산을 제외하고는 우리가 알고 있는 가장 중요한 낭비에 해당하는 것들이다. 이러한 낭비들은 가치 흐름 분석 과정에서 특히 명료하게 눈에 띄는 것들로서, 이것들의 잠재력은 다음과 같은 두 가지 유형의 낭비를 지적해 주고 있다. 즉, 작업자 균형 도표는 균형이 잘 이루어지지 못한 공정으로 인해 유발되는 낭비와 통상적으로 그에 따라 발생하는 과다 생산을 식별한다. 시간선은 리드 타임이 길기 때문에 발생하는 낭비와 그로 인해 귀결되는 과다 재고를 드러내 보여 준다. 가치 흐름 묘사는 생산 내의 관련 원인을 국지화하는 데 도움이 된다. 다음에서는 **여덟 가지 유형의 낭비**에 대해 상세하게 논의하게 된다.

1. **과다 생산**. **과다 생산**으로 인한 낭비는 일반적으로 수요를 초과하는 생산을 의미한다. 하지만, 가치 흐름 분석에서는 과다 생산은 후속 생산 공정에서 요구하는 것보다 일찍 또는 그보다 빠른 속도로 수행되는 생산 활동 즉, 필요 이상의 수량으로 처리하거나, 납기보다 빨리 생산을 하거나, 또는 요구되는 것보다 높은 수율로 생산을 수행하는 생산 공정을 의미한다. 이것은 선택적인 과다 능력, 또는 능력, 주기 시간이라는 각각의 관점에서 균형이 잘 잡혀 있지 않은 생산 공정으로 인해 유발될 수 있다. 또한, 잘 수립된 생산 계획이라 할지라도 요건의 변경 또는 다른 영역에서 발생하는 과다 생산을 줄이기 위한 기계 가동 중단으로 인한 계획으로부터의 단기적인 차질에 대해 작업 현장의 대처 규칙이 전혀 없는 경우가 매우 자주 발생한다. 가치 흐름 설계에서는, 언제 생산을 할 것인가에 관한 의사결정뿐만 아니라 언제 생산을 하지 **말아야** 하는가에 관한 의사결정도 매우 중요하다. 가치 흐름 설계는 각각의 공정이 후속 공정이 필요로 하는

8) 이 부분은 일반적인 린 서적에서는 활용되지 않은 사람의 지식과 능력(Unused employee creativity)이라고 정의하고 있다: 역자 주

만큼만을 생산하고 그것이 필요하게 될 때까지는 생산을 하지 않도록 하는 공정 논리를 설계해야 한다.

2. **재고 축적.** 재고 축적으로 인한 낭비는 완제품, 반제품, 원재료 및 구매 자재의 재고로 현실화된다. 재고는 자재 공급 및 공장 가용성에 관한 위험에 대해 안전성을 제공한다는 이유로 너무나 자주 누적되고, 그리고 매우 고집스럽게 이에 대해 방어를 하는 경우가 발생할 가능성이 매우 높다. 이에 관련된 자본의 투입 비용 및 유동성의 손실은 쉽게 인정되며, 대부분 지불해야만 하는 대가루 인식한다. 경험에 따르면, 이자의 절감으로 해서 단기적인 기술적인 변화에 대한 비용이 충당되는 일은 거의 없다. 보관 기술, 상대적으로 높은 공간 요건, 추가적인 인원의 노력, 관리, 그리고 특히 재고 과잉의 위험으로 인해 발생하는 비용은 최소한 두 배 이상 높다. 그러나, 보관 비용에 대한 이와 같은 종합적인 검토를 통해서도 재고 누적의 배후에 있는 실질적 문제에는 접근할 수 없다.

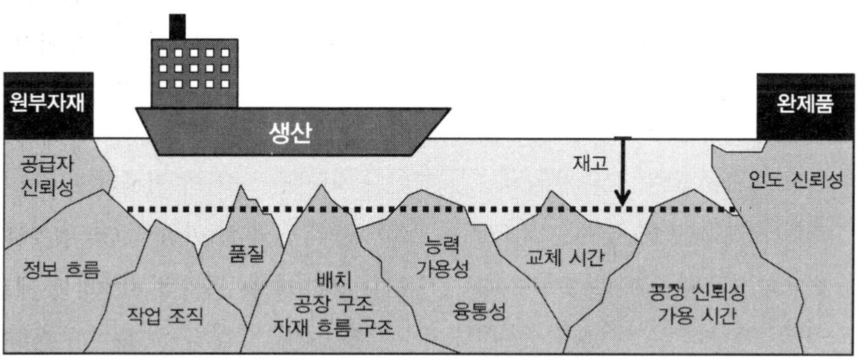

그림 3.1 재고는 생산의 결함을 감춘다.

혹자는 재고 비용이 생산의 일관된 운영을 보장하는 재고에 대해 지불해야 하는 합당한 비용이라고 주장할 수 있다. 그러나 공장 생산은 항상 시계 바늘의 움직임과 같이 순조롭게 작동할 필요는 없으며, 오히려 그 반대이다. 그런데, 재고 누적의 본질적인 단점은 그것이 생산의 문제를 감추고 **그러한 문제의 제거**를 불가능하게 만든다는 데 있다. 일이 계획대로 진행이 되지 않을 경우에는 언제든 그것을 보상하기 위한 미봉책이 존재하게 마련이며, 이것이 바로 재고가 우리를 안전하다고 느끼게 만드는 부분이다. 재고는 생산이 불규칙하게 수행되도록 하면서도 모든 것이 원활하게 이루어지고 있는 척할 수 있게 만든다. 그러나, 높은 곳에서 보았을 때는 생산 현장의 문제와 약점이라는 절벽을 가로 질러 안전하게 항해하는 듯이 보이는 널리 알려져 있는 생산의 배와 같이 그려진 그림에서 보는 것과 같이, 그 안에는 수 많은 모든 종류의 낭비가 숨겨져 있다(그림 3.1). 재고 수량이 많을 경우에는 다양한 약점을 가리고 마치 생산이 원활하게 돌아가는 듯이 보이게 만든다. 예를 들어, 사전 생산을 하는 덕분에 생산 계획의 관점에서 보았을 때의 일정 계획이 신뢰성이 열악하더라도 그 효과가 아주 일부분만 인도의 신뢰성에 영향을 미친다. 또한, 불합격품을 과다 생산을 통해 보상하고 별 문제 없는 듯이 불량 처리를 해 버릴 수도 있다. 모든 자원을 실제의 고객 수요와 관계 없이 대규모의 롯트 크기와 높은 정도의 능력 가동률로 운영할 수 있으며, 기계 고장은 가치 흐름에 부정적인 효과를 미치지 아니한 채로 한 동안 시간이 흘러갈 수 있다.

현장의 다양한 생산 문제들은 오로지 **지속적인 재고의 감축**을 통해서만 눈에 보일 수 있다. 그런데, 이것은 생산이란 배(생산)를 다양한 문제들로 이루어진 절벽과 끊임 없이 충돌할 수 있는 위험에 놓이게 만들기 때문에 어색해 보일 수 있다. 그러나, 낭비를 유발하는 문제들을 최종적으로 방지하는 것을 강제하기 위해서 정확히 요구되는 것은 바로 이것이다. 따라서, 생산의 일관된 개선은 가치 흐름 설계를 통해 올바른 장소에 유지할 올바른 수량의 안전재고를 결정함으로써 지속적으로 재고를 감축하고, 그럼으로써 일관되고 감소를 지향하는 재고 관리를 위한 올바른 조건을 조성하는 일을 통해서만 추구할 수 있다.

3. **운반**. 창고로 재고를 이동하고 창고에서 다시 가져 오거나, 창고 사이에 운반을 하거나, 또는 분류를 하거나 시운전을 하는 등과 같은 **운반** 및 기타의 물류 활동을 통한 낭비는 다음과 같은 두 가지의 이유로 인해 일어날 수 있다. 첫째는 자원 및 보관 장소가 이상적인 배치보다 불편하게 배치됨으로 인해 운송 경로의 길이와 빈도가 늘어나는 것과 같은 공간적인 성격의 것으로, 재고 장소로의 이동 그리고 재고 장소로부터의 불출 빈도가 늘어나게 될 수도 있다. 두 번째 원인은 조직적인 것이다. 완료가 되지 않은 주문이 중단됨으로 인해 운반 활동이 늘어날 수도 있다. 그 외에도, 운송 경로 및 순서도 거리의 관점에서 보았을 때는 최적화되는 일이 드물다. 때로는, 보관 장소가 정의되지 않거나, 보관 장소가

넘쳐나거나, 또는 운송 주문이 중단되어 제품을 잠정적으로 임의의 장소에 놓아야 하는 일도 발생한다. 운반 활동은 일관된 가치 흐름 지향적인 공장 계획, 생산의 원활한 흐름, 그리고 자재 인출 지역에 명확한 표지를 하는 등의 보완 수단을 갖춘 공장 내의 생산 공정의 적합한 공간적 배치를 통해 거의 완벽하게 회피할 수 있다.

생산 공정의 낭비. 제품을 가공하고 최종적으로 조립하는 실제 생산의 부가가치 활동은 전체적인 노동력의 투입에 비교했을 때 상대적으로 작다. 생산 공정의 훨씬 더 많은 부분은 그 자체로서는 어떠한 **효과적인 성과**도 구성하지 못하는 보조적인 활동과 명백한 낭비로 구성된다(그림 3.2). 도구를 집어 들고 제품을 고정 장치에 물리거나, 기계의 스위치를 켜거나 조정하는 일뿐만 아니라, 일반적인 품질 관리와 같은 부수적인 활동은 **눈에 보이는 성과**는 창출할지는 모르며, 기술적으로는 불가피할런지는 몰라도, 전혀 어떠한 가치도 창출하지 못하고 제품에 직접적으로 기여하지 못하기 때문이다. 이러한 자원과 관계되는 지원 공정은 제품 가치를 높이는 일 없이 원가만을 수반하고, 오히려 가치를 감소시키는 효과가 있다. 부품 또는 공구를 찾거나 부품을 분류하는 일과 같은 명백한 낭비는 순수한 **성과가 없는 낭비**에 해당한다. 이러한 활동은 어떠한 가치도 부가하지 못한다. 이러한 낭비는 조직 관련 또는 물류 관련 활동과 관련하여 발생하며 어떠한 기술적인 변경 없이도 회피가 가능한 낭비이다.

4. **불합격.** 가장 치명적인 활동은 **결함 있는 성과** 즉, 불합격품의 생산을 통한 낭비이다. 제조 결함이 발생하는 경우, 가치가 부분적으로밖에 창출되지 않을뿐만 아니라, 더욱 중요한 것은 해당하는 활동이 가치를 완전히 잃어 버린다는 점이다. 그것은 이전의 부가가치 활동을 통해 창출된 가치마저 (최소한 부분적으로는) 파괴한다. 결함이 즉각적으로 식별되지 않는 한, 심지어 통상적으로는 부가가치 활동이었을 후속적인 활동마저 (불합격의 경우) 낭비로 전환되거나 또는 재작업이라는 형태로 추가적인 생산 공정을 거쳐야만 한다. 검출되는 모든 결함은 해당 결함을 제거하는 데 결정적으로 높은 비용이 소요되므로, 공정이 오로지 결함이 없는 부품만을 전달할 수 있도록 공정을 재구성하는 것은 가치 흐름 설계의 몫이 된다. 하지만, 품질 관리 자체 역시 일종의 낭비가 되는 것이므로, 동시에 품질관리에 필요한 노력도 최소화해야 한다. 물론, 비록 그것이 기술적인 측

면에서 항상 가능하지는 않을 수 있다 하더라도, 가능하다면 후속적인 검사를 통해 달성하는 것 보다는 처음부터 결함이 없는 품질의 제품을 생산하는 것이 바람직하다.

그림 3.2 작업자의 활동 속의 가치 창출과 낭비

5. **동작. 작업의 부적절한 동작 순서**를 통해 발생하는 낭비는 보조적인 활동이나 인체공학적인 배려가 부족하기 때문에 발생한다. 부품 및 공구가 손이 닿기 불편하거나 기계 장치가 다루기 편하지 않게 배치되어 있는 등의 부적절한 작업 현장의 설계는 작업자에게 인체공학적으로 불리한 부담을 준다. 즉, 먼 거리를 도달하고 신체의 회전 등을 위해 많은 동작의 부담이 요구된다. 한 손으로 작업을 하거나 부품을 반복적으로 집어 들었다 내려 놓는 등의 일이나 지나친 공간적인 간격을 둔 작업 구역 설계로 인해 쉽게 접근할 수 없는 부품 및 공구의 인출 또는 탐색, 중복 작업 등으로 인해서 추가적인 효율 손실이 발생할 수 있다.

6. **처리.** 좁은 의미의 특정한 기계 등에서 발생하는 **부적절한 처리 절차**를 통한 낭비는 기계 배치가 잘못된 데서 기인한다. 이와 같은 부적절한 기술적인 품질은 일반적으로 과대 설계, 또는 기계가 바로 사용할 수 없고 작업자의 준비 과정을 먼저 거쳐야 하는 경우에는 설계 불량을 의미한다. 이러한 것은 기준 표면을 반복적으로 청소를 해야 한다던가, 절단물을 손으로 제거해야 한다던가, 기계 또는 치공구를 조정해야 한다던가, 기계를 작업 위치로 이동해야 한다던가, 또는 지나치게 고정 위치가 멀다던가, 부품을 처리 과정에서 수작업으로 고정해야 한다던가, 스위치를 눌러야 한다던가, 기계를 수작업으로 기동해야 한다는 것을 의미한다. 하지만, 보다 넓은 의미에서는, 부적절한 기술의 적용은, 예를 들어 제품의 변동성의 관점에서 자동화 수준을 잘 못 선택하는 경우와 같이, 모든 낭비의 원천이 될 수도 있다. 일반적으로, 흐름 지향의 생산에서는 배치 공정은 진정으로 적합하지 않을 것이며, 가능하다면 연속 흐름 공정으로 변경해야 한다. 특히, 가치 흐름 관점에서 기술적인 변경이 유발될 수 있으며, 그럴 경우에는 생산 공정과도 정렬이 되도록 해야 할 것이다.
7. **대기 시간.** 생산 공정에서 발생하는 **대기 시간**을 통한 낭비는 다음과 같은 두 가지 이유에 의한 것일 수 있다. 예를 들어서 자재 부족이 발생하는 경우, 이것은 공장 내 물류의 문제 또는 생산 관리에 문제가 있다는 것을 의미할 수 있다. 이 경우, 자재 부족을 메우기 위한 대체 활동을 방지하고, 낭비를 가리기 보다는 그것을 오히려 가시화하는 것이 중요하다. 두 번째 가능한 이유로는 자동 작업 중에 공장의 올바른 운영을 단순히 감시만 하는 것 외에 특정한 임무가 없는 작업자를 들 수 있다. 같은 경우가 안전 상의 이유로 인해서 중단 없이 스위치를 눌러야 하는 데드맨 장치(dead man device)에도 해당한다. 두 경우 모두, 한 사람이 복수 기계를 취급하거나 또는 생산 라인과 같이 작업자가 다수의 작업장을 책임지도록 함으로써만 낭비를 회피할 수 있다.
8. **주문 처리.** 앞서 설명한 일곱 가지 유형의 낭비와는 달리, **주문 처리** 과정에서 발생하는 낭비는 생산 공정과는 직접적으로 관련되어 있지 않다. 가치 흐름 분석 속에 정보의 흐름을 묘사하게 되면, 명확하게 주문 입력에서부터 주문 입고까지의 사이의 주문 처리 과정에서 발생할 수 있는 결함을 지적할 수 있다. 주문 처리, 자재 관리, 그리고 생산 계획 및 관리에 있어서 호환 불가능한 소프트

웨어로 인해서 발생하는 추가적인 관리 노력은 여기에서 특히 눈에 띠며, 이러한 일은 일반적으로 데이터 관리 기능이 흩어져 있거나 중복적으로 발생하는 일을 수반한다. 생산 계획 시스템이 존재함에도 불구하고, 롯트 크기 계산, 교체 최적화, 작업 순서 일정계획, 생산 문서의 적성 및 데이터 수집과 같은 업무를 일상적으로 수행하는 일이 매우 빈번하게 일어나는데, 이는 해당 시스템이 부적합하거나 제대로 구현이 되지 못했기 때문이다. 다른 한 편으로, 매우 효율적인 계획 및 관리 시스템도 때로는 복잡한 통제 메커니즘이나 복잡한 주문 일정 계획으로 귀결되는 경우도 있다. 유통, 건설, 구매 및 생산 부서 사이에 업무 분장이 불편하게 되어 조정에 문제를 유발하거나 중복 업무가 발생할 수도 있다.

접근 방법

제조 산업에 속하는 공장의 완전한 가치 흐름 설계의 **수행 과정**은 다음과 같은 다섯 개의 단계로 구성된다(그림 3.3).

1. **생산의 구조화 또는 구조 정의.** 재설계 대상이 되는 가치 흐름은 공장의 제품 범위 가운데 특정 부분을 의미한다. 가치흐름 분석의 제품군 구성과 마찬 가지로, 가치 흐름 설계에서는 생산 세그먼트를 정의한다. 그리고, 생산을 이와 같이 구조화하는 것과 연계하여 가치 흐름에 대해 특정한 생산 자원을 확정적으로 할당한다(섹션 3.1).
2. **능력 규모 정의.** 개별 생산 공정에 대해 최적 능력을 정의하고, 그 다음 해당 생산 공정을 전반적인 공정 요건에 따라 재설계하고, 고객 탁트 타임에 정렬(일치)시킨다. 능력 정의의 중요한 요인은 관찰 대상 사례에 적합한 기간에 대한 계획 수립이다(섹션 3.2).
3. **생산 관리.** 생산 절차의 재설계 작업은 생산 관리 지침에서 시작하며, 이것은 개별 생산 공정을 연계하는 방식을 결정하고, 그렇기 때문에 전체 생산 공정의 자재 흐름을 결정한다. 동시에 이것은 생산 계획을 적용하는 생산 공정을 전체 가치 흐름에 대한 보조 설정 공정(pacemaker process)으로 정의한다(섹션 3.3).

4. **생산 계획 수립.** 생산 계획 수립에 관한 설계지침은 생산 주문의 계획 및 발주 방법을 결정한다. 특히, 관련 생산 공정에 요구되는 고객 수요와 요건 및 생산에 부과되는 제약 사이의 차이를 이러한 맥락 속에서 보상하지 않으면 안 된다(섹션 3.4).
5. **개선 조치.** 개념적인 설계는 가치 흐름의 미래 상태의 실현을 위해 필요한 구체적인 제반 개선 조치를 정의하고, 그에 관한 실행 계획을 수립하는 것으로 마무리된다.

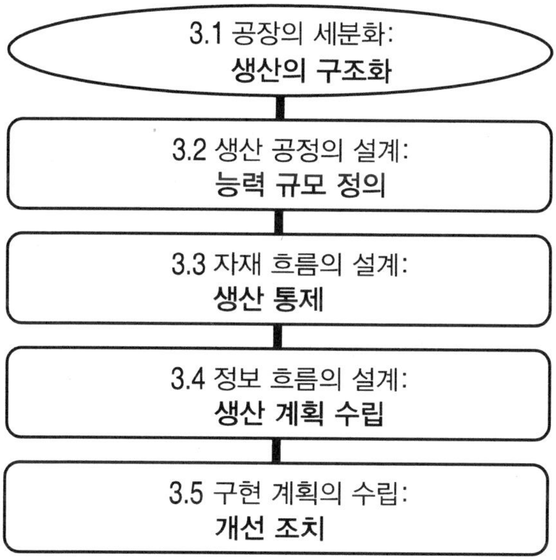

그림 3.3 가치 흐름 접근 방법

다섯 단계에 걸쳐 생산 공정 설계가 마무리된 후에라야 비로소 실제의 계획 수립과 공장 배치를 개시하는 일이 의미가 있다. 장소별로 고유하고 공장과 연계된 통합을 고려해야 하며, 직접적인 현장 비교를 통해 다양한 선택 대안을 탐색해 보아야 한다(섹션 4.1). 모든 생산 시스템에서 필수적인 구성 요소인 작업 조직은 최종적으로 관련 표준을 엄격히 준수하고, 변함 없이 높은 제품 품질을 지속적으로 보장함으로써 가치 흐름이 최적화된 공장 운영을 가능하게 하며, 이것들은 모든 생산 시스템의 근본적인 구성 요소들이다(섹션 4.2). 하지만, 공간적 그리고 조직적인 구현이라는 두 가지 이슈에 대해서는 여기서는 개요만 살펴보기로 한다.

생산의 재설계를 위한 가치 흐름 설계

목표는 효율적이며 고객 지향적인 가치 흐름을 달성하기 위한 생산의 완전한 재설계에 있다. 분석 과정에서 공장의 운영을 고객 탁트 타임과 정렬시키고 일관되게 고객 관점을 채택하게 되면 고객 지향성이 보장된다. 효율은 여덟 가지 유형의 모든 낭비를 회피함으로써 추가적으로 증대될 수 있다. 이런 맥락에서, 생산 공정 내의 과다 생산, 재고 누적과 불필요하게 복잡한 주문 처리로 인해 유발되는 낭비에 특별한 관심을 기울인다. 품질 문제, 불합리한 처리 절차, 대기 시간, 그리고 생산 공정 간의 운송으로 인한 낭비는 일관된 개선을 통해 최소화한다.

접근 방법. 입증된 가치 흐름 몇 개의 설계지침 가운데서 이상적인 생산의 설계를 위한 기초적인 구성 요소들을 구성해 낸다. 이와 같은 명확한 설계지침을 목표 지향적으로, 그리고 경험을 바탕으로 체계적으로 적용해 나감으로써 현재 상태의 가치 흐름을 생산의 네 개의 목표에 따라 최적화된 미래 상태로 만들어 나간다. 가치 흐름의 관점은 완벽히 정렬된 공정을 만들어 낼 수 있는 기술적 및 조직적인 요건들을 포착해 내는 데 유용하다. 따라서, 기술적인 혁신을 유발하고 낡은 생산 관리 습관이 변화하게 된다. 목표 상태를 향해 추진할 구체적인 개별적 지침은 일정 계획을 수립하여 책임있는 관련 당사자들에게 할당할 구현 계획 속에서 정의한다.

결과는 모든 생산 공정과 관련 물류 연계가 갖추어진 모든 생산 공정의 목표 미래 상태에 대한 투명하면서도 잘 정리된 지도이다. 설계의 대상이 되는 전체 가치 흐름에 대해 설계지침을 적용할 경우, 이것은 단지 개별 생산 공정의 부분 최적화가 아니라 전체 생산 공정의 전반적인 최적화로 연결된다.

3.1 생산의 구조화

하나의 공장에는 통상 다양한 제품을 생산하기 위하여 다양한 기술이 적용된다. 가치 흐름 분석과 마찬 가지로, 가치 흐름 설계는 하나의 특정한 가치 흐름을 대상으로 하며, 그것은 하나의 공장의 특정한 부분이다. 이 부분을 정의하는 것은 공장 계획 수립에 있어서 **생산 구조**를 구성하는 것과 유사한 작업이다. 생산의 구조화와 관련해서는 생산 절차의 관점에서 두 가지의 기본적인 접근 방법이 있는데, 그것은 **수평적 세분화**와 **수직적 세분화**이다. 첫 번째 접근 방법은 필요한 자재의 특성과 관련이 있으며, 두 번째 접근 방법은 생산 절차 및 관련 제품의 특성과 관련이 있다.

자원 지향 세분화

역량. 수평적 생산 세분화 또는 생산 횡단적 절차는 **자원 지향형 세분화**의 다양한 유형을 포함하고 있다. 일단 생산 순서가 적합한 공장 구조화를 위한 기준으로서의 중요성이 떨어지게 되고 나면, 해당 공장에 대한 역량 묶음을 이용한 구조화가 편리하다. 이것은 **설비의 유형** 또는 작업자의 **자격 요건**을 이용하여 할 수 있다(그림 3.4). 자원 지향형으로 세분화를 할 경우 일반적으로 작업장 생산(job shop production) 형태가 되는데, 여기서는 구역을 각각의 작업자 또는 설비와 관련이 있는 작업 단위를 이용하여 정의한다. 개별 작업장은 연마 또는 밀링 작업장으로 부른다. 여기에는 연마공 또는 밀링공과 같이 유사한 자격 요건을 갖춘 작업자들이 모여 있다. 이와 같은 접근 방법의 가장 큰 장점은 해당 접근 방식의 가장 큰 단점을 구성하기도 한다. 제한된 구역 내에 기술적인 역량과 기능적인 기량을 집중시키는 것은 특히 전문화와 최상의 성과의 발휘에 도움이 되지만, 동시에 동일한 제품을 만들기 위해 필요한 구역 즉, 작업장 간의 거리가 발생한다.

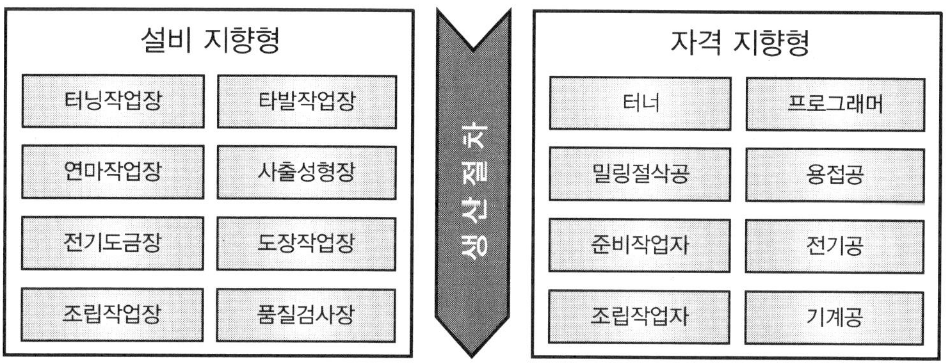

그림 3.4 자원 지향형 세분화

모뉴먼트. 그러나, 생산 절차 횡단적 구조화는 선적 도크로부터 입고 도크까지의 지속적인 관찰에 방해가 되기 때문에 가치 흐름 사고와는 충돌하며, 따라서 흐름 원칙을 촉진하기보다는 이에 제약이 된다. 따라서 우리는 이러한 유형의 구조화 원칙은 더 이상 살펴보지 않기로 한다. 하지만, 많은 공장이 해당 원칙에 따라 개발된 공정 구조를 가지고 있으며, 그럴 경우 가치 흐름 분석에서는 각각의 인터페이스에서 발생하는 문제를 식별한다. 특히 대규모의 **집중화된 공장**에서는, 자원 지향형 세분화를 적용하는 것이 합리적인 것으로 생각된다. 규모의 경제로 인해서, 이와 같은 기능적인 모뉴먼트는 종종 유리한 단위당 원가 구조를 나타내며, 특히, 만일 방음실, 방진실, 시험 매체 또는 특수 처리 작업장 등과 같이 생산 공정 상 인프라스트럭쳐 또는 매체에 대해 특정한 요구가 있는 경우에 그렇다. 하지만, 이와 같은 규모의 경제는 항상 생산 공정 내에 상대적으로 높은 복잡성을 수반하는데, 예를 들어 다양한 이전 공정에서 가공 또는 처리한 제품들이 모두 이와 같은 애로 공정을 통과하게 되는 경우 특히 그러하다.

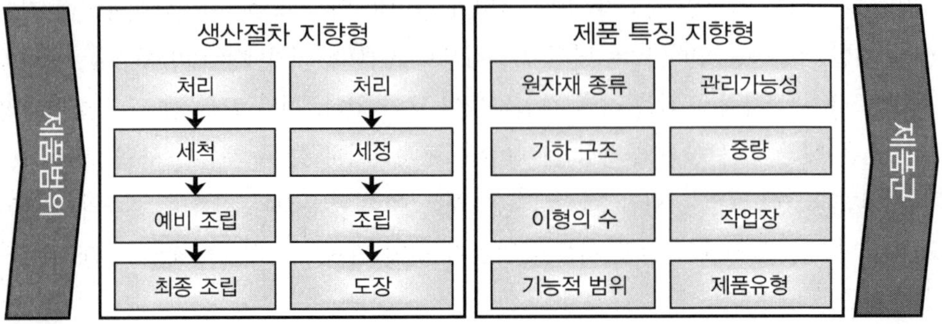

그림 3.5 제품군의 구성: 제품군 지향 세분화의 첫 단계

제품군 지향 세분화

제품군. 수직적 세분화에서는 공장을 특정 제품군의 생산 절차에 따라 세분한다. 따라서, 이와 같은 제품군에 필요한 모든 생산 절차는 하나의 공장 세그먼트에 함께 모은다. 수평적인 세분화와는 달리, 복수의 공장 세그먼트에서 동일한 기술이 필요하게 된다. 가치 흐름 분석(섹션 2.1.2)과 비슷하게, 제품군은 생산 절차뿐만 아니라 원자재, 부품 및 제품을 감안하여 결정한다(그림 3.5). 생산에 대한 제품군 지향형이고 가치 흐름에 적합한 구조화 방법은 항상 **생산 절차 지향형** 및 **제품 특성 관련형** 세분화로 귀결된다. 이와 같이, 가치 흐름 설계에서는 생산 구조화의 첫 번째 단계는 항상 제품군 정의가 된다.

표준화된 생산 공정 순서에 기반을 둔 제품군 관련 논리를 이용한 생산의 구조화는 특히 부품 및 반제품이 작업장 생산 방식으로 생산되는 경우에는 적용하기 매우 어렵다. 부품 관련 제품군을 성공적으로 엄밀하게 세분화할 수 있다면, 투명하지 않고 관리 메커니즘이 복잡한 작업장 조직을 흐름 지향의 부품 생산으로 전환할 수 있을 것이다. 이러한 맥락에서, 공정 순서 및 기계 할당을 감안한 기존의 작업 일정계획을 개정하는 것은 좋은 생각이 될 수 있다. 일부의 경우, 공정 순서는 특정 치공구를 변경하거나 또는 기계 할당을 변경함으로써 변경할 수 있다. 특정 부품에 대한 특수 처리 단계가 주된 작업 시간과 병행하여 이루어지게 될 가능성도 있으며, 따라서 비록 그것들의 순서는 부품마다 다를지라도 구체적으로 고려할 필요가 없어질 수도 있다.

사업 유형. 가치 흐름 분석을 위한 목적이라면 제품군으로 세분화하는 것으로 충분하겠지만, 생산 설계를 위해서는 이들 제품군이 적합한 생산 구조를 형성하는 데 적합한지 여부라는 관점에서 검토할 필요가 있다. 따라서, **시장의 관점**에서 보아서 수요 수량, 수요 변화, 시장 동향 및 경쟁 환경과 같은 기준에 따르는 제품군의 추가적인 세분류를 하는 것이 적절할 수 있다. 따라서, 제품군 지향형 세분화의 두 번째 단계에서는 특정한 생산 세그먼트가 하나의 특정 제품군을 통해 선택적으로 특정 세분 시장을 충족시키도록 하기 위한 사업 유형을 식별한다(섹션 3.1.1).

자원. 하지만, 때로는 한 제품군의 능력 요건을 다 모은 것(누적 능력 요건)이 **자원 전체**를 점유할 만큼 충분하지 못할 경우가 있다. 이런 경우에는, 자원을 공유하는 두 개의 제품군을 하나의 세분 생산 세그먼트로 묶어야 한다. 제품군 지향형 세분화의 3 단계에서 자원의 할당이 이루어지고 나야 비로소 생산 구조의 실용성 즉, 타당성을 검증할 수 있다(섹션 3.1.2). 따라서, 가치 흐름 설계는 제품군이 아닌 생산 세그먼트 단위로 수행한다.

생산 구조화의 목표

A. 최적의 실현을 위해서 제품군 지향형 세분화가 필요한 목표들
- 자재 흐름의 정리 및 생산 현장 구조의 투명화
- 융통성, 품질, 시간 및 수익성에 관한 목표에 대한 제품 책임의 명확한 할당
- 결함이 발생하기 쉬운 인터페이스의 최소화

B. 제품군 지향형 세분화에서 자원 지향형 생산 구조를 통해서도 동등하게 달성 가능한 중요한 목표들
- (공장) 세그먼트 고유의 성공에 관련된 의사결정에 관한 공장 세그먼트의 역량 제고
- 시장별의 고객 요건에 대한 각 (공장) 세그먼트의 집중
- 동기 및 성과 제고를 위한 생산 순서 및 공정에 관한 변화에 대한 직원의 참여

- 복수의 자격 요건 및 직무 순환을 통한 직원의 융통성 제고
- 성과 윤곽 및 원가 투명성의 개선을 위한 물류 및 품질 보증과 같은 간접 영역의 개별 세그먼트에 대한 할당
- 생산 관리 보드(production control board)를 활용한 공장 세그먼트 또는 팀의 목표 달성의 시각화

C. 제품군 지향형 세분화에서는 제한적으로만 실현이 가능한 목표들

- 기술적 역량 및 기능적 기량의 집중

3.1.1 사업 유형

제품군을 결정하는 데 사용하는 기준은 순수하게 기술적(생산 공정)이고 기능적(제품 설계) 성격의 것이다. 가치 흐름 분석에 있어서 핵심적으로 중요한 요인인 고객 관점에 대해서는 아직까지는 특별한 주의를 기울이지 않았다. 분석 단계에서는, 가치 흐름이 매우 이질적인 고객 및 시장의 요건으로 구성된 것일 수 있다. 그러나, 인도 시간, 포장, 배송 방식, 주문 수량, 주문 빈도 또는 유통 경로와 관련한 특정한 고객의 기대는 종종 서로 다른 유형의 생산 관리를 필요로 한다. 이와 같은 다양한 유형의 생산 관리는 하나의 생산 세그먼트 내에서 실현하거나 아니면 특정 고객 또는 세분 시장을 대상으로 하여 각각 개별적인 생산 세그먼트를 구성할 수도 있다.

세분화의 두 번째 단계의 제품군의 시장별 세분은 다음과 같은 두 가지의 서로 다른 방법으로 수행할 수 있다. 하나는 수요 수량과 추이에 대한 데이터 분석을 통하는

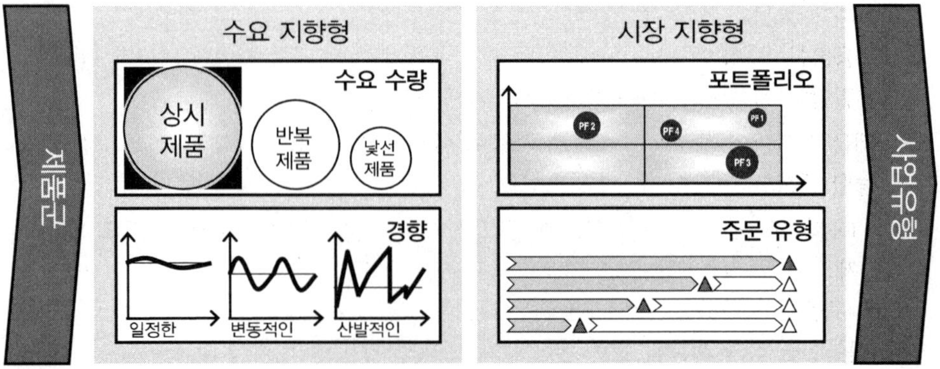

그림 3.6 사업 유형의 정의: 제품군 지향 세분화의 두 번째 단계

방법이며, 다른 하나는 제품 각각의 해당하는 시장 내의 경쟁적 포지셔닝에 따른 전략적인 분류 형태를 통하는 방법이다(그림 3.6). 이와 같은 관찰을 통해 제품 군 내의 생산 절차의 관점에서 보았을 때의 **사업 유형**을 세분화한다.

수요 지향형 세분화

하나의 제품군 내의 다양한 이형의 수량의 관점에서 수행하는 **데이터 지향형 분석**에는 이른비 ABC 분석이 특히 적합하다. 이 방법은 세분화와 생산 관리 방식의 구성에 있어서 매우 중요하므로, 다음에서 보다 상세하게 소개하기로 한다.

ABC 분석을 이용하면 많은 수량의 품목을 중요성에 따라 분류하여 임계 값을 활용하여 A, B, C 품목으로 등급을 부여할 수 있다. 그 외에도, 그 결과를 누적 곡선 형태로 그래픽하게 도표로 표현할 수도 있다. 이 분류는 분석 대상 품목의 상응하는 매개변수가 중요성의 측면에서 상당히 다르다는 가정에 기반을 두고 있다. 따라서, 적은 수의 품목들이 누적된 평가 매개변수의 상당한 부분을 차지하게 마련이다. 비록 구성 품목의 종류는 적으나, A 품목은 전체 물량에서 상대적으로 높은 비중을 차지하는 반면, 상대적으로 품목의 종류가 많은 C 품목은 아주 적은 물량만을 점하고 있다. 따라서, 우리는 이 방법을 이용해서 다양한 평가 매개변수를 선택하여 특히 중요한 품목들을 선별하여 해당 품목에 대해 특정한 등급을 할당할 수 있다. 아래에서 설명하는 품목 수(품번의 수)에 따른 평가는 생산의 물류적인 측면을 강조한다.

선정된 각각의 이형 또는 품번을 생산의 관점에서 보아 제품군으로 묶고, 연간 판매 수량 기준으로 평가한다. 각 품목을 수량 기준으로 정렬한다. 즉, 1번 품목은 연간

품목의 등급		분류 이형	
		정규	반대
	A	수량의 70%	품목 종류의 10%
	B	수량의 20%	품목 종류의 20%
	C	수량의 10%	품목 종류의 70%

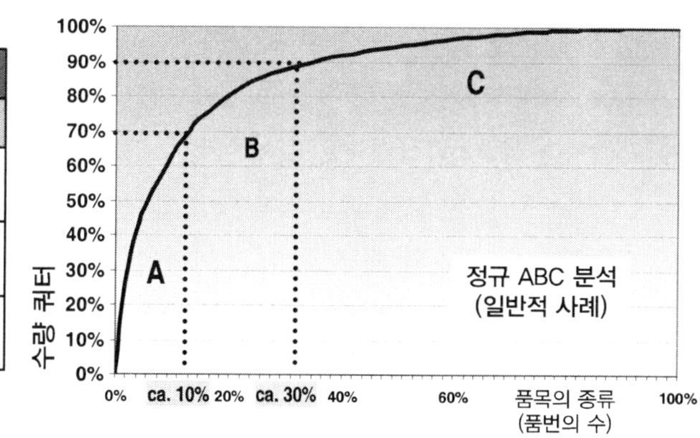

그림 3.7 통상적인 ABC 분석 및 역 ABC 분석

판매 수량 기준으로 가장 많은 품목이 되고, 품목번호가 높은 품목은 수량이 가장 적은 품목이 된다. 이렇게 하면 복수의 품목의 연간 누적 수요를 나타내는 전형적인 누적 수요 곡선이 만들어진다(그림 3.7 오른쪽). 분포가 같다면 선형 관계를 이루어서 관련 그래픽 표현은 대각선의 모양을 띠게 될 것이다. 연간 수요량의 분포에 따라, 해당 곡선은 다소 위쪽으로 불룩한 모양을 띠게 될 것이다. 예에 나타난 곡선은 다소 평편한 곡선을 보여 주고 있는데, 이것은 경험적으로 일반적인 범위에 잘 들어맞는 모양이다.

ABC 분류는 다음과 같은 두 가지 서로 다른 방법으로 결정할 수 있다. **정규적인 ABC 분석**은 수량 임계 값에 기반을 두고 있으며, 여기서는 A 등급에 속하는 품목은 누적 수요량의 70%를 점하는 품목들로 이루어진다. 다음의 20%의 품목들은 B 등급 품목이 되며, 나머지 10%의 품목들은 C 등급의 품목들이 된다(그림 3.7 분류 이형의 왼쪽). 제시된 70/20/10의 임계치는 실용적인 이유로 결정된 것이나, 이와 같은 임계 수치는 다른 방법으로도 쉽게 결정할 수 있으며, 관련 문헌을 보면 수 많은 다른 사례들이 포함되어 있다. 그 가운데는 A 등급 품목을 60-80% 사이의 모든 품목으로 하는 방법이 있는데, 경험에 따르면 이러한 품목들은 전체 수량 가운데 5-15%를 점한다. **역 ABC 분석**은 반대로 모든 품목의 백분비에서 시작하여, 예를 들어 A 등급의 품목을 전체 품목에서 10퍼센트에 해당하는 품목으로 정하고, 거기서부터 역으로 진행하여 나머지 품목을 정하는 방법으로 분류한다. 경험에 따르면, 역 ABC 분석의 분류 임계 값은 10/20/70(그림 3.7 분류 이형의 오른쪽)으로 정하는 것이 가장 좋다. 품목 수량을 이용하는 분석에서는 정규 분석이나 역 ABC 분석 모두 비록 분류 한계가 약간 이동하기는 하지만 일반적인 누적 연간 수요의 모양을 나타낸다.

상시 제품(runner), **반복 제품**(repeater), 그리고 **낯선 제품**(stranger)이라는 용어를 사용하여, 판매 수량을 기준으로 한 등급에 이름을 부여한다. 해당 제품의 특징에 따라서, 상시 제품의 생산 시설 및 생산 공정에 대한 요건은 통상 낯선 제품의 그것과는 다르게 마련이다. 전자는 상대적으로 높은 수준의 자동화를 요구하는 반면, 후자의 경우에는 상대적으로 높은 교체 작업 부담으로 인해 생산이 많이 이루어지지 않을 것이다. 상시 제품은 높은 수준의 재고 회전률을 달성하고 재고 생산이 이루어지기도 하는 반면, 낯선 제품은 재고에 유지되는 기간이 길고 필요할 때 결품이 나기도 한다. 따라서, ABC 분류가 다르면 추가적인 생산 세그먼트의 형성이 필요함을 시사할 수 있으며, 그렇지 않을 경우에는 동일한 세그먼트 내에 속하는 서로 다른 등급의 품목에 대해서 서로 다른 계획 수립 및 관리 절차를 구현하는 것이 좋을 것이다(섹션 3.3.3). 해당하는 A, B, C 분류 등급에 따라, 서로 다른 사업 유형을 부여하는 방법을 생각할 수도 있고, 또는 동일 세그먼트 내에서 각각 나름의 자체적인 생산 절차를 부여할 수도 있다.

대량 데이터 분석의 또 하나의 형태는 이른바 **XYZ 분석**이다. 이 대량 데이터 분석은 변동 계수에 기반을 두고 있으며, 품목을 해당 제품의 시간에 관해 고객 수요가 안정적인지, 큰 변동을 보이는지, 아니면 오로지 산발적으로만 발생하는지를 보여준다. 이 접근법은 그다지 중요하지 않으므로, 여기에서는 더 이상 언급하지 않기로 한다.

시장 지향형 세분화

특정한 세분 시장 또는 주요 고객을 표적으로 삼기 위해서는, 구체적인 세분 시장을 구성하는 것이 좋다. 또한, 일부 고객의 경우에는 자기 자신에게 공급되는 제품의 생산을 감사하기를 원하기도 한다. 또한 매우 다양한 산업에 속하는 고객들에게 서로 다른 요건을 제공하기 위해서도 고객 지향형 세분화가 필요하다. 다양한 유통 경로는 포장, 배송 방식, 인도 시간, 인도 수량 및 용기 수량 등에 관해 서로 다른 요건을 요구할 수 있다. 예를 들어 완전히 동일한 품목이라고 하더라도 택배 서비스를 이용하여 개인 고객에게 배송을 하거나, 자체 차량을 이용하여 팔레트에 대량으로 판매 자회사로 배송을 하거나, 아니면 팔레트에 혼적하여 포워딩 대행업체를 통해 소매업체로 배송을 할 수 있다. 해당하는 제조의 수직적인 범위에 따라서, 이와 같은 유통 관련 측면 역시 세분화에 영향을 미칠 수 있다. 이와 같은 모든 **시장 지향형** 제품 분류는 전략적인 성격의 분류이며, 대량 데이터 분석과는 대조적으로 정성적인 방법을 통해 이루어진다.

포트폴리오 분석은 시장 지향적 제품 분류에 특히 적합하다. 두 개의 매개변수가 포트폴리오의 두 개의 축을 정의하는데, 그것은 비록 매개변수에 따라 다른 선정된 값을 사용할 수도 있지만, 일반적으로 각각 '높다', '낮다'의 두 개씩의 값을 취하고 있다. 그 결과는 2차원 매트릭스의 4개 범주를 나타내는 네 개의 영역으로 구성된다. 이들 각각 네 개의 범주는 해당 범주를 유지하기 위해서 엄격하게 지켜져야 하는 서로 다른 표적으로 특징지어진다. 따라서 각 영역에는 조치를 위한 특정한 목표와 선택 대안을 할당하여 해당 영역에 대한 모든 요소 면에서 그러한 목표와 대안이 지켜지도록 하게 할 수 있다. 세분화와 관련하여 특별히 유용한 포트폴리오인 시장 기회와 시장 매력도 그리고 성공 요인 포트폴리오를 다음에서 소개하고자 한다. 이 외에도, 사업 유형을 고객 분리점을 이용하여 정의할 수도 있다.

시장 기회 및 매력도 포트폴리오. 보스턴 컨설팅 그룹이 개발한 시장 기회와 매력도에 따라 분류를 하기 위해서, 이미 정의한 바 있는 제품군을 해당하는 현재의 **시장점유율** 및 기대 **시장 성장률**을 이용하여 '높다' 또는 '낮다'라는 기준을 적용하여 추가로 범주화한다(그림 3.8). 그리고 나서 각각의 제품군을 정의한 포트폴리오 내에 원의 크기가 현재의 **매출액**을 반영하도록 하여 그려 넣는다. '스타' 영역에는 빠르게 성장하는 시장에 속하는 경쟁력이 탄탄한 제품군이 들어간다. 이 영역은 시장점유율을 높이거나 또는 최소한 이미 높은 시장점유율을 유지하는 것을 목표로 한다. '캐시 카우'에 속하는 제품군은 가장 높은 회전률을 달성하고 있다. 하지만, 해당 제품군들이 문제의 기업의 특정한 역량의 일부에 속하지 않기 때문에, 전략적인 이유로 이 특정 시장의 시장점유율을 점진적으로 축소하는 전략이 합당할 수 있다. ''퀘스천 마크'에 관한 한, 전략적인 이유로 해서 가능한 선택적인 점유율 확대 또는 축소와 함께 주의와 집중적인 시장 조사가 요구된다. 성장 기회가 낮은 시장 내에 위치하는 시장점유율이 낮은 제품군('도그')은 배제의 대상이다. 시장점유율이 낮은 두 개의 영역의 상위 목표로는 낮은 매출 회전율을 지향해야 한다.

하지만, 포트폴리오 내에서, 첫 번째 단계에서 생산 공정 및 제품 특징으로 세분화한 **제품군**을 항상 명쾌하게 **할당**할 수 있는 것은 아니다. 두 개의 서로 다른 영역에 속

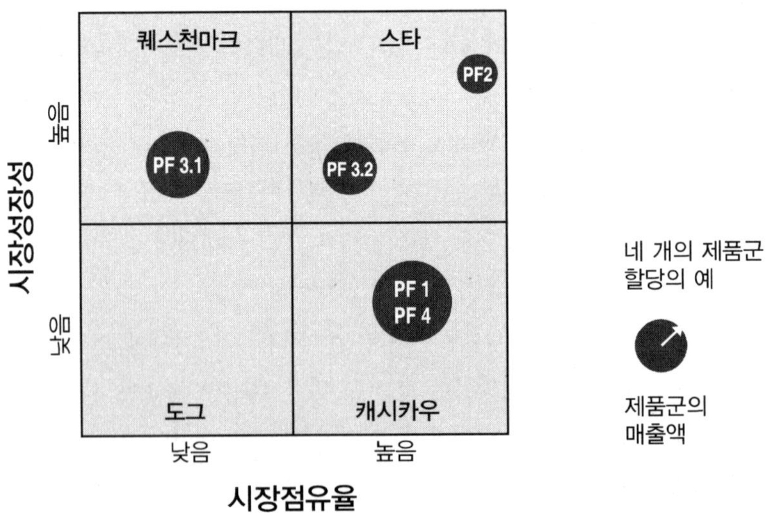

그림 3.8 시장 기회와 매력도 포트폴리오

하게 되는 제품으로 구성되는 제품군은 그에 따라 두 개의 서로 다른 사업 유형으로 나누어야만 한다(그림 3.8의 PF3.1 및 PF 3.2로 나뉜 제품군 3 참조). 동일한 시장 기준에 해당하는 제품군은 비록 기존의 제품군 구분은 영향을 받지 않고 유지되더라도, 매트릭스 내에 함께 묘사할 수 있다(그림 3.8의 제품군 1 및 4). 하지만, 하나의 영역 내에서도 차이가 반영될 수 있다(예를 들어, 그림 3.8의 제품군 PF2 및 PF3.2는 서로 다른 특성이 있는 '스타'이다).

포트폴리오에서 도출된 전략적인 의사결정은 자원의 할당과 투자에 일정한 영향을 미친다. 예를 들어, '캐시 카우'에 대해서는 신뢰성 있는 기계가 필요하다. 이 제품군의 많은 물량과 적은 수요 변동을 감안하면, 이미 포화된 시장이라 할지라도 그와 같은 제품에 대해서는 짧은 인도 기간을 요구하는 고객에 대한 재고 생산이 가능하다. 하지만, '스타'의 경우에는, 특히 성장 잠재력의 실현이 여전히 가능하기 때문에 능력 가동률은 그다지 큰 역할을 하지 못한다. '퀘스천 마크'의 경우에는 시장 동향의 추이에 맞춰 자원을 변동적으로 적용할 수 있도록 하기 위해서 높은 수준의 융통성을 요구한다. 이와는 별도로, 제품 진부화의 위험을 수반하게 될 수 있는 재고 생산보다는 주문 생산을 추구할 필요가 있다. '도그'는 투자를 하는 대신 낡은 기계 또는 다른 제품군에는 상대적으로 적합하지 않은 기계를 할당해야 할 것이다. 따라서, 여기에서는 다른 제품군에 비해 물류 목표의 달성은 우선순위가 낮다.

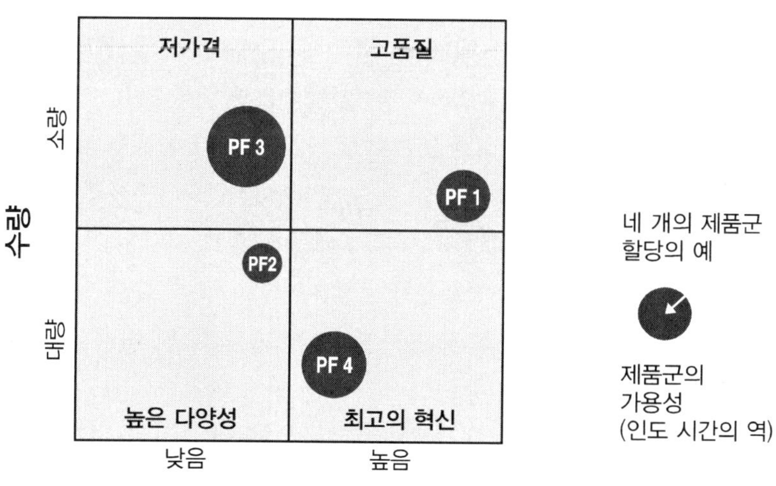

그림 3.9 성공 요인 포트폴리오

성공 요인 포트폴리오. 성공 요인 포트폴리오는 제품군을 **제품 수량**과 **혁신의 수준**을 이용하여 분류한다(그림 3.9). 각각의 값 즉, '높다', '낮다' 에 따라, 시장에서 성공하기 위해 서로 다른 목표를 추구할 수 있다. 낮은 수준의 혁신으로 시장에서 성공하기 위해서는, 해당 제품군에서 원가 리더십을 확보하기 위한 시장에 적합한 유리한 가격을 선택하는 것이 해당 시장에서 대량 매출이 가능하게 될 것이다('저가격'). 역으로, 매우 혁신적인 제품일 경우에는, 해당 제품이 실제 시장에서 판매된 이력이 일천하여 기능적인 위험이 따르게 되고 소규모의 고객 기반밖에는 확보할 수 없을 것이므로, 오로지 최고로 혁신적인 제품만이 시장에 출시될 수 있을 것이다('최고의 혁신'). 혁신적인 제품의 경우에는 고품질이 신뢰성 있게 보장되고, 해당 제품군이 역량 측면에서 시장을 선도하게 되고 나서야 비로소 대량의 매출 달성이 가능할 것이다('고품질'). 수량이 적으면서 혁신적이지 못한 표준 제품의 판매는 매우 강력한 틈새 시장 공급자 입지가 보장되고 많은 수의 다양한 고객의 욕구를 재래식 기술을 활용하여 충족시킬 수 있지 않은 한은 회피해야 한다('높은 다양성'). 쉽고 신속한 제품 가용성 즉, **인도 시간**은 네 영역 모두에서 우선순위는 다르지만 중요한 성공 요인이며, 가능하면 빠른 것이 좋다. 따라서, 인도 시간이 빠른 제품군은 큰 원으로 포트폴리오에 표시한다. 이 포트폴리오는 논리적 목표 사각형에서 구성한 제반 생산 목표(섹션 1.2.2)를 채택한다.

각각의 성공 요인에 따라, 요구되는 자원뿐만 아니라 구현해야 할 생산 절차는 서로 다른 요건을 충족시켜야 한다. 혁신적인 제품일 경우에는, 특히 제품 혁신이 주로 제품 설계에 기반을 두고 있는 경우에는, 잠재적인 고객에게 공장을 둘러 보게 하는 것이 아니라 겁을 먹게 해서 쫓아 내려고 하지 않는 한은 당연히 낡은 저원가 공장에서 생산해서는 안 될 것이다. 하이테크 공장과 마찬 가지로, 저가 제품을 고도로 자동화된 설비를 갖춘 별도의 세그먼트에서 생산할 수도 있다. 이러한 표준 제품의 경우에는 이 영역에서 수 많은 경쟁자가 있을 것이 기대되기 때문에, 인도 시간은 가능한 한 짧아야 한다. 하지만, 저원가 제품을 자동화 생산하는 것은 임금 수준이 높은 입지일 경우에만 수익성이 있다. 그와 같은 제품군을 저임금 입지에서 생산할 경우에는, 비교적 저렴하고 수작업으로 작동되는 설비를 이용하여 생산하는 편이 나을 것이다. 따라서, 동일한 제품군이라 할지라도 입지에 따라 생산에 대해 매우 다양한 요건이 요구될 것이며, 따라서 세분화에 대해서도 마찬 가지일 것이다. 따라서, 생산 구조화에 있어서 성공 요인을 명시적으로 준수하는 경우, **입지에 따른 세분화**가 가능하게 될 것이다. 하지만, 이러한 맥락에서는 공급 물류에서 유통 물류까지 수 많은 여타의 요인들을 감안하여야 할 필요가 있으나, 여기에서는 더 이상 논의를 생략하기로 한다.

고객 분리점. 다양한 고객 특성으로부터 도출하는 사업 유형은 통상 **고객 분리점**(고객 분리점, customer decoupling point)의 위치 면에서 차이가 있다. 이것은 자재, 부품 또는 제품이 구체적인 고객 주문에 할당되는 시점이며, 따라서 이 시점 이전의 예비 생산은 규정되지 않은 익명의 고객을 목표로 삼고 있다. 해당하는 다양성의 수준 또는 고객의 특이성에 따라, 고객 분리점은 공정 순서의 서로 다른 시점에서 발견될 수 있다. 요구되는 자원의 유형이 이형 또는 고객 특이성의 범위에 따라 달라지는 경우에는, 제품 특성의 기준에 따라 서로 다른 제품군을 구성할 것을 권고한다(섹션 2.1.2). 반면에, 그리고 앞서 언급한 내용에도 불구하고, 하나의 제품군 내에서도 다양성 및 고객 특이성에 따라 서로 다른 사업 유형을 당연히 정의할 수 있다. 이것은 유사한 자원 요건에도 불구하고 주문 처리에 있어서 상당한 차이가 요구되는 경우에 유용할 수 있다. 따라서, 고객과 무관한 재고 생산은 문제의 제품에 어떠한 고객 고유의 특징도 존재하지

사업 유형

수요 행태, 시장 전략, 성공 요인 및 고객 분리점의 위치에 따라, 생산에는 서로 다른 기술적 및 물류적인 요건이 요구될 수 있다. 동일한 사업 유형에 의해서는 동일한 요건이 규정되며, 그러므로 명확하게 규정된 1대1 할당 외에, 제품군에는 때로는 복수의 사업 유형이 포함될 수 있다. 마찬 가지로, 복수의 제품군이 동일한 사업 유형에 할당되는 경우가 있을 수 있는데, 이는 세분화를 수행할 때 감안해야만 한다.

사례연구 정수필터의 경우에는, 다섯 가지의 사업 유형을 구분할 수 있다(그림 3.10). 첫 번째 사업 유형은 해당 제품군에 할당된 제품 가운데 단지 일부에 대해서만 도장이 이루어지는 고객과 무관한 재고 생산이다. 재공품 상태의 하우징에서부터 시작되는 다섯 번째의 사업 유형은 완전히 고객 고유의 방식으로 전체 생산 절차를 수행하며, 예를 들어 밀링 공정에서 고객 고유의 보링구멍 작업을 할 수 있다. 사업 유형 4에 따라 생산되는 제품은 고객의 요청에 따라 도장을 할 수는 있으나, 처리를 거친 표준 부품을 이용하여 만든다. 사업 유형 2와 3은 모두 조립에서 높은 수준의 다양성이 허용된다.

않을 경우에만 가능하다. 마찬 가지로, 주문 생산의 모든 이형을 재고로 유지하는 것은 기술적인 타당성이 있을지라도 권장하지 않는다.

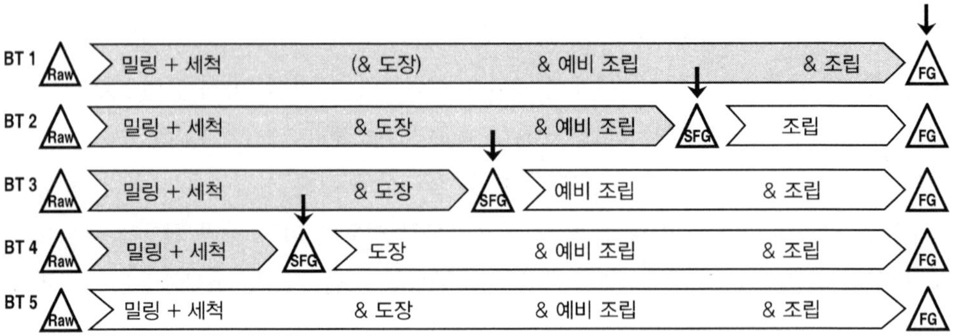

BT : 사업유형 Raw : 미완성주물 SFG : 반제품 FG : 완제품 ↓ = 고객분리점

그림 3.10 정수필터의 사업 유형

3.1.2 자원의 할당

이제 제품군이 결정되고 생산 절차와 관련되고 제품 특징 별로 고유한 수요 지향형 또는 시장 관련 기준에 따라 사업 유형이 결정되었으므로, 세분화의 최종 단계에서는 각 제품군과 사업 유형의 조합에 대해 필요한 **자원**을 **할당**해야 한다. 생산을 구조화하기 위한 수 많은 관련 기준을 적용하면, 일반적으로 많은 수의 서로 다른 제품군 및 사업 유형이 나타난다. 그러나, 자원의 관점에서 본다면 얼마 지나지 않아 처음에는 모든 개별 제품군 및 사업 유형에 대응할 만한 충분한 서로 다른 자원이 존재하지 않는다는 것을 알 수 있는데, 처음에는 오히려 이것이 바람직한 효과이며, 이는 현재 상태와는 분리하여 성공적으로 생산을 재구조화하기 위해서는 제품 범위를 상대적으로 상세하게 세분화하는 것이 전제조건이라고 생각되기 때문이다.

세분화의 세 번째 단계에서는, 이미 사업 유형으로 세분화된 제품군을 상호 활용하는 자원이 하나의 세그먼트에서만 활용될 수 있도록 함께 묶어야 한다. 여기서는 하나의 **제품군/사업 유형 조합**의 전체 가치 흐름이 하나의 세그먼트 내에 구성되도록 하는 것이 필수적인데, 그것은 하나의 가치 흐름이 여러 세그먼트 간에 걸쳐 흐를 수는 없기 때문이다. 따라서 생산 절차 체계를 유관한 자원 관련 제약에 따라 부분적으로 그룹으로 묶는다(그림 3.11). 그 결과, 한 세그먼트에는 하나 이상의 사업 유형을 갖춘 하나 또는 그 이상의 제품군이 포함될 수 있으며, 할당된 자원은 해당하는 세그먼트를 결정한다. 그림 3.11에서는 다양한 가능성을 보여주고 있다. 즉, 한 세그먼트에는 두 개의 제품군이 포함되어 있으며, 하나 또는 예외적으로 두 개의 사업 유형, 또는 하나에서 셋까지의 사업 유형의 조합이 하나로 묶인다.

모든 세그먼트는 다음과 같은 **유사성의 기준**에 따라 오로지 유사한 제품군 또는 사업 유형으로만 구성되어야 한다.

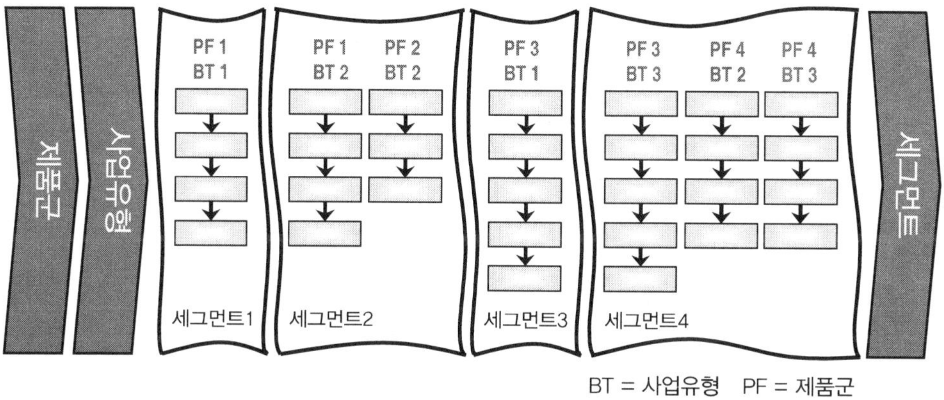

그림 3.11 자원의 할당: 제품군 지향형 세분화의 3단계

- 유사한 **생산 절차** 즉, 제품군 가운데 하나는 일반적으로 하나의 생산 공정을 건너뛰거나 대체적인 공정을 거치는 한 편, 다른 모든 공정들은 동일하다.
- 공정 전반에 유사 또는 동일한 **설비**가 필요하다. 각각의 제품군 가운데 어떤 것에도 동일 세그먼트 내의 모든 다른 모든 제품군과 공유하지 않는 제품 특성 관련 요건이 존재하지 않는다. 즉, 자동화의 정도, 사용하는 매체, 자원의 설치 공간, 운반 수단 등의 관점에서 보았을 때 각 세그먼트 안의 모든 제품군은 동일하다.
- 동일 또는 유사한 **사업 유형** 즉, 함께 묶이는 제품군에는 동일한 고객 분리점이 존재하거나 또는 동일한 부품을 사용하지만, 서로 다른 자원을 필요로 한다.

그러나, 때로는 예를 들어 하나의 생산 공정 내에서 복수의 제품군이 동일한 자원을 필요로 하는 경우와 같이, 그렇지 않았으면 상당한 차이가 있음에도 불구하고 때로는 특정한 그룹이 형성될 수 있다. 이와 같은 일은 일반적으로 단가가 낮기 때문에 종종 구매하게 되는 다른 자원보다 상대적으로 능력이 큰 자원에서 발생한다. 이런 유형의 설비는 자원 지향형 세분화에 매우 적합하며, 따라서 여기에서 의도하는 가치 흐름 관찰과는 다소 어울리지 않는다. 하지만, 이와 같은 유형의 제품군 그룹화는 최선의 선택이라기보다는 항상 절충에 해당하게 마련인데, 왜냐 하면 서로 다른 제품군에 속하는 대부분의 가치 흐름이 어느 지점에서 중첩되고, 때로는 심지어 그 과정에서 엉키기도 하기 때문이다. 하지만, 제품들이 그러한 값 비싼 애로 설비 앞에서 대형 롯트 크기로 처리를 대기해야 하기 때문에, 모든 종류의 서로 다른 부품을 생산할 수 있는 설비의 외견상의 융통성은 얼마 지나지 않아 장애가 된다는 것이 드러난다.

하지만, 이와 같은 불리한 예외적인 사례는 통상적으로 (거의) 모든 해당 가치 흐름이 거쳐 가는 **중심 자원**의 형성으로 귀결된다. 엄밀하게 말해서, 이러한 맥락에서는 제품 지향형 세분화는 불가능할 것이다. 즉, 그와 같은 모뉴먼트 하나가 실제로 세분화의 장점을 무효화해 버리게 될 것이기 때문이다. 하지만, 그런 경우, 그와 같은 대형의 분할 불가능한 설비는 세그먼트 간의 일종의 예외로 받아들일 수 있다. 모뉴먼트의 가용능력을 일시적으로 여러 세그먼트에 할당하고, 생산 계획 업무는 세그먼트 간 균등화 상자(섹션 3.4.2)를 활용하여 구현한다. 이 균등화 상자는 널리 사용되는 능력 예약과 개략 같은 기능을 하지만, 세그먼트에 관련된 능력 할당이 관련 수요 믹스에 따라 변동할 수 있으므로 보다 융통성이 있는 도구이다.

사례연구 정수필터에서는, 일곱 개의 제품군이 네 개의 세그먼트로 그룹화되어 있다(그림 3.12). 세그먼트 2와 3은 각각 동일한 번호를 가지는 제품군(제품군 2 및 3)을 포함하며, 알루미늄 하우징을 사용한다. 하지만, 이들의 사업 유형은 다르다. 세그먼트 2는 사업 유형 1에 해당하는 재고 생산이며, 세그먼트 3은 사업 유형 5에 속하는 고객 고유 생산으로서, 밀링 공정에서 이미 개별화가 이루어진다. 세그먼트 4는 두 개의 직렬 제품군으로 구성되며, 이들은 서로 다른 라인에서 조립이 이루어지지만, 공동으로 사용하는 자동 도장 작업장을 공유한다. 세그먼트 1은 다양성이 높고 생산 수량이 적은 다양한 제품을 포함한다. 이 세그먼트의 생산 절차는 수직적인 제조 통합의 관점에서 보았을 때는 서로 다르지만, 단독형 조립 및 수동 도장 작업대 형태의 유사한 자원을 사용한다.

세분화를 완료함으로써, 개별 생산 공정은 각각 해당하는 자원에 할당된다. 이것은 통상 현재 상태와 동일하거나, 설비 확장이 임박한 경우에는 기존의 자원의 '복제품'을 이용하여 보완한다. 이러한 할당은 다양한 세그먼트를 정의하며 최초의 개략적인 예비

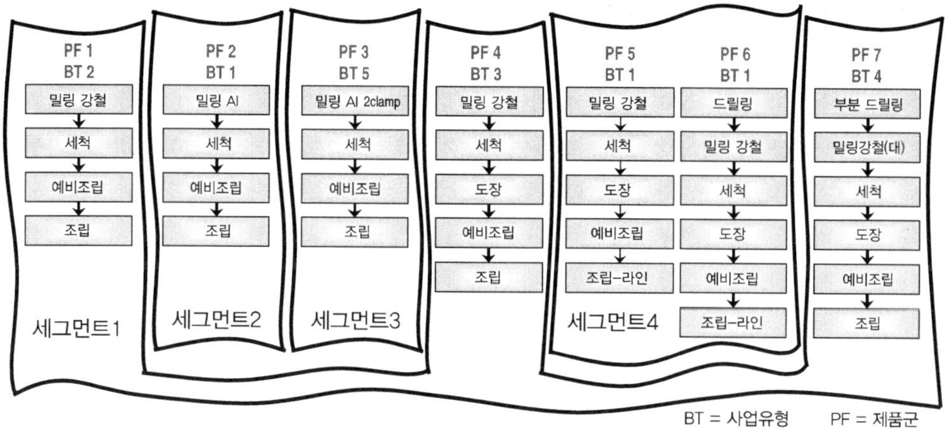

그림 3.12 정수필터의 세분화

설계 즉, 현재 상태의 단순한 연장으로 생각해야 한다. 이것은 생산 공정에 대한 후속적인 능력 정의와 재설계의 기초를 형성한다(섹션 3.2). 그러나, 고객 탁트 타임 지향의 공정 및 자원에 대한 개선은 세그먼트별 능력과 자원 소요에 중요한 영향을 미칠 수 있으며, 그것은 또한 역으로 세분화에 영향을 미칠 수 있다. 즉, 관련 세그먼트를 그에 따라 실시간으로 조정할 필요가 있을 수 있다.

제품군지향형 세분화

제품군지향형 세분화의 근본적인 **목표**는 제품 및 생산 공정의 관점에서 자재 흐름을 엄밀하게 정리하고 투명한 작업 현장의 흐름을 형성함으로써 공장 구조에 고객 관점을 구현하는 데 있다.

접근 방법. 첫 번째 단계에서, 제품 범위를 생산 공정 및 제품 특성의 관점에서 제품군으로 세분화한다. 두 번째 단계에서는, 이들 제품군을 수요 행태, 시장 전략, 성공 요인 및 고객 분리점에 따라 적절한 사업 유형에 할당한다. 마지막 세 번째 단계에서는, 그 결과 형성된 제품군/사업 유형의 조합을 그것들이 필요로 하는 자원에 할당한다.

결과. 이제 공장의 각 세그먼트가 결정되었으며, 그 다음에는 기술 및 조직적으로 추가적으로 개발할 수 있다.

3.2 생산 공정의 설계

공장을 세분화(섹션 3.1)하고 난 다음에는 능력 정의와 재설계를 통해서 생산 공정을 기술적으로 설계한다. **능력 정의**는 각각의 생산 공정에 필요한 자원의 능력을 배치하는 일에서부터 시작한다. 만일 관련 작업 시간을 적용된 기술을 이용하여 직접 구할 수 있다면, 필요한 동일한 자원의 수가 결정될 것이다(섹션 3.2.1). 하지만, 또한, 각각의 자원의 성능 윤곽 또는 적용되는 기술을 재평가할 수도 있다. 그러나, 그렇게 해서 이루어지게 될 자원 변경으로 공정 단계별로 필요한 대안적인 자원의 수량이 변경될 수도 또한 있다. 능력 정의가 잘 못 되었을 경우에는 능력 가동률이 낮거나 또는 생산 공정을 지체시키는 애로로 귀결되기 때문에, 능력 정의는 제조 공정에서 특히 매우 중요하다.

연속 공정 내의 최대한의 종합적인 **통합**을 통한 후속적인 생산 공정의 재설계에서는, 경우에 따라서는 다양한 생산 단계에 걸쳐 이전에 능력을 정의한 자원을 묶는 작업을 한다(섹션 3.2.2). 때에 따라 현재 상태에 비해 개별 생산 공정에 급격한 변경이 가해지는 경우에는, 이는 또한 활용 대상 자원에 큰 영향을 미칠 수 있으며, 그에 따라 자원 요건도 변경될 수 있다. 경험에 비추어 볼 때 조립 공정을 통합한 경우 효율이 가장 많이 개선되었다는 것이 입증된 바가 있기 때문에, 공정 통합은 특히 조립 공정에 적합하다. 이와 마찬 가지로, 처리 설비를 결합하여 라인을 구성하거나, 또는 개별 제조 공정을 조립 라인 내로 통합할 수도 있다.

3.2.1 자원 능력 정의

가치 흐름 설계에서, 고객 탁트 타임은 자원의 능력 정의의 목표를 결정한다. 작업자 균형 도표는 탁트 타임과의 관련 하에서의 생산의 **능력 정의**(capacitive dimensioning)가 얼마나 잘 되었는지를 보여준다. 일반적으로, 주기 시간은 가능한 균일해야 하며, 고객 탁트 타임을 절대 초과해서는 안 된다. 현재 상태와 비교했을 때, 개별 생산 공정의 주기 시간은 이제 애로 및 초과 능력을 제거함으로써 고객 탁트 타임의 관점에서 보다 잘 정렬되고 능력 정의가 적절하게 되어 있어야 한다. 평가의 기준으로서의 고객 탁트 타임은 최적 가치 흐름을 설계하기 위한 최초의 설계지침이다.

설계지침 1 **탁트 타임에 맞춘 조정**

균형 잡힌 가치 흐름의 능력 윤곽에 도달하기 위하여, 생산의 능력 가용성을 고객 탁트 타임에 맞춰 조정하여야 한다.

그러나, 고객 수요와 일치시키기 위한 가용 능력의 배치로 인해서 모든 생산 공정이 자동적으로 동일한 주기 시간을 갖추어야만 하는 것은 아니다. 하지만, 계획 수립 및 관리 논리에 기초하여, 가치 흐름의 능력 정의에 추가적인 요건이 부과될 수 있다. 융통성과 인도 신뢰성에 관한 한, 잉여 능력 즉, 결정적으로 짧은 주기 시간은 생산 흐름의 일부분에 대해서는 독특한 기술적 및 조직적인 장점으로 귀결될 수 있다. 즉, 이와 관련한 원가에 대한 효과는 지배적인 상황에 따라 크게 다를 수 있다. 따라서, 능력 윤곽의 올바른 균형화(섹션 3.4.3)는 매우 중요한 설계 작업이다. 자원의 능력 정의는 또한 가치 흐름 작업의 전 과정에 걸쳐 **반복적**으로 개정할 필요가 있다.

모든 생산 공정의 한 세그먼트의 **자원 소요**는 해당 세그먼트의 평행 자원의 수(항상 정수)로 표시한다. 작업 시간이 고객 탁트 타임을 초과하는 경우에는, 주기 시간(작업 시간을 자원 수로 나눈 몫)을 작업 시간보다 짧게 만들기 위해서 최소 하나의 추가 자원이 해당 생산 공정에 필요하다. 가용 능력을 고객 수요에 일치시키기 위해서 고객 탁트 타임을 활용하는 경우, 필요한 최소한의 자원 수는 작업 시간을 고객 탁트 타임으로 나눈 몫을 이용하여 결정한다. 물론, 자원의 수는 분수가 될 수 없으므로, 그 결과는 반올림을 해야 할 수 있다. 이와 같은 관계는 예를 들어 융통성이 있으며 유지보수가 적은 조립 라인과 같은 이상적인 조건 하에서 성립한다. 그러나, 교체, 유지보수와 오작동 및 품질 문제는 통상적으로 자원의 가용 시간을 줄이는 효과가 있다(섹션 2.3.1 참조). 이와 같은 항목으로 인해 관련 자원의 가용 능력이 크게 줄어들 수 있기 때문에, 이를 감안하여 해당 자원의 수량을 증대시킬 필요가 있다. 따라서 필요한 자원의 수량은 다음과 같이 계산한다.

$$\#\mathrm{Res} = \mathrm{ROUNDING\ UP}\left[\frac{OT}{TT\times(1-COF)\times UP\times(1-QL)}\right] \tag{3.1}$$

여기서, #Res 자원 소요량

OT 작업 시간 [시간 단위]

TT 탁트 타임 [시간 단위]

COF 교체로 인한 시간 손실 계수 [%]

UP 가용 시간 [%]

QL 품질 손실률 [%]

하지만, 이형마다 작업 시간이 다른 주문 생산에서는, 능력 배치를 하기 위한 계산 노력이 더 많이 요구된다. 이 경우, 등식 3.1의 동일한 작업 시간을 수량으로 가중한 평균 작업 시간으로 대체해야 한다.

결과적으로, 생산 공정의 능력은 주기 시간을 고객 탁트 타임보다 약간 높은 수준으로 유지할 수 있도록 정의해야 한다. 자원의 가용 능력은 단계적으로 고정적인 능력을 갖추는 형태로 확장되기 때문에, 반올림을 하게 되면 초과 능력이 발생하게 된다. 이와 같은 정수로 반올림해야 한다는 의무는 상업적인 이유로 해서 반내림으로 귀결되는 경우 즉, 반올림을 해야 할 자원 소요가 0.5 미만일 경우에는 필요에 비해 많은 자본 지출을 발생시켜 자본 지출에 특히 부정적인 영향을 미치게 된다. 이런 경우에는, 낮은 배수 값을 얻기 위해 다음과 같은 접근 방법을 활용하여 자원 소요를 줄일 수 있다.

- 개당 작업 시간을 줄이는 방법으로 관련 자원의 생산성을 향상시킨다.
- 유지보수의 효율을 높임으로써 즉, 보다 신속하고 체계적인 방식으로 유보수를 수행하고 오작동을 보다 잘 방지할 수 있도록 하여 가용 시간을 끌어 올린다.
- 외부 교체(설비가 가동 중일 때 교체 작업을 수행하는 것), 교체 작업이 최적화된 설비 또는 상대적으로 큰 툴 매거진 등을 활용하여 교체 시간을 대폭 단축한다.
- 예를 들어 주말 교대조를 도입하거나 휴게 시간 중에 작업을 진행하는 등의 방법을 통해 작업 시간을 늘린다.
- 제품 이형을 다른 세그먼트 내에 있는 다른 제품군에 재배치함으로써 문제가 되는 자원 요건을 잉여 능력이 있는 다른 세그먼트로 이전한다.

잉여 능력을 방지하기 위한 또 하나의 가능한 방법은 계산된 능력 소요를 반내림하고 나머지를 능력이 달리 정의된 자원으로 할당하는 방법이다. 이와 같은 자원은 자동화 정도가 상대적으로 낮은 기존의 상대적으로 낡은 기계일 수도 있으며, 또는 상대적으로 효율이 낮은 저가의 기계를 새로 구매할 수 있다. 이렇게 하면 물론 단위당 노무 원가가 높아질 수 있지만, 이것 또한 오로지 비례적으로, 그리고 단위 생산 원가는 낮아지면서 증가할 것이다. 이 경우, 가용 능력은 **이질적인** 자원이 조합된 형태로 구성되며, 그럼으로써 미세 조정이 가능하게 될 것이다.

> **사례연구** 정수필터의 자원 능력 정의를 밀링 머시닝 센터의 수를 가지고 예시한다(그림 3.13). 오일 필터 제품군 2에 대해서는 작업 시간이 164초인 제품을 연간 192,000개를 처리해야 한다. 가치 흐름의 균형을 잡기 위해서, 능력 정의는 정규 3교대조 모형을 기초로 하고 있다. 그런데, 관련 고객 탁트 타임인 94.5초를 달성하기 위해서는 최소 1.7 대의 기계가 필요한데, 이는 반올림하면 2대가 필요한 것이 된다. 교체 손실 계수 3.4퍼센트, 가용 시간 85퍼센트와 2퍼센트의 불량률을 감안하면(등식 2.24 참조), 자원 소요는 2.2퍼센트가 증가한다. 그 결과, 결합 잉여 능력이 36퍼센트에 이르는 세 대의 값비싼, 자동화된 설비가 필요하게 된다. 그러나, 현재 상태에서는 단 두 대의 기계만 필요하다. 이들 기계는 휴게 시간 동안 설비를 작업자 없이 계속 가동함으로써 고객 탁트 타임을 108초(등식 2.12)로 끌어올리고 자원 소요를 1.9대로 밀어 내리고 있다. 이제 미래 상태의 구상은 교체 시간 단축과 가용 시간 제고 및 불량률 감축을 통해 단 두 대의 설비가 필요하도록 만드는 것을 목표로 한다. 각각의 결과는 작업자 균형 도표에 표시되어 있다(그림 3.65 참조).

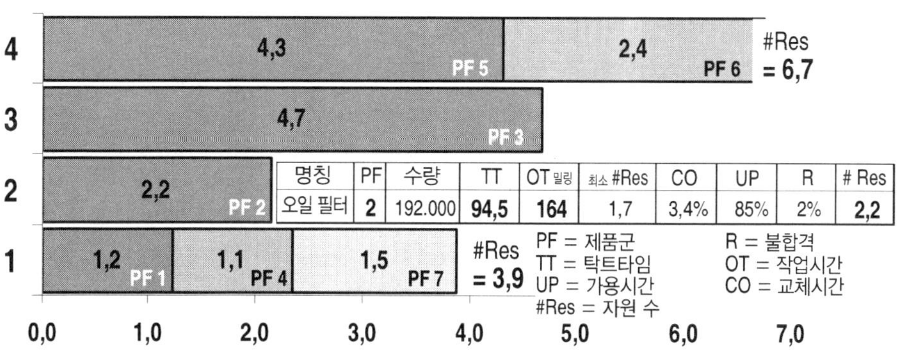

명칭	PF	수량	TT	OT 밀링	최소 #Res	CO	UP	R	# Res
오일 필터	2	192.000	94,5	164	1,7	3,4%	85%	2%	2,2

그림 3.13 정수필터의 능력 정의

하지만, 앞에 언급한 내용에도 불구하고, 의도적으로 **잉여 능력**을 만들 수도 있다. 심지어 잉여 능력을 반올림 이상으로 하는 경우도 있는데, 이는 그렇게 함으로써만 유일하게 전반적인 물량 또는 짧은 인도 시간의 변동을 감안했을 때 단기적인 수요의 변동에 대응할 수 있는 융통성을 유지할 수 있기 때문이며, 특히 이형 별로 처리 시간의 변동 폭이 클 경우 그런 일이 자주 있다. 자동화의 정도가 낮은 상태에서는, 이와 같은 능력 여유는 매우 비용 효과가 높을 수 있으며, 따라서 특히 고객 쪽에 가까운 먼 하류에 위치하고 있으며 어떤 경우에나 높은 수준의 융통성이 요구되는 조립에 적합하다.

장기간에 걸쳐 관찰을 해 보면, 잉여 능력을 의도적으로 목표로 하는 계획 수립은 능력 정의와 관련해서도 중요할 수 있다. 일반적으로, 가치 흐름 설계는 미래 상태에 대한 구상은 개별적인 조치의 방향을 나타내고, 고객 탁트 타임의 정의를 위해 현행 매출 속도를 사용하면서, 개별 조치의 즉각적인 실현을 목표로 하는 기존의 생산의 지속적인 개선 **계획을 수립하는 경우**에 적용된다.

하지만, 한 편으로 가치 흐름 설계는 중기 또는 장기적인 일정 조정 또는 완전한 계획의 재수립에도 마찬 가지로 적합하다. 두 경우 모두에 있어, 고객 탁트 타임은 의도하고 있는 판매 물량의 증가(또는 경우에 따라서는 감소)를 적절하게 감안하여 결정해야 한다. 따라서, 일정 조정 및 재 계획과 관련한 능력 정의에 있어서, 고객 탁트 타임은 여건을 감안하여 예측하게 되며, 그 결과 현재 상태에 비하여 잉여 능력이 발생하게 된다. 장기 생산 계획 수립을 위한 도구로서의 작업자 균형 도표는 가치 흐름 관리의 본질적인 한 부분이다(섹션 3.6.2 참조).

능력 정의

목표. 자원의 능력 정의를 위해서, 개별 생산 공정의 주기 시간을 고객 탁트 타임과 균형을 맞추고 정렬해야 한다.

접근 방법. 능력 정의 도구로서, 작업자 균형 도표는 능력 소요에 대비한 가용 능력을 도시한다. 모든 자원은 정수가 되어야 하기 때문에, 해당하는 가용 능력은 단계적인 고정 방식으로 확장을 하며, 따라서 능력 소요와 쉽게 정렬이 되지 않는다. 따라서, 자원 및 생산 공정의 설계는 자원 소요의 결정에 있어서 반올림을 회피하기 위해서 생산 성과의 증대 또는 교체 시간의 단축을 통해 정밀하게 고객 탁트 타임과 일치시켜야 하는 문제에 직면하게 된다.

3.2.2 공정 통합과 연속 흐름 생산

필요한 자원의 유형과 수량의 정의가 완료되면, 생산 공정은 개략적으로 능력이 정의된다. 통상, 기존의 자원을 계속하여 사용하거나 유사한 자원의 후속 버전을 대체 또는 보완 설비로 구매한다. 다음 단계에서는, 생산 공정 및 공정에 할당 및 정의된 자원의 관점에서 가치 창출의 분포를 검토한다. 지금까지는 오로지 제품군 단위로만 구조화되어 있던 이전의 생산의 현재 상태는, 이제 새로이 규정되는 관련 생산 공정의 미래 상태의 방향으로 추가적으로 개발해 나간다. 한 편으로는, 적용되는 기술을 가치 흐름 지향적인 생산에 대한 적합성의 관점에서 검토하며, 다른 한 편으로는 개별 생산 공정의 기계와 관련된, 조직 경계를 재설계해야 한다.

이상적인 생산은 산업적인 노동의 분업을 수작업적인 낱개 생산과 조합하는 것이다. 이것은 업무를 구조화하고 작업용 자재 및 인력을 전문화함으로써 달성한 생산성 향상을 실현한다. 하지만, 이상적인 생산은 또한 고객의 수요에 완전히 주파수를 맞추는데, 그 이유는 그렇게 할 경우 필요한 모든 제품을 개별적으로 생산할 수 있기 때문이다. 발생 가능한 기술적 장애를 회피할 수 있다고 가정한다면, 이러한 이상적인 생산은 흐름의 원칙을 통해 실현할 수 있다.

흐름의 원칙에서는 개별 작업장을 작업 순서에 따라 배치한다(DIN 33415). 노동의 분업은 작업을 모든 작업장에 정확히 한 개의 제품을 처리하는 정확히 한 사람의 작업자로 충원되어야 하는 각 작업장에 할당함으로써 실현되며, 그 결과를 **연속 흐름 생산**(continuous flow production)이라고 부른다. 재공 상태의 제품은 각 처리 단계를 마치고 나면 즉각 다음 공정 단계로 전달된다. 이것은 '낱개 단위 흐름(one-piece-flow)'라고도 부르는데 이는 매우 적절한 표현이다. 따라서, 이상적인 생산은 원자재에서 시작하여 최적 능력으로 운영되는 중단 없는 공정 단계의 사슬 속에서 오로지 주문된 만큼의 제품을 생산한다.

기본적으로, 연속 흐름 생산이란 단 하나의 생산 공정이 일련의 공정 단계로 구분된 것이다. 따라서, 이상적인 가치 흐름은 유입되는 원자재가 있고, 최종 제품이 생산 공정의 어떠한 사소한 중단도 없이 연속해서 생산되는 공정으로 묘사할 수 있다. 이와 같은 목표 상태는 이전에는 분리되어 있던 생산 공정을 **통합**함으로써 달성이 가능하다. 따라서, 생산의 미래 상태 지도 작성의 첫 번째 설계 작업은 가능한 한 많은 공정 단계를 관련 능력이 고객 탁트 타임과 정렬되어 있는 통합된 생산 공정 또는 연속 흐름 생산으로 통합함으로써 그와 같은 '한 개의 공정으로 이루어진 공장(one-process-factory)'을 실현하는 것이다. 따라서, 다음의 설계지침은 이상적으로 배치된 생산으로 연결된다.

설계지침 2 **공정 통합**

모든 생산 공정은 낭비를 최소화하기 위하여 가능한 한 최대로 연속 흐름 생산 또는 통합 생산으로 통합해야 한다.

여기서 우리는 공정 통합에 대한 다음과 같은 두 가지의 기본적인 접근 방법을 구분해야 한다. 그것은 제조에 있어서 기술과 관련된 접근 방법과 조립에 있어서 생산 절차 지향적인 접근 방법이다. 첫 번째의 경우, 주된 작업 시간과 병행하는 수작업 디버링 또는 드릴링은 이미 단순한 형태의 공정 통합을 형성하고 있다. 하지만, 진정한 기술적 통합은 드릴링, 밀링, 그리고 자동화된 다축 머시닝 센터의 제한적인 정도의 회전이라는 세 가지의 금속 절단 절차와 같은 복수의 머시닝 작업을 통합함으로써 달성된다. 따라서, 통상 여러 개의 머신 툴에서 수행하는 두 개의 클램핑 공정의 회전, 밀링이라는 순차적인 단계, 그리고 통상 여러 대의 기계에서 수행되는 드릴링을 단 한 대의 기계에서 수행되는 **완전한 머시닝**으로 대체할 수 있다. 이와 같은 접근 방법은 회전의 경우 회전 테이블, 통합 연마 스핀들, 또는 표면 처리(경화)의 경우에는 통합 레이저의 적용과 같은 설비와 관련한 추가적인 기술 개발을 통해 개선된다.

두 번째의 경우는, 복수의 조립 단계와 부품 조립을 하나의 연속 **흐름 조립**으로 조합한다. 이러한 접근 방법은 주로 수작업 공정의 상당한 개선을 통한 작업 성과의 개선에 집중한다. 개별 반자동 머신 툴의 통합을 통해 연속 흐름 조립을 흐름 생산으로 전환한다. 따라서, 두 가지 접근 방법을 조합하여 해당 요건에 적합하게 만들 수 있다.

그러나, 공장 내에서 흐름의 원칙을 일관되게 구현하기 위해서는, 배치 공정을 연속 흐름 공정으로 전환하지 않으면 안 된다. 일부의 경우에는, 세척기가 부품에 대한 한 개 단위 세척을 달성할 수 있으며, 어쩌면 바로 상류의 금속 절단 공정에 이어서 그렇게 할 수 있다. 그러나, 표면 및 열 처리(도장, 아연 도금, 경화)의 경우의, 공장 고유의 배치 처리 모뉴먼트는 해당 제조업체에게는 명백히 불가피해 보인다.

공정 통합의 기본적인 특징과 장점 외에, 흐름 생산이라는 개념적인 **접근 방법**에 관해서는 다음 섹션에서 약술하게 된다. 이 개념의 근본적인 구성 요소는 적절한 자동화 수준의 결정과 라인 균형화 접근 방법, 그리고 작업 함량을 다양한 작업자에게 할당하는 방법 등이다. 가중치를 서로 다르게 부여한 작업 분배를 통해 흐름 생산을 더욱 융통성 있게 만들 수 있다.

연속 흐름 생산의 특징

연속 흐름 생산과 전통적인 불연속적(단속적)인 배치 생산의 차이를 이해하면 이 생산 원칙의 장점은 더욱 명확해진다(그림 3.14). 가장 놀라운 것은 극적인 생산 리드 타임의 단축이다. 또한, 중간 보관 장소를 제거함으로써 생산의 비용 효과라는 측면에서 중요한 개선이 이루어진다. 또한, 주문생산을 통해 이형 믹스를 완벽하게 고객 수요와 일치시킬 수 있다. 흐름 생산의 또 하나의 즉각적으로 명백하게 드러나지 않는 긍정적인 효과는 시스템과 관련된 생산 품실의 개선이다. 우연히도 네 개의 목표 차원(섹션 1.2.2)과 일치하는 이들 네 가지 장점에 관해서는, 다음에서 보다 상세하게 논의하기로 한다.

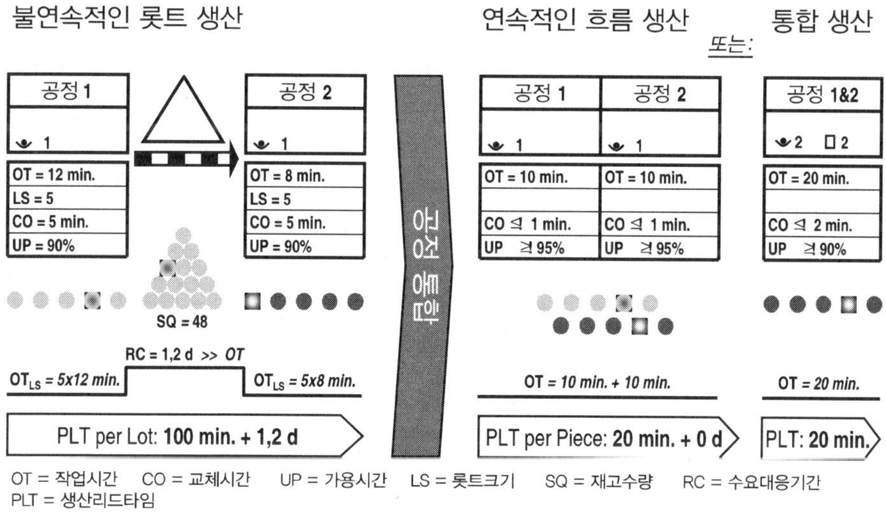

그림 3.14 공정 통합을 통한 불연속적인 배치 생산에서 연속적인 흐름 생산 또는 통한 생산으로의 이행

생산 리드 타임. 배치 생산에 있어서의 극적인 **생산 리드 타임의 단축**은 최소한 모든 작업 시간을 롯트 크기로 곱한 만큼이 된다. 하지만, 일반적으로 공정의 단절로 인해 추가적이며 절대적으로 더 긴 중간 보관 또는 완충 시간이 유발된다. 각각 1분이 걸리는 작업 시간과 롯트 크기가 상당히 작은 값인 5개인 우리의 수치적인 사례에서는, 그 결과 발생하는 생산 리드 타임은 10분이다(그림 3.14). 중간의 재고는 관련 계획 및 관리 논리에 따라 달라지지만, 일반적으로는 몇 시간(예를 들어 저장 장소가 작업 장소에 가까이 있는 경우)에서 심지어는 며칠(추가적인 처리를 위한 주문이 발주될 때까지 대기하는 중간 저장소가 있는 경우)까지도 걸릴 것이다. 흐름 생산에 있어서는, 종종 계산하기는

어렵지만, 이와 같은 시간은 완전히 배제된다. 작업자는 항상 한 번에 한 개씩만 처리를 하고 처리가 끝나면 즉각 다음 작업대로 전달을 하거나, 또는 작업 조직의 형태에 따라서는 직접 그것을 다음 작업대로 가져갈 것이다. 우리의 사례에서는, 생산 리드 타임은 이렇게 해서 한 개를 생산하는 데 소요되는 작업 시간인 2분으로 줄어든다.

비용 효과. 중간 보관 장소를 없앤 덕분에, 상대적으로 재고에 묶이는 자본 가액이 적어지고, 재고로의 이동이나 인출, 재고 장소로의 이동이나 인출 및 재고 관리와 관련된 모든 활동이 의미 없게 되며, 따라서 상당한 **생산성 향상**으로 귀결되며, 모든 관련 보관 장소가 필요없게 된다. 공정 통합을 추진하면 또한 제품을 즉각적으로 전달하도록 하기 위해서 공간을 절약하는 작업 장소의 배치가 강제되는 결과를 가져온다. 특히 조립에 있어서는, 이로 인해 전통적인 소량 배치 생산과는 달리 **공간 생산성**이 크게 향상된다. 또한, 이와 같은 공간의 밀집화로 인해 걷는 거리가 짧아지고, 그럼으로써 이 부분도 또한 생산성 향상에 기여하게 된다. 하지만, 이것은 오로지 실제로 관련 자원을 가까이 배치하는 것이 가능한 경우 즉, 건축 또는 기술적으로 방해가 되는 장애가 없을 때에만 적용이 가능하다.

이형 믹스. 흐름 생산이라는 것은 실제로는 낱개 생산이기 때문에, 정의된 이형 믹스를 고객 수요에 완벽히 맞추어 생산할 수 있으며, 마찬 가지로 고객 고유의 주문 생산을 쉽게 실현할 수 있다. 하지만, 그와 같은 **최대의 다양성**을 실현하기 위해서는 두 가지의 조건이 갖추어져야만 가능한데, 그것은 교체 시간의 최소화와 이형과 무관한 작업 시간의 달성이다.

융통성 있는 이형 믹스에 대한 낱개 생산은 해당 순서에 어떠한 교체 시간 또는 기타의 요인에 대한 기술적인 제약도 적용되지 않을 경우에만 비로소 실현이 가능하다. 우리의 사례에서 발생하는 30초의 교체 시간은 전체 롯트의 작업 시간의 10퍼센트에 해당한다(그림 3.14). 그러므로, 개정하지 않는 한은, 이러한 교체 시간은 작업 시간의 50퍼센트에 해당하게 될 것이며, 이것은 매우 다양성이 높은 연속 생산에 있어서는 의미를 잃게 될 것이다. 그러므로, 교체 시간을 거의 완전하게 배제하는 것은 흐름 생산의 구현에 필수적인 전제 조건이 된다. 하지만, 비록 그것이 낭비를 구성하는 것일지라도 최소한의 교체 시간은 발생하게 마련이다. 우리의 수치적인 사례에 있어서 교체 시간을 6초로 단축하는 것은 실제로 거의 변화를 가져오지 않을 것이며, 따라서 교체 시간은 6초 미만으로 줄여야만 할 것이다. 교체 시간을 충분히 줄일 수 없을 경우에는,

중첩되는 롯트를 이용하는 흐름 생산을 대안적으로 실현할 수 있다. 이 경우에는 순서 설정의 자유는 없어지지만, 다른 모든 흐름 생산의 장점은 여전히 유지된다.

하지만, 이에 더해서, 우리의 사례에서 볼 수 있는 바와 같이, 이형의 순서의 자유로운 선택은 공정 순서별 작업 시간이 이형의 유형과 무관할 경우에만 비로소 가능하다. 만일 작업 시간이 이형에 따라 다르게 **분포**할 경우에는, 해당 구현의 상세 내용에 따라서는 개별 작업대 앞에서의 정체 또는 대기 시간이 발생할 수 있을 것이다. 즉, 빨리 처리되는 이형이 늦게 처리되는 이형을 앞서거나, 또는 그 반대의 현상도 나타날 것이다. 이러한 현상은 어느 정도까지는 작업 조직 고유의 조치를 취하거나 또는 작은 공정 단계 사이를 분리함으로써 회피할 수 있겠지만(섹션 3.3.1), 그 결과 흐름 생산의 생산량이 그에 따라 변동하게 될 것이다. 작업 함량이 매우 높거나 아니면 매우 낮은 이형을 직접 연속하여 생산하는 경우의 조정은 상당히 문제가 될 수 있다. 경험에 비추어 보면, 흐름 생산 내의 작업 시간의 최대 편차는 30초를 초과해서는 안 된다. 이러한 융통성의 범위를 넘어서는 제품이 있을 경우에는 해당 제품을 다른 제품군에 할당하는 것이 좋다. 이형 지향적으로 해당하는 공정에 작업자의 수를 할당하는 것과는 별도로, 하나의 유효한 대안은 서로 다른 이형의 연속에 대하여 서로 다른 수준의 **순서 제한**을 정의하여 이후 생산 공정에서 이를 엄격하게 준수하는 방법이다.

하지만, 해당 이형에 따라 개별 공정 단계의 작업 시간이 서로 다른 정도로 변동하는 현상과 관련해서는, 더 큰 문제에 직면하게 된다. 이 경우, 라인 균형화는 다양한 작업대에 대해 이형에 따라 작업자를 할당할 것을 요구하게 되는데, 이것은 다시 그에 따른 감시를 필요로 한다. 만일 이것이 오로지 한 작업대에 대해서만 그럴 경우에는, 해당 특정 작업대는 전혀 흐름 생산에 통합되지 못하게 될 것이 틀림 없으며, 다른 방식으로 나머지 흐름 생산과 연결해야만 할 것이다(섹션 3.3).

결함 탐지. 흐름의 원칙은 또한 생산의 품질에도 영향을 미친다. 배치 생산에 있어서는, 어떤 공정에서 발생하였으나 다음 공정 단계에서 감지되지 못한 결함은 오랜 동안 인식되지 못한 채로 생산 공정을 흘러가기 마련이다. 사례에 있어서는, 결함이 있는 제품은 다른 색깔로 표시한 둥근 제품 기호로 표시를 하였다(그림 3.14). 첫 번째 공정의 두 번째 결함이 있는 제품은 처음에는 보관이 되었다가 두 번째 공정의 다섯 번째 제품으로 불합격이 인식되며, 이 때에 이르면 결함의 원인은 반드시 더 이상 역추적이 불가능하게 될 것이다. 그러나 흐름 생산에서는 그렇지 않다. 즉, 결함이 있는 제품은 곧바로 다음 공정으로 전달됨으로써 즉각 원인에 대한 조사를 유발할 수 있게 되고, 그로 인해 품질 관리를 크게 개선하게 될 것이다. 체계적인 결함의 경우에는, 불합격품의 전체 배치가 생산되기 전에 다음 공정(또는 중간 품질 검사)에서 결함이 감지되기 때문에, 공정과 관련된 **조기 결함 감지**를 통해서 실패 비용을 절감할 수 있다.

가용 시간(UP TIME). 결함 제품의 즉각적인 감지와 마찬 가지로, 자원이 **오작동**하는 경우, 이것은 직접적으로 생산 절차에 영향을 미쳐서 해당 공정을 완전히 정지시킨다. 이것은 흐름 생산 설계에 대한 추가적인 요건으로 귀결된다. 하지만, 배치 생산은 다른 방식으로 작동한다. 만일 분리된 생산 공정에서 어떤 기계에 고장이 나면, 다른 모든 생산 공정은 각자의 롯트의 처리를 그냥 계속할 수 있다. 하류의 공정은 중간의 저장소에서 재고를 가져갈 수 있을 것이며, 상류의 공정은 고장이 발생한 공정의 앞에 재고를 보충할 것이다. 연결되지 않은 공정의 경우에는 전체 생산에 대해 상당히 높은 가용 시간을 실현하면서 그 결과 산출량 또한 상당히 많이 낼 것이다.

우리의 사례에서, 두 개의 공정 모두 각각 가용 시간이 90퍼센트인 자원을 사용하고 있으며, 이것은 또한 이론적인 최대 물량에 비해 90퍼센트에 해당하는 전체 배치 생산 산출량을 내고 있고(그림 3.14), 가장 긴 오작동 기간에 대응할 수 있는 여유 있게 능력이 정의된 완충을 제공하고 있다. 하지만, 흐름 생산에 있어서는 가용 시간이 곱셈이 되기 때문에 우리의 사례에서는 합계 가용 시간이 81퍼센트밖에 안 되며, 공정 사슬이 길어지면 길어질수록 그 결과 얻어지는 가용 시간은 더욱 크게 줄어든다. 그리고 우리의 사례에서 동일한 산출량을 얻기 위해서는, 각각의 가용 시간이 각각 95퍼센트

린 생산에서의 위험을 감수하기 위한 준비태세

흐름 생산에서는, 품질 문제와 오작동은 즉각적으로 감지할 수 있으며, 따라서 신속한 대응을 요구한다. 오작동이 상대적으로 위험하다고 생각되는데, 이는 오작동이 재고를 통해 완충될 수 없기 때문이다. 하지만, 다른 한 편으로 최초에 불합격 처리가 되지 않았으나 결함을 가지고 있으며, 그럼으로써 필요할 때 추가적인 가공을 할 수 있게 가용하지 못하게 되는 결함이 있는 재고는 없다. 어떤 경우건, 결정적인 점은 흐름 생산이 두 가지의 문제 영역을 모두 가시화하고, 그럼으로써 공정 개선을 가능하게 해 준다는 점이다. 반대의 경우에는 낭비가 너무나도 쉽게 재고로 가려질 수 있다.

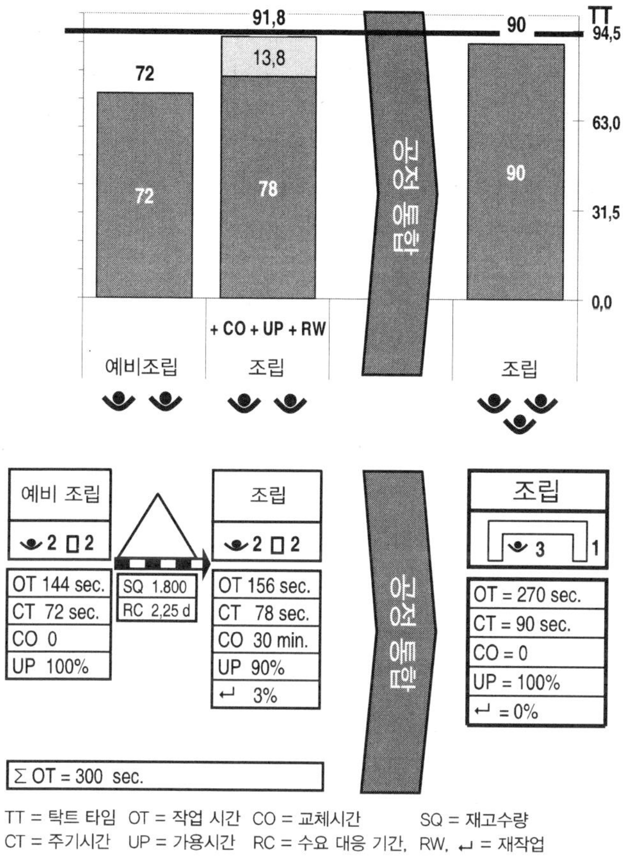

그림 3.15 정수펌프의 연속 흐름 조립

로 제고되어야 한다. 따라서, 개별 구성 요소가 탁월한 가용 시간을 갖추어야 한다는 점은 흐름 생산에 있어서 필수적인 전제 조건이다. 이것이 바로 흐름 생산이 기계적인 가공보다는 조립에서 많이 발견되는 이유이다.

사례연구 정수필터의 미래 상태는 U자형의 모양을 갖춘 흐름 생산으로 예비 조립 및 조립 공정을 통합한 모습을 하고 있다. 흐름 생산은 "U"자형 모습으로 기호화 한다(그림 3.15 오른 쪽). 새로이 설계된 조립 라인은 현재 상태에 비하여 다음과 같이 개선될 예정이다. 교체 시간이 배제되고, 가용 시간은 100퍼센트로 향상되며, 재작업은 배제된다. 주기 시간은 고객 탁트 타임보다 약간 낮은데, 5퍼센트라면 이미 계획된 추가적인 시간을 허용하면서도 충분한 가치가 있다는 것이 입증이 되었다. 따라서 조립 라인에 대한 계획된 주기 시간은 90초가 될 예정이다.

세 명의 작업자가 작업하는 상태에서, 270초의 작업 시간이 실현 가능할 것이다. 구형 작업대의 합계 작업 시간은 300초에 이른다. 10퍼센트의 감소를 실현할 경우에는 해당하는 합계 인원 소요를 4에서 3명으로 낮추게 되어, 그 결과 합계 **생산성 이득**이 25퍼센트가 될 것이다.
또한, 공정 통합으로 이전에는 분리되었던 조립 공정 사이의 1,800개의 재고를 없애게 될 것이다. 따라서, **생산 리드 타임**은 2.25일로 줄어들 것이다. 그렇게 해서 오일 필터의 미래 상태 가치 흐름은 선적, 조립, 세척, 밀링 그리고 하역 등의 다섯 가지 공정으로 구성될 것이다 (그림 3.16). 흐름 조립에 대한 직원 수, 작업 시간, 교체 시간 등의 관련 매개변수는 이미 결정되어 있다. 다른 생산 공정에 대한 공정 매개변수는 각각의 물류 연계에 따라 아직 결정해야 한다. 이것은 다음 섹션에서 상세하게 논의하게 된다.

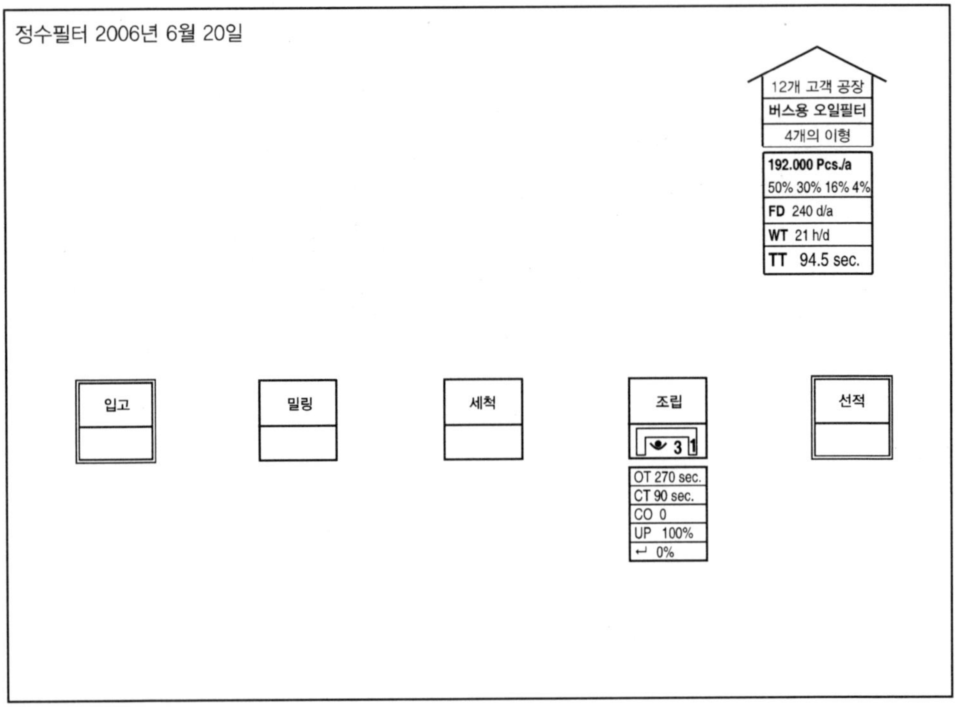

그림 3.16 정수필터의 가치 흐름 설계(1): 생산 공정과 고객 수요

자동화 정도의 결정

연속 흐름 생산의 설계는 다양한 작업 함량과 관련 시간 소요의 결정, 적절한 자동화 정도 및 각각의 기계 능력의 결정으로 시작된다. 먼저, 전체 작업 공정을 지도화한 다음 이를 개별 **작업 요소**로 구분한다. 비디오 분석이 유용할 것이며, 특히 개별 작업 요

소의 시간 소요 결정에 관해서는 더욱 그렇다.[9] 그리고 나서 각각의 작업 요소를 그것의 부가가치적, 보조적, 또는 순수히 낭비적 성격에 관해서 분류한다. 마지막으로, **낭비 점유율**(share of waste)로 환원한 작업 함량을 작업자 균형 도표 상에 도시한다. 그 결과는 이른바 '종이 카이젠[10]'이라는 것으로 이것은 개선된 배치, 자재 할당, 그리고 설비 설계를 통해 달성하고자 하는 작업 공정의 재설계에 대한 시간 매개변수를 표시한 것이다.

흐름 생산에 있어서는, 적절한 자원을 올바르게 선정하는 것이 낭비가 적은 작업의 중요한 전제 조건이다. 예를 들어, 완전히 아무 것도 없는 작업대와는 반대로, 최소의 요건은 각각 처리 또는 조립해야 할 부품을 지지하는 장치를 사용하는 것이 될 것이다. 종종 왼손의 경우 자재를 붙잡는 데 융통성이 있고 겉보기에는 원가 효과적인 장치로 잘 못 사용하고 있는데, 그렇게 사용하는 것은 두 손으로 하는 부가가치 작업을 방해하게 된다. 특히 조립 작업 장소는, 쉽게 닿을 수 있는 거리에 조립하기 적합하게 배치되어 있는 소형의 용기에 담겨 있는 부품을 인체공학적으로 편리하게 끄집어낼 수 있는 구역으로 만들어야 한다. 기계적인 작업 공정에 대해서는 가능한 최적의 자동화 정도를 정하는 것이 필요하다. 이와 같은 맥락 하에서, 순수한 수동 흐름 생산 외에 다음과 같은 네 가지 수준의 **자동화 정도**를 구분할 수 있다(그림 3.17). 일반적으로, 자동화 정도가 높아지면, 비록 때로는 품질 요건으로 인해서 일정 수준의 최소한의 자동화가 요구되기는 하지만, 그에 따르는 자본 비용의 증가와 단위 노무 원가의 감소가 수반된다. 그 외에도, 적용되는 자동화의 유형 역시 융통성과 변동 가능성에 큰 영향을 미친다.

추세에 따라, 자동화 시스템은 각각의 사전에 설정된 한계 내에서 융통성 있게 적용할 수 있다. 하지만, 사전에 계획된 적용 범위를 초과하는 변경은 광범위하고 비용이 많이 들게 되고, 그럼으로써 이와 같은 시스템의 변경을 어렵게 만들 수 있다. 최초의 자동화 수준은 캠(CAM) 제어식 또는 CNC 제어식 처리 공정으로서, 검사 업무를 자체 감시 기능을 활용하여 순수하게 '관찰하는' 작업자로 대체하는 것을 포함한다(그림 3.17 2열). 정상적인 생산이 중단되거나 검증된 매개변수가 각각의 정상 값에서 벗어나는 경우에는, 공정은 정지가 되고 기계가 경보를 울린다. 정지가 되는 경우에만 직원은 자신의 주의를 해당 기계로 돌린다. 이와 같은 이른바 **자율자동화**(일본어로는 '지도카(自動

9) 이 경우 좋은 도구가 비디오를 촬영하여, 스파게티 도표를 작성하여 작업자의 움직임을 분석하는 것이다: 역자 주
10) 개선(改善)의 일본어식 발음: 역자 주

化)')는 도요타에서 자동 직기에 처음 적용하였던 것이며, 이 경우에는 자주 재발하는 실 끊김으로 인해 자동적으로 기계가 멈추고 해당하는 경보(일본어로 '안돈(行灯: 우리말로는 '행등'으로 읽음)')를 발령함으로써 한 사람의 작업자가 복수의 직기를 감시할 수 있게 만들었다. 이러한 원칙은 작업장 생산 기계를 포함하여 모든 자동화된 생산 공정에 적절하게 적용할 수 있다. 인간의 노동과 기계의 가동 시간을 **복수 기계 취급**을 통해 분리한 덕분에, 상대적인 작업량이 해당하는 계수에 따라 감소할 수 있다.

반자동화된 흐름 생산에서는 추가적인 요소가 도입되는데, 그것은 **자동화된 이젝터**로서 이것은 기계 작업 주기가 완료될 때마다 기계가 자동적으로 부품을 고정 장치에서 배출하는 것이다. 그러므로 기계는 고정 장치에 대한 어떠한 추가적인 준비 작업도 필요 없이 작업자의 재장착을 수행할 준비가 된다(그림 3.17 3열). 일반적으로, 밀어내는 일은 그다지 정밀도를 요하지 않으므로 밀어내는 작업의 자동화는 매우 비용이 적게 든다. 다른 한 편으로, 취급 공정 전체가 배제되는 관계로 이것은 엄청난 작업 시간을 줄여준다. '저원가 자동화'라고도 불리는 원가 효과적인 유형의 자동화를 실현하기 위한 또 하나의 중요한 원칙은 기계에 대한 여유 있는 **초과 능력 정의**인데, 이것은 노

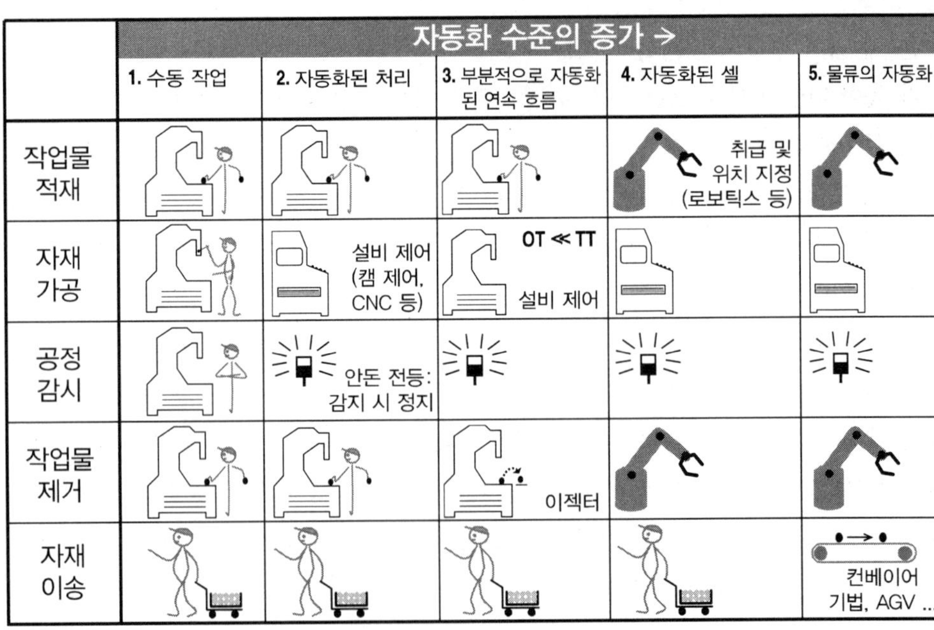

TT = 탁트 타임 OT = 작업 시간 CNC = 수치제어설비 AGV = 자동 유도 차량 시스템

그림 3.17 자동화 정도의 다섯 가지 수준

무비 최적화형 접근 방법으로서, 어떤 작업자도 기계를 기다리지 않고, 기계가 작동하는 동안 다른 작업대에서 다른 업무를 하는 사람을 기계가 기다린다. 흐름 생산에 있어서의 기계에 대한 초과 능력 정의는 능력 융통성에도 도움이 된다.

하지만, 자동 밀어내기보다 결정적으로 어려운 문제는 자동적인 작업물 투입 또는 장착인데, 여기에는 매우 정밀한 위치 잡기와 고정 작업이 요구되며, 그러므로 로봇이나 작업물의 선택적인 취급에 적합한 유사한 특성을 활용하지 않고는 달성하기가 어렵다(그림 3.17 4열). 하지만, 이와 같은 상대적으로 높은 기능적인 작업에는 여러 가지의 기술적인 적용이 수반된다. 반자동화된 생산 외에도, 매우 복잡한 동작 순서를 자동화할 수도 있다. 이전에는 순수하게 수작업이었던 활동을 위해하거나 또는 위험한 환경에서 보다 무거운 무게를 다루거나 작업을 수행하도록 확장할 수 있다. 이 둘은 모두 자동화 없이도 가능한데, 즉 수작업으로 통제할 수 있으나, 적절한 기계류나 취급 장치를 활용해야만 가능하다.

종종 컨베이어 벨트, 체인 컨베이어 또는 자동 유도 차량 시스템 등과 같은 **컨베이어 기법**을 활용하여 부품을 후속 공정으로 자동적으로 운반하는 방법을 도입하는 일이 있다(그림 3.17 5열). 이것은 최대한의 자동화를 제공하며, 심지어는 종종 최소한 생산 공정에 직접 관여하는 활동에 관한 한은 공장에 '**사람이 없는**' 상태도 실현이 가능하다. 다른 모든 자동화에 있어서와 마찬 가지로, 이것은 특정한 환상을 주는 것이지만, 동시에 내재적인 단점 즉, 관련된 원가가 높다는 점을 간과하게 만든다. 해당 컨베이어

자동화 정도

모든 개별적인 경우에 있어서 충분히 융통성이 있고, 최상의 품질의, 원가 효과적인 신속한 흐름을 통한 생산을 달성하기 위해서는 **적절한** 자동화의 정도를 선정해야 한다. 일반적으로, 작업자가 복수 기계를 운영하는 것을 목표로 하여야 하며, 이를 위해서는 자율 자동화의 원칙에 맞는 결함 보고 신호 장치의 구현이 요구된다. 반자동화된 흐름 생산에서는 오로지 가장 기초적인 부분적인 작업만을 자동화함으로써 작업자의 대기 시간을 방지하고 기계를 능력 한도까지 활용할 수 있게 한다.

명백히 보다 비싼 기계적인 취급의 자동화는 생산 공정의 완전히 다른 설계를 가능하게 하며 따라서 단순히 인간의 동작을 모방하지 않는다. 하지만, 작업물의 자동적인 이송은 생산의 변경 가능성에 부정적인 영향을 미칠 수 있다.

기법을 최초 설치하는 데 드는 높은 비용이 그것이다. 이러한 비용은 경우에 따라서는 원가를 뽑을 수도 있기는 하나, 나중의 변경 시에는 바뀐 절차로 인해서 어떤 구성 부분을 변경 또는 보완하지 않으면 안 된다. 만일 컨베이어 기법의 변환 비용이 생산 공정의 개선에 방해가 된다면 이것이 구현의 걸림돌이 될 수도 있다.

연속 흐름 생산의 라인 균형화

흐름 생산의 통합을 위해서는 통합되는 공정 단계 사이의 **라인 균형화**가 요구된다. 분리된 생산 공정의 경우에는 잔업 또는 개별 교대조의 추가 또는 축소를 통해 거의 문제 없이 또는 문제가 있더라도 적게 발생하면서 고객 수요에 맞춰 능력을 조정할 수 있는 반면, 흐름 생산은 값비싼 작업 시간의 대기를 회피하기 위해서는 모든 공정이 동일한 고객 탁트 타임을 준수해야만 한다.

개별 작업자에 대한 작업 함량의 배분은 작업자 균형 도표를 이용하여 명확하게 표시할 수 있다. 한 사람의 작업자가 복수의 이웃한 작업대를 다루는 일은 쉽게 가능하다. 기본적으로, 개별 작업자 사이의 적합한 라인 균형화를 달성하는 데는 두 가지 가능한 접근 방법이 있다. 하나는 작업 요소를 서로 다른 작업 장소로 **이전**하는 방법이고, 다른 하나는 작업 함량을 **감축**하는 일이다(그림 3.18). 개별 작업 요소를 다른 작업대로 이전하는 일 또는 보다 쉬운 해결 대안으로서 작업대를 서로 다른 작업자 사이에 할당하는 일은 작업 함량의 보다 균형 있는 배분을 가능하게 한다. 사례에서는, 작업

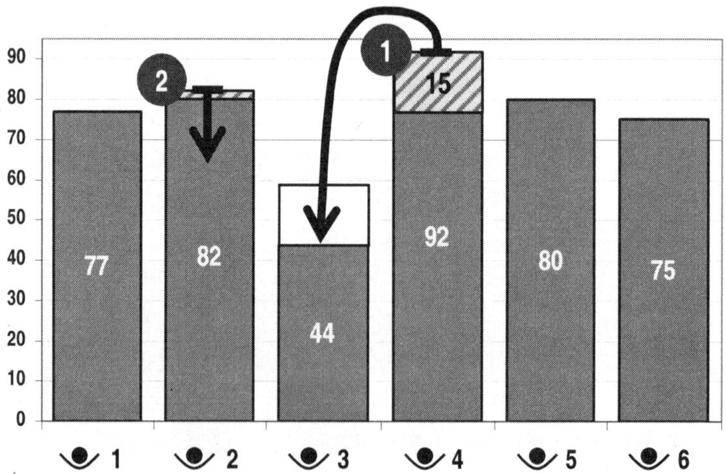

그림 3.18 라인 균형화 접근 방법

함량이 15초인 작업 공정을 작업자 4에서 작업자 3으로 이전함으로써 해당 작업자의 작업 노력을 각각 77초와 59초로 변경할 수 있다.

또 하나의 가능한 방법은 가장 작업 부하가 많은 작업자의 작업 함량을 목표를 정하여 감축하는 방법이 될 수 있다. 예를 들어, 취급 도구나 자동화를 이용해서 개별 작업 요소의 속도를 개선하거나 배제할 수 있다. 하지만, 추가적인 자원의 감가상각을 다르게 계산해야 한다는 것을 지적해 두어야 할 것이다. 만일 작업자 2의 작업 함량을 2초로 줄일 수 있다면, 이것은 여섯 사람의 작업자 모두에게 영향을 미칠 것이며, 따라서 제품당 노무비와 관련된 시간적인 노력을 12초만큼 줄이게 될 것이다. 동일한 조치를 작업자 1에게 적용하였을 경우, 해당 시간 단축이 추가적인 작업 요소의 이전과 결합되지 않은 한은 어떠한 노무비 감축도 발생하지 않을 것이다.

라인 균형화는 작업 시스템 내에 있는 모든 작업 장소의 균형 있는 능력 활용을 위하여 작업을 분배하는 역할을 한다(DIN 33415 참조). 이제 많은 사람은 작업 함량을 균등하게 배분하고자 할 것이다(그림 3.19 왼쪽). 하지만, 이와 같은 형태의 라인 균형화는 해당 흐름 공정 자체 또는 상위 생산 공정 내의 낭비로 귀결된다. 모든 작업자가 고객 탁트 타임에 맞추어 생산을 할 때는, 그들은 자유로운 시간을 생산적인 방식으로 활용하지 못하게 될 위험에 처하게 된다. 이것은 대기 시간의 형태로 또는 작업자가 '추가적인 업무를 '찾게' 되는 결과로 낭비를 유발하는데, 이런 것은 일반적으로 허위의 성과로 귀결된다.

이에 대한 대안 즉, 국지적인 작업자의 생산성을 최적화함으로써 산출량을 작업자의 최대 가동률까지 끌어 올리는 방법은 고객 탁트 타임이라는 관점에서 보았을 때 과다 생산으로 귀결된다. 작업 함량을 균형 있게 배분하기 위한 라인 균형화는 산출량의

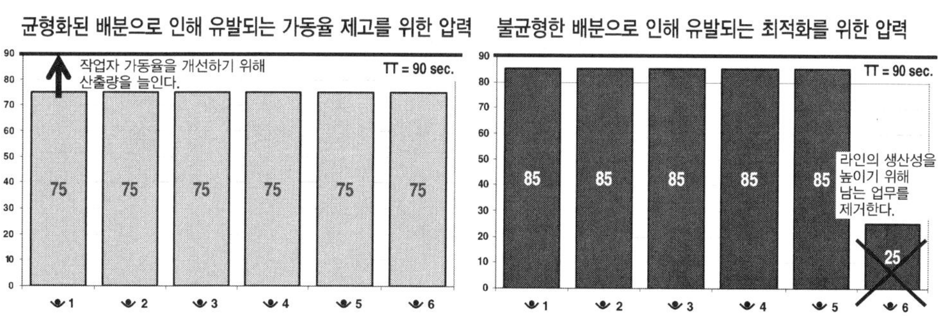

그림 3.19 흐름 생산의 라인 균형화 방법

증가를 촉진시켜 생산성 손실의 방지를 불가능하게 한다. 따라서, 작업 함량을 균등하게 배분하려는 가동률의 압력은 오로지 외견상으로만 생산을 개선할 뿐이다.

이와는 반대로, 가치 흐름 지향 솔루션 접근 방법은 엄격하게 고객 탁트 타임을 준수하며 그럼으로써 작업 함량의 **불균형한** 배분으로 이어진다(그림 3.19 오른쪽). 그 결과, 한 사람을 제외한 모든 작업자의 작업 부하는 고객 탁트 타임과 균형을 이루며, 흐름 생산의 잉여 능력은 한 작업자에게 집중한다. 이것은 시스템 내의 낭비의 비율을 특히 명확히 가시화하고, 그럼으로써 해당하는 작업 잔량을 배제하기 위한 **최적화의 압력**을 조성한다. 또한, 이것은 이제는 중복되는 작업자를 제거함으로써 추가적인 생산성 이득을 달성하기 위한 것이다. 이것은 최종적으로 완벽하게 고객 탁트 타임에 정렬된 최적의 라인 균형화로 이어진다. 이를 위해서, 앞에서 설명한 목표를 정한 작업 함량의 감축 및 이전을 위한 도구를 반복적으로 적용할 수 있다. 균형화된 배분은 또한 작업 시스템의 일관된 개선을 위한 인센티브로 작동하기도 한다.

등식 3.1에서 구성된 자원 능력의 예비 배치와는 반대로, 흐름 생산 배치에 대한 목표는 다음과 같이 반내림을 함으로써 달성된다.

$$\#\mathrm{OP} = \text{ROUNDING UP}\left[\frac{\sum OT_i}{TT \times 95\% \times \#\mathrm{Res}}\right] \tag{3.2}$$

여기서, #OP 연속 흐름 생산 내의 작업자의 수

OT_i 작업대 i에서의 작업 시간 [시간 단위]

TT 탁트 타임 [시간 단위]

#Res 평행 라인의 수

많은 경우 예를 들어 발생 가능한 가용 시간 또는 교체 시간 손실에 대해 완충을 하기 위하여 **추가적인 계획된 시간**으로서 활용하려는 목적으로 고객 탁트 타임에 대해 약간의 추가적인 여유를 두는 것이 바람직하다. 따라서, 최대 95퍼센트의 고객 탁트 타임을 작업 함량으로 채운다. 우리의 사례에서는, 고객 탁트 타임인 90초의 94.5%에 해당하는 의도된 주기 시간인 85퍼센트를 선택하였다.

라인 균형화

명백한 낭비를 조정한 흐름 생산의 작업함량을 작업자당 고객 탁트 타임의 개략 95%를 달성할 수 있도록 조정한다. 따라서, 추가적인 계획 시간을 고려할 때, 각 작업자는 고객 수요에 따라 능력 한도까지 가동된다. 이렇게 하고도 남을 수 있는 모든 작업 함량은 흐름 생산이 고객 탁트 타임에 직접 조정되어 최적의 라인 균형화가 달성될 때까지 작업 함량을 감축 및 이전을 함으로써 후속적으로 배제한다.

연속 흐름 생산 내의 작업 배분

일단 라인 균형화가 완료되면, 작업자를 새로이 균형화된 작업 함량이 있는 작업장에 할당한다. 말하자면, 이것은 작업을 작업자에게 할당하는 기본적인 솔루션인데, 이것은 라인 형태를 띠는 공간적인 배치로 해서 특히 생산 라인에 적합하다(그림 3.20 1의 예). 각 작업자는 자신에게 고정적으로 할당된 업무를 하나의 특정한 작업대에서 수행하고 모든 작업물을 즉각 후속 작업대에 전달한다. 하지만, 이와 같은 배치에서는 각 작업 함량과 작업 장소가 완벽하게 균형을 이루는 것이 요구된다.

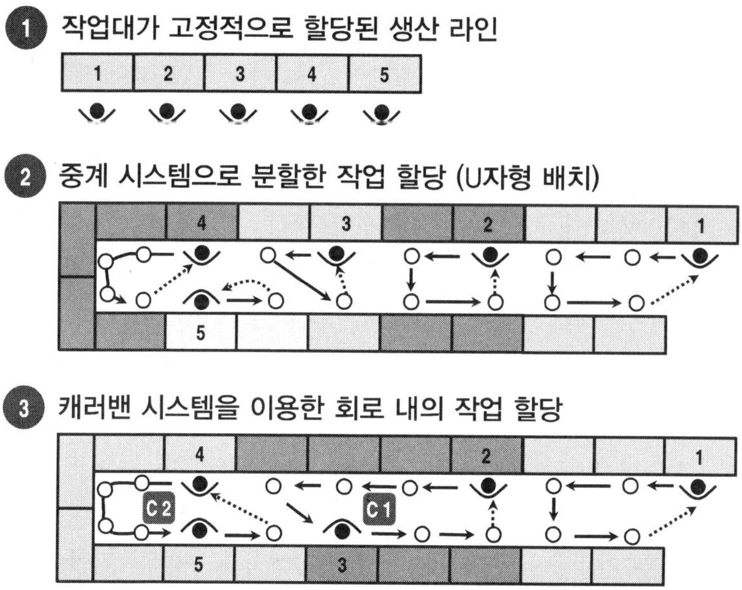

그림 3.20 흐름 생산 내의 작업자에 대한 작업의 배분

서로 다른 장치가 있거나 또는 기계를 사용하는 작업 함량이 낮은 많은 작업 단계가 있는 경우에는, 고객 탁트 타임을 충족시키기 위해 작업 장소의 수가 고객 탁트 타임에 필요한 작업자의 수를 초과하게 된다. 그 결과, 각 작업자에 대해 여러 개의 작업 장소에서 모든 작업자를 개략 동일한 능력으로 가동할 수 있는 방식으로 작업 장소를 배분해야 한다(그림 3.20의 2의 예). 복수의 작업 장소를 모든 작업자에게 배분하는 방법의 주된 장점은 고정된 작업 장소에서 수행하는 앉거나 또는 서서 하는 활동과는 반대되는 훨씬 작업자 친화적인 인체 공학에 있다. 작업자가 각각 해당하는 동료에게 처리된 작업물을 전달하기 때문에, 이 시스템을 **중계 시스템**(relay system)이라고도 부른다. 작업 장소의 수가 많기 때문에, 첫 번째의 경우에 비해서 라인 균형화는 훨씬 쉽게 달성할 수 있다. 작업 함량의 이전을 위해서 작업 장소의 변경이 필요하지 않으며, 단순히 작업자 할당을 변경하는 방식으로 이 문제를 해결할 수 있다.

라인 균형화의 가능성은 또한 작업 장소의 공간적인 배치에 따라서도 결정된다. 만일 이러한 작업대들이 라인 형태로 구성되어 있을 경우에는, 오로지 인접하는 작업 장소만을 통합할 수 있다. 그런데 만일 좁은 U자 형태로 구성되어 있다면, 반대편의 작업 장소 역시 통합할 수 있다. 하지만, U자형의 배치에서는 첫 번째와 마지막 작업 장소는 항상 동일한 작업자가 처리해야 한다. 그것은 이렇게 하는 것이 해당하는 작업 주기의 준수를 촉진하기 때문이다. 중계의 수 많은 손이 바뀌는 지점에서는, 작업자는 때때로 해당하는 작업 함량을 다르게 할당할 수 있다. 예를 들어, 보다 빠르고, 모든 다른 주기에 대해 경험이 많은 작업자는 아직 경험이 적은 다음 작업대의 신규 직원의 작업 함량을 넘겨 받을 수 있다. 마찬 가지로, 유사한 자격 요건을 갖춘 작업자들이 상호 작업 리듬을 교환할 수도 있다.

통일된 작업 리듬은 **캐러밴 시스템**을 이용하여 달성할 수 있다(그림 3.20의 3의 예). 한 사람의 작업자가 자재의 흐름 방향으로 작업대에서 작업대로 걸어가면서 모든 작업 공정을 차례 차례 수행한다. 다른 작업자는 몇 개의 작업 단계 뒤를 따라간다. 이와 같은 작업 조직의 유형은 작업 조직의 측면에서 가장 커다란 표준화 효과를 달성한다. 하지만, 두 작업자 모두가 완전한 동기화 상태에서 작업을 수행할 필요가 있다. 특징적인 장점으로서, 이 경우의 라인 균형화는 단지 두 작업자에 관한 것이며, 따라서 최적화가 훨씬 쉽다. 두 명의 작업자로 구성되는 흐름 생산에서는, 어떠한 라인 균형화 손실도 없다. 상대적으로 큰 시스템의 경우에는 동일한 백분비 탁트 타임의 차이가 반으로 줄어든다. 어떠한 작업대도 불비례적으로 높은 작업 함량이 배분될 수 없는데, 그것은 그럴 경우 작업자가 멈추게 되기 때문이다. 그러나, 이와 같은 원형의 걸음걸이는, 유사한 수준의 자격 요건과 작업 보조를 갖춘 경험 있는 직원을 필요로 한다. 경험에 따르면 이 시스템은 두 명 이하의 작업자에 적합하다는 것이 입증되었다. 세 명의 작업자만 하더라도 이미 상호간에 또는 상호의 작업 리듬에 간섭을 일으키는 문제를 발생시킨다.

작업의 분배
U자형의 중계 시스템 형태로 배치된 작업 장소 단위로 복수의 작업자 사이에 작업을 배분하게 되면, 해당 작업자들에 대한 작업 함량의 균형 있는 배분을 촉진한다. 캐러밴 시스템 내의 두 명의 작업자에 대한 작업대의 조합은 추가적으로 라인 균형화에 도움이 된다.

연속 흐름 생산의 능력 융통성

지배적인 교대조 체계에 따라서, 교대조 전 또는 후, 지능적인 2교대조 시스템 내에서, 또는 교대조 사이의 초과 근무, 철야 또는 주말 추가 교대조 등과 같이 생산 라인의 산출량을 변경하기 위하여 몇 가지 전통적인 방법을 활용할 수 있다. 흐름 생산의 능력은 추가적으로 서로 다른 수의 작업자를 활용하는 방법으로도 변경할 수 있으며, 이 경우에는 흐름 생산을 다른 **모드**로 바뀌게 만든다. 흐름 생산의 모드를 변경함으로써, 우리는 그 산출량을 통제되고 명확하게 정의된 방식으로 변경할 수 있다. 이런 접근 방법은 특히 중기적인 능력 조정에 적합하며, 따라서 고객 수요의 계절적인 변동에 균형을 맞추는 데 이상적인 도구이다.

하지만, 흐름 생산 내의 서로 다른 생산 모드는 서로 다른 작업 요소의 할당을 필요로 하며, 그렇기 때문에 **융통성 있는 능력**을 갖춘 흐름 생산에 대해서는 다양한 라인 균형화를 위한 방법을 개발해야만 한다. 우리의 사례에서는, 중계 시스템 내에서 작업을 하는 다섯 명의 작업자가 시간당 40개 정도를 생산하고 있다(그림 3.21의 1의 예). 세 명의 작업자로 줄인 다음, 작업대가 다시 할당되고, 이제는 124초의 주기 시간에 산출은 시간당 24개로 줄어든다(그림 3.21의 2의 예). 추가적으로 2명의 작업자로 줄이면 캐러밴 시스템의 적용이 가능하게 되며, 따라서 더 이상의 라인 균형화는 필요하지 않다.

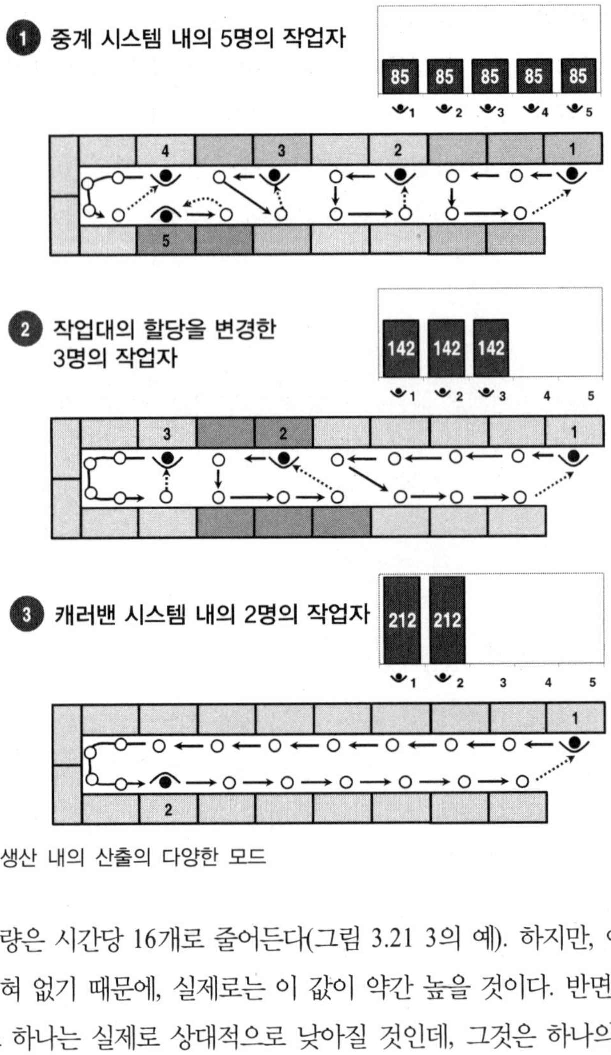

그림 3.21 흐름 생산 내의 산출의 다양한 모드

계산된 산출 물량은 시간당 16개로 줄어든다(그림 3.21 3의 예). 하지만, 여기서는 라인 균형화 손실이 전혀 없기 때문에, 실제로는 이 값이 약간 높을 것이다. 반면에, 다른 두 개의 값 가운데 최소 하나는 실제로 상대적으로 낮아질 것인데, 그것은 하나의 작업 시스템 내에서 그와 같이 완벽하게 균형이 잡힌 두 개의 라인의 실현 가능성이 매우 낮기 때문이다.

능력 융통성

흐름 생산은 쉽게 다른 성과 모드로 전환할 수 있다. 모든 모드에서는 각각 서로 다른 수의 작업자가 요구되고, 따라서 균형화된 작업 함량이 서로 다르므로, 산출량도 달라지게 된다. 이렇기 때문에, 자원과 관련한 변경 없이도 매우 능력 융통성이 높은 생산이 가능하게 된다.

고정 작업대 조립의 흐름 원칙

성공적인 흐름 생산의 구현은 공장 건설에 있어서 일반적으로 그런 것과 같이, 지나친 노력이 없이는 움직일 수 없는 제품을 배제하게 될 것이다. 공장은 조립된 상태로는 전혀 운반할 수가 없는 경우가 일반적이다. 따라서 사용 또는 기동을 개시하고 고객에게 운반하기 전에 모듈로 분해할 필요가 있다. 따라서, 흐름 생산을 **고정 작업대 조립**에 적용하는 것은 특별한 설계 상의 어려움이 따른다. 그러나, 이 책에서 설명하는 해결 대안에 대한 집근 방법에서는, 명확히 정의된 작업 단계를 갖춘 단순한 조립 진척도를 이용하여, 조립 진도가 견고하게 작업 장소의 변경과 연결되어 있는 흐름 생산의 물리적 흐름을 대체한다.

공장 건설의 조립 순서는 개략적으로 기계적인 조립, 전기적인 설치, 사용 개시, 기동, 그리고 마지막으로 해당 모듈을 분해하는 일로 나눌 수 있다. 예를 들어 기초 조립 및 표면 탑재, 배선 및 설치, 기계적인 조정 및 전기적인 사용 개시, 기동 및 고객 승인 등과 같이 추가적으로 세분화할 수도 있다(그림 3.22). 다양한 작업 단계에 대해 필요한 작업 시간은 개략 동일할 것이다. 공장 내에서 일을 하는 둘 이상의 작업자가 공동으로 하나의 작업 단계를 공유하게 되는 즉시, 작업 함량 역시 개별 작업자가 수행하는 작업 단계에 반대되는 계수로 증가될 수 있다. 사례에서는 각각 작업 함량이 5와 16.2시간에 해당하는 일곱 개의 작업 단계를 포함하고 있다. 이러한 작업 시간을 각각의 작업 단계당 작업자 수에 대비해 보면, 고객 탁트 타임 7.6시간에 주기 시간은 각각 5에서 8.1시간으로 나타나며, 고객 탁트 타임은 약간 초과된다. 하지만, 이와 같은 불가피한 라인 균형화의 결함은 국지적인 초과 근무 또는 다른 작업자 즉, 예를 들어 주기 시간이 고객 탁트 타임보다 작은 작업 단계에서 일하는 작업자의 도움으로 보충할 수 있다.

그림 3.22와 같은 일곱 개의 작업장으로 구성되는 건설 중인 공장의 배치는 자재의 흐름을 시사하는데, 그것은 물론 존재하지도 않겠지만, 존재할 필요도 없는 자재의 흐름이다. 이러한 일곱 개의 조립 장소는 조립 작업장 어디든 임의로 배치할 수 있다. 일단 하나의 작업 단계가 완료되면(우리의 예에서는 이것은 정확히 한 교대조 작업 즉, 정규 교대조 작업인 경우 하루가 걸린다), 작업자들은 이전의 작업이 막 끝난 상태일 작업장으로 이동한다. 이 예시는 이렇게 각 작업장의 가치 흐름 내의 논리적인 위치와, 따라서 가치 흐름 분석에 지도화할 위치를 보여준다. 이렇게 해서 생산 리드 타임은 우리의 예의 경우에는 일곱 개의 작업장의 조립 재공품으로부터 7일의 1 교대조 기간으로 나타

난다.

도해 예시에서, 작업장들은 이른바 한 번에 한 단계씩 전진하지만, 실제로는 물리적으로 움직이는 것은 아니다. 여기에 묘사된 이상적인 경우에서, 조립해야 할 작업장들은 개략 동일한 규격이며, 따라서 통일된 **공간 그리드**의 적용이 가능하다. 다른 사례의 경우에는 대상 작업장들에 대해 시간 관련 인터페이스를 추가한 추가적인 공간 계획 수립이 필요할 것이다.

장애와 제약

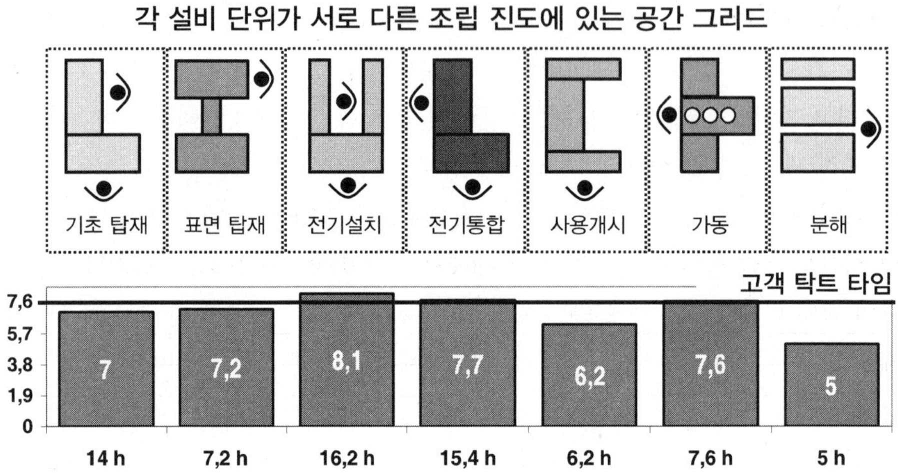

그림 3.22 고정 작업대 조립의 흐름 원칙

하지만, 때로는 연속 흐름 생산의 바람직한 일관된 구현이 **기술적인 장애**로 인해 방해를 받게 되며, 이러한 장애의 제거는 원칙적으로는 가능하나 경제적으로 현실적이지 못할 수 있다. 한 세그먼트에 속한 모든 제품에 대해 통일된 작업 순서를 실현했다는 가정 하에, 다음과 같은 제약 조건들을 여전히 감안해야만 한다.

- 일부의 자원을 **공간적으로** 적합한 방식으로 배치할 수 없을 수 있다. 이것은 변경 비용이 크거나 구조적인 제약으로 인한 것일 수 있으며, 그런 경우에는 맨 처음부터 다시 계획을 수립하는 것이 기존의 위치보다 뚜렷한 장점이 있을 것이다. 일부의 경우에는, 이것이 예를 들어 복수의 제품군이 하나의 중앙 집중형 자원으로 통합되었다가 나중에 다시 분리되는 경우와 같이 순전한 자원의 규모로 인한 것일

수 있다. 그 외에도, 특정한 공정이 그 구조적인 환경에 모순되는 요건을 부과할 수도 있어서(먼지를 발생하는 공정 대 클린룸 요건, 열처리 공정 대 냉각 공정 또는 방화 요건 등), 물리적인 근접성으로 인해 소요 노력이 크게 증가될 수 있다.

- 어떤 자원은 엄청나고 줄일 수 없는 교체 시간을 요구하기도 한다. 이러한 경우에는, 흐름 생산을 구현할 수는 있을 것이나, 오로지 중첩되는 배치 생산의 형태로밖에는 되지 않는다. 교체 시간이 상당히 차이가 나는 경우에는, 가장 긴 교체 시간이 통합된 모든 자원의 단절 기간을 결정한다. 이것으로 인해 통상적인 배치 생산의 능력을 초과하는 능력의 설치가 필요할 수 있다.
- 이와 같은 자원은 충분한 **신뢰성**을 갖추고 있지 않다. 이러한 장애는 일반적으로 해당 자원의 경과 수명과 관련된 품질로 인한 것이며, 따라서 단순한 투자 요인을 구성하며, 경쟁사에 비해 뒤쳐질 위험도 따라서 높다. 이것은 통계적인 **불합격율**이 높고, 불합격율의 감축이 기술적인 이유로 인해서 불가능한 생산 공정에 있어서는 해당되지 않는다.
- **서로 다른 자원의 작업 시간**이 상당히 달라서, 라인 균형화가 불가능한 경우가 있다. 따라서, 단순한 강판 조각의 표본 추출 공정과 주조 부품의 가공 및 그에 후속하는 조립 공정은 동일한 탁트 타임에 대해 조정할 수 없다. 비록 적절하게 구성된 설비에 대한 투자가 가능할 수는 있어도, 그 뒤에 이어지는 흐름 생산을 통해 달성할 수 있는 장점은 절대 그 비용을 보충할 수 없을 것이다. 그 대신, 복수의 제품군에 대한 평행 흐름 생산을 위해 상대적으로 빠른 흐름 생산을 활용할 가능성이 높다.
- 일반적으로, **작업 시간**은 **이형에 따라** 크게 변동하며, 이형의 각 작업 단계에 따라 어느 정도 변동한다. 물론, 가장 시간이 많이 걸리는 이형이 있는 가장 느린 공정에 모든 것을 맞춰서 조정하는 것은 가능하겠지만, 이것은 다시 전체 자원의 평균 능력 가동율을 낮추는 결과를 의미할 것이다. 이 경우, 경제적인 이유로 해서 특정 공정 사이를 분리하는 것이 필요하게 될 것이다.
- 흐름 생산은 종종 매우 제품에 특화된 자원의 취득을 요한다. 하지만, **제품 수명 주기**가 짧거나 기술이나 능력 요건이 상당히 변경된 후속 제품의 경우에는 기존의 각각의 자원을 계속해서 사용하는 것의 효과성이 의심스러울 수 있다. 매우 특수한 설계로 인해서, 그런 제품의 경우에는 매우 다양한 능력을 갖추어야 할 수

있는데, 이것은 기술적 및 경제적인 이유로 인해서 오로지 제한적인 정도밖에는 가능하지 않다. 하지만, 변동 가능성이 충분하지 못한 문제는 흐름 생산에만 영향을 미치는 것이 아니라, 일정한 정도로는 단절된 작업장에서도 발생한다. 따라서, 각각에 관련된 의사결정은 개별 상황에 따라 달라진다.

위에 설명한 대부분의 장애는 **오랜 시간에 걸쳐 발전해 온 공장 구조**와 기기를 포함하는 자원의 **습관적인 구성**으로 인해 발생하는데, 그 가운데 많은 부분은 완전히 새로이 공장을 건설하는 경우에는 처음부터 흐름 생산으로 설계할 수 있다. 원칙적으로, 어떠한 일반적인 장애도 흐름 생산 자체의 일관된 구현에 방해가 될 수는 없으며, 대부분의 반대되는 주장은 특정한 상황에서 발생하고, 생산 설계에 대한 다른 가능한 방법을 생각도 하기 전에 각각의 개별 상황에 대해 평가해 볼 필요가 있다.

이와 같은 개념적인 단계를 마무리 지음으로써, 가치 흐름의 생산 공정의 일부는 하나 이상의 흐름 생산으로 통합이 되었다고 할 수 있다. 이제 이와 같은 흐름 생산과 잔여 생산 공정을 연계시켜야 한다. 이와 같은 물류적인 연계는 최종적으로 가치 흐름을 창출해 낸다. 자재 흐름과 그와 관련된 제어로 구성되는 공장 내 물류는 다음(섹션 3.3)에서 설계를 한다. 그 다음에는, 이상적인 생산 관리에 적합한 적절한 생산 계획을 개발할 수 있고, 또한 그런 작업을 하게 될 것이다(섹션 3.4).

흐름 생산에 대한 개념적인 접근 방법

생산을 하는 **이상적인** 방법은 연속 흐름 생산을 통해 실현된다. 생산 리드 타임은 최소화되고, 최대의 생산 품질이 가능하고도 요구되며, 생산 공정 중의 낭비는 축소되고, 이형 믹스는 고객 수요와 정렬될 수 있다.

접근 방법은 다음과 같은 다섯 개의 핵심적인 단계로 구성된다.

1. 제품군의 선정과 관련 고객 탁트 타임의 결정
2. 요구되는 작업 요소와 그에 관련된 낭비를 조정한 작업 함량의 결정
3. 요구되는 자원과 그에 관련된 적합한 수준의 자동화의 설계
4. 작업대의 라인 또는 U자형 셀 내의 배치
5. 작업자들 사이의 작업의 배분(라인 균형화) 및 서로 다른 능력 모형의 개발

3.3 생산 관리

최대한 흐름 생산을 구현함으로써 일단 가치 흐름의 기술적인 생산 공정에 관한 설계가 마무리되고 나면(섹션 3.2), 이러한 흐름 생산의 개념적인 설계에 대해 접근한다. 다음에서 소개하는 몇 가지의 **관리 원칙**을 이용하여, 자재 흐름을 원자재 입고부터 선적 지점까지 계속하여 원활하게 흐르도록 설계한다. 이를 위해서는 신뢰성 있는 생산 공정이 요구되는데, 그 이유는 효율적인 가치 흐름은 가치 흐름이 가능한 한 균일하고 예측 가능하게 흐를 때 가장 잘 설계할 수 있다고 생각되기 때문이다.

이러한 목적을 달성하기 위해서는, 고정적인 공정 순서(섹션 3.3.1), 최소한의 생산 리드 타임을 보장할 낮은 재고 수준(3.3.2), 그리고 주문 정보가 정확하게 한 개의 생산 공정에 전달되도록(섹션 3.3.3) 하기 위한 세 가지의 설계지침을 적용해야 한다. 생산 현장에서 순서의 차질을 엄격하게 금지하고 짧은 생산 리드 타임을 준수하면, 생산 관리의 **관리 가능성**은 매우 높아진다. 주문 발주 정보를 정확하게 가치 흐름의 한 지점으로 전달하는 것은 잘 못 조정되거나 심지어는 서로 모순되는 통제 정보가 전달되는 일을 방지하고 의도한 대로 원활한 생산 흐름이 이루어지도록 하는 데 필요하다.

주문 발주는 생산 계획 수립 과정에 대한 인터페이스가 된다. 일단 관리 규칙에 따라 원활한 생산 흐름을 형성하기 위한 발주된 주문의 관리 방법이 결정되고 나면, 관련된 생산 계획의 수립을 정의할 수 있다(섹션 3.4). 공통적인 관리 원칙에 따르면 개별 공정을 수요예측에 따라 계획하고 독립적으로 유발시키는 생산 공정에 대한 예측 지향의 관리를 금지한다. 무엇보다도, 여기서 소개하는 생산 관리의 제반 설계지침은 생산을 **생산 계획 수립의 예측의 딜레마**의 결과로부터 보호하고, 따라서 예측 기반의 관리 접근 방법과 양립할 수 없도록 하는 데 목표를 두고 있다. 하지만, 개별 관리 원칙에 대해 상세하게 논의하기 전에, 우선 이와 같은 예측의 딜레마와 그것이 생산 관리의 설계에 미치는 영향에 관해 보다 상세하게 살펴보기로 한다.

난기류 윤곽

예측의 딜레마. 생산 계획 수립은 다른 모든 계획 절차와 정확히 동일한 예측적인 딜레마에 직면하고 있다. 예측이라는 것이 절대 완전하게 예측할 수 없는 미래를 대상으로 하고 있기 때문에, 100% 정확할 수가 없다. 이것은 보다 장기적 계획 기간을 대상으로 하고, 개별 공정의 복잡성이 증대하는 데 따라 더욱 그렇다. 기껏해야, 각각의 허용 가능한 편차를 계획할 수 있을 뿐이다. 공장에 있어서 고객, 생산 공정 그리고 공급자 사이의 상관 관계는 확실히 인간이 (순수한) 계획 수립을 통해 관리하려고 시도하는 대상 가운데 가장 난이도가 높을 것이다. 이와 같은 상관 관계를 설명하기 위해서, **난기류**라는 용어가 가장 타당하다는 것이 인정된 바 있다. 라틴어에 어원을 두고 있는 이 용어는 물리학에서는 와류를 의미한다. 그것의 특징적인 특성은 난기류 내의 각 부분의 움직임을 수학적으로는 설명할 수 없다는 것이며, 그것은 기업의 상황에서 주문 및 제품 생산을 계획할 수 없는 것과도 같다.

예측의 딜레마는 난기류를 생성하는 세 개의 서로 다른 기여 요인에 기인한다. 무엇보다도, 통상 수 많은 장애물이 **생산**을 계획에 따라 수행하는 것을 방해한다. 기계 고장으로 인해 계획되지 않은 서비스를 받게 되고, 작업자가 몸이 아프거나, 불량률이 오르내린다. 둘째로, **고객**은 수요예측대로 절대 구매하지 않는다. 고객 수요는 단순히 변동하기만 하는 것이 아니라, 더욱 문제가 되는 것은 절대 계획된 대로 변동하지 않는다는 것이다. 마지막으로, **공급자**는 언제나 신뢰할 수가 없다. 명확하게 처리를 함에도 불구하고, 때로는 필요한 자재가 충분한 수량 또는 합당한 품질로 가용하지 않다. 그 결과, 정밀한 계획을 수립했음에도 불구하고 인도 일자를 맞출 수가 없다. 그러므로, 생산 계획자는 효율적인 계획 수립을 통해서 인도 약속의 준수에 대한 모든 의심의 여지를 최소화하는 것을 목표로 한다. 만일 이것이 계획의 난기류의 결과로 주기적으로 실패할 것이 거의 확실하다면, 계획을 할 이유가 대체 어디 있겠는가?

이러한 기여 요인들의 예측 불가능한 행태와는 별개로, 각 단계 사이의 **이행 시간**(transition time)이 주요한 핵심 요인이다. 이행 시간은 아직도 다른 주문이 차지하고 있을 수도 있는 다음 공정 전의 이동 및 대기 시간을 허용하기 위해 두 개의 공정 사이의 주문에 할당된 일종의 완충(buffer)이다. 이전의 중대한 단절로 인해 경고를 받고 따라서 최악의 상황을 기대하면서, 우리는 많은 안전 완충을 활용하여 이행 시간을 계획하는데, 그럼으로써 상류 기계에서는 장시간의 유휴 시간이 발생하는 데도 불구하고 끊임 없는 자재 흐름이 유발된다. 하지만, 무고장 공정의 긴 이행 시간으로 인해서, 모든 주문은 여전히 계획에 따라 다른 주문 작업을 하고 있을 각각의 후속 공정보다 훨씬 이전에 완료되어 대기하게 된다.

이행 시간이 길어지면서 재고는 점점 늘어나고 생산은 점점 느리게 된다. 또한, 그 결과로, 모든 사람이 계획 속에 충분한 재량의 여지가 반영되어 있다는 것을 알고 있기 때문에, 표준 인도 일자의 준수는 더 이상 긴급해 보이지 않게 된다. 정말로 긴급한 주문은 단순히 특급 주문으로 분류되면서, 다른 주문을 제치고 진행되어 그러한 주문을 더욱 지연되게 만든다. 이러한 방식으로, 계획과 통제는 그 자체가 스스로 난기류를 생성한다.

난기류의 근원. 계획 수립의 차원에서는, 난기류는 수량 **변동**, 기간의 **편차**, 그리고 기술적인 특징의 수정 **빈도**에 따라 유발될 수 있다. 통제 차원에서는, 난기류의 근원은 수량, 납기 및 품질의 예기치 못한 **편차**의 형태로 발생한다(Wiendahl 2007). 이들 네 가지 유형의 계기는 위에서 설명한 세 개의 유발 주체 즉, 고객, 생산, 공급자가 유발할 수 있다. 다음과 같은 내용을 참고하여 회사 내의 난기류의 근원을 탐색해 보면 다음과 같은 내용이 드러날 것이다.

- 변동은 서로 다른 기간에 걸쳐서 서로 다른 수량이 필요한 경우 발생한다. 수요와 이형 조합에 관한 변동은 고객이 유발한다. 생산은 예를 들어 계획된 유지보수, 새로운 자원의 기동, 직원의 휴가 시간 등으로 인해서 능력 가용성의 변동을 유발할 수 있다. 공급자는 수량 할인이나 소량 구매에 대한 가격할증 등으로 인한 가격의 변동을 통해서 이전에 파악된 수요에 영향을 미칠 수 있다. 로트 크기 결정과의 관련 하의 생산과의 불행한 상관으로 인해서, 이것은 수요에 더 큰 변동을 유발하고 그럼으로써 이른바 채찍 효과로 귀결된다.
- 시간과 관련된 편차는 특정한 기간 내의 서로 다른 제품 또는 주문과 관련된 시간의 형태로 발생한다. 특히 공장 건설에 있어서는, 인도 시간은 각 주문에 따라 달라진다. 생산의 배치 구성 또는 우선순위와 관련된 순서 결정은 생산 리드 타임을 변동하게 만든다. 보충 리드 타임은 예를 들어 대형 고객의 주강 부품과 같은 복잡한 주문과 관련된 구매 부품에 따라 크게 변동하며, 특히 주강 부품의 품질 불량(예를 들어 수축된 구멍)으로 인해 재작업이 필요하게 되는 경우 더욱 그렇다.
- 빈번한 제품 특징, 제품 기술, 자재 및 구매 자재의 변경 역시 난기류와 그와 같은 변경의 구현에 대한 변경 관리를 유발하며, 자재 사용의 중단을 생산 계획에 반영해야 한다.
- 발주 후의, 예기치 않은 확률적인 차질에 대해서는 통제를 위한 개입을 필요로 하는데, 이것은 추가적인 예기치 못한 효과를 수반하게 되며, 추가적인 통제를 필요

로 한다. 이와 같은 일에 계기가 되는 발생 가능한 사건으로는 발주 후의 불규칙한 고객의 납기, 물량 또는 사양의 변경뿐만 아니라 영업 또는 경영진이 사후적으로 우선순위를 변경하는 일 등을 들 수 있다. 기계 고장, 불충분한 인력 및 불량률의 증가 등으로 인한 신뢰할 수 없는 생산 공정 역시 또 다른 계기를 구성한다. 마지막으로, 신뢰할 수 없는 공급자로부터의 인도는 물량, 인도 일자 또는 자재의 차질을 유발할 수 있다.

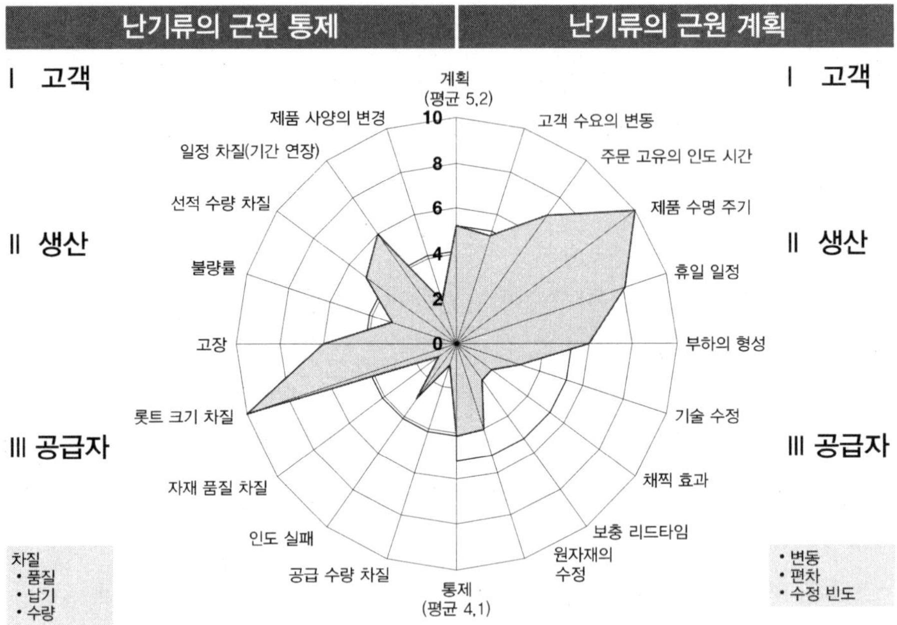

그림 3.23 수치적인 예를 표시한 난기류 윤곽(Wiendahl 2007에 기초하여 작성).

가치 흐름에 관련이 있는 난기류의 근원은 **난기류 윤곽**에 설명으로 예시되어 있다(그림 3.23). 각 난기류의 근원의 유의성은 점수로 평가할 수 있는데, 그렇게 구한 값의 개요를 보면 미래 상태 구상에서 해결해야 할 문제를 알 수 있다. 각각의 평균 계획 및 통제 값은 현재 상태가 계획 문제로 어려움을 겪고 있는지 아니면 현재의 차질의 값의 문제로 어려움을 겪고 있는지를 나타낸다. 난기류 윤곽을 완전하게 묘사하기 위해서는, 각각의 수치적인 예에서 난기류의 근원을 점수로 평가해야 한다. 실제의 적용에 있어서는, 가장 유의적인 난기류의 근원 10-12개를 표시하는 것이 가장 쉽다. 각각의 요소의 평균 계획 및 통제 값은 음영이 있는 선으로 표시하였다.

격동적이고 적층적인 주문 흐름

생산관리는 난기류에 대처하기 위한 두 가지의 설계 접근 방법을 알고 있다. **난기류 지향적인 접근 방법**에서는 차별화된 계획 및 통제를 통해서 난기류에 대처하려고 노력하며, **가치 흐름 지향적인 접근 방법**에서는 평균 값에 기초한 복잡하지 않은 계획이 가능하도록 난기류의 생성의 예방에 목표를 둔다. 첫 번째 예의 경우에는 복잡한 관리 시스템을 필요로 하는 한 편, 두 번째 경우에는 적절하게 구조조정된 작업 현장과 단순한 동세 원칙을 조합한나.

난기류 지향적인 접근 방법에서는 난기류를 불가피한 것으로 보고 따라서 그것에 대처하는 것을 목표로 삼는다. 이를 위해서, 수 많은 생산에 개입할 기회를 갖추고 있는 상당히 복잡한 생산 관리 시스템을 적용한다.

격동(난기류)적인 주문의 흐름은 직교류가 있는 불규칙한 파이프의 묶음 모형을 이용하여 시각화할 수 있다(그림 3.24). 고객의 관점에서 보았을 때, 생산의 난기류의 근원 뒤에는 소용돌이가 자리잡고 있다. 하지만, 자재 흐름의 관점에서 보았을 때, 그것은 그 반대로서, 난기류 근처에 있는 기계 고장이라는 소용돌이는 이제는 각각의 기계의 바로 앞에 주문 잔량의 형태로 위치하고 있다. 이것이 바로 통제 요소가 주문 우선순위에 개입하여 주문 우선순위를 변경하거나, 주문을 다른 고장 없는 자원으로 이동시킬 필요가 있는 지점이다. 난기류 지향적인 주문 처리에서 주문 대기 고리는 그와 같은 통제에 통제되고 영향을 받는다.

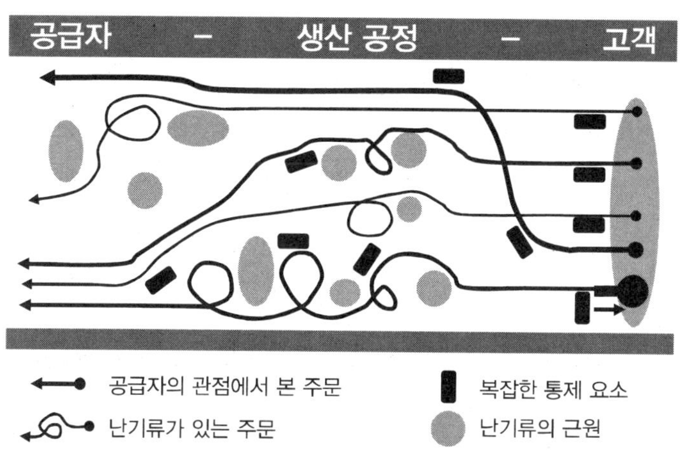

그림 3.24 난기류 지향 주문 처리

이 접근 방법의 성공 여부는 난기류의 효과를 얼마나 최소화할 수 있느냐에 달려 있다. 이와 같은 목적을 위한 강력한 도구는 한 편으로는 특히 자원과 관련한 융통성의 증대이며, 다른 한 편으로는 계획된 시간, 이행 시간 또는 재고의 측면의 안전 완충의 확대이다. 모든 주문은 인도 시간 및 물량에 관한 각각의 요건에 따라 서로 다르게 처리된다. 여기서는 때로는 단지 부분적으로밖에 신뢰할 수 없는 생산 공정의 복잡한 상호 연관 관계로 인해 발생하는 수 많은 부수적인 조건 및 제약을 감안해야 한다. 매우 다양한 요건에 직면해서도, 개별 주문을 맞춤 방식으로 처리할 수 있으며, 생산은 '모든 것'을 가능하게 만들 수 있다. 그러나, 주로 부정확한 데이터와 데이터의 피드백으로 인해서 매우 높은 복잡성이 생산 절차, 그리고 어느 정도는 주문 처리까지 **불투명성**을 증대시키고, **안정성의 위험**으로 귀결되기 때문에, 막대한 양의 **계획 및 통제를 위한 노력**을 수반한다. 매우 지능적인 계획 및 통제 시스템이라 할지라도 예측의 딜레마와 이행 시간 계획 수립의 문제를 완전히 제거할 수는 없다.

여기에서 보다 상세하게 살펴보고자 하는 가치 흐름 지향적이며 **난기류 회피형** 접근 방법은 난기류의 원인을 배제하거나 최소한 상당 수준 감소시키는 것을 목표로 삼는다. 이를 위해, 생산은 최초에 특정한 요건 윤곽에 대해 맞춤화한 통일된 구조를 갖춘 구획을 만들기 위하여 세그먼트화되는데(섹션 3.1), 그것은 평행 배관 시스템의 형태로 모형화할 수 있다(그림 3.25). 그런 다음, 특화된 세그먼트 내에서는, 매우 단순한 통제 원칙들이 **층형** 생산 흐름을 생성하는데 이것은 그것의 행태의 단순성으로 인해 매우 예측 가능성이 높다. 수 많은 통제 요소 대신에, 하나의 주문을 난기류의 필터와 같

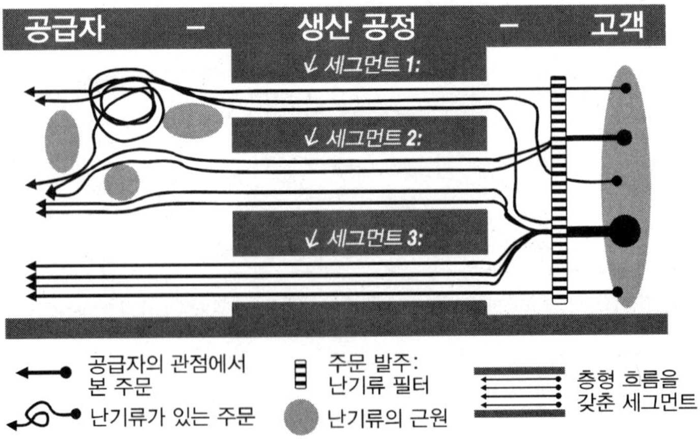

그림 3.25 가치 흐름 지향의, 난기류 회피형 주문 발주

은 각 세그먼트 앞에서 발주한다. 모든 주문은 특정한 세그먼트에 할당되어, 해당 세그먼트 내의 층형 흐름을 보장하기 위해 특정 세그먼트에 적용되는 규칙에 따라 발주된다.

목표는 가능한 한 많은 절차를 동일한 방법으로 처리하는 것 즉, 다양한 생산 절차의 복잡성을 소수의 **표준화된 절차**로 줄이는 데 있으며, 이것은 내부 물류의 성과를 크게 향상시키게 될 것이다. 특히 주문 및 생산 리드타임이 줄어들게 되면 아주 조기에 난기류의 근원을 배제할 수 있는데, 이는 어떤 시점에서도 차질이 발생하기 어려워질 것이기 때문이다. 또한, 공급자 평가 또는 물류 성과와 연계된 가격 설정 등과 같은 **진입 장벽**은 신뢰성이 없는 공급자가 개선을 하도록 하고 동시에 고객에게 중요하지 않은 우선순위 주문, 개별화, 또는 주문 수정을 회피하는 데 도움이 될 수 있다. 생산 내부에서는, 예방 정비를 실행하는 일은 교란의 회피를 위해 매우 중요하다.

생산 관리의 목표

생산 관리는 가능한 한 간결하고 표준화되도록 설계한다. 직원과 경영진이 정해진 표준을 엄격하게 준수하는 일이 매우 중요하다. 고객 탁트 타임과 정렬되어 있는 신뢰성 있고, 균형 잡힌 생산 공정은 매우 중요한 전제 조건이다. 생산 계획 부서는 융통성 있으면서도 난기류가 있는 공장 환경에 대한 균형 잡힌 대응이 가능하도록 이와 같은 유형의 통제를 가능하게 할 책임이 있다(섹션 3.4).

3.3.1 생산 공정의 직접 결합

경우에 따라 생산 공정을 설계지침 2(섹션 3.2.2)에 따라 흐름 생산으로 통합할 수 없을 경우에는 개별 생산 공정들을 라인 생산 형태로 결합할 수 있다. 이것은 FIFO(선입선출) 라인 방식을 이용해 실현한다. 여기서 FIFO는 선입선출(first in first out)의 약자이다. 어떤 부품이든 생산 공정에 먼저 도착한 것이 먼저 공정을 떠나도록 하고, 다른 부품이 따라잡는 것을 허용하지 않는다. 이와 같은 엄격한 규칙은 모든 생산 공정에 걸쳐 정해진 생산 순서가 준수되는 것을 보장한다. 정의된 순서를 지켜야 하는 의무는 일상적인 공장 운영에 있어서 일반적일 수 있는 또 하나의 원칙이 실현되는 것을 방지하는데, 그것은 이른바 FINO 규칙 즉, '선입 절대 불출(first in never out)' 규칙이다. 두 번째 특징적인 특성으로서, 모든 FIFO 라인에는 정해진 길이 즉, 최대 허용 가능 재고 수준이 할당된다. 다음의 설계지침은 별개의 생산 공정을 결합하는 데 적용한다.

> **설계지침 3** FIFO 결합
>
> 연속하는 생산 공정으로서 조직 또는 기술적인 이유로 인해서 연속 흐름 공정으로 통합할 수 없는 것은 가능한 한 재고 수준이 제한된 형태의 라인 생산으로 결합한다.

린 경영 문헌에서는 FIFO 결합을 '순차적 당겨가기(sequential pull)'라고 부른다. 이것은 예측 지향의 밀어내기 시스템에 반대되는 고객이 수행하는 '당겨 가기'를 강조한다. 제한된 재고 수준 덕분에, 다른쪽 끝에서 고객이 부품을 불출하지 않는 한 주문은 발주되지 않는다. 그러므로 라인 생산은 항상 고객 탁트 타임과 완벽하게 일치되며 동시에 '불가역적으로' 처리할 주문의 **순서**를 결정한다. 그러나, 자재 흐름의 관점에서 보았을 때, FIFO 라인은 상류의 생산 공정이 제품을 가치 흐름을 따라 밀어내므로 밀어내기 생산을 구성한다는 점에 유의해야 한다. 기껏해서, 주문 발주 논리를 '당겨 가기'라고 지칭할 수는 있을 것이다. 따라서, '밀어내기-당겨가기'라는 구분만으로는 실제로 통제 시스템을 합리적으로 차별화된 방식으로 설명하는 데 충분하지 못할 수 있으며, 그런 이유로 해서, 이 책에서는 그러한 표현은 많은 경우 사용하지 않는다.

다음 절에서는 우선 FIFO 라인을 통해 생산 공정을 결합하는 **기능 논리**와 그것에 사용되는 각각의 기호를 제시한다. 흐름 생산을 구현하는 과정에서 직면하는 다양한 기술적인 장애와 마찬 가지로(섹션 3.2.2), FIFO 결합을 위한 다양한 서로 다른 **적용 사례**의 가능성은 해당 장애를 극복할 수 있는 힘을 갖추고 있다. 이러한 맥락에서, 가치 흐름의 다양한 분기 및 융합 가능성에 특별한 관심을 기울여야 한다,

FIFO 결합의 기능 논리

신호. FIFO 라인은 결합되는 생산 공정을 연결하는 두 개의 평행선으로 기호화한다. 그 중심에는 FIFO 약자가 있는 화살표가 가치 흐름 전반에 걸쳐 정해진 순서에 대한 준수 의무를 나타낸다(그림 3.26). 두 개의 생산 공정이 FIFO 라인으로 결합되는 경우, 최대 재고를 초과하지 않도록 하기 위해서 하류 공정은 한 개의 제품을 FIFO 라인으로부터 인출할 때마다 **불출 신호**를 발신한다. 해당 제어 맥박은 화살표의 형태로 표시

한다. 명료화를 위한 목적으로, 도표 속에서 대시가 있는 선을 사용한다. 신호 자체는 하나의 원으로 기호화하는데, 여기에서는 '일정한 재공품'을 의미하는 '콘윕(ConWIP)'이라는 표시를 한다. 이렇게 해서, 생산 현장의 재공품 수량은 일정한 수량을 유지하며, 결정적인 통제 값 즉, 최대 재고 수치는 'max. pcs.로 원형 안에 기입한다.

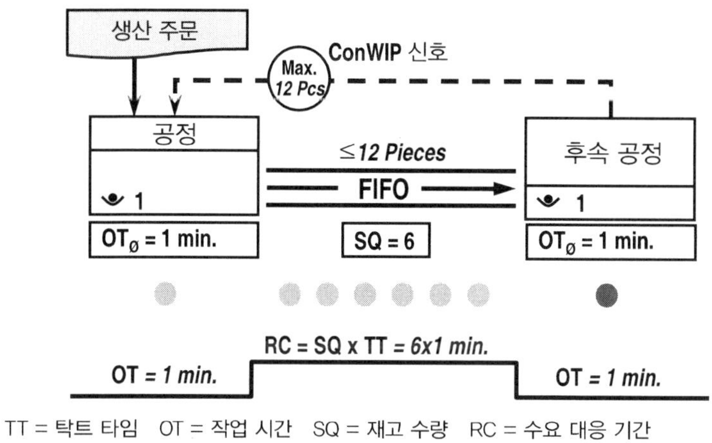

그림 3.26 FIFO 결합

불출 신호는 전자적으로 전송하거나, 아니면 최대 품목 수에 상응하는 라미네이트 간판을 설치할 수 있다. 그런 다음 이런 콘윕 카드는 부품이 FIFO 라인을 따라 이동하는 동안 따라간다. 후속 공정에서 부품의 처리가 시작되면, 카드는 이전의 공정으로 반환되고, 이전 공정은 이로써 생산 주문을 받아 카드를 이번 생산할 제품에 부착한다. 상류 공정에 대한 콘윕 신호 형태의 불출 정보는 생산 계획의 사양에 따라 다음 이형의 생산을 정의하는 실제의 **생산 주문**을 구성한다. 해당하는 구체적인 요건과 관련 생산 계획의 설계에 따라, 생산 주문은 개별 부품 또는 롯트 전체를 발주한다(섹션 3.4.1).

재고. 우리의 사례에서, 콘윕은 최대 12개로 고정되어 있다(그림 3.26). 단순화를 위한 목적으로, 최대 재고는 콘윕 기호 대신에 FIFO 기호 바로 위에 기재한다. FIFO 라인 기호 아래에는, 가치 흐름 분석에서 결정된 재고 수량(SQ)을 기입한다. 이것은 원 안에 기재된 최대 수량보다 작거나, 통제 오류가 있는 경우에는 그 수치를 초과할 수 있다. FIFO 라인이 생산 공정 간의 라인 균형화 또는 기타의 완충 기능을 대체하기 때문에, 실제의 재고는 결정된 값보다 작아야 하는데, 이는 그렇지 않을 경우 완충을 위한 여지가 없을 것이기 때문이다. 배치가 올바르게 되어 있고 완충 이외에는 더 이상의 안전재고가 없을 경우에는, 평균 재고는 정의된 최대 재고의 50퍼센트와 같게 될 것이다.

단순화를 위한 목적으로 우리의 사례에서는 두 개의 생산 공정의 평균 처리 시간과 같은 1분인 고객 탁트 타임은 따라서 6개의 평균 재고 수량으로 귀결되고, 따라서 완충 재고의 수요 대응 기간은 6분이 되고, 개당 생산 리드 타임은 8분이 된다. 흐름 생산의 2분의 생산 리드 타임(그림 3.14)과 비교했을 때, 생산 리드 타임은 상당히 증가했으나, 중간 재고의 경우에 측정한 각각에 상응하는 시간 또는 일수와 비교했을 때는 훨씬 낮은 수준을 유지하고 있다. FIFO 방법은 재고를 이전에 결정한 수준으로 조절하며, 최대 수량을 제한하고 각각의 적용 사례에 따라서 그것을 거의 일정하게 유지한다. 이것은 생산 리드 타임은 매우 예측 가능하게 만들면서 계획 및 통제 시스템의 일정 계획 수립 요건을 최소화한다.

품질 관리. 필요한 품질 표준의 일관된 준수는 FIFO 결합의 원활한 기능을 위해 필수 불가결한 전제 조건이다. FIFO 라인이 다음 공정에 닿을 때까지 감지되지 않고 통과된 불합격은 추가적인 생산 공정 또는 재작업을 필요로 하며, 따라서 주문의 순서를 뒤섞게 된다. 그 결과, 생산 리드 타임이 예측 불가능한 방식으로 변동하고 그에 따라 생기는 생산 현장의 난기류는 완료 예측을 올바르게 하는 데 방해가 된다. 생산 공정 내의 불가피한 불량의 경우, 예를 들어 **공정 중 검사**를 통해 오로지 양품만 후속 공정으로 전달되는 것을 보장할 수 있다. 생산의 변동이 적게 만들기 위한 현명한 대안은 모든 후속 공정에 모든 이형의 안전재고를 두는 방법이 될 수 있으며, 이것은 필요할 경우 공정 중에 대체품으로 끼워 넣을 수 있다. 이것은 실제로 성공 가능성이 있는 대안이면서도 동시에 낭비 공정의 표준화에 대한 완벽한 예가 될 수 있을 것이다.

FIFO 연쇄. 만일 복수의 생산 공정이 FIFO 라인을 이용하여 연속적으로 결합되어 있을 경우에는, 연쇄의 마지막 공정으로부터 첫 번째 공정으로 하나의 통제 맥박만을 전달하는 것만으로도 충분하다(그림 3.27, 아래). 이 경우, 콘윕 기호 내에 들어갈 수 있는 최대 재고는 모든 관련 공정 사이에 상호 결정하고, 각각의 개별 FIFO 라인에 할당하지 않는다. 그러나, 이것은 관련된 모든 FIFO 라인이 전체 최대 재고를 수용할 수 있어야 한다는 것을 의미한다. 따라서, 사례에서 공정 2와 공정 3 앞의 최대 재고는 합해서 합계 15개가 되며, 따라서 공정 2는 이제는 5개가 아닌 15개의 완충 장소가 필요하다. 이것은 전체 연쇄의 합계 재공품 수를 늘리지는 않는데, 그것은 두 개의 FIFO 라인 모두가 능력까지 채워질 수 없기 때문이다. 이것은 각각의 최대 재고를 늘릴 필요 없이

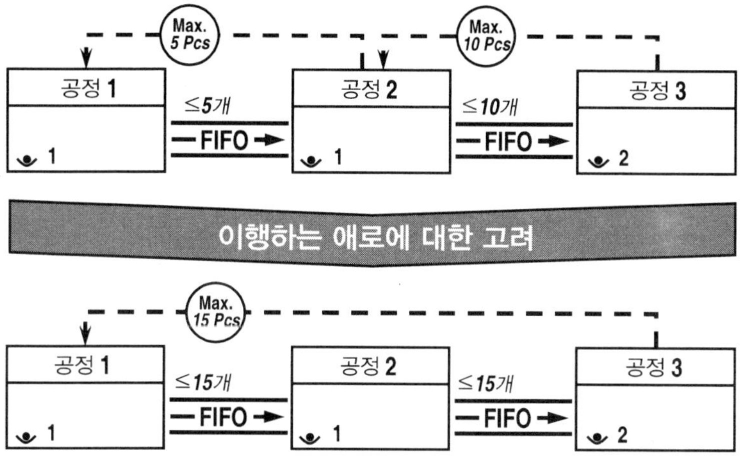

그림 3.27 복수 공정의 FIFO 결합

단순히 각각의 완충을 늘리도록 함으로써 일시적으로 애로를 이전시킨다는 추가적인 장점이 있다.

FIFO 결합의 적용

가장 단순한 경우, FIFO 결합은 두 개의 생산 공정 사이의 커다란 공간적인 거리를 극복하는 역할을 한다. 일종의 완충으로서, FIFO 시스템은 탁트 타임의 차이, 교체 시간의 차이 및 장애 관련 비가동 시간을 보상한다. 우리는 생산에서 다음과 같은 다섯 가지의 서로 다른 경우를 구분해 볼 수 있다.

콘윕 재고의 정확한 **크기 결정**을 촉진하기 위해서, 여기에서 각각의 응용의 경우에 대한 단순한 계산 공식을 기술한다. 일반적으로, FIFO 라인은 예를 들어 동시에 발생하는 탁트 타임의 차이 및 비가동 시간과 같은 경우 동시에 복수의 완충 기능에 대처할 수 있어야 한다. 또한, 특정한 공간적인 거리는 그렇지 않을 경우에는 우리가 흐름생산을 추구하게 될 것이기 때문에 일반적으로 연결이 필요하게 된다. 이 경우, 서로 다른 완충 부분을 단순히 합계한다.

계산에는 공정의 행태, 최대 비가동 시간, 생산 리드 타임 및 이동 시간의 변동 등에 관한 복수의 가정을 포함하기 때문에, 특히 복잡한 상황 하에서는 그 결과가 개략적인 지침 값 이상이 될 수는 절대 없다. 따라서, 최초의 상당히 높은 콘윕 재고로부터 점진적인 감소를 통한 단순한 경험적인 지속적 공정 개선을 추구하는 방법이 최상의 가능한 해결 대안이 될 것이다. 최초의 임시적인 자재 지체가 발생하는 즉시, 관련 생산 공정을 개선을 하거나 아니면 완충 재고를 증가시켜야 한다.

원거리의 연결. FIFO 결합은 기술적인 이유 또는 지나치게 과도한 변경 비용으로 인해서 서로 인접하게 위치하지 않고 있는 공간적으로 분리되어 있는 생산 공정에 적합하다. 특히 먼 거리의 FIFO 라인의 실제의 구현을 위해서는, 벨트 또는 여타의 컨베이어 기법을 적용할 수 있다. 이미 그림으로 표시한 예에서 제시한 바 있듯이, 단순히 추가적인 이동 시간에 더하여 연장된 낱개 단위 흐름까지 가능하게 할 것이다. 하지만, 많은 경우 원가 및 변동 가능성으로 인해서 생산 공정의 물리적인 결합은 바람직하지 않다. 이러한 경우, 작은 부품의 수작업 운반 작업을 낱개가 아닌 용기에 담아서 하게 된다. 이들 각각의 용기는 콘웝 카드가 장착되어 있다. 용기 당 최대 재고는 이동 시간(MT)과 필요한 작업 시간을 이용하여 다음과 같이 계산한다.

$$Con\,WIP = \frac{(OT \times CQ) + MT}{TT} = \frac{(60\text{sec.} \times 5Pcs.) + 20\text{min}}{60\text{sec.}} = 25Pcs. \tag{3.3}$$

여기서,		
	ConWIP	제한 재고 수준 [pcs.]
	OT	선행 공정의 작업 시간 [시간 단위]
	CQ	운반 수단의 용기 수량 [pcs.]
	MT	운반 시간 [시간 단위]
	TT	탁트 타임 [시간 단위]

여기에서, 두 가지 유형의 포장 단위를 구분해야 한다. 서로 다른 이형을 임의로 **운반 용기** 내에 묶음화하고, 그 다음 그렇게 결합된 공정 사이를 오가도록 할 수 있다. 이 방법은 고객 고유의 제품에 대해 요구되는 바와 같은 낱개 단위 생산을 할 수 있도록 하며, 이형의 수가 많은 경우에 매우 도움이 된다. 이러한 **동일한 제품의 묶음**은 전체 생산에 걸쳐 작업을 진행하는 소규모 롯트 크기를 구성한다.

라인 균형화 완충. FIFO 라인 내의 상대적으로 작은 재고는 예를 들어 후속 공정의 속도를 선행 공정에 비해 상당히 높이거나 낮춤으로써 이형 의존적인 **탁트 타임의 차이**가 균형을 이룰 수 있는 정도로 생산 공정 간의 분리를 가능하게 한다(그림 3.28 사례 2). 상호에 대해 변동하는 모든 수요는 그렇게 해서 FIFO 라인을 통해 완충할 수 있다. 따라서, 예를 들어 흐름 조립 공정 뒤에 이전의 흐름 조립의 주기 시간보다 약간 작업 시간이 빠른 검사 공정을 뒤따르게 할 수 있다. 해당하는 검사 공정의 능력은 평균 작업 시간을 이형별 개수로 가중한 값($OT_{weighted, \phi}$)이 흐름 조립의 주기 시간과 같으면 언제든 충분할 것이다.

FIFO 라인의 필요한 최소 길이($ConWIP_{min}$)는 이전 공정의 각각에 해당하는 작업 시간과 반대되는 특정 이형의 최대 작업 시간의 탁트 타임 편차를 직접 연달아 생산되는 동일한 이형 제품의 최대 수량으로 곱하여 계산한다. 우리의 사례의 경우, 고객 탁

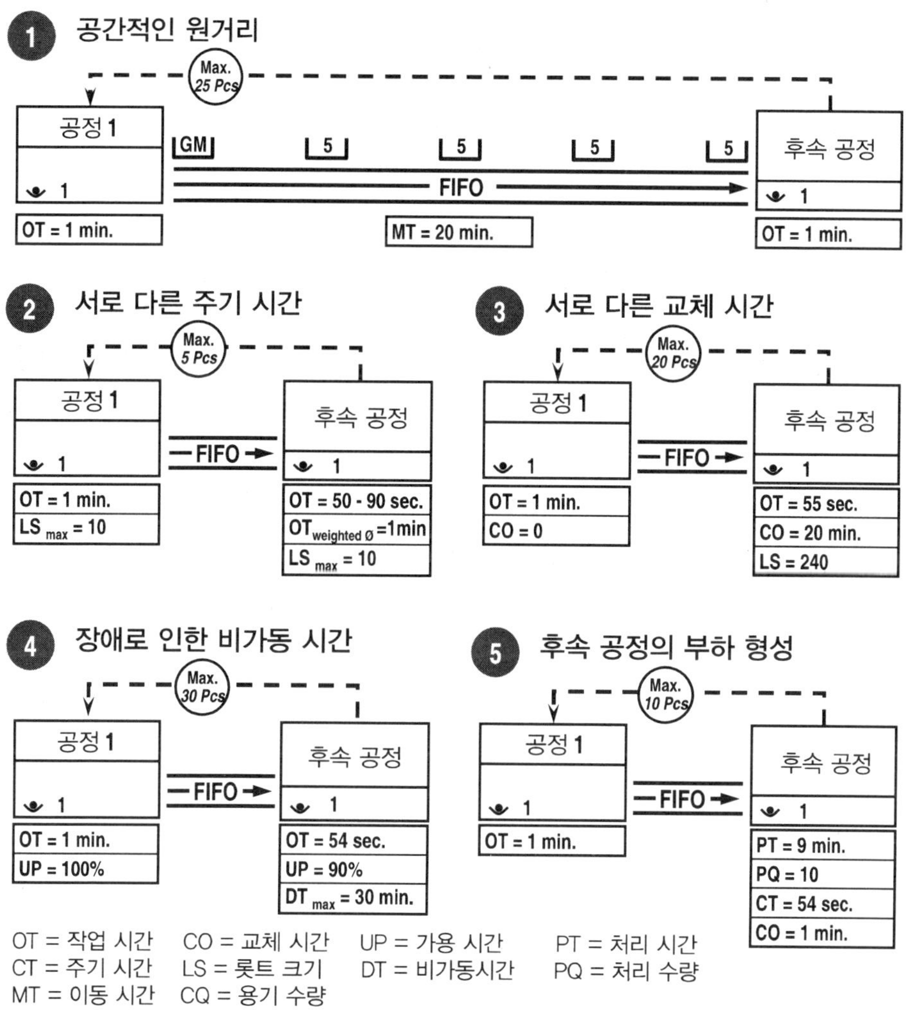

그림 3.28 FIFO 결합의 적용 사례

트 타임은 1분, 후속 공정의 최대 작업 시간은 10개의 롯트 크기에 대해 90초이다(그림 3.28, 사례 2). 이 경우, FIFO 라인은 이전 공정의 과다 생산에 완충을 제공하기 위해서 최소 5개의 완충을 보유하고 있어야 한다. 이러한 완충 재고는 나중의 보다 짧은 검사 주기에서 자동적으로 줄어들게 되며, 그럼으로써 상대적으로 긴 검사 주기에서 부품의 상대적으로 느린 불출을 위한 여유를 만들어 낼 것이다.

$$Con\,WIP = \frac{(OT_{max} - OT)}{TT} \times LS = \frac{(90sec. - 60sec.)}{60sec.} \times 10Pcs. = 5Pcs. \quad (3.4)$$

여기서, ConWIP 제한 재고 수준 [pcs.]

OT 선행 공정의 작업 시간 [시간 단위]

OT_{max} 선행 공정의 작업 시간 [시간 단위]

TT 탁트 타임 [시간 단위]

LS 롯트 크기 [pcs.]

비록 예방 조치로서 완충을 약간 크게 선택하더라도, 이형 조합은 탁트 타임 편차 및 완충 크기에 따라 순서 제약을 받게 될 것이며, 이것은 생산 계획 수립 시에 감안해야 한다(섹션 3.4.2).

교체 시간 완충. FIFO 완충은 또한 후속 공정의 교체 시간 중에 상류 공정이 생산하는 제품을 완충하는 데도 활용할 수 있다(그림 3.28 사례 3). 하지만, 이것은 오로지 하류 공정 자체가 전혀 교체 시간이 없거나 최소의 교체 시간이 적용되는 경우에만 필요하게 된다. 상류 공정의 작업 시간이 1분이고, 후속 공정의 교체 시간이 20분인 우리의 사례에서는, 그 결과 귀결되는 시간 차이가 정확히 완충되어야 할 대상이다. 따라서, 20개의 최대 재고는 다음과 같이 계산된다.

$$\begin{aligned} Con\,WIP &= \frac{CO}{TT} = \frac{20min}{60sec.} = 20Stck. \\ LS_{min} &= \frac{CO}{(OT - OT_s)} = \frac{20min}{(60sec. - 55sec.)} = 240 \end{aligned} \quad (3.5)$$

여기서, ConWIP 제한 재고 수준 [pcs.]

CO 교체 시간 [시간 단위]

TT	탁트 타임 [시간 단위]
OT	선행 공정의 작업 시간 [시간 단위]
OT_S	후속 공정의 작업 시간 [시간 단위]
LS_{min}	최소 롯트 크기 [pcs.]

두 개의 공정 사이의 5초의 **단위당 생산 시간 차이**로 인해서, 상류 공정에 비해 교체 시간으로 상실된 시간을 충당하기 위한 후속 공정의 최소 롯트 크기 요구로 귀결된다. 240개의 최소 롯트 크기는 교체 시간을 단위당 생산 시간의 차이로 나누어 계산한다(등식 3.5).

비가동 시간 완충. 교체 시간과 마찬 가지로, 후속 공정의 장애 관련 비가동 시간 부서도 완충할 수 있다. 이를 위해서, 완충해야 할 기대 최대 비가동 시간(DT_{max})은 경험 값에 기초하여 결정한다(그림 3.28 사례 4). 비가동 시간은 장애를 인식하고 유지보수 부서에 선언하는 데 소요되는 시간, 가용한 유지보수 인원의 도착까지 기다리는 데 소요되는 시간, 진단과 예비 부품의 구매를 포함한 수리 및 재기동에 필요한 시간으로 구성된다. 이러한 목록은 명확하게 비가동 시간이 얼마나 해당하는 유지보수 조직의 품질에 의존하는지, 그리고 최적화된 절차에 의해 그것이 얼마나 단축될 수 있는지를 잘 보여준다. 유지보수 인력의 반응성과 자격 요건 외에도, 예비 부품 및 도구의 가용성 및 간편한 접근성에도 큰 중요성이 부여된다. FIFO 완충은 완충되어야 할 최대 비가동 시간만큼 크게 설계해야 한다.

$$Con\,WIP = \frac{DT_{max}}{TT} = \frac{30\text{min}}{60\text{sec.}} = 30Pcs. \approx \frac{DT_{\phi} + 3 \times \sigma_{DT}}{TT} \tag{3.6}$$

여기서,	ConWIP	제한 재고 수준 [pcs.]
	$DT_{max/\phi}$	최대/평균 비가동 시간 [시간 단위]
	σ_{DT}	비가동 시간의 표준편차 [시간 단위]
	TT	탁트 타임 [시간 단위]

확률적인 정규 분포에 기초하여, 중간 비가동 시간에 비가동 시간의 표준 편차(σ_{DT})의 3배를 더한 값이 99.9퍼센트의 가용 시간을 보장하게 될 것이다. 하지만, 모든 악조건

에도 불구하고 비가동 시간이 발생하지 않는 경우, 충분한 불출 신호에도 불구하고 상류 공정이 생산을 따라잡지 못하고 사례에서 보는 바와 같이 개당 6초의 시간을 상실하게 될 것이므로, FIFO 완충은 바닥이 날 것이다. 이와 같은 경우, 자재 흐름이 끊기고 후속 공정에서는 대기 시간이 발생하게 될 것이다.

배치(묶음) 완충. FIFO 결합은 또한 후속 공정의 배치 형성도 가능하게 한다. 즉, 배치 공정이 필요한 처리 수량을 구성할 때까지 충분한 재고를 축적한다. 물론, FIFO 완충은 그리고 나면 최소한 해당 배치를 포함될 수 있을 만큼의 많은 수량의 부품을 유지할 수 있어야 한다. 사례의 최대 재고는 10개에 상응하는 처리 수량이다(그림 3.28 사례 5). 하지만, 이것은 상류 공정에서 공급되는 순서가 실제로 예를 들어 고객 고유의 보어 구멍이 있는 서로 다른 주물 부품이 함께 배치를 구성하고 있어서 바구니 속에서 세척을 함께 실행할 수 있을 경우에만 작용한다. 하지만, 이형별로 고유한 표면 처리(도장, PVCD 코팅, 아연 도금)를 해야 하는 경우에는, 제품들을 임의의 순서로 차리할 수가 절대 없을 수 있으며, 그런 점을 해당하는 순서를 계획할 때 감안해야 한다(섹션 3.4.3).

공급자 연결

FIFO 결합은 또한 공급사슬에서도 구현할 수 있다. 이것은 공급자 간반을 통해서 원자재 또는 표준화된 부품 대신 이형 고유의 구매 부품을 구매해야 하는 경우에는 언제든 필요하다(섹션 3.3.2). 변동이 심한 경우에는, 모든 이형의 재고를 유지하는 것이 언제나 바

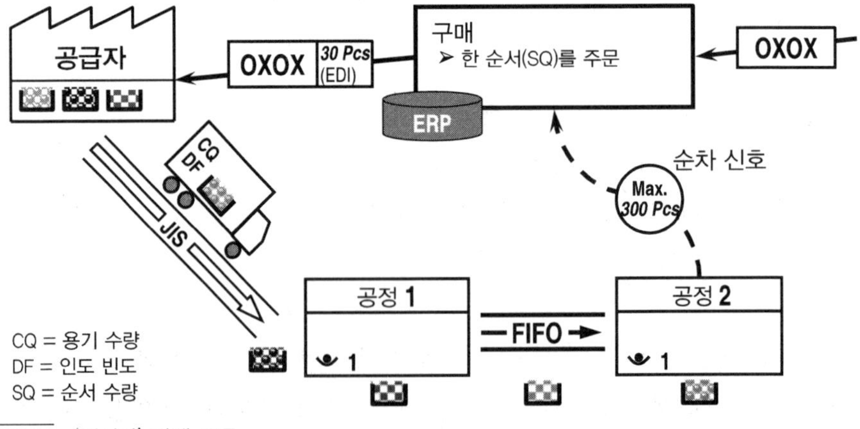

그림 3.29 '직서열' 자재 공급

람직하지 않으며 실제로 가능하지도 않다. 그 대신, 이형 조합의 **직서열**(just-in-sequence: JIS) 인도 조치를 한다(그림 3.29). 가치 흐름 상의 최후의 생산 공정이 다음 제품을 생산할 준비가 되었을 때는 언제든, 발주 신호가 구매 공정에 자동적으로 전송되어 해당 이형의 다음 구매를 승인한다. 관련 하류 공정은 보조설정자의 역할을 수행한다.

하지만, 실제로는 부품은 다른 이유 가운데서도 특히 인도가 개별 부품 단위로 이루어지지 않고 트럭 운송 롯트 단위로 이루어지기 때문에, 낱개로는 발주가 이루어지지 않는다. 따라서 몇 개의 순서 신호를 누적하였다가 순서 수량(SQ)을 발주한다. 순서 기호는 직사각형 틀에 표시한 XOXO 문자로 구성된다. 상응하는 이형 조합은 특정한 규칙에 따라 생산 계획 수립에서 결정한다(섹션 3.4.2). 공급자는 원하는 순서에 따라 이형을 생산하고 그것들을 용기 내에 분류하여 그에 따라 트럭에 적재한다. 공급자 연결을 표시하는 기호는 외부 운송을 나타내는 넓은 흰색 화살표로 틀이 만들어져 있는 JIS 라인으로 구성된다. 고객 고유의 부품은 동일한 방식으로 취득할 수 있다. 공장 건설과 같이 주문 빈도가 낮을 경우에는, 통상적인 구매 프로세스를 포괄 계약(framework contract)에 따라 개별 주문까지 유지한다.

분기된 가치 흐름

FIFO 결합은 라인의 원칙을 유지하는 한 편으로, 가치 흐름의 분기가 가능하게 해준다. 가장 단순한 분기의 경우에는, 복수의 제품 이형이 단순히 어떤 생산 공정을 건너뛴다(그림 3.30, 사례 1). 분기 기호는 백분비 값으로 각 분기의 상대적인 강도를 나타낸다. 하지만, 특별한 생산 단계가 있는 이형의 경우에는 다른 이형에 의해 추월된다는데 주의를 기울여야 한다. 이형 조합에서는, 측면 분기의 다소 일관된 활용이 보장되어야 한다.

매우 차별화된 제품이 있는 상대적으로 복잡한 가치 흐름에서는, 부분적으로 평행하는 가치 흐름도 존재할 수 있다(그림 3.30 사례 2). 하지만, 그것들이 공유하는 생산 공정으로 재결합할 수 있기 위해서는, 각각의 FIFO 라인은 하나의 동일한 인출 구역으로 융합되어야 한다. 하지만, 이것은 서로 다른 생산 공정의 생산 리드 타임(완충의 길이 및 작업 시간)이 다를 경우에는 주문 발주 순서가 뒤섞이게 되므로, 생산 조합 계획에서는 두 분기 모두의 균형 잡힌 활용을 목표로 삼아야 한다(섹션 3.4.2).

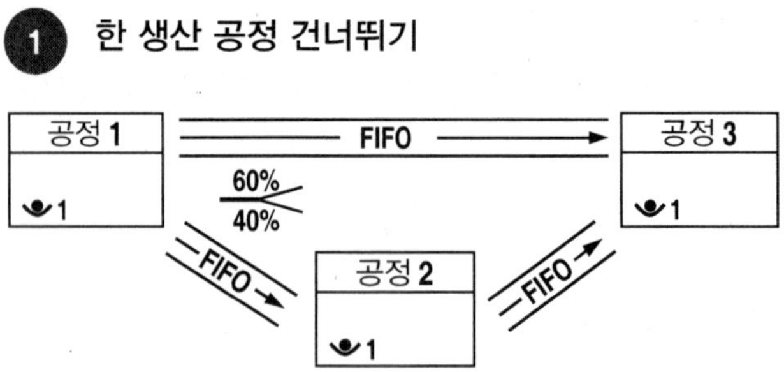

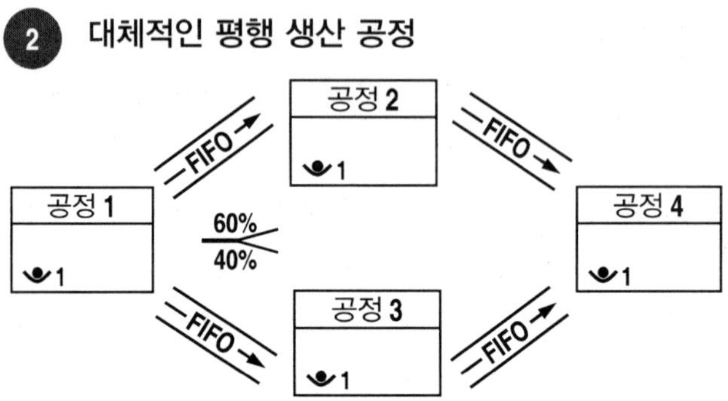

그림 3.30 분기된 가치 흐름

동기화. 두 개의 부분적인 가치 흐름의 융합은 서로 다른 원천에서 처리된 부품들이 하나의 결합하는 공정(예: 조립, 용접)으로 통합될 때도 활용할 수 있다. 상류의 분기 가운데 하나의 공정이 정규적인 FIFO 연쇄 속에서와 같이 하나의 콘윕 신호 및 생산 주문을 통해 활성화되고, 그럼으로써 그것을 하나의 주된 가치 흐름으로 바꾸는 경우, 그것은 가장 중요한 부품에 대한 사전 생산이 될 것이다. 그럴 경우에, 측면의 가치 흐름은 주된 가치 흐름의 이른바 **골프공 신호**(golf ball signal)(그림 3.31)를 통해 유발될 것이다. 이와 같은 통제 논리는 주된 가치 흐름 분기를 통한 이형 고유의 측면 분기의 **동기화**를 통해 촉진된다.

'골프 공'이란 용어는 이와 같은 통제 논리의 구체적인 구현상의 특성을 지칭하는데, 여기서는 생산할 다음 이형에 따라서 주된 분기 내의 작업자가 특정한 색상의 골프 공을 집어 들고 그것을 측면 분기에 있는 작업자에게 우편물 전송관을 통해 전달한다. 이것은 측면 분기 내에 있는 작업자가 필요한 이형을 올바른 순서로 생산할 수 있게 해준다. '골프 공'과 관련된 이형의 순서는 밝은 색과 어두운 색의 원으로 기호화된 순서를 통해 동기화된다(그림 3.31). 이러한 접근 방법은 조립과 서로 다른 사전 생산 구역(부품 조립, 사전 생산)의 연결에서 FIFO 원칙의 엄격한 준수를 보장한다. 이것은 쉽게 적용할 수 있으며, 예를 들어 주 부품 상의 색상이 있거나 번호가 매겨진 깃발, 전자적인 것, 또는 어쩌면 인쇄된 카드와 같은, 시각적인 다른 도구를 이용해서도 역시 구현할 수 있다.

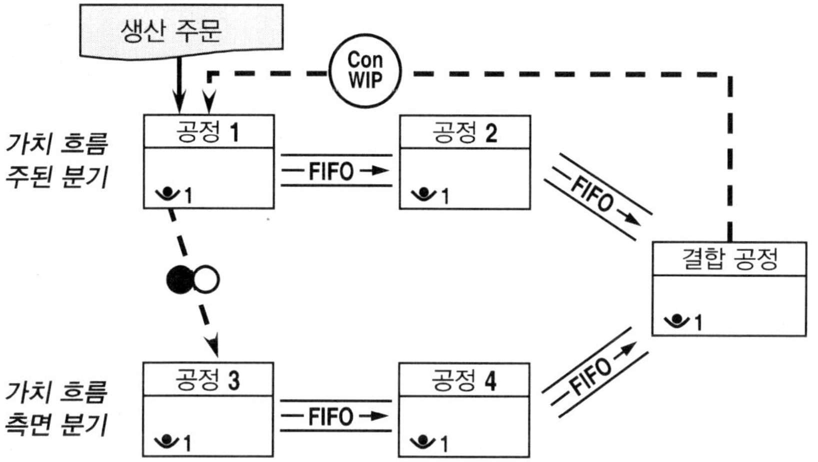

그림 3.31 골프 공 신호를 이용한 동기화

라인 생산의 FIFO 결합

목표. FIFO 논리로 결합된 생산 공정에서 주문은 미리 할당되고 변경할 수 없는 순서로 생산 공정 전체에 걸쳐 밀어내 보내진다. 불출 신호를 통한 최대 재고의 준수는 계산 가능한 생산 리드 타임과 생산 현장의 상대적으로 작은 재고로 귀결된다.

접근 방법. FIFO 라인의 완충 기능은 공급자 연결을 포함하는 먼 거리의 생산 공정 사이의 운송을 가능하게 한다. 상류 공정의 롯트를 배치 생산을 위해 축적할 수 있다. 또한, 결합된 생산 공정 사이의 탁트 타임의 편차, 교체 시간 및 장애 관련 비가동 시간도 정의된 한도 내에서 완충할 수 있다.

복수의 가치 흐름의 융합은 골프 공 신호를 이용하여 동기화되는데, 이것은 분기된 가치 흐름 내의 주문 발주를 하나의 단일한 유발 용의 신호를 통하여 가능하게 만든다.

사례연구 정수필터에서는, 밀링과 세척이 현재 상태에서 이미 FIFO 라인을 통해 결합되어 있다. 세척기는 각각 12개의 부품을 담은 바구니를 활용하여 잘 작동하고 있다. 컨베이어 벨트 상의 임의의 이형 조합을 개별적으로 세척할 수 있는 새로운 세척기에 대한 투자를 하게 될 경우에는 흐름 생산으로의 통합을 가능하게 할 수 있다. 하지만, 이것은 변동성이 작은 직렬 생산이기 때문에 이것은 어떠한 추가적인 융통성도 실현하지 못하게 될 것이다. 따라서 현재 상태를 변경하지 않고 유지한다(그림 3.32). 그 대신, 세척기 앞의 정확히 10개소의 세척 바구니 고정 구역을 표시한다. 빈 고정 구역이 하나도 남지 않게 될 경우에는 언제든 밀링 작업은 정지되어야 한다. 이것은 어떠한 추가적인 정보 흐름도 필요하지 않는 시각적인 방식으로 되어 있는 관련 작업 현장의 설계를 통해 불출 신호를 구현하는 것이 된다. 다른 생산 공정과는 어떠한 FIFO 결합도 의도하지 않고 있다. 이것은 다음에서 자세히 설명하게 될 것이다.

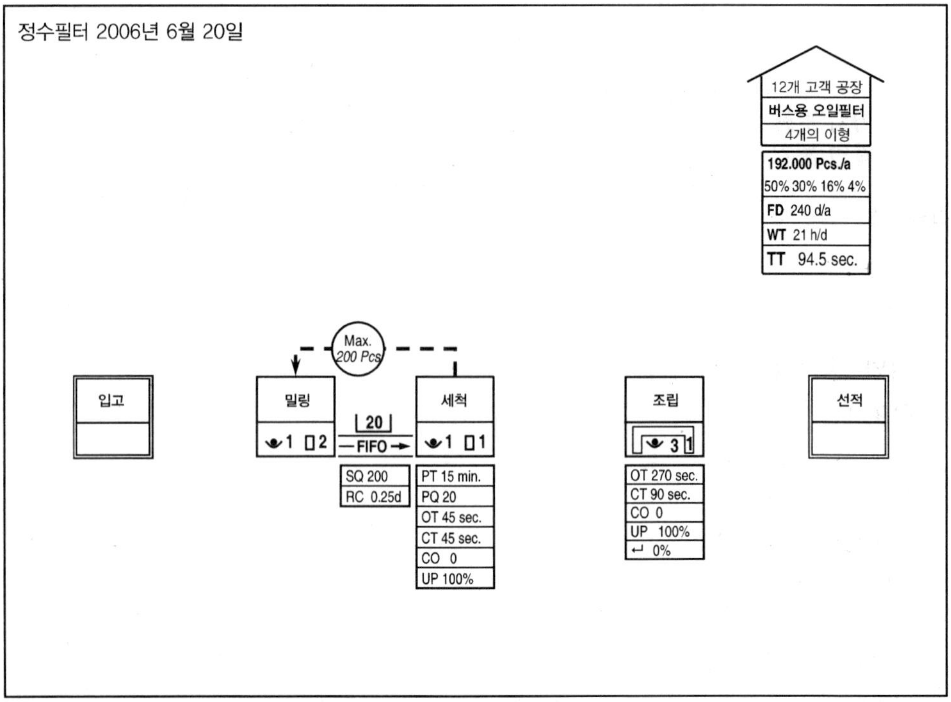

그림 3.32 정수필터의 가치 흐름 설계(2): FIFO 결합

3.3.2 소비 지향형 간반 조절

용도. 라인 생산에서, 생산 공정들은 단단하게 결합되어 있어서, 서로 다른 이형간의 순서는 가치 흐름 전체에 걸쳐 변경이 불가능하다. 따라서, 필요한 이형 순서를 아주 조기에 결정해야만 한다. 생산 공정이 많고, 비교적 생산 리드 타임이 긴 가치 흐름에서는, 생산은 고객 수요의 변동에 충분히 신속하게 대응할 수 없게 마련이다. 이것은 사전 가공을 통해 완충할 수 있으며, 특히 변동이 심한 생산일 경우, 상류 공정을 하류 공정과 **분리**하는 것이 필요하게 될 것이다. 또한, 수많은 연결된 생산 공정이 있는 광범위한 라인 생산은 지나치게 많은 거의 항상 발생하는 소규모의 장애가 상호 증폭할 경우에는 쉽게 불안정해질 수 있으며, 그런 경우에는 긴 공정 연쇄를 두 개의 분리된 부분으로 분리하는 것이 편리하다는 것이 드러날 수 있다.

조립과 같이 결합하는 공정에서는, 통상 복수의 가치 흐름이 융합되며, 각각은 내부적으로 생산된 부품을 결합 공정에 제공한다. 또한, 구매 부품이 가용해야 한다. 이를 위해서는 모두 서로 다른 시점에 서로 다른 수량으로 도착하며 올바른 이형에 할당되어야 하는 부품의 **동기화**가 필요하게 되는데, 이것은 FIFO 결합에서는 통상적으로는 가능하지 않은 일이다.

이외에도, 라인 생산은 교체 시간이 전혀 없거나 최소한인 즉, 개당 관련 작업 시간보다 상당히 적은 생산 공정에 적합하다. 중첩되는 롯트 생산을 하는 경우, 롯트 크기는 교체 시간이 가장 긴 공정과 일치하도록 정해진다. 그러나, 모든 연결된 생산 공정은 교체 시간이 거의 동일해야 하며(섹션 3.3.1), 그렇지 않을 경우에는 상대적으로 상당히 교체 시간이 짧은 공정은 FIFO 결합 내에서 일반적으로 발생하는 교체 관련 대기 시간으로 인해서 능력 한도까지 가동되는 일이 절대 불가능하다. 지배적인 틀을 구성하는 조건으로 인해 과도한 롯트가 정의될 수 밖에 없게 될 것이므로, 이형 융통성이 상실되지 않도록 하기 위하여 해당 공정에 통상적으로 요구되는 것보다 규모가 큰 자원과 교체 시간이 필요하게 될 것이다. 일반적으로, 생산은 교체 시간이 서로 다른 생산 공정들을 포함하는데, 이것은 능력 활용과 융통성의 이유로 인해서 서로 다른 생산 공정에 대해 복수 사용 부품을 **다양한 롯트 크기**로 사용하는 생산으로 이어지고, 라인 생산의 모형에 따른 결합을 거의 불가능하게 만든다.

간반 논리. **롯트 생산** 통제의 가장 단순한 형태는 완고하게 통제 규칙을 행사하기 보다는 조절을 활용하여 통제하는 것이다. 이와 같은 자동적인 조절을 위한 도구는 일본어로 '간반'이라 불리는 **통제 카드**로, 이것은 슈퍼마켓 선반에 적용되는 기능적 원리에 상응하는 통제 시스템이며, 여기서는 슈퍼마켓 선반에서 제품을 인출하면 자동적으로 창고로부터 보충이 이루어지도록 하거나, 또는 상응하는 반복 주문을 유통 센터에 발행하도록 한다. 주문은 통상 포장 단위로 이루어진다. 즉, 모든 낱개의 치약을 사용하는 즉시 발주하는 것이 아니라, 10번째 치약을 판매했을 때마다 10개 단위의 포장을 주문한다. 이러한 원칙과 이미 설명한 바 있는 그것의 변형들이 간반 통제에 반영되어 있다.

간반 통제는 두 개의 결합된 생산 공정을 슈퍼마켓 선반에서 부품을 인출하는 사건이 공급 공정에서 해당 특정 부품 변형의 동일한 수량의 생산을 유발하는 내부의 고객과 공급자 관계의 형태로 연결한다. 이것은 사용한 수량과 정확히 일치하는 수량의 재생산을 보장한다. 이것은 간반 시스템이 올바르게 규정 및 유지된다는 것을 가정할 때는, 계획 오류가 배제되고, 그럼으로써 롯트 생산의 과다 생산이 회피된다. 해당하는 설계지침은 다음에 요약되어 있다.

> **설계지침 4　간반 통제**
>
> 복수 용도 부품을 사용하며 교체 시간이 길고 신뢰성이 낮거나 주기 시간이 변동이 심한 생산 공정은 슈퍼마켓 저장 장소가 있는 롯트 생산으로 연결해야 한다.

롯트 형성으로 인해서, 간반은 오로지 여러 제품에 사용되는 부품의 생산에만 적합하다. 생산 공정은 만일 이형의 수가 적고 소비 속도가 높으며 **꾸준한 수요**가 있을 때는 간반을 이용하여 연결하는 것이 가장 쉬운 방법일 수 있다. 이와 같은 이상적인 조건으로부터 편차가 발생하는 경우에는 언제든 슈퍼마켓의 수요 대응 기간을 늘리는 것이 필요하게 된다. 수요의 변동이 크면 클수록 고객 공정에 대한 지속적인 자재 공급을 위해 상대적으로 많은 재고가 필요하게 된다. 이형의 수가 많아지면 더 많은 저장 장소가 필요하다. 하지만, 소비량이 적을 경우에는 롯트 생산으로 인해서 수요 대응 기간이 늘어난다.

간반 시스템은 '통상적인' 수요 지향형 처분과 매우 유사하다(섹션 2.3.3). 가장 두드러진 차이는 생산 내의 간반의 시각화에 있다. 슈퍼마켓 재고의 고정적으로 할당된 라벨이 부착되어 있는 저장 공간으로 인해 재고의 시각적인 감시가 가능하다. 그 외에도, 간반 시스템에서는 모든 용기가 그 안에 저장되어 있는 부품에 관한 정보뿐만 아니라 그것의 생산 절차에 관한 정보도 포함하고 있는 한 편, 재래식 저장소에는 해당하는 부품이 보관 장소에서 제거되고 부품 식별 태그가 장착될 때까지는 단순히 부품 정보만 제공되는데, 이러한 태그는 간반 시스템과는 반대로 별도로 작성해야만 한다. 간반 시스템에서는 재고의 이동이 생산에 의해 직접 유발되지만, 수요 지향형 처분에서는 통상적으로 계획 수립 및 재고 유지 시스템을 통해 우회해야만 한다.

이와 같은 조직적인 차이를 뛰어 넘어, 다음과 같은 근본적인 차이가 있다. 즉, 간반 시스템은 항상 해당하는 용기 수량에 따라 동일한 롯트 크기를 사용하는 반면, 수요 지향형 처분에 있어서는 롯트 크기를 재계산할 수 있고, '따라서' 수시로 최적화될 수 있다. 하지만, 이것은 생산에 대한 불규칙한 부담으로 귀결되는데, 이것은 투명성을 줄일 뿐만 아니라, 생산 통제를 상당히 복잡하게 만든다. 또한, 수요 지향형 절차에서는 예를 들어 여섯 건의 고객 주문에 대한 수량과 같이 미래 수요를 위해 재고를 예약할 수 있게 해준다. 이것은 간반 시스템보다 조기에 반응할 수 있게 해 주지만, 사안을 보다 복잡하고 예약이 필요한 이유와 시기, 그리고 예약된 재고를 긴급 상황에서 불출할 수 있는지 여부에 관한 의사결정을 더욱 어렵게 만든다. 또한, 간반 시스템에는 수요의 공유가 이루어지지 않는다. 즉, 복수의 간반 롯트가 동시에 필요한 경우라 할지라도 별도로 생산해야 하며 종래의 계획 및 통제 시스템에서처럼 하나의 단일 주문으로 묶지 않는다.

개요. 대체로, 우리는 간반 통제를 세 개의 부류로 구분할 수 있다. 만일 목적이 두 개의 생산 공정을 분리하는 데 있다면, 간반 통제는 공급 공정이 정확하게 고객 공정이 인출해 가져가는 수량 만큼의 롯트 크기로 생산하도록 구현해야 한다. 자재 물류 및 능력 결정 기능에 관한 상세 정보로 보완한 이러한 **생산 간반**의 표준적인 사례에 관해서는 다음에서 설명하게 될 것이다.

하지만, 만일 목적이 서로 교체 시간이 상당히 차이가 나는 두 공정을 결합하는 데 있다면, 간반 통제는 롯트 크기의 변동이 가능하도록 구현해야 한다. 아래에서 소개하게 될 두 가지 유형의 **신호 간반**(signal Kanban)은 수요 지향형 생산 통제와 유사하다. 올바른 롯트 크기의 결정은 간반 시스템의 규격 결정에 있어서 매우 중요하다. 교체 시간 포트폴리오는 이것을 EPEI 값을 이용하여 달성하는 방법을 예시한다.

또한, 간반 통제는 원자재 및 구매 부품의 구매를 위한 쉬운 방법을 제공한다. 구매 부품 포트폴리오는 어떤 유형의 부품을 **공급자 간반**을 이용하여 쉽게 조달할 수 있는지를 보여준다. 원자재의 경우에는 저장 공간 및 주문 물량의 정의에 대해 특수한 요건을 발생시킨다.

생산 간반

기능 논리. 생산 간반은 두 개의 결합된 생산 공정 사이의 슈퍼마켓을 기반으로 작동한다. 이 저장 공간은 고객 공정에 대한 지속적인 공급을 보장하기 위해 항상 공급 공정에서 처리하는 모든 이형을 포함하고 있다. **슈퍼마켓**은 세 개의 선반이 있는 스타일화한 보관 랙으로 기호화한다(그림 3.33). 선반은 왼쪽 즉 해당 재고가 가용하도록 보장하는 책임을 지는 공급 공정 쪽을 향해 개방되어 있다. 연결하는 자재 흐름은 두 개의 화살표로 표시되며, 공급 공정의 완료 후에 보충 재고가 저장 장소로 '밀어내기' 되는 것은 **직선 화살표**로, 고객 공정이 수요에 따라 인출하는 것은 '당겨가기'를 나타내는 원형의 굽은 화살표로 표시되어 있다. 이것은 또한 '보충 당겨가기 시스템'이라고 부른다. 수요 지향형 재화의 당겨가기 인출로 유발되어, 재고는 해당 소비 고유의 방식으로 보충된다.

생산 공정 사이의 자재의 흐름은 간반으로 조절한다. 간반은 상단 오른쪽 모서리가 잘려 나간 직사각형으로 기호화한다(그림 3.33). 모든 간반은 간반 기호에 기입해야 할 주문 단위를 의미한다. 화살표(여기서는 보다 잘 시각화하기 위해서 대시를 사용하였음)는 간반이 전달하는 통제 펄스의 흐름을 나타낸다. 일반적으로, 두 개의 간반 유형이 필요하다. **인출 간반**은 슈퍼마켓 저장 장소에서 고객 공정으로의 운반을 유발한다. **생산 간반**은 공급 공정이 이전의 인출로 인해 이제 슈퍼마켓 재고에서 부족하게 된 부품의 생산을 유발한다. 보다 명확하게 구분하기 위해서, 인출 간반은 빗금을 쳤다.

공급 공정은 인출의 순서와 정확히 같은 순서로 생산 간반의 수량만큼을 생산한다. 이렇게 해서 롯트 크기는 간반 물량과 **일치**한다. 아직 생산해야 하는 간반은 공급 공정 앞에서 대기한다. 예를 들어 롯트 크기의 증가의 목적을 위해 편리할 것으로 보이는 바와 같이, 일관된 생산 리드 타임을 보장하기 위해서 주문 순서는 변경할 수 없다. 모든 부품은 그것을 재생산하는 정확한 롯트 크기로 슈퍼마켓 저장 장소에서 고객 공정에 제공되며, 모든 이형이 현장에서 바로 가용한 한은 쉽게 낱개 생산으로 변경이 가능하다. 이것들은 정규 슈퍼마켓 저장 장소에 추가적으로 접근 가능하거나 슈퍼마켓 저장 장소가 주문 기능까지도 맡을 수 있다.

모든 간반은 통상적으로 정확히 한 개의 용기에 해당한다. 따라서 각각의 용기 수량은 간반 수량과 같다. 가능한 경우에는 언제든 표준 크기의 용기를 사용하는데, 이것은 많은 서로 다른 부품 이형을 삽입하여 사용하지만, 품목 번호 하나에 대해서는 오로

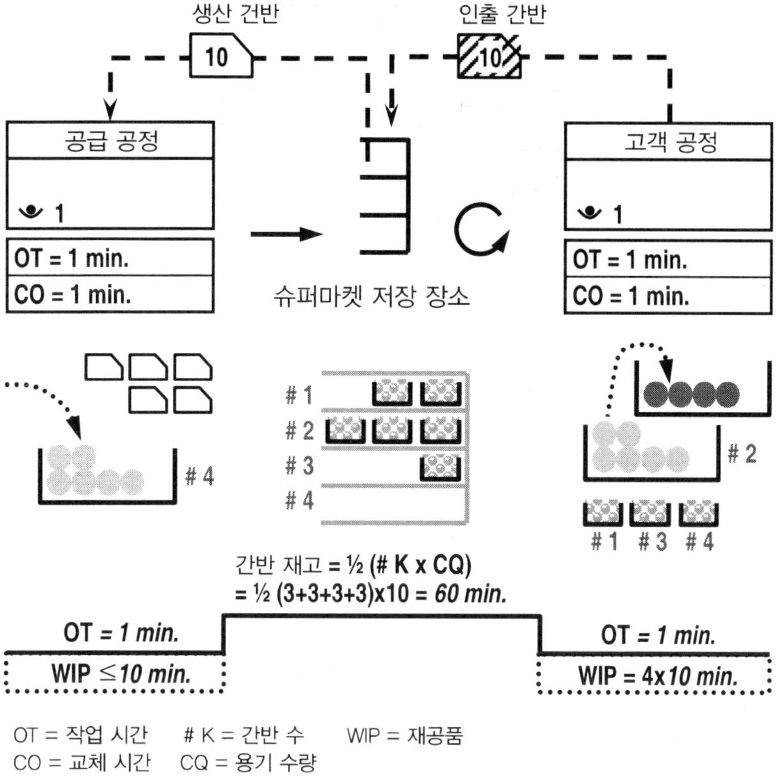

그림 3.33 수치적인 예가 있는 간반 통제

지 한 개의 용기 유형만이 있을 수 있다는 것을 의미한다. 용기는 고객 공정이 다루기 쉬워야 하며 사용 지점에서 직접 인출할 수 있어야 한다. 부품의 품질은 운송과 보관 과정에서 보호(청결, 부식, 마찰)되어야 한다. 각각의 부품의 유형에 따라, 팔레트, 골조 상자 또는 트롤리를 사용할 수도 있다. 명확하게 정의된 부품마다 고유한 용기 수량을 일관되게 적용하면 생산이 매우 표준화된다. 또한, 용기 수량은 해당하는 주문 발주 수량에 맞춰 조정해야만 한다.

재고. 슈퍼마켓 저장 장소의 **데이터 상자**에는 저장 장소, 자재 및 용기 유형 등의 중요한 모든 정보를 기입한다(그림 3.34). 이형의 수(#Var)는 슈퍼마켓 저장소 내의 적절하게 라벨을 부착한 선반의 수를 의미한다. 간반 논리는 혼돈스러운 보관을 허용하지 않으며, 모든 회전 간반의 수(#K)에 의해 결정된 정의된 최대 재고 수량에 따라 확고하게 할당된 저장 장소를 필요로 한다.

보관 장소 명칭; 재고 위치	
자재 명칭	
# Var	간반 품목 수량
# K	회전 간반의 수
# P	제품당 부품의 수
RC	수요 대응 기간

그림 3.34 슈퍼마켓 저장 장소에 대한 데이터 상자

슈퍼마켓 저장 장소의 수요 대응 일수는 완충 재고와 유사하게 계산할 수 있다(등식 2.13). 평균 재고를 평가하기 위해서, 우리는 수요 지향형 처분의 재고 이력과 유사하게 (그림 2.37 참조) 평균 재고는 최대 재고의 반과 같다고 가정한다. 최대 재고는 회전 간반의 총 수에 따라 달라진다. 일일 수요를 감안하면, 수요 대응 기간은 다음과 같이 계산된다.

$$RC = \frac{1}{2} \times \frac{\#K \times CQ}{\#P \times DD} \quad \text{또는} \quad RC = \frac{1}{2} \times \frac{\sum_{i=1}^{var} \#K_{var} \times cQ_{var}}{P \times DD} \tag{3.7}$$

여기서,

#K	회전 간반의 수
RC	슈퍼마켓의 수요 대응 기간 [d]
CQ	간반의 용기 수량 [pcs.]
DD	일일 수요 [pcs./d]
#P	완제품당 동일한 부품의 수 [pcs.]
$\#K_{Var}$	이형별 간반의 수
CQ_{Var}	이형의 용기 수량 [pcs.]

슈퍼마켓의 저장 장소에 저장되어 있는 수량은 각 이형마다 다르게 정의할 수 있지만, 항상 각각의 용기 수량의 정수 배여야 한다. 그러므로, 간반의 수는 회전 중인 용기 수에 상응한다. 사례의 경우에는, 네 개의 이형이 슈퍼마켓 저장 장소에, 10개 들이 6개의 용기에 저장되어 있다(그림 3.33). 또한, 한 용기는 재생산 중이며, 다섯 개의 간반은 공급 공정에서 처리를 대기하고 있다.

다른 무엇보다도, 그리고 상응하는 생산 절차의 설계에 따라, 추가적인 용기가 이미 고객 공정에 제공되었을 수 있다. 사례에서는, 네 개의 이형 모두가 손쉽게 제공됨으로써 고객 공정이 모든 이형을 개별적으로 인출할 수 있게 하고 있다. 만일 고객 공정이 롯트 단위로도 작업을 한다면, 오로지 한 개의 용기만이 제공되었을 것이다. 단순히 표현하자면, 한 부품의 생산 리드 타임은 슈퍼마켓 내의 재고 즉, 등식 3.7에 따라 계산한 해당 재고의 수요 대응 기간에 상응하는데, 우리의 사례에서는 이 값이 60분이다(참조 그림 3.33). 그러나, 보다 자세히 살펴보면 제공된 용기와 재공 중인 간반 롯트도 역시 감안해야 한다. 이로 인해, 우리의 사례의 생산 리드 타임은 합계 110분으로 늘어난다.

간반 시스템의 간단한 **능력 정의**를 위하여, 시행착오 방법을 권장하며, 최초에는 발생 가능한 자재 흐름의 단절을 감안하여 안전한 쪽에 서기 위하여 너그러운 가정을 가지고 시작한다. 처음에는 재고는 여전히 상당히 높은 상태일 수 있다. 간반의 구현을 끝낸 다음, 상대적으로 높은 재공품 카드 및 그에 따르는 자재의 양을 카드를 제거하여 나가면서 자재 가용성에 첫 번째 문제가 발생할 때까지 점진적으로 줄인다. 이 시점에 가능한 공정 개선 방법을 살펴보거나, 또는 그렇지 않은 경우 카드 하나를 되돌려 놓을 수도 있다.

불규칙한 수요. 수요 변동이 크고 수용량이 중간이거나 많은 부품의 경우, 적절한 슈퍼마켓 배치는 사실상 거의 불가능한데, 이는 재고가 발생 가능한 최대 주문 수량 미만으로 떨어질 수 있어서 막대한 규모의 재고로 귀결되거나 또는 주문에 따른 인도를 부분적으로 불가능하게 만들 수 있기 때문이다. 심지어 예측 지향형 생산 계획조차 그와 같은 극단적인 변동을 신뢰성 있게 예측하는 일은 어렵다고 생각할 것이다. 일반적인 예로는 해외 지점에서 발주하는 연간 주문, 특수한 조건 하의 개인의 대규모 주문, 또는 계절적 또는 특별 판촉 제품이 해당한다.

이와 같은 특수한 경우에는 **긴급 간반**을 이용하여 대처할 수 있다. 긴급 간반은 오로지 한 번만 사용할 수 있으며, 예를 들어 서로 다른 색상 또는 배경에 수평 막대를 인쇄하는 방법을 이용하여 특별한 표지를 할 필요가 있다. 주요 주문을 용기 수량으로 나눈다. 개별 긴급 간반은 각각의 부분적인 수량으로 생성하여 생산 부서에서 작동시킨다. 분할을 하게 되는 경우에는 물론 소량의 수량에 비해 상대적으로 인도 리드 타임이 증가되게 마련이다. 기대는 되지만 접수가 되지 않은 연간 주문 또는 일시적인 판촉 관련 판매 증가를 예견하여, 긴급 간반을 예측 지향의 사전 가공을 위한 용도로 사용할 수 있다. 마찬 가지로, 계절적 간반을 정의하여 사용함으로써, 인도 시간의 조정을 회피할 수 있다. 이와 같이, 간반 시스템은 매우 융통성 있게 적용할 수 있다.

경향에 따른 고객 수요의 변동을 고려하기 위하여(그림 2.10, 사례 B 참조), 간반 시스템은 일관되게 유지 관리해야만 한다. 이를 위하여 간반을 계산하는 수치를 정기적(즉, 월 단위)으로 점검해야 한다. 성장하는 시장에서는, 그렇지 않으면 자재 흐름이 끊어질 수 있으므로 카드의 수를 정기적으로 증가시켜야 한다. 수축하는 시장에서는, 카드를 회전에서 빼내지 않을 경우에는 수요 대응 기간이 길어질 것이다. 그러므로, 수요 대응 범위를 일정한 수준으로 유지하기 위해서는 카드를 점진적으로 제거해야 한다.

간반 규칙

1. 어떤 생산도 생산 간반이 없이 오로지 상정한 롯트 크기에 따라 수행해서는 안 된다.
2. 생산은 우선순위에 차질이 있는 것이 발견되지 않은 한은 고객 공정의 인출 순서를 전적으로 준수해야 한다.
3. 모든 채워진 용기에는 간반을 할당해야 한다.
4. 간반 용기는 정의되고 표지가 된 장소에만 놓아야 한다.
5. 물류 담당자는 정의된 경로 상에서 자재 및 간반을 운송할 책임이 있다.
6. 간반을 계산하기 위한 수치는 정기적(월간 단위)으로 점검을 해야 한다.

특수 간반의 특징

1. 생산 공정 앞에 간반이 누적되는 것은 해당 공정이 충분히 빠르게 작업을 하고 있지 않다는 것을 나타낸다.
2. FIFO 결합과는 대조적으로, 부품을 교체할 수 있기 때문에, 부품의 품질 결함은 그로 인한 보충적인 인도 필요성이 없으므로 전체 생산 공정에 단절을 초래하지는 않는다.

자재 물류. 위에 설명한 통제 논리를 두 개의 통제 펄스를 이용하여 구현하는 여러 가지 방법이 존재한다. 이른 바 고전적인 해법의 경우에는 생산 공정과 슈퍼마켓 사이를 왔다갔다 하는 라미네이트를 씌운 카드의 형태로 된 두 가지 유형의 간반을 활용한다. 간반은 자재, 고객 공정, 공급 공정, 용기 및 실제의 카드에 관한 모든 통제 정보를 표함하고 있다(그림 3.35). 자재 운송의 경우에는 용기를 수반한다. 이러한 **정보 전달 매체**는 주로 생산과 운송 작업이 각각의 독립적인 최적화를 위하여 엄격하게 분리되어 있기 때문에 필요하다.

생산 작업자로부터 물류 담당자로의 정보의 전달은 해당 카드를 이용하여 이루어진다. 고객 공정에 있는 직원이 제공된 용기에서 첫 번째 부품을 꺼내는 즉시, 그는 해당 간반을 정기적으로 그리고, 고정된 **시간표**에 따라 정해진 경로를 따라 작업장을 통과하면서 자재를 공급하고 인출 간반을 회수하는 물류 담당자를 위해 옆으로 치워 놓는다. 고객 공정에 지나치게 많은 자재가 축적되는 것을 방지하기 위하여, 용기 수량은 용기의 수요 대응 기간이 개략 한 교대조와 일치하도록 하고, 최대 두 시간의 운송 주기를 요구하도록 정의해야 한다.

1 인출 간반

슈퍼마켓 저장 장소	*부품 정보*	*사용 장소*
• 저장 장소 위치 • 공급 공정	• 식별 번호 • 부품 명칭 • 부품 스케치 • 용기 명칭 • 용기당 부품 수량	• 고객 공정의 명칭 및 위치 • 작업장 (주소) • 준비 장소
카드 번호 (총 수량)		9 34 0199 289477

2 생산 간반

슈퍼마켓 저장 장소	*부품 정보*	*생산 공정*
• 저장 장소 위치 • 고객 공정	• 식별 번호 • 부품 명칭 • 부품 스케치 • 용기 명칭 • 용기당 부품 수량	• 공급 공정의 명칭 및 위치 • 작업 시트 번호 • 원자재
카드 번호 (총 수량)		9 34 0199 289477

그림 3.35 인출 및 생산 간반에 표시하는 정보

마치 쇼핑 목록을 가지고 있듯이, 물류 담당자는 슈퍼마켓에서 주문된 부품이 들어 있는 용기를 인출하고, 거기 부착되어 있거나 그 속에 들어 있는 생산 간반을 제거하고, 해당 간반 대신 인출 간반으로 교체한다. 그런 다음, 물류 담당자는 그렇게 인출한 용기를 그것들의 사용 장소로 운반하고, 거기서 다시 새로운 인출 간반을 집어듦으로써 언제나 **혼합된 운반** 작업을 수행한다. 슈퍼 마켓저장 장소에 놓인 생산 간반을 다시 공급 공정으로 가지고 가면, 거기서 그것은 생산 주문의 역할을 한다. 생산이 완료되면, 보충된 용기는 생산 간반과 함께 슈퍼마켓 저장 장소로 가져감으로써 주기가 완성된다.

자재 물류에 반드시 물리적 카드 형태의 간반을 사용할 필요는 없다. 전체 절차는 또한 '팩스반'이라는 전자 데이터 전송 또는 'e-반'이라는 스캔해서 읽어들이는 방법으로도 실현할 수 있다. 그러나, EDP까지를 사용하지는 않더라도, 구체적인 상황에 따라 단순화가 가능하다. 만일 공급 공정이 슈퍼마켓 저장 장소와 직접적인 시각적 접촉을 유지하고 있으며 물리적인 모든 자재 인출을 관찰할 수 있을 경우에는, 그것은 시각적인 기반으로 작동할 수 있을 것이며, 단순히 품번이 표시된 해당하는 라벨을 이용하여 빈 저장 장소를 다시 채울 수 있다. 이 경우에는 생산 간반은 필요하지 않을 것이다. 만일 슈퍼마켓이 고객 공정 가까이 있는 경우에는, 인출 간반이 필요하지 않을 수 있다. 만일 오로지 한 사용 장소밖에 없을 경우에는, 슈퍼마켓을 실제로 해당 고객 공정용의 인출 구역으로 구성할 수 있다. 반환된 빈 용기가 인출 간반과 생산 간반의 기능을 모두 맡는 용기 간반은 종종 가장 현실적인 해결 대안이 된다. 반환되는 빈 용기는 모든 관련 정보를 가지고 있으며, 자동적으로 필요한 재생산을 유발하고, 동시에 반복해서 발생하는 빈 용기라는 문제에 대처한다.

생산 간반의 사양

간반 시스템은 최대한의 허용 가능한 슈퍼마켓 재고와 그 결과의 카드 소요 수량을 결정하는 방법으로 설계한다. 이것은 세 개의 덧셈 항에 기초한 단순한 **계산 공식**을 이용하여 이루어지는데, 그 각각의 계수는 항상 쉽게 결정되는 것이 아니다. 슈퍼마켓 재고는 재공품, 수요 변동을 완충할 완충 재고, 그리고 고장과 품질 문제를 보상할 안전재고로 구성된다(등식 3.9). 이와 같은 서로 다른 유형의 재고에 대해 다음에서 보다 상세하게 살펴보기로 한다.

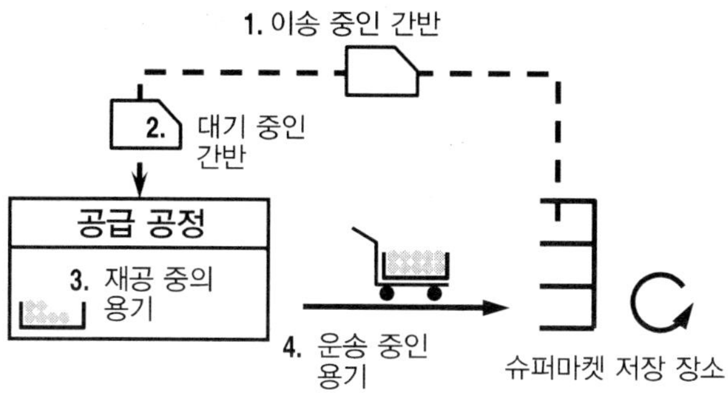

그림 3.36 보충 주기

보충. 재공품은 재생산을 하는 동안의 기간의 평균 소비를 충당하는 역할을 한다. 그것은 일수로 표시한 보충 리드 타임에 평균 일일 소비량을 곱하여 구한다(등식 3.3). 물론 보충 리드 타임은 평가하는 일이 어렵다.

보충 리드 타임은 슈퍼마켓에서 공급 공정까지의 간반 이송 시간, 공급 공정 앞의 간반의 대기 시간, 롯트 당 작업 시간과 이동 시간 등의 네 가지 구성요소로 이루어진다(그림 3.36). 이상적인 시나리오에서는, 물류 담당자의 **운송 주기 시간**이 보충 리드 타임을 결정한다. 한 발 앞으로 나아가 모든 주기를 물류 담당자가 완료하는 보충 상황을 그림으로 나타내 보자. 첫 번째 주기에서, 물류 담당자가 생산 간반을 공급 공정에 전달한다. 두 번째 주기 동안에는, 해당하는 간반 카드가 공급 공정 앞에서 간반 보드에 부착된 상태로 대기 행렬에서 대기한다. 세 번째 주기에서는, 필요한 부품이 각각의 간반 수량으로 재생산되고, 최종적으로는 네 번째 주기에서 슈퍼마켓 저장 장소로 옮겨진다. 따라서, 약간 단순화된 상태에서 필요한 재공품(WIP)은 다음과 같이 평가할 수 있다.

$$WIP = RLT \times DD \approx 4 \times TCT \times DD \qquad (3.8)$$

여기서, WIP 재공품 [pcs.]
RLT 보충 리드 타임 [d]
DD 일일 수요 [pcs./d]
TCT 운송 주기 시간 [시간 단위]

우리는 여기에서 전적으로 작은 롯트 크기만을 생각하고 있기 때문에, 운송 주기 시간이 한 간반을 작업하는 시간보다 상당히 길 것이라고 가정을 할 수 있다. 물류 담당자는 주기당 복수의 롯트를 재생산할 수 있도록 항상 동시에 몇 개의 용기를 운반하게 될 것이다. 여기서 검증해야 할 주된 값은 간반의 **대기행렬**의 길이이며, 그것은 운송 주기보다 상당히 길 수 있고, 그럼으로써 운송 리드 타임도 따라서 길어지게 될 것이다. 하지만, 잘 균형이 잡히고 시간 간격이 통일된 간반이라면 생산 흐름을 균등하게 유지해야만 한다.

수요 변동. 완충 재고는 하류 공정의 수요의 변동을 보상한다. 완제품 슈퍼마켓의 경우, 이 재고는 고객 수요의 변동의 균형을 맞추는 역할을 하며, 따라서 많은 수량이 되도록 설계한다(섹션 3.4.1). 생산 내부의 슈퍼마켓에 대해서는, 두 개의 연결된 공정은 일반적으로 능력 면에서 균형을 이루어 총수요의 물량 관련 변동을 방지해야만 한다. 하지만, 서로 다른 이형 조합으로 인해 생성되는 변동은 어떤 이형이 기대되는 평균보다 수요가 많을 때는 언제든 예상을 해야만 한다. 이와 같은 변동을 최소한으로 유지하기 위해서는, 계획에서는 증가된 수요를 가능한 한 생산 조합 전반에 걸쳐 균등하게 배분하도록 노력해야 한다(섹션 3.4.2). 하지만, 그러한 변동은 계획을 통해 완전히 배제할 수 없기 때문에, 그것을 증분 형태로 감안해야만 한다(등식 3.9). 또한, 드물게 변동이 발생하는 경우도 자재 흐름이 단절되지 않도록 하기 위하여, 보충 기간 동안 자재가 두 번째의 용기에서 준비될 수 있도록 최소한 각각의 간반에 대해 두 개의 용기가 필요하다.

고장. 안전재고는 고장과 불합격으로 인해 발생하는 물량 감소로 발생하는 보충 변동을 보상하는 역할을 한다. 이러한 맥락에서, 능력 정의를 위해 종종 언급되는 백분비화된 부분은 상대적으로 덜 중요하다. 오히려, 생산 중단으로 인해 발생하는 비가동 시간, 또는 최대 수량의 불합격품의 재생산을 위해 요구되는 시간이 결정적인 요인이다. 이들 모두는 다음 공정의 대기 시간을 정확히 그만큼 늘린다. 따라서, 해당하는 재고를 결정하기 위해 안전 재고의 필요한 추가적인 수요 대응 기간(RC_{SS})을 식별해야 한다(등식 3.9).

따라서 **한 이형의 최대 슈퍼마켓 재고**는 위에서 설명한 세 가지의 요인 즉, 보충 리드 타임, 수요 변동 그리고 비가동 시간을 합함으로써 계산한다.

$$\begin{aligned} SQ_{var} &= WIP + BS + SS \\ &\approx 4 \times TCT \times DD_{var} + 4 \times TCT \times \Delta DD_{var} + RC_{SS} \times DD_{var} \end{aligned} \tag{3.9}$$

여기서, SQ_{Var} 한 이형의 슈퍼마켓 내의 최대 재고
WIP 재공품 [pcs.]
ES 완충 재고 [pcs.]
SS 안전 재고 [pcs.]
TCT 운송 주기 시간 [시간 단위]
DD_{Var} 이형의 일일 수요 [pcs.]
ΔDD_{Var} 이형의 최대 추가 일일 수요
RC_{SS} 안전재고의 수요 대응 기간 [d]

이형별 간반 수는 이형의 최대 재고를 해당하는 (어쩌면 이형 고유의) 용기 수량(반올림해야 함)으로 나누어 구한다. 하지만, 일상적인 공장 적용에 있어서는, 여섯 번째의 간반 규칙을 이용하여 이 결과를 항상 검증할 것을 권고한다.

$$\#K_{var} = \text{ROUNDING UP}\left[\frac{SQ_{var}}{CQ_{var}}\right] \tag{3.10}$$

여기서, $\#K_{Var}$ 이형의 간반 수
SQ_{Var} 슈퍼마켓 내의 이형의 최대 재고 수량 [pcs.]
CQ_{Var} 이형의 용기 수량 [pcs.]

신호 간반

통상적인 간반의 경우, 공급 공정은 고객 공정이 슈퍼마켓 저장 장소에서 꺼내 간 롯트 크기와 동일한 롯트 크기를 생산한다. 이 롯트 크기는 그에 해당하는 상대적으로 작은 이형 고유의 용기 수량을 따르며, 따라서 짧은 교체 시간이 요구된다. 일단 교체 시간이 길고 짧은 두 공정이 결합되면, 통일된 롯트 크기는 더 이상 필요하지 않게 되는데, 이것은 그로 인해서 공급 공정에 과도한 교체 시간이 요구되거나 또는 고객 공정의 롯트 크기의 불필요한 증가가 불가피하게 되고, 그럼으로써 다시 재고가 증가되고 융통성이 감소되기 때문이다. 이러한 균형 문제에 대한 해결책은 상대적으로 간단한데, 그것은 복수의 생산 간반을 축적하였다가 공급 공정에 하나의 롯트로 전달하는 방법이다. 이러한 접근 방법을 **신호 간반**이라고 부른다.

기능 논리. 신호 간반은 상응하는 생산 간반을 위아래가 뒤집어진 삼각형의 기호로 대체하고(그림 3.37), 그 안에 **간반의 롯트 크기**를 기재한다. 우리의 사례에서는, 하나의 신호 간반이 각각 10개의 부품에 대한 9개의 생산 간반을 의미한다. 즉, 공급 공정의 롯트 크기는 90개에 이른다. 1개의 이형에 대한 9개의 인출 간반이 축적되면 언제든 또 하나의 롯트가 공급 공정에 대해 발주된다. 그 외에는 절차나 기호는 생산 간반의 것과 같다.

하지만 상대적으로 큰 롯트 크기는 그에 따라 재고를 증가시킨다. 슈퍼마켓 저장 장소는 더 큰 롯트를 수용해야만 하며, 그것은 완충 및 안전재고에 더하여(등식 3.14 참조) 최대 허용 가능 재고를 결정한다(등식 3.15 참조). 우리의 예에서, **생산 리드 타임**은 이제 부품당 5시간 반에 이른다. 이는 가공 중인 두 개의 롯트에 대한 90 플러스 10분에 슈퍼마켓 재고 240분을 더한 값이다.

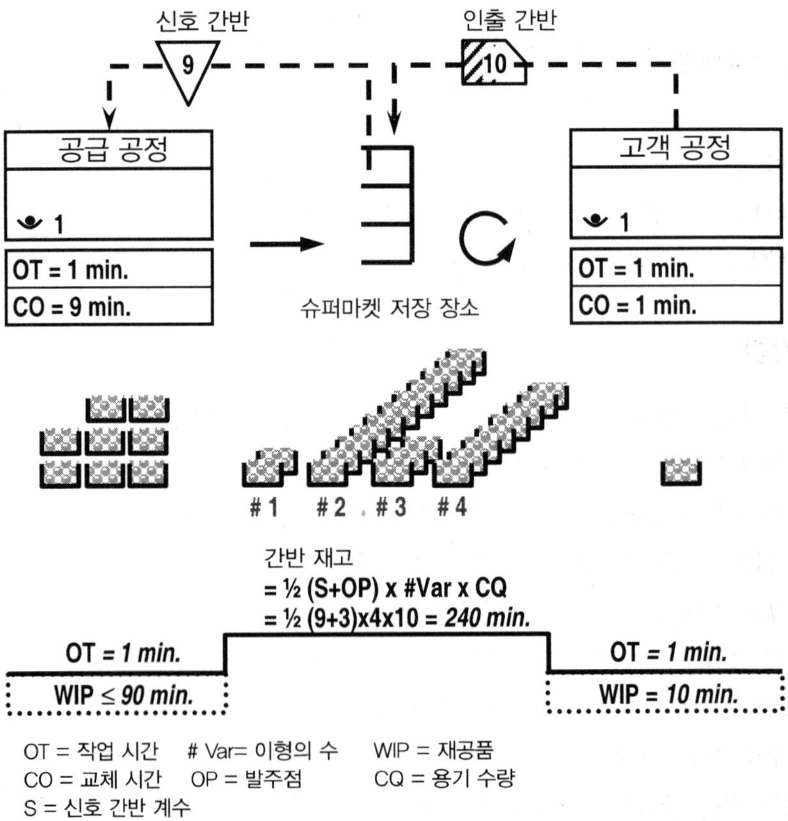

그림 3.37 수치적인 예가 있는 신호 간반

삼각형 간반. 신호 간반은 원래 용기 상에 종이 시트 양식을 한 모서리가 용기의 쌓은 측의 바깥으로 삼각형 모양으로 삐져 나오도록 하는 형태(그림 3.38)로 적용하였던 것으로서, 그것이 기호가 되고 이름을 '삼각형 간반'이라고 짓게 되었다. 모든 이형의 용기를 쌓아 놓은 층에서 점차 재고를 들어 내면, 최종적으로는 삼각형 간반이 있는 용기에 도달한다. 신호 간반을 들어내서 이것을 공급 공정으로 가지고 가면 이것이 재생산을 유발하는 **발주점**이 된다. 발주점은 간반이 있던 용기 아래 층의 용기에 들어 있는 재고가 개략적으로 새로 재생산되는 롯트가 도착할 때까지의 수요를 충당할 수 있도록 선정해야 한다. 남아 있는 재고는 수요 변동을 완충할 수 있도록 보충 리드 타임 동안 기대되는 평균 수요보다 약간 높은 수준이어야 한다. 재공품에 더해서, 완충 재고 및 안전재고가 제공되어야 한다.

공급 공정에서는, 신호 간반 보드에 정확하게 도착하는 순서대로 신호 간반을 부착해야 한다. **순서의 역전**을 방지하기 위해서, 정확한 유발 시간은 카드 상에 지울 수 있도록 기록할 수 있다. 어떤 경우에도 보드 상의 롯트의 순서를 바꿀 수 없는데, 그것은 그렇게 할 경우 보충 리드 타임의 변동을 예측할 수 없게 되고, 그것은 다시 자재 흐름이 끊기게 만들거나, 또는 상대적으로 높은 안전재고를 필요로 하게 될 것이기 때문이다.

삼각형 간반의 삼각형은 자재, 공급자 공정, 그리고 주문 처리에 관한 모든 중요한 정보를 담고 있는 **주문 문서**이다. 주문 처리를 위해서는 발주점과 롯트 크기에 대한 정보가 필요하다. 자재 정보로서는 부품 ID 번호, 자재 명칭 및 슈퍼마켓 저장 장소 내의 정확한 저장 위치를 포함한다. 공급 공정 정보는 작업지 번호, 설비 번호, 공구 번호 또는 공구의 저장 장소를 포함할 수 있다. 부품 ID 당 정확히 1개의 신호 간반이 있어야 하며, 더 이상의 롯트의 묶음은 허용되지 않는다. 신호 간반은 또한 통제 소프트웨어에 전자적으로 통합할 수 있으며, 그럴 경우에는 데이터 평가를 통해 주문 수량 및 발주점의 규정이 촉진될 것이다.

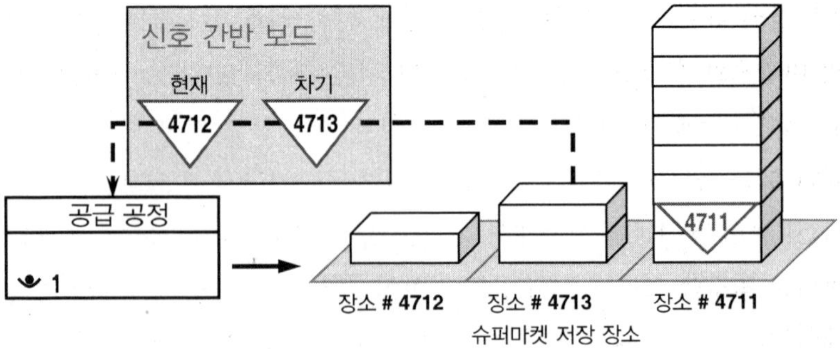

그림 3.38 삼각형 간반과 신호 간반의 적용

간반 롯트. 신호 간반의 대체적인 적용 방법은 **통제판**(control board)을 이용하여 제공할 수 있는데, 여기서는 간반을 모아서 롯트로 묶는다. 개별적으로 도착하는 간반을 부품 ID에 따라 분류하여 왼쪽부터 오른쪽 방향으로 부착한다(그림 3.39). 회전 중인 카드에 대해서 보드 상에 하나의 지정된 필드가 있게 되는데, 소수의 간반의 경우에는 직사각형 보드 상의 특정한 필드를 무시하게 된다. 그리고 나서 필드에 녹색, 황색, 적색의 세 가지 색상 가운데 한 색상을 할당한다. 이 색상이 각각에 상응하는 처리의 긴급도를 나타낸다.

회수된 간반의 수가 재생산해야 할 새로운 롯트의 수보다 적은 한, 카드는 녹색 영역에 놓이지만, 아직 생산은 개시되지 않는다. **최소 주문 수량**을 넘어서면, 가장 최근 회수된 카드를 황색 영역에 놓고 사전 생산을 개시할 수 있으며, 그 때까지 축적된 모든 간반은 하나의 롯트로 생산한다. 따라서, 위의 예시에서 부품 4711, 4715, 그리고 4719는 재생산을 할 수 있다. 하지만, 작업자는 점유된 황색 필드의 수와 재생산해야 할 다른 부품의 긴급도에 따라서 재생산을 한 동안 연기할 수 있는데, 단 그것은 첫 번째 카드가 적색 구역에 도달할 때까지만이며, 이것은 실제로는 이미 늦었을지라도 그 시점에서는 안전재고의 사용이 이미 시작되었을 것이기 때문이다. 이것은 실제로 고장의 경우에나 발생할 일이며, 해당하는 재생산 주문을 긴급 주문으로 바뀌게 만들 것이다. 점유된 황색 필드의 수에 따라서, 이 방법은 동일한 부품에 대해 서로 다른 롯트 크기가 만들어지는 결과로 귀결될 것이다. 그 밖에도, 실제의 순서는 주로 해당 작업자의 선호에 따라 달라진다. 이 두 가지는 모두 융통성을 긍정적으로 증대시키고 국지 교체 시간의 최적화를 가능하게 할 수 있다. 하지만, 이것은 표준화의 수준을 저하시키고, 따라서 간반 시스템의 행태의 예측 가능성을 낮추게 된다.

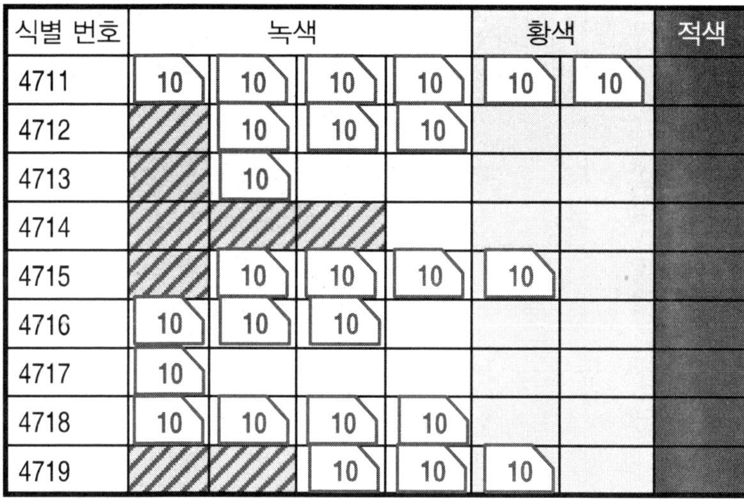

그림 3.39 통제판 간반 롯트 생산

신호 간반에 대한 롯트 크기 결정

교체 포트폴리오. 간반 시스템에 의해 통제되는 생산과 생산 계획을 통해 통제되는 생산 사이의 목표 면의 한 가지 주요한 차이는 간반 시스템의 경우가 상대적으로 교체 빈도가 높다는 점이다. 교체 포트폴리오는 간반 실현의 네 가지의 가능한 목표 값과 척도를 보여주고 있다(그림 3.40). 생산 계획 기반의 통제에서는 롯트 크기 공식을 활용하여 긴 교체 시간을 통해 원가에 관련된 효과를 실현할 수 있는 롯트 크기를 결정한다. 교체 시간이 짧으면, 원가 효과성은 높은 능력 활용을 요구한다. 일반적으로 자원은 가동율 확보를 추구하며, 따라서 대규모의 롯트를 필요로 한다.

하지만 간반 통제에서는 다른 두 가지의 목표를 추구한다. 생산 간반은 이형 조합에 있어서 최대의 융통성을 달성하기 위해 용기 규격에 기초한 최소 롯트 크기를 원한다. 이것은 대규모의 능력과 짧은 교체 시간을 필요로 한다. 그 외에도, 재고 감축 효과를 얻기 위한 소형 롯트 크기를 허용하기 위해서, 수요 변동은 능력의 융통성으로 완충을 해야 하는데, 이는 다시 최대의 능력 활용을 허용하지 않는다. 따라서, 예측 지향형 생산 관리에 비해 **능력의 증대**가 요구된다. 하지만, 신호 간반에 대해서는 비용 효과적인 교체 노력으로 보충 리드 타임을 크게 줄이기 위해서 **교체 시간 단축**을 위한 조치가 매우 중요하다.

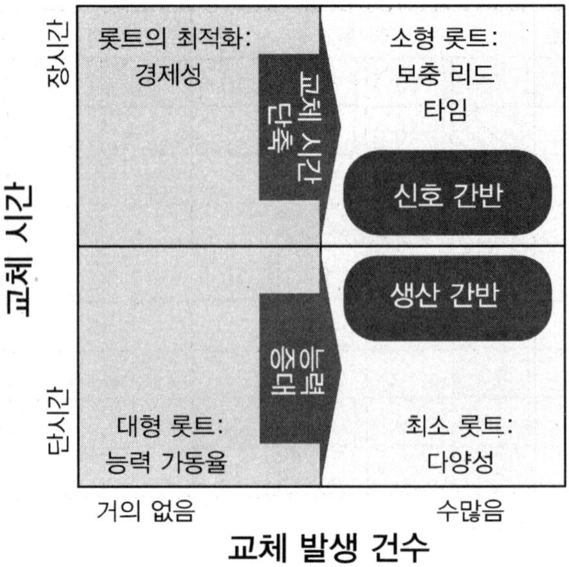

그림 3.40 교체 포트폴리오

EPEI 값. EPEI 값(모든 부품에 대한 모든 시간 간격)은 **교체 시간 쿼터**가 고정되어 있는 간반 시스템에서 롯트 크기를 결정하는 데 매우 적합하다. EPEI 값은 생산 공정이 모든 이형을 정확히 한 롯트씩 생산하는 데 소요되는 기간을 나타낸다(섹션 2.3.1 참조). 이러한 접근 방법은 교체 시간 쿼터를 줄이기 위해서 최소화된 교체 시간을 사용하지 않고, 방법론적으로 능력에 관한 관점에서 그것을 가능한 모든 경우에 롯트 크기를 줄이는 일로 변환한다. 경험에 따르면, 원하는 교체 시간의 비중 10%는 통상 교체 노력의 최소화와 교체 시간의 최소화 사이의 적당한 절충에 해당한다.

롯트 크기의 결정은 자원이 그것의 전체 가용한 수명주기에 걸쳐 생산 또는 교체를 위해 활용된다는 것을 가정하고, 거기에서 통상적인 접근 방법에 비해 반대의 방향으로 접근한다. 즉, 의도한 능력 활용을 100%로 설정하고, 평균 일일 수요를 생산하는 데 필요한 작업 시간을 차감한 후, 전체 잔여 시간을 교체 시간에 사용한다고 가정한다. 그 결과 계산된 교체 시간을 이용하여 하루 가능한 교체 회수를 결정하고, 그것은 이형의 수를 이용하여 각각의 EPEI 값으로 이어진다(그림 3.41). 따라서, EPEI 값은 모든 이형을 한 번씩 탑재하는 데 소요되는 합계 교체 시간과 하루에 교체에 가용한 기간을 나눈 몫이다(등식 3.11). **롯트 크기**는 따라서 하나의 EPEI 주기에 이형별로 사용하는 평균 개수와 같다.

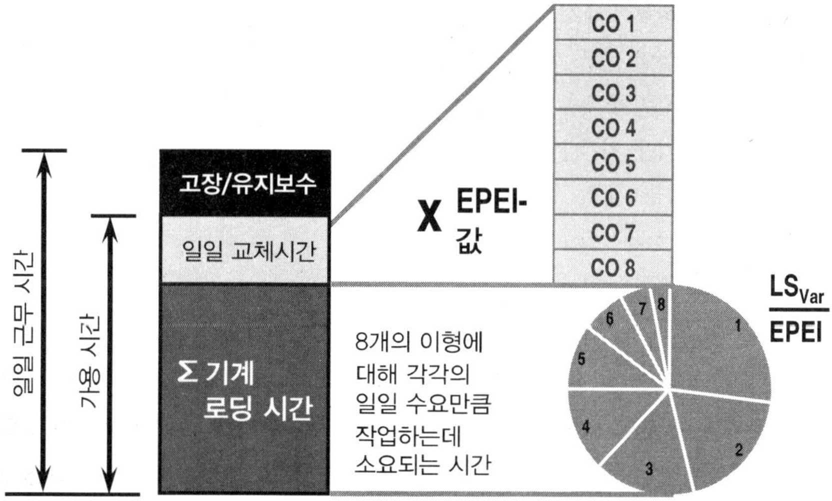

그림 3.41 EPEI 값 계산 모형

따라서, 두 개의 시간에 관련된 값을 결정할 필요가 있는데, 그것은 **합계 교체 시간**과 **일일 교체 시간**이다. 교체 시간이 동일한 경우에는, 합계 교체 시간은 개별 교체 시간과 이형의 수를 곱한 값과 같다. 교체 시간이 이형마다 다른 경우에는 서로 다른 교체 시간을 단순히 합산한다. 그러면 일일 가용한 교체 시간은 일일 가용한 능력과 실제의 머신 로딩 시간의 차이로 얻을 수 있다. 가용 능력은 업무 시간과 가용 자원의 수를 곱하여 계산한다. 비가동 시간과 유지보수는 가용 능력을 가용 시간의 백분비 값을 감소시킨다. 하지만, 기계 로딩 시간은 평균적인 하루에 제품 이형에 대해 필요한 모든 합계 작업 시간과 같다. 따라서 EPEI 값은 다음과 같이 계산한다.

$$
\begin{aligned}
EPEI_{\min} &= \frac{\sum CO}{\text{일일 CO}} = \frac{\#\,Var \times CO}{(WT \times \#Res) \times UP - MLT} \\
&= \frac{\#\,Var \times CO}{(WT \times \#Res) \times UP - \sum_{i=1}^{i=var} OT_i \times DD_i}
\end{aligned}
\tag{3.11}
$$

여기서, $EPEI_{min}$ 최소 롯트 크기를 정하기 위한 EPEI 값 [d]

CO 교체 시간 [시간 단위]

#Var	이형의 수
WT	일일 근무 시간 [시간 단위]
#Res	자원의 수
UP	가용 시간 [%]
MLT	기계 로딩 시간 [시간 단위]
OT	작업 시간 [시간 단위]
DD	일일 수요 [pcs./d]

EPEI 계산 예. 단순한 수치적인 사례를 이용하여 위의 내용을 예시한다. 각각 교체 시간이 1.5 시간인 8개의 이형이 있을 경우, 합계 교체 시간은 12 시간이 된다. 일일 평균 수요는 합계 1,170개이고, 단위당 작업 시간은 모두 1분이다. 이것은 19.5 시간의 일일 능력 소요에 해당한다. 3교대조로 구성된 모형의 근무 시간은 휴식 시간 없이 22.5 시간이 된다. 따라서, 등식 3.11에 따르면 EPEI 값은 4일이 된다.

$$EPEI=\frac{8\times1.5h}{22.5h/d-(1{,}170/d\times1min)}=\frac{12h}{22.5h/d-19.5h/d}=\frac{12h}{3h/d}=4d \quad (3.12)$$

하지만, 여기에는 아직 가용 시간의 제약이 반영되지 않았다. 하지만, 이것은 EPEI 값을 가용 시간으로 나누는 것을 필요로 하지 않는다. 그 대신, 가용 능력을 그만큼 줄인다. 이것은 EPEI 값에 어떠한 중요한 영향도 미치지 않는데, 왜냐하면 교체에 사용 가능한 시간에서 전체 백분비로 표시한 감소분을 차감할 것이기 때문이다. 사례에서는, 상당히 높은 90퍼센트의 가용 시간으로 인해 EPEI 값을 16일로 4배 증가시킬 수 있다.

$$EPEI_{min}=\frac{8\times1.5h}{(22.5h/d\times90\%)-1{,}170min/d}=\frac{12}{20.25-19.5}d=\frac{12}{0.75}d=16d \quad (3.13)$$

EPEI 값은 교체 시간을 줄임으로써 줄일 수 있다. 예를 들어 우리의 사례에서 교체 시간을 1/3을 감소시키면 EPEI 값도 역시 1/3 즉, 5.3일로 줄어든다.

롯트 크기. EPEI 값은 한 롯트의 최소 가능한 수요 대응 기간에 해당하다. 모든 이형의 롯트 크기는 최소한 해당 이형의 EPEI에 해당하는 기간 동안의 수요만한 크기여야 한다. 이 계산 방법을 엄밀하게 준수하면 해당 이형의 일일 수요를 EPEI 값으로 곱한 결과인 **이형 고유의 롯트 크기**가 결정된다. 이 방법의 하나의 장점으로서, 수요 대응 기간이 동일한 롯트를 설비에 배타적으로 탑재할 수 있게 된다. 각 롯트에 대해서는 단순히 해당하는 단계적으로 고정된 용기 수량으로 조정하는 것만 필요하다.

하지만, 드물게 필요한 이형의 경우에는 이형 고유의 교체 시간 비율이 매우 높을 수 있다. 따라서, **수량이 적은 이형**에 대해서는 복수의 롯트를 각각 생산하기보다는 그 것들을 하나로 묶어서 생산할 것을 권고한다. 이렇게 하면 해당하는 이형의 재고가 상당히 증가하겠지만, 수량이 적은 이형에만 해당하는 것이므로 전체 재고에는 중요한 효과를 미치지 않을 것이다. 예를 들어, 사례에서(그림 3.41 참조), 롯트 크기를 배로 늘리고 수요 대응 기간을 늘리기 위해서 이형 7과 8을 번갈아 가며 탑재할 수 있다.

교체 시간 단축. 지나치게 긴 교체 시간은 종종 부실한 조직적 또는 기술적인 선행 조건으로 인해 발생한다. 교체 시간의 체계적인 단축을 위한 두 가지의 접근 방법 즉, 낭비의 **제거**와 보조 작업의 **외부화**는 어떤 이유에서인지 역사적으로 불비례적으로 늘어난 교체 시간을 원래의 길이의 단 10퍼센트에 까지 단축할 수 있게 해준다(그림 3.42). 첫 번째 접근 방법은 부실한 **교체 준비** 및 **교체 표준**의 결여의 결과 교체 시간의 약 50%를 차지하는 생산 공정에서 발생하는 낭비를 제거한다. 그와 같은 낭비를 식별하기 위해서, 교체 작업을 치공구 준비 작업자의 모든 동작을 기계 배치도 상에 그리는 방법으로 지도화한다. 이것은 이른바 스파게티 도표(spaghetti diagram)가 되며, 필요한 치공구를 찾아 가져오거나 가져가기 위한 기계의 다양한 제어 구역과 저장 장소 사이의 모든 이동을 둥근 이동선의 형태로 도시한다. 또한, 영상 분석은 공구에 도달하고 시각적인 표현이 부실한 지침을 읽거나 조절 가능 요소의 시소한 설정 등을 위해 사용하는 시간 비중을 기록하는데 유용하다. 조정 작업은 쉽게 반복할 수 있도록 하기 위한 최종 설정 및 표지와 같은 미세한 기술적인 조치 즉, 기계적인 교체 조정의 절감을 통해서 그러한 작업이 필요하지 않게 만들어야 한다. 추가적인 시간의 낭비는 가용 시간의 부족 또는 필요한 설비 및 공구의 작업 준비상태의 결여, 그리고 공구 설정을 위한 필요 요건의 결함 등의 결과로 발생한다.

두 번째 방법은 나머지의 교체 작업을 가능한 한 외부화하는 것이다. 만일 현재의 낭비가 적은 교체 절차의 개략 80퍼센트를 작업 시간과 병행해서 즉, 실제의 교체 작업의 앞 또는 뒤에서 수행할 수 있다면, 교체 관련 기계의 비가동 시간은 원래의 값의 10%로 줄어들 것이다. 만일 자재 준비와 연결된 모든 작업을 이전 롯트의 작업이 끝나기 전에 충분히 일찍 그리고 오류 없이 할 수 있다면, 이와 같은 작업은 외부화할 수

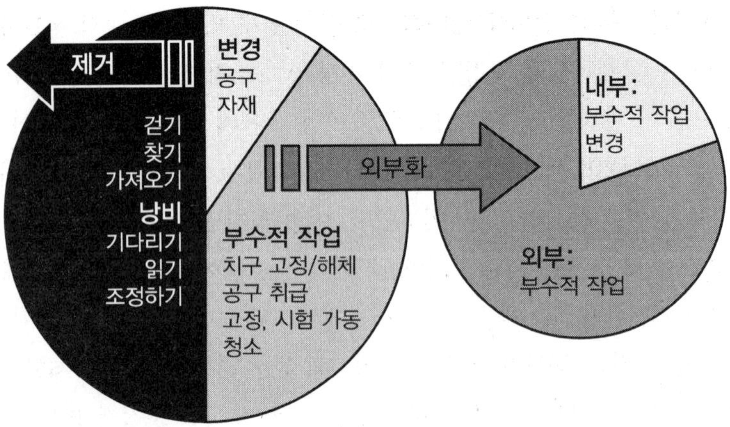

그림 3.42 교체 시간 단축을 위한 두 가지 접근 방법

있을 것이다. 만일 항상 작업물 제거 직후에 청소, 경정비 및 유지보수를, 그리고 작업물 장착 전에 기능 점검을 수행한다면 무장애 재기동이 최고로 보장될 것이다.

신호 간반을 활용한 재발주

EPEI 값은 모든 생산 절차의 뒤에 자리잡고 있는 최소한 이형마다 1개의 롯트 전체를 유지해야 하는 슈퍼마켓 저장 장소의 **수요 대응 기간**을 결정하는 요인이다. 모든 이형에 대해 단순하게 균등한 소비를 가정할 때, 이형마다 롯트 크기의 1/2에 해당하는 평균 재고가 존재할 것이다. 따라서, 슈퍼마켓의 수요 대응 기간은 EPEI 값의 1/2에 상응하게 된다. 물론, 실제로는 물량 및 이형 조합에 따라 변동이 있게 마련이며, 이것은 완충 재고를 이용해 균형을 맞추어야 한다. 또한, 공급 상의 문제를 완충하기 위해 안전재고를 모든 이형에 대해 반영해야 한다. 이 모든 것은 중단 없는 가치 흐름을 보장하기 위해 필요한 수요 대응 기간을 늘리는 결과를 가져온다. 이들의 규모 정의는 신호간반의 발주점 결정과 연계하여 하는 방법이 가장 좋다.

한 이형의 재고 수준이 사전에 정한 특정한 값 아래로 떨어지면, 바로 재생산을 시작하도록 해야 한다. 이와 같은 **발주점**은 최소한 해당 특정 이형의 보충 리드 타임 기간의 공급 공정의 기대 수요 이상이어야 한다. 또한 수요 변동과 공급 문제를 완충할 수 있도록 완충 재고 및 안전 재고를 결정해야 한다. 비록 이 경우 결정되는 값이 최대 허용 가능 재고가 아닌 **이형에 관한 재발주 수준**이긴 하지만, 생산 간반의 재고 결정과 유사하게 세 가지의 서로 다른 요인을 추가한다(등식 3.9 참조). 그 값을 해당하는 용기 수량으로 나누면 3.10과 같이 **용기 수로 표현한 발주점**이 된다.

$$RL_{Var} = WIP + BS + SS = RLT \times (DD_{Var} + \Delta DD_{Var}) + RC_{SB} \times DD_{var}$$
$$OP_{ar} = \text{ROUNDING UP}\left[\frac{RL_{Var}}{CQ_{Var}}\right] \tag{3.14}$$

여기서,		
	RL_{Var}	이형 지향 재발주 수준 [pcs.]
	OP_{Var}	이형이 발주전 [용기 수량]
	WIP	재공품 [pcs.]
	BS	완충 재고 [pcs.]
	SS	안전 재고 [pcs.]
	RLT	보충 리드 타임 [d]
	DD_{Var}	이형의 일일 수요 [pcs./d]
	ΔDD_{Var}	이형의 최대 추가 일일 수요 [pcs./d]
	RC_{SB}	안전 재고의 수요 대응 기간 [d]
	CQ_{Var}	이형의 용기 수량 [pcs.]

하지만, 평균 수요 대응 기간의 결정에 있어서, 간반의 수(#K)는 발주점에서의 합계 재발주 수준과 신호 간반의 물량에 따라 결정된다는 점을 유의해야 한다.

$$RC = \frac{1}{2} \times \frac{\sum_{i=1}^{var}(OP_{Var} \times CQ_{Var} + S_{Var} \times CQ_{Var})}{\#P \times DD} \tag{3.15}$$

여기서,		
	RC	슈퍼마켓의 수요 대응 기간 [d]
	OP_{Var}	이형의 발주점 [용기 수량]
	CQ_{Var}	이형의 용기 수량 [pcs.]
	S	신호 간반 계수
	DD	일일 수요 [pcs./d]
	#P	완제품 당 동일 부품의 수 [pcs.]

신호 간반의 **보충 리드 타임**(등식 3.14)은 신호 간반의 이송 시간, 공급 공정 앞에서의 대기 시간, 교체 시간을 포함하는 한 롯트의 작업 시간 및 해당하는 슈퍼마켓 저장 장소까지의 이동 시간으로 구성된다. 이동 및 운송 시간이 작업 시간에 비해서 무시할 만큼 작은 경우가 아닌 한, 생산 간반과 마찬 가지로(등식 3.8 참조) 그러한 시간은 물류 담장자의 운송 주기 시간(TCT)의 2배 정도로 긴 것으로 가정한다. 신호 간반의 크기가 이형마다 서로 다를 경우, 롯트 당 작업 시간의 결정에 평균 값을 사용한다. 공급 공정 앞에서 발생하는 일반적인 대기 시간은 간반의 배치와 전반적인 공장 운영의 성과에 크게 영향을 받는다. 고객 공정의 요건에 대해 신속한 반응을 하면서도 동시에 주문 부족으로 인해 공급 공정의 재고의 결품이 발생하는 일을 방지할 능력이 있는 조정이 잘 된 시스템에서는, 모든 설비 앞의 대기 행렬에 평균 하나의 신호 간반에 해당하는 재고가 존재하게 될 것이다. 재공 중에 있는 모든 롯트의 반이 방금 완료되었다고 가정한다면, 합계 평균 보충 리드 타임은 다음과 같이 된다.

$$RLT_{\phi} = 2.5 \times (OT \times S_{\phi} \times CQ \times CO) + 2 \times TCT \tag{3.16}$$

여기서,	
RLT_{ϕ}	평균 보충 리드 타임 [d]
OT	작업 시간 [시간 단위]
CQ	간반의 용기 수량 [pcs.]
S_{ϕ}	평균 신호 간반 계수
CO	교체 시간 [시간 단위]
TCT	운송 주기 시간 [시간 단위]

여기에 제시된 계산 공식은 간반 통제 시스템의 최초 배치 및 수량에 대한 평가에 주로 사용되며, 특히 감안해야만 하는 영향 요인들을 지적해 준다. 그리고 나면 결정된 값의 지속적인 조정은 공장의 일상 운영 담당자들에 맡겨진다.

공급자 간반

간반 시스템은 또한 원자재 또는 정기적으로 주문하는 구매 부품의 외부 구매에도 적합하다. 해당하는 부품의 유형에 따라서, 주로 조직 및 상업적 관점에서 차이가 나면서도 관련된 물류의 관점에서도 차이가 있는 두 가지의 방식으로 구현할 수 있다. 저가의

C 품목은 해당하는 공급자가 완전한 솔루션의 형태로 쉽게 제공하는 C **품목 관리**를 통해 처리한다. 하지만, 보다 값이 비싸고 제품 고유의 부품과 대량으로 구매를 해야 하는 부품, 반조립품 및 원자재에 대해서는, 해당 공급자와의 긴밀한 협조 하에 **공급자 간반**을 개발한다. 하지만, 고객 고유한 부품 또는 자재의 구매는 간반 시스템을 통해 수행하는 것이 불가능하며, 이러한 것들은 개별 또는 직서열(just in sequence) 주문 형태로 처리하는 것이 나을 수 있다(섹션 3.3.1).

구매 품목 포트폴리오. 구매 품목 및 원자재를 ABC 분류에 따라 표시한 각각의 **구매 물량**과 시장에 존재하는 경쟁하는 공급자의 수로 표시한 그들 각각의 **공급 안정성**과 함께 구매 품목 포트폴리오에 기재할 수 있다(그림 3.43). 각각의 포트폴리오 사분면에 대해서는 표준적인 구매 전략을 할당한다.

표준 품목은 수 많은 경쟁적인 공급자로부터 저렴한 가격에 쉽게 구매할 수 있다. 이들 대량으로 구매하는 소수 부품에 대해서는 운송, 취급, 재고 관리, 주문 처리, 그리고 청구에 대한 부분적으로 물류와 관련된 비용이 구매 단가에 비해 상대적으로 높다(예: 표준 부품과 맞춤화 설계된 구성품). 이런 맥락 속에서 결정적인 목표가 되는 기준은 구매 프로세스의 **효율**이다. 효율적인 구매에서는 단순한 단가만이 아닌 내부의 구매 관련 비용 및 물류 비용까지 감안한다. 예를 들어 부품의 구매에 통상적으로 해당하는 C 품목 관리를 위한 물류 솔루션을 포함하는 C 품목 간반은 이러한 목적에 매우 적합하다. 공급자는 지속적인 자재 가용성을 보장하고, 작업 현장으로까지, 심지어는 생산 공정 내의 해당 부품의 사용 지점까지의 자재 공급의 모든 측면을 처리한다. 이와 같은 품목에 대해서는 어떠한 주문도 필요 없다.

다른 한편, 고가의 자재, 구매 물량이 많은 부품 및 반조립품은 종종 고유하고 선택적인 틈새 시장을 대상으로 공급하는 공급자에게서만 구매할 수 있다. 그와 같은 **전략적 품목**인 경우 표준적인 구매 전략은 공급자와의 장기적인 계약을 통해 수요를 자신에게 유리한 방향으로 활용하고 관련된 공급 위험을 최소화하는 것이다. 그와 같은 전략적 협력은 종종 다음에서 상세하게 설명하는 공급자 간반이라는 긴밀한 물류 측면의 공급자 연결 도구의 개발을 수반한다. 또한, 단가만이 유일한 결정적 요인이 아니며, 물류 관련 노력의 최소화와 납품 빈도의 증대 역시 고려에 반영한다.

종종 전자 부품이 해당되는 구매 시장이 좁은 대량 생산 품목은 **핵심 품목**으로 생각한다. 저원가에도 불구하고, 이러한 품목이 없을 경우에는 생산이 정지될 수도 있다. 이

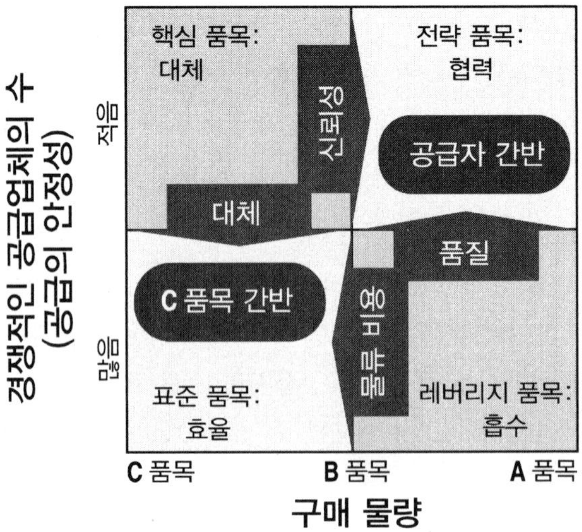

그림 3.43 구매 품목 포트폴리오

에 해당하는 표준 전략은 품목 자체 또는 신뢰성이 낮은 공급자를 대체함으로써 공급 위험을 최소화하는 방법이다. 이상적으로는, 이 포트폴리오 사분면에는 어떠한 품목도 포함되지 않는 것이 좋다. 이것은 핵심 품목을 C 품목 간반을 통해서 쉽게 획득할 수 있는 표준 부품으로 대체함으로써 달성할 수 있다. 이것이 불가능할 경우에는, 공급 위험을 최소화하기 위하여 적절한 공급자와 장기 계약을 체결하는 것을 목표로 삼을 수 있는데, 그러한 경우 해당 품목은 공급자 간반 협력 사분면으로 옮겨가게 될 것이다.

시장에서 쉽게 구입할 수 있는 고가의 A 품목은 수 많은 경쟁적인 공급자들이 공급하는 품목이기 때문에 **원가 절감을 추구할 수 있는 협상력**을 구매자에게 제공한다. 구매 물량이 많으므로 협상에 따른 가격 인하 폭이 매우 크게 된다. 하지만, 이것은 통상적으로 많은 수의 대체적인 공급자가 있는 경우에 수반하는 구매 및 물류 관련 비용의 증가를 고려하지 않은 것이다. 따라서, 모든 레버리지 품목에 대해서는 내부 처리 비용의 비용•효과성을 반드시 점검해야만 하며, 그렇지 않을 경우에는 해당 품목을 표준 품목으로서 물류 효율이 높은 C 품목 간반을 통해 구매하는 것이 유리할 수 있다. 일부의 생산 관리자들에게는 불행하게도, 원가 인식이 있는 구매자들이 종종 간과하는 또 하나의 요인이 있는데, 그것은 허용 오차 또는 인도 신뢰성과 관련된 품질이다. 그 결과, 일부의 원가 절감은 결국 매우 값비싼 대가를 치를 것이라는 점이 밝혀질 수 있다. 따라서, 어쩌면 모든 A 부품을 협력 공급자들로부터 잘 정비되고 표준화된 공급자 간반을 이용하여 구매하고, 한 편으로는 그럼으로써 대량 구매 시장의 장점을 포기하는 것이 나을지 여부를 주의 깊게 점검해 보아야만 한다. 하지만, 전적으로 비용 효과성만을 목표로 하는 **흡수** 전략은 간반을 통해서는 실현할 수 없으나, 한 편으로는 생산의 원활한 운영에 필요한 구매의 신뢰성과 부품의 품질을 보장한다.

기능 논리. 간반 시스템에서는, **공급자 연결**을 위해서 표준화된 공장간에 사용하는 용기라는 개념과 구매 품목 용의 이에 잘 어울리는 용기 수량이 필요하다. 입자, 액체, 종이 롤, 금속 섹션, 판금 및 와이어 코일과 같은 원자재의 경우에는, 물량의 일치에는 약간 많은 노력이 필요하다. 슈퍼마켓에 저장되어 있는 원자재가 필요한 생산 공정은 해당 원자재를 원자재 저장 장소로부터의 인출 간반을 통해 주문한다(그림 3.44). 해당하는 원자재는 자재 ID 슬립, 공급자 간반을 갖추고 있다. 이제 이 카드를 직접 다음 인도와 함께 트럭으로 공급자에게 운송을 하거나, 아니면 그림에서 볼 수 있는 바와 같이 구매 프로세스를 통해 전자 주문을 전송하면, 상당한 운송 시간을 절감할 수 있다.

후자의 경우, 카드는 주문 접수 부서로 전달되고 거기서 스탠드 상의 뚜껑이 열린 사각형 모양으로 되어 있어서 그 안에 간반을 수직으로 넣도록 되어 있는 형태의 기호로 표시된 **간반 우편함** 내에서 해당 원자재에 대한 주문 접수를 기다린다. 개별 우편함을 각각의 일자에 할당함으로써 인도에 관한 기본 사항은 즉각 눈으로 확인이 가능하다.

공급자 간반을 사용하는 경우, 외부 운송에 대해서는 간반 논리로 조정을 하여 운송 비용을 늘리지 않으면서 재고를 줄일 수 있도록 해야 한다. 원자재 재고의 수요 대응 기간은 인도 빈도에 직접적으로 의존하며, 두 개의 인도 시점 사이의 수요보다 절대 적어서는 안 된다. 예를 들어 주간 인도에서 일간 인도로 변경하게 되면 상응하는 재고를 80퍼센트 줄일 수 있는 잠재력이 있을 수 있다. 하지만, 내재적인 다양한 제약에 따라서, 이와 같은 잠재력은 오로지 일부밖에 실현되지 않을 수 있다. 일일 수요가 한 컨테이너에 미달하는 경우에는, 가능한 가장 짧은 수요 대응 기간은 용기 수량이 그에 따라 작아질 수 없는 한은 하루를 초과하게 될 것이다. 재고 감축에 관한 또 하나의 중요한 요소는 이른바 **밀크런**(정기 배송 운송 수단을 이용하여 순회하면서 인도를 하는 인도 방식)을 수행하는 부분 적재 트럭만 이용하는 다빈도 인도를 통해서만 낮추어질 수 있는 운송 비용이다. 이러한 경우 운송업체는 상대적으로 소량의 인도 수량을 픽업하면서 모든 공급자의 사업장을 방문한다. 합계 운행 거리는 왕복 운행 서비스의 경우보다 짧아지며, 따라서 동일한 노력으로 각각의 공급자를 더 자주 방문할 수 있다. 밀크런은

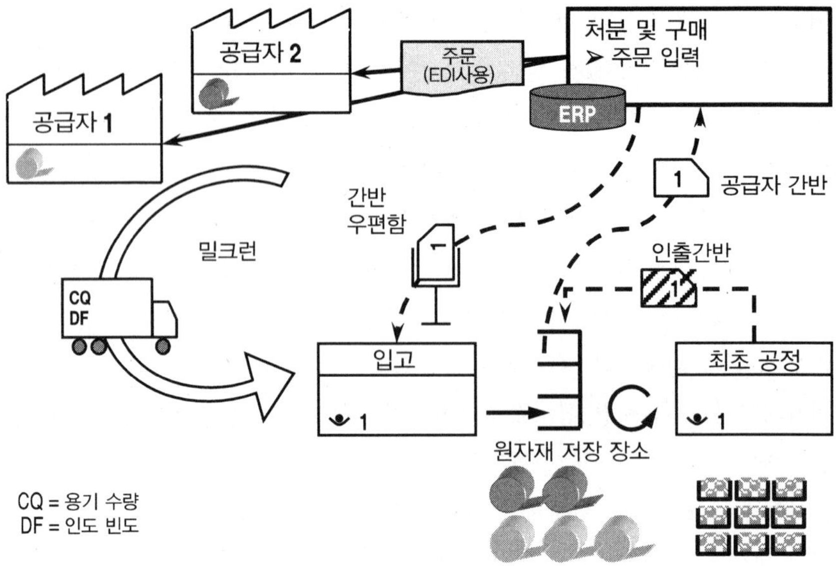

그림 3.44 공급자 간반

외부 운송을 표시하는 것과 동일한 내부가 흰색인 곡선형 화살표가 있는 트럭 기호로 묘사한다(그림 3.44).

물량의 균형. 개별적이며 수량의 계수가 가능한 구매 부품과는 달리, 원자재는 통상적으로 중량 또는 길이 단위로 측정 및 청구한다. 불량율이 서로 다르고 교체 후의 기동 손실이 서로 다르기 때문에, 그와 같은 단위를 이용하여 표현하는 포장 규격은 오로지 개략적으로밖에는 낱개 수량 및 그것을 이용하여 생산하는 부품으로 변환될 수 없다. 그 결과, 원자재 재고는 정확한 수요 대응 기간으로 변환이 불가능하고 **특정 자재 소비**의 평균 값 즉, 포장 단위당 수율을 이용하여 정의한다. 또한, 원자재는 포장 단위로 발주를 하지만, 해당 포장 규격(중량 또는 길이)는 허용 오차가 상당한 범위에 이르며, 따라서 실제로는 심지어 동일한 주문 물량이라도 항상 차이가 난다. 따라서, 예를 들어 한 공급자의 와이어 코일에 대한 주문 수량이 450킬로그램에서 550킬로그램까지 사이의 어떤 값이든 될 수 있다. 위에 언급한 모든 값을 원자재 슈퍼마켓 저장 장소의 데이터 상자에 기재한다(그림 3.45).

원자재를 사용하는 생산 공정은 신호 간반 논리에 따라 고정 롯트 크기로 작업을 하지만, 간반 논리에서 요구하는 원자재의 정확한 하나의 포장 단위(또는 해당 포장 단위의 정수 배수)를 이용하여 작업을 하는 것은 아니다. 통상적으로, 생산 공정에서 항상 조

명칭, 위치	
# Var	자재 유형의 수
PS	포장 규격[kg, m, ..]
# B	원자재 포장의 수
PY	포장당 부품 수율
RC	수요 대응 기간

그림 3.45 원자재 저장 장소에 대한 데이터 상자

금 남거나 아니면 롯트를 완료하고 난 직후 자재가 조금 부족하거나 하게 된다. 두 번째의 경우 즉, 조금 부족하게 인도된 경우에는 통상 문제가 되지 않는데, 이는 그로 인해서 단순히 다음 번 주문이 약간 빨리 개시되도록 할 뿐이기 때문이다. 하지만, 첫 번째의 경우에는, 물론 나머지를 저장 장소로 되돌릴 수도 있겠지만, 이렇게 되면 모든 이형에 대해서 추가적인 물류 노력뿐만 아니라 각각의 추가적인 부분적인 수량을 보관하기 위해 보다 큰 저장 공간이 필요하게 된다. 또한, 이것은 명백히 간반 규칙을 위반하게 될 것이며, 따라서 각각의 모든 경우에 대해 적합한 해결 대안을 찾아야만 한다. 예를 들어 최소한의 초과 인도는 허용할 수 있고, 해당하는 생산할 롯트에 가장 적합한 포장 규격의 개별 선택을 허용함으로써 원자재 저장 장소에서 FIFO 원칙이 위배될 수 있으며, 또는 그러한 **부분 수량**을 직접 생산 공정에서 보관할 수도 있다. 이상적으로는 문제의 공장에 일상적으로 사용하는 자재 유형에 대한 저장 장소가 있을 수 있다는 것이다.

하지만, 일반적으로 복수의 이형을 하나의 유형의 원자재를 이용하여 가공하고, 따라서 하나의 포장 단위를 복수의 롯트에 사용할 수 있으며, 적합한 이형 순서의 조합을 이용하면 자재의 변경에 따르는 교체 노력을 부분적이나마 회피할 수 있다. 하지만, 그러한 교체 순서의 변경은, 계획 노력의 증가와 보충 리드 타임의 증가로 인해 귀결되는 교체 시간의 단축에 주의를 기울이면서 그에 따라 신호 간반을 재조정하거나 처리 논리를 바꾸는 방법으로 생산 계획 조직에서 판단해야 한다(섹션 3.4.2).

간반 통제

간반은 부품의 소비와 관련된 재생산을 조절한다. 다양한 가능한 적용 방법은 다음과 같은 세 가지 부류로 나눌 수 있다.

1. 단순한 **생산 간반**은 소량의 롯트 크기를 이용하여 공정을 분리할 수 있게 해주며, 여기서 한 롯트는 한 개의 용기 크기에 상응한다. 짧은 교체 시간과 소량의 롯트 크기로 인해 보충 리드 타임은 상대적으로 짧게 유지된다. 고객 공정은 롯트 단위로 부품을 인출하지만, 그렇지 않고 제공된 부품을 개별적으로 처리할 수도 있다. 슈퍼마켓 저장 장소는 모든 이형을 재고로 유지한다.
2. **신호 간반**을 이용하면 교체 시간이 긴 생산 공정들의 통합이 가능하다. 삼각형 간반에서는, 해당 발주점 아래로 내려가는 즉시 모든 이형이 고정 롯트 크기로 재생산된다. 통제판을 적용하면 개별 생산 간반을 축적하였다가 롯트 단위로 재생산할 수 있다. 교체 포트폴리오에 따르면, 간반 시스템은 교체 시간 비율의 변경 없이 교체 시간을 줄이는 것을 목표로 한다. EPEI 값은 최적의 자원 활용 하에서 실현 가능한 최소의 롯트 크기와 최대의 이형 융통성을 결정한다.
3. **공급자 간반**은 원자재 및 구매 부품의 저노력 구매를 가능하게 해준다. C 품목 간반은 소량의 표준화된 부품 및 설계된 부품을 물류 효율 기준에 따라 구매한다. 공급자 간반은 협력을 통해 전략적인 부품의 신뢰성 있고 균형 잡힌 공급을 조절한다. 밀크런을 활용하면 인도 빈도를 늘릴 수 있는데, 이것은 다시 원자재 재고를 줄이고 가치 흐름의 균형을 잡아준다. 용기 수량에 기초한 최초의 생산 공정은 물량이 변동하는 원자재의 규격과 정렬될 것을 요구한다.

사례연구 정수필터에서는, 조립 공정은 해당하는 FIFO 결합으로 연결된 세척 공정 전반에 걸쳐 이형이 어떻게 분포하느냐에 따라서 생산 간반 또는 신호 간반을 이용하여 밀링 공정과 연결되어야 할 것으로 생각된다. 또한, 마감하지 않은 주물에 대해서는 공급자 간반을 구현할 예정이다(그림 3.46).

생산 간반. 선적 용기에 관한 고객 요건은 변경이 없으며, 따라서 미래에는 완성된 제품을 계속해서 60개 들이 용기에 담아 선적할 수 있고, 따라서 가치 흐름의 마지막 생산 공정 즉, 조립 공정에서 동일한 롯트 크기를 사용할 수 있다. 따라서, 모든 이형에 대해서 60개가 상류 슈퍼마켓 저장 장소로부터 인출된다. 부품들은 세척 후에 재고로

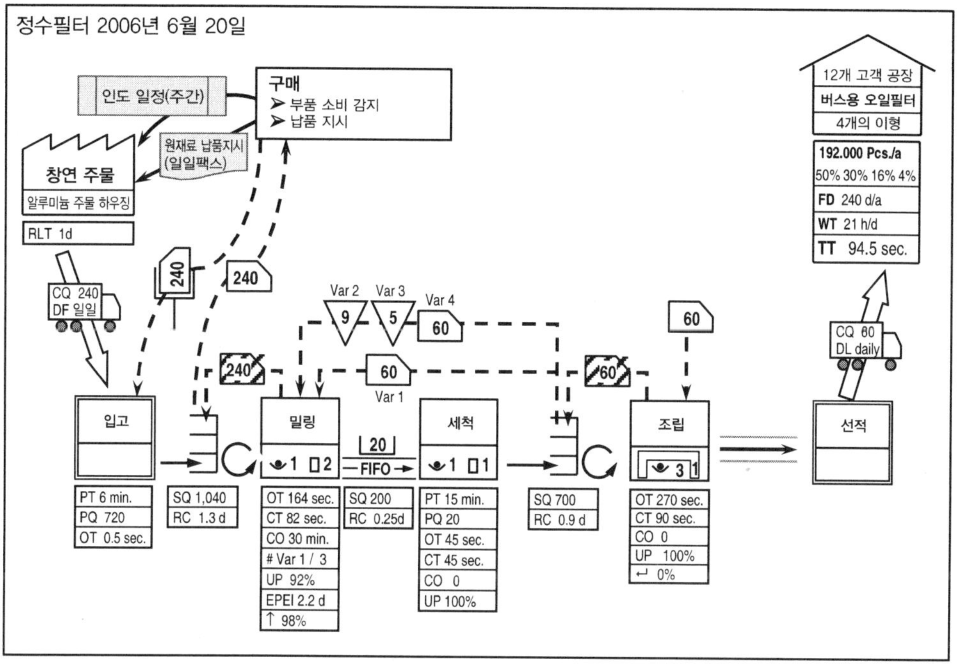

그림 3.46 정수필터의 가치 흐름 설계(3): 간반 통제

다시 포장하지 않을 것으로 생각되는 관계로, 20개씩이 들어 있는 3개의 세척 바구니를 각 저장 장소에 쌓아 놓는다.

수요 수량 비중의 거의 50%에 해당하는 이형 1을 한 밀링 머신 상에서 계속 처리할 수 있으며, 따라서 그렇게 되면 더 이상은 교체가 필요 없다는 것이 밝혀진다. 각각의 인출 롯트에 대해서, 60개짜리 한 생산 간반이 생성된다. 빈 세척 바구니는 간반 통제 주기에 상관 없이 세척기로 반환된다.

지속적인 예방정비는 밀링 머신의 가용 시간을 92퍼센트까지 끌어올리기 위한 것이다. 164초인 작업 시간이 계속하여 유지되면 개당 평균 능력 소요가 178초가 된다. 새로운 배치에서는 휴식 시간에 기계가 계속 작업을 수행하는 것을 가정하지 않으며, 따라서 일일 가용 업무 시간은 21시간이다. 이형1의 일일 수요량 400개에 대해서는 불량 쿼터 2퍼센트만큼의 증분을 감안해야 하기 때문에 408개를 처리해야 한다. 등식 2.1에 따라서, 이것은 185초의 고객 탁트 타임으로 귀결되는데, 이것은 주기 시간이 요구되는 것보다 4퍼센트 길어지는 결과가 된다.

신호 간반. 나머지 세 개의 이형은 두 번째 밀링 머신 상에서 처리한다. 교체 시간은 30분으로 크게 줄어들지만, 이것으로는 60개의 롯트 크기에는 충분하지 못하다. 따라서, 롯트 크기를 결정하기 위해서 다음과 같이 등식 3.6에 따라 EPEI 값을 구할 필요가 있다.

$$MLT = OT \times DD = \left(\frac{164\sec}{3,600} \times 408\frac{\mathrm{Pcs}}{\mathrm{d}}\right) = 18.59\frac{\mathrm{h}}{\mathrm{d}}$$

$$EPEI_{\min} = \frac{\#Var \times CO}{(WT \times \#Res) \times UP - MLT} = \frac{3 \times 0.5\mathrm{h}}{\left(21\frac{\mathrm{h}}{\mathrm{d}} \times 1\right) \times 92\% - MLT} = \frac{1.5\mathrm{h}}{19.32\frac{\mathrm{h}}{\mathrm{d}} - 18.59\frac{\mathrm{h}}{\mathrm{d}}} = 2.05\mathrm{d} \quad (3.17)$$

여기서, CO　교체 시간 [시간 단위]
#Var　이형의 수
WT　근무 시간 [시간 단위]
#Res　자원의 수
UP　가용 시간 [%]
MLT　기계 로딩 시간 [시간 단위]
OT　작업 시간 [시간 단위]
DD　일일 수요 [pcs./d]

따라서, 평균 일일 수요를 곱하면 다음과 같이 이형별 최소 롯트 크기(LS_{Var})를 구할 수 있다.

$$LS_{Var2} = \frac{58,000Pcs}{240\mathrm{d}} \times 2.05\mathrm{d} = 495Pcs \cong 540Pcs = 9 \times 60Pcs$$
$$LS_{Var3} = \frac{30,000Pcs}{240\mathrm{d}} \times 2.05\mathrm{d} = 256Pcs \cong 300Pcs = 5 \times 60Pcs \quad (3.18)$$
$$LS_{Var4} = \frac{8,000Pcs}{240\mathrm{d}} \times 2.05\mathrm{d} = 68Pcs \cong 60Pcs$$

따라서, 두 번째 이형에 대한 신호 계수는 9, 세 번째 이형에 대해서는 5, 네 번째 이형에 대해서는 1로 선택한다. 낯선 이형은 15퍼센트가 넘는 교체 비중(164초의 작업 시간에 30분의 교체 시간)에도 불구하고 생산 간반과 같이 처리를 한다. 따라서, 등식 2.6에 따라서 반올림한 롯트 크기는 다음과 같은 EPEI 값이 된다.

$$EPEI_{fix} = \frac{\sum OT + \sum CO}{\#Res \times UP \times WT} = \frac{((9+5+1) \times 60 \times 164\text{sec}) + 3 \times 30\text{min}}{1 \times 90\% \times 21\text{h}} = \frac{42.5\text{h}}{19.32\text{h}} = 2.2\text{d} \quad (3.19)$$

재공품의 슈퍼마켓 재고. 신호 간반이 잘 정립되어 있으면, 조립 공정 앞의 WIP 슈퍼마켓 저장 장소는 EPEI 값의 1/2에 해당하는 수요 대응 기간에 완충 및 안전 재고를 더한 재고를 보유한다. 이형 2에서 4까지에 대한 일일 수요가 400개이고 EPEI 값이 2.2일일 때, 이것은 440개에 해당한다. 생산 조합을 균형화하기 위한 변동 허용 오차를 30퍼센트 즉, 개략 130개로 가정한다. 최대 1시간의 기계당 비가동 시간을 보상할 수 있어야 하는데, 이것은 일일 수요가 800개였을 때 개략 40개에 해당한다. 이 값들을 다 합하면, 이것은 평균 재고 700개에 해당하는데, 이는 0.9일의 수요 대응 기간과 같다.

발주점. 이형 3에 대한 발주점을 예로서 계산한다. 540개의 롯트 크기, 주기 시간 164초 및 30분의 교체 시간에, 이형 2의 작업 시간은 25.1시간에 상당한다. 합계 단지 3개의 이형밖에 없으므로, 발주점의 결정에서는 이전의 로트가 이미 절반이 완료되었으며, 따라서 대기 시간은 12.5시간에 이형 3의 작업 시간을 더한 값이 될 것이라는 사실을 감안해야만 한다(등식 3.16 참조). 자재는 완료 직후에 세척 바구니에 담은 세 바구니를 쌓은 상태로 FIFO 라인과 세척 공정을 거쳐 슈퍼마켓으로 이동하게 될 것이므로, 보충 리드 타임은 세척을 위한 15분, 5.25시간에 상응하는 FIFO 완충 200개 더하기 60개에 대한 작업 시간 즉, 2.7시간을 포함해야 한다. 이것의 합계는 20.7시간 즉, 개략 1일이 된다. 이형 3에 대한 일일 수요가 125개일 때, 이것은 123개와 같다. 여기에 추가 30퍼센트의 완충을 더하면, 합계 160개가 된다. 시간당 6개의 안전재고가 필요하며, 그렇게 되면 발주점은 60개인 롯트 크기의 2.7 롯트 위치에서 정해지며, 따라서 신호 간반은 세 번째 용기 더미 위에 놓이게 된다.

공급자 간반. 공급자 연결은 현재 상태에서도 매우 양호하다. 공급자 간반을 구현하더라도 하루인 현재의 인도 빈도를 늘릴 필요는 전혀 없다. 입고 제품에 대한 검사는 더 이상 안 하는 것으로 가정한다. 240개 단위 팔레트당 기록된 작업 시간 6분은 하역에서 발생하는 것이다. 재고는 30퍼센트의 수요 완충으로 결정되며, 이는 1,040개에 대한 원재료 재고 즉, 1일 분량에 1 컨테이너를 더한 값이 된다.

3.3.3 보조 설정자 공정에서의 생산 통제

린 자재 흐름을 달성하기 위해서는 세 개의 설계지침이 필요한데, 그것은 연속 생산, FIFO 결합, 그리고 간반 통제이다. 이것들을 활용하여, 모든 특정한 낱개 생산의 전체 자재 흐름을 설계할 수 있으며, 어떤 다른 지도 원칙도 필요하지 않게 될 것이다. 개별 공정 또는 흐름 생산은 FIFO 라인 또는 다른 간반 통제를 통해 연결하게 될 가치 흐름의 구성 요소들이다. 하지만, 이와 같은 연결의 조합에서 다음과 같은 규칙을 지켜야 한다.

보조 설정자(Pacemaker). 전체 가치 흐름을 통제하는 방법이 가장 중요하다. 예측 지향형의 통제와는 대조적으로, 제조 대상 제품의 전체 처리를 위해 정확하게 1개의 **유발 지점**(trigger point)이 있어야 한다. 이러한 유발 지점으로부터 하류 방향으로의 관련 생산 공정은 위에서 언급한 결합 원칙에 따라 조절한다.

하나의 매우 중요한 장점으로서, 명시적으로 유발 지점을 결정하면 필연적으로 재고 증가와 수량 부족으로 귀결되게 될 모순되는 지침을 방지할 수 있다. 따라서, 생산 통제는 가치 흐름의 단 한 지점에서 개입해야만 한다. 통상적으로 즉, 한 제품군에 속하는 모든 제품이 동일한 통제를 받게 되는 경우에는, 가치 흐름 내의 정확하게 한 생산 공정만을 통제하고, 나머지 생산 공정은 그에 따라 조절되게 된다. 이와 같이 직접적인 통제를 받는 공정을 **보조설정자 공정**(pacemaker process)이라 부른다. 이 공정이 보조를 설정하며, 따라서 해당 가치 흐름 내의 모든 다른 공정의 생산 리듬을 설정한다. 따라서, 가치 흐름 통제에는 다음과 같은 설계지침이 적용된다.

> **설계지침 5** **보조 설정자 공정**
>
> 모든 가치 흐름은 특정한 지점 즉, 보조설정자 공정에서 고객 탁트 타임 단위로 생산 지시를 해야 한다.

보조 설정자 공정은 전체 생산에 대해 고객 탁트 타임을 채용한다. 모든 주문은 고객 탁트 타임에 따라 유발하도록 해야 하며, 따라서 보조 설정자는 고객 탁트 타임에 채널을 맞추고 해당 탁트 타임을 가시화하는 데 특별한 주의를 기울여야 한다. 오로지 이 방법을 통해서만 고객 수요는 리듬으로서 전체 생산을 유발할 수 있다. 보조 설정자에서 전달되는 고객 탁트 타임으로부터의 편차는 전체 가치 흐름으로 전파되게 마련이며, 따라서 전체 생산의 목표 달성을 지연시키게 된다. 따라서, 보조 설정자는 예를 들어 조명이 있는 디스플레이, 음향 신호 또는 어쩌면 목표 실제 생산량을 표시하는 표시판과 같은 형태로 발생 가능한 시한 종료를 **시각화**할 수 있는 조치를 갖추어야만 한다.

생산 유형. 생산 계획은 고객 주문을 생산 주문으로 변환하는데(섹션 3.4), 생산 주문은 그 다음 보조 설정자 공정을 유발시키며, 보조 설정자 공정은 또한 **고객 분리점**(customer decoupling point)이기도 하다. 이 지점은 고객 익명의 즉, 사전 생산(pre-production)을 고객 주문과 관련된 하류의 생산으로부터 분리한다. 따라서, 고객 고유의 특징이 있는 제품은 오로지 보조 설정자 공정 또는 그 훨씬 하류에서만 생산할 수 있다. 보조 설정자의 가치 흐름 내의 위치에 따라, 서로 다른 유형의 생산을 실현할 수 있다.

생산 공정과 보조 설정자 공정 사이의 물류 연계는 특정한 규칙의 적용을 받는다. 일반적으로, 고객 익명의(customer-anonimous) 사전 공정은 간반 통제 주기를 통해 연결되어 있는 반면, 고객 관련 후속 공정은 FIFO 결합을 통해 연결된다. 따라서, 보조 설정자와 FIFO 결합을 통해 연결된 일련의 복수의 별도의 하류의 생산 순서 또는 개별 생산 공정이 각각 존재할 수 있다. 이러한 경우, 보조 설정자는 가치 흐름 내에서 상대적으로 훨씬 상류에 존재하며, 이는 대부분의 생산 공정이 고객 주문에 관련된 방식으로 작동을 하게 된다는 것을 의미한다. 이와 같은 솔루션은 또한 고객 고유의 부품 생산도 가능하게 하기 때문에, 이것을 또한 **주문 생산**이라고도 한다(그림 3.47, 사례 1). 보조 설정자 공정 하류에 간반 통제를 두는 경우에는 보조 설정자를 분리하고 그것을 이동하는 것이 되므로, 보조 설정자 공정의 하류에는 어떠한 간반 통제 주기도 존재하지 않게 마련이다.

하지만, 상류에는 어쩌면 서로 다른 롯트 크기로 작업하며 간반을 통해 연결되는 일련의 복수의 공정이 존재할 수 있다. 오로지 통상적으로 조립 공정이 되는 마지막의 공정을 고객과 관련된 방식으로 유발시키는 고객 익명의 부품 생산은 **주문 조립**이라 부른다(그림 3.47, 사례 2). 일반적으로, 간반 통제는 통합된 생산 공정의 수에 상응하는 복수의 통제 주기를 통해 구현한다. 또는 두 개의 롯트 생산 공정을 FIFO 라인을 통해서 직접 결합하고 상호 간반 주기를 통해서 공동 통제를 할 수도 있다.

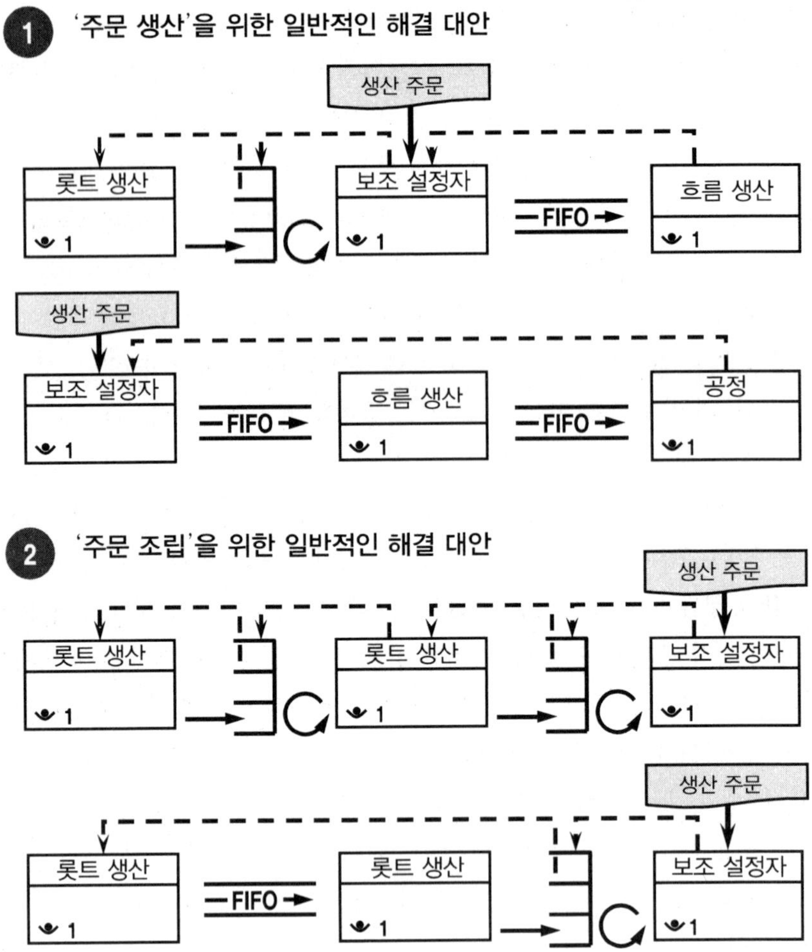

그림 3.47 가치 흐름 내의 보조 설정자의 위치

선적 원칙. 선적 공정은 지금까지는 의도적으로 무시를 해 왔는데, 이는 수 많은 이유로 인해서 그것이 보조 설정자로서는 전혀 적합하지 않기 때문이었다. 무엇보다도, 이것은 고객 탁트 타임에 따라 제품을 선적하는 유일한 방법은 모든 제품을 트럭에 그 자체만 별도로 선적하는 방법이 될 것이라는 사실 때문이다. 기껏해야 적재를 고객 탁트 타임과 정렬시켜 할 수 있지만, 그러나, 그 다음에 트럭은 교대조 모형에 따르는 정기적인 인도를 해야만 하는데, 이는 비록 필요하더라도 오로지 직서열 인도의 경우에만 실현이 가능하다. 발송은 선적 경로, 운송업체의 일정 계획에 정렬되어야만 하며, 고객의 트럭을 기다려야만 하며, 택배 서비스 제공자의 픽업 시간을 고려에 넣어야만

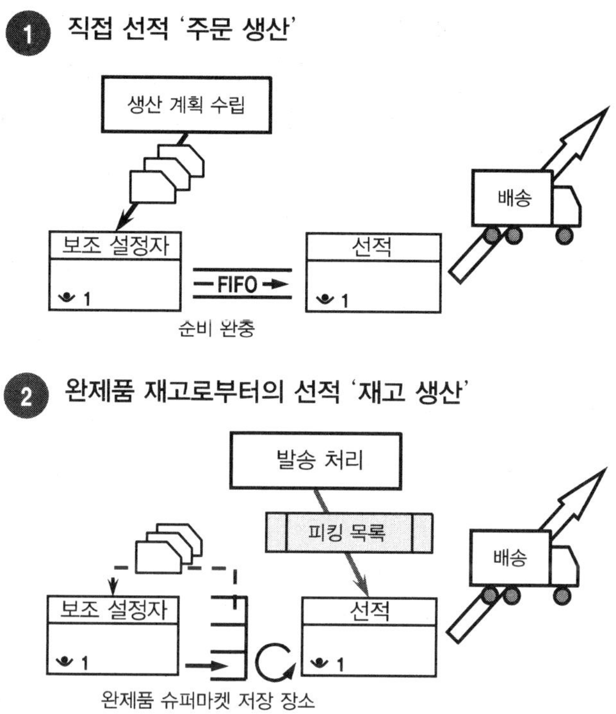

그림 3.48 보조 설정자와 선적 단 사이의 연계

한다. 그 결과, 선적은 통상적으로 생산에서 사용하는 교대조 모형과는 다른 교대조 모형을 사용한다. 그 외에도, 선적 단은 통상적으로 복수의 가치 흐름을 책임지고 있으며, 서로 다른 복수의 탁트 타임에 대한 보조 설정자로서의 역할을 해야 한다. 그러나, 포장 또는 팔레트에 함께 포장하고 발송을 해야 하는 서로 다른 제품을 포함하는 선적은 매우 다른 롯트 크기를 가지는 롯트 생산에 기반을 두고 있다. 또한, 시간 요건은 반드시 제품의 수량에 선형적으로 의존하지 않으며, 이것 역시 생산을 실제의 고객 탁트 타임보다는 우연의 일치 및 외부적인 제약에 정렬시키는 보조 설정자 기능을 배제한다.

따라서, 보조 설정자 공정은 항상 보조 설정자와는 다음과 같은 두 가지 가능한 방법으로 연계되어 있을 수 있는 선적 단의 상류에 위치하게 마련이다. 만일 설계지침이 고객의 주문을 통해 직접 보조 설정자를 유발하도록 구현되어 있을 경우, 이것은 직접 선적으로 귀결될 것이다. 보조 설정자로부터 하류 전체에 대해서는, 모든 제품은 고객 고유의 방법으로 가능한 신속하게 선적 준비를 하고 발송한다. 보조 설정자와 선적 단은 FIFO 라인을 통해 연결된다(그림 3.48, 사례 1).

이런 해결 대안은 모든 **주문 생산** 이형에 적합하며, 소량의 고객 고유 생산을 처리하기 위한 유일한 방법이다. 하지만, 만일 최종 생산 공정이 올바른 수량을 바로 해당하는 선적 용기 내로 생산할 수 있다면 직접 선적은 또한 다양성이 적은 연속 생산에도 매우 적합하다.

두 번째 방법은 완제품 저장 장소를 통해 간접적으로 보조 설정자를 유발시킨다. 선적 단은 해당하는 선적 목록, 인출 목록 또는 유사한 문서를 받아서 그에 따라 해당하는 제품을 완제품 저장 장소에서 인출한다. 그런 후에 꺼낸 제품에 대한 재생산은 네 번째 설계지침에 따라 간반 규칙을 통해 수행한다. 이 경우, 제품은 **완제품 슈퍼마켓 저장 장소에서 선적**한다. 이와 같은 '**재고 생산**' 해결 대안은 주로 다양성이 매우 적은 연속 생산 제품의 고객 익명 생산에 가장 적합하다(그림 3.48, 사례 2). 저장 장소와의 연계 덕분에, 롯트 단위로 생산하는 제품 역시 부분적인 의뢰에 따라 선적할 수 있는 반면, 직접 발송은 생산 롯트를 일치시키기 위해서 고객 주문을 필요로 한다. 만일 전체 생산을 재고 생산으로 수행하는 경우, 완제품 저장 장소는 생산을 선적 단에서 기원하는 장애로부터 보호한다.

주문 리드 타임. 흐름 생산에 관한 설계지침을 엄격하게 준수함으로써, FIFO 결합과 간반 규칙은 취소 불가능하게 **보조 설정자 공정의 위치**를 대규모 롯트를 필요로 하지 않는 하류를 향하는 최초의 생산 공정으로 결정한다. 그럼으로써 그것은 기술적으로 가능한 한 상류에 위치하여 생산의 많은 부분이 고객 주문과 관련한 방식으로 작업하는 것을 가능하게 하면서도 필요할 경우에는 고객 고유의 방식으로 작업할 수 있도록 한다. 첫 번째 방식은 실제의 고객 주문을 초과하는 과다 생산을 방지하는 한 편, 후자는 다양한 고객의 바람을 최소의 노력으로 충족시키기 위해 제품 특징의 높은 다양성을 허용한다.

시장에 제공되는 충분히 긴 **인도 시간**이 존재한다는 것은 설계지침 1에서 5까지를 준수하는 데 있어서 필수적인 전제 조건이다. 인도 시간은 주문 리드 타임과 운송 시간으로 구성된다. 가치 흐름과의 관계 속에서 각각의 기간은 직접 선적이 있는 낱개 생산의 이상적인 미래 상태의 도식적인 표현(그림 3.49) 속에 표시되어 있다. 희망하는 이상적인 생산 절차의 달성을 위해서는, 합계 시간이 원하는 인도 시간보다 작아야 하며, 그렇지 않을 경우 가속화를 위한 다양한 가능한 방법을 살펴 봐야 한다. 일반적으로, 운송 수단에 대한 (값비싼) 변경이 없이는 운송 기간을 단축하는 것은 불가능하다. 또한,

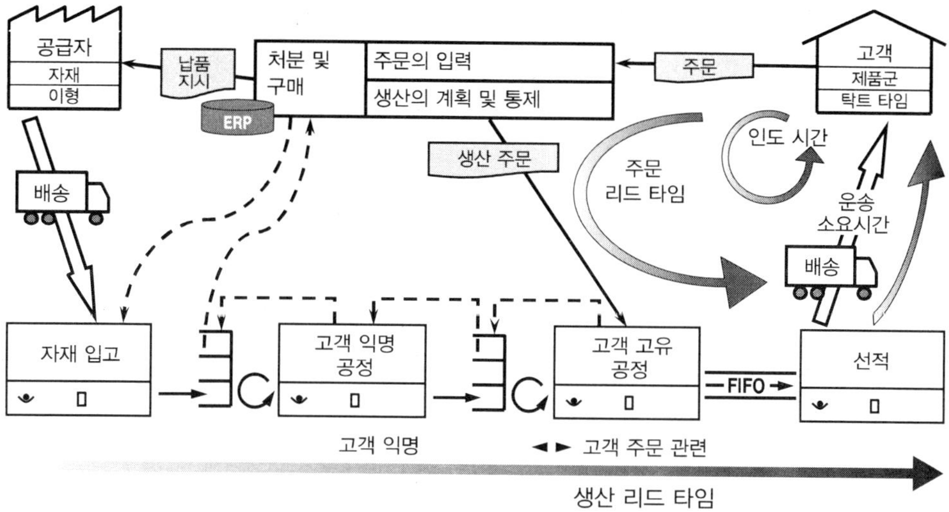

그림 3.49 생산의 이상적인 미래 상태의 도식적 표현

인도 일정과 그 선적 일자에 대한 완고한 고수는 추가적인 대기 시간으로 이어질 수 있다. 생산 최적화를 위해 남아 있는 유일한 가능한 방법은 주문리드 타임의 단축에 있다.

주문 리드 타임은 한 편으로는 관리 및 계획 수립과 관련된 복합 요소, 다른 한 편으로는 **생산 리드 타임**의 주문과 관련된 복합 요소로 구성되어 있다. 후자는 이론적으로 최대 FIFO 재고를 낮추거나 또는 작업 시간을 줄임으로써 줄일 수 있으나, 이 두 개는 이미 개선을 구현했다는 점을 생각할 때 거의 불가능할 것이다. 한 가지 대안으로서, 적어도 고객 익명의 사전 생산이 가능하다는 전제 하에, 보조 설정자 공정을 더욱 하류로 옮기는 방법을 생각할 수 있다. 이것은 사전 가공한 부품 재고의 증가라는 대가로 인도 시간을 단축하게 될 것이다. 고객 고유의 제품을 예상하지 않는 한은, 보조 설정자를 유발하기 위한 완제품 재고 저장 장소를 구현하는 것도 역시 가능할 것이다. 따라서, **선적 간반**(그림 3.48)은 가능한 보다 짧은 인도 시간의 실현을 가능하게 할 것이나, 보다 짧은 인도 시간에 대해 지나치게 느린 생산을 보상하기 위해 완제품 재고는 늘어날 것이다.

주문 리드 타임의 감축을 실현하기 위한 또 하나의 발판은 **주문 처리**이다. 고객 고유의 정보를 포함한 고객 주문이 우편함에 접수되지 않는 한, 주문 처리는 내부 업무 프로세스 즉 주문 입력과 선적 관리에서 배타적으로 결정한다. 하지만, 향상된 전자적인 도구, 병행화, 부분적인 자동화, 중복 작업의 배제 및 조정 절차를 이용하여 주문 입력과 선적 관리와 같은 관리적인 프로세스의 속도를 높이는 방법은 여기서는 무시한다. 보다 중요한 것으로서, FIFO 원칙을 적용하는 것은, 이것이 모든 주문을 동일한 방식으로 처리하기 위한 가능한 유일한 방법이기 때문에 린 생산의 구현을 위해 매우 필수적인 전제 조건이 된다. 최적의 구현과 적절한 소프트웨어의 활용을 통해서, 최소한 다양성이 낮은 표준 제품에 관한 한은 주문 처리 및 제품 구성을 위한 시간 노력을 무시할 수 있는 최소한의 수준으로 낮출 수 있다.

주문 처리는 고객 주문을 생산 주문으로 변환하고, 생산 계획의 영역에 속하는 생산 개시 시점을 매우 정밀하게 결정한다(섹션 3.4). 고객 주문에 수반하는 **대기 시간**은 주문 처리의 상당한 부분을 차지한다. 공장 건설과 같은 주로 많은 건설 관련 시간 비중이 많은 고객에게 고유한 제품인 경우에만 대기 시간은 상대적으로 중요하지 않다. 따라서, 대기 시간은 완전히 고객 고유의 제조가 아닌 모든 제품의 달성 가능한 인도 시간에 결정적인 요소이다. 대기 시간은 다음에서 소개하게 되며 전반적인 생산 절차 자체를 결정하기 위해 추가적인 설계지침을 활용하여 개발된 계획 수립 논리에서 결정되며, 그것은 원하는 인도 시간과 일치시키기 위해 조정을 거쳐야 한다.

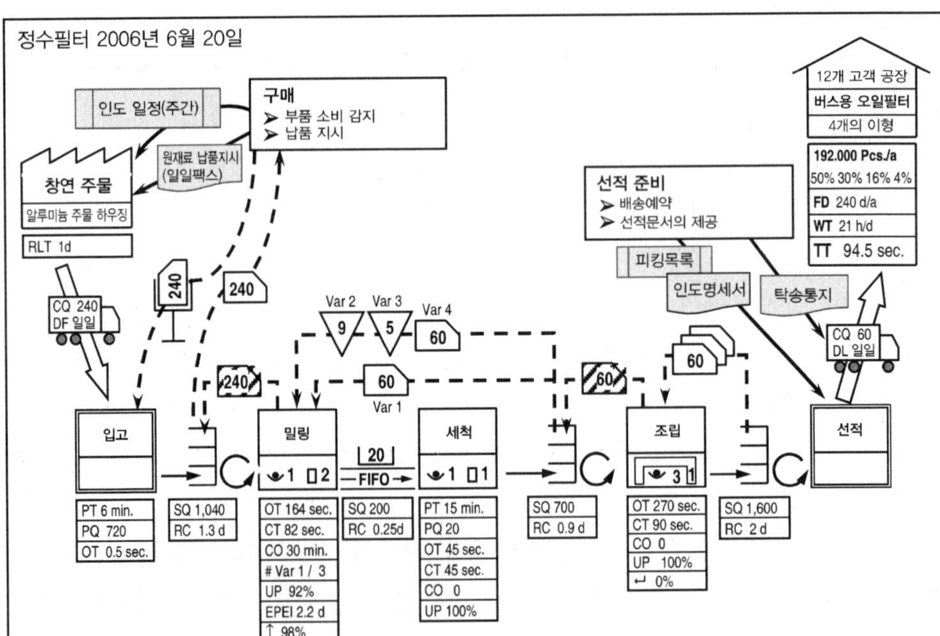

그림 3.50 정수필터의 가치 흐름 설계(4): 선적 간반

보조 설정자 공정

목표. 모든 가치 흐름은 정확히 한 지점에서 유발되어야 한다. 유발되는 생산 공정은 전체 생산에 대한 보조 설정자의 역할을 한다. 모든 다른 공정은 그에 따라 조절된다.

가치 흐름 내의 구현. 고객 분리점은 보조 설정자에 위치한다. 고객 고유의 생산은 보조 설정자 이하의 하류에서만 수행할 수 있다. 모든 상류의 공정은 고객 익명의 공정들이다. 보조 실징자의 위치는 경우에 따라 각각 생산 또는 조립이 고객 고유의 방식으로 이루어지는지 아니면 재고생산으로 이루어지는지를 결정한다.

선적 공정은 지속적으로 원활한 생산 흐름을 고객 수요 변동과 선적 물류 관련 제약으로부터 보호해야 하기 때문에 절대 보조 설정자가 될 수 없다. 재고생산에서는, 보조 설정자는 선적 간반을 통해 완전히 배송과 격리되어 있다. 직접 선적에서는, 생산의 리듬이 선적 공정이 아닌 보조 설정자에 의해 결정되며, 보조 설정자는 준비 완충에서 공급을 받는다.

영향. 생산 리드 타임은 첫 번째 다섯 가지의 설계지침의 적용 결과로 귀결되는 것이다. 보조설정자의 위치는 생산 리드 타임의 고객 주문관련 부분에 대해 결정적인 영향을 미치며, 이것은 달성 가능 인도 시간의 일부를 구성한다. 나머지 부분은 운송 시간과 생산 계획의 결과이다.

사례연구 정수필터에서는, 선적 원칙으로 선적 간반(그림 3.50)을 선택하였다. 단 1일이라는 매우 짧은 인도 시간으로 인해, 조립 공정은 구속력이 있는 확정적인 주문을 기다릴 수 없으며, 수요예측이 거의 완전하게 정확한 일이 거의 없기 때문에 하루 전에 신뢰성 있게 생산하는 것도 불가능하다. 따라서, 수요 변동에 완충을 제공하고(그림 3.52 참조) 즉각적으로 고객의 희망을 충족시키기 위하여 수요 대응 기간이 2일인 완제품 창고를 설치하였다. 수요예측은 이형 조합에서 발생할 수 있는 변동에 대응하는 일을 지원한다.

3.4 생산 계획 수립

위에서 소개한 설계지침은 생산 내의 자재 흐름의 최적 관리 및 조절을 위한 통제 규칙을 정의한다. **생산 계획 수립**에 관한 다음 섹션에서는, 주문 발주까지의 계획 논리의 구상을 위한 관련 설계지침을 개발한다. 위에서 설계한 생산 통제의 원활한 기능을 위하여, 모든 생산 주문은 생산 계획에서 적절하게 발주된 것으로 가정하였다. 따라서, **주문 발주**는 해당 통제 규칙을 통해 가치 흐름을 원활하게 할 수 있는 방법으로 유발되어야 한다. 이를 위해서 생산 계획은 다음과 같은 세 가지의 과업을 달성해야 한다.

우선, 고객 주문을 보조 설정자 공정에 대한 생산 주문으로 변환해야 한다. 보다 쉬운 통제를 위한 최상의 해결 대안은 크기가 같은 발주 단위를 생성하는 것이다. 생산을 균등하게 이루어지도록 만들기 위해서, 부하 적용을 균등하게 수행해야 한다. 고객 수요가 변동하는 경우에는, 이러한 물량에 관련된 **생산 평활화** 단위로 주문을 **대기 행렬**에 축적한다(섹션 3.4.1). 둘째로 그렇게 생성된 생산 주문은 그것들 각각의 서로 다른 생산 요건을 고려하여 모든 이형에 걸친 **생산 균등화**를 통해 올바른 **순서**로 정렬해야 한다(섹션 3.4.2). 셋째이자 마지막으로, 주문 발주의 시점 및 순서는 또한 때로는 개별 공정이 유발하는 능력 및 기술적인 **제약**에도 의존하며, 이것 역시 계획 과정에 고려해야만 한다(섹션 3.4.3). 이러한 간단한 규칙 체계는 매우 세련된 생산 공정 속에서 매우 복잡한 제품을 제조하는 것을 포함하는 가치 흐름의 계획 수립을 가능하게 해준다. 하지만, 전통적인 PPS시스템과는 반대로, 이것은 평균 값 기준의 예측 지향적인 데이터를 이용하여 이루어지는 것이 아니라. 모든 주문을 개별적으로 계획한다.

생산 계획 목표

생산 관리를 촉진하기 위해서, 생산 계획에서는 생산 부하를 균등하게 유지하고 그럼으로써 원활한 가치 흐름을 가능하도록 하기 위해서 고객 수요를 사전 처리할 필요가 있다. 이에는 균질적인 리듬으로 발주될 통일된 생산 주문 단위가 필요하다. 생산 주문 순서는 이형이 부품 및 능력에 대해 일관된 수요를 생성할 수 있도록 해야 하며 동시에 생산 공정에 영향을 미치는 다른 제약도 감안해야 한다.

3.4.1 생산 물량의 평활화

생산 계획 수립의 주된 목적은 생산의 흐름을 원활하게 하는 것이다. 따라서, 보조 설정자 공정만이 명확하게 정의된 작업 물량을 꾸준한 리듬으로 발주해야 한다. 생산 물량의 평활화는 각각의 생산 주문에 대해 서로 다른 롯트 크기를 이용하여 발주하기보다 동일한 간격으로 동일한 롯트 크기를 일관되게 유발함으로써 달성 가능하다. 작업 시간이 동일한 단순한 경우에는, 해당 물량을 수량으로 결정할 수 있으며, 그렇지 않은 경우에는 보조 설정자 공정의 능력 수요를 기준으로 사용할 수 있다.

표준 **발주 단위**(release unit)를 물량 흐름 통제의 수단으로 사용하여, 생산 계획 및 통제를 위한 결정적인 시간 기준을 결정한다. 린 문헌에서는, 이것은 아홉 번째 니커보커 야구 규칙에 따라 경기를 계속하기 위해 야구공을 홈 플레이트를 향해 던지는 행위에서 이름을 따서 '피치(pitch)'라고도 부른다. 생산을 개시하기 위해 보조 설정자 공정에서 정기적으로 발주하는 발주 단위는 고객 탁트 타임에 대한 적절한 '감'을 반영하기 위해 가능한 한 작게 선정해야 한다. 생산의 평활화와 관련된 설계지침은 다음과 같다.

설계지침 6 발주 단위의 정의

생산 주문의 발주는 균등한 생산 물량에 도달할 수 있도록 소규모의 표준화된 정의가 되어 있는 수량으로 이루어져야 한다.

발주 단위의 결정. 발주 단위의 올바른 결정은 가치 흐름의 달성 가능한 융통성뿐만 아니라 계획 수립 노력과 효율 및 투명한 절차를 위해서도 매우 중요하다. 발주 단위는 관련 계획 및 통제 노력을 의미 있게 유지하기 위해서 지나치게 작게 정의해서는 안 된다. 반면, 지나치게 큰 발주 수량은 다음과 같은 수많은 단점이 있다. 며칠에 걸치는 작업을 포함하는 생산 주문의 발주는 보조 설정자 공정에서 지나치게 많은 자재 물량이 발생하게 만들기 때문에 생산이 마히게 되고, 일반적으로 작업 현장의 질서를 흐트러뜨린다. 그 외에도, 생산 리드 타임이 그에 따라 증가하며, 따라서 고객 수요의 변동에 대한 단기적인 융통성 있는 반응에 복잡한 변경 또는 긴급 주문이 필요하게 된다. 또한, 수요가 롯트 내에서 결합되기 때문에 지나치게 큰 생산 롯트는 현재의 시장 수요를 모호하게 만든다.

흐름 생산의 능력 정의의 목적으로 가치 흐름 분석에서 결정된 고객 탁트 타임을 사용할 뿐만 아니라 그것을 가치 흐름의 **보조 설정자**로 만들기 수 있기 위해서는, 해당하는 발주 간격이 충분히 작아서 탁트 타임을 분간할 수 있도록 해야 하며, 이것은 생산에 리듬이라는 것 자체를 도입하기 위한 유일한 방법이다! 이렇게 해서, 모든 발주 간격의 끝은 생산이 아직 원활하게 진행되고 있는지 여부를 나타낸다. 발주 간격이 각각 1일인 경우, 생산 목표가 달성되었는지 여부를 확인할 수 있는 기회가 하루에 단 한 번밖에 없을 것이다. 하지만, 발주 단위가 30분인 경우에는, 의도한 리듬의 준수, 또는

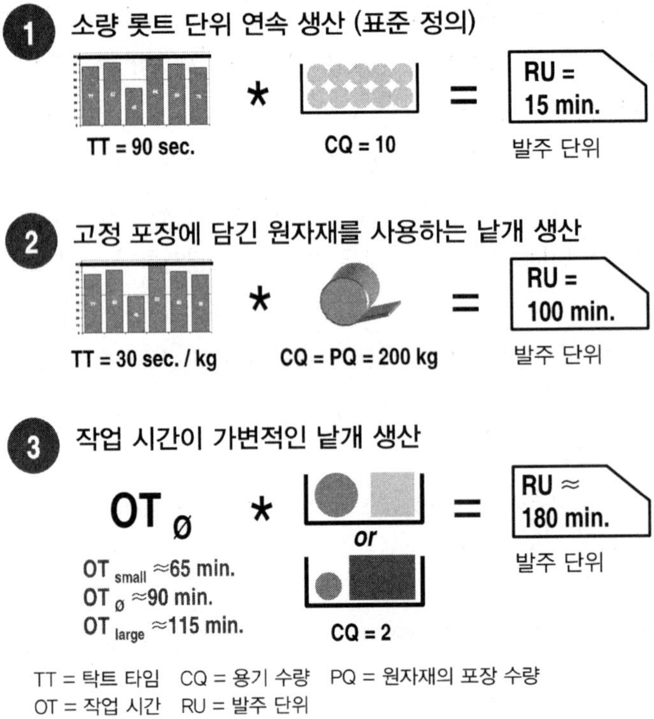

그림 3.51 발주 단위의 계산

장애로 인한 차질의 발생 여부 각각은 전체 생산 절차에 걸쳐 짧은 간격으로 일상적으로 검증된다.

고객 수요와의 적절한 연계를 위하여, 발주 단위는 고객 탁트 타임의 정수 배로 결정한다. 발주 단위(RU)의 적절한 크기는 연속 생산에 대해 일반적으로 하는 바와 같이 고객 탁트 타임과 용기 수량을 곱했을 때 최적의 값이 구해진다(그림 3.51, 사례 1). 사례에서, 고객 탁트 타임이 90초이고 발주 단위가 10개 즉, 정확히 하나의 용기 수량이면, 발주 간격은 15분이 된다. 가장 간단하고 단순한 예에서, 하나의 발주 단위를 정의하는 용기 크기는 완제품 보조 설정자 공정에서 사용되는 완제품에 대해 사용하는 그와 같은 용기의 수량에 해당한다. 고객 고유의, 제품과 관련된 완제품 용기는 주로 프로세스 산업에 공급되는 연속 제품의 경우에 사용한다. 그런 제품의 용기 크기를 적합한 발주 단위의 결정에 사용하거나, 또는 공장 내의 제품 또는 부품 운송 용기를 발주 단위의 기초로 사용할 수 있다. 그러한 용기에 기초하여 형성한 발주 단위가 너무 작아 보일 경우에는, 복수의 용기(아래 등식의 수량 b)를 기초로 사용할 수도 있다. 보조 설정자 또는 하류의 공정이 각각 복수 용기의 롯트를 구성하고 있는 경우, 각각의 롯트 크기는 발주 단위에 대해 나눗셈이 가능할 것이다. 따라서, 연속 생산의 발주 단위는 다음과 같이 계산한다.

$$RU_{Series} = TT \times b \times CQ$$

$$RU_{Variety} = TT \times \frac{\sum_{i=1}^{var} b_i \times CQ_i}{\#Var} \qquad < b_i \times CQ_i = const. > \tag{3.20}$$

여기서, RU 발주 단위 [시간 단위]

TT 탁트 타임 [시간 단위/pcs.] 또는 [시간 단위/수량 단위]

b 동시에 발주할 용기의 정수 계수

CQ 용기 수량 [pcs.]

#Var 이형의 수

물론, 위의 공식은 경험칙일 뿐이라고 생각해야 하며, 해당하는 생산 상황에 대해 개별적으로 적응할 필요가 있다. 예를 들어 다양성이 높은 제품군에서는, 용기 수량이 종종 상당하게 변동하는데, 명백한 해결 대안은 비록 그렇게 할 경우 비현실적으로 큰 값으로 귀결될 수 있으나, 최소공배수를 사용하는 것이 될 것이다. 그 대신, 소량과의 통일성을 기하기 위해 용기 수량을 조정해야 할 것이다(등식 3.20, 아래). 그 외에, 현실적인 이유로 어림수를 선택해야 할 것이나, 이것은 단지 개략적으로 고객 수요에 상응할 것이다. 사례에서, 예를 들어 고객 탁트 타임 95초는 15.83분의 발주 단위로 귀결될 것이다. 그런 다음, 보조 설정자는 고객 탁트 타임이 요구하는 것보다 다소 강력하게 정하여 90초의 탁트 타임에 기초하여 발주 단위를 15분으로 결정할 수 있을 것이다.

단위당 작업 시간의 변동이 상당히 크거나 매우 긴 고객 고유의 생산에서는, 발주 단위를 정하기 위한 기초로 사용할 적당한 수량을 발견하기가 어렵게 마련이다. 첫 번째 경우에는, 원자재 수요를 공통의 기준 매개변수로 식별할 수 있는데, 주로 포장 수량이 고정적인 포장 수량(PQ)단위로 인도되는 원자재로 구성되는 복잡성이 적은 낱개 단위 생산에서는, 해당 수량을 기초로 사용할 수 있다(그림 3.51, 사례 2). 이러한 단순한 수학적인 관계는 다음과 같이 구성된다(상단의 등식).

$$RU_{Simple-Item} = TT \times b \times PQ$$
$$RU_{OT} = CQ \times OT_{\phi} \tag{3.21}$$

여기서, RU　　발주 단위 [시간 단위]

TT　　탁트 타임 [시간 단위/pcs.] 또는 [시간 단위 / 수량 단위]

b　　동시에 발주될 용기에 대한 정수 계수

P　　원자재의 포장 수량 [수량 단위]

CQ　　용기 수량: 규격 집단별로 조합한 제품 수량

OT_{ϕ}　　작업 시간 [시간 단위]

하지만, 보다 복잡한 제품의 경우에는, 기준 매개변수를 구하는 것이 그렇게 쉽지 않으며, 그 외에도 작업 시간이 너무 많이 증가하여 모든 발주 단위에 매우 적은 수의 제품밖에 포함하지 못할 수가 있다. 그 대신, 다양한 제품 수를 합계 작업 일정 기반의 작업 시간이 결정된 발주 단위가 (상대적으로) 일정한 값이 되도록 조합한다. 문제를 단순화하기 위하여, 그 다음에 작업 시간을 기반으로 하는 **크기 집단**을 생성하고 해당하는 크기 집단에 속하는 서로 다른 제품의 조합을 상호 발주 단위에 할당할 수 있다(그림 3.5.1, 사례 3). 각각의 발주 단위는 평균 작업 시간(OT_{ϕ})의 정수 배(CQ)이며, 그 결과 구해지는 계수는 동시에 발주되는 제품의 수에 상응하게 될 것이다(등식 3.21 아래). 한 쌍을 한 번에 동시에 발주하는 경우, 대형 제품과 소형 제품 또는 중형 제품과 중형 제품을 짝을 이룸으로써 평활화된 생산 물량을 쉽게 달성할 수 있다. 이와 같은 개략적인 평활화를 하고 난 후에 여전히 남는 모든 편차에 대해서는, 그 다음 각각의 생산 공정의 약간의 능력 융통성, 예를 들어 생산 관련 초과 근무 또는 예비 인원을 이용하여 균형을 취할 수 있다.

일반적으로 공장 건설에 있어서와 같이 수량이 적은 경우에는, 상호 발주를 위해 제품을 한 데 모으는 것은 전혀 타당하지 않다. 그와 반대로, 개별 **공정 단계**로 구분할 경우에만 생산은 생산의 보조에 리듬 있게 일치하도록 구조화할 수 있다. 그런 후에, 발주 단위는 동일한 크기의 발주 단위로 조합될 서로 다른 정도까지의 개별 작업 공정을 기초로 정의할 수 있게 될 것이다. 이러한 경우, 발주 단위는 고객 탁트 타임보다 낮은 수준을 유지할 것이다.

생산의 평활화. 고객 수요의 변동은 보조 설정자 앞에 대기 행렬을 형성하는 생산 주문의 시간 완충을 이용하거나, 또는 슈퍼마켓 저장 장소의 완제품 재고를 이용하여 평활화할 수 있다. 직접 선적(그림 3.48 참조)의 경우에는 대기 행렬 내의 생산 평활화를 필요로 한다. 고객 수요가 변동하는 상황 하에서 표준화된 물량을 정기적으로 발주하면, 상대적으로 보조 설정자가 빠르기 때문에 서로 다른 길이의 주문 **대기 행렬**의 발생을 유발한다. 고객 수요가 평균 수요 미만을 유지하는 한, 대기 행렬은 보조 설정자가 상대적으로 빠르기 때문에 짧아지게 마련이다. 하지만, 고객 수요가 강세를 보일 경우에는 주문이 대기 행렬을 이루면서 길게 늘어나게 마련이다. 이런 방식으로, 생산 부하는 일정한 평균 수요 수준으로 유지될 수 있다(그림 3.52, 사례 1). 하지만, 생산 리드 타임은 일관된 수준을 유지하더라도, 주문 리드 타임이 변동하게 마련이다. 만일 대기행렬이 절대 지나치게 늘어나는 일이 없다면, 오로지 제품의 일부만 납기에 완료되고, 나머지는 일찍 완료될 것이다. 여기에서 주문을 시간상 실제 수요보다 당겨 완료하는 것은 달성되는 균질화의 대가이다.

그러는 대신에, 그리고 대기행렬의 길이를 감안하여, 보조 설정자로부터 시작하여 하류 방향으로 생산 능력을 변동하는 수요에 맞춰 조정할 수 있다. 능력의 융통성에 따라, 어쩌면 보조 설정자 공정에 추가적인 인원을 할당하는 방법을 통해, 관련 생산 주문을 변경하거나 또는 발주 리듬을 변경하는 일 없이, 예를 들어 초과근무 또는 상대적으로 짧은 교대조를 통해, 일일 **가용 시간**을 변경할 수 있다. 하지만, 대부분의 경우에는 능력 융동성을 고객의 수요 변동 범위보다 작게 함으로써 두 가지 도구 모두의 상호 적용을 가능하게 하는 즉, 주문을 당기고 동시에 능력을 조정하는 방법을 사용한다. 고객 수요가 최대 허용 가능한 변동 범위를 초과함으로써 대기행렬이 시간과 관련한 기대 최대 값을 초과하는 경우에는 언제든 **인도 불이행**은 발생할 것을 예상해야 한다. 만일 제품을 완제품 저장 창고로부터 선적하는 경우, 창고는 또한 수요 변동을 완충함으로써 생산을 평활화하는 일도 처리한다(그림 3.52, 사례 2). **완제품 재고**를 초과하지 않는 한, 고객 수요의 변동은 즉각 보상된다. 간반 논리에 따라, 선적은 관련 제품의 생산을 유발한다. 하지만, 이러한 발주 신호는 창고에서 인출되는 즉시 보조 설정자로 바로 전달되지 않고 대기행렬에 수집되었다가 고정 간격으로 발주되며, 그럼으로써 생산에 대한 균등한 부하를 보장한다. 첫 번째 사례와 유사하게(그림 3.52, 사례 1), 재고를 줄이기 위하여 능력을 변동에 대해 약간 조정할 수 있다.

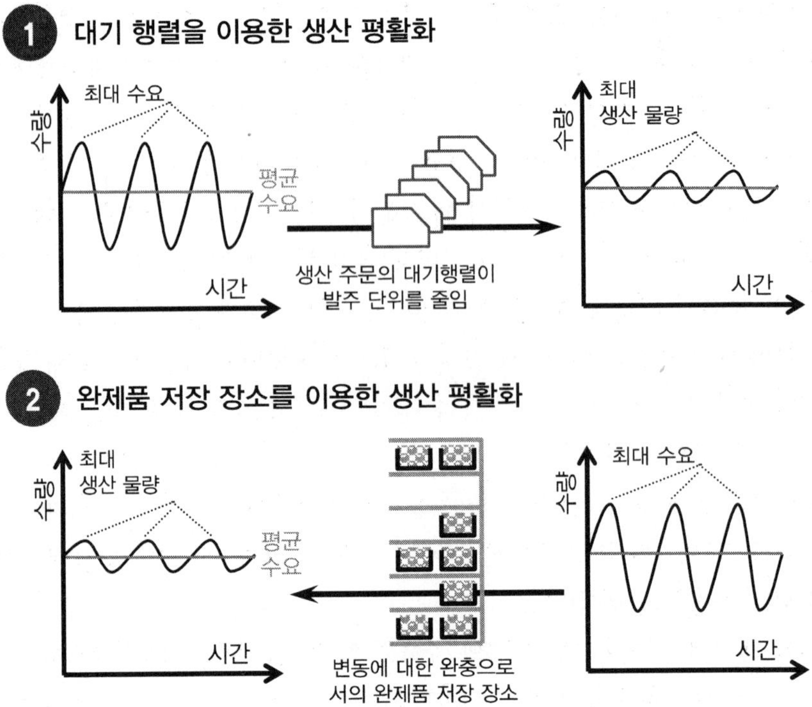

그림 3.52 대기행렬 또는 완제품 저장 장소를 이용한 고객 수요의 평활화

완제품 창고의 능력을 정의하는 데는 일반적으로 세 가지의 재고 유형이 사용되는데, 그것은 재공품, 완충 재고, 그리고 안전재고이다(등식 3.9 참조). 재공품은 보충 리드 타임 기간을 충당하는 데 필요한 평균 물량에 해당한다. 완충 재고는 보조 설정자의 능력 융통성을 초과하는 고객 수요의 변동에 대해 균형을 취하는 역할을 한다. 이렇게 해서 완제품 창고는 고객 수요의 중간 규모의 변동으로부터 생산을 차폐한다. 안전 재고는 생산 공정을 단절시키는 기계 고장 또는 불량률의 증가 등과 같은 내부적인 문제가 있는 경우를 위해 필요하다. 안전재고는 직원들이 쉽게 접근할 수 없도록 하여 생산 문제가 실제로 인식될 수 있도록 하여야 하는데, 이렇게 하는 것만이 지속적인 개선에 대한 충분한 압력을 창출하는 유일한 방법이다. 이상의 세 가지 종류의 재고는 서로 다른 이유로 필요한 것이며, 그러한 이유는 시간이 지나면서 바뀔 수 있는 것이기 때문에 수시로 적절한 크기인지 여부를 점검하는 일이 필요하다.

3.4.2 생산 조합의 균등화

생산 평활화는 발주 단위를 활용하여 생산 물량을 균등화한다(섹션 3.4.1). 생산에 하나 이상의 이형이 포함되는 즉시, 생산 계획 수립에는 두 번째 과제가 주어지는데, 그것은 주문 순서를 결정하는 책임이다. 즉, 모든 제품 주문이 동일하지 않은 한은, 해당 주문 사이의 순서를 계획해야 한다. 이러한 발주 단위의 **순서 결정**은 일반적으로 서로 다른 제품 이형이 생산되는 순서를 결정함으로써 생산을 균등화한다. 그 목표는 순서 결정을 통해 생산 조합을 균등화하는 것이다. 이러한 **생산 조합의 균등화**란 모든 발주 간격 뒤에 이형을 변경하는 것을 의미한다. 따라서, 순서 결정에 대한 설계지침은 다음과 같다.

> **설계지침 7** 생산 조합의 균등화
>
> 생산 주문의 순서는 생산 다양성 측면의 균형을 달성하기 위해서 제품 이형에 관해 완전하게 상호 조합되어야 한다.

기능 논리. 생산 균등화의 즉각적인 효과는 현재 생산되는 것 외의 이형에 대한 수요를 즉각적으로 충족하는 데 있다. 기본적으로, 서로 다른 이형은 모든 발주 단위의 생산이 완료된 후에 생산할 수 있으며, 각각의 이형 발주 단위는 어떤 경우든 상당히 짧게 유지해야만 한다(섹션 4.3.1). 이상적인 매우 균형이 잡힌 **이형의 상호 조합**은 롯트 형성을 위해 동일한 이형에 대한 생산 주문을 축적하는 것을 허용하지 않는다(그림 3.53). 모든 발주 단위는 보조 설정자 공정에서 결정한 이형의 고정된 롯트 크기를 준수한다. 각각의 개별 발주를 하고 난 다음, 이형을 변경해야 한다. 체계도에서 보는 바와 같이, 동일한 도형 기호를 이용하여 기호화한 동일한 이형은 서로 인접하여 분포하지 않고, 균형이 잡힌 상호 조합으로 바뀌어야 하며, 이것은 동시에 교체 시간에 관한 요건을 정의하는 것으로서 발주 간격에 대한 조정을 해야 한다.

생산 믹스의 균등화는 생산을 고객 수요에 일치시키는 역할을 할뿐만 아니라, 생산 공정에 대한 **부하의 균등화**도 가능하게 한다. 우선, 이형의 상호 조합은 보조 설정자의 조금씩 변동하는 작업 시간을 자동적으로 보상한다. 동일한 논리가 FIFO로 연결된 모든 후속 공정에도 적용된다. 둘째, 부품에 대한 이형과 관련된 수요가 해당하는 공급 공정에서 균질화되어, 그렇지 않았을 경우 **채찍 효과**로 귀결될 수 있을 수요의 변동에

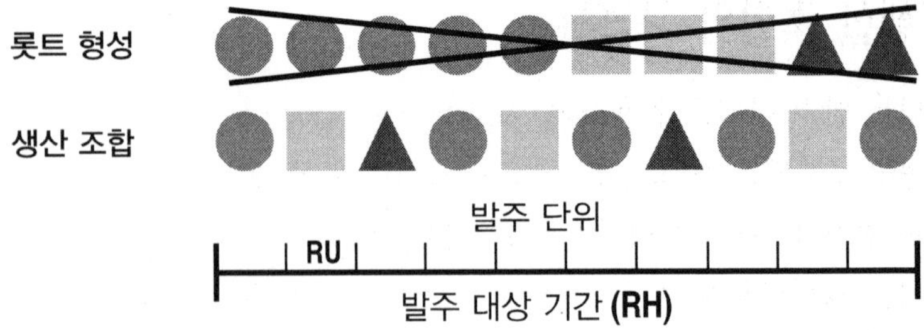

그림 3.53 생산 믹스의 균등화

대응 조치가 된다(섹션 3.3 참조). 서로 다른 자재가 돌아가며 필요하며, 다양한 수요를 충족하기 위하여 서로 다른 공급사슬이 사용된다. 셋째, 가치 흐름이 보조 설정자 뒤에서 분기하게 되는 경우, 생산에 대한 상대적인 부하는 적절한 이형 믹스를 통해 조절이 가능하다. 조립 라인 뒤에 서로 다른 검사 장치를 사용하는 검사 공정이 있는데 시험 기간이 조립 탁트 타임을 초과하는 경우, 고정된 이형 믹스를 사용하면 균등한 부하를 달성할 수 있다.

생산 주문의 순서는 **부하 균등화 상자** 즉, 일본어로 **'헤이준카 상자'**를 이용하여 균질화할 수 있다. 예를 들어 실제의 균등화 상자는 열은 해당하는 발주 단위를 정하고 행은 제품 이형을 결정하는 형태의 구획으로 구성될 수 있다. 이와 같은 구획은 균등하게 분포된 생산 주문 카드 또는 간반을 포함할 수 있다(그림 3.54). 헤이준카 상자는 생산 믹스를 균등화하는 간단한 도구이다. 해당하는 발주 간격에 의존하는 관계로, 생산 물량에 대해서는 일관되게 평활화 논리가 적용된다(섹션 3.4.1). 생산 주문이 균등화 상자에 정렬되어 반영되는 순서는 주문의 순서와 시간을 결정한다. 그것은 일반적으로 생산에서 정기적(발주 간격 단위)으로 후속하는 다음 주문을 인출하고 동일한 주문을 보조 설정자 공정에 전송하는 물류 담당자가 구현을 담당한다.

평준화 상자 또는 해당하는 계획 논리의 적용에는 이른바 **발주 대상 기간**(release horizon)이라는 특정한 기간을 참조할 필요가 있다(그림 3.53). 생산은 예를 들어 한 교대조와 같은 이러한 특정한 기간에 걸쳐 균등화된다. 이러한 정의된 계획 대상 기간 내의 모든 발주 단위에 대해 하나의 주문 일정이 잡힘으로써, 해당 교대조 전반에 걸쳐 가능한 이형이 균등하게 분포될 수 있도록 보장한다. 발주 대상 기간은 주문 순서 내에서 이른바 **'동결 구간**(frozen zone)'을 형성하는데, 이는 더 이상 변경해서는 안 된다. 생산 믹스의 균등화에 대한 기호는 직사각형 테두리 안의 문자 OXOX와 정보 흐름을 나타내는 화살표로 구성된다(그림 3.55). 바로 옆에, 한 교대조 또는 하루와 같은 기간 또는 일정 계획이 수립된 발주 단위의 수로 표현한 발주 대상 기간(RH)의 크기를 기술한다.

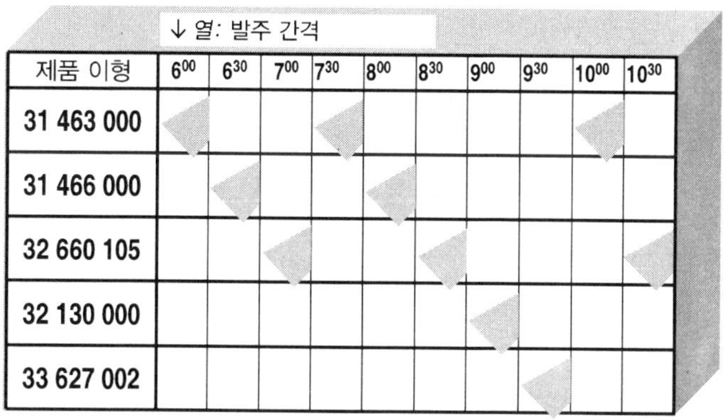

그림 3.54 부하 균등화 상자

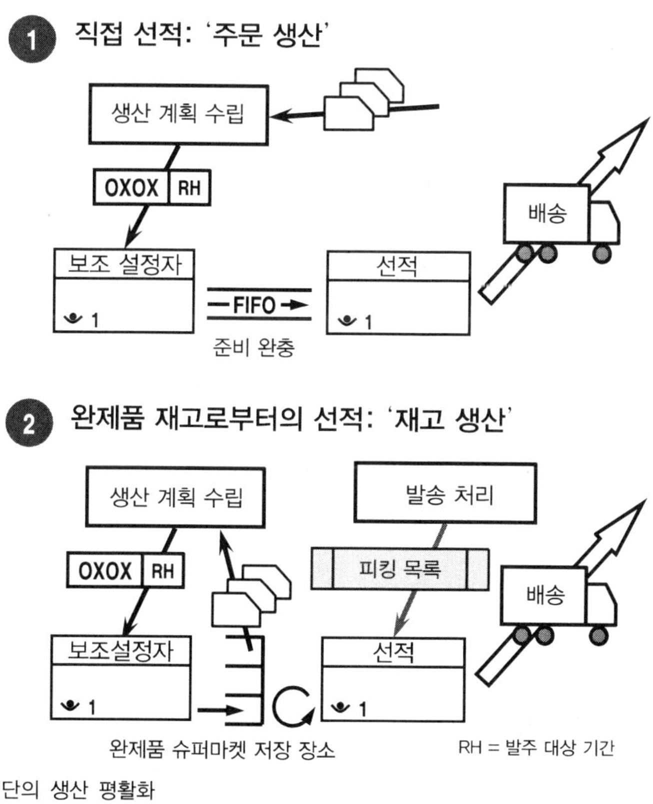

그림 3.55 선적단의 생산 평활화

일반적으로, 특정 제품 이형에 대한 갑작스런 긴급한 수요는 다음의 후속 발주 대상 기간에 쉽게 일정을 수립할 수 있다. 통상적으로 대기행렬은 **발주 대상 기간**보다 다소 길게 마련이므로, 현재의 계획 원칙은 단순히 해당 긴급 주문이 대기행렬은 건너 뛰는 것을 허용함으로써 **긴급 주문**을 처리한다는 것이다. 생산 자체 내에서는, 어떠한 긴급 주문 또는 공정 추적 주문도 존재하지 않는다. 발주 대상 기간 내에서는, 한 번에 한 개의 주문만이 발주되기 때문에, 특별히 긴급한 수요의 경우에는 즉각 바로 다음 발주에 끼워 넣을 수 있는데, 하지만 이것은 다른 주문이 대기행렬로 돌아가야 하기 때문에 추가적인 계획 작업을 필요로 한다. 그러나 심지어 그런 극한적인 경우라 할지라도, 모든 가능한 이상 기류가 이미 계획 차원에서 시정되었을 것이므로 생산 현장에서는 정상적인 작업이 지속된다.

해당하는 **선적 원칙**에 따라(그림 3.48 참조), 생산 믹스의 균등화는 생산의 서로 다른 지점에 영향을 미친다. 고객 관련 제품 순서는 일정계획 또는 고객 고유의 인도 일자에 따라 올바른 발주 대상 기간에 할당해야 한다. 생산 계획에서 관련 긴급도에 따라 수립한 순서는 보조 설정자 공정에서 유발된다. 제품은 완료되는 즉시 직접 선적된다(그림 3.55, 사례 1). 하지만, 완제품 저장 장소에서 선적되는 제품에 대한 생산 주문은 선적 간반을 구성한다(그림 3.55, 사례 2). 발송 창고에서 전송하는 카드는 생산 계획에서 수집한다. 생산 균등화의 목적을 위하여, 발주 대상 기간의 크기에 상응하는 복수의 간반을 대기행렬에서 꺼내는데, 서로 다른 이형은 그것의 해당하는 대기행렬 내의 빈도에 따라 선택한다. 그런 다음, 이렇게 결정된 간반 순서에 따라 보조 설정자 공정에서 유발(주문)하고, 그러면 보조 설정자는 완제품을 만들어 이것을 완제품 슈퍼마켓 저장 장소에 제공한다.

벌크 주문. 이형을 생산하는 전형적인 제조업체는 발주 간격 내에서 처리하는 데 적합한 수 많은 소량의 고객 주문의 조합뿐만 아니라 벌크 주문도 생산하게 되는 법인데. 이러한 벌크 주문은 선택한 발주 대상 기간의 크기에 상응하는 이형에 대한 고객 주문을 구성한다. 이형은 조합되지 않게 마련인데, 이는 이렇게 될 경우 다른 주문에 관한 한 생산을 상당 기간 막히게 만들고 또한 추가적인 단점으로 인해서 전체 생산 부하가 한쪽으로 치우쳐 불균등하게 만들 것이기 때문이다. 따라서 벌크 주문에 대해서는 보다 적절한 계획 대상 기간을 정해야 한다. 벌크 주문용의 **확장된 인도 기간**의 경우, 다른 이형에 대한 소량 주문을 위한 충분한 자리를 내줄 수 있도록 일부의 고객 주문을 남겨 유보할 수 있다. 따라서, 고객 주문을 다시 한 번 조합할 수 있도록, 대기 행렬 및 그에 관한 인도 시간을 연장해야만 하며, 그렇지 않을 경우에는 생산에 대한 부하를 균등화하는 일이 불가능할 것이다.

하지만 완제품 저장 장소에서 선적하는 벌크 주문의 경우에는 다른 해결 대안이 필요하다. 저장 장소로부터 직접 인출하는 것은 전혀 생산을 균등화하지 못할 것이다. 통상의 소량 및 중간 규모의 주문을 위해 유지하고 있는 재고를 초과하는 주문 물량은 주문을 완료하기에는 지나치게 작을 것이다. 일반적으로, 고객은 상대적으로 작은 부분으로 분할된 주문의 부분 인도를 좋게 평가하지 않을 것이며, 그 외에도 그것은 운송비용을 증가시킬 것이다. 하지만, 그 대신 주문을 완제품 저장 장소에서 작은 부분으로 제공하고, 계획된 대로 의도한 인도 일자에 맞추어 선적을 위해 적재할 수 있다. 이것은 물론 충분한 인출 구역과 탁월한 조직을 요한다. 보다 세련된 해결 대안인 이른바 긴급 간반(섹션 3.3.2.1)은 대기행렬에 단 한 번만 사용할 수 있는 추가적인 간반을 끼워 넣는 방법이다. 이것은 완제품 저장 장소에 **특별 재고**를 점진적으로 형성하여 인도 시에 자동적으로 소진되도록 하는 방법이다.

캠페인 형성. 만일 보조 설정 공정의 긴 교체 시간을 회피할 수 없을 경우에는, 비록 매우 큰 발주 단위라는 대가를 치르게 되겠지만, 설계지침 6에 따르는 단순한 생산 믹스 평준화를 통해 긴 교체 시간 부분을 방지할 수 있다. 많은 수의 이형이 있을 경우, 이 방법은 가치 흐름을 너무 느리게 만든다. 보통의 통일된 발주 수량을 이용한 통제는 재래식의 수요 지향형 생산 계획만큼 효과적이지 못할 것이다. 일반적으로, 교체 시간은 해당 제품의 **이형 변경**에 따라 매우 크게 변동한다. 따라서, 순서 결정에 있어서 **자유도**를 제약 하게 되면 교체 행렬의 적용과 마찬 가지로 누적 교체 노력을 감소시킬 수 있다(섹션 2.3.1 참조).

일반적으로, 보조 설정자에 많은 수의 이형이 존재하는 경우, 이형 변경의 유형에 따라 두 가지 유형의 교체 절차를 구분한다. 첫 번째 유형은 교체 시간이 길어지는 광범위한 공장 수정을 필요로 하며 따라서 대규모 롯트의 경우에만 정당화될 수 있다. 두 번째 유형은 아들자의 조정, 유휴 주기, 용기 변경 등과 같은 최소한의 변경만을 필요로 하면서 교체 시간을 개략 부품 한 단위의 작업 시간 정도로 짧게 유지를 하여 소량 롯트를 가능하게 만든다. 이 경우, 단순한 생산 균등화를 다음과 같은 2단계 접근법을 통해 달성할 수 있다. 첫째, 발주 단위의 크기를 짧은 교체 시간에 기초하여 결정함으로써 어떤 이형이든 소량 롯트 크기로 생산할 수 있게 만든다. 이어서, 특정한 수의 발주 단위를 조합하여 상호간에 최소한의 교체 시간만을 필요로 하게 될 이형들을 포함하는 하나의 **캠페인**을 형성한다. 하지만, 캠페인의 변경은 서로 다른 교체 유형의 가공을 가능하게 하기 위하여 당연히 긴 교체 시간을 필요로 할 수도 있다.

캠페인의 형성은 부분적으로는 상당한 교체 시간이 소요됨에도 불구하고 이형당 롯트 크기가 작은 생산에서 원활한 생산 물량과 균등화된 생산 믹스를 가능하게 하는 단순한 통제 방법이다(그림 3.56). 주문 순서의 결정은 다음과 같이 2단계로 수행한다. 첫 번째 단계는 그 범위 내에 크기 또는 직경 등과 같은 특정한 교체에 관련된 **집단 특징**이 있는 모든 이형을 포함하는 일관된 시간 간격 즉, **캠페인 기간**(CD)을 결정한다. 그림 3.56은 해당 집단 특징을 해당하는 사각형의 모서리 길이로 나타내어 도식적으로 묘사하고 있다. 두 번째 단계에서는 캠페인의 전반적인 직경 규격 내의 정확한 제원 설정, 또는 서로 다른 색상을 하고 있어서 설정의 변경을 요하지는 않지만 여전히 명확한 자재 구분의 보장을 위해 작업의 중단이 필요한 동일한 자재와 같은 캠페인 내의 서로 다른 **2차 특징**이 있는 이형들로 구성된 발주 단위를 정돈한다. 우리의 사례에서, 이것은 회색의 서로 다른 농도가 있는 것으로 묘사된 이형으로 기호화된다.

캠페인 내에서, 다양한 발주 단위는 균등화 상자의 논리에 따라 서로 섞을 수 있다. 캠페인 순서 즉, 이형 집단 내의 변화 순서의 결정은 해당 발주 대상 기간(RH)의 크기에 따라 달라진다. 방법론적인 이유로 해서, 캠페인 기간은 비교적 길며, 따라서 합당한 기간 즉, 개략 각각의 인도 시간과 일치하는 기간에 해당하는 발주 대상 기간인 경우에는 이형 집단 수보다 유의적으로 많은 수의 캠페인을 구성하는 일이 거의 없을 것

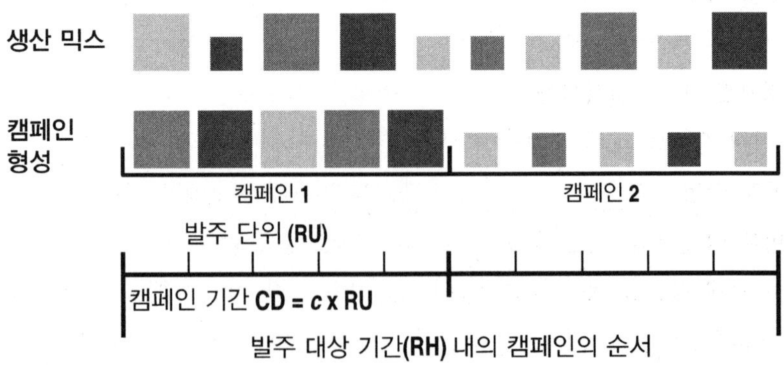

그림 3.56 2단계 생산 믹스 평활화를 위한 캠페인 형성

이며, 이와 같은 경우에만 진정으로 캠페인 차원에 평준화 상자를 적용하는 것이 의미가 있을 것이다. 일반적으로, 사전에 결정된 **캠페인 순서**에 속한 개별 캠페인을 각각의 이형 집단에 대해 계획한다. 이 결과로 얻어지게 될 발주 대상 기간이 다소 길기 때문에, 개별 캠페인에 대해서 최초부터 완전히 주문으로 채울 필요는 없다. 하지만, 불행하게도, 이렇게 하게 되는 경우 고객의 주문 패턴이 불규칙한 간격으로 캠페인의 변경을 유발하여 캠페인 기간에 영향을 미칠 수 있으며, 그럼으로써 생산의 안정성을 흔들 수 있다. 이미 가득 찬 기존의 캠페인에 새로운 주문을 포함할 것인지 여부, 또는 그러한 특정한 주문을 후속 캠페인으로 전환하여 배치할 것인가 여부에 관한 결정이 반복적으로 요구되기 마련이다. 첫 번째 선택 대안은 캠페인을 확장하고 모든 여타의 캠페인을 뒤로 미루는 것이 될 것이다. 이와 같은 최적화 조치는 쉽게 생산을 급변하게 만들 수 있다. 그 외에도, 결과로서 요구되는 많은 노력은 단순한 생산 통제라는 원칙과 진정으로 양립하지 못한다.

그렇지 않고, 발주 대상 기간을 캠페인과 일치하도록 정하는 방법 즉, 캠페인과 합병하는 방법이다. 이러한 매우 융통성 있는 해결 대안은 발주 순간까지 집단 우선순위에 관한 임의의 의사결정을 허용하면서, 다음 번 생산할 제품 이형에 관한 모든 선택 대안의 가능성을 열어 둔 채 남겨놓는다. 이 방법은 또한 동일한 크기의 캠페인만을 발주할 수 있도록 보장하기도 한다. 캠페인 단위의 2단계 생산 평활화는 문자 O와 X가 두 번 연속되면서 두 개의 수직선으로 구분되는 모양으로 기호화한다(그림 3.57). **캠페인 기간**(CD)을 추가하여 린 캠페인 통제에 관해 적절히 설명한다.

하지만, 고정 캠페인 순서와는 반대로, 이 단순화된 절차는 어떠한 정확한 **인도 일자**도 제시하지 않는다. 기껏해야, 복수의 이형 집단과 각각의 고정 캠페인 기간으로부터 가능한 최후의 인도 일자만을 확인해준다. 이 경우 모든 캠페인이 능력 한도까지 채워질 필요는 없다.

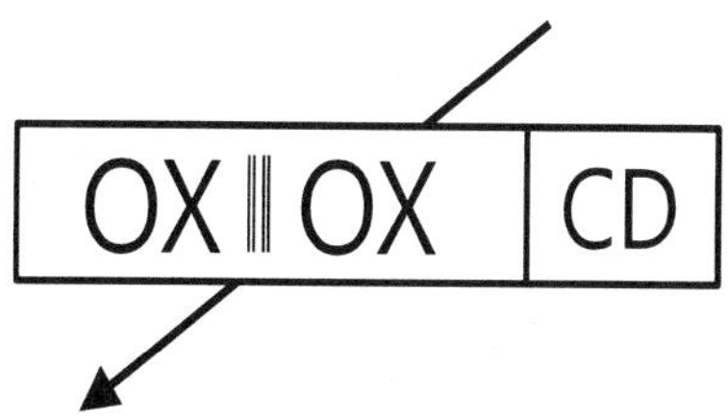

그림 3.57 캠페인 통제 기호

결합 계획 수립 및 통제. 수요가 많은 이형뿐만 아니라 낯선 이형을 취급하는 생산의 경우에는, 앞에서 설명한 직접 선적 및 완제품 저장 장소로부터의 선적이라는 두 가지의 표준 사례를 조합하는 **이형 저장 장소가 있는 결합 통제**가 종종 최상의 가능한 해결 대안이 될 것으로 생각된다(그림 3.55 참조). 동일한 자원을 이용하여 재고 생산과 주문 생산을 하는 결과로, 가치 흐름에는 두 개의 유발점이 존재하게 되며, 여기에 대해 각각의 제품 이형에는 ABC **분류**(섹션 3.1.1.)에 따라 정확히 하나의 통제 절차가 할당된다. 정기적으로 필요하거나 다량으로 필요한 모든 '표준' 이형은 따라서 완제품 저장 장소(FG)로부터 선적되며, 간반을 통해 반제품 저장 장소(SFG)로부터 재생산된다(그림 3.58). '낯선' 이형은 거의 필요하지 않거나 오로지 소량만 필요할 뿐만 아니라, 고객 고유의 품목은 발주 단위로 분할되며, 상류로 유발되어 직접 선적된다.

이 결합 해결 대안에서는, 슈퍼마켓 저장 장소가 **물량 평활화** 기능을 맡는다. 수요가 많은 경우에는, 표준 제품은 완제품 저장 장소에서 인출되고, 동시에 발주되는 모든 고객 관련 이형의 생산을 위한 충분한 능력을 남겨 둔다. 수요가 적은 날짜에는, 여유 능력을 슈퍼마켓 저장 장소를 보충하기 위해 사용한다. 이 해결 대안은 대기행렬을 통해서 물량 변동에 대응할 수 없을 정도로 인도 시간이 지나치게 짧을 경우에만 의미가 있으며, 그렇지 않을 경우에는 전적으로 고객 고유의 주문 생산을 일반적으로 권장할 만하다.

다양한 다른 유형 주문의 상대적인 인출 빈도가 변동하게 되기 때문에, **시분할**을 통한 고정 자원 할당은 앞에서 언급한 두 가지 경우 모두에 적합하지 않다. 그 대신, 고객 고유의 주문에 대해서는 일관된 리드 타임을 보장하기 위해서 항상 상대적으로 높은 **우선순위**를 부여할 필요가 있다. 이 경우, 간반 시스템은 여유 능력을 대기하는 표준 제품이 발생시킬 수 있는 시간 손실을 보상할 수 있도록 능력 정의를 해야 한다.

엄밀하게 말해서, 결합 해결 대안은 오로지 하나의 유발점만을 허용하는 다섯 번째 설계지침을 위반한다. 하지만, 모든 제품 이형에 대해 하나의 개별 유발점을 할당하기 때문에, 우리는 실제로는 표준 자원을 사용하는 두 개의 가치 흐름을 바라보고 있는 것이며, 따라서 설계지침은 결국에는 충족된다. 그러나, 두 개의 유발점을 **조정**해야 한다는 결합 시스템의 구체적인 문제는 해결되지 않은 채 남게 된다. 모든 생산 공정은 두 개의 서로 다른 원천으로부터 통제 정보를 수령한다. 보조 설정자 공정은 생산 계획으로부터 고객 익명 제품에 대한 간반을 수령할 뿐만 아니라 상류 공정으로부터 FIFO

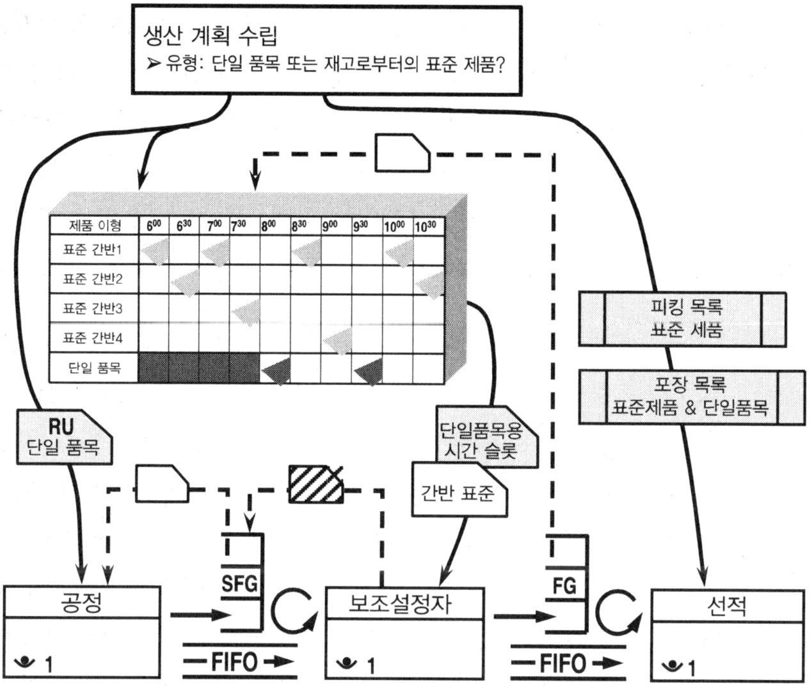

그림 3.58 결합 통제의 대상이 되는 생산

라인을 통해서 고객 고유의 주문을 수령한다. 저장 장소 보충을 위한 간반 유발은 FIFO 라인을 통해서 들어오는 낯선 이형에 대한 주문의 처리를 위한 타임 슬롯을 예약하는 여분의 자리표시자(placeholder: 의미 없이 자리를 차지한다는 뜻) 카드를 담고 있는 평준화 상자를 통해 이루어진다. 상류 공정은 항상 즉각 처리를 해야 할 낯선 이형에 대한 주문뿐만 아니라 낯선 이형에 대한 주문이 없을 때는 언제나 처리해야 할 반제품 저장 장소(SFG)로부터 전달되는 간반을 포함한다. 상류 공정의 낯선 제품에 대한 발주 단위의 수는 물론 보조 설정자에 있는 타임 슬롯과 일치해야 한다. 타임 슬롯을 균등화 상자 내로 분류해 넣을 때는, 상류 공정의 처리와 운송에 필요한 시간 지연을 감안해야 한다.

결합 통제에서는 낯선 이형의 어떠한 나머지 값에 해당하는 수량도 보관할 수 없다. 즉, 고객 주문 수량과 발주 단위 사이의 비율은 항상 정수 값이어야 한다. 이것이 불가능할 경우에는, 하나의 대안적인 해결책으로서 고객 수요가 적은 이형만 보관하는 한편, 수요가 많은 제품은 고객 주문 생산의 대상으로 한다. 이러한 **이형 저장 장소가 있는 결합 통제**에서는, 완제품 저장 장소는 많은 품목의 소량의 재고를 보유하고 있어야 한다. 낯선 이형에 대한 고객 주문은 해당하는 발주 단위보다 작기 때문에, 완제품 저장 장소는 잔여 물량 이외에는 어떤 수량도 보유하고 있어서는 안 된다. 따라서, 이 경우 생산 물량은 저장 장소를 이용하여 평활화하는 것이 아니라 대기행렬로 평활화한다.

네 가지 계획 수립 및 통제 시스템. 린 생산을 위한 네 가지 서로 다른 계획 및 통제 방법은 직접 선적과 선적 간반을 이용한 선적이라는 두 가지의 기본 선적 원칙으로부터 도출할 수 있으며, 이들 각각의 가능한 용도를 다음에서 비교 및 정의한다.

1. 첫 번째 표준 사례는 모든 제품을 고객 주문 관련 방식으로 처리 및 선적한다(그림 3.48, 사례 1 참조). **직접 선적을 이용한 통제**의 이 경우에는, 생산은 각각의 생산 주문의 대기행렬을 이용하여 균등화하며(그림 3.52, 사례 1 참조), 생산 균등화는 발주 대상 기간의 이형 믹스의 균등한 분포를 통해 달성하는데, 발주 대상 기간 내의 생산 주문은 마감 일자의 긴급도에 따라 정렬한다(그림 3.55, 사례 1참조). 이 해결 대안은 개략적인 생산 롯트 크기에 라인 균형화에 필요할 수 있는 모든 FIFO 라인의 길이를 더한 값으로 구성되는 **최소 재고**로 귀결된다. 이 해결 대안은 오로지 **고객 고유** 생산에서 유일한 가능한 해결 대안이다. 또한, 이것은 교체 시간, 인도 시간 또는 능력 융통성의 부족의 제약을 받지 않는 모든 생산 유형에 대해 **이상적인 해결 대안**이다.
2. 두 번째 표준 사례는 모든 제품을 고객 익명 방식으로 사전 가공하고 그 다음에 같은 제품을 완제품 저장 장소로부터 선적한다(그림 3.48, 사례 2 참조). 이와 같은 **선적 간반을 이용한 통제**의 경우에는, 생산은 완제품 저장 장소를 이용하여 평활화하며(그림 3.52, 사례 2 참조), 발주 대상 기간 중에 유발되는 간반의 균등한 이형 믹스를 통해 균등화한다(그림 3.55, 사례 2 참조), 그 결과, 재고는 상대적으로 많고, 따라서 이 해결 대안은 제품 이형의 수를 줄이는 데 보다 적합하다. 이것은 통상적으로 짧은 인도 시간을 신뢰성 있게 구현할 수 있는 유일한 방법이며, 또한 보조 설정자의 생산 롯트 크기와 고객 주문 수량의 균형을 잡을 수 없을 경우에 필요하다. 이것은 통상 **다양성이 적은** 생산에 대해 가능한 최고의 해결 대안이다.
3. **물량 저장 장소를 이용한 결합 통제**는 고객 익명 방식으로 수량이 많은 제품을 사전 생산하는 한 편으로, 수량이 적은 제품은 고객 고유의 방식으로 생산한다(그림

3.58 참조). 두 번째의 경우와 유사하게, 생산 평활화는 완제품 저장 장소를 이용하여 실현하는 한 편, 두 가지 주문 유형 모두 즉, 고객 주문 관련 생산 주문과 중첩되는 간반을 통해 생산을 균등화한다. 이 해결 대안은 **다양성이 높은** 생산의 완제품 재고를 합리적인 수준에서 유지하면서, 동시에 짧은 인도 기간을 실현할 수 있게 해준다. 물론, 문제적인 통제 상황에서는 위의 두 가지 표준 사례에 따른 개별적인 통제를 가능하게 하기 위해서 수량 관련 세분화의 가능성을 고려해야 할 것이다. 또한, 수요가 적은 제품의 경우에는 각각 고객 주문 물량, 발주 단위 또는 롯트 크기의 수정과 관련된 문제에 직면할 수 있다.

4. **이형 저장 장소를 이용한 결합 통제**는 수요량이 적은 제품을 고객 익명적인 방식으로 사전 생산하는 한편, 수요량이 많은 제품은 고객 고유의 방식으로 제조한다. 첫 번째 경우와 유사하게, 생산의 평활화는 대기 행렬을 이용하여 실현하는 한 편, 생산 균등화는 중첩되는 두 가지 주문 유형의 조합을 통해 실현한다. 이 해결 대안은 완제품 저장 장소의 재고 수준이 낮아지며, 완제품 저장 장소는 또한 롯트 크기 관련 나머지 물량을 유지하기도 한다. 하지만, 생산 평활화의 목적을 위해서, 표준 제품에 대해서는 적당하게 **긴 인도 시간**이 요구된다. 이 해결 대안은 긴 교체 시간으로 인해서 수요량이 적은 이형에 대해 첫 번째 해결 대안을 적용할 수 없을 때만 현실적이다.

사례연구 이형의 수가 적고 인도 리드 타임이 짧기 때문에, 정수필터에는 간반 선적을 통한 통제가 가장 적합하다(그림 3.59). 하루에 한 번씩, 고객 납품 지시에 따라 선적해야 하는 제품을 완제품 저장 장소로부터 60개 단위의 용기로 인출한다. 이것은 정의된 간반 물량과 일치하여 또한 발주 수량을 정한다. 90초인 보조 설정자의 주기 시간과 곱하면 발주 단위는 90분 즉, 1시간 반이 된다. 따라서, 3 교대조 모델에서 최대 14개의 간반까지 완성할 수 있다. 즉, 최대 840개의 오일 필터를 조립할 수 있다. 이것은 평균 수요인 800개를 초과하므로, 납품 지시 물량이 적은 일자의 경우에는 교대조가 근무를 줄여 근무하거나 취소되는 일이 있다. 균등화 상자에 따르면, 네 개의 이형에 대한 발주 대상 기간은 14개의 발주 단위를 발주할 수 있는 하루에 해당한다.

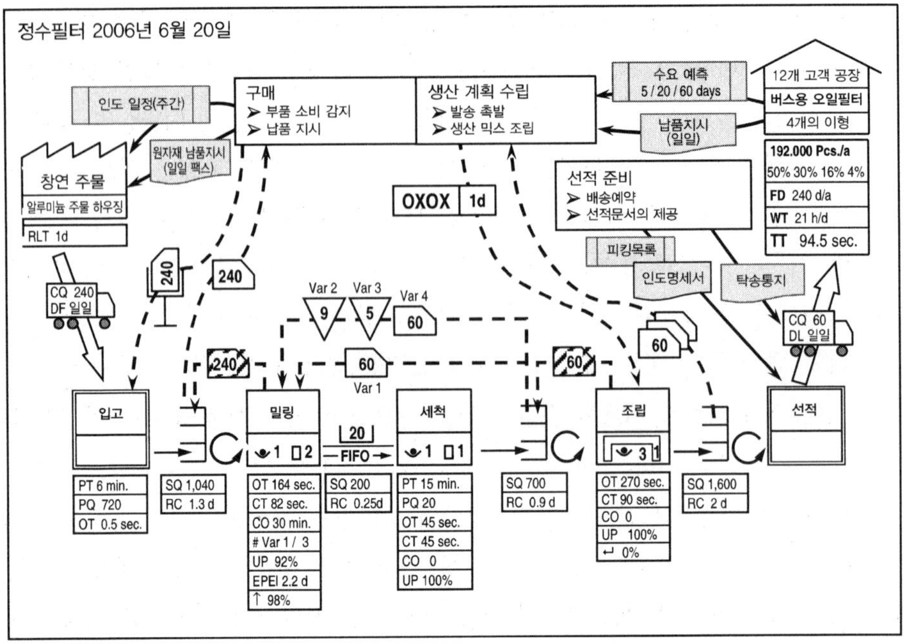

그림 3.59 정수필터의 가치 흐름 설계(5) 생산 통제

3.4.3 능력 및 제약 애로 통제

각 공정의 가용 능력이 동일한 생산에 관해서는, 계획 수립 작업은 생산 물량이 필요에 따라 평활화되고 생산 믹스가 적절하게 균등화되는 즉시 종료된다. 하지만, 많은 생산에 있어서, 가용 능력은 공정에 따라 다르게 마련이며, 따라서 이는 생산 계획이 대처해야만 하는 또 하나의 업무를 만들어낸다. 생산 흐름의 정체를 회피하기 위해서 주문 빈도를 생산 능력이 가장 낮은 생산 공정에 일치시켜야 하는 것이다. 만일 해당 저능력 공정이 보조 설정자 공정일 경우에는, 어떠한 추가적인 계획 업무도 발생하지 않는다. 하지만, 다른 모든 경우에는 그 결과 가치 흐름 내에 나타나는 애로를 해당하는 통제에서 감안해야만 한다.

그와 같은 애로는 순수하게 가치 흐름 내의 수량 측면에서 최대 가능 물량을 **능력 측면**에서 제한하는 것일 수도 있으며, 아니면 공정의 기술 관련 순서 결정 규칙을 **제한적**으로 정의하는 것이기 때문에 그에 위반되는 경우 상당한 능력 또는 초도 수율의 손실을 초래하는 것일 수 있다. 어떤 경우든, 애로 공정은 해당하는 **발주 신호**를 접수할 때까지는 주문을 발주할 수 없다. 따라서, 애로 통제에 관련된 설계지침은 다음과 같다.

설계지침 8 **애로 통제**

생산 주문의 발주는 발생 가능한 능력적으로 또는 제약이 되는 하류의 애로를 감안하여 수량 또는 순서 관련 통제를 적용해야 한다.

능력 윤곽. 애로의 기능을 보다 잘 이해하기 위해서, 애로 지점에서 해당 흐름에 가용한 경로의 폭으로 생산 공정의 능력을 상징적으로 묘사하는 가치 흐름의 능력 윤곽에 대해 살펴보기로 하자(그림 3.60). 해당 경로는 생산의 흐름을 따라 가용한 능력을 서로 연결함으로써 형성된다. 이상적인 가치 흐름에서는, 모든 공정이 동일한 능력을 보유하고 있어서, 경로의 경계선이 평행을 유지한다. 하지만, 실제의 공장에 있어서는 특히 라인 균형화의 어려움 때문에 다양한 공정의 능력이 동일한 경우가 매우 드물다. 따라서, 실제 상황에서는 **최선의 능력 윤곽**은 전체 가치 흐름 가운데 보조 설정자 공정에 가장 낮은 능력을 제공한다(그림 3.60, 사례 1). 보조 설정자 공정 상류의 모든 공정에서 개시된 모든 주문에 대해 충분한 자재를 공급할 수 있고, 그럼으로써 하류 공정이 주문을 문제 없이 처리할 수 있게 되므로, 이는 자재 흐름의 단절을 방지한다.

하지만, 주문 유발점이 가장 능력이 작은 공정을 제외한 다른 어떤 공정에 위치하고 있을 경우에는, 언제든 가치 흐름의 다른 어떤 지점에서 애로가 발생하게 마련이다. 만일 이 애로가 보조 설정자의 하류에 위치하고 있을 경우에는, **애로 통제**가 적용된다(그림 3.60, 사례 2). 애로를 무시했을 경우에는 보조 설정자가 후속 공정에서 처리할 수 있는 것보다 많은 주문을 발주하기 때문에 과다 생산으로 귀결된다. 반대의 경우 즉, 애로가 보조 설정자의 상류에 위치한 경우는 반복적으로 자재 부족이 유발될 것이므

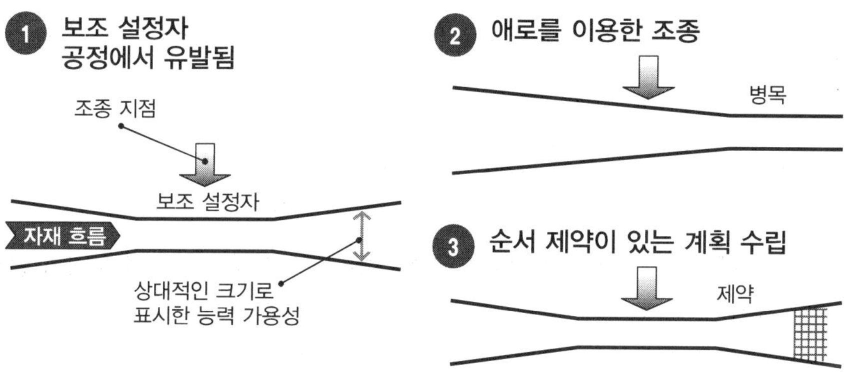

그림 3.60 가치 흐름 능력 윤곽

로, 어떤 비용이 들더라도 회피해야 한다. 하지만, 상류의 애로의 능력을 늘리는 것이 불가능할 경우에는, 공정 고유의 근무 시간을 점진적으로 줄여 감으로써 보조 설정자의 능력을 줄여야만 하며, 그것은 보조 설정자 자체를 애로로 전환시키고 가치 흐름을 위의 첫 번째 사례와 같이 만들게 된다.

애로 통제에서, 보조 설정자 공정이 발주하는 주문은 후속 공정 가운데 하나가 정의한 능력 제약의 적용을 받으며, 이것은 여섯 번째 설계지침에 따라 균등화된 발주 수량에 제약을 가한다. 그러나, 후속 공정도 역시 설계지침 7에 따라 결정한 순서의 관점에서 제약을 행사할 수 있다. 제약이 되는 자원에 따라, 가능한 최대로 능력을 활용할 수 있도록 하기 위해서 어떤 특정 이형 믹스가 요구될 수 있다. 또 하나의 일반적인 경우는 동일한 제품 이형의 축적을 통한 하류의 배치 형성이다. **배치 형성**은 관련 주문 잔량뿐만 아니라 개별 주문의 긴급도에 따라서도 영향을 받고, 또한 주문을 발주하는 데 있어서도 감안해야만 한다. **제약에 따른 순서 결정**의 경우에는, 제약이 되는 애로에서 특정한 초과 능력이 필요한데, 그렇지 않을 경우에는 중첩되는 능력 및 생산 공정 관련 제약으로 인해서 일부 주문에 대해 예기치 못하게 긴 대기 시간이 발생하게 되기 때문이다(그림 3.60, 사례 3). 일반적인 보조 설정자 상류 방향의 기술적인 제약은 교체 순서가 최적화된 주문이 익명인 사전 생산이 될 것이다. 제약을 위반할 경우 산출의 손실이 발생할 수 있는 순서 지정 제약은 간반 규칙과 부분적으로밖에는 양립 불가능하며, 이는 간반은 관련 카드의 순수하게 연대기적인 도착 순서를 따를 때 가장 잘 작동하기 때문이다(섹션 3.3.2). 따라서, 교체 손실을 계산 불가능한 보충 리드 타임에 대해 경중을 비교해 보거나, 아니면 이상적인 경우에는 교체로 인한 순서 제약을 배제해야 할 것이다.

따라서, 가치 흐름의 능력 윤곽과 관련해서는 다음과 같은 세 가지 경우를 구분해서 생각해 볼 수 있다.

1. 표준 사례: 애로이기도 한 보조 설정자 공정에서 발주하는 경우
2. 애로 통제: 발주 시점에 고려해야 하는 상류의 애로
3. 제약에 따른 순서 결정: 애로이기도 한 보조 설정자에서 하류의 공정의 순서 지정 제약을 감안한 발주

애로 통제. 애로 통제는 발주 수량을 보조 설정자의 하류에 위치한 능력 애로의 능력과 일치 시킬 책임이 있다. 이것은 또한 **드럼-버퍼-로프 통제**(Goldrat 1995)라고도 부르며, 가치 흐름의 상징성을 묘사하는 데 매우 적합하다(그림 3.61). 여기서 빗금으로 표시한 애로는 문자 그대로 드럼과 같이 보조 설정자의 역할을 담당한다. 모든 생산 주문이 완료되면, 애로 공정은 생산 계획 또는 보조 설정자에게 직접 콘윕 원으로 기호화한 신호를 보내고, 그러면 신호를 받은 공정은 다음 주문의 발주 또는 약정을 승인하고, 그럼으로써 상대적으로 능력의 여유가 있는 공정의 과나 생산을 방지한다. 주문 발주 순서는 애로 공정의 주기 시간과 동기화된다. 대기행렬 내에서 발주를 대기하는 주문과 발주 대상 기간은 이른바 '로프'를 통해서 애로 통제에 의해 끌려간다.[11] 이에 상응하는 주문 순서는 관련 발주 대상 기간을 기술하는 OXOX 부하 균등화 기호로 표시한다. 발주된 주문은 FIFO 라인을 통하여 애로에 도착하여 애로 앞의 완충에서 대기행렬에 편입되며, 그럼으로써 애로에 대해 언제든 충분한 자재가 존재하는 것을 보장한다.

애로 통제는 애로에서의 가능한 최대의 **능력 활용**을 목표로 한다. 여기에서 상실하는 단 1분도 전체 공정에 걸쳐 상실된다. 엄밀히 말해서, 애로에서의 모든 비가동 시간은 일시적으로 전체 공장에 심각한 손실을 유발한다. 역으로, 가치 흐름은 애로가 아닌 다른 공정에서의 일시적인 능력 증가로는 전혀 도움을 받을 수 없다. 이런 공정에서의 사소한 성능 개선은 심지어 낭비를 구성하기까지 하는데, 이는 그것들이 전반적인 생산 물량을 증가시키지 못하기 때문이다. 기껏해야, 그것들은 노동력의 절감을 상쇄할 수는 있으나, 애로에 대한 투자는 훨씬 전체 산출 면에서 가치가 있다.

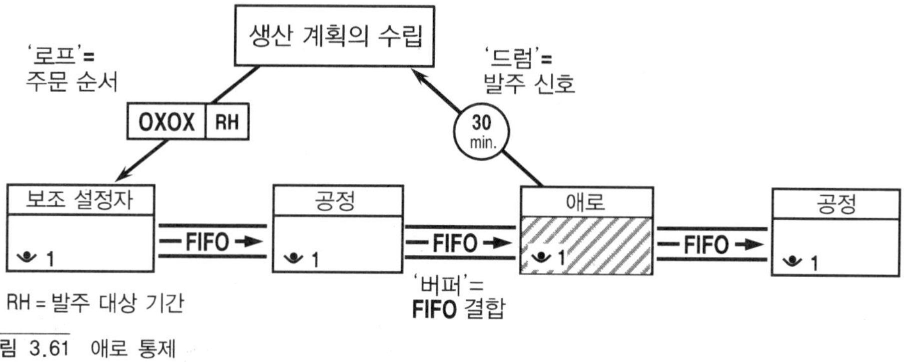

그림 3.61 애로 통제

11) 즉, 애로가 처리할 수 있는 시점에만 발주가 이루어지고, 발주 대상 기간도 그에 의해 제약을 받는다: 역자 주

전체 공장의 산출이 전적으로 애로에 의존하는 경우, 애로의 산출은 특히 더 극대화해야 한다. 이것은 심지어는 이런 목적을 위해서는 진행 중인 작업의 중단조차도 정당화할 정도로 유지보수와 경정비에서 항상 애로 자원에 최상의 우선순위를 부여하는 효율적인 고장 관리로 뒷받침할 수 있다. 따라서, 모든 기존의 애로를 아는 것이 필수적이다. 또한, 교체 부분은 교체 시간 단축이나 또 는 롯트 크기 증가, 또는 이 두 가지 모두를 활용하여 반드시 줄여야 한다. 하지만, 롯트 크기 증대는 다른 설계지침에 따라 적용되는 조치들과 쉽게 모순될 수 있다. 대체로, 가치 흐름의 능력은 애로에서 결정된다. 즉, 그 주기 시간, 교체 시간 및 롯트 크기가 가용한 연간 제품 수량을 결정한다.

제약을 이용한 순서 결정. 순서 결정은 보조 설정자 공정의 발주 순서를 해당 제약과 정렬시키기 위하여 하류 공정의 기술적인 제약에 따라 수행한다. 능력 애로 통제와 유사하게, 제약이 되는 애로 - 여기서는 격자 무늬로 표시하였음 - 은 발주 신호를 다음 번의 후속 주문 발주 시에 고려해야만 하는 추가적인 기술적 요건과 함께 생산 계획으로 보낸다(그림 3.62). 순서 결정 제약은 콘웹 원에 OXOX가 부가되어 있는 기호로 나타낸다.

생산 계획 부서는 접수되는 모든 주문을 기술적 제약의 특징에 따라 분류한다. 따라서, 모든 고객 주문은 균질적인 분류가 가능하도록 생산 주문으로 변환해야 한다. 그 다음, 신호가 있었던 주문 유형 가운데 가장 긴급한 주문을 발주한다. 최초의 선택에서는 오로지 제약의 특징만을 고려했기 때문에, 하나의 주문 유형 내에는 서로 다른 이형이 존재할 수도 있다. 복수의 이형이 존재하는 경우에는, 단순한 혼합과 같은 또 하나의 종속적인 순서 결정 프로세스가 있을 것이다. 그 결과로 얻은 순서의 주문을 보조

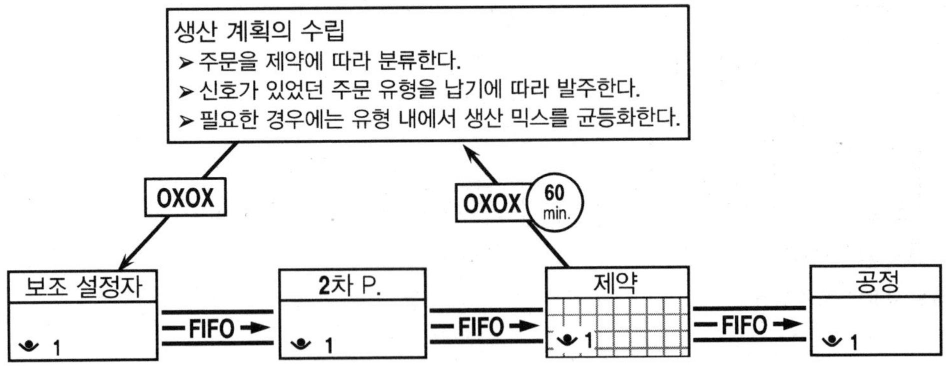

그림 3.62 생산 공정 관련 제약에 의한 순서 결정

설정자 공정에서 발주한다(OXOX 기호). 이미 제약 공정의 발주 신호에서 발주 대상 기간을 정의하였으므로, 어떠한 추가적인 발주 대상 기간도 더 이상 추가하지 않는다.

순서 결정 제약은 발주 대상 기간 내의 **허용 가능 이형 조합**을 지칭하거나 또는 하류의 **롯트 형성**을 위해 요구될 수 있다. 이들 두 방법 모두를 다시 두 가지 유형으로 구분할 수 있어서, 다음과 같이 네 가지 유형의 순서 제약이 있는 계획으로 귀결될 수 있다. 2차 애로 및 2차 라인 균형화 손실, 그리고 순환 생산 및 배치 생산 등이 그것들이다. 이들 네 종류에 대해서는 다음에서 논의한다.

첫 번째 경우는 특정 범위 내의 평균 이형 조합에 대해 적용되는 애로 통제에 상응한다. 수요량이 많은 이형의 경우와는 대조적으로, 여기서는 실제의 애로보다 두 번째 공정의 주기 시간이 더 긴 이형이 존재할 수 있는데, 이와 같은 불비례적인 증가로 인해 두 번째 공정이 **2차 애로가** 될 수 있다. 이것은 계획된 이형 조합 내의 해당 이형의 수량을 제한함으로써 방지할 수 있다. 이러한 서로 다른 이형의 허용 가능한 조합 비율의 제약은 계획에 대한 추가적인 순서 결정 제약으로 귀결된다. 심지어 최소한의 생산 믹스의 변동조차도 2차 애로를 유발하는 경우에는, 이에 따라 귀결되는 상당한 추가적인 계획 노력으로 인해 불가피하게 2차 애로 앞의 추가적인 완충 통제를 필요로 하게 된다. 이러한 복잡성은 이미 작업장 작업에서 잘 알려져 있으며, 이것은 이상적으로는 가치 흐름의 능력 정의에서 회피하여야 하는 것이다.

그와 반대인 두 번째의 경우에서는, 통상을 벗어나는 이형은 대다수의 제조 제품보다 결정적으로 큰 능력을 필요로 한다. 만일 이러한 제품이 차지하는 비율이 증가하면, 보조 설정자 공정의 작업 물량이 떨어지게 마련인데, 이는 그에 따라 발주 신호당 상당히 적은 수량(이것은 고정 발주 수량을 준수한다)으로 인해 보조 설정자에게 제공되는 작업 함량이 줄기 때문이다. 그러나, 평균적인 이형 조합의 경우에는 제약 공정(예를 들어 검사 공정)이 보조 설정자 공정(예를 들어 흐름 생산)보다 빠르게 작업을 진행할 것이다. 특정한 정도까지는, FIFO 라인이 이 결과 나타나는 두 개의 공정 사이의 탁트 타임 차이의 균형을 취하게 될 것이다. 하지만, 일단 최대 재고 수준에 도달하고 나면, 과다 생산을 방지하기 위해 생산이 정지될 것이다. 물론, 단순한 부실한 순서 결정의 결과로 이런 일이 일어나는 일은 방지해야 한다. 보조 설정자는 제약 공정으로 인해 유발되는 **2차 라인 균형화 손실**을 발생시키고, 성공적인 라인 균형화를 위해서는 허용 가능한 이형 조합의 관점에서 추가적인 제약이 필요할 수 있다.

세 번째 경우에는, 제약 공정이 하류의 공정보다는, 예를 들어 사전 생산에서 일반적으로 발견되는 것과 같은 교체 시간이 최소화된 상태의 교체 순서와 같이, 서로 다른 이형에 대해 특정한 최적 생산 순서를 요구한다. 이런 유형의 **순환 생산**(cyclical production)에서는, 최적 이형 순서를 준수하면 최소 합계 교체 시간이 보장된다. 예를 들어 도장 절차 또는 사출 성형의 색상의 순서는 자재의 절감에도 도움이 된다. 열처리에 있어서는, 특정한 순서가 이형 간의 이행 시간을 없앨 수도 있다. 이런 모든 경우에 있어서, 이형 조합의 순서에는 사전 정의된 패턴이 적용된다. 제약 공정은 이형을 고정 주기로 처리하며, 그에 따라 해당 제품을 대기행렬에서 인출한다. 대기행렬 내의 이형 조합은 변동될 수 있으므로, 이형 별로 서로 다른 발주 단위가 발주될 것이다. 롯트 크기 역시 해당 주문의 인도 일자 관련 긴급도에 따라 고정 순서 패턴 내에서 변동하게 될 것이다.

네 번째 경우는 하류 공정의 제품들이 특정 기준에 따라 함께 집단을 형성하여 **배치** 단위로 생산된다. 배치의 처리 시간은 한 발주 단위와 같으며, 이형에 따라 다른 수량을 포함할 수 있다. 이들 공정은 종종 순환 생산의 경우에 비해 롯트 순서 면에서 상대적으로 융통성이 있다. 배치 생산은 표면 처리에서 발견할 수 있는데, 예를 들어, 코팅 공정은 서로 다른 코팅의 임의의 순서를 포함하고 있으나, 항상 특정한 수의 동일한 기하학적인 특징을 지닌 제품 이형들이 존재한다.

계획 수립 원칙

목표. 가치 흐름 생산 계획 수립은 간단한 생산 통제를 통해 균형 잡힌 생산 흐름을 달성하는 것을 목표로 하고 있다. 이에는 가치 흐름의 능력 윤곽과 조율된 균등하게 균형 잡힌 주문 발주가 필요하다.

접근 방법.

1. 발주 단위는 보조 설정자 공정을 위한 보조 측정자 역할을 하는 상대적으로 작은 계획 및 발주 간격으로 정의한다.
2. 생산 물량은 각각 고객 주문 또는 재고 보충 주문의 대기 행렬을 이용하여 평활화한다.
3. 생산 조합은 해당하는 발주 대상 기간 내에서 평준화 상자를 활용하여 이형을 상호 조합함으로써 균질화한다.

4. 보조 설정자 공정의 교체 관련 순서 결정 제약을 캠페인 형성에 감안할 수 있다.
5. 능력 또는 제약 애로 통제는 유발점 하류에 위치한 생산 공정이 물량 또는 순서 결정에 관해 제약을 유발할 때 적용한다.

3.4.4 린 계획 및 통제의 특징

여덟 가지 가치 흐름 설계지침에 따른 린 계획 및 통제의 상위 목표는 과다 생산 및 재고를 최소화하는 것이다. 그에 따른 유형적인 결과로서, 공장에서 모든 불필요한 재고를 제거하여 군살 없는 자재 환경이 조성된다. 이는 생산 현장의 투명성 즉, 표준화된 생산 현장으로부터의 일탈을 쉽게 인식할 수 있도록 하는 데 도움이 된다. 재고의 감축은 주로 생산 리드 타임의 단축의 결과로 달성된다. 따라서, 린 공장은 항상 **빠른 공장**이다. 그리고, 개선에 대한 큰 잠재력이 있는 시간선(섹션 2.4.1)은 가치 흐름 설계 지침에 따른 생산의 재설계에서 특히 중요하다.

모든 설계지침은 린 계획 및 통제 시스템의 개발에서 엄격하게 최고의 단순성을 준수한다. 계획 및 통제 업무는 광범위하고, 어쩌면 추적이 불가능한 계산 노력을 회피하도록, 원칙적으로 IT 지원 없이 수작업이 가능하게 하도록 구성된다. 이것은 물론 IT 애플리케이션을 완전히 배제하는 것은 아니며, 라벨의 인쇄, 완료 주문에 대한 피드백, 다량의 생산 주문의 정렬, 수치의 할당 등과 같은 특정한 업무는 진정 더 이상 수작업으로 수행해서는 안 된다. 위에 언급한 단순성은 **계획 및 통제의 투명성**을 달성하기 위한 시스템 내의 규정 및 결과에 대한 손쉬운 추적을 가능하도록 보장하며, 필요한 계산 노력을 낮은 수준으로 유지한다.

각각의 계획 및 통제 규칙 가운데 가장 중요한 원칙은 일관성, 예측 가능성이 높은 생산 리드 타임을 보장하기 위하여 발주된 생산 주문의 정해진 순서의 변경을 절대적으로 금지하는 것이다. 생산 리드 타임이 매우 짧다는 점을 감안할 때, 해당 순서를 엄격하게 준수하는 일이 매우 중요한데, 이는 주어진 순서에 대한 모든 변경은 소수의 발주된 주문에 대해 비율적으로 큰 영향을 미칠 것이기 때문이다. 따라서, 모든 공정 순서의 조정은 계획 과정에서 완료해야 한다. 이를 위해서는 적절히 긴 대기행렬이 필요하며, 대기행렬의 크기 정의는 최초의 구상에서 감안해야만 한다. 주문은 균등한 **능력 부하**를 보장할 수 있는 방식으로 가치 흐름에 발주해야 한다.

가치 흐름 내의 누적 최대 재고는 간반 통제 주기와 FIFO 라인의 능력 정의를 통해 고정적으로 정해진다. 상황에 따라 재고를 늘일 수 있는 긴급 간반을 제외하고, 재고의 크기는 단기 생산 계획을 통해 변경할 수 **없다**. 중기적인 관점에서, 재고는 회전 간반의 조정 또는 FIFO 결합의 신호점을 이동함으로써 늘릴 수 있다. 생산 내의 사소한 계획에 없는 재고 변동은 FIFO 라인의 불균등한 능력 활용 또는 대기 간반 수량 변동의 결과로 발생할 수 있다. 가능한 서로 다른 가치 흐름 설계 접근 방법에 관해서, 다음과 같은 경험칙을 재고의 다양한 **수요 대응 기간**에 적용할 수 있다: 흐름 생산의 분 단위는 라인 생산의 시간 단위, 간반 통제 주기의 교대조 단위, 그리고 재래식의 예측 기반 보관의 며칠에 해당한다.

일반적으로, 설계지침은 **무고장** 생산을 가정하고 있다. 계획 수립에서는 고장을 명시적으로 허용하지 않으며, 이는 투명성을 창출하기 위한 목적으로 공장에서 고장에 대해 진정으로 필요한 주의를 기울이도록 하기 위한 의도적인 조치이다. 사전 생산에서 상류의 단기적인 고장은 간반 재고가 제공하는 안전 완충으로 완화한다. 하지만, 보다 장기적인 고장은 불가피하게 보조 설정자 공정에서 부품 부족으로 귀결된다. 부품이 부족한 공정은 의도적으로 정의를 하지 않는데, 이는 그렇게 하는 것이 해당 상황을 표준적인 낭비로 인정하는 꼴이 되기 때문이다.

보조 설정자 공정의 하류에서 발생하는 고장은 FIFO 결합과 애로 통제 지점의 주문 발주를 지연시키게 마련이므로 자동적으로 감안이 된다. 하지만, 그 결과 발생하는 **인도 지연**은, 다른 세그먼트의 대체 자원이 일정에 반영되고 주문 잔량은 능력 융통성으로 균형이 취해지는 관계로 고려하지 않는다. 교대조 시간 연장이나 추가 교대조 등과 같은 필요한 도구는 설계지침에 구체적으로 명문화되어 있지 않지만, 관례적인 해결 대안에 따라 적용될 수 있다.

린 계획 및 통제의 필수 기준

1. 린 공장에는 **고정적인 구조**가 있다.
   복잡한 계획 수립 시스템의 광범위한 자유는 수 많은 취소 불가능하게 사전 결정된 작업 현장에 대한 사전 정의를 통해 제한된다. 따라서, 자원의 고정적인 할당은 가치 흐름 지향 세분화의 필수적인 특징으로서, 적합한 능력이 있는 자원에 대한 **상황에 따른 주문의 할당**에 관련된 모든 계획 업무를 배제한다.

2. 계획 수립 및 통제 값은 **임계 값에 기초하고** 있다.
따라서, 적은 수의 직접 개입 지점(보조 설정자, 애로)에 대한 노력이 덜 드는 임계 값(FIFO 완충, 간반 수량) 검증만을 수행한다. (다른 생산 자원의 활용과 같은) 생산 절차 내의 다른 어떤 **단일 사건**도 생산 계획 수립 및 통제 시스템에서 감안 또는 기록하지 않는다.
3. 린 생산은 위험에 대비한 특정한 준비 태세를 가정한다.
고장으로 인해 유발된 생산에 대한 부정적인 영향은 충분한 배제 압력을 조성하기 위해 의도적으로 강력하게 느끼도록 만든다. 많은 재고 및 장기 예측으로 인한 **안전하다는 느낌**은 오로지 결함과 낭비를 눈속임하는 역할밖에는 하지 못한다.

3.5 구상과 구현

구상. 모든 생산의 재설계의 첫 번째 단계는 공장을 제품군과 사업 유형에 기초하여 생산 세그먼트로 구조화하는 일이다(섹션 3.1.1). 재설계할 세그먼트의 선택의 다음 단계는 8개의 설계지침을 수치적인 순서에 따라 적용한 결과에 기초한 가치 흐름의 미래 상태의 구상이다. 외부 물류 및 능력 정의와 조합되어, 이것은 다음과 같은 가치 흐름 설계의 **10단계 접근 방법**으로 귀결된다.

1. **고객 탁트 타임**의 결정 및 전체 가치 흐름에 대한 **능력 윤곽**의 개발.
2. **기술적인 통합** 또는 가능한 모든 경우 **흐름 생산**을 활용한 생산 공정의 분류 또는 집단화.
3. 선적 단에서 시작하여 가능한 모든 경우 **FIFO 논리**를 활용한 상류 방향으로의 생산 공정의 결합.[12)]
4. 롯트 생산을 필요로 하는 복수 용도 부품에 대한 생산 공정의 슈퍼마켓 당겨가기 시스템을 활용한 연계.[13)]

12) 이것은 고객 고유 생산에서는 필수이며, 교체 시간이 개략 동일하다면 연속 생산에서도 일반적으로 실현 가능하다.
13) 만일 적용 가능하다면, 간빈 통제 주기 내의 둘 이상의 연속하는 공정은 FIFO 논리를 활용하여 결합될 수 있다.

5. 각각의 제품과 인도 시간에 따른 **선적 원칙** 즉, 직접 선적 또는 완제품 저장 장소로부터의 선적의 결정과 **공급자 연결** 즉, 직서열 또는 적기 납품의 결정.
6. 교체 노력이 많이 드는 생산 공정에 대한 EPEI 값을 활용한 적절한 간반 수량과 용기 크기 및 **롯트 크기**의 결정.
7. **보조 설정자** 공정과 만일 완제품 저장 장소가 없을 경우에 필요한 고객 분리점의 결정.
8. 주문 발주를 활용한 생산 평활화를 위한 **발주 단위**의 정의.
9. 생산 믹스의 균등화를 위한 **순서 결정** 규칙과 가능한 **캠페인 형성**의 정의 및 **발주 대상 기간**의 결정.
10. 통제 논리 내의 능력 및 제약 **애로**에 대한 규정.

여기에서 제시하는 가치 흐름 접근 방법은 모든 낱개 단위 생산에 대해 크게 개선된 생산 공정을 실현하기 위한 표준화된 방법을 제공한다. 하지만, 지속적인 성공을 위해서는 전통적인, 익숙한 습관에서 멀리 떠나서 생산을 완전히 공정하고 외부적인 관점에서 보면서 **혁신적인** 구조조정을 과감히 시도해야 한다. 구상 단계에서 외견상 움직일 수 없는 제약으로 보이는 것으로 인해 방해 받지 않아야 한다. 대체로, 우리는 생산 현장 재설계에 관한 비현실적인 공장 비전이라고들 말했던 것들이 일단 전반적인 생산 절차에 대한 긍정적인 결과가 명확해진 후에는 전략적인 기업 방침으로 바뀌는 일을 과거에 보아 왔다. 수 많은 중간 저장소가 있는 전체 생산 현장이 소수의 다루기 쉬운 U자형의 라인으로 바뀌었으며, 긴 열처리를 위한 거대한 노와 대량의 롯트가 린 연속로로 바뀌는 등 많은 변화가 있었다. 일단 낡고 먼지에 뒤덮인 습관이 새롭게 개발된 목표 앞에서 설득력을 잃게 되면서 많은 회의주의자들은 모든 이의를 철회하고 완벽한 패배를 인정하였다. 일단 생산 관리자들과의 가치 흐름 지향 공장 계획에 관한 워크숍에서 이를 인식하게 되면, 새로운 개념을 현실화하는 것이 가능할 뿐만 아니라 새로운 합의도 가능할 것이다.

가치 흐름 설계를 이용한 생산의 재설계

목표는 린 공장을 실현하기 위한 생산의 개선이다.

필수적인 특징

1. 명확하게 정의된 설계지침의 일관되고 체계적인 적용.
2. 자재 흐름 지향적인 생산의 설계.
3. 생산 공정과 고객 탁트 타임의 일관된 정렬.
4. 물류 전반적인 공정 내 낭비의 감축.
5. 모든 생산 공정의 포괄적인 표준화.

결과는 모든 고객 수요를 즉각 충족하는 투명한 공장이다. 명확한 정보 흐름, 재고가 적은 자재 흐름, 그리고 고객 탁트 타임과 완벽하게 주파수를 맞춘 생산 공정은 모든 생산 세그먼트 및 그 각각의 가치 흐름을 특징짓는다.

구현 계획 수립. 일단 가치 흐름의 미래 상태에 대한 구상이 승인되고 나면, 정의된 목표의 달성을 위한 구현 계획을 개발해야 한다. 재설계된 생산을 표현하는 가치 흐름 도면에는 모든 생산 공정과 그 물류적인 연계뿐만 아니라 주기 시간, 교체 시간, 롯트 크기, 용기 크기 등에 대한 모든 미래의 매개변수가 포함된다. 이와 같은 기술적 및 조직적인 개선을 위해서는 각각의 공정에 대해 실현해야 하는 적절한 개선이 필요하다. 필요한 개선 조치는 번개 불빛으로 기호화한다(그림 3.63). 생산의 지속적인 개선에 대한 일본어를 따서 '카이젠 플래시'라고 불리는 이와 같은 기호를 미래 상태 지도 상에 필요한 모든 곳에 그린다. 가치 흐름 관점에서 볼 때, 일반적인 가치 흐름 맥락은 매우 투명하게 나타나며, 따라서 그렇게 정의된 제반 개선 조치의 전반적인 효과에 대한 평가를 촉진한다.

그림 3.63 개선 조치를 상징하는 카이젠 플래시

일단 모든 개선 조치를 정의하고 나면, 가치 흐름을 점진적인 구현을 위한 구획으로 구분한다. 모든 **가치 흐름 구획**에 대하여, 카이젠 플래시에서 제시된 각각의 과제와 관련 목표를 계량적으로 기재한다. 그 다음, 명확하게 기술된 중요 단계(milestone), 완료 일자, 그리고 무엇보다 담당자를 정의하는 실행 계획을 구상한다. 미래 상태를 실현하기 위한 제반 조치는 일상의 공장 운영 과정에서 단계적으로 실행해야 하는데, 이는 오로지 피드백 주기가 짧을 때만 해결 대안을 시도하고, 개선하고, 올바른 방향으로 추진해 나갈 수 있기 때문이다.

이것은 앞에서 정의한 구획을 적절하게 **연결**하여 실행함으로써 실현할 수 있다. 보조 설정자 공정과 그 본질적인 특징은 전반적인 가치 흐름에 가장 큰 영향을 미치게 마련이므로, 보조 설정자 공정이 미래 상태 개념에 따라 재설계하여야 할 첫 번째 대상이 된다. 그런 다음, 모든 하류의 공정을 재설계한다. 공정 자체에 집중하기 위해서 자재 공급은 최초에는 여유 있게 설계한다. 일단 보조 설정자와 그 후속 공정을 기술적인 관점에서 설계하고 나면, 가치 흐름의 고객과 관련한 부분에서 새로운 계획 및 통제 시스템을 구현할 수 있다. 보조 설정자 구획을 재설계하고 나면, 고객 익명의 상류 공정에 부과되는 개념적인 요건이 실제로 나타날 것이다. 위의 내용을 기초로 하여, 재설계 과정은 단계적으로 상류로 움직여갈 수 있을 것이며, 일반적으로 각각의 간반 통제 주기는 재설계의 대상이 되는 하나의 가치 흐름 구획을 구성하게 될 것이다. 동시에, 현재의 기존 생산 계획 수립 시스템을 점진적으로 중단시킨다.

구현 과정을 가속화하기 위하여, 다양한 가치 흐름 구획을 동시에 재설계할 수 있다. 일관된 조정을 통해 공정의 반복적인 정렬이 가능하게 된다. 하지만, 보조 설정자 공정의 요건은 구현 시기와 관련 없이 언제나 여타의 공정 및 절차에 대해 상위 목표의 지위를 유지한다.

일반적인 구현 수단

- 흐름 생산의 구현, 그리고 주문 발주의 관점에서 정확히 하나의 계획 지점을 결정하고 제약을 결정하는 보조 설정자 공정의 정의를 통한 획기적인 리드 타임의 단축.
- 고객 탁트 타임 이하로 주기 시간을 단축하기 위한 생산 공정 내의 낭비 제거.
- 예방 정비 및 공정 신뢰성의 증대를 통한 가용 시간의 개선.

- 교체 최적화 또는 지그 제작을 통한 교체 시간의 단축.
- 복수 설비 작업의 도입.
- 생산 공정 내의 낭비 제거.
- 공급자 회사에서의 가치 흐름 설계 수행.

사례연구 정수필터에서는, 변화가 3 단계에 걸쳐 구현되고 있다(그림 3.64). 첫째, 흐름 생산과 선적 간반을 구현한다. 두 번째 단계에서는 반제품 창고를 간반 통제로 조정하고, 밀링 머신에서 교체 워크숍을 조직하고, 경정비 일정을 작성하고 간반을 인쇄한다. 세 번째이자 마지막으로, 공급자 연결을 최적화하고 간반으로 전환한다.

이전에 설계지침을 활용하여 결정한 사양에서는 다음과 같은 목표를 정의하고 있다. 1) 부품당 교체 시간을 현재의 522초에서 6퍼센트 단축하여 487.5초로 줄이고, 리드 타임을 현재의 13일에서 65퍼센트 단축하여 4.5일로 줄이고(그림 3.64), 그럼으로써 달성된 리드 타임 단축 잠재력을 간략히 기술한다.

작업자 균형 도표는 개별 생산 공정의 성과를 상호간에 정렬하는 데 관련하여 달성한 개선을 반영하고 있다. 오로지 세척 공정의 현재 상태만이 변하지 않은 상태로 남아 있다. 공급자 간반(섹션 3.3.2)을 구현한 덕택에, 입고 자재에 대한 어떠한 검사도 더 이상 필요하지 않게 되었으며, 나머지의 개당 0.5초의 원자재 하역에 소요되는 시간은 단순화를 위하여 선적에 할당한다. 조립 공정은 주기 시간 90초의 흐름 공정으로 재설계되었다(섹션 3.2.2). 밀링은 비록 이형 번호 1에 사용되는 기계에 대해서는 어떠한 교체도 필요하지 않지만, 계속해서 교체, 고장, 그리고 불량으로 인해 시간 손실이 발생하고 있다. 따라서, 등식 2.22는 이 두 개의 기계에 대해 서로 다른 조 주기 시간을 보여주고 있다.

$$\begin{aligned} CT_{CO} &= 82\text{sec.} \times \frac{\left(\frac{58{,}000}{540}+\frac{30{,}000}{300}+\frac{8{,}000}{60}\right)\times 0{,}5\text{h}}{96{,}000\times 164\text{sec.}} = 82\text{sec.}\times 3.9\% = 3.2\text{sec.} \\ CT_{Up} &= 94.5\text{sec.}\times(1-92\%) = 7.56\text{sec.} \\ CT_{Q} &= 82\text{sec.}\times(1-98\%) = 1.64\text{sec.} \\ CT_{gross} &= 82\text{sec.}+3.2\text{sec.}+7.56\text{sec.}+1.64\text{sec.} = 91.2\text{sec.}+3.2\text{sec.} = 94.4\text{sec.} \end{aligned} \tag{3.22}$$

이에 따라 두 개의 기계 모두를 작업자 균형 도표 내에 별도로 묘사하였다.

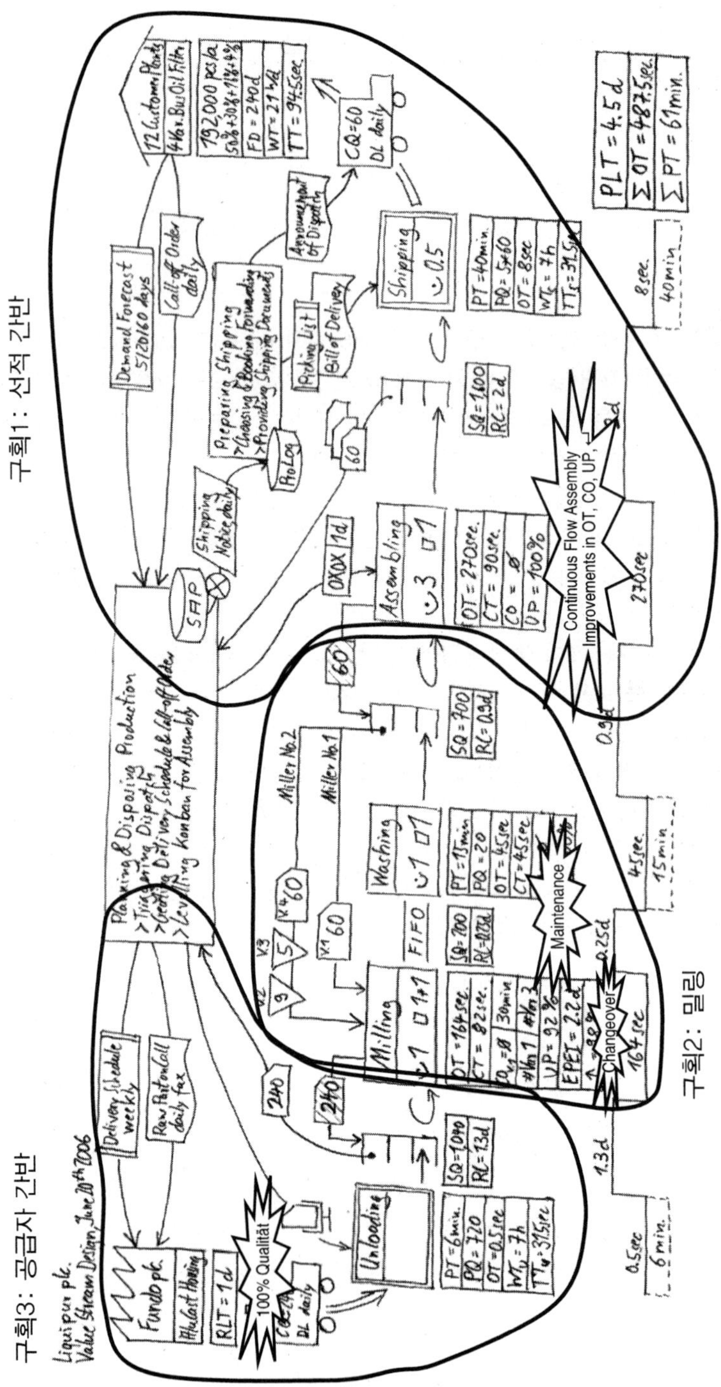

그림 3.64 정수필터의 가치 흐름 설계(6): 카이젠 및 구현 단계

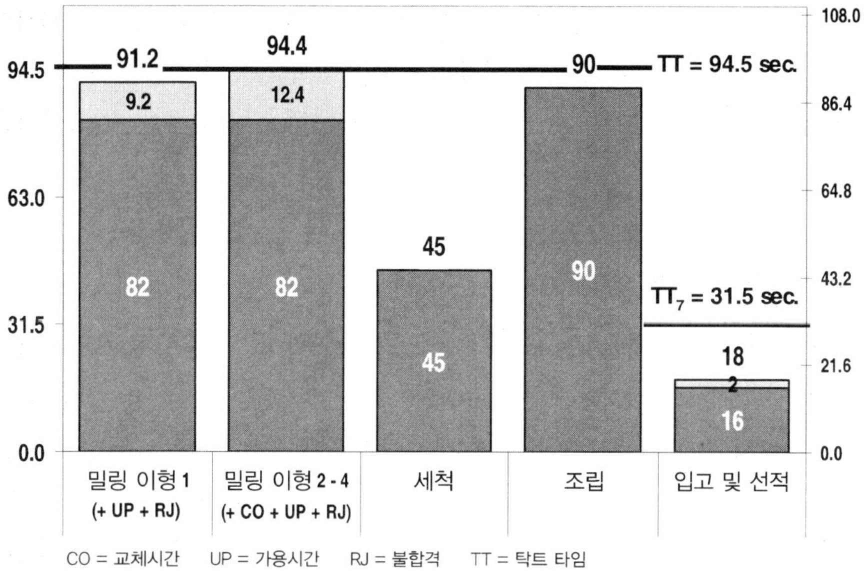

그림 3.65 정수필터 미래상태 작업자 균형도표

3.6 가치 흐름 관리

앞의 가치 흐름 설계에 관한 8개의 설계지침에 대한 의견은 생산 절차의 체계적인 재설계에서 구현 계획까지 이르는 조치 과정을 설명하고 있다. 일단 정의한 조치를 실현하고 각각의 목표를 달성하고 나면, 가치 흐름에 관련된 구조조정의 계획 프로젝트는 완료되지만, 일상적인 생산은 지속되게 마련이다. 구현한 가치 흐름은 이제 달성한 **공장 운영**의 성과 수준을 맞춰 나가고 있을 것이며, 나아가 이상적인 경우에는 시간이 경과함에 따라 성과를 점진적으로 개선해 나가고 있을 것이다. 또한, 항상 반드시 완전한 구조조정을 필요로 하지는 않으나 가치 흐름의 변경을 요구하는 제품 설계, 제품군의 구성, 고객이 요구하는 제품 믹스, 가용한 자원과 같은 부분에서 사소한 변경 그리고 기타 많은 변경이 있을 것이다. 이와 같은 과제는 가치 흐름 관리가 담당하게 된다(섹션 3.6.2).

가치 흐름 지향형 생산은 회사 내에 적합한 **조직적인 구심점**을 필요로 한다. 프로젝트 관련 설계 기능과 일상적으로 수행하는 계획 및 통제 업무를 책임 있는 사람에게 할당해야 한다. 만일 참모 인원을 보유하고 있는 한 사람의 프로젝트 관리자로 구조조정 프로젝드에 대해 충분하다면, 일상적인 공장 운영을 위해시는 게선 책임을 지는 한 사람의 가치 흐름 관리자를 지명할 필요가 있다. 가치 흐름이란 일반적으로 회사의 기술적 및 기능적인 핵심 역량을 가로질러 흐르게 마련이므로, 해당 요건은 조직적으로는 가치 흐름 지향적인 매트릭스 조직을 활용하는 방법을 통해 가장 잘 충족시킬 수 있다(섹션 3.6.1).

3.6.1 가치 흐름 관리자

개념적인 설계에서 도출하고 후속적으로 구현 계획을 통해 일정 계획이 수립된 제반 조치는 각각을 책임질 당사자에게 할당해야 한다. 기능장 또는 부서 책임자와 같은 프로세스 오너들에게 개별 생산 공정에 적용할 개선을 책임지도록 할 수도 있으나, 그 범위를 넘어서 각각의 가치 흐름에 대한 프로젝트를 책임질 사람을 지명할 것을 권장한다. 이 **가치 흐름 책임자**의 주된 임무는 전반적인 개념 속에서 열망하는 목표의 달성을 실현하기 위한 다양한 개별 조치를 조정하는 일로 이루어진다. 특히, 여기에는 문제의 가치 흐름에 관계하고 있는 모든 생산 부서의 이해를 조정하는 일이 포함된다.

일시적인 재구상을 넘어 지속 가능한 가치 흐름 설계를 적용하기 위한 또 하나의 필수적인 전제 조건은 관련 부서에서 이루어지는 모든 투자 의사결정의 기본적인 전제 조건으로서 가치흐름 지향 계획의 적용을 의무화하는 것이다. 각각의 대안이 전반적인 가치 흐름 성과와 얼마나 잘 일치하는가에 대한 판단을 사례별로 가치 흐름 관리자가 하도록 할 수 있다. 따라서 이에는 작업 준비, 자원 할당, 그리고 공장 계획 영역의 업무가 포함될 것이며, 프로젝트 조직의 형태로 일반 공장 조직에 통합할 수도 있다.

가치 흐름 방법을 일관되게 통합하기 위한 한 가지 가능한 방법은 종종 지속적이고 표준화된 구현을 지원하고 해당 부서 직원에게 이론 및 실무적 역량뿐만 아니라 회사 고유의 접근 방법에 대한 역량을 체계적으로 개발할 수 있는 기회를 제공하는 '사내 컨설팅'이라는 형태로 실현되는 파견 **참모 기능**을 확립하는 방법이다. 모든 제품군에 대해 결합된 책임을 지게 하면 린 생산의 원칙을 모든 가치 흐름 내에서 유사하게 구현할 수 있고 전사 횡단적인 우선순위를 결정할 수 있다. 또한, 이렇게 하면 모든 가치 흐름에 대한 통일된 성과 측정 시스템의 도입이 촉진되고 정기적인 생산 감사를 위한 제도적인 틀이 마련되기도 한다. 그러나, 이에는 생산 감독자 측의 이해할 수 있는 수용과 관련된 문제를 방지하기 위해서 최고경영자 차원의 사내 자문역이 필요하다. 또한, 모든 추가적인 간접 인력을 채용하기 위한 자금을 각각의 해당 부서에서 내부적으로 조달하도록 해야 한다.

하지만, 가치 흐름 관리자의 가장 중요한 임무는 가치 흐름의 재구상을 통해 도출된 조치를 실질적으로 구현하는 것이 아니라, 일상적인 공장 운영 속에서 지속적으로 가치 흐름을 조정하고 개선하는 일이다. 여기에는 간반의 수와 같은 계획 수립 및 통제 매개변수의 감시 및 정렬이 포함된다(섹션 3.6.2). 이러한 맥락에서, 비록 방법론적인 업무의 윤곽은 상당히 변화되었고 **가치 흐름 관리자**가 전사 조직 내에서 확고하게 자리매김해야 한다는 점을 보여주고는 있지만, 가치 흐름 관리자는 전통적인 생산 계획 업무를 담당한다고 생각할 수 있다.

가치 흐름 관리를 위한 구조적인 조직은 **매트릭스 조직**에 기초한 형태가 적합하므로(그림 3.66), 이것은 가치 흐름에 걸쳐 부서 조직으로 구성되어 있는 회사의 기능적인 구조를 흐름 방향으로 조직적으로 연계할 수 있게 해준다. 이것은 통일된 조직 내에서 정반대 방향을 지향하고 있는 목표를 달성할 수 있는 유일한 방법이다. 한 편으로, 가치 흐름 관리자는 가치의 창출이라는 목표에 맞춰, 전사의 모든 기능이 참여하는 가치 흐름의 제품군 관련 고객 지향성을 보장한다. 이러한 가치 흐름 관점은 융통성 있고, 적층형이며, 신속한 린 생산 흐름을 가능하게 해준다. 둘째, 가치 흐름을 가로지르는 전사적인 역량의 기술적 및 조직적인 표준화는 다양한 부서 내의 기술 책임자들이 보장한다. 이것이 없이는, 발산적인 변화로 인해 조직이 분할되고 거의 두 개의 별도의 회사가 될 수도 있다.

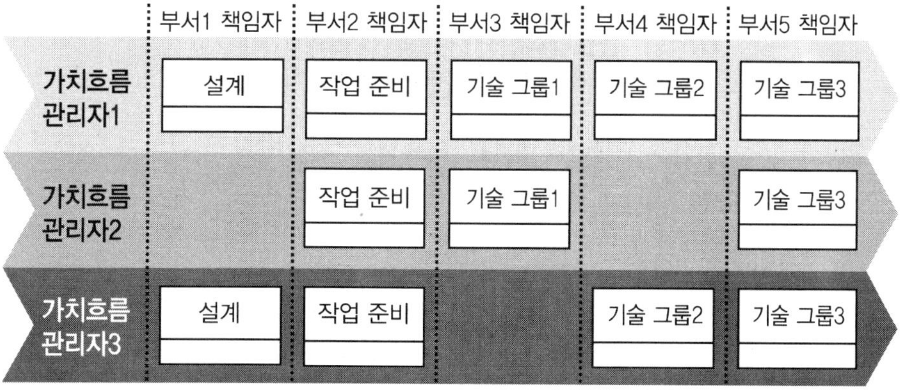

그림 3.66 세 개의 가치 흐름에 대한 매트릭스 조직의 도식적인 예시

매트릭스 조직에 있어서, 지식적인 리더십은 가치 흐름을 횡단하는 각각의 부서의 감독자에게 있다. 가치 흐름 관리자는 현실적으로 다양한 부서에 속한 인원에 대한 권한이 없으나 전체 가치 흐름의 성과에 대한 책임을 지고 있기 때문에, 이것은 조만간 기술적인 감독자와 가치 흐름 관리자 사이의 **갈등**으로 발전하기 마련이다. 하지만, 그와 같은 갈등은 다른 조직 구조나 전통적인 생산 절차에서도 마찬 가지로 잘 알고 있는 현상이다. 예를 들어 '진행 감독자(progress chaser)'라는 단어는 '추구되는(being chased)' 전반적인 생산 성과와 개별 부서가 '추구하는(chasing)' 국지적인 최적화 사이의 갈등을 잘 보여주고 있다. 예를 들어, 기계 설계 부서 내의 주문 관리 부서는 다양한 영업 부서의 긴급성 및 매우 다양한 특별 요청과 생산 부서의 위기 대응 및 생산 목표 사이를 조정하는 책임을 진다.

3.6.2 가치 흐름 관리 업무

계획 수립 차원. 공장 운영에 있어서 가치 흐름 관리는 가치 흐름 설계 과정을 통해 개발된 계획 및 통제 개념을 운영 면에서 구현하는 책임을 진다. 이것은 장기, 중기, 그리고 단기 계획 수립 업무에 관한 서로 다른 대상 기간 범위에 대해 다음과 같은 세

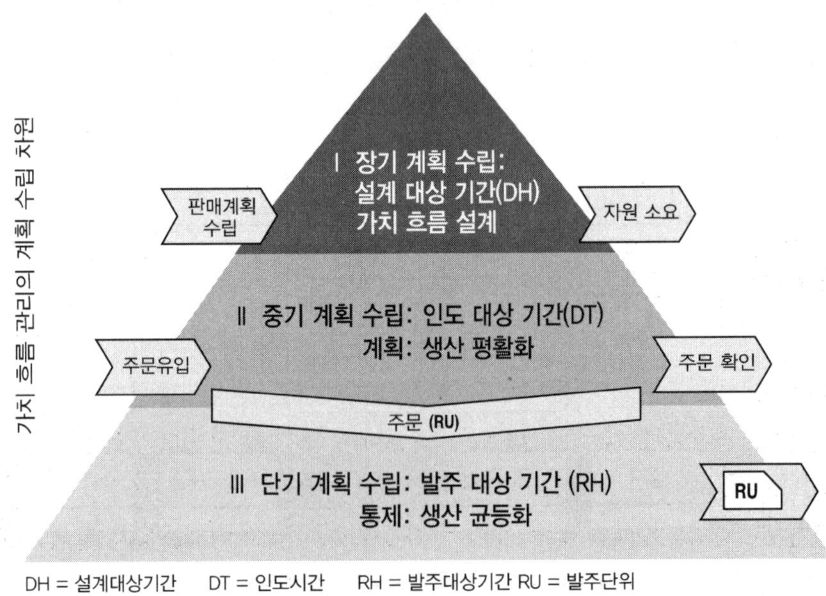

그림 3.67 세 개의 가치 흐름 관리 계획 수립 차원

개의 구별되는 계획 차원에서 이루어진다. 생산 계획 수립 및 통제 수준 모형은 일반적으로 계층적으로 구조화된 삼각형의 형태로 표현한다(그림 3.67). 각각의 계획 수립 차원은 유사한 기간 내의 계획 수립 및 통제 의사결정정을 구성하며, 따라서 적절한 계획 수립 대상 기간에 할당된다.

최상위 차원 즉, 삼각형의 상단은 일반적으로 계획 프로젝트에서 채택하는 장기 관점에 해당한다. 가치 흐름의 **설계**는 공장 운영 과정에서 정기적으로 점검할 수 있다. 이것은 자원의 능력 조정 및 인원 수의 조정 등을 통한 변경된 고객 탁트 타인에 맞춘 자원 능력의 정의를 포함한다. 한 편, 기본적인 물류 구성은 간반으로부터 FIFO로 또는 어쩌면 신호 간반으로부터 용기 간반 또는 그 반대 방향으로와 같은 자재 흐름 연결을 변경함으로써 재조정할 수 있다. 이것은 제품군 내의 이형의 수가 늘어나거나 또는 추가적인 고객 고유 제품 이형을 생산하게 되는 경우에는 언제든 필요하다. 마찬 가지로, 구매 관련 처분 방법을 조정할 필요가 있을 수 있다. 장기 대상 기간은 가치 흐름의 설계 대상 기간에 해당하며, 예를 들어 사업 연도에 기초하도록 함으로써 예산 계획 및 판매 계획에 맞추어 정의를 할 수 있다.

중기 및 단기 대상 기간은 직접적으로 공장 운영에 영향을 미친다. 생산 평활화를 통한 가치 흐름의 **계획 수립**은 중기 차원에서 이루어진다. 접수되는 고객 주문은 발주 단위(RU)로 조합되며, 이것은 다시 상세 계획 수립 또는 통제를 위해 보다 하위 차원에 맡겨진다. 각각의 인도 일자를 명시하는 주문 확인을 생성한다. 고객 고유 생산에 있어서는, 중기 대싱 기간은 개략 인도 시간(DT)과 일치한다. 재고생산에서는, 대상 기간은 저장 능력과 보조 설정자 공정에서 시작되는 생산 리드 타임에 따라 결정된다. 두 경우 모두, 대상 기간은 단기 차원의 대상 기간의 복수 배와 같으며, 동시에 전체 주문 대기 행렬을 포함한다.

하위의, 단기 차원의 상세 계획 수립은 하위 차원에서 일정 계획을 수립하는 발주 단위의 생산 믹스 균등화를 위한 순서 결정뿐만 아니라 해당 순서에 따른 주문 발주를 통한 가치 흐름 **통제**를 통해 이루어진다. 주문 발주는 해당하는 경우 애로에 따라 이루어진다. 단기 계획 수립의 대상 기간은 부하 균등화 상자의 발주 대상 기간(RH)에 해당하는데, 이것은 애로인 경우에는 생산 리드 타임에 해당한다.

계획 수립 및 통제. 가치 흐름 관리자의 핵심 업무는 주문의 완성을 위한 계획 수립 및 통제 활동이다. 이것은 항상 직접 실행되거나 또는 주문 피킹을 통해 완제품 저장 장소가 간접적으로 실행하는 고객 주문에 의해 유발된다. 그러나, 모든 주문은 우선 적절한 가치 흐름에 할당되어야 한다는 점을 유의 해야 하며, 따라서 가치 흐름 관리자는 다음과 같은 업무를 수행해야 한다(그림 3.69 참조).

1. **생산 주문의 생성.** 고객 주문은 통일된 발주 단위로 변환되어야 하며, 이는 주문의 분할 또는 취합을 필요로 할 수 있다. 예를 들어 '대기행렬을 건너뛸' 수 있도록 허용된 긴급 주문의 경우에는 적절한 주문 유형을 식별할 필요가 있을 수 있다. 이러한 과업으로는 또한 변경 또는 취소된 고객 주문인 경우의 발주 단위의 균형화가 포함될 수 있으며, 이것은 발주 전에는 쉽게 수행할 수 있으나, 발주 후에는 생산 공정을 상당히 교란시킬 수 있으므로 금지해야 한다.
2. **인도 일자의 확인.** 대기 행렬이 정의된 최대 길이를 초과하지 않는 한은, 표준 인도 기간을 준수하는 인도 일자를 고객에게 확약할 수 있다. 하지만, 최대 길이를 초과하는 경우에는, 능력 조정 조치를 고려해야만 한다(아래 참조). 긴급 주문에 대해서는 개략 생산 리드 타임과 같은 확약된 상대적으로 짧은 인도 기간을 할당할 수 있겠지만, 예를 들어 가격의 차별화, 주문의 교체 또는 부분 인도 등의 방법을 이용하여 최소한으로 유지해야 한다. 인도 일자에 대해서는 '전통적인' 결정이란 없다.
3. **순서 결정.** 가치 흐름 관리에 있어서, 주문 순서는 일반적으로 부하 균등화 상자, 또는 어쩌면 캠페인 형성을 이용한 2단계 접근 방법, 또는 제약 애로의 제약이 있는 순서 결정 등을 활용하여 명확히 정의된 규칙에 따라 발주 단위의 순서를 정함으로써 결정한다.
4. **자재 가용성 점검.** 이 과업은 확실히 진정 진부한 일일 것이나, 그럼에도 불구하고 모든 자재가 가치 흐름 관리에 적합한 방법인 직서열 또는 공급자 간반 방식을 통해 구매되는 것이 아니기 때문에 통상적으로 필요하다. 또한, 특정한 낯선 이형에서 특수 자재가 필요할 수도 있다.
5. **주문 발주.** 발주 단위는 사전에 정의된 리듬에 따라 유발되거나 또는 보조 설정자 공정에서의 애로의 발주 신호에 따라 유발된다. 골프 공 신호를 통해 개시되어야 하는 평행 가치 흐름의 신뢰할 만한 동기화가 이루어지는지를 적절하게 주시해야 한다.

6. **주문 통제.** 가치 흐름 관리에서는 공정 감독이라는 개념을 인정하지 않기 때문에, 작업의 진척에 대한 어떠한 단계적인 피드백도 필요하지 않다. 오로지 완료된 생산 주문 즉, 발주 단위만이 그것이 최종 생산 공정을 떠나 발송 준비가 되고 이어서 저장 예약이 되었을 때 보고된다. 고객 고유 생산의 경우, 일정 계획대로 선적 일정이 잡힌 선적은 이미 확인이 되었을 것이며, 이 시점에서 선적 문서를 인쇄한다.

위와 같은 여섯 가지의 생산 및 통제의 핵심 업무를 활용하여, 가치 흐름 관리자는 또한 생산 절차 내에서 대기행렬 원칙을 구현한다(섹션 3.4.1 참조). 이것은 제조 시스템 설계에 있어서 일반적인 것과 같은, 고객 고유의 어댑터 제작을 필요로 하는 제품에 있어서 특히 중요하다.

가치 흐름 관리의 두 가지 주된 단계 즉, 고객이 발주한 다음 이루어지는 발주 단위의 정의(계획)와 공정 순서의 결정(통제)은 **정리 시간** 동안에 수행한다(그림 3.68). 가치 흐름 최적화를 통해 (변경되지 않은) 인도 시간보다 상당히 생산 리드 타임을 잘 줄일 수 있을수록, 적은 노력으로도 주문 정리를 위해 가용한 시간은 많아지게 된다. 고객의 변경 요청은 대기 기간에는 생산을 교란시키지 않으면서 감안할 수 있다. 하지만, 일단 '동결 구간' 내에서 처리 순서를 결정하고 나면, 실제의 주문 처리가 가능한 가장 늦은 시점에 개시된 관계로, 기술적인 변경과는 달리 시간에 관련된 변경은 생산을 교란하게 된다. 대기행렬의 최대 길이는 생산 리드 타임과 인도 시간 사이의 차이로 결정하며, 수요 변동뿐만 아니라 발생 가능한 융통성 있는 다양한 능력 조정과 어울리도록 정의한다.

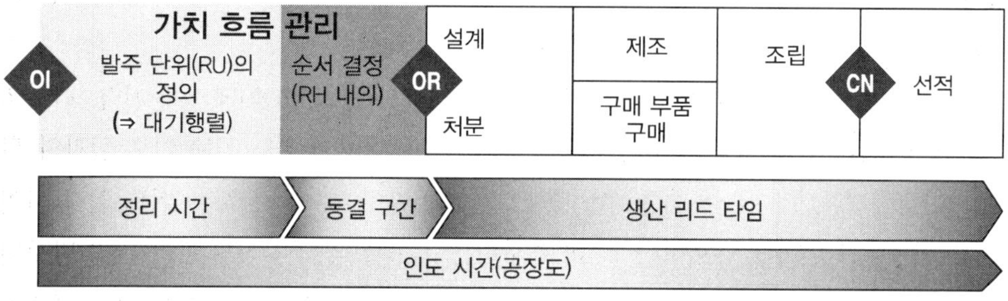

그림 3.68 생산 절차 내의 가치 흐름 관리의 통합

감시. 앞에서 논의한 운영 차원의 핵심 업무와는 별도로, 가치 흐름 관리자는 또한 각각의 물류 성과의 평가를 위하여 가치 흐름을 지속적으로 주시할 책임이 있다. 이것은 가치 흐름 방법의 **핵심 수치**를 이용하여 수행한다. 가치 흐름을 **감시**하기 위하여, 핵심 수치는 필요한 절차에 따라 처리하여 연대기적인 순서에 따라 그래픽하게 묘사해야 한다. 간결하게 정의되고 종합적으로 표현된 핵심 수치를 운영 책임자들에게 신속하게 제시할 것을 권고한다. 이것은 생산 인력이 자기 자신의 조치와 특이 상황 모두의 효과를 즉각적으로 인지함으로써, 필요가 발생하였을 때 '계기 비행'보다는 신속하고 적시의 운영적인 경로 변경을 할 수 있게 하는 데 유용하다. 또한, 핵심 수치의 성과에 부정적인 방향인 편차가 나는 경우, 책임 있는 당사자와의 협력 하에 적절한 운영 경향의 반전 조치를 개발할 수 있다. 가치 흐름 감시를 위한 핵심 수치는 다음과 같이 가치 흐름의 역동성, 생산성 그리고 고객 지향성 등의 세 가지 집단으로 분류할 수 있다.

가치 흐름의 **역동성**은 생산 절차의 첫 번째 유형의 개선 잠재력 즉, 수요 대응 기간으로 표현된 생산 리드 타임을 반영한다. 이것은 일반적으로 완제품 재고의 수요 대응 기간(RC_{FG}), 최초 가치 창출 생산 공정에서 시작하여 완제품 저장 장소의 재고로 입고되기까지의 재공품(WIP) 수요 대응 기간, 그리고 마지막으로 다양한 저장 장소에 있는 원재료 및 구매 부품 수요 대응 기간(RC_{RAW})으로 구분하여 기록한다.

가치 흐름의 **생산성**은 생산 절차에 대한 개선 잠재력의 두 번째 유형 즉, 개당 시간 단위로 표시한 생산 공정당 조 주기 시간(CT_{gross})에 반영되어 있다. 우선순위는 통상 산출에 직접 영향을 미치는 직원의 생산성에 부여된다. 또한, 예를 들어 기계 및 공장의 가용 시간(UP), 공정당 교체 시간(CO) (린 생산에 있어서의 교체 시간은 항상 작동 값을 포함하므로, 부분적인 것이 아닌 전체의 값), 그리고 예를 들어 초도 수율 및 재작업 비율 등과 같은 품질 수치 등과 같은 가치 흐름의 성과에 영향을 미칠 잠재력이 있는 모든 요인을 기록할 수 있다.

가치 흐름의 **고객 지향성**은 백분비로 표시한 인도 신뢰성(DR)에 반영된다. 각각의 고객 불평 쿼터 역시 기록할 수 있다. 인도 신뢰성은 일반적으로 실제 인도 일자와 확약한 인도 일자를 비교하여 측정하며, 확약 인도 일자와 고객이 원하는 인도 일자 사이의 차이는 인도 역량을 반영한다. 고객 주문이든 재고 보충 주문이든 만일 아직 발주되지 않은 주문을 포함하는 대기행렬의 길이를 각각의 수요 대응 기간(RC_Q)으로 표현한 값이 사전 정의한 표준 값을 초과한다면, 견적된 표준 인도 기간 내의 인도 역량은 위험에 처해 있을 것이다. 공급자의 평가 목적을 위해서도 기록해야 할 원자재의 적시 가용성 역시 인도 시간 및 인도 역량에 큰 영향을 미칠 수 있다. 백분비로 표현한 생산 믹스를 감시하는 것은 구매 및 자원 가용성의 면에서 가능할 수 있는 필요한 조정을 적시에 유발할 수 있도록 보장한다.

융통성 통제. 하지만, 핵심 수치의 감시는 적절한 후속 조치가 취해질 경우에만 의미가 있다. 가치 흐름 관리에 있어서, 이것은 일반적으로 물량과 능력 측면의 가치 흐름의 **융통성**을 통제하는 중기 조치로 귀결되는데, 이는 2차적인 수요 계획 수립, 일정 계획 수립 그리고 능력 계획 수립을 통한 통상적인 생산 소요 계획 수립과는 상당히 다른 접근 방법이다. 가치 흐름 관리는 이것들을 능력 통제를 통한 다음과 같은 두 가지의 재고 균형화 및 대기행렬 감시로 대체한다(그림 3.69 참조). 또한, 가치 흐름 성과의 차질은 고장을 배제하고 일반적으로 일관되게 전반적인 공정을 개선하는 조치를 통해 대처해야 한다.

간반 논리를 사용하는 덕분에, 자재 소요량 계획을 수립할 필요는 전혀 없으며, 자재 가용성은 자동적으로 이뤄질 것으로 가정한다. 하지만, 장기적인 가용성을 보장하기 위해서는 해당하는 재고를 중기적인 경향과 고객 수요에 맞춰 조정해야 한다. 이따금 완제품 저장 장소 및 슈퍼마켓 저장 장소에 필요한 **재고 조정**은 재발주 수준이 있는 수요 지향형 저장소에서 사용하는 전통적인 방법(발주점 방식)과 그리 큰 차이가 없다. 그러나, 수요 지향형 저장 장소에서는 각각의 재발주 수준 또는 물량과 관련된 매개변수를 조정하는 반면, 가치 흐름 관리자는 품목 코드별 회전 간반의 수를 감시한다. 이것은 고객 수요 예측에서 예상되는 수요 변동, 특별 판매 촉진 활동에 대한 준비, 또는 인도 빈도의 증가 또는 영업 쪽의 재고 방침 변경과 같은 물류 시스템 변경에 따른 신규 요건 등을 통해 선제적으로 유발할 수도 있다. 전형적인 수동적인 유발은 소비의 증가에 따라 발생하는 재고의 감소가 될 것이다. 역으로, '잔여' 간반 즉, 긴 기간이 경과하고 나서 재고에 남는 간반의 최소 수량에 대한 감시는 명확히 수요 변동을 완충하기 위해 필요한 물량을 초과하는 재고가 있음을 나타낸다. 이와 유사한 방식으로, FIFO 라인의 완충 재고는 생산 공정에 개선 조치를 취했음에도 불구하고 반복하여 자재 흐름이 끊긴다던가 흐름이 정지되는 경우에는 조정할 수 있다.

가치 흐름은 단어의 원래의 의미 대로 어떠한 일정 계획의 수립도 필요로 하지 않는다. 최초에는, 대기행렬 내에 있는 주문에 대해서 인도 시간에 따른 가능한 가장 빠른 개시 일자와 발주 대상 기간 내의 일정 계획 수립에 따르는 부분적인 생산 리드 타임만을 알 수 있다. 인도 일자를 신뢰성 있게 맞출 수 있으려면, 보조 설정자 공정 앞에서 **대기행렬 길이 평활화**가 필요할 수 있다. 그와 같은 통제성에 대한 개입은 대기행렬의 길이가 명확하게 정의된 허용 가능한 변동의 범위를 벗어날 경우에는 언제든 필요하게 될 것이다. 대기행렬의 길이가 불충분할 경우에는 고객 주문 또는 재고 보충 주문의 결여 즉, 현재의 수요가 연간 평균보다 상당 수준 부족한 상황으로 이어질 것이다. 적절한 조치를 취하지 않는 한, 생산은 주문의 결여로 인해 정지된다. 하지만, 지나치게 긴 대기행렬이 존재하는 경우에는, 연간 평균을 웃도는 강한 수요 증가로 인해서 주문 잔량이 급속하게 증가하게 될 것이다. 이에 비해서, 생산 탁트 타임은 지나치게 느릴 것이며, 적절한 조치를 취하지 않는 한은 가치 흐름은 지나치게 긴 인도 시간 또는 완제품 저장 장소로부터의 인도 역량 제약으로 인해서 유발되는 인도 지연의 위험에 처하게 될 것이다.

적절하게 **능력 조정**을 할 수 있다면, 대기행렬의 길이를 허용된 융통성의 범위에 맞도록 시정할 수 있다. 가치 흐름에서 필요한 **능력 통제**는 주로 미래 상태 구상에 내재시켜 설계한 능력 융통성의 역할을 한다. 이러한 맥락에서 최선의 선택 대안은 하나 또는 두 개의 교대조 모형에 있어서의 융통성 있는 업무 시간을 통해 가능하다. 필요한 경우에는 직원에게 짧은 통지에 따라 하루 한 시간 초과 또는 단축 조업을 하도록 허용함으로써 – 2 교대조 모형인 경우에는 적당히 일정이 잡힌 교대조를 제공함으로써 – 일일 산출 물량을 10퍼센트 정도 변동시킬 수 있다. 또 하나의 가능성은 추가 교대조 또는 교대조 운영의 감축이 될 수 있으나, 이 경우에는 보다 많은 조직적인 노력 및 비용과 보다 긴 사전 통지가 필요할 것이다.

가치 흐름 감시의 감시 대상이 되는 핵심 수치는 또한 가능한 가치 흐름 성과의 저하를 나타낼 수도 있다. 이것은 주로 재공품의 증가 또는 직원 또는 설비의 성과의 감소의 결과로 나타나며, 즉각적으로 생산 현장에서 고장탐구 활동을 개시해야 한다. 한 가지 가능한 해결 대안은 관련 직원들과의 협조 하에 전통적인 5W 방법 즉, 업무 개선 워크숍에서 끊임 없이 다섯 번의 아동과 같은 왜? 라는 질문을 던진 후 지속적인 개선을 위한 적절한 조치를 정의하는 방법을 통해서 각각에 해당하는 촉매제를 찾도록 노력하는 방법이 될 것이다. 주기적인 생산 감사는 생산 리드 타임의 단축, 재고 감축, 보다 작은 발주 단위, 복수 기계 운영을 통한 직원 생산성의 향상, 교체 시간의 최소화,

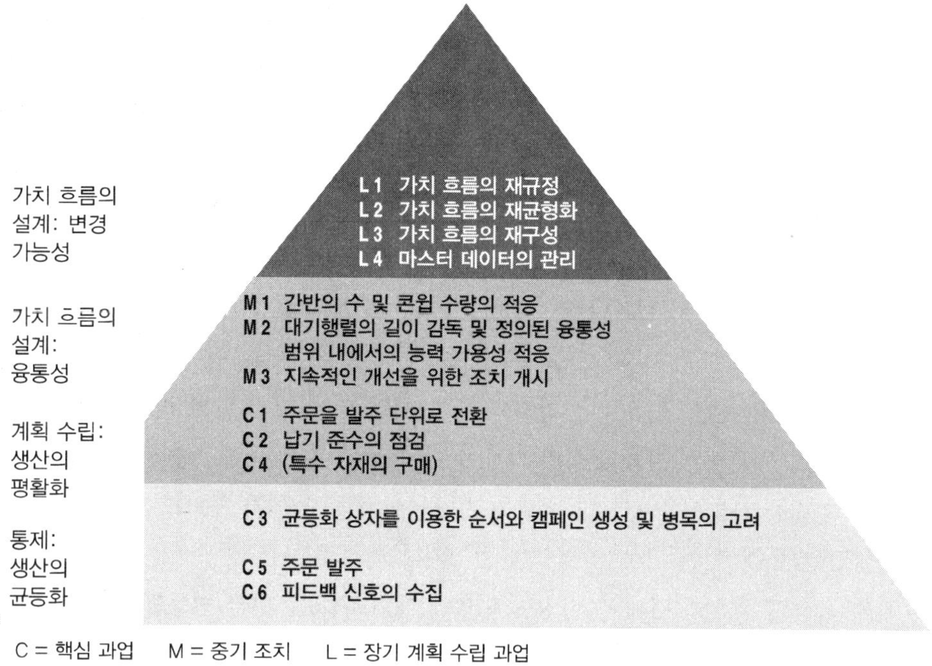

그림 3.69 가치 흐름 관리의 업무 개요

가용 시간의 개선 등을 통해 예방적으로 가치 흐름의 성과를 확보하고 지속적으로 개선할 수 있다. 따라서, 중기 차원의 가치 흐름 관리는 다양한 생산 시스템에서 이미 알려진 방법들을 사용한다(섹션 4.2 참조).

변경 가능성 통제. 고객 수요의 변화가 오래 가거나, 제품 범위 또는 자원이 수정되거나 하여 가치 흐름의 적절한 구조조정이 필요하게 되는 경우에는 장기적인 조치가 필요하다. 가치 흐름은 가치 흐름의 규모와 관련되고 구조마다 고유한 **변경 가능성**을 통제하기 위한 특정한 계획 수립 도구를 사용한다. 물량 또는 성과의 능력적인 구조조정은 한 편으로 가치 흐름의 재규정을 통해 실현할 수 있으며, 다른 한 편으로 수요의 변동 또는 제품 출시의 결과로서 나타나는 생산 믹스의 변경의 경우에는 가치 흐름을 재균형화할 필요를 발생시킨다. 하지만, 세 번째의 가능성인 이형 별 수요 수량 특징의 변경 또는 신기술 적용의 경우에는 종종 가치 흐름의 부분적인 재구성이 필요하게 된다(그림 3.69 참조). 네 번째 옵션인 마스터 데이터의 정비는 또 하나의 장기적인 계획 업무이다.

대기행렬의 길이를 융통성의 범위 내로 유지하기 위해 필요하게 되는 일관된 능력 조정은 고객 수요가 끊임 없이 변동한다는 것을 의미한다. 이와 유사하게, 고객 수요의 미래 변동 방향은 경향 예측 또는 수요 계획 수립을 통해 선제적으로 예측할 수 있다. 반대로, 지속적인 성공적인 기술 혁신 또는 발생 가능한 대체 투자는 기계 성능과 가용 시간을 크게 변경시킴으로써 생산 탁트 타임과 고객 탁트 타임이 장기적으로 편차를 보이게 만들 수 있다. 이와 같은 변화는 오로지 **가치 흐름의 재규정**을 통해서만 성공적으로 대처할 수 있다.

작업자 균형 도표는 고객 탁트 타임으로 표현된 평균 고객 수요 편차와 주기 시간으로 표현된 공정 성과 데이터가 정기적인, 어쩌면 월간 단위로 입력되는, 능력 정의를 위한 적합한 **계획 수립 도구**이다. 각각의 주기 시간 또는 고객 탁트 타임의 차이는 적절한 조치 즉, 해당하는 생산 공정의 가용 능력에 대한 조정이 필요하다는 것을 나타낸다. 공장의 변동 가능성은 필요한 변경을 지나친 노력을 들이지 않고도 자원 또는 인력의 재할당을 통해 실현 가능한 정도에 반영된다.

가치 흐름의 제품군 내에서, 다양한 이형에 대한 수요는 가끔 변동할 수 있다. 각각의 가치 흐름은 특정한 제품 믹스에 맞게 설계된 것이기 때문에, 그와 같은 변화는 해당 변화가 한 공정 또는 가치 흐름 전체의 리드 타임에 영향을 미치는지 여부에 따라 전반적인 산출량 또는 애로의 위치에 영향을 미칠 수 있다. 새로운 생산 믹스에 관련되는 경우에는 해당하는 가치 흐름은 **재균형화할** 필요가 있다.

이것은 보통 새로운 제품 이형이 특정 제품군에 할당되거나 해당 제품군에서 제거되는 경우에는 언제든 발생하게 마련이다. 그러한 새로운 제품 이형은 기존의 제품군에서 받아 들였거나 아니면 새로이 출시된 제품일 수 있다. 일반적으로, 제품의 단계적인 도입(phase in) 또는 (상대적으로 드물게) 제품의 단계적인 중단(phase out)은 고객 탁트 타임 및 특수 기기 또는 부품의 구체적인 수요에 영향을 미친다. 그럴 경우 각각의 마스터 데이터를 적성하고 관련 생산 공정을 기술적 및 물류적으로 재배치를 한다. 따라서, 오류 또는 제품의 단계적인 도입 또는 단계적인 중단이 있을 경우의 마스터 데이터의 관리 및 (신규) 결정은 가치 흐름 관리자의 몫이다. 제품의 단계적인 도입은 관련 능력 조정 조치가 가치 흐름 내에 양호한 시기에 이루어질 수 있도록 하기 위해서 다양한 사전 단계에서 계획할 수 있다.

이형 별 수요 수량의 변경 역시 전반적인 생산 특징의 변경으로 귀결될 수 있다. 따라서, 직렬형 제품 이형이 소규모 배치 직렬형 제품으로 또는 심지어는 고객 고유의 제품 이형으로 변경될 수도 있다. 이것은 예를 들어 간반 논리로부터 FIFO 논리로의 물류 원칙의 변경을 필요로 할 수 있다. 신기술이 복수의 생산 공정을 통합하거나, 상당한 정도로 롯트 크기를 줄이거나, 특정 저장 장소를 진부화하게 만듦으로써 생산 절차의 조정을 필요로 하게 만들 수 있다. 이와 같은 경우에는 **가치 흐름의 재구성**을 필요로 하는데, 이것은 개별 계획 프로젝트를 통한 해당 가치 흐름의 완전한 재구상에 가깝다.

린 생산을 위한 설계 기준

가치 흐름 지향형 공장 운영은 가치 흐름 관리의 여섯 가지 핵심 업무를 통해 계획 및 통제한다. 최고의 우선순위는 린 공장의 융통성 및 변동 가능성을 통제하는 계획 수립 과업에 주어진다. 이미 주문 관리에서 알려져 있는 여섯 개의 설계 기준은 각각의 계획 수립 및 통제 시스템이 충족시켜야 하는 기능적 특징을 경정한다 (Wiendahl 2002). 가치 흐름 생산에서는, 이와 같은 여섯 개의 기준을 **가치 흐름 관리**에 다음과 같이 적용할 수 있다.

1. **생산의 구조화.** 투명한 공장을 창조하기 위해서, 생산을 제품군 관련 세분화에 따라 물류적으로뿐만 아니라 가능한 한은 공간적으로도 세분한다. 이렇게 하면 주문 접수로부터 선적 단까지 연속적인 가치 흐름이 만들어진다.
2. **전반적인 물류적 개념.** 목표는 일관된 생산 쿼터, 표준화된 주문 크기, 그리고 주문 발주 후에는 어떠한 우선순위의 변경도 없는 고정된 주문 순서를 가지는 **적층형 생산 흐름**이다.
3. **시장 동기화.** 고객 수요는 고정 발주 리듬으로 **보조 설정자** 공정에서 가치 흐름에 구현해 넣는다. 고객 주문 관련 생산에 있어서는, 이것은 또한 고객 분리점이 되기도 한다. 완제품 저장 장소로부터의 인도의 경우에는, 고객 수요는 간접적으로 보조 설정자 공정에 전달된다.
4. **동기화의 원칙.** 고객 수요의 변동은 **물량에 관해 균등화**하고 **이형에 관해 평활화**한다. 생산에 대한 부하는 배타적으로 물량 즉, 완제품 저장 장소의 재고 완충 또는 대기행렬 내의 주문 완충을 이용하여 균등화한다. 어떠한 가동과 관련한 인도 일자의 결정도 없으며, 기껏해야 최대 인도 기간에 대한 확약만을 검증한다.
5. **계획 수립의 차원.** 가치 흐름 관리에 있어서는, 세 가지의 대상 기간을 구분한다. **장기 계획 수립**에서는, 가치 흐름은 작업자 균형 도표를 이용하여 능력 정의를 한다. **중기 계획 수립**에서는 고객 주문을 표준화된 발주 단위로 변환함으로써 생산

을 평활화한다. 또한, 물류적인 가치 흐름의 성과는 가능한 경우 이 차원에서 감시하여 적절한 매개변수 조정 값을 도출한다. **단기 계획 수립**에서는 상위 차원에서 정의한 발주 단위를 순서에 맞추어 배치하고 생산을 위한 해당 주문을 고정 리듬으로 발주한다.

6. **계획 수립 대상.** 모든 주문은 비록 대표 제품과 다른 모든 이형을 감안하지는 않지만, 통일된 크기의 **발주 단위**로서 일정을 수립한다. 가치 흐름 지향형 생산 계획 수립은 가치 흐름당 오로지 하나의 생산 공정 즉, 주문이 유발되는 **보조 설정자** 공정, 또는 그렇지 않을 경우 애로 공정과 그 능력만을 통제한다는 사실 덕분에 매우 단순화된다. 따라서, 오로지 **완제품**에 대한 주문만을 생산하고 일정을 잡으며, 해당 완제품의 생산은 보조 설정자 공정에서 개시된다. 사전 생산은 간반을 통해 자동적으로 통제되며 어떠한 소요 전개 계획(예를 들어 BOM 전개) 수립도 필요하지 않다. 하지만, 이것은 복수의 개시점을 동기화해야 하는 복잡한 제품을 위한 가치 흐름에는 적용되지 않는다. 일자는 오로지 순서에 관해서만 의미가 있으며, 통제에 관해서는 의미가 없다.

CHAPTER 04

린 공장을 향하여

Production Optimization

CHAPTER **04**

린 공장을 향하여

이상적인 생산은 모든 종류의 제품이 개별적으로 그리고 고객의 사양에 따라, 그리고 원가의 최소화뿐만 아니라 여타의 생산 목표도 역시 달성하기 위하여, 노동의 분업과 기계화와 같은 매우 효율적인 산업적 생산 수단을 활용하여 생산되는 공장에서 스스로 그 모습을 드러낸다(섹션 1.2.2). 산업적인 수단은 표준화에도 불구하고 품질의 향상과 정밀성, 보다 짧은 제조 공정, 고도의 제품 범위의 다양성의 실현을 가능하게 한다. 지속적인 생산의 개선을 위해서는, 일관되게 이상적인 공장이라는 목표에 초점을 맞추어야 한다.

여기에서 상세하게 논의한 여덟 가지의 가치 흐름 설계의 지침(제3장)을 활용하면, 모든 낱개 단위 생산은 이상적인 목표 상태 즉, **린 공장**을 향한 길을 찾아갈 수 있다. 또한, 이 책에서 논의하는 가치 흐름 설계는 그것을 활용하여 전체 생산 절차를 설계할 수 있는 해당 설계지침을 개념적으로 적용하기 위한 충분히 입증된 순서를 제공한다.

하지만, 린 공장을 향한 길은 설계지침의 적용의 측면에서 불가피하게 다음과 같은 두 가지 유형의 **절충**을 하지 않을 수 없다.

1. 하나는 예를 들어 흐름 생산 대신 라인 생산의 적용, 또는 낱개 생산 대신 배치 생산의 적용, 순서 결정에 대한 제약의 준수와 같이, 선택 가능한 두 개의 설계지침 가운데 '상대적으로 약한 대안'을 적용하는 것이다.
2. 다른 하나는 흐름 생산에 있어서의 낮은 안전 재고, FIFO 라인에서의 추월, 상위 정보 시스템을 이용한 간반 통제 주기에 대한 계획 수립의 감독과 같은 '정밀하지 않은' 설계지침의 구현이다.

경험에 따르면, 모든 규칙과 규정을 엄밀하게 준수하는 데 요구되는 노력이 종종 즉각적으로 귀결되는 효과에 비해 불비례적으로 더 커 보이는 관계로, 일상적인 공장 운영에 있어서는 이러한 규칙과 규정을 덜 엄밀하지 적용하도록 만드는 '유혹'이 특히 강하다. 규칙을 위반하는 것은 가끔은 심지어 상당한 장점이 있을 수도 있으나, 이것은 항상 그런 것이 아니라 해당 생산 공정 및 제품에 관련된 특정하고도 구체적인 상황에 한해서 그렇다. 따라서, 생산 시스템 설계에서 발생하는 것과 같은 작업 함량의 커다란 변동은 소규모의 공장이 조립 라인(엄밀하게 말하면 일정하게 흐르는 생산을 목표로 하는 이상적인 절차와는 일치하지 않는 조립 시스템)에 사용되는 부품 수가 더 많고 상대적으로 규모가 큰 공장을 앞서 나가게 만들 수도 있는데, 그나마 이것도 항상 단순하고 원가 효과적인 방식으로 달성할 수 있는 것은 아니다.

가치 흐름 지향 공장 계획 수립. 가치 흐름 설계 접근 방법은 **린 공장을 향한** 안전하고도 전망 밝은 길을 제시한다. 위에서 논의한 여덟 가지의 설계지침을 이용하면 한 공장의 생산 절차를 설계하기는 데는 완벽하게 충분하다. 하지만, **가치 흐름 지향** 공장을 위한 계획을 수립하기 위해서는 다음과 같은 두 가지의 추가적인 측면이 보완되어야 한다.

1. 설계지침에 따라 고안한 공장 생산 절차의 물리적인 실현에는 각각의 생산 공정에 할당된 자원의 적합한 공간적 배치가 필요하다. 린 공장을 위한 가능한 **가치 흐름 지향 배치 계획 수립**에 관해서는 다음(섹션 4.1)에서 배치 계획 수립을 위한 두 가지 추가적인 설계지침을 소개하면서 보다 상세하게 접근하기로 한다.
2. 가치 흐름 분석이나 가치 흐름 설계 모두에 있어서, 살펴보게 될 분야는 공장의 입구에서 출구까지의 모든 것을 아우르며, 따라서 입지 횡단적인 상관을 지니는 생산 네트워크 차원을 제외한, 자원, 세그먼트, 건물, 그리고 전체 공장의 계획 수립의 차원을 체계적으로 다룬다. 다양한 장소에 대한 생산 과업의 할당이란 측면에서의 **생산 분업**에 대한 결정과 **공급자 네트워크**에 관련된 물류적인 상호 관계의 설계는 추가적인 구체적인 분석의 대상이며, 이 책에서는 더 이상 설명하지 않는다. 생산 네트워크 속의 린 공장을 위해 필요한 계획 수립 과업을 다루기 위해서는 적절하게 확장된 일단의 설계지침이 필요할 것이다.

나머지 생산 설계 과업은 제품 설계와 필요한 다양한 생산 기술이 된다. 설계지침에서 명시적으로 그리고 묵시적으로 특정한 요건을 정의하고 설계에 관한 기초적인 조언을 제시하기는 하지만, 그것으로는 기술적인 설계에는 부족할 수 있다. 따라서, 실제의 혁신의 결과로 추진되는 **기술 개발**의 활용뿐만 아니라 공장 최적화를 달성하기 위한 **생산에 적합한 제품 설계**는 공장 계획 수립 프로세스의 일부라고 생각하기보다는 독립적인 임무의 범위에 속한다고 봐야 할 것이다. 가치 흐름 지향적 공장 계획 수립이 기술 개발에 대해 부과하는 요건을 따르자면, 예를 들어 배치 공정보다는 흐름 공정을 일반적으로 더 선호하게 될 것이다. 그런 다음 적용해야 할 관련한 기술적인 원칙이라든가 고안해야 할 해당하는 기술적인 설계는 각각의 기술적인 전문 분야의 결정에 달린 것이다.

가치 흐름 지향 공장 운영. 개념적인 설계나 후속적인 공장 내에서의 실현 모두가 곧바로 완벽에 도달하는 일은 거의 없기 때문에, 생산은 공장 운영 과정에서 지속적으로 개선되어야 한다. 이것은 운영적으로 소규모로 즉, 개별 작업장에서 현장 직원들이 계획을 수립하고 실행하거나, 또는 개념적으로 상대적으로 큰 규모로 즉, **지속적인 공장 계획 수립**을 하는 방법을 통해 수행할 수 있다. 또한, 가용한 생산 기술, 제품, 그리고 시장과 관련한 목표 우선순위의 변경 등은 끊임 없이 공장 재설계 속에 통합하여 반영해야 한다. 따라서, 린 공장의 기본 개념은 모든 공정의 지속적인 개선에 기초하고 있는 것이다.

따라서 구현된 **가치 흐름 지향형 공장 운영**에 대한 조직 차원의 책임은 가치 흐름 관리자에게 있다. 여덟 개의 가치 흐름 설계지침의 일상적인 실현은 가치 흐름 관리의 여섯 개의 핵심 업무를 통해 이루어진다(섹션 3.6.2). 명시적으로 외부에서 주도되는 변화 외에, 직접적인 중기 또는 장기적인 조정 요건을 회사 별로 고유하게 정의되어 있는 성과 수치를 통해 식별할 수 있다. 이것들은 가치 흐름 관리자가 린 공장을 위한 **융통성 관리 및 변경 가능성 계획 수립**의 측면에서 완료해야 할 계획 수립 업무가 무엇인지를 보여준다. 가치 흐름 관리가 완료된 상태에서, 공장 운영 속의 생산 공정 전체에 대해 기술하였다.

하지만, 공장 운영은 가치 흐름 관리뿐만 아니라 특히 생산 공정 내의 다양한 업무 단계를 조직하는 방법에 의해서도 결정된다. 한 회사의 구조적으로 정해진 업무 조직은 또한 **생산 시스템**이라고도 부른다. 이것은 융통성 있는 머시닝 센터와 같은 기술적인 시스템이 아니라 도요타 생산 시스템에 기초하여 생산 관리자로부터 미숙련 작업자까지 모든 직원들에게 방향을 제시하는 업무 조직 관련 프레임워크를 의미한다. 생산 시스템에는 명확한 책임, 린 생산 절차 및 이것을 지원하는 생산 관리를 갖춘 생산 조직에 필요한 모든 원칙과 방법이 포함된다. 일종의 조치 체계라는 의미의 생산 시스템의 주요 구성 요소에 대해 다음에서 약술한다(섹션 4.2). 그런 다음 생산 시스템의 구성을 위한 설계지침을 개발하면, 가치 흐름 설계 접근 방법과 유사한 회사 고유의 명확한 생산 시스템 구성 요소의 구현을 위한 방법론적 접근 방법이 가능하게 될 것이다.

4.1 가치 흐름 지향 공장 계획 수립

일단 생산 절차가 정의되고 그렇게 해서 생산 논리가 결정되고 나면, 이미 능력이 정의된 여러 가지 자원의 할당과 위치 지정으로부터 시작하여 물리적인 실현을 위한 계획을 수립한다. 이것은 대개 공장 구조와 생산 절차보다는 **공장 배치** 및 **공장 건물**에 주로 관련이 되는 전통적인 공장 계획 수립 분야에 해당한다. 가치 흐름 설계에서는 후자의 두 가지 측면 즉, 제품군 형성을 통한 구조화와 여덟 가지 설계지침을 활용한 생산 절차의 최적화를 다룬다. 여기서 소개하는 접근 방법은 이들 두 가지 과업을 효율적으로 수행할 뿐만 아니라 완벽하게 시각화하며, 그럼으로써 가치 흐름 설계를 전통적인 공장 계획 수립과 통합할 수 있다는 것이 탁월하게 입증되었다. 이것은 매우 다양한 계획 수립 과업에 반영되어 있어서, 공장 계획 수립을 담당해 왔던 전문가들조차도 때로는 자신들이 가치 흐름 설계 이전의 시절에 어떻게 공장을 계획했을까 하고 놀라곤 한다.

하지만, 가장 넓은 단어의 의미에서 공간 설계에 관계된 업무들은 대체로 가치 흐름 방법에 의해 영향을 받지 않는 업무 영역들이다. **가치 흐름 지향 공장 계획 수립**은 가치 흐름 설계의 근본적인 원칙을 공장의 배치와 건물 설계 측면에 적용하는 것을 목표로 한다. 일반적인 공장 계획 수립의 접근 방법에 관해 다음에서 논의하고자 한다. 전통적인 공장 계획 수립 영역에서 알고 있는 기본적인 계획 수립 원칙 역시 가치 흐름 지향 공장 계획 수립에 응용하여 적용할 수 있다. 또한, 가치 흐름 지향 계획 수립에 본질적인 구체적인 특징을 세 개의 단계 즉, 공간의 보다 양호한 통합을 위한 공간 계획 수립, 자재 흐름 지향의 배치 계획 수립을 위한 접근 방법의 하나로서의 이상적인 계획 수립, 그리고 셋째로 린 공장의 평가 기준에 기초한 서로 다른 실제의 배치 대안에 대한 편익 분석으로서의 실제의 계획 수립 등에 걸쳐 설명하게 될 것이다. 하지만, 건축적이며 건물에 관련된 측면과 공간 관련 계획 수립에 관해서는 상당히 긴 독립적인 설명을 필요로 할 것이므로, 여기서는 이 접근 방법에 관해 간략히 약술하고자 한다.

계획 수립 접근 방법

2011년도에, 독일기술자협회(Verband deutscher Ingenieure, VDI)는 최초로 공장 계획 수립이라는 주제에 관한 상세한 지침인 이른바 'VDI 지침 5200 제I부: 공장 계획 수립 – 계획 수립의 절차'를 제시한 바 있다. 건축가 및 기술자에 대한 독일의 수수료 구조(Honorarordung der Architekten, HOAI)와 유사하게, 해당 지침은 제품 관련 공장 계획 수립을 위한 일반적인 계획 수립 절차를 관련 계획 수립 용역을 설명하는 방법론적인 계획 수립 절차를 위한 기초로서 서로 다른 여러 단계로 나누어 제시하고 있다. HOAI 15조에 따른 아홉 개의 서로 다른 작업 단계로의 할당 또한 건물 설계와의 연관을 반영하고 있으며, 따라서 생산 지향과 건축적인 공장 계획 수립 사이의 시간적 및 내용적인 조정의 개선을 반영하고 있다.

VDI 지침은 처음에는 약간 복잡해 보이는 **공장 계획 수립**이란 **개념**을 이용해서, 관찰해야 할 모든 측면을 누가(Who?) 어떤 방식으로(in What manner?), 왜(Why?), 언제(When?), 무엇을 가지고(What with?), 무엇을(What?), 어떤 이유로(For which reason?), 무슨 목적으로(To what purpose?), 어디에서(where?) **계획을 수립하는가**? 라는 10개의 W가 포함된 질문[14)]으로 변환하여 종합적으로 지적하고 있다. 이러한 맥락 속에서, 단지 실제의 계획 수립 프로세스뿐만 아니라 공장의 기동을 포함하는 관련된 실현까지 반영하기 위해서 확장된 계획 수립 개념을 적용하였다. 결국, 공장 계획 수립이란 일련의 단계로 구성되어 있으며, 그 각각의 단계는 선행 단계에 의존하며, 특정한 방법 및 도구를 사용하고, 목표의 설정에서 생산 개시까지 이어지는, 공장 계획 수립을 위한 체계적이고, 목적 지향적인 프로세스인 것이다. 공장 계획 수립은 또한 생산이 실제로 진행되고 있는 동안의 수정이라는 후속 단계를 포함할 수도 있다. 공장 계획 프로세스를 개시하는 데는 여러 가지의 이유가 존재할 수 있으며, 거기에는 또한 수 많은 서로 다른 계획 수립 시나리오가 포함될 수 있다. 모든 과업은 여러 팀이 수행하는 프로젝트의 형태로 처리하며, 프로젝트 관리 방법을 통해 통제한다(VDI 지침 5200).

해당 지침에서 개발한 **계획 수립 단계 모형**은 7개의 주된 기능 단계에 더해서 전체 계획 수립 단계의 품질평가를 포함하는 프로젝트 관리 단계와 프로젝트 마감 단계로 나뉜다(그림 4.1). 각 단계는 이른바 프로젝트 초석이라고 하는 각각의 계획 수립 단계

14) 실제는 9개의 질문임: 역자 주

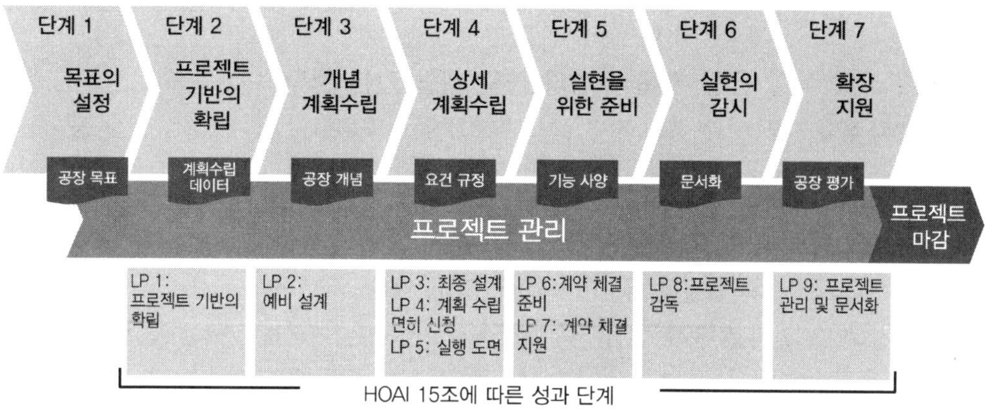

그림 4.1 VDI 5200에 따른 공장 계획 수립 과정의 단계 모형

의 결과를 요약하며 계획 수립 팀과 발주자가 공동으로 승인을 하는 개별 문서 작성이 마무리되면서 종료된다.

실제의 **계획 수립 절차**는 다음과 같이 수행한다. 공장 계획 수립 과정은 내부적인 변화(기술 개발, 제품 변경) 또는 외부 요건(시장 상황, 법적 요건)에 의해 시작된다. 이것들은 가중치가 부여된 평가 기준을 갖춘 유형의 공장의 목표뿐만 아니라 적절한 프로젝트 목표 및 적합한 프로젝트 계획으로 변환되어야 한다(단계 1). 공장 계획 수립에 필요한 입력 매개변수는 결정되어야 할 계획 수립 기준이다(단계 2). 이에 기초하여 구조화, 능력 정의, 이상적 계획 수립 및 실제 계획 수립 등의 네 개의 주요 단계를 통해 실행 가능한 공장 개념을 개발한다(단계 3). 후속 상세 계획 수립에는 실행 계획 수립, 성과 요건의 규정, 그리고 면허 신청이 포함된다(단계 4). 계획 수립의 결과는 제공할 계획 수립 용역의 평가(단계 7)와 문서화(단계 6)를 포함하여, 목표 성과 수준에서 일관되게 생산을 수행하는 공장이다.

이 책에서 지금까지는 계획 수립 절차의 몇 가지 측면에 대해 다루어 왔다. 특히, 공간 관련 계획 수립 과업은 다음에서 접근하게 될 것이며, 이 섹션의 마지막에서는 가치 흐름 지향 공장 계획 수립의 7단계에 대한 종합적인 개요를 제공할 수 있을 것이다. 공장 계획 수립에 대한 방법론적으로 올바른 접근 방법은 위의 7개 단계에 기초하고 있을 뿐만 아니라, 가치 흐름 지향 접근 방법에 맞춰 수정한 다음과 같은 6개의 **계획 수립의 기본 원칙**에도 적합하다.

가치 흐름 지향 공장 계획 수립의 계획 수립 기본 원칙

1. **가치 창출 지향.** 모든 계획 수립 절차의 핵심에는 그것에 직접 참여하는 생산 공정, 자재 흐름 및 주문 처리와 관련된 업무 프로세스를 갖춘 가치 흐름이 존재한다. 이들 절차가 개념적으로 고안되고 관련 자원 및 그것들의 공간적인 요건이 최종적으로 설계되었을 때 비로소 공급 및 처분, 유지보수, 훈련 워크숍, 기술 센터와 같은 지원하는 부수적인 기능에 대한 계획을 수립한다.
2. **이상적인 계획 수립 원칙.** 여덟 가지 설계지침의 적용은 이상적인 생산 공정의 최초의 창출을 목표로 한다. 이와 유사하게, 최초의 자원 배치 계획 수립은 항상 제약이 없는 이상적인 배치 즉, 기존의 건물 재고와 무관하게, 이른바 '옥외에서' 시작한다. 그리고 나서 두 번째 단계는 이른바 실제 계획 수립으로서, 여기서는 주로 공간적인 배치와 제한된 재무적인 한계에 따르는 제약을 고려한다.
3. **이형의 개발.** 제약으로 인해서, 실제 계획 수립은 항상 원하는 이상적인 해결 대안에 비해서는 절충의 대상이 되기 마련이다. 일반적으로, 서로 다른 장점을 지닌 다양한 대안이 가능하기 마련이다. 성공 가능한 해결 대안의 공간을 탐색하기 위한 다양한 서로 다른 가능한 버전을 구상해 보고 비교 평가를 통해 최적의 해결 대안을 선택한다.
4. **시나리오 계획 수립.** 개발된 공장 개념의 지속 가능성을 보장하기 위해서, 예를 들어 해당 개념의 민감도를 검증하기 위해 발생 가능한 최선 또는 최악의 시나리오를 상정하는 등의 다양한 가능한 미래 시나리오에 대한 예방조치를 취할 필요가 있다. 특히, 여기에는 공장의 작은 노력을 통한 업그레이드 가능성의 보장을 포함하는 동시에 실현 가능성의 불확실한 전망에 대해 임시적인 계획 수립이 가능하도록 해야 한다.
5. **피라미드 원칙.** 가치 흐름 관점은 처음에는 생산 공정의 상세 계획 수립의 각각의 목표, 그 각각에 할당된 자원 및 관련 자재 흐름을 개발하려는 목적으로, 상세 및 구체적인 부분을 무시하고 전반적인 생산 공정에 집중한다. 모범적인 상세 계획 수립을 통하여, 해당 목표의 달성 가능성을 검증할 수 있으며, 전체 공장의 검증된 투영의 기반을 조성할 수 있다.
6. **반복의 원칙.** 여덟 개의 설계지침의 적용 또는 프로젝트의 진척 과정에서, 이전의 정의가 불완전하거나 또는 부적합하다는 것이 드러나거나 또는 새로운 통찰을 얻게 될 수 있으며, 이로 인해서 이전에 완료된 계획 수립 단계로 되돌아 가는 일이 필요할 수 있는데, 이것은 지속적인 계획 수립의 개선을 보장하는 반복 과정이다.

공간 계획 수립

공간 분석. 가치 흐름 분석에서는 현재 상태의 공간의 활용을 구체적으로 따르지 않으며, 그 대신 공간 분석은 프로젝트의 기반을 확립하려는 목적으로, 가치 흐름 지향 공장 계획 수립과 관련하여 수행한다. 공간 분석을 활용하여 공간 범주에 따르는 부분 공간을 결정하기 위하여, 공장 배치도 상의 개별 구역을 각각의 활용 특징에 따라 세분한다. 일반적으로, 다음과 같은 일곱 가지의 공간 범주로 구분한다.

1. 생산에 관련된 공급 구역을 포함하는 제조, 조립 및 품질 관리분야의 공정을 위한 **생산 공간**.
2. 원자재, 구매 부품, 반제품, 완제품, 공구, 운영 및 보조 자재, 그리고 관련 시설을 위한 완충 및 **저장 공간**.
3. 자재 및 인원의 흐름을 위한 **순환 공간**.
4. 생산 관리, NC 프로그래밍, 배송 처리, 직원 정보 및 기타 정보 흐름 관련 기능을 위한 생산 관련 사무실 공간이 갖추어진 **기능 구역**.
5. 생산과는 간접적으로 관련이 있으나 어떤 특정 가치 흐름에는 직접 할당되지 않는, 훈련 워크숍, 기술 센터, 또는 공구 제작실과 같은 **특수 목적 구역**.
6. **사회적 및 위생 구역**.
7. 평가에는 포함되지 않으나 나중의 배치 계획 수립을 위하여 예비해 두는 **여유 공간**.

부분 공간 및 공간 유형은 파이 도표를 이용하여 그림의 형태로 시각화할 수 있다. 생산 공간과 여타 세 가지의 가치 흐름과 관련된 공간 범주 즉, 저장, 순환 및 기능 공간은 가치 흐름의 **공간 활용도**를 나타낸다. 흐름도와 활용도(섹션 2.4 참조)에 더해서, 이것은 세 번째의 가치 흐름 개선 잠재력을 구성하며, 공간 통합의 가능한 방법을 보여준다. 각각의 통합 잠재력을 보다 정확하게 평가하기 위해서, 공간 활용 수준을 각각의 - 통상 공종 고유의 - 공간 비율과 비교할 수 있다

공장 내의 기계 배치를 가치 흐름 분석에서 정의한 **자재 흐름 연계**와 중첩시켜 보면 제품군의 대표 제품의 주된 부품과 관련된 자재 흐름의 모범적인 모습을 그려낼 수

있다. 구현된 공장 구조 속의 재고 장소로의 이동과 제거 흐름을 포함하는 일반적인 자재 운반의 움직임은 기존의 배치에 대한 잠재적으로 개선 가능한 잠재적인 변경 내용을 시각적으로 보여주며, 또한 그 다음으로 측정된 거리를 원가의 관점에서 평가할 수 있다.

또 하나의 공장 계획 수립 과업은 건물 구조 및 공장 구조의 분석과 평가이다. 건물 구조와 관련된 분석은 가능한 위생 처리의 필요성의 관점에서 바라본 **건물 재고**에 대한 평가를 포함하지만, 또한 다양한 자원의 사용 가능성과 관련해서 가용 공간을 평가하는 **공간 품질**에 대한 기술도 포함한다. 여기서는 바닥 부하, 하부구조, 매체 공급, 법정 건설 제한, 구조 그리드 패턴 및 기타의 구조적 제약을 감안한다.
공장 횡단적 구조 계획 수립에 있어서, 공장 구조와 관련된 분석은 공장의 일부에만 영향을 미치는 가치 흐름 재설계에 있어서의 분석보다 더 중요하다. 전자는 한 공장 내의 모든 가치 흐름 사이의 상호 관계에 보다 더 집중한다. 각각의 분석 과업으로는 각각의 구역과 그 **발전** 전망, 운송 상의 연결, **부지 활용** 또는 확장 가능성에 관한 법정 및 기타 제약 등에 대한 공간적인 평가가 포함된다.

공간 요건. 가치 흐름 설계에 있어서, 가치 흐름의 능력 정의는 가능한 한 조기에 수행한다. 작업자 균형 도표를 능력 모형으로 활용하여 자원 소요 즉, 필요한 자원의 수를 모든 생산 공정에 대해 결정한다. 그 다음으로 다양한 생산 공정에 대한 해당 자원 할당을 기초로, 공장 계획 수립 과정에서 자원 별로 공간 소요를 결정하며, 그 합계는 합계 생산 공간에 합산한다. 자원 공간은 각각의 기계의 기본 면적만을 명시하지 않고, 작업자 및 공급 면적을 포함하는 모든 관련 시설에 필요한 공간을 명시한다. 그리고 나서 **공간 소요의 결정**에서는 각각의 FIFO 결합 및 간반 연결을 위해 필요한 완충 및 저장 공간의 능력 정의로 계속되며, 이러한 것들은 각각의 린 자재 흐름의 운영 방식에 일치하도록 선정해야 한다. 세 번째로, 고려해야 할 각각의 물류 연계 및 관련 하부구조의 요건에 따라 결정된 운송 및 전달 수단을 고려해야 한다. 그러나 실제로 필요한 순환 공간은 최종 배치 계획과의 관련 하에 결정해야 할 것이다.

린 공장을 위한 기본 공간 계획 수립에서는 생산 현장의 **생산 공정과 물류 흐름 사이의 엄격한 공간 및 인원의 분리**를 준수한다. 생산을 담당하는 직원은 생산 공정을 활용하여 관련 부품 및 제품의 가치 창출적인 변경에 기여하는 활동에 대해 전적인 책임을 진다. 다른 한 편으로, 물류 직원은 생산을 담당하는 직원이 자재가 떨어지는 일이나 완성된 부품을 제거 하는 일을 처리하는 일 없이 자신의 부가가치 과업에 집중할 수 있도록 보장할 전적인 책임을 진다. 따라서, 각각의 작업 구역은 공간적으로 엄격하게 구분되어야 한다. 이에 관련한 설계지침은 다음과 같다.

설계지침 9 **생산 공정과 자재 흐름의 분리**

생산 공정 내의 부가 가치 작업은 공간과 인원의 양 측면에서 지원하는 물류 작업과 분리해야 한다.

공정과 물류 활동의 융합은 일반적으로 외견상 필요해 보이는 낭비로 귀결되는 관계로 일상 운영에 있어서 눈에 띄지 않은 채로 간과하게 된다. 생산과 물류라는 매우 다른 분야에 관련된 과업의 명확한 분리는 각각의 작업 공정의 독립적인 설계 및 최적화를 보장하며 각각의 요건의 준수를 촉진하고, 따라서 효율 최적화에 유용하다(그림 4.2). 따라서, 직접 및 간접 작업을 동시에 수행하는 작업자는 상대적으로 보다 빈번하게 '지적으로' 교체를 수행해야만 한다. 또한, 각각의 작업장은 자재 처리를 위한 인체공학과 자재 공급을 위한 인체공학 사이의 절충을 하거나, 또는 복잡하고 시간이 걸리는 변경을 수행해야만 한다. 한 편, 과업을 분리하면 활동의 변경에 소요되는 시간이 배제된다. 또한 물류 직원은 작업자가 직접 자재를 자체 공급하는 경우와는 대조적으로 자신의 경로를 이동하면서 복수의 작업자에게 자재를 공급한다. 공장에서는, 이러한 분리의 원칙은 일반적으로 인터페이스의 역할을 수행하는 플로우랙을 활용하여 구현한다. 또

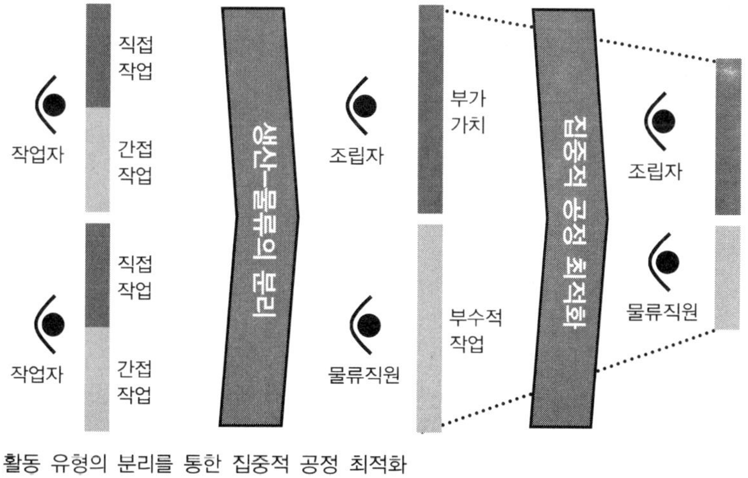

그림 4.2 활동 유형의 분리를 통한 집중적 공정 최적화

한, 뚜렷하게 표시된 준비 구역을 활용하여 명확하게 정의된 공급 및 제거 구획을 조성하며, 이 둘 모두에 대해서는 다음에서 보다 상세하게 설명한다.

흐름 생산에 있어서는, 플로우랙은 가치 창출 생산 공정과 자재 공급을 위한 준비 물류 사이의 인터페이스를 구성한다(그림 4.3). 공급 부품을 포함하고 있는 완충은 생산 공정과 자재 흐름의 서로 다른 시간 리듬을 **분리**하며, 그럼으로써 작업자가 자신의 업무를 각각의 일에 내재하는 구체적인 논리에 따라 효율적으로 수행할 수 있도록 한다.

물류 담당자는 모든 필요한 자재를 보다 쉽게 접근할 수 있도록 약간 기울어진 선반에 놓인 꺼내기 편리한 용기에 담아 조립자에게 공급한다. 조립 공정과 용기 위치는 모든 부품을 사용 위치에서 저장할 수 있도록, 그리고 이상적으로는 작업자가 두 손을 서로 교차시키는 일 없이 동시에 두 손을 사용할 수 있도록 정렬하여야 한다. 이와 마찬 가지로, 모든 탑재 장치는 모든 공구를 각각의 사용 위치에서 공급할 수 있도록 배치해야 한다. 모든 용기는 내용물 및 수량에 관한 명확한 식별 표지가 부착되어 있어야 한다. 조립자는 빈 용기를 반송 난간 위에 놓음으로써 물류 담당자에게 다음 번에 식별 표지에 따라 채워진 교체 용기를 공급하도록 신호를 한다. 물류 담당자는 정해진 일정에 정의된 경로를 따라 이동하면서 복수의 조립 장소에 자재를 공급한다. 용기의 접근이 불가능한 대형 제품의 이형을 조립하는 경우에는, 물류 담당자는 롤러 벨트를 이용하여 자재를 공급함으로써 조립 순서를 통제한다.

흐름 생산의 매우 유용한 부수 효과는 긴 거리에 따르는 낭비를 배제하기 위한 흐름 생산 내의 작업자를 위한 거리의 최소화라는 목표로 인해 자동적으로 귀결되는 높은 수준의 **공간 효율**이다. 따라서, 가치를 창출하는 작업대는 최소한의 작업 구역을 형성하면서 서로 간에 가능한 가깝게 위치하도록 배치해야 한다. 일반적으로 배치 형성

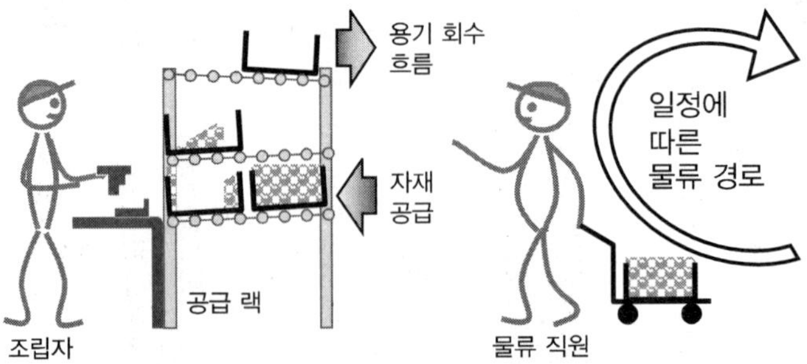

그림 4.3 가치 창출 활동과 물류 사이의 인터페이스로서의 플로우랙

을 예방하기 위하여 작업대 사이의 재고 형성을 회피해야 하기 때문에, 완충을 위한 공간은 전혀 없다. 경험에 따르면, 최초의 흐름 생산 배치를 설계할 때 생산 절차를 한 사람의 순회 작업자가 혼자 수행하는 것을 가정하는 것이 방법론 상으로 매우 유용하다는 것이 입증된 바 있다. 이것은 일관된 흐름의 원칙을 준수할 수 있도록 하면서 동시에 경로를 방해하는 장애물이 없도록 보장한다.

위의 흐름 생산의 예와 유사하게, 동일한 원칙을 작업자가 필요한 부품을 찾기 위해, 그리고 어쩌면 팔레트 트럭을 찾아 생산 현장을 돌아다니거나, 또는 크레인이 가용하게 될 때까지 기다리는 일을 회피해야 하는 단일 설비 생산에도 적용할 수 있다. 만일 다음 번의 주문에 필요한 자재가 쉽게 제공되고 완료된 부품을 다른 작업자가 인출하여 다음 작업대로 가져간다면, 생산은 훨씬 더 효율화될 것이다. 흐름 생산에 있어서의 명확하게 표지가 된 선반과 마찬 가지로, 명확하게 표지가 된 공급/제거 구역은 **자재 흐름의 시각화**를 도움으로써, 모든 생산 공정에 대해 자재 입고 및 불출을 위한 별도의 구역을 제공한다. 이것은 찾는 노력을 배제하고 재공품을 쉽게 인식할 수 있게 해준다. 각각의 예약 공간을 정의된 FIFO 라인 완충 크기 또는 간반 수량에 각각 일치시킨다. 또한, 위에서 설명한 물류 원칙은 예를 들어 필요할 때 보관할 수 없는 공구를 장비 차량에서 제공하거나 또는 금속 절단물을 제거하는 일에도 적용할 수 있다.

위에서 명확하게 알 수 있는 바와 같이, 생산 공정과 물류 흐름의 엄격한 분리의 원칙은 생산 공간을 보다 효율화한다. 또한, 가치 흐름 설계에서 추구하는 뚜렷한 생산 리드 타임의 삼축은 생산 현상의 재고의 결정적인 삼축으로도 이어지며, 따라서 필요한 공간을 크게 줄인다. 이제 필요 없어진 저장 시설은 해체해서 중국의 경쟁 회사에 팔 수도 있을 것이다. 린 공장의 공간 소요의 결정은 목표 공간 통합으로 특징지어진다. 저장 및 운송에 따르는 낭비의 배제는 공간 생산성을 크게 증대시킨다. 따라서, 가치 흐름 방법은 또한 장소의 통합 또는 확장과 같은 상위의 계획 수립 업무에도 매우 유용하다.

배치 계획 수립

이상적인 배치. 일단 공간 소요가 결정되고 나면, 공장 배치 내의 모든 자원의 공간적인 배열을 개발할 수 있다. 전통적인 공장 계획 수립의 설계 규칙에 따르면, 교차하지 않는 자재 흐름을 창출해야 하는데, 이는 자재 **흐름에 적합한 배치**를 설계해야 한다는 것을 의미한다. 이 과업의 일부분은 가치 흐름의 묘사를 통해 이미 완료되었다. 즉, 생산 공정의 순서가 결정되고 각각의 자원이 명확하게 할당되었다. 가치 흐름에서 설명한 자재 흐름에 따른 단순한 자원의 배열은 **흐름 지향형의 이상적인 배치**로 귀결된다. 따라서, 이에 해당하는 설계지침은 다음과 같다.

> **설계지침 10** **흐름 지향형의 이상적인 배치**
>
> 공장의 생산 설비는 가능한 한 가치 흐름의 연속되는 순서에 따라 배치하고 가능한 한 인접하여 배치해야 한다.

위의 설계지침은 이미 공장 계획 수립으로부터 알려져 있는 기본 구역의 배열을 위한 삼각형 방법을 대체하는 것이지만, 적용되는 일은 드물며, 이에는 합당한 이유가 있다. 가치 흐름 묘사를 바로 배치로 변환해 보면 **선형 구조**로 연결될 것이나(그림 4.4 사례 A), 이것이 반드시 항상 최적의 선택 대안인 것은 아니다. 따라서, 구상 설계에서는 서로 다른 다양한 가능한 기본 자재 흐름의 구조를 반영할 것을 권장한다. 가치 흐름이 분기하는 경우에는, 평행 구조를 권장한다(그림 4.4 사례 B). 복수의 지점에 많은 양의 구매 부품이 존재하는 선형 구조는 생산 선과 평행하게 배치된 물류 구역을 운영하는 데 적합하다(그림 4.4 사례 C). 복수의 지점에서 부분적인 가치 흐름이 수렴하는 경우에는, 등뼈 구조가 통상적으로 가장 적합한 선택 대안이다.

선형 구조의 다양한 이형 즉, U자형, 링 구조, 모서리 구조, 또는 고리 구조 각각은 주로 입고 지점과 선적 단이 상호 간에 서로 다른 위치를 점하는 형태로 구성된다(그림 4.4, 사례 E에서 H까지). 이것은 자재 흐름의 방향에 영향을 미치지 않으면서, 위상적 또는 발전 관련 요건에 따라 건물 내의 가치 흐름을 설계할 수 있도록 해준다. 또한, 상호 간의 관계 면에서 변경된 생산 공정의 배치는 라인 생산에는 존재하지 않는 변경된 **인접 관계**로 귀결된다. 이것은 특정 공정들이 기술적 또는 조직적인 사유로 인해 상호 인접하게 위치하거나 서로 멀리 떨어져 위치할 필요가 있는 경우에 특히 의미가 있다. 특정한 생산 공정의 경우에는 소음, 먼지, 열, 진동 또는 기타의 방출로 인해서 상호 방해가 될 수 있으며, 일부 치명적인 매체는 생산 현장의 모서리에 위치한 공정에만 공급해야 하는 경우가 있고, 특정한 기술의 경우 특수한 직원 자격 요건을 필요로 하기 때문에 군집을 구성하여 배치하는 것이 나을 경우가 있다.

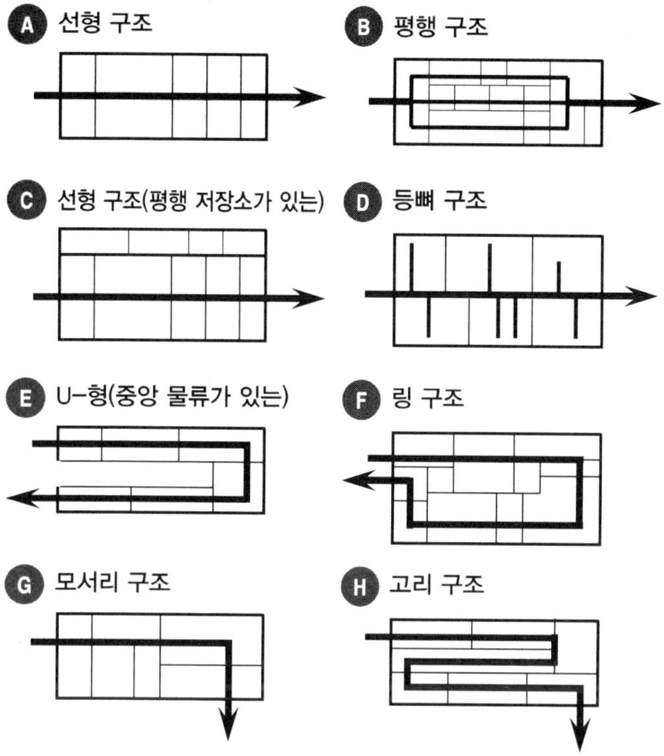

그림 4.4 가치 흐름지향 공장 배치의 여덟 가지 기본적인 자재 흐름 구조

다양한 자원의 공간 요건은 크게 다를 수 있기 때문에, 그림 4.4에 예시되어 있는 기본적인 구조는 실제 달성 가능한 자재 흐름에 비해 매우 단순화한 방식으로 묘사되어 있다. 또한, 주로 각각의 자원의 기본 면적으로 인해 귀결되는 특정한 공간의 기하학적 구조는 대체로 이상적으로 실현 가능한 자재 흐름 구조에 영향을 미친다. 따라서, 이상적인 배치는 항상 필요한 자원의 공간 기하 구조와 그것들의 건물과 관련된 하부구조(매체 공급, 공조 시설, 방음, 청정 룸, 특수 제어)에 대한 구체적인 요건으로 특징지어진다. 어떠한 건물 고유의 요건도 결정되지 않고, 어떠한 면적 관련 제약도 감안하지 않은 한은, 통상적으로 단 하나의 이상적인 공장 배치 해결 대안이 구체화될 것이다.

하지만 일반적으로, 오로지 하나의 기본적인 구역이 있는 각 생산 공정의 단순한 모형의 초안만으로는 충분하지 못하다. 가치 흐름 설계를 통해 개발된 자재 흐름을 정확하게 나타내기 위해서는 **공간에 충실한 기계 배치 도면**이 필요하다. 동일한 생산 공정에 할당된 복수의 동일한 기계와 그것들의 해당하는 공급 구역을 배열하고 자재의 흐

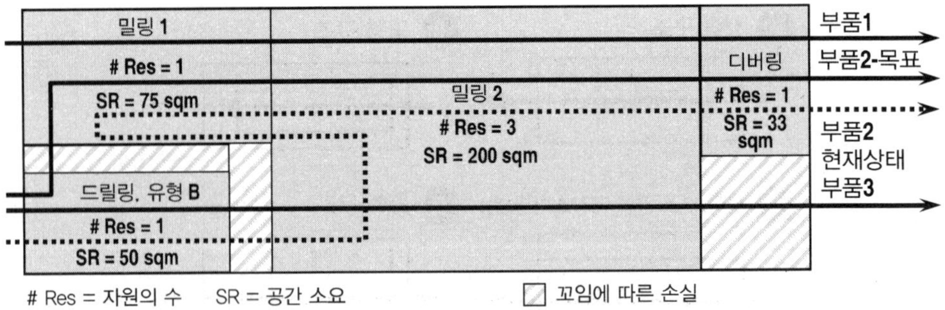

그림 4.5 제조의 척도화된 기계 배치

름 방향과 일치시켜야 한다. 이것은 생산 공정 내의 모든 자원을 세심하게 관찰함으로써 달성할 수 있다. 하지만 서로 꼬임으로 인해 발생하는 손실은 흐름 지향의 단일 설비 배치에 대해 다소 정 반대되는 기준을 구성한다(그림 4.5).

또 하나의 중요한 측면은 각각 하나의 제품군, 또는 부품군 내의 자재 흐름의 묘사이다. 제품군은 (꼭 같지는 않으나) 유사한 생산 절차의 순서로 특징지어지는 관계로, 자재 흐름은 항상 약간 달라질 것이며, 특히 부품 생산에서 더욱 그렇다. 예시되어 있는 사례에서, 부품 1, 2-목표 상태와 3은 서로 다른 생산 순서로 동일한 설비에서 처리하지만(그림 4.5), 그럼에도 자재의 흐름은 정렬이 되어 있다. 하지만, 가치 흐름 관점은 역방향 흐름(이 경우에는 또한 중복되는 밀링2도 마찬 가지)을 방지하기 위하여, 어쩌면 밀링의 좀쇠 조정을 통해서 부품 2-현재 상태를 부품 2-목표 상태로 공정 순서를 전환할 것을 요구한다.

실제의 배치. 그리드 제원, 균일한 형상을 한 구조물(지그재그 형상 기준이 아닌), 구조적인 조건, 서로 다른 매체의 가용성, 조명, 공조 등과 같은 건물 관련 제약을 **실제 배치 계획 수립**에 반영한다. 이상적인 린 생산에 있어서는 가치 흐름 지향 자원의 배치를 불가능하게 만드는 건물 관련 제약의 형성은 엄격히 금지하여야 한다. 하지만, 일상적인 관행은 항상 언제나 존재하며, 불가피한 건물 관련 제약을 준수하는 절충을 하지 않을 수 없다. 최적의 가능한 해결 대안을 체계적으로 결정하기 위한 방법론적인 도구 즉, 후속적인 **편익 분석**을 통한 **계획 수립 이형**의 개발은 다음과 같다.

제약은 이상적인 해결 대안으로부터 다양한 편차를 가능하게 하므로, 이상적인 배치로부터 실제의 배치로의 변환으로 인해, 수량뿐만 아니라 품질의 양 측면 모두에 관해 여러 가지 서로 다른 이형이 귀결되게 마련이다. 가장 먼저, 순수하게 금전적으로 관찰해 보는 경우, 다양한 이형은 생산 현장의 현대화 또는 재개발, 부속 건물의 확장, 완전한 신규 건설, 그리고 기계 및 기타 설비의 이전과 관련한 다양한 투자 비용을 수반하게 될 것이다. 각각의 이형마다의 비용은 적절한 **비용 표**를 사용하여 체계적으로 결정하여 합계를 낼 수 있다. 다양한 이형에 대한 투자 노력을 현실적으로 평가하기 위하여, 완전한 신규 건설을 수반하는 이상적인 해결 대안과, 어쩌면 변경 비용이 전혀 들지 않는 원가 척도에서 가장 아래에 속하는 최소 이형에 대한 계산을 항상 포함해야 한다. 하지만, 계획 수립 업무와는 무관하게, 예를 들어 불가피한 재개발, 경제적으로 수리가 불가능한 기계에 대한 대체 투자, 또는 법령의 규정에 따라 필요한 투자 등과 같이, 어떠한 구조적인 수정의 필요도 없이, 독립적인 투자 요건이 발생할 수도 있다. 그러한 필요한 최소 투자를 감안한다면, 일부의 전환 비용은 그다지 심각해 보이지 않을 수 있다.

하지만, 최소의 투자를 필요로 하는 이형이 반드시 가장 경제적인 것만은 아닐 수 있다. 따라서, 모든 이형의 실현 후에 뒤따를 것으로 기대되는 **운영 비용** 역시 고려해야 한다. 여기에서는 단순한 한계 비용 분석 즉, 금전적인 차이만을 비교해 보기로 한다. 투자와 운영 비용 두 가지 측면 모두에서 상대적으로 많은 비용을 수반하는 이형의 경우에는 무시할 수 있다. 일반적으로, 많은 투자를 수반하는 이형의 경우에는 상대적으로 저렴한 운영 비용을 수반하게 마련이므로, 회수 기간을 계산하여 비교할 수 있다. 그러나, 최상의 가능한 이형은 단순히 금전적인 기준만을 가지고는 선택할 수가 없다. 그 대신, 비용 효과와는 별도로, 다른 세 개의 목표 차원 즉, 변경 가능성, 품질 및 속도(섹션 1.2.2 참조)를 감안해야 한다. 이형의 효과적인 평가를 위해서, 각각의 목표에 적합한 **정성적인 평가 기준**을 결정한 후 **1대 1** 비교를 통해 가늠해 보아야만 한다. 어쩌면 단순히 평가 기준의 다양성으로 인해서 어떤 특정 목표 차원을 무시하거나 과다 평가하는 일을 회피하기 위해서는, 가능하면 모든 목표 차원에 대해 동일한 수의 기준을 정해야 한다. 다음과 같은 네 개의 측면을 준수하는 것이 평가 기준의 결정에 도움이 될 수 있다. 그것은 제품(자재), 기술(설비), 시간(방법), 그리고 직원(인간)이다. 배치의 평가에 다음과 같은 모범적인 기준을 적용할 수 있다.

- **변경 가능성.** 역동성의 구현: 필수적인 수정인 경우에는, 공장 배치는 적합한 공간, 기술, 그리고 작업 조직 관련 조건 등으로 인해서 가능한 한 최소의 노력을 통해 수정할 수 있어야 한다.
  - 제품 포트폴리오의 수정인 경우의 변경 가능성

- 매력적인 작업 조건
- 미래의 성장을 위한 확장 가능성
- 융통성 있는 팀 작업에 적합한 공간 조건

• **품질.** 신뢰성의 보장: 공장 배치는 적절한 공간 구조를 통해 안정적인 생산 공정을 종합적으로 지원해야 한다.
  - 지원 및 생산 공정의 물리적인 근접성
  - 각각의 요건에 따른 명확하게 구조화된 건물 활용
  - 단계적인 구현에 적합한 목표 배치
  - 기술적인 역량의 군집화

• **속도.** 투명성 보장: 명확하게 구조화된 자재 흐름을 활용하여, 공장 배치는 투명한 생산 절차를 가능하게 하고 그것을 촉진해야 한다.
  - 짧고 직접적인 운송, 다른 공장 구역에 대한 적절한 연결
  - 자재 흐름 지향적인 배치
  - 공장 계획 수립 프로젝트의 짧은 구현 기간
  - 경제 친화적이고 다중 설비 운영을 지원하는 공간

발주자는 가능한 경우에는 계획 수립 팀의 구성원들과의 협력 하에 위의 기준을 감안한 평가 점수를 이용하여, 수립된 계획을 평가한다. 그런 다음 할당된 점수를 기준의 중요성 즉, 예를 들어 1대1 비교에서 결정한 순위의 순서에 따라 부여한 가중치로 곱한다. 의미 있는 결과를 얻기 위해서, 네 개의 가중 계수는 기하급수(1−2−4−8) 형태로 선정해야 한다. 계획 수립 결과의 보다 효과적인 정성적인 비교 가능성을 위해서, 두 개의 경계선 사례 즉, 단계적으로 폐지해야 할 현재 상태와 새로운 건설을 통해 실현해야 할 이상적인 상태를 평가에 포함시켜야 한다.

선호 이형의 최종적인 선정을 위해서는, 편익 분석의 정성적 및 정량적 평가 모두를 감안해야 한다. 기술적인 평가를 위하여, 다양한 이형에 대한 평가 점수를 각각의 원가 값 위에 표시한다(그림 4.6). 일반적으로, 일부 이형(여기서는 이형 2)은 다른 것(여기서는 이형 3)에 비해 나아 보이게 마련이다. 그림의 예시는 선호 이형과 이상 사이의 차이를 명확하게 보여주고 있다. 투자 비용과 평가 점수를 이용한 이와 같은 요약 예시를 통하여, 공장 계획 수립의 개념적인 단계가 완료되었다.

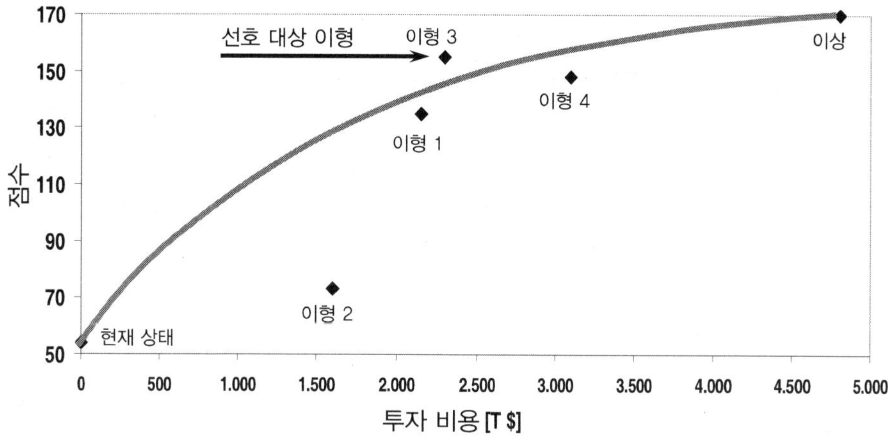

그림 4.6 편익 분석을 통한 이형의 모범적인 비교

가치 흐름 지향 공장 계획 수립

이 체계적인 계획 수립 절차는 서로의 내용을 상호 활용하는 일곱 가지 **계획 수립 단계**와 그 사이의 **주요 단계**를 기초로 하여 개략적으로 구조화되어 있다(VDI 5200). 이 책에서 지금까지 설명하고 발전시켜 온 가치 흐름 지향 공장 계획 수립에 대한 접근 방법의 구성 요소를 기초로, 다음과 같은 사항들이 린 공장 기획의 계획 수립 단계에 적용된다.

1. **목적의 설정.** 기획 과정에 걸쳐 설계지침의 틀 내에서 서로 다르게 규정되고 서로 다른 형상을 갖춘 상세 내용을 가능하게 하고 또한 요구하는 수 많은 의사결정을 해야 한다. 다양한 대안에 대한 비교 평가를 기초로 하여 올바른 의사결정을 내리기 위해서, 공장의 여러 가지 목표와 그것들 각각의 다양성, 품질, 속도 및 비용 효과성으로 구성되는 **목표의 논리적 사각형** 내의 상호의존성을 반드시 명확하게 정의해야 한다.
2. **프로젝트 기반의 확립. 가치 흐름 분석**은 공장의 전체적인 현재 상태를 효율적으로 (그러나 개략적으로) 묘사한다. 가치 흐름의 시각에서 임무 수행에 필수불가결하다고 식별된 부분을 적합한 상세 분석을 통해 보완할 수 있다. 하지만, 공장 계획 수립을 완료하기 위해서는 한 가지 추가적인 **공간 분석**과 건물 재고 분석이 필요하다. 그 결과는 흐름도, 활용도, 그리고 공간 활용도라는 세 가지 서로 다른 가치 흐름 분석 분야의 개선 잠재력을 식별한다.
3. **개념 계획 수립.** 공장은 **제품군 도출**에 따라 세그먼트화 함으로써 독립적으로 설계된 복수의 가치 흐름으로 구조화된다. 자원의 능력 정의는 **고객 탁트 타임**과의 정렬과 전체 가치 흐름에 대한 능력 윤곽의 개발을 통해 이루어진다. 이상적인

계획 수립은 여덟 가지의 가치 흐름 설계지침 및 열 번째 설계지침에 따른 가치 흐름 지향형의 **이상적 배치 계획 수립**을 활용한 미래 생산 절차의 **가치 흐름 설계**를 통해 수행한다. 가치 흐름 지향 공장 계획 수립 접근 방법의 엄격한 적용은 융통성 있고, 다층적이며, 신속하고 군더더기 없는 생산 절차를 갖춘 공장의 목표와 어울리는 대안에 대한 **편익 분석**으로 마무리된다. 이것은 선호 이형의 형태로 된 배치 초안 및 예비 건물 설계를 갖춘 미래 상태 가치 흐름으로 귀결된다.

4. **상세 계획 수립.** 개념적인 미래 상태 가치 흐름과 관련 배치 초안이 완료되면, 카이젠 플래시에서 정의한 개선 조치에 대한 상세 계획 수립이 개시되며, 이것은 또한 완전한 신규 건설을 정의할 수도 있다. 대개, 이것은 가치 흐름과 일치하는 흐름 생산의 구상이 되게 마련이다. 이러한, 그리고 모든 기타의 상세 계획 수립 절차에서, **가치 창출** 및 **지원 활동** 사이의 구분에 관한 아홉 번째 설계지침에 특히 주의를 기울일 필요가 있다.
5. **예비 구현 단계.** 가치 흐름 지향 접근 방법은 일반적으로 **가치 흐름 구획**의 구조화된 순서를 단계적으로 실현한다는 특징을 지닌다. 일반적으로, 이와 같은 구획은 고객 연결에서부터 상류 방향으로 공급자 연결까지 구현되는 분리된 통제 주기로 구성된다. 동시에, 외부에서 조달하는 자원 및 기타 용역을 연결한다.
6. **구현 감독.** 만일 그런 사람이 존재한다면, 담당 **가치 흐름 관리자**는 가치 흐름의 재규정, 재균형화, 그리고 재구성을 위한 프로젝트의 개시 및 감독을 책임진다.
7. **향상 지원.** 핵심적인 요소는 가치 흐름 **감시**를 통한 가치 흐름 성과의 지속적인 평가이다. 여기서 적용하는 성과 비율은 가치 흐름의 역동성, 생산성, 그리고 고객 지향성의 평가를 위해 세 개의 집단으로 구분한다. 각각의 성과 수치의 정의에 따라, 공장의 목표는 상호 간에 서로 다른 방법으로 가중한다. 역동성은 통상적으로 속도와 원가 효과성을 평가하며, 생산성은 통상적으로 원가 효과성과 품질을, 그리고 고객 지향성은 다양성 및 속도를 정의한다.

4.2 생산 시스템

주로 오노 타이이치가 개발한 도요타 생산 시스템(TPS)의 성공 덕택에, **생산 시스템**을 통한 생산의 체계적인 조직화가 널리 사용되게 되었다. 오늘날, 거의 모든 자동차 제조업체는 각사 나름의 생산 시스템(몇 가지 예만 들어 보더라도 메르세데스-MPS, 아우디-APS, 발레오-VPS와 같이)을 사용하고 있다. 수 많은 종합적인 브로셔 및 수정된 생산 절차가 개발되어 있다. 포르셰(Porsche), 트럼프(Trupf), 페스트툴(Festtool), SEW 유로드라이브(Eurodrive) 등과 같은 매우 성공적인 제조업체들은 이제 컨설팅 서비스를 제공하며 스스로의 긍정적인 경험을 다른 산업에 속한 기업들에게 이전하고 있다. 솔루션 접근 방법과 방법은 유사하면서도, 경험은 기업마다 크게 다르다. 그 이유는 무엇인가?

사원 모형. 주창자의 관점에서 보면 놀랍지 않게도, 모든 기존의 생산 방법의 주된 기준이 되는 도요타 생산 시스템은 종종 **절**로 그려지고, '린의 집(House of Lean)'이라고 불린다. 이것의 세 가지 기초는 안정되고 표준화된 공정, 평준화된 생산, 그리고 시각적 관리로, 그리고 그 세 개의 기둥은 저스트인타임(JIT), 지도카(자율자동화) 및 지속적인 개선으로 구성된다(Liker 2004). 여기서 선택한 그림은 생산 시스템의 요소들에 대한 보다 응집적이고 체계화된 배열을 반영하여, 전통적인 표현에 비해 약간 수정된 것이다(그림 4.7). 이 시스템 내의 각 요소의 다양한 기능에 대해 다음에서 간략히 설명한다.

- 생산 시스템의 **기초**는 모든 생산 공정 및 생산 절차의 절대적인 신뢰성으로 구성되며, 이는 작업 공정의 표준화를 통해 보장된다.
- 낭비의 회피는 다음과 같은 두 개의 **기둥**으로 표현되는 방법을 통해 실현한다.

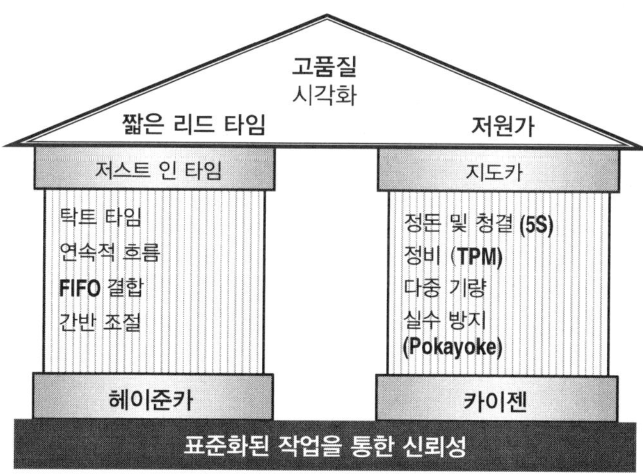

그림 4.7 도요타 생산 시스템(수정된 그림)

왼쪽의 물류 영역의 기둥은 생산 절차 내의 낭비를 회피하기 위한 방법들로 구성되며, 평탄하고 균형된 생산(헤이준카) 및 과다 생산이 없는 적기 생산(저스트 인 타임)을 가능하게 한다. 이것은 가치 흐름 설계지침에서 정의하는 생산 절차 설계 방법과 일치한다.

오른쪽의 기술적인 기둥은 주로 작업대에 있는 작업자와의 협력 하의 지속적인 개선(카이젠)뿐만 아니라 자율자동화(지도카)와 같은 생산 공정 내의 낭비를 회피하기 위한 방법들로 구성된다. 특히, 후자는 작업자를 생산 중인 기계를 살펴야 하는 일로부터 자유롭게 하며 복수 기계의 취급을 가능하게 해주는 자동적인 기능적 감시를 제공한다. 기타의 공정 관련 방법으로는 정돈 및 청결과 같은 기준에 따른 생산 현장 설계, 융통성 있는 작업자 배치를 위한 다중 기량을 갖춘 작업자, 그리고 설비 및 통제 요소의 실패 방지 설계를 통한 오류 방지(포카요케)가 포함된다.

- **지붕**은 생산의 세 가지의 잘 알려진 필수적인 목표 즉, 최상의 품질, 짧은 리드 타임, 그리고 최소 원가로 구성된다. 생산의 핵심 수치를 묘사하는 도형을 이용한 도표로 표현된 일정 계획이 된 생산 절차 및 결과의 시각화는 목표 달성에 대한 투명성을 더해준다.

위에 언급한, 그리고 기타의 기업 고유의 생산 시스템은 일반적으로 상대적으로 높은 수준의 상세도로 특징지어진다. 추가적인 방법 및 일반 원칙에 대해 상세하게 설명되고 다양하게 정리되어 있다. 비록 기둥의 수, 그것들의 배열, 생산 원칙 또는 방법으로서의 명칭, 준수하는 도구 및 방법의 수, 기초, 기둥 또는 지붕에 대한 할당은 상당히 다르지만, 지붕과 기초를 갖춘 기둥이 있는 모형은 가장 널리 쓰이는 그림이다. 이것은 다소 임의적이라고 보일 수도 있으며, 확실히 그렇게 보는 것도 타당하다. 즉, 모든 생산 시스템이 기반을 두어야 하는 필요한 설득력 있는 구조가 누락되어 있다.

운영 모형. 적합한 해결 대안에 대한 한 가지 접근 방법은 생산 시스템을 여러 가지 방법의 임의적인 모음으로서가 아니라 '공장'이라는 이름의 **조치 체계**에 대한 설명으로 받아 들이는 방법일 수 있다. 따라서, 적합한 운영 모형은 정밀하게 구성한 생산 시스템을 개발하는 역할을 수행한다. 기술적인 조치(technical actions)는 통상 다섯 개의 조치 단계로 구분할 수 있다. 그것은 최초 상황의 작성, 조치의 개시, 유발된 사건, 유발된 조치로 인해 유발된 결과, 그리고 각각의 조치에 대한 사후 처리 등이다(Erlach 2000). 예를 들어 작업자는 (1) 하나의 가용하며 쉽게 공구를 장착할 수 있는 기계를 작동시키고 (2) 그것이 (3) 각각의 부품을 (2) 가공하여 (4) 필요한 형상을 만들어 낸다. 마지막으로, (5) 기계를 청소하고 다른 공구를 장착한다.

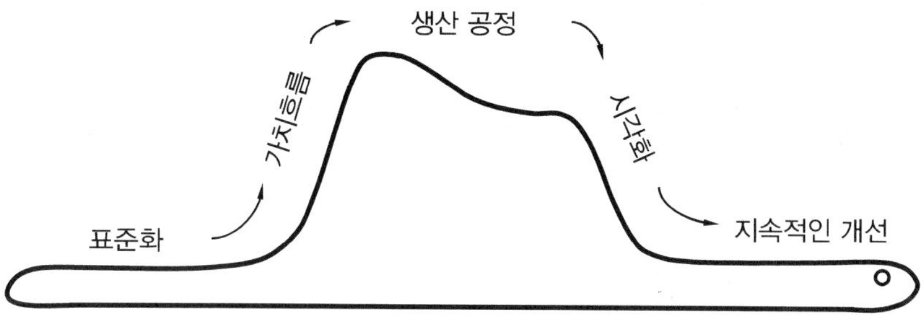

그림 4.8 코끼리를 삼킨 보아 뱀을 모델로 삼은 다섯 개의 조치 영역이 있는 운영 모형(출처: 생텍쥐베리의 작은 왕자 "나의 데생은 코끼리를 삼킨 보아 뱀을 나타낸다." 토마스 T. 발머에게 특별한 헌사를 보내며.)

다섯 개의 조치 단계가 있는 구조와 마찬 가지로, 통상적인 생산 시스템에서 잠정적으로 평행하게 배치된 기둥은 **조치 분야**의 엄밀한 연속으로 대체할 수 있다. 당분간, 우리는 생산 시스템의 체계적인 구성을 위한 각각의 조치 분야가 예비적인 **표준화**, **가치흐름** 내의 정보 및 자재 흐름의 유발, 설계해야 할 견고하고 운영 가능한 **생산 공정**, 성과 수치를 통해 측정한 결과의 **시각화**, 그리고 미래 조치의 일관된 **개선**을 위한 사후 처리 조치라는 다섯 개의 '기둥'에 해당한다고 가정하기로 한다(그림 4.8). 하지만, 조치 단계를 묘사하기 위해서는 기둥 모형은 적합하지 않다고 생각되는데, 그 이유는 그것이 공장의 역동성을 전혀 반영하지 않기 때문이다. 하지만, 단계 모형 기반의 생산 시스템을 구성하는 모듈의 상세한 구상은 다른 어디에선가 종합적인 분석을 할 만한 가치가 있을 것이다.

이러한 새로운 관점은 생산 시스템의 필수적인 특성 가운데 하나가 공장 운영에 관한 조치 지침으로서의 기능이라는 사실을 명확하게 보여준다. 설계지침뿐만 아니라 조치 지침 역시 의무적인 성격을 가지고 있기 때문에, 이러한 지침은 생산 시스템의 성공을 위해 엄격하게 집행해야만 한다. 이것은 또한 독일 산업계에서 발견할 수 있는 다양한 생산 시스템의 서로 다른 성공 정도를 설명하기도 하며, 이를 위해서는 기업 문화의 엄밀한 수정이 필수적인 전제 조건이다. 따라서, 간반 또는 정돈성 및 청결성의 개선과 같은 개별적인 지침 및 접근 방법은 중간 관리자 계층에서 당연히 효과적으로 구현할 수 있다. 하지만, 전반적인 생산 시스템에 걸친 광범위한 구현은 그런 방식으로는 가능할 수 없게 마련이다. 개선 조치가 생산 시스템 내에서 성공적으로 성과를 실현하기 위해서는, 최고경영층 차원의 명확한 공약뿐만 아니라 일관된 인내가 필요 불가결한 조건이 될 것이다.

생산 시스템

생산 시스템은 본질적으로 그리고 논리적으로 생산의 허용 가능한 방법론적인 표준을 따르는 분류 체계로 구성되어 있다. 생산 시스템은 생산하는 **방법**을 정의한다.

생산 시스템은 다음과 같은 기준을 특징으로 한다.

1. 생산 시스템은 **조치 분야**로 구분된다.
2. 생산 시스템은 **설계지침**과 하위의 설계 규칙 및 방법으로 구성되는데, 이를 **표준**이라 정의한다.
3. 생산 시스템은 다양성, 품질, 속도 및 원가 효과성의 **네 개의 목표 차원**에 기초하여 린 공장을 실현하는 역할을 한다.
4. 명확하게 정의된 표준을 통해 추구하는 생산 절차의 지속적인 개선은 적절한 **성과 수치**를 이용하여 측정한다.
5. 하나의 **조치 체계**로서, 생산 시스템은 높은 수준의 **공동 책임**을 지는 직원들이 뒷받침하며, 참여하는 모든 당사자들이 각각의 목표와 방법에 스스로를 헌신할 때만 비로소 성공할 수 있다.

공장 계획 수립은 항상 공장 운영으로 이어진다. 생산의 경쟁력을 유지하기 위한 생산의 지속적인 개선에 대한 압력이 증가하면, 시간과 관련된 계획과 운영 사이의 차이는 감소하게 마련이다. 사람들은 공장 계획 수립 자체가 얼마 지나지 않아 지속적인 과업이 될 것이라는 말을 종종 한다. 이것은 어쩌면 흥미롭고도 기억하기 쉬운 요점이기는 하지만, 우리는 여기에서 소개하는 가치 흐름 설계지침을 활용하여 고안하는 것과 같은 전반적인 생산 절차에 대한 변경은 일상적인 공장 운영 과정에서는 계획될 수 없다는 것을 잊지 말아야 한다. 오로지 한 가지 해결 대안이 있는데, 그것은 바로 한 걸음 물러서서 가치 흐름 분석을 활용하여 생산을 밖에서 이방인이 되어 조망하고, 외견상 필요하지만, 충분하지는 못하다고 생각되는 해결 대안에 대해 제약 없이 의문을 던져보는 일이다. 마지막으로, 일상적인 운영 속에 깊이 뿌리박고 있는 낡은 제약을 제거하기 위한 모든 힘과 노력을 기울임으로써, 우리는 가치 흐름 설계지침을 활용하여 (최초에는 선지자적인) 새로운 해결 대안을 개발해야 한다. 낡은 습관으로 인해 노화하지 않고 그 대신 생존하기 위한 성장의 활력을 회복하기 위해서는, 때로 우리는 과감하게 공장의 작업자들의 '완고하게 고착된' 사고를 넘어서서 생각하고 훨씬 멀리 내다봐야 한다.

CHAPTER 05

사례 연구

Production Optimization

5.1 콤포트주식회사: 연속 흐름을 통한 투명성의 제고

5.2 스프링 LLC – 이형 생산의 롯트 크기 결정

5.3 글래스 PLC – 낱개 생산 속의 짧은 리드 타임

5.4 세코 ULC – 기술을 활용한 흐름 지향

CHAPTER 05

사례 연구

어떤 방법이 실제로 효과가 있는지 그리고 그것이 어떻게 작동하는지에 관해서는 오로지 실무를 통해서만 알 수 있다. 따라서, 가치 흐름 접근 방법과 해당 방법의 다양한 적용 및 운영 모드에 관해서 몇 개의 프로젝트 사례를 이용하여 상세하게 예시하고자 한다. 가치 흐름 설계를 적용 가능한 분야에 관해 보다 광범위한 사례를 예시하기 위하여, 다양한 산업 부문의 다양한 유형의 프로젝트 사례를 선정하였다. 특정한 방법과 적용을 단순히 예시하는 전통적인 교훈과는 대조적으로, 여기에 포함한 사례들은 실제 산업 현장에서 수행했던 프로젝트에 기반을 두고 있다. 이들 사례 프로젝트들은 적용했던 조치의 실제적인 과정을 보다 잘 예시하기 위하여 다소 복잡하고 종합적으로 구성되어 있다. 아래에서 논의하게 될 네 개의 사례들은 보이로(Beurer) (울름 소재), 브란트(안뢰흐테 소재), 독일 생고뱅 유리(아헨) 그리고 드롱코(분지델 소재) 등의 실제 기업의 사례에 근거한 것이다.

비록 실제의 모형에 기반을 두고 있으나, 이들 사례는 특정한 효과, 경험을 다른 프로젝트와 보다 잘 두드러지게 표현하기 위해 약간 단순화하였고, 부분적으로 수정을 가하기도 했다. 가치 흐름 방법을 성공적으로 적용하는 데는 생산에 관련한 구체적인 사항을 명료하게 묘사하는 것이 중요하기 때문에, 잘 못해서 이와 같은 세부적인 부분을 지나치게 '단순화'하지 않으려면 특별한 주의를 기울일 필요가 있다. 다른 한 편으로, 너무 다양한 개별적인 결과를 다룸으로 인해서 정보로서의 가치가 희석되지 않도록 하기 위해서는 지나치게 깊이 있게 다루는 일도 피해야만 한다.

사례 프로젝트들은 세 개의 본질적인 제조 상의 원칙을 다루고 있다. 전기담요 생산을 FIFO 결합을 통해서 나머지 생산 공정과 연결함으로써 낱개 단위 흐름 생산으로 전환하였다(섹션 5.1). 상당히 불투명한 스프링 세트의 배치 생산이 계획 논리에 간반 통제를 도입함으로써 매우 단순화되었으며, 그에 맞춰 생산 속도가 크게 빨라지고 유연화되었다(섹션 5.2). 완전히 고객별로 고유한 제품을 생산하는 안전유리 생산의 계획 수립 과정이 애로를 식별한 후에 크게 개선되었다. 이 외에도, 이전보다 생산의 흐름이 결정적으로 빨라진 새로운 생산 체계에서는, 고객 주문을 감안하여 단순하고, 명확하게 정의된 순서 제약을 준수함으로써 적절한 통제를 달성할 수 있게 되었다(섹션 5.3).

5.1 콤포트주식회사: 연속 흐름을 통한 투명성의 제고

회사

제품. 옥스포드에 본사를 두고 있는 콤포트주식회사는 헝가리에 있는 공장에서 유럽 시장을 대상으로 하는 전기 담요를 생산하고 있다. 겨울이면 이 전기 담요는 노인들이나 남유럽의 난방이 안 되는 가정의 침대를 덥혀준다. 발포선을 안감으로 댄 두 겹의 직물 사이에 전기 가열 코드를 넣어서 전원 플러그를 통해 직접 전력망에 연결한다. 제품 이형은 다양한 모양뿐만 아니라 직물 또는 전기 장비 면에서 여러 가지의 요건을 반영하고 있다.

계절적인 수요 변동이 극심하기 때문에(개략 80퍼센트가 겨울철에 속하는 3개월 동안에 팔린다), 수요의 많은 부분은 성수기에 훨씬 앞서 생산하여 재고로 쌓아 두어야 한다. 이 사례에서 나타나는 독특한 특징은 서로 다른 유형의 수요 행태 또는 고객 그룹의 관점에서 다음과 같은 세 개의 시장으로 시장이 세분화된다는 점이다.

1. 유럽 할인점 고객 집단은 일반적으로 소수의 이형을 대량으로 주문한다. 이들의 전체 연간 수요는 9월 또는 10월의 특정 일자에 인도된다.
2. 콤포트주식회사의 고품질의 자사 브랜드 제품(규격과 전자 회로가 상대적으로 크며, 상대적으로 대용량의 난방 전력을 소모하고, 다양한 직물 품질 및 장식이 있는 디자인으로 되어 있으며, 다양한 발포 두께를 갖추고 있음)은 수 많은 이형의 형태로 생산해서 영국 내의 소매점에서 판매된다. 수요는 연중 모든 계절에 걸쳐 분포하지만, 겨울에 절정을 이룬다.
3. 외부 브랜드 제품은 수 많은 국가 고유의 이형이 있는 상태로 해당하는 국가의 현지 표준(저전압, 안전 규제 등) 및 브랜드 고유의 포장을 하여 다른 유럽 국가 고객의 주문에 맞춰 생산한다.

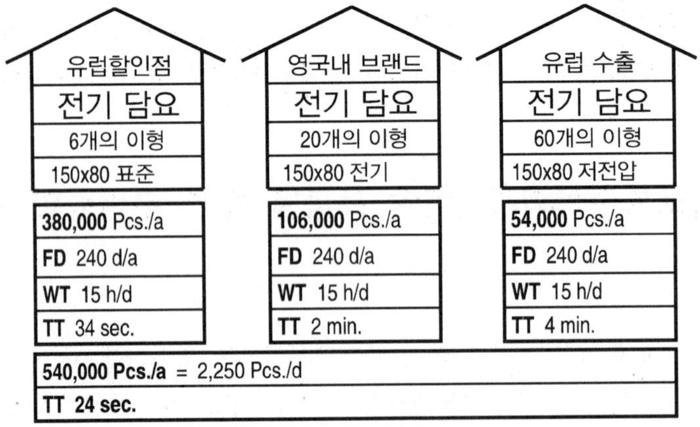

그림 5.1 콤포트주식회사의 고객 수요

관찰 대상인 전기 담요 제품군에는 싱글 베드용과 더블 베드용이 포함되며, 일부 특수한 족온기도 있다. 가치 흐름 분석은 가장 지배적인 제품군인 150 × 80cm의 표준 형식에 집중하여 작업 시간을 결정한다.

고객 수요. 연간 합계 수요 수량 540,000개는 할인점, 자체 브랜드, 그리고 외부 브랜드 사이에 개략 7:2:1의 비율로 나뉜다. 고객 탁트 타임은 각 고객 집단 별로 개별적으로 결정된다. 전체 생산의 고객 탁트 타임은, 모든 역수의 합계를 이용하여 계산한 후 역수를 구하면, 24초에 해당한다(그림 5.1).

순수하게 계절적인 사업인 경우에는, 평균 판매 비율은 일반적으로 실제의 리듬에 관해 거의 말해주는 것이 없다. 하지만, 생산이 연중 내내 이루어지게 될 것이므로, 평균 값에 관련된 고객 탁트 타임을 생산 설계에 활용할 수 있다.

가치 흐름 분석

생산 공정. 생산 현장에 대한 첫 인상은 직물 더미가 높이 쌓인 보관 창고 같은 모습이며, 언뜻 보면 전혀 직원이 없는 것 같아 보인다. 작업대 주변에는 1미터가 채 안 되는 작업 현장용 수레가 있으며, 그 안에 각각 40개씩의 재공품 전기 담요가 반으로 접혀 쌓여 있다. 사용하는 자재에 따라 쌓은 높이는 최대 2미터까지 이르며, 하루 수요량만으로도 거의 60 더미가 된다. 더미 사이에는 개별 좌석이 있는 작업 위치가 재봉틀과 기타 설비와 함께 숨겨져 있다. 작업 현장 한 끝에는 낡은 안감 작업장과 신형 자동 초음파 용접 작업장이 있다. 상류 방향으로 관찰한 공정 주기는 다음과 같다(그림 5.2).

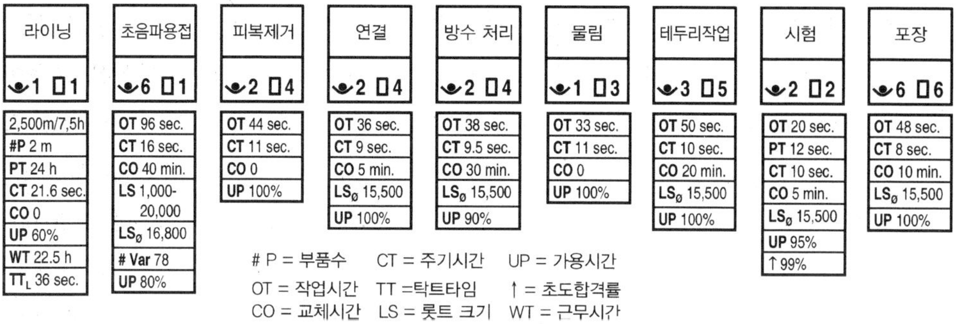

그림 5.2 콤포트주식회사의 생산공정

- **포장.** 여섯 개의 작업대 각각에서 한 사람의 작업자가 판지 상자를 놓고 담요를 접어 들어서 사용자 지침서 소책자와 함께 상자 안에 담요를 넣으며, 그리고 나면 상자는 특수 기기를 이용하여 봉인을 한다. 그 다음, 한 사람의 작업자가 팔레트 상의 (이제는 각각의 판지 상자에 들어 있는) 전기 담요를 올바르게 분류하고, 발송 및 운송을 위하여 준비 구역으로 가져 간다.
- **시험.** 담요는 고전압에 대해 시험을 해야 한다. 담요에 대해 시험을 실시할 두 개의 시험대와 두 개의 시험 장비가 있다. 각각의 시험 장치는 한 사람의 작업자가 작동한다. 하나의 시험 공정은 12초가 걸리며, 담요를 올려 놓고 내려 놓는 데 합계 20초가 걸린다. 개략 1퍼센트의 담요가 고전압 시험에서 불합격한다. 시험 장치는 가용 시간이 95%이며, 교체 시간은 5분이 걸린다.
- **테두리 작업.** 바이어스 테이프(전기 제품의 절연용으로 둘레에 두르는 테이프)와 라벨을 다섯 개의 단독 작업장에서 꿰맨다. 교체 시간은 20분이 걸린다.
- **맞물림.** 세 개의 작업대에서 전원 연결 부분을 각각 33초에 꿰맨다.
- **방수 처리.** 연결 부분에 대해 방수 처리 즉, 수지를 이용해서 38초 동안에 걸쳐 오버 몰딩을 한다. 수지를 짜내고 가열하는 장치는 가용 시간이 90%이며, 교체 시간은 30분이다.
- **연결.** 36초에 걸쳐 가열선을 전원 케이블과 전기적으로 연결한다. 전원 케이블은 다른 구역에서 사전 조립을 하며, 여기에서는 무시한다. 교체 시간은 5분이다.
- **피복 제거.** 열선의 한 쪽 끝을 바깥으로 끄집어 내어 외부 전원으로 연결하기 위해 피복을 벗긴다. 이 작업에는 44초가 걸린다.

- **초음파 용접.** 이 신형의 매우 자동화된 작업장은 담요의 상부 및 하부 층을 상호 용접한다. 동시에, 열선을 두 층 사이에 고리 모양으로 깐다. 탁트 타임은 16초이다. 합계 여섯 명의 작업자가 자재 교체와 용접된 담요를 쌓는 작업을 하므로, 작업 시간은 탁트 타임의 여섯 배 즉, 96초이다. 합계 78개의 이형(이것은 부분적인 이중 사용으로 인해서 최종적으로는 86개의 완제품으로 귀결된다)을 1,000에서 20,000개의 롯트 크기로 생산하며, 평균 롯트 크기는 16,800개이다. 피복 제거 공정 이후로는 계속해서 86 개의 완제품에 대한 평균 주문 롯트 크기는 15,500개이다.
- **라이닝.** 낡고 가용 시간이 60퍼센트로 상당히 신뢰성이 없는 이 작업장은 한 교대조 당 직물에 2,500m 즉, 미터당 10.8초의 속도로 발포 자재를 덧댄다. 여기에는 원자재 롤을 교체하는 데 드는 작업이 이미 포함되어 있다. 하나의 담요를 제작하는 데 각각 길이 1m인 두 개의 라이닝이 된 패널(스크랩 포함)이 필요하며, 최종 제품 당 21.6초의 주기 시간이 소요된다. 이 작업장은 3 교대조로 운영된다. 따라서, 공정 고유의 고객 탁트 타임은 나머지 가치 흐름에 대한 고객 탁트 타임 즉, 36초의 1.5배가 된다. 라이닝이 끝난 직물 롤은 하루 동안 밖에서 건조해야 한다.

작업 시간, 교체 시간, 가용 시간 및 초도 합격률을 모든 생산 공정에 대하여 기록하고 가치 흐름 지도 안에 기입한다(그림 5.2). 수작업 생산 공정에 대해서는 3−5개의 동일한 대체 작업 장소가 있다. 현재 상태 지도를 작성할 때는 이들 작업장 모두에 인원이 배치되어 있지는 않았기 때문에, 일부의 경우에는 낮은 쪽의 직원 수를 기재하였다. 계산된 주기 시간은 최대 능력을 의미한다. 즉, 작업자의 수가 아닌 작업대의 수를 이용하여 계산한다. 해당하는 수요에 따라, 작업자는 다양한 작업 장소에 융통성 있게 할당을 할 수 있어서, 다양한 생산 공정에 참여하는 직원의 수는 하루 중에도 변경할 수 있다.

자재 흐름. 500개의 완제품이 계수되었으나, 그것들이 이미 완제품 창고의 책임으로 전달된 상태여서 생산 리드 타임 계산에는 포함하지 않았다. 처리 단계에 있거나 수레에 담겨 있는 합계 11,640개의 서로 다른 생산 단계에 있는 전기 담요가 계수되었다. 일일 2,250개의 고객 수요 하에서, 이것은 작업 현장에 있는 재고에 대해 5.4일의 수요 대응 기간에 해당하였다. 또한, 라이닝을 마친 원재료 재고는 10,800m가 있었다. 비록 24시간의 건조 시간을 처리 시간으로 재고에서 차감해야 하지만, 개당 2m의 수요에서, 이것은 생산 현장에 2.4일의 고객 수요 대응 기간에 해당하는 재고가 있다는 의미이다.

또한, 추가로 117,000m의 롤에 감긴 발포 자재가 추가로 기록되었는데, 이는 26일의 수요 대응 기간과 같다. 사업의 계절적인 성격으로 인해서, 완제품 창고는 생산에 관련된 창고와는 다른 기준이 적용되어야 했기 때문에, 여기서는 이들 재고는 무시하였다.

외부 물류. 가치 흐름이 관찰한 구역은 적재 또는 보관을 위한 팔렛이 제공되는 지점에서 끝난다. 옥스포드 중앙 창고 근처 또는 중심의 모든 콤포트주식회사의 제품을 보관하고 있는 유통 물류 완충 재고와의 물류는 관찰에서 무시한다.

라이닝에 사용할 발포 자재의 인도는 가치 흐름 지도 상에 공급 물류의 한 예로서 묘사한다. 발포는 세 가지 두께와 두 가지 폭으로 입고되는데, 결국 다섯 가지의 이형으로 입고되는 것이 되며, 연간 계약에 근거하여 입고 지시에 따라 스코틀랜드에 있는 메가폼주식회사에서 공급한다. 직물은 대부분 외국에 소재하고 있는 수 많은 다양한 공급업체로부터 대규모 최소 물량으로 구매한다. 전기 부품은 영국 본사에서 공급한다.

업무 프로세스. 헝가리 공장에 있는 물류 부서가 중앙 창고와 영업에서 직접 제공하는 판매 예측 및 대형 고객 주문에 기초하여 생산 계획을 수행한다. 프로플랜(ProPlan) 소프트웨어를 이용하여 납기를 포함하는 계산된 롯트 크기에 대한 생산 주문이 달력상의 주간 단위로 작성되며, 이것이 초음파 용접 공정을 통제하는 역할을 한다. 이와 같은 롯트 크기에 관련된 주문 외에, 용접 작업장에는 40개의 담요에 대한 생산 데이터 시트와 작업 시간표가 제공된다. 이 두 가지 생산 문서 모두에는 작업 현장 수레가 따라가는데, 여기에는 각각의 관련된 담요가 쌓여 있어서, 하류 공정의 작업자들은 모든 생산 문서와 함께 관련 자재를 받게 된다. 생산 주문은 각 롯트의 마지막 수레에 놓여 있으며, 따라서 포장 작업대에서 작업 준비를 하도록 한다.

초음파 용접 하류의 수작업 공정의 일일 능력 계획은 엑셀로 일정계획을 수립한 생산 주문에 기초하고 있는데, 이것은 표 형태의 주문 및 능력 개요로 만들어지며, 이에 따라 현재의 작업자 및 작업대의 가용 상태를 감안하여 각각의 작업자를 다양한 작업대에 할당한다. 라이닝은 각각의 직물 롤과 함께 전달되는 작업 시간표를 통해 주문별 자재 소요에 따라 관리하며, 관련된 생산 주문은 소프트웨어에서 작성되지 않는다.

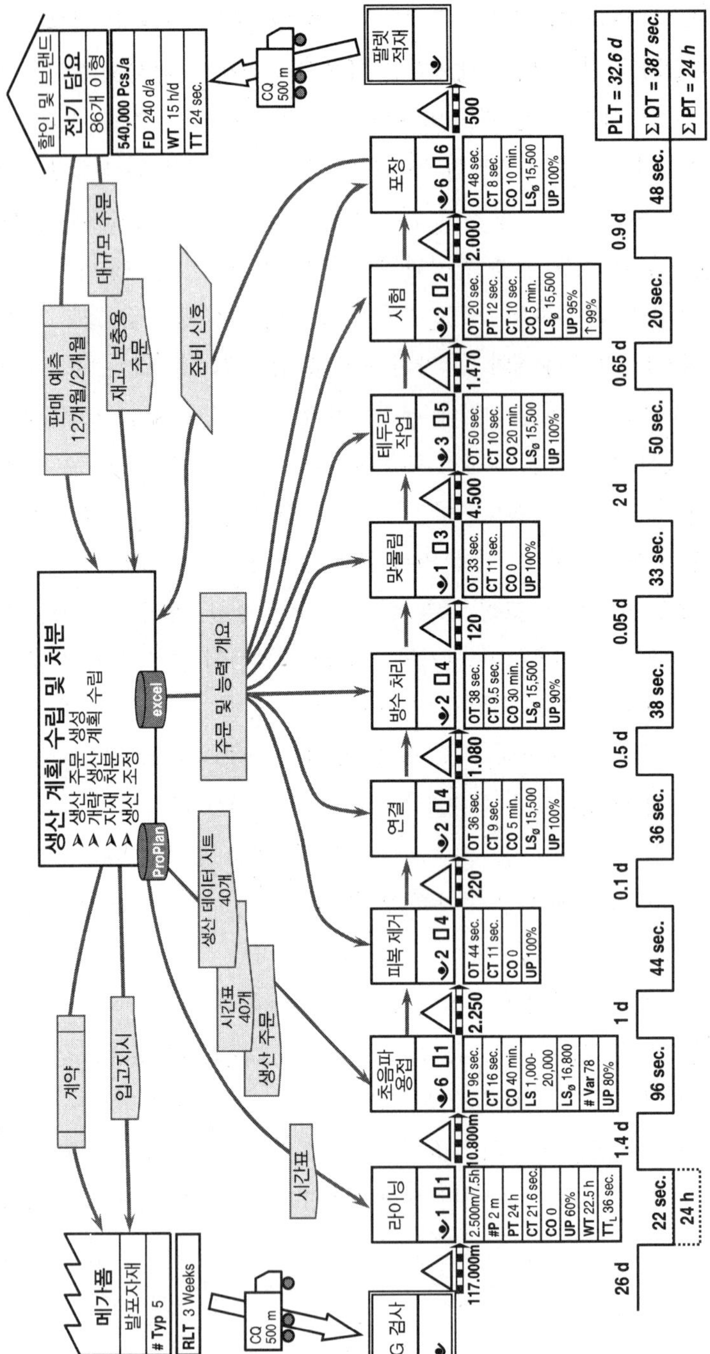

그림 5.3 콤포트주식회사의 가치 흐름 분석 결과

개선 잠재력

리드 타임. 시간선에 보이는 바와 같이, 수요 대응 기간 26일에 해당하는 원자재 재고가 리드 타임의 가장 많은 비중인 80%를 차지하고 있다(그림 5.3). 수요 대응 기간이 6.6일인 재공품은 6.5분의 합계 작업 시간에 대조가 되며, 따라서 1분의 생산 시간을 위해 1일의 리드 타임이 필요한데, 이 값은 모든 생산 공정에 대해 독립적으로 능력 계획을 하는 이러한 유형의 생산 관리에 있어서는 흔한 수치이다. 9개의 생산 공정의 경우, 생산 현장에 있는 재고의 리드 타임은 공정 단계당 0.75일에 달한다. 이들 각 공정을 라인 생산으로 통합이 하였을 경우, 해당 작업 전체에 대한 리드 타임부분은 배제될 것이다. 7개의 수작업 생산 공정에 대해, 리드 타임 단축의 잠재력은 인용한 시간 부분의 6배 즉, 4.5일이다.

라인균형화. 명료성의 목적상, 작업자 균형 도표는 오로지 가용 시간의 제약에 따른 생산 공정의 조주기 시간만을 보여준다(그림 5.4). 모든 상류 공정으로 전달되는 불합격은 주기 시간의 1퍼센트에 해당하며, 이것은 각각의 공정에 따라서 0.08에서 0.11초의 증분밖에 점하지 않으므로 도표에서는 무시한다. 교체 효과도 마찬 가지로 무시할 만하다. 16,800개의 롯트 크기에서, 용접에서 발생하는 40분의 교체 시간은 등식 2.20에 따라 0.9퍼센트의 시간 손실로 귀결되는데, 이는 심지어는 불량 손실보다 작다. 다른 모든 교체 시간은 더욱 짧다.

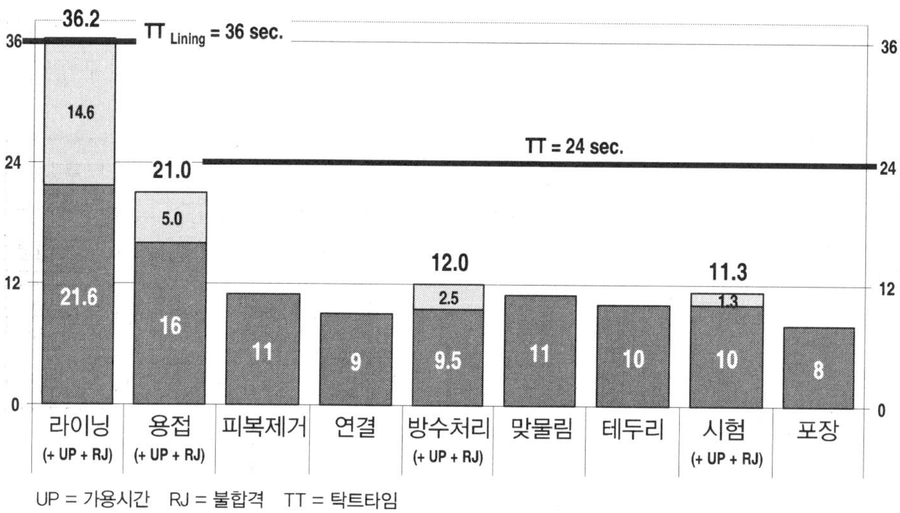

그림 5.4 콤포트주식회사의 작업지 균형 도표

하지만, 눈길을 끄는 것으로는 수동 공정의 주기 시간이 고객 탁트 타임의 반에도 못 미친다는 사실인데, 이것은 평균 고객 수요를 충족시키기 위해서는 이와 같은 저 원가의 작업 장소가 두 배가 넘게 존재한다는 것을 보여준다. 또한, 이와 같은 작업 장소를 최대 능력까지 활용하기 위한 라이닝 및 용접을 거친 원자재를 충분히 전처리 할 수도 없다. 등식 2.21에 따르면, 새로 취득한 작업장의 초음파 용접은 가용 시간을 5초만큼 늘리는데, 이것은 12.5퍼센트의 능력 여유로 귀결된다. 라이닝 공정은 가용 시간이 부족하여 3교대조로 가동할 필요가 있다. 그렇게 해도 고객 탁트 타임을 충족시키지 못하지만, 단지 조금밖에 모자라지 않으므로, 가끔씩 휴식 시간에 가동을 하거나 토요일 추가 교대조를 이용하여 작업을 하면 수요를 충족시키는 데는 충분하다.

가치 흐름 설계

목표. 생산의 재설계는 주로 작업 현장의 투명성의 증대와 작업 현장 재고의 상당한 절감을 목표로 한다. 매우 계절성이 있는 사업에 필요한 상당한 완제품 재고를 감안할 때, 이것은 유동성에는 중대한 영향을 미치지는 않겠지만, 생산 공간을 절감하고 추가적인 잠재적인 공정 최적화로 주의를 돌리게 될 것이다.

생산 공정. 테두리 작업, 맞물림, 방수 처리, 연결 및 피복 제거 등의 다섯 가지의 생산 공정은 흐름 생산으로 통합 수 있을 것이다(그림 5.5, 설계지침 2). 이렇게 하는 것으로 네 개의 중간 보관 장소 및 그에 따르는 개별 작업 장소 사이의 많은 재고를 제거할 수 있을 것이다. 담요는 더 이상 공정 단계 사이에 쌓이지 않고 직접 다음 작업자에게 전달될 것이다. 이렇게 하면 공정 흐름을 개선하고 또한 보다 양호한 인체 공학적인

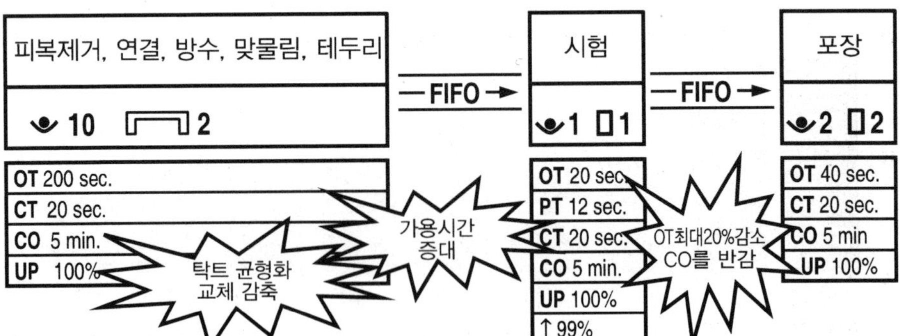

그림 5.5 콤포트주식회사의 공정 재설계

그림 5.6 '재고 쌓기' 생산에서 흐름 생산으로

설계로도 귀결된다. 첫 단계로서, 기존의 자원들을 단순히 라인으로 재배치하고 일반적인 탁자로 연결한다. 작업자들이 느낀 첫 인상은 쌓아 올리고 다시 내리는 작업을 배제한 결과 결정적으로 작업 노력이 줄었다는 것이었다(그림 5.6).

작업 장소를 라인 생산으로 성공적으로 재설계하기 위해 충족해야 하는 요건은 방수 처리 공정의 가용 시간을 100퍼센트로 증대하는 일과 교체 시간을 5분으로 단축하는 일로 구성된다. 흐름 라인에 요구되는 각각의 요건은 카이젠 플래시에 기재한다(그림 5.5). 흐름 생산을 도입하게 됨으로써 작업 현장의 투명성과 명료성이 크게 증가할 것이며, 따라서 수작업 작업대의 효율을 크게 증대시킬 것이고, 이것은 다섯 개의 공정 단계 모두의 라인 균형화라는 가장 어려운 과업의 관점에서 큰 도움이 될 것이다. 이러한 목적으로, 거의 일정한 작업 시간(현재 상태의 201초 대신 200초)에 균등한 주기 시간 20초를 흐름 라인 전반에 걸쳐 달성해야만 한다.

일단 모든 주기 시간을 작업자 균형 도표에 기재하고 나면, 능력의 애로를 명확하게 식별할 수 있다. 현재의 흐름 생산에 있어서, 이에 해당하는 것들은 테두리 작업과 피복 제거 작업인데 이 작업들은 각각 25초 또는 22초로서 원하는 20초의 주기 시간을 초과한다(그림 5.7). 24초의 고객 탁트 타임(두 개의 흐름 라인을 구성한 상태로)으로는 여전히 16퍼센트가 넘는 과도한 추가 시간이 발생하는데, 이것은 작업을 하지 않는 교대조로 보상하는 방법이 가장 좋다. 일부의 경우와 마찬 가지로 필요한 수의 두 배나 되는 작업 장소가 있는데, 표준 제품의 경우에는 두 개의 흐름 라인에서 생산할 수 있는 한 편, 나머지 개별 시설에서는 예를 들어 둘 중의 한 흐름 라인이 필요하지 않는 경우에 특수 형태를 생산할 수 있는데, 그것은 각각 두 개의 열선이 있는 전기 담요나 소규모 주문 배치들이다. 그와 같이 집중하게 되면 흐름 라인의 공정 최적화를 크게 촉진하면서 동시에 자원과 제품에 대해 공장 구조를 보다 최적으로 조정할 수 있게 될 것이다.

자재 흐름. 시험 공정은 개략적으로 흐름 생산의 속도보다 두 배 빠르므로, FIFO 연결을 통해서 하나의 시험 장치를 두 개의 흐름 라인과 쉽게 연결할 수 있다(설계지침 3). FIFO 완충의 크기에 따라서, 담요를 수레에 담아서 제공하거나 아니면 바람직한 방법으로는 직접 전달할 수 있다. 그리고 나면 모든 흐름 라인은 두 개의 대체적으로 사용 가능한 시험대 가운데 하나에 공급할 수 있게 될 것이다. 이 경우, 시험 장치의 가용 시간은 100퍼센트로 증가되어야 할 것이다. 5분의 교체 시간은 흐름 라인에 대해 결정된 기본 값에 적합하다(그림 5.5).

또한 FIFO 라인을 이용해서 포장 작업 장소와 연결하기 위해서, 포장 장소의 교체 시간을 반으로 줄여서 동기화가 보다 잘 이루어지도록 할 필요가 있다(그림 5.5). 두 개의 포장 장소의 현재의 48초인 포장 작업 시간은 24초인 고객 탁트 타임을 정확하게 맞추고 있다. 하지만, 흐름 라인과 보조를 맞추고 약간의 추가적인 시간 여유를 얻기 위해서는, 단위당 20초까지 포장 시간을 줄이는 것이 바람직하다(그림 5.7).

상류의 생산 공정도 역시 FIFO 결합을 이용하여 연결할 수 있다. 하지만 초음파 용접의 제한적인 가용 시간이 80퍼센트인 점을 감안하면, 달성 가능한 주기 시간은 16초가 아닌 21초이다(그림 5.7).

라이닝 공정도 마찬 가지로 2 교대조로 가동을 한다면 FIFO를 이용하여 나머지의 가치 흐름에 연결하기가 가장 쉽다. 여기에 해당하는 추가적인 투자를 하면 현재 야간 교대조에서 일하는 작업자 한 명을 줄인다. 새로운 작업장의 성과 향상을 10퍼센트라고 가정했을 때, 주기 시간은 19.3초까지 줄어들 것이다. 85퍼센트의 가용 시간 증가를 감안하면, 주기 시간은 결국 22.9초가 되어 고개 탁트 타임 훨씬 아래로 공장을 유지하게 될 것이다(그림 5.7).

공급자 연결. 여전히 전통적인 방식으로 구매하게 될 계획인 다양한 유형의 많은 직물과는 대조적으로, 발포 이형 제품이 다섯 개밖에는 없으며, 따라서 발포 제품 공급

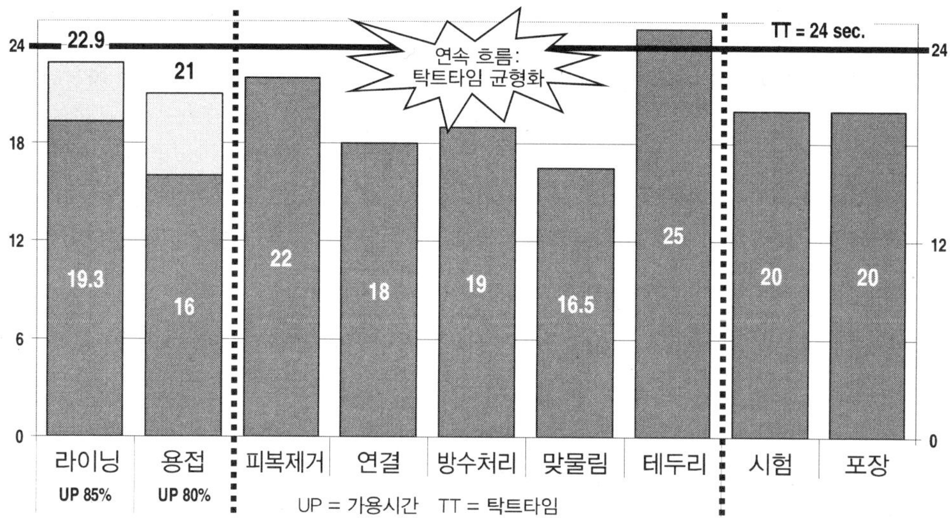

그림 5.7 콤포트주식회사의 라인 균형화

회사인 메가폼은 자체적으로 공급자 간반을 제안하고 있다(설계지침 4). 하나의 간반은 300 미터 한 롤에 해당한다. 인도 시간을 단 며칠로 줄이기만 하더라도, 재고를 1개월에서 6일로 줄이는 것이 가능하게 될 것이다(그림 5.8).

생산 관리. 계획 수립 프로그램에서 생성되는 생산 주문은 라이닝 공정에서 생산에 발주된다(설계지침 5). 적절한 최소 발주 단위는 300m의 처리가 완료된 직물의 롤 즉, 150개의 전기 담요에 해당하는 분량이다(설계지침 6). 고객 탁트 타임이 24초이므로, 이것은 한 시간에 발생하는 고객 수요와 같다. 하지만, 이렇게 작은 단위로 발주하게 되면 초음파 용접에 많은 교체 시간이 들어가게 된다. 형태, 코드 유형, 용접 패턴 그리고 한 시간이라는 발주 기간을 감안했을 때, 교체 시간이 계산된 40분일 경우 교체 시간의 비중이 40퍼센트가 되어 비현실적인 결과가 된다. 하지만, 직물의 간단한 교체를 통해서 교체 시간이 5분으로 줄어든다. 따라서, 교체 제약은 도움이 될 수 있다. 생산은 주로 성수기를 대비한 재고를 쌓기 위하여 이루어지는 것이므로, 이형에 대한 단기 수요 물량에 대한 재고가 딸리는 일은 발생할 것으로는 예상되지 않는다. 따라서, 주문 단위에 대한 가장 실용적인 대안인 1,200개 분량을 발주 단위로 선택한다. 이것은 8개의 직물 롤 즉, 한 교대조의 작업 함량보다 약간 많으며, 또한 교대조 한 번에 하나의 주문을 완료한다는 요건을 충족한다.

결론. 가치흐름 분석 결과 생산에 대한 최초의 인상이 확실히 맞았다는 것이 확인되었으며, 분석 결과는 그러한 인상의 내용을 잘 설명하고 있었다. 재고는 이 경우 특히 불리한데, 이로 인해서 여러 곳에서 생산의 흐름이 끊기기 때문이다. 흐름 생산과 몇 개의FIFO 결합을 구현함으로써 6.6일이던 생산 리드 타임이 거의 90퍼센트가 줄어서 0.82일이 된다. 공급자 간반까지 고려한다면, 전체 리드 타임은 80퍼센트가 줄어든다(그림 5.8).

하지만, 이보다 더 중요한 것은, 무엇보다도 생산 현장이 투명해져서 생산 최적화의 기초가 놓였다는 것이다. 최초에는 작업 함량을 10퍼센트를 줄이는 일을 추진하였다. 생산 관리가 상당히 단순화된 덕분에, 이제는 대부분의 생산 관리 문서가 필요없게 되었다. 이제 라인의 생산량을 단순하게 교대조 단위로 결정할 수 있게 되었기 때문에, 더 이상 작업자들이 작업을 하기 위해 작업 시간표에 기재를 하지 않아도 되게 되었다.

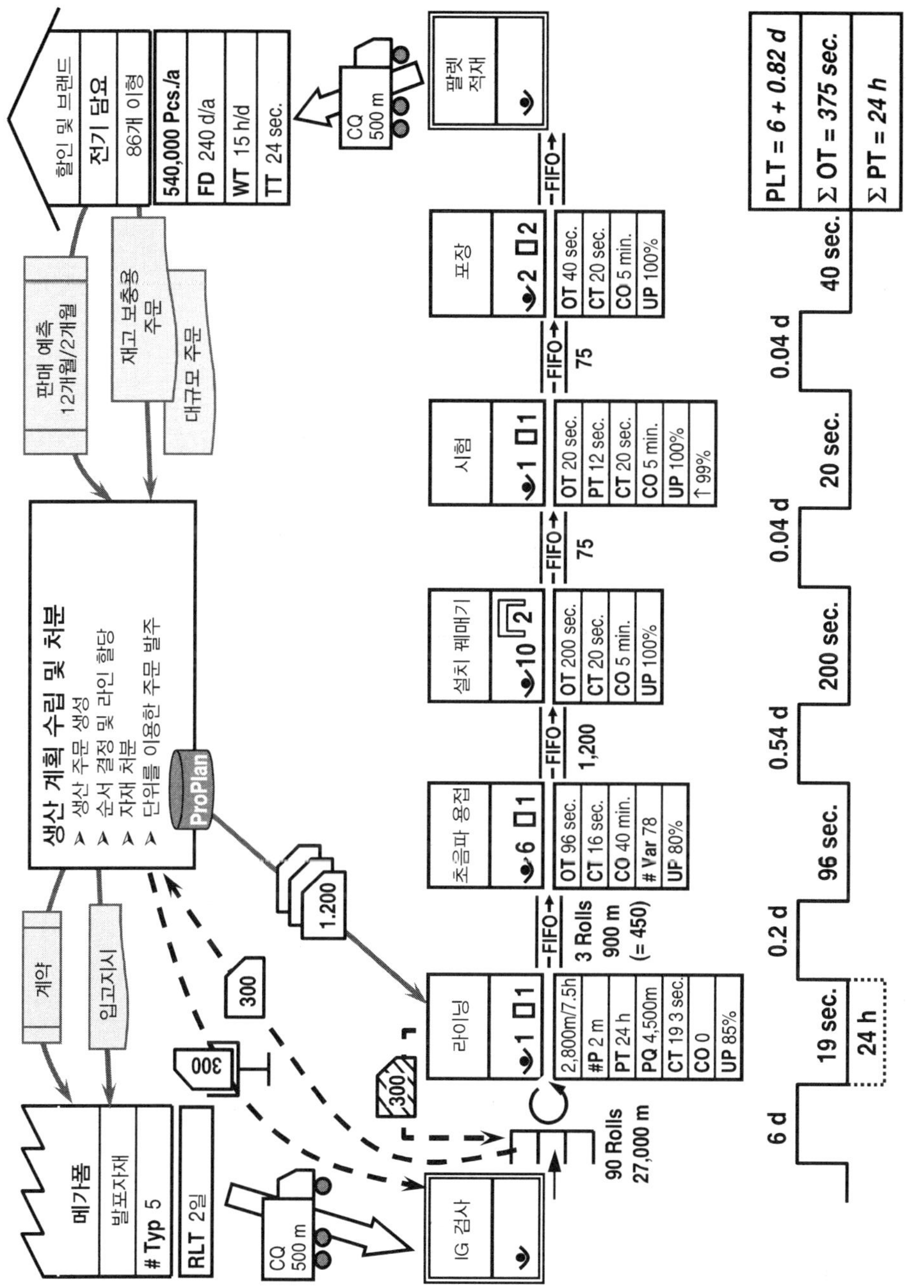

그림 5.8 콤포트주식회사의 전기담요 생산의 미래 상태 지도

5.2 스프링 LLC – 이형 생산의 롯트 크기 결정

회사

제품. 보스톤 소재 스프링 LLC는 압축 스프링, 인장 스프링, 밸브 스프링, 요크 스프링, 비틀림 스프링, 문짝, 게이트 및 스트라이크 플레이트, 그리고 자동차 생산 등에 사용되는 스프링 조립체와 같은 다양한 유형의 스프링 시장에 제품을 판매한다.

그림 5.9 스프링 LLC의 고객 수요

고객 수요. 차량 제조에 사용되는 구동부분 용으로 사용되는 스트레이트 커플링 완충 스프링 제품군을 상세히 보기로 하자. 관찰 대상 완충 스프링은 미시건주 플리머드에 있는 파워 PLC에 판매하는 55개 이형으로 만들어지는 제품으로서, 연간 수요는 2백1십만 개가 판매된다. 전체 생산은 연간 250일씩 한 시간씩의 휴게 시간이 있는 3개 교대조에서 생산한다. 이것은 탁트 타임으로는 9초에 해당한다(그림 5.9).

가치 흐름 분석

생산 공정. 관찰 대상 완충 스프링은 스프링 세트 형태로 공급하며, 외부 스프링에 삽입된 내부 스프링의 형태로 구성되어 있고, 양 끝에 마개가 달려 있다. 생산 절차는 다음과 같다(그림 5.10).

- **선적.** 스프링 세트는 골조 상자에 벌크 화물로 선적을 한다. 관련 인도 문서의 인쇄 및 배부를 포함하여 2,000개 들이 한 팔레트를 적재하는 데 평균 20분이 소요된다. 생산에서 공급하는 해당 제품의 입고 및 보관에 추가 10분이 소요된다. 선

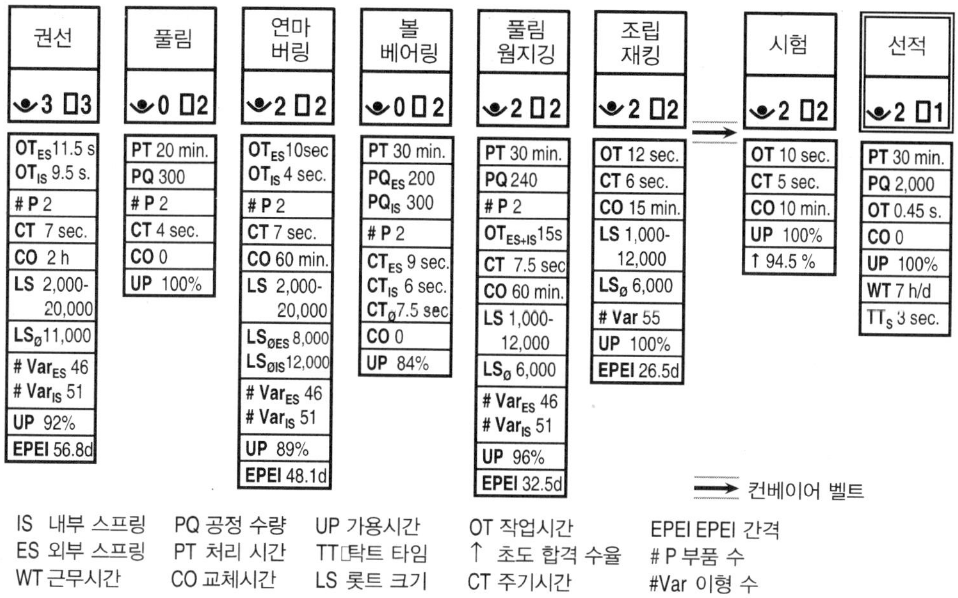

그림 5.10 스프링 LLC의 생산 공정

적 단에서는 또한 다른 제품군도 다루고 있으며 두 사람의 작업자가 하루 1 교대조로 근무한다.

- **시험.** 모든 스프링 세트는 이형에 따라 외부 또는 내부 스프링에 장착되는 엔드캡의 정확한 위치에 대해 시험을 한다. 여기에는 한 작업자가 두 개의 시험 위치를 시험하는 데 10초가 걸린다. 조립 공정은 컨베이어 벨트를 이용해서 시험할 스프링 세트를 공급한다. 이형 교체를 위해서는 측정 장치를 교체해야 하며 여기에는 개략 10분이 걸린다. 시험 절차에서는 개략 5.5퍼센트의 불합격이 나온다.
- **조립 및 재킹.** 내부 스프링을 외부 스프링에 삽입하고 엔드 캡을 씌운다. 스프링과 캡은 두 개의 재킹 장치에 수작업으로 공급된다. 이 공정에서는 해당 제품군의 55개 이형 모두를 조립한다.
- **풀림 및 웜 지깅.** 한 연속로당 한 작업자가 컨베이어 벨트 상의 고정 장치에 스프링을 놓는다. 한 개의 컨베이어 벨트에는 240개의 스프링을 올릴 수 있으며, 한 번에 30분 동안 가동한다. 풀림이 끝나고 나면, 스프링은 직접 자동 지깅 설비로 이동한다. 한 라인의 교체 시간은 1.5시간이며, 지깅 설비의 가용 시간은 96퍼센트이다. 공정 수량과 리드 타임으로 계산하면 설비 탁트 타임은 7.5초이며, 따라

서 한 개의 내부 및 외부 스프링에 대한 작업 시간은 15초 즉, 두 개의 라인을 사용할 때는 7.5초이다.

- **볼 피닝.** 외부 스프링의 경우 200개, 내부 스프링의 경우 300개씩 각각 피닝통에 넣고 25분 동안 볼을 이용하여 두들겨 주는 작업을 수행한다. 가용 시간이 평균 84퍼센트인 두 개의 작업장이 있다. 이들 작업장은 내부 운반에 대한 책임도 함께 맡는 한 사람의 작업자가 운영한다. 자재 공급과 프로그램의 교체를 포함하는 용기의 교체는 개략 5분이 걸린다. 통에서 나오는 부분적인 물량과 볼 피닝에 소요되는 시간 및 공급을 합하여 설비 주기 시간은 외부 스프링의 경우에는 9초, 내부 스프링의 경우에는 6초가 걸리며 각 작업장의 평균 값은 7.5초가 된다. 각각의 스프링 셋에는 두 개의 스프링이 필요하고 두 개의 작업장을 사용하므로, 이것 역시 공정 주기 시간과 일치한다.
- **연마 및 디버링.** 스프링의 좁은 끝 쪽을 연마하여 바로 다음에 연마 장치에 직접 연결되어 있는 장치를 이용하여 디버 작업을 한다. 연마에 드는 시간은 스프링의 직경에 따라 결정되며, 외부 스프링의 경우에는 6초로서 내부 스프링(4초)보다 상당히 길다.
- **풀림.** 스프링은 컨베이어 벨트 위에서 20분 동안 연속로를 통과한다. 두 개의 연속로는 각각 한 번에 300개의 스프링을 담는다.
- **권선.** 생산은 스프링용 와이어를 감고 절단하는 작업으로 시작된다. 서로 다른 와이어 자재의 질 및 게이지, 그리고 스프링 직경 및 길이로 해서 수 많은 이형을 생산할 수 있다. 스프링당 필요한 권선 시간은 주로 와이어의 직경에 달려 있으며 5.2에서 12.8초 사이이다. 개수로 가중한 평균 권선 시간은 외부 스프링의 경우 11.5초, 내부 스프링의 경우 9.5초로, 스프링 세트당 작업 시간은 21초가 된다. 변경되는 스프링 기하구조에 기초한 교체 시간은 다양한 스프링에 대한 수요에 따라 2시간이 걸리며, 롯트 크기는 2,000개에서 20,000개 사이이다. 모든 권선 설비에는 교체, 자재 교환, 고장 탐구, 그리고 완성 제품의 제거를 위하여 한 명의 작업자가 배치되어 있다.
- **하역.** 스프링의 원자재로서는 와이어 코일이 필요하다. 코일의 하역 및 재고 보관 작업은 선적 직원이 담당한다. 일의 양이 무시 가능하기 때문에, 여기서는 기록하지 않았다.

작업 시간, 교체 시간, 가용 시간 및 초도 합격 수율을 모든 생산 공정에 대해 기재했다(그림 5.10). 교체 시간이 길기 때문에, 스프링 및 스프링 세트는 대량 로트 단위로 제조한다. 모든 품목 번호에 대해서, 해리스의 공식(등식 2.4 참조)을 이용해 경제적 롯트 크기를 계산한다. 수요가 많지 않은 이형에 대해서는 최소 롯트 크기를 결정한다. 이는 통상 모든 생산 주문에 대해 서로 다른 롯트 크기로 귀결된다. 따라서 가치 흐름 지도 작성에서는 직전 연도의 롯트 크기의 범위와 평균 값을 사용한다.

그리고 나서 평균 롯트 크기에 기초하여, 교체 노력을 포함하여 생산 공정에 대한 EPEI 값을 계산한다. 조립에서는, 1,000에서 12,000 사이의 롯트 크기와 12초의 작업 시간으로부터 3.3에서 3.6 시간의 기계 로딩 시간이 계산된다. 6,000개의 평균 롯트 크기에서 55개의 이형에 대한 EPEI 값은 다음과 같이 계산된다.

$$EPEI = \frac{\#Var \times ((LS_{\phi} \times OT) + CO}{\#Res \times UP \times WT} = \frac{55 \times ((6{,}000 \times 12\text{sec.}) + 15\text{min.})}{2 \times 100\% \times 21\text{h}} = 26.5\text{d} \quad (5.1)$$

여기서, #Var 이형의 수 [pcs.]

#Res 유사한 자원의 수 [pcs.]

LS_{ϕ} 평균 롯트 크기 [pcs.]

OT 개당 작업 시간 [시간 단위]

CO 교체 시간 [시간 단위]

UP 가용 시간 [%]

WT 근무 시간 [시간 단위]

원 지깅, 연마 및 권선 공정은 스프링을 롯트 단위로 다룬다. 모든 스피링 세트가 하나의 외부 스프링과 하나의 내부 스프링으로 구성되기 때문에, 비록 복수 사용으로 인해서 합계 97개 즉 46개의 외부 스프링과 51개의 내부 스프링이 사용되지만, 산술적인 합계 이형의 수는 110개에 이른다. 서로 다른 수의 이형의 수와 서로 다른 작업 시간으로 인해서, 일부 EPEI 값은 외부 스프링과 내부 스프링에 대해 개별적으로 계산한 다음 합산을 해야 한다. 따라서, 세 개의 공정에 대한 EPEI 값은 다음과 같이 계산된다.

$$
\begin{aligned}
EPEI_{\text{Warm Jigging}} &= \frac{97\times((6{,}000\times 7.5\text{sec.})+1\text{h})}{2\times 0.96\times 21\text{h}} = 32.5\text{d} \\
EPEI_{\text{Grinding}} &= \frac{51\times((12{,}000\times 4\text{sec.})+1\text{h})}{2\times 0.89\times 21\text{h}} + \frac{46\times((8{,}000\times 10\text{sec.})+1\text{h}}{2\times 0.89\times 21\text{h}} = 48.1\text{d} \\
EPEI_{\text{Winding}} &= \frac{51\times((11{,}000\times 9.5\text{sec.})+2\text{h})}{3\times 0.92\times 21\text{h}} + \frac{46\times((11{,}000\times 11.5\text{sec.})+2\text{h}}{3\times 0.92\times 21\text{h}} = 56.8\text{d}
\end{aligned}
\tag{5.2}
$$

자재 흐름. 가치 흐름 지도 작성의 목적상, 재고는 다섯 개의 장소에서 계수를 하여 저장 삼각형의 형태로 표시를 한다(그림 5.11). 이들은 일일 8,400 스프링 세트 즉 매일 16,800개의 스프링 수요에 해당하는 고객 수요를 기준으로 수요 대응 기간으로 변환한다.

완제품 보관소. 여기에는 각각 2,000개의 스프링 세트가 담겨 있는 20개의 골조 상자와 추가로 각각 발송 준비가 끝난 2,000개의 스프링 세트가 들어 있는 5개의 골조 상자가 포함되어 있다. 이 외에도, 대부분 고객 수요가 낮은 이형을 담고 있는 14개의 부분적으로 채운 골조 상자가 재고에 있다. 상자에 부착된 표지를 보면, 이들 상자는 합계 8,800개의 스프링 세트를 포함하고 있다. 각각의 합계 재고는 58,000 세트에 해당하는데, 이를 8,400으로 나누면 7일이 약간 모자라는 수요 대응 기간이 된다.

재공품 조립, 재킹 및 시험. 롯트 크기가 크기 때문에, 재공품 역시 리드 타임에 중대한 영향을 미친다. 이들 세 개의 공정은 컨베이어 기술을 이용하여 단단하게 연결되어 있으며 가치 흐름 지도를 작성하는 시점에는 4,000개의 스프링 세트와 6,000개의 스프링 세트의 롯트 크기에 해당하는 생산 주문을 처리하고 있었다. 이들 합계 10,000 세트는 1.2일의 수요 대응 기간에 해당한다.

중간 저장소. 풀림 공정 뒤에는 재공품을 포함하는 합계 33,600개의 내부 및 외부 스프링을 담고 있는 통이 하나 있다. 물류적으로 평가한 수요 대응 기간의 결정에 대해서 다양한 가능한 제품 조합은 의미가 없다. 따라서, 제품 개당 두 개씩의 스프링이 사용되는 점을 감안할 때, 이것은 2일의 수요 대응 기간에 상응한다.

반제품 저장소. 볼 피닝이 끝난 스프링에 대한 중간 저장소는 각각 200개의 외부 스프링을 담고 있는 400개의 통과 300개의 내부 스프링을 담고 있는 226개의 통이 포함되어 있다. 합계 147,800개의 스프링은 8.8일의 수요 대응 기간에 해당한다.

재공품 연마, 디버링 및 볼 피닝. 연마가 끝나면, 스프링은 즉각 두 번째 공정 단계에서 볼 피닝을 한다. 현재 상태 지도에서는, 각각 한 생산 롯트인 8,000개의 외부 스프링과 4,000개의 내부 스프링이 처리 중이었는데, 수요 대응 기간으로는 0.7일에 해당한다.

중간 완충. 일반적으로, 풀림 작업을 한 스프링은 짧은 보관 기간이 지난 후에 추가적인 처리를 한다. 중간 완충에 있는 23,500개의 스프링은 1.4일의 수요 대응 기간에 해당한다.

재공품 권선 및 풀림. 품질 보증상의 이유로, 스프링은 장기간 보관할 수가 없으며, 따라서 모든 권선 생산 주문에는 직후에 진행되는 풀림 공정에 대한 주문까지 포함된다. 현재 상태 지도에서 보면 6,000개의 외부 스프링과 9,000개의 내부 스프링에 대한 각각 하나씩의 생산 주문이 있는데, 이는 0.9일의 수요 대응 기간에 상당한다.

와이어 코일의 원재료 저장소. 각각의 와이어 규격에 따라, 한 코일은 500에서 1,500kg 사이의 중량이 나간다. 현재, 합계 중량이 72,600kg에 해당하는 74개의 코일이 재고에 있다. 1,000개의 스프링 세트의 평균 중량은 500kg이다. 불합격 및 코일 교체로 인한 자재의 손실에 대해 10퍼센트의 마크 업을 가정해야 한다. 이렇게 하면 15일의 수요 대응 기간에 해당하는 132,000개의 스프링 세트에 상당하는 재고가 나온다.

외부 물류. 스프링 세트는 골조 상자에 벌크로 담겨 일일 기준으로 팔레트당 2,000개의 스프링 세트씩 선적을 한다(그림 5.11).
와이어 코일은 두 개의 공급자가 공급한다. 캐나다 퀘벡주 글렌빌에 소재하고 있는 필라시에주식회사는 세 가지 품질의 다섯 가지 다른 규격의 코일을 연간 335톤을 공급한다. 필라델피아주의 피츠버그에 소재하고 있는 아이언PLC는 5가지 품질의 11가지 규격의 코일을 연간 800 톤을 공급한다. 인도는 차량으로 화요일 또는 목요일에 이루어진다. 인도 기간은 6주이지만, 가장 많이 나가는 다섯 가지의 규격 가운데 세 가지는 입고 지시가 있으면 글렌빌에서 1주일 이내에 인도가 된다(그림 5.11).

업무 프로세스. 스프링 LLC는 고객들의 수요예측을 기반으로 하여 예측적인 계획을 하며, 그에 따라 복수의 생산 공정에 대한 생산 주문을 생성한다. 반제품 및 완제품은 계획에 따른 재고 생산을 한다. 주문 처리는 다음과 같이 세 개의 업무 프로세스로 나뉜다(그림 5.11).

- **발송 처리.** 고객들은 주간 단위로 EDI를 통해 스프링 LLC에 각 회사의 주문을 제출한다. SAP내에서 자동적으로 생성되는 주문의 사실적 정확성과 인도 가능성을 점검한 다음, 선적 부서는 해당 주문을 발주하고 운송업체에게 각각의 인도 수량을 통지한다. 선적 복록과 이에 대응하는 인도 문서는 일일 단위로 생성된다. 생

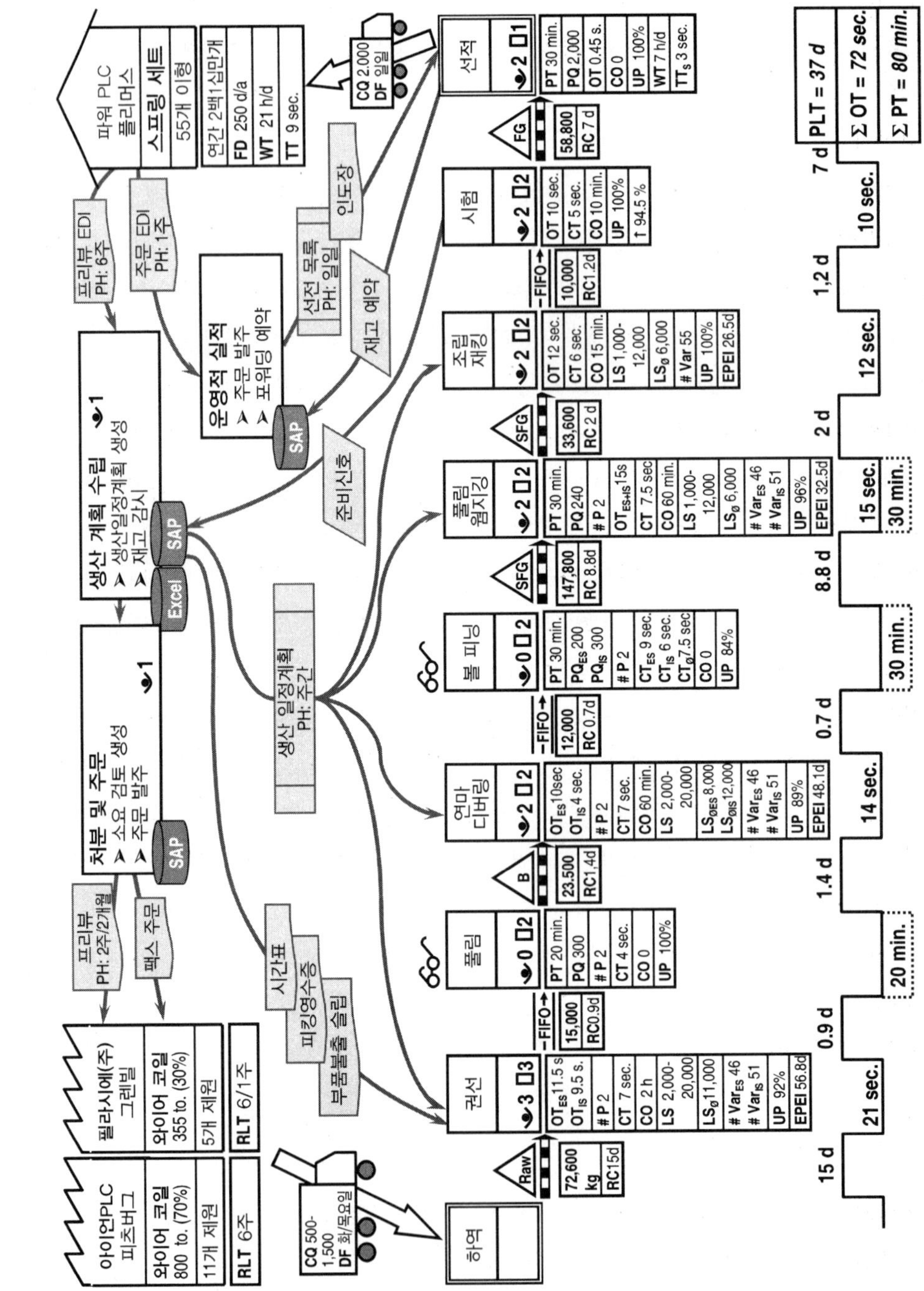

그림 5.11 스프링 LLC의 가치 흐름 분석 결과

산에서 인도되는 제품은 완제품 재고에 반영하여 계상하고, 선적을 위해 제공되는 제품은 완제품 재고에서 차감한다. 이 업무 프로세스에 관계되는 모든 업무는 선적 담당 직원이 수행한다.

- **생간 계획 수립.** 매일 EDI를 통해 고객이 갱신하는 6주 간의 수요 예측에 기초하여, 권선, 연마, 웜 지깅 및 조립 공정에 대한 1주일 계획 대상 기간의 개별 생산 계획을 수립하고 일일 단위로 역시 갱신한다. 네 개의 생산 계획은 생산 롯트 크기는 계획된 저장소에 대한 재고 추가 및 제거를 반영할 수 있도록 하기 위하여 수작업으로 결정하는 방식으로 엑셀 스프레드시트로 작성한다. 연마에 대한 생산 계획은 비록 실제의 부품의 가용성에 따라 구체적인 차이는 발생 가능하지만, 권선에 대한 생산 계획과 같으나 하루의 시차가 있다. 풀림과 볼 피닝에 대해서는 생산 계획이 발급되지 않으며, 해당하는 상류 공정과 중첩 생산 롯트로 생산이 진행되고 그에 따라 작업자가 직접 통제한다. 이들 공정은 가치 흐름 지도 상에는 '현장 방문' 기호로 표시된다.

  또한, 생산 계획 수립에서는 권선을 위해 필요한 코일에 대한 인출 문서를 작성한다. 권선에서는, 주문에 수반되는 부품 문서와 시간 티켓 또한 주문에 첨부된다. 발주된 생산 주문은 SAP 내에서 생성되며, 시험 후에 완료 표시가 된다. 생산 계획 수립은 한 명의 직원이 수행한다.
- **처분 및 주문.** 고객의 수요 예측과 스프링 LLC의 예측, 발주된 생산 주문 그리고 원자재 재고에 기초하여, SAP이 공급자를 위하여 2주간 및 2개월 수요예측을 생성한다. 또한, 시스템은 주문 제안을 생성하는데, 이것을 자재계획 담당 직원이 점검 및 인쇄하여 팩스로 공급자에게 전달한다.

개선의 잠재력

리드 타임. 합계 37일의 리드 타임 가운데서 자재 및 완제품 재고를 차감한다고 하더라도 생산 공정 중에 있는 재고(WIP)는 여전히 15일의 수요 대응 기간 즉, 40퍼센트로서 매우 길다(그림 5.11). 이와는 대조적으로, 스프링 세트 한 개당 작업 시간은 72초로서 무시할 수 있을 정도로 작다. 그러나, 모든 기반이 탄탄한 이형 제품이 2,000개 단위로 묶음이 되므로, 달리 주문이 없었을 경우라면 공장에서 80분의 처리 시간을 감안했을 때 그와 같은 합리적인 최소 롯트 크기를 순차적으로 처리하는 데 따르는 작업 함량은 40시간에 해당하며, 해당 롯트는 단 42시간 즉, 2 작업 일의 시간에, 또는 중첩 롯트 생산을 하게 되는 경우에는 그보다 빠른 시간이면 완료할 수 있다. 이것이 이론적인 리드 타임의 잠재 수치이다.

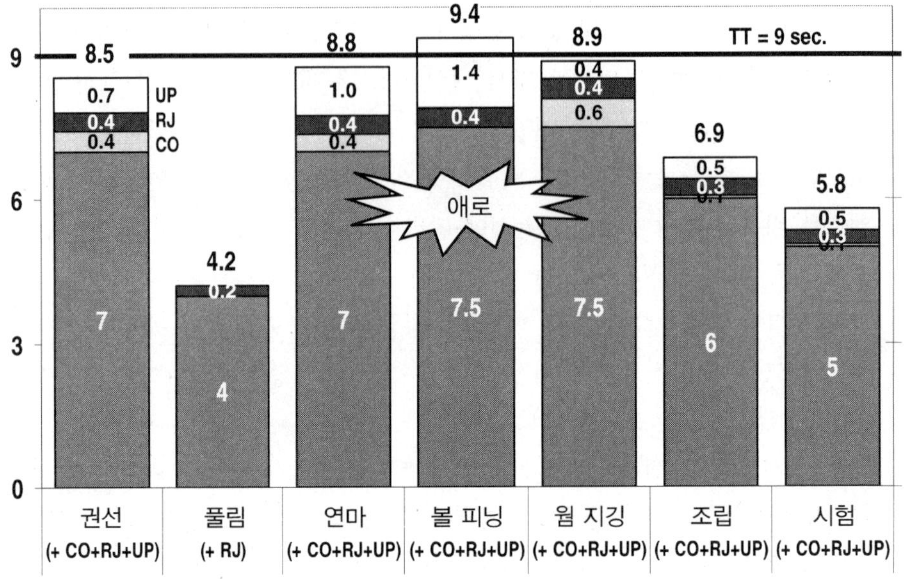

그림 5.12 현재상태의 스프링 LLC의 작업자 균형 도표

라인 균형화. 작업자 균형 도표에서는 가치 흐름의 애로를 예기치 않은 위치에서 식별하고 있는데, 그것은 긴밀한 계획을 필요로 하는 매우 비싼 작업장도 아니다. 이와 같은 치명적인 지점은 즉각 인식할 수 없는데, 그것은 볼 피닝 주기 시간인 7.5초가 여전히 명확히 고객 탁트 타임인 9초보다 짧기 때문이다(그림 5.12, 막대 그래프의 짙은 회색 부분). 하지만, 등식 2.21에서 보이는 바와 같이, 84 퍼센트라는 제한된 가용 시간은 주기 시간을 고객 탁트 타임을 16퍼센트만큼 즉, 1.4초를 늘린다(그림 5.12, 막대 그래프의 흰색 부분). 따라서, 작업장의 탁트 타임은 고객 탁트 타임과 거의 맞먹는다. 하지만, 등식 2.7에 따르면, 5.5퍼센트의 증분 즉, 각각 0.2 및 0.4초 사이가 추가되어야 하여(그림 5.12 막대 그래프의 검정색 부분)서, 볼 피닝 공정의 속도를 추가로 0.4초에서 9.4초까지 늦추는데, 이는 명백히 고객 수요를 충족시키는 데 충분하지 못하다. 어떻게 그것이 가능할까? 질의를 해 본 결과 휴게 시간의 많은 부분을 통상 계속해서 작업을 하는데,

이로 인해서 가용 근무 시간이 계산된 21시간에서 실제의 24시간으로 바뀌어, 결국 실제적인 고객 탁트 타임이 10.3초가 된다(등식 2.9 참조).

웜 지깅 및 연마 또한 거의 고객 탁트 타임에 근접한다. 불합격 및 고장을 제외하더라도, 요구되는 교체로 인해서도 시간 손실이 발생한다(그림 5.12의 막대 그래프의 옅은 회색 부분). 등식 2.20에 따라서, 각각의 증분은 해당하는 롯트의 하나의 스프링 또는 스프링 세트에 대한 교체 시간, 평균 롯트 크기, 그리고 작업 시간으로부터 다음과 같이 계산한다.

$$CT_{CO,\ Warm\ Jigging} = 7.5\text{sec.} \times \frac{60\text{min.}}{6{,}000 \times 7.5\text{sec.}} = 7.5\text{sec.} \times 8\% = 0.6\text{sec.}$$

$$CT_{CO,\ Grinding} = 7\text{sec.} \times \frac{2.1\text{Mio.} \times \left(\frac{1}{8{,}000} + \frac{1}{12{,}000}\right) \times 60\text{min.}}{2.1\text{Mio.} \times (10\text{sec.} + 4\text{sec.})} = 7\text{sec.} \times 5.36\% \approx 0.4\text{sec.} \tag{5.3}$$

오로지 권선 공정만이 조 주기 시간과 고객 탁트 타임 사이에 5.5퍼센트의 차이를 보이면서 충분한 추가 시간을 남기는 고객 대응이 가능한 값을 보이고 있다. 웜 지깅은 교체 시간의 단축을 통해 진정시킬 수 있으며, 연마와 볼 피닝의 가용 시간 개선으로 애로를 개선할 수 있다. 고장 시간과 관련한 시간 손실의 계산에 있어서는, 조립과 시험이 컨베이어 라인을 통해 연계되어 있으므로, 비록 조립 공정이 상당히 고장이 적은 점을 감안하더라도, 시험 장치의 제한된 가용 시간을 고려에 넣어야 할 것이다. 시험에는 조립보다 적은 시간이 요구되므로, 조립 작업자는 항상 대기 시간을 발생하게 될 것이다. 이 외에도, 두 공정은 고객 탁트 타임에 비해서 각각 25 또는 35퍼센트 정도로 지나치게 빠르며, 그 결과 교대조를 운영하지 않는다던가 불균등한 작업 부하 분포를 나타내고 있다. 풀림 노 역시 (두 배로) 명확히 지나치게 크다. 풀림 공정은 자동적으로 가동되므로, 이것은 작업자의 시간의 낭비로는 이어지지 않으나, 상당한 에너지의 낭비가 될 수 있다.

가치 흐름 설계

목표. 스프링 생산에서 의도하는 재설계는 주로 평균 대비 최대 30퍼센트까지의 주간 수요 변동을 감안하여 고객 탁트 타임에 가깝도록 롯트 생산을 조정함으로써 재고를 상당 수준 감축하는 데 있다. 그 외에도, 인건비 절감을 위해 높은 수준의 자동화 설비를 도입할 계획이다.

생산 공정. 재킹과 후속하는 시험의 수작업 조립 공정을 하나의 공정으로 자동화(설계지침 2)할 수 있다. 4초의 주기 시간은 현실적이며, 즉 하나의 작업장만으로 충분하다. 지나치게 큰 롯트 크기를 강요하는 결과가 되지 않도록 하기 위한 교체 시간의 단축에 특별한 주의를 기울여야 할 것이다. 20분의 교체 시간 즉, 현재 상태보다 약간 정도만 긴 시간이 바람직하다.

제품 품질을 감안할 때, 초도 합격율을 97퍼센트로 끌어 올리기 위하여 볼 피닝 처리가 된 스프링의 빠른 조립을 권고한다. 볼 피닝의 가용 시간을 성공적으로 90퍼센트까지 끌어 올리게 되면 요구되는 고장 시간과 관련한 증분 시간을 0.9초로 낮추게 될 것이다. 불합격 관련 증분 시간이 0.2초로 줄어드는 데 더하여, 8.6초의 조 주기 시간은 고객 탁트 타임 이내에 충분히 들어온다.

자재 흐름. 가치 흐름은 반제품인 스프링의 생산과 스프링 세트의 생산이라는 두 개의 부분으로 나뉜다(그림 5.14). **스프링 세트의 생산**은 볼 피닝 공정으로 시작되며 선적 단까지 하류 방향으로 흐른다. 공정을 보다 잘 동기화하기 위해서, 웜 지깅의 교체 시간을 조립 작업장과 일치시키고 그럼으로써 FIFO 결합을 통해 공정 사이를 연결할 수 있도록 웜 지깅의 교체 시간을 20분으로 단축해야 한다(설계지침 3). 조립할 두 개의 외부 스프링과 내부 스프링은 동시에 풀림 작업을 해야 한다. 완충 수량은 통 속에서 볼 피닝과 웜 지깅 사이 그리고 후속하는 조립의 분류 장치까지의 셔틀 운반이 가능하도록 하기 위하여 조정해야만 한다. 웜 지깅과 조립 사이의 연결도 마찬 가지로, 두 대의 연속로, 두 대의 지깅 기계, 그리고 하나의 조립 기계가 하나의 단위를 구성하도록 컨베이어 연결을 통해 함으로써 추가적으로 중간 완충의 필요성을 줄여야 한다. 하지만, 이 경우 고장 시간이 누적되고 작업 시간의 이형 고유의 변동을 더 이상은 완충을 할 수 없을 것이므로, 이러한 해법은 당분간은 무시해야 할 것이다. FIFO 완충은 이 구간에서 0.5일로 설계한다.

고객 수요의 변동을 상쇄하기 위하여, 제품은 최대 3일 평균 1.5일 이전에 생산을 한다. 고객 수요 예측 및 주간 주문 덕분에 이것은 매우 적은 편차를 가지고 실현된다. 그리고, 안전한 쪽을 택하기 위하여, 가장 잘 팔리는 품목은 사전 생산을 한다.

상류의 **반제품 생산**은 스프링의 권선, 풀림 및 연마 그리고 디버링 공정 단계로 구성되는데, 이것들은 모두 FIFO 결합을 통해 연결되어 있다. 세 개의 권선 기계가 있으나 단 두 개의 연속로, 그리고 두 대의 연마기가 있으므로, 중첩되는 롯트를 사용하는 연속생산은 불가능하다. 그 대신, 가능하면 상대적으로 작은 롯트로, 최소한 하나의 롯트는 권선 공정 뒤에 누적되어 있다가 풀림 공정으로 이동하여야 한다. 작업 현장 통제를 능숙하게 할 경우, 대규모의 롯트를 연속적으로 생산하고 작은 롯트를 사이 사이에 끼워 넣을 수 있다. 각각 이틀의 완충은 최종 생산에 비해서 이 구간에서 상대적으로 크다.

두 개의 가치 흐름 사이의 **연계**는 간반 통제(설계지침 4)를 통해 구현된다. 두 구간의 분리로 인해 스프링 세트의 상대적으로 신속한 고객 고유의 조립이 가능하다. 가치 흐름의 첫 번째의 익명 고객을 위한 구간에서 많은 부분의 생산 리드 타임이 나타난다. 간반을 활용한 분리로 인해서 권선에서의 대규모 롯트 생산과 복수 용도의 개별 스프링 유형에 대한 자동적인 제어가 가능하다. 이 외에도, 해당하는 자재 고유의 가용한 코일 길이에 따라서, 직접적으로 고객 주문에 영향을 미치지 않으면서도 권선에서 서로 다른 롯트 크기를 생산할 수 있다. 간반 로직 덕분에, 각각의 잉여 또는 모자라는 수량을 쉽게 완충할 수 있다.

공급자 연결. 긴 인도 시간과 먼 거리로 인해서, 현 시점에는 공급자 간반이 가능하지 않을 것으로 보인다. 고객의 수요 예측은 특히 낮은 재고 수준의 원자재 처분에 적합한데, 이 부분은 높은 수준의 변동을 감안할 때, 이미 현재 상태에서 상당한 원재료 재고 삼축을 실현한 상태이다.

생산 관리. 고객 주문의 유발 지점은 볼 피닝 공정에 위치하고 있다(설계지침 5). 2,000개의 스프링 세트로 구성되는 한 팔레트의 인도 단위는 불출 단위로서 완벽한 크기이다(설계지침 6). 이것은 다섯 시간의 고객 수요와 같다. 주간 고객 주문은 5일의 발주 대상 기간 이내에 부하 균등화 상자를 이용하여 균등하게 조합할 수 있다(설계지침 7). 연간 수요량이 160개에서 2,200개 사이인 10개의 수요가 적은 이형이 있다. 이와 같은 드문 경우에 있어서는, 균등한 발주 단위를 무시하고 수요가 드문 이형 스프링의 권선에서부터 시작하여 고객 고유의 방식으로 생산을 하는 것이 합리적이다.

볼 피닝의 2,000개의 균등한 롯트 크기는 300개의 내부 스프링의 용기 규격과 일치하지 않는다. 따라서 롯트마다 요구되는 내부 스프링은 미래에는 286개 들이 7개의 용기로 공급하게 될 것이다. 이것으로 인해 내부 스프링의 주기 시간은 6초에서 6.3초로

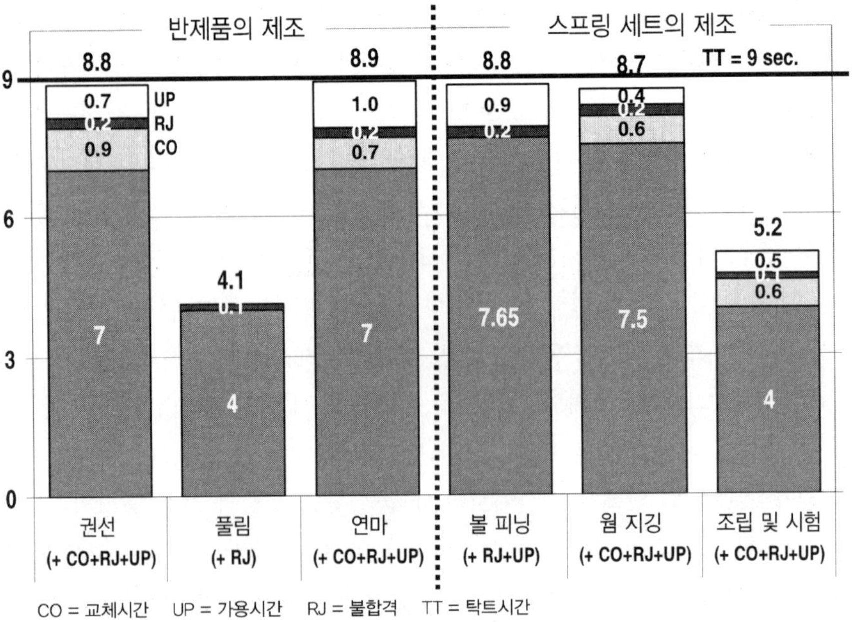

그림 5.13 스프링 LLC의 미래 상태 작업자 균형 도표

늘어나고 평균 주기 시간은 7.65초로 변경된다. 따라서, 고장 시간과 불합격으로 인한 증분 시간을 감안하면, 볼 피닝에 대한 조 주기 시간은 8.8초로 늘어난다(그림 5.13).

개별 스프링은 신호 간반을 활용하여 때로는 보다 큰 롯트 크기로 재생산을 한다. ABC 분석에 따르면 12개의 A 품목 스프링, 19개의 B 품목 스프링, 그리고 66개의 C 품목 스프링으로 나뉜다. 보다 자세히 살펴 보면 34개의 C 등급 스프링이 전체 수량의 단 2퍼센트에 해당한다는 것을 알 수 있다. 이형 별의 연간 수요가 160개에서 5,400개에 해당하는 상태에서, 이들 품목은 그 자체로서 D 품목을 구성하며, 이것은 고객 사양에 따라 요구되는 수량만큼 생산하는 것이 가장 좋은 방법이다. 수량이 적기 때문에, 균등한 발주 수량으로부터의 차이나 균등화 상자에서의 주문 유발은 생산 흐름에 거의 영향을 미치지 않는다.

해당하는 등급에 따라서, 간반 수량에 대해서는 4, 2, 또는 1배수를 할당하며, 따라서 8,000, 4,000, 또는 2,000개로 계산된다. 평균 슈퍼마켓 조장소의 재고 크기를 평가하기 위하여, 유통시킬 총 간반의 수는 이형당 정확히 한 개의 신호 간반에 상응하는 것으로 가정한다. 이것은 만일 이형별의 신호 수량이 등식 3.9에 따르는 최대 일일 수요량 및 보충 리드 타임에 따라 최대 재고 수량보다 클 때 적용된다. 권선에서 시작되는 생산 리드 타임이 2일일 때, 가장 수요 수량이 많은 A 등급의 이형 제품의 2일 간의 최대 수요는 8,000개 미만이어야 한다. 그런 다음, 등식 3.7에 따라, 슈퍼마켓 저장소의 수요 대응 기간은 다음과 같이 계산된다.

$$RC = \frac{1}{2} \times \frac{(12 \times 4 + 19 \times 2 + 31) \times CQ}{DD} = \frac{1}{2} \times \frac{117 \times 2{,}000}{16{,}800} = 7\text{d} \tag{5.4}$$

여기서, RC 슈퍼마켓의 수요 대응 기간 [d]
CQ 용기 수량 [pcs.]
DD 일일 수요 [pcs./d]

결정된 간반 수량을 이용하여, 권선과 연마에 대한 EPEI 값(희소 스프링은 무시하고)은 등식 2.8에 따라 계산할 수 있다. 31개의 외부 및 31개의 내부 스프링에 대해서 이것은 다음과 같은 결과로 귀결된다.

$$\begin{aligned} EPEI_{Winding} &= \frac{(117 \times 2{,}000 \times 10.5\text{sec.}) + 62 \times 120\text{min.}}{3 \times 92\% \times 21\text{h}} = 13.9\text{d} \\ EPEI_{Grinding} &= \frac{(117 \times 2{,}000 \times 7\text{sec.}) + 62 \times 60\text{min.}}{2 \times 89\% \times 21\text{h}} = 13.8\text{d} \end{aligned} \tag{5.5}$$

권선 및 연마 공정의 교체 증분 결정을 위해서는, ABC 분류에 따른 서로 다른 롯트 크기를 감안해야 하며, 해당 등급에 해당하는 부분 수요량으로 가중해야 한다.

$$\begin{aligned} CT_{CO,\,Grinding} &= CT_{net} \times \frac{CO}{LS_{ABC-class} \times \frac{OT_{IS} + OT_{ES}}{2}} \\ &= 7\text{sec.} \times \left(\frac{60\text{min.} \times 70\%}{8{,}000 \times 7\text{sec.}} + \frac{60\text{min.} \times 20\%}{4{,}000 \times 7\text{sec.}} + \frac{60\text{min.} \times 10\%}{2{,}000 \times 7\text{sec.}} \right) \\ &= 7\text{sec.} \times 9.64\% \approx 0.7\text{sec.} \\ CT_{CO,\,Winding} &= 7\text{sec.} \times \left(\frac{120\text{min.} \times 70\%}{8{,}000 \times 10.5\text{sec.}} + \frac{120\text{min.} \times 20\%}{4{,}000 \times 10.5\text{sec.}} + \frac{120\text{min.} \times 10\%}{2{,}000 \times 10.5\text{sec.}} \right) \\ &= 7\text{sec.} \times 12.86\% \approx 0.9\text{sec.} \end{aligned} \tag{5.6}$$

여기서, CT_{net} 주기 시간 [시간 단위]

CT_{CO}	교체 시간에 따른 시간 손실 [시간 단위]
CO	교체 시간 [시간 단위]
OT	작업 시간 (내부 및 외부 스프링) [시간 단위]
LS	롯트 크기 [시간 단위]

결론. 원재료를 무시할 때, 전반적인 공정의 생산 리드타임은 11일이다(그림 5.14). 그러므로, 재공품은 현재 상태에 비해 반으로 줄어들었다. 이제 재고의 반 이상은 정의된 반제품 창고에 있는 한 편, 잔여 재공품은 주로 현재 처리 중에 있는 롯트에서 귀결된다. 가치 흐름을 두 개의 섹션으로 나눔으로써 생산 공정이 더 빨라졌을 뿐만 아니라, 이제는 또한 더 표준화 되고 더욱 투명해졌다.

하지만, 주로 권선 공정으로 인해서 추가적인 리드 타임의 단축 및 융통성의 증대가 방해를 받고 있다. 공정의 지나게 큰 교체 시간으로 인해서 로트 크기를 크게 하지 않을 수 없으며, 스프링 한 개당 작업 시간이 상대적으로 길 수밖에 없는데, 그로 인해서 연속적이고 동기화된 라인을 구성하는 것이 불가능하다. 그 대신, 권선의 세 개의 생산 롯트를 항상 두 개의 생산과 조화를 이룰 필요가 상존한다.

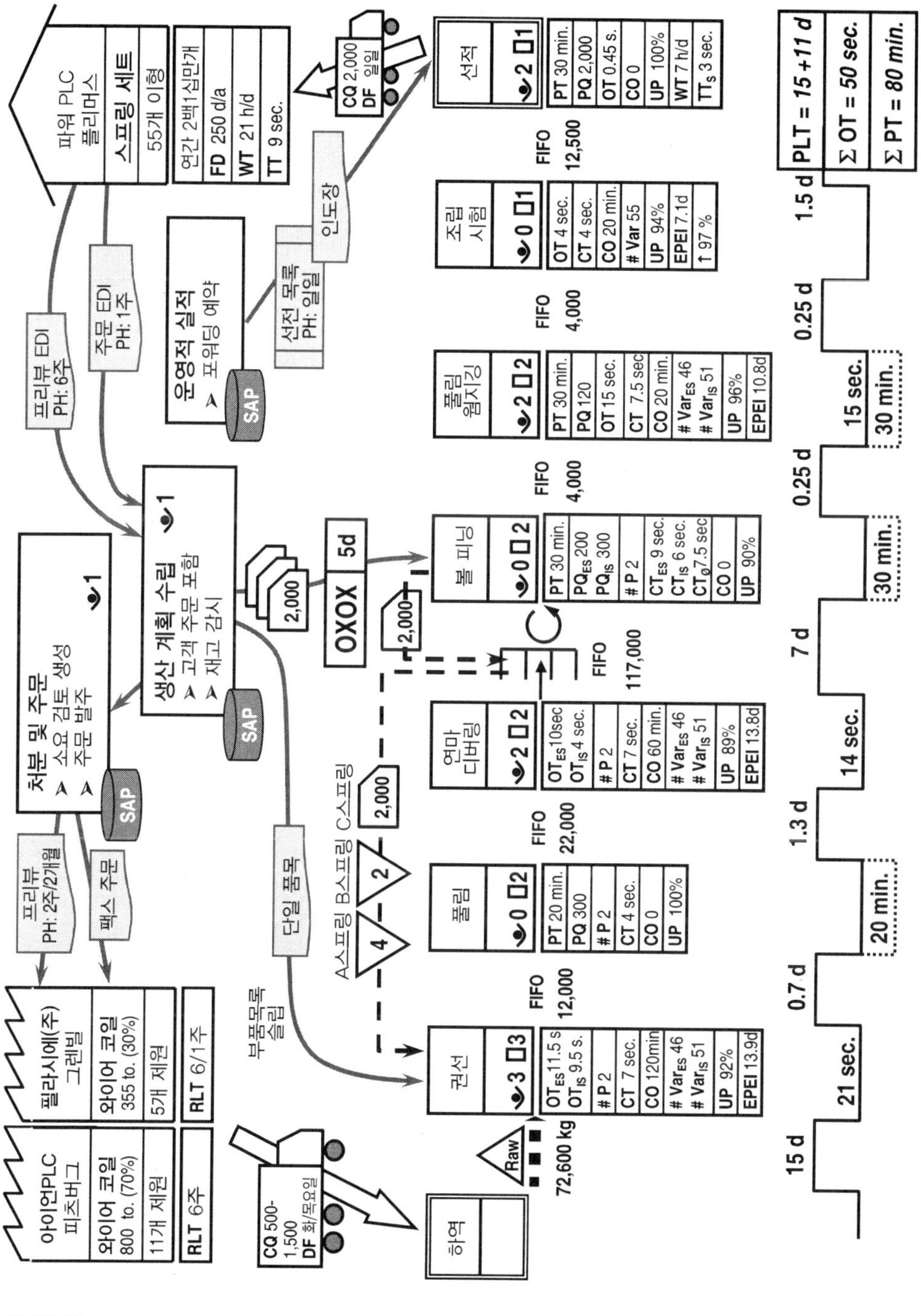

그림 5.14 스프링LLC의 버퍼 스프링 결합을 위한 미래 상태 지도

5.3 글래스 PLC – 낱개 생산 속의 짧은 인도 시간

회사

제품. 유리 생산 및 자동차용 유리 사업 외에도, 글래스 PLC는 또한 건설용 유리 시장에서도 사업을 영위하고 있다. 이 분야에서는, 세 개의 그룹으로 구분할 수 있는데, 그것은 강화 안전 유리(TSG), 라미네이티드 안전 유리(LSG), 그리고 창호용 절연 유리(ISG)이다. 이와 같은 글래스 PLC의 사업 분야에는 부분적으로 중첩되는 제품 포트폴리오와 지역 특성이 높은 고객 구성을 보이는 영국 내의 11개 공장이 포함되어 있다. 그 가운데, 여기에서 관찰 대상이 되는 브리젠드 공장은 건설용(건물의 외부의 광택, 문, 파티션 벽 등)의 고객별로 특수한 치수(두께, 기하학적 구조, 보링 구멍 등)을 지니는 개별 안전 판유리를 생산한다. 이들 TSG 패널은 또한 사용하는 유리(착색, 장식)의 유형 면에서도 다르다.

고객 수요. 브리젠드 공장에서 생산하는 TSG 유리의 약 50%는 주로 지역 내의 고객과 건설 현장에 공급된다. 생산 물량의 개략 40퍼센트는 동일한 공장 내에서 라미네이트 유리를 생산하는 데 사용되고, 나머지는 카디프 공장의 분리 유리 생산에 사용된다. 연간 생산 규모는 0.1에서 10제곱미터에 걸치는 고객마다 다른 규격의 서로 다른 유형의 72,000개의 판유리 생산에 필요하다. 필요한 유리의 규격이 다르다는 것은 판유리 생산에 있어서 고객 수요를 판단하는 데 판유리의 개수가 얼마나 의미가 없는지

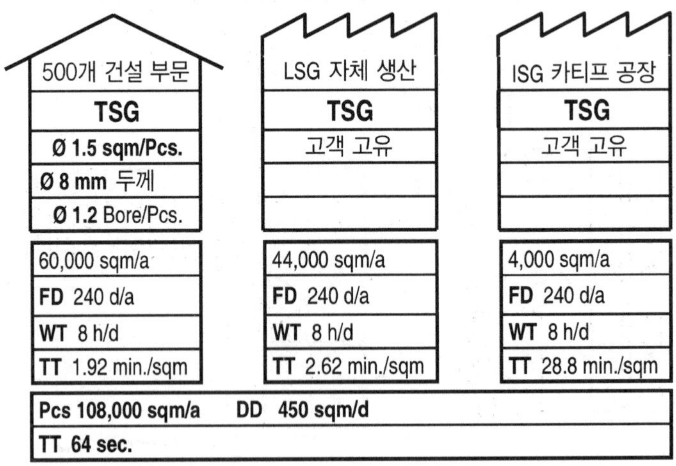

그림 5.15 글래스 PLC의 고객 수요

를 명확하게 말해준다. 오히려, 연간 생산 물량은 제곱 미터로 표시한다. 브리젠드 공장의 연간 생산 물량은 108,000 제곱 미터에 해당하며, 이는 평균 판유리 크기 1.5제곱 미터에 해당한다(그림 5.15). 단일 교대조 작업을 할 경우, 이는 고객 탁트 타임 64초/제곱 미터에 해당한다.

가치 흐름 분석

생신 공정. 유리 가공은 작업장 생산 방식으로 이루어진다. 판유리를 규격에 맞추어 절단하고 난 다음 다양한 대체적인 기계를 통해 다양한 단계를 거친 후 마지막으로 가열로에서 강화 처리를 한다. 몇 개의 분리형 패널은 처리를 하기 전에 스크린 인쇄를 해야 하지만, 이 부분은 여기에서는 무시한다. 상세 공정은 다음과 같다(그림 5.16).

- **피킹 및 포장.** 생산에서 대차에 담겨 공급되는 TSG 패널은 두 사람의 작업자가 선적 차량의 경로에 맞추어 의뢰에 적합한 방식으로 그리고 고객 방문 순서에 맞추어 적재 장치로 이동한다. 패널은 간격 유지기를 이용하여 분리하고, 부분적으로 수축 포장을 하거나 아니면 판지를 이용해서 보호한다. 내부 LSG 생산에 필요한 패널은 배송할 필요가 없기 때문에, 총 생산 물량의 단 59퍼센트만 포장이 필요하다. 64초의 고객 탁트 타임으로 나누면 공정 고유의 고객 탁트 타임은 108초를 약간 초과한다.
- **템퍼링.** 가열을 하고 난 다음 냉각 팬을 이용하여 냉각을 하면 유리가 안전 유리로 바뀐다. 롤 카트에 담겨 공급되는 유리 패널은 두 사람의 작업자가 롤러 컨베이어 위에 정리하고 해당하는 스탬프를 찍는다. 가열로는 자동적으로 패널을 끌어 들이고 가열 공정이 끝나면 다른 쪽 끝으로 밀어내며, 가열 공정의 시간은 처리하는 유리의 두께에 따라 결정된다. 동일한 작업자들이 시각적으로 패널을 관리하고 쌓는 일을 한다. 얇은 판유리로 교체할 때는, 관리되는 온도를 낮추기 위해서 정지 시간이 필요하며, 이 시간에 시각적인 관리를 통해서 스크래치를 발견할 수 있으며, 때로는 파손된 판유리도 발견이 되어서, 초도 합격률은 단지 95퍼센트에 지나지 않는다. 가용 시간에 대한 통계는 존재하지 않는다. 강화로는 2개 교대조로 운영이 되며, 따라서 공정 고유의 고객 탁트 타임은 64초에서 128초로 바뀐다.

강화로의 처리 시간은 재공 판유리의 두께에 따라 결정되며, 밀리 미터당 54초에 해당한다. 따라서 주기 시간을 결정하기 위해서는 이전 사업 연도의 데이터에 대한 상세 분석이 필요하다. 분석 결과에 따르면 가중 평균 두께가 8 밀리미터에 해당하며, 유리의 두께는 4에서 16밀리미터 사이이다. 따라서, 가열로의 평균 처리 시간은 7.2분이다. 한 번 가동을 하는 데 가용한 가열로의 공간은 8 제곱미터이다. 가열로의 평균 가동률은 45퍼센트 즉, 일 회당 3.6제곱미터이다. 따라서, 3.6 제곱 미터를 7.2분 동안 처리하며, 그 결과 주기 시간은 2분이다. 작업자가 두 명인 상태에서, 이는 제곱 미터당 240초의 작업 시간에 해당한다.

- **세척.** 유리 먼지로 뒤덮인 판유리를 롤링 컨베이어를 이용하여 상류의 처리 작업장으로부터 연속 세척 장치로 공급한다. 일단 세척 및 건조가 끝나면, 판유리는 노 앞에 정돈된다. 한 사람의 작업자가 판유리 한 장당 33초를 작업을 해야 하는데, 이것을 평균 규격 1.5제곱미터로 환산하면 판유리 한 장당 22초가 걸린다는 것을 의미한다. 세척기를 유리의 두께에 조정하는 데는 개략 2분이 걸린다.
- **드릴링/밀링.** 도면에 따라 판유리에 대한 구멍 뚫기와 절단이 이루어진다. 이를 위해 한 대의 표시용 테이블이 갖추어진 드릴링 기계와 한 대의 작업자가 프로그래밍을 하는 NC제어 밀링 및 드릴링 기계를 사용할 수 있다. 수동 드릴링에는 보링 구멍 하나당 120초가 소요되며, 자동 드릴링에는 30초가 소요된다. 판유리에는

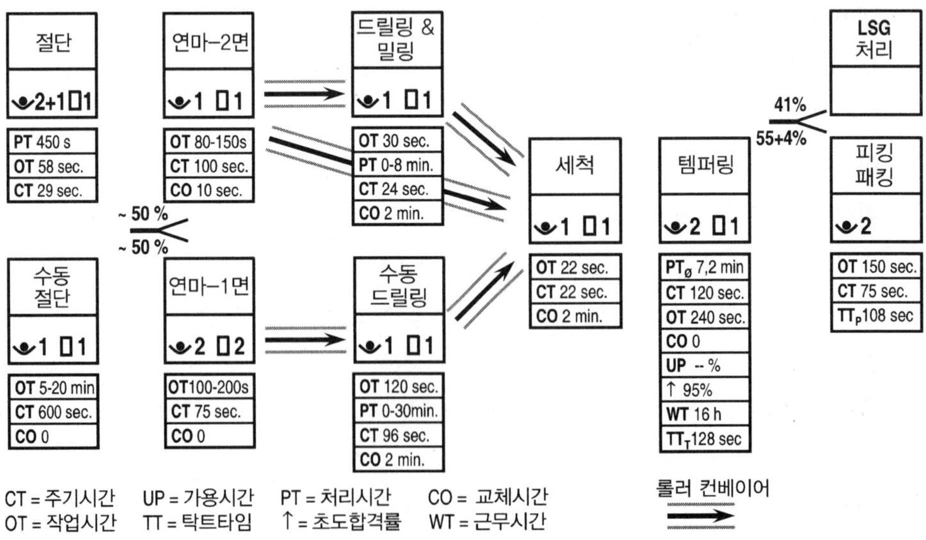

그림 5.16 글래스 PLC의 생산 공정

최대 16개의 납작한 보링 구멍이 있다. 때때로 작업을 해야 하는 보링 구멍 수와 절단 밀링 작업 수가 다르기 때문에, 작업 시간은 큰 차이를 보인다. 정밀한 데이터 분석 결과에 따르면 인도되는 판유리 하나에 대해 1.2개의 보링 구멍 즉, 제곱미터당 0.8개의 보링 구멍이 있는 것으로 밝혀졌다. 이것을 보링 구멍당 작업 시간으로 곱하면 밀링에 소요되는 시간을 무시할 경우 자동 드릴링의 경우 24(30 sec × 0.8 hole/sqm), 수동의 경우는 96(120sec × 0.8 holes/sqm)초의 주기 시간으로 귀결된다. 드릴 교체에는 2분이 걸린다.

- **연마.** 중간 크기의 직사각형의 판유리의 모서리 처리는 양면 연마를 하는 연속 연마기에서 수행하며 제곱 미터당 개략 100초가 걸린다. 완전하게 처리를 하기 위해서 판유리를 되돌려 보내는데, 그럼으로써 폭을 교체하기 위해서 최소 교체 시간이 소요된다. 상대적으로 크거나 불규칙한 판유리의 경우에는 단면 연마용 연마기를 이용하여 수직으로 연마한다. 이와 같은 단면 연마는 결정적으로 느리지만, 상대적으로 큰 판유리에 대해 사용되며, 그 결과로 귀결되는 제곱 미터당 150초의 작업 시간은 최소한으로 긴 정도이다. 두 대의 단면 연마 기계가 있으므로, 주기 시간은 더욱 짧다.
- **절단.** 19.26제곱미터의 원판유리를 두 명의 작업자가 하나의 절단 탁자 위에서 선을 긋고 잘라서 쌓는다. 원판유리는 한 명의 창고 담당 작업자가 공급한다. 기계는 다른 관리자와 마찬 가지로 가치 흐름 지도에 포함되어 있지 않은 직장이 제어한다. 불량 최적화를 통해서 원판 유리당 초도 수율은 80퍼센트가 가능하며, 판유리당 7.5분 즉, 제곱 미터당 23초가 소요되며, 불량을 감안한 주기 시간은 29초가 된다. 패턴이 있는 유리 또는 자투리의 최소한의 부분은 수작업 절단 탁자에서 처리한다. 절단한 판유리에는 모든 고객 주문 데이터를 포함하는 점착 라벨을 부착한다.

표시된 직원 수는 각각의 기계를 운영하는 데 필요한 작업자의 수를 의미한다. 하지만, 생산 현장은 작업자의 수보다 많은 작업 장소로 구성되어 있는데, 이는 매일 변동하는 제품 범위 소요에 따라 작업자들이 서로 다른 작업 장소에 배치되기 때문이다.

자재 흐름. 일부 기계는 보다 편리한 판유리의 이동을 위해 롤 컨베이어를 이용하여 직접 연결되어 있다(그림 5.16 참조). 모든 여타의 운반은 내부적으로 사용하는 바퀴 달린 판유리 고정 장치를 이용하여 하고 있으며, 이 고정 장치는 많은 수의 판유리를 담을 수 있으나, 크기와 무게 때문에 두 사람의 작업자가 밀어야 한다(그림 5.19 왼쪽). 고정 장치 상의 서로 다른 규격과 형상을 한 판유리의 수량을 결정할 수 없고 그 표면적만을 알 수 있어서, 처음에는 판유리 재고를 계수하는 것이 불가능해 보였다. 하지만, 점착 라벨에 이미 각각의 표면적이 기술되어 있어서, 단순 합산으로 재고를 결정한다. 그 결과는 그림 5.17의 그림에 표시되어 있다.

이미 다음 며칠 사이에 선적을 위해 포장이 완료된 제품 재고는 790제곱미터로 판단이 되었으며, 여기에는 또한 ISG공장에 대한 공급 물량도 포함하고 있다. 또한, 425제곱미터가 후속 LSG 생산용으로 가용하다. 450제곱미터의 일일 수요를 감안할 때, 이것은 완제품 2.7일 분의 수요 대응 기간에 해당한다. 추가 135제곱미터가 연속로 뒤에 쌓여 있는데, 이는 0.3일의 수요 대응 기간에 해당한다.

하지만, 수요 대응 기간을 5퍼센트 감소시킬 것으로 기대되는 물량을 연속로 앞의 377제곱미터에서 차감하여야 하는데, 그 결과 완제품으로 환산했을 때 388제곱미터 즉, 수요 대응 기간 0.8일 분량이 된다. 생산 현장 주변 및 절단 공정 뒤에는 추가 811제곱미터가 롤 카트 상에 흩어져 있는데, 5퍼센트의 불량율을 가정하면 이는 1.7일의 수요 대응 기간에 해당한다(그림 5.16).

외부 물류. 770개의 원재료 판유리가 유리 창고에서 계수되었는데, 이는 14,830제곱미터에 해당하며, 초도 합격 수율 80퍼센트와 5센트의 불량률을 감안할 때, 이것은 25일의 수요 대응 기간에 상당한다. 원재료 판유리는 회사 소유의 리버풀 공장에서 매일 공급한다. 하지만, 개별 판유리는 10퍼센트의 마진이 붙는 한 편, 5톤 단위의 복수의 물량 구매에 대해서는 할인이 제공된다. ABC 분석에 따르면, 합계 유리의 75퍼센트가 두 종류의 유리 유형과 6개의 두께의 9개의 이형에 사용된다. 15퍼센트는 주요 건설 프로젝트에 사용되는 소수의 특수 유리 유형을 구성한다. 표준 유리 유형의 서로 다른 두께와 개략 40개의 채색 코팅 유리 이형이 추가 8퍼센트를 점하고, 2퍼센트는 통상 규격의 반 크기의 엠보싱이 있는 주조 유리로 구성된다. 현재 78개의 이형이 소량으로 재고가 유지되고 있다.

인도는 자체 트럭으로 서로 다른 고정된 일일 경로를 통해 이루어진다. 선적 부서는 각각 일일 인도 경로, 운전자, 고객 주소로 분류한 각각의 주문을 열거한 인도 문서와 인도 목록을 생성한다. 선적 목록에서는 판유리 고정 장치 상의 판유리의 순서를 명기하고 있다. 많은 고객이 개별 판유리를 주문하기 때문에, 각 고객마다 개별 판유리 고정 장치는 있을 수가 없다. 그 대신, 판유리는 개별 고객 주문 별로 쌓고 인도한다. 선적 목록은 운전자가 고객 사업장을 방문하는 순서를 규정하고 있다.

업무 프로세스. 영업 부서는 고객 주문을 접수하여 고객의 요건에 맞추어 주문 파일을 생성한다. 주문 처리 부서에서는 업계 고유의 회사용 GLAP 소프트웨어를 이용하여 주문을 기록한다. 이와 같은 기술적인 허가 절차를 마치면, 특수 유형의 판유리의 가용성을 검증하고, 주문을 인도 일자와 함께 확인한 다음 최종적으로 고객이 도면을 승인한다. 일단 주문이 발송되고 나면, 작업 일정 수립 시에 해당 주문을 계획 수립에 포함할 수 있다. 소프트웨어가 설비 단위의 능력 계획을 할 수 있기 때문에, 모든 공정 단계를 각각의 설비에 할당하는 것이 가능하다. 주문은 절단, 가공, 템퍼링 및 피킹 등의 작업 단계에 대해 계획을 수립하며, 단계 사이의 이행 기간은 각각 하루로 반영한다. 계획 수립의 결과로 각 기계에 대해 매일 처리할 고객 주문을 포함하는 작업 목록이 작성된다.

해야 할 일의 목록 외에, 생산 부서는 작업 주문과 함께 고객 데이터가 담겨 있는 모든 점착 라벨을 수령한다. 후자는 식별 목적으로 판유리에 부착한다. 절단 공정은 G/Opt 프로그램에서 각각 일일 수요에 대한 불량을 최적화한 절단 계획인 이른바, '작업(job)'을 수령한다. 템퍼링 노의 작업자는 준비 신호를 발행하고 그럼으로써 발송 계획 수립을 유발한다. 품질 관리에서 불합격 처리된 판유리에 대해서는, 직장이 즉각 재질단 주문을 질단 공징에 내리며, 재질단 주문은 절단 공정에서 자동적으로 생성된 설단 계획에 수작업으로 삽입하거나 또는 절단 작업에서 잘라낸다. 재절단 작업물은 노란색 수레에 담아 공급함으로써 긴급 처리 대상이라는 것을 명확하게 표시한다.

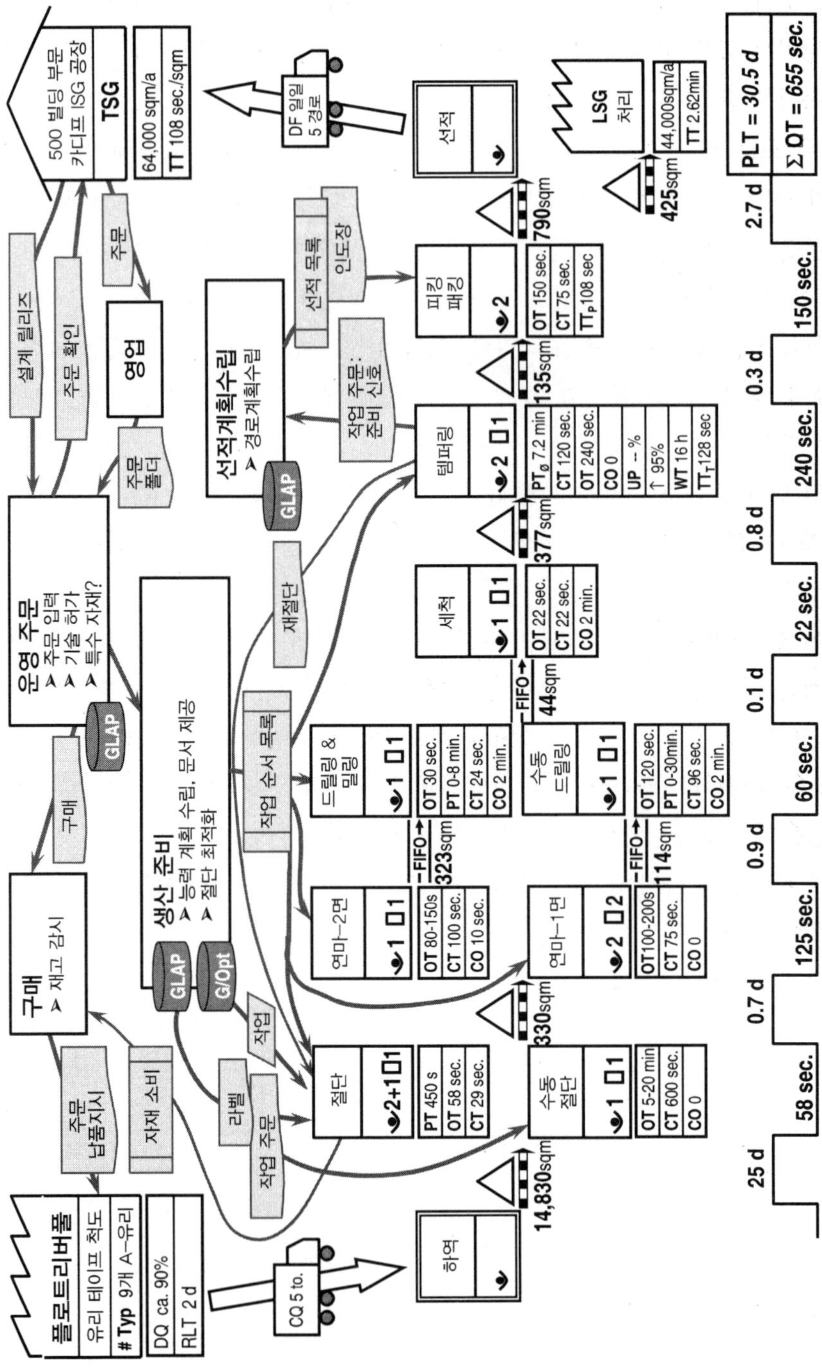

그림 5.17 글래스 PLC의 가치 흐름 분석 결과

개선 잠재력

리드 타임. 이행 시간을 포함하는 생산 계획 수립은 긴 생산 리드 타임과 긴 인도 기간을 유발한다. 그것으로 인해 또한 생산 내에 많은 자재 물량이 쌓이며, 이로 인해서 다시 특정 주문을 찾기 위해 가외의 노력이 들게 만들기도 한다. 해야 할 일의 목록은 일일 작업 부하를 결정하지만, 처리 순서는 결정하지 않는다. 노의 작업자는 두께 별로 판유리를 분류하는데, 처리 과정에서는 판유리를 규격 별로 분류할 필요가 있다. 반복적인 분류의 결과, 많은 주문은 원래 계획보다 긴 기간 동안 생산 공정에 머무르며, 어떤 주문은 빨리 진행된다. 대체로, 가치 흐름 분석의 결과 리드 타임이 5.5일이며, 누적 작업 시간이 겨우 11분밖에 안 됨에도 불구하고 원자재 재고는 25일이라는 많은 물량이 있다는 것이 파악되었다(그림 5.17). 하지만, 심지어 표준 유리로 된 고객 고유 판유리에 대해서조차 단 1일로 정의된 인도 시간은 현재의 지배적인 상황에도 불구하고 어떤 면에서든 현실적인 것으로 보인다.

라인 균형화. 작업자 균형 도표를 보면 2개 교대조로 근무를 하고 있고 제한된 가용 시간을 무시한다 하더라도, 노가 애로라는 것을 명확하게 알 수 있다(그림 5.18). 120초의 주기 시간과 불량 관련 시간 손실 6초를 감안하면, 고객 탁트 타임과의 차이는 단 2초에 불과한데, 이는 고장으로 인한 시간 손실을 완충하기에는 충분하지 못하다.

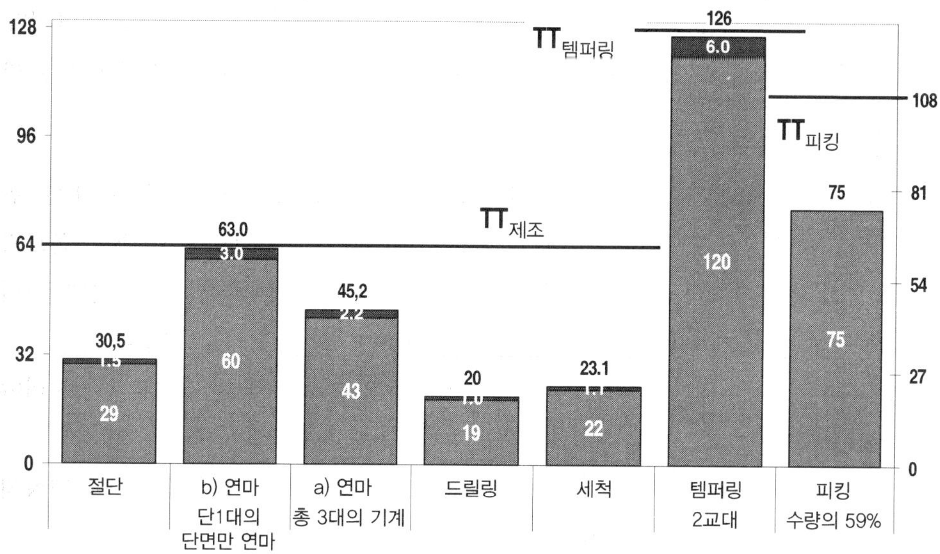

그림 5.18 글래스 PLC 작업자 균형 도표

각각 양쪽 작업장의 주기 시간인 24 및 96초의 역수를 더하여 구한 주기 시간이 19초로서, 드릴링 작업장은 상당한 능력 여유를 보이는데, 이는 일부 판유리에 필요한 시간이 많이 걸리는 밀링 공정을 위해 필요하다.

합계 주기 시간이 43초로, 연마 공정은 각각의 주문 조합에 대해 상당히 변동적인 작업 시간을 필요로 하는 고객 고유 생산에 필요한 상당한 능력 융통성을 보여 준다. 두 개의 단면 연마기 가운데 한 개의 가동을 중단하면 불량을 포함해서 주기 시간이 63초로 늘어나게 되는데, 이는 거의 정확하게 고객 탁트 타임과 일치하지만, 그럴 경우에는 주문 조합은 거의 항상 각각의 연마의 능력 요건에 특별히 맞추어야만 한다. 따라서, 가능하다면 보다 많은 능력과 융통성 있게 할당 가능한 작업자가 있는 기계가 바람직하다.

주기 시간이 29초인 절단 공정(수작업 절단 탁자는 여기서는 무시함)은 고객 탁트 타임 64초에 비해 거의 2배 정도 빠르다. 하루 분의 주문 물량을 정기적으로 발주하게 되면 처리 앞에 대량의 재고가 쌓이게 되며, 공간 부족과 불필요한 생산 현장의 막힘을 수반하게 된다.

가치 흐름 설계

목표. 생산의 설계는 주로 생산 리드 타임을 80% 이상 줄여 1일로 만드는 것을 목표로 한다. 일부 고객 주문에 대해 **단 1일의 인도 기간**을 실현하는 것이 정해진 목표이다.

생산 관리. 서로 다른 공정 단계는 다음과 같이 각각의 최적 주문 순서에 서로 다른 요건을 부과한다.

- 노에서는 오로지 두께가 동일한 판유리만을 함께 템퍼링을 할 수 있다. 또한, 판유리의 두께를 너무 자주 변경하는 것은 권장할 만 하지 못하다. 요구되는 온도가 다르기 때문에, 판유리의 두께가 서로 다를 경우에는 대기 시간이 발생하며, 특히 두께 차가 크거나 매우 두께가 얇은 판유리를 처리할 때 더욱 그렇다.
- 드릴링 공정의 시간이 많이 걸리는 밀링 부분은 하루 중에 균등하게 분산시켜야 한다.
- 모서리 처리 공정에 있어서는, 폭 조정을 최소화하기 위하여 유사한 치수/형상의 판유리를 함께 처리해야 한다.

• 절단 공정에 있어서는, 동일한 유형의 유리를 함께 처리해야 한다. 따라서, 서로 다른 판유리 유형으로 구성되는 고객 주문은 나누어 처리를 해야 한다.

여러 가지 이형에 걸친 일관된 라인 균형화가 불가능해 보이므로, 이와 같은 서로 다른 주문 순서 요건은 명확히 생산 공정을 흐름 생산으로 통합하는 데 반한다(설계지침 2 참조).

자재 흐름. 그러나 균등하게 균형이 잡힌 자재 흐름을 달성하기 위해서는, 생산 공정마다 변경할 수 없는 고정적인 주문 순서가 필요하다. 이러한 목적을 위하여, 절단, 처리 및 템퍼링 세 개의 공정 단계는 대체로 동기화하며, 그렇게 변경된 작업장은 노와 균형을 맞추어 2교대조로 변경한다. 처리에 있어서, 이는 교대조 당 작업자의 수를 줄이게 되며, 나머지 작업자는 필요에 따라 기계를 융통성 있게 운영한다. 하지만, 절단 공정의 산출은 현재의 수율의 개략 1/4 정도로 급격하게 줄어들어야 한다. 이것은 오로지 한 절단 작업자가 보관 장소로부터 추가적인 판유리를 수작업으로 공급하는 한 편, 다른 작업자는 불량 최적화에 기초하여 기계 관리를 맡음으로써만 달성할 수 있다. 또한, LSG 공장에도 역시 TSG 유리를 직접 공급해야만 한다. 지금까지는 이것은 항상

그림 5.19 견고하고 관리하기 쉬운 바퀴 달린 판유리 고정 장치

교대조 말미에 실시하였는데, 그 대신 향후로는 양쪽 구역 모두 동일한 작업자가 번갈아 가며 공급하게 될 것이다.

개략적으로 동기화된 생산 공정은 FIFO 결합을 통해 연결한다(설계지침 3). 처리에서는 단순히 자재 흐름을 위해서 부분적으로 약간 수정을 해서 기존의 롤 컨베이어를 사용한다. 세 개의 공정 단계 사이에는 충분히 작고 오로지 절단된 판유리만을 담을 수 있고 따라서 한 사람의 작업자가 움직일 수 있는 미는 손수레를 사용한다(그림 5.19, 오른 쪽 그림).

공급자 연결. 원자재 재고를 분석해 본 결과, 원자재 수요의 많은 부분이 아홉 개의 이형으로 구성된다는 것이 밝혀졌는데, 이는 공급자 간반을 구현하는 데 매우 적합하다(설계지침 4).

생산 통제. 생산을 전부 사양에 따라 수행하기 때문에, 유발점은 부득이 첫 번째 공정 즉, 절단 공정에 위치하고 있다(설계지침 5). 기본적인 원판유리 규격을 감안할 때, 그것 자체가 완벽한 발주 단위라는 것을 알 수 있다(설계지침 6). 절단에 있어서, 이것은 항상 동일한 작업 함량과 일치하지만, 템퍼링 공정에서는 작업 함량은 해당하는 유리의 두께에 따라 크게 달라진다. 노 앞의 완충은 발주 단위의 결정에서 고려하지 않았던 절단과 템퍼링 사이의 산출의 변동을 균형화 하는 역할을 한다.

원자재는 고객 고유의 생산에 있어서 균형 잡힌 이형 믹스를 판단하기 위한 최적의 주문 순서 결정을 위한 결정적인 요인이다. 따라서, 서로 다른 판유리 시트를 가능한 균등하게 분산시켜야 한다(설계지침 7). 하지만, 하류의 수 많은 공정 고유의 제약을 감안하면, 이것은 결국 현명한 것이 못 될 것이다. 해당 공정의 산출물이 유리 유형의 빈번한 변경과 관련하여 필요한 유휴 운영의 결과로 더욱 줄어드는 노가 능력 애로의 역할을 하기 때문에, 이 공정의 제약은 순서 결정과 관련하여 최우선 순위를 차지하게 된다(설계지침 8). 따라서, 판유리는 두께에 따라, 이상적으로는 4mm에서 시작하여 점차 19mm까지 늘려가면서 일일 주기로 생산하고, 그럼으로써 모든 유휴 가동을 배제해야만 한다. 서로 다른 두께로 구성되는 고객 주문은 **탁송 의뢰 과정**에서 통합을 해야 한다.

위에서 설명한 순서 결정 규칙은 공급해야 하는 고객과 관련한 구체적은 요건에 따라 조정을 할 필요가 있다. 다음과 같은 다섯 가지의 사업 유형을 구분한다.

- '1일 TSG'는 지역 기술자 및 건설 현장용의 소량 판유리의 단기 인도로 구성된다.
- '계획 TSG'는 일반적으로 주간 단위로 공급을 받는 고객으로부터의 정기 주문으로 구성되며, 인도 기간은 각각의 선적 계획에 따라 달라지고 4−8 업무일 사이이다.
- '프로젝트 TSG'는 주요 건설 현장으로부터의 주문을 포함하며, 각각 인도 시간이 길고 주문 별로 고정된 일자에 많은 수의 인도가 이루어진다.
- 'ISG TSG'는 현재 합의된 인도 기간이 3일인 카디프 공장에 대한 일일 인도에 관한 것이다.
- 'LSG TSG'는 내부의 추가 처리를 위해 일정이 잡힌 물량으로서, LSG 생산으로 공급하며 이행 시간은 2일이다.

모든 사업 유형에 대해서는 단 1일의 생산 리드 타임이 적용된다. 이것은 LSG 생산을 감안하여 결정된 가속 일정이다. 하지만, '1일 TSG'와 관련해서는, 이제는 생산을 1일 이내에 완료해야만 할 뿐 아니라, 모든 주문 처리, 포장 및 고객에 대한 급행 인도까지 하루 내에 해야 한다는 추가적인 요건이 존재한다. '1일 TSG'를 위한 주문은 주문 처리, 작업 준비 및 절단 최적화를 10시까지 마치도록 하기 위해서 최대 오전 9시까지 허용된다. 절단의 최적화를 위해서, 기본 원판유리를 아무리 늦더라도 활용할 수 있도록 다른 유형의 주문에 포함된 판유리에 대한 주문을 보완한다. '1일 TSG' 판유리의 절단은 10시에 개시하여 느려진 절단 공정 때문에 한 상의 원판유리는 개략 15분마다 한 번씩 처리한다. 후속 생산 절차는 대부분 필요한 작업 시간에 따라 결정된다. 그 외에도, 노 앞의 완충을 감안해야 한다. 최초의 '신속' 판유리는 14시에서 15시 사이에 노를 떠나야 한다. 나머지 판유리와 **탁송 의뢰** 및 포장은 두 번째 교대조의 종료 시점 즉, 22시까지 완료되어야 한다. 다음 날 아침 오전 6시까지는 판유리의 적재 및 인도가 이루어진다.

하지만, '1일 TSG'는 최소 2회의 일일 주기를 필요로 하며, 한 주기는 '신속 판유리'를 위한 것이고, 다른 주기는 모든 여타의 사업 유형용이다. '1일 TSG'에 대한 고객 수요는 대부분 큰 변동이 있을 가능성이 있다. 이와 같은 수요의 변동은 예를 들어 '프로젝트 TSG'를 당기거나, 지연을 메우기 위해 VSG 이행 시간을 활용하던가, 또는 필요한 경우에는 ISG 유리의 일부를 그것에 할당된 3일의 인도 기간 범위 내에서 연기하는 등의 방법으로 다른 사업 유형을 활용하여 평활화할 수 있다. GLAP 계획 수립용 소프트웨어는 이 점에서 매우 유용하다. 하지만, 필요한 재절단에 대한 계획은 계획이 불가능하고 부분적으로만 통제가 가능한 부분은 재절단 물량으로 남는다. 1일 TSG에 대해서, 이러한 일은 두 번째 주기에서 할 수 있다. 하지만, 두꺼운 유리에 대한 재작업은 오로지 두 번째 교대조가 끝나기 직전에만 완료를 할 수가 있으며, 어쩌면 포장을 위해 연장 근무가 필요할 수 있다.

결론. 가치 흐름 분석은 주문 발주 및 생산 통제에 대한 필수적인 설정 매개변수 및 제약을 예시적으로 보여주며, 특히 고객 고유의 생산에 내재하는 매우 복잡한 상호관계의 관점에서 그렇다. 브리젠드 공장에서는, 노가 능력 제약적인 애로라는 것이 드러났으며, 해당 공정의 산출은 주문 발주 순서를 적절하게 함으로써 증가할 수 있다.

생산 통제의 변경을 통해 생산 리드 타임이 5.5일에서 1.4일로 75퍼센트 감소하였다(그림 5.20). 계획에 따른 임박한 발주를 위해 제공하는 완제품을 무시하면, 생산 리드 타임은 단 0.7일에 불과하므로, 2교대로 일정을 사용할 경우, 미래에는 단 1일의 리드 타임이 가능할 것이다. 관련된 시간의 감축은 또한 내부 VSG 유리 생산의 경우에도 거의 1주의 리드 타임의 단축으로 귀결될 것이다.

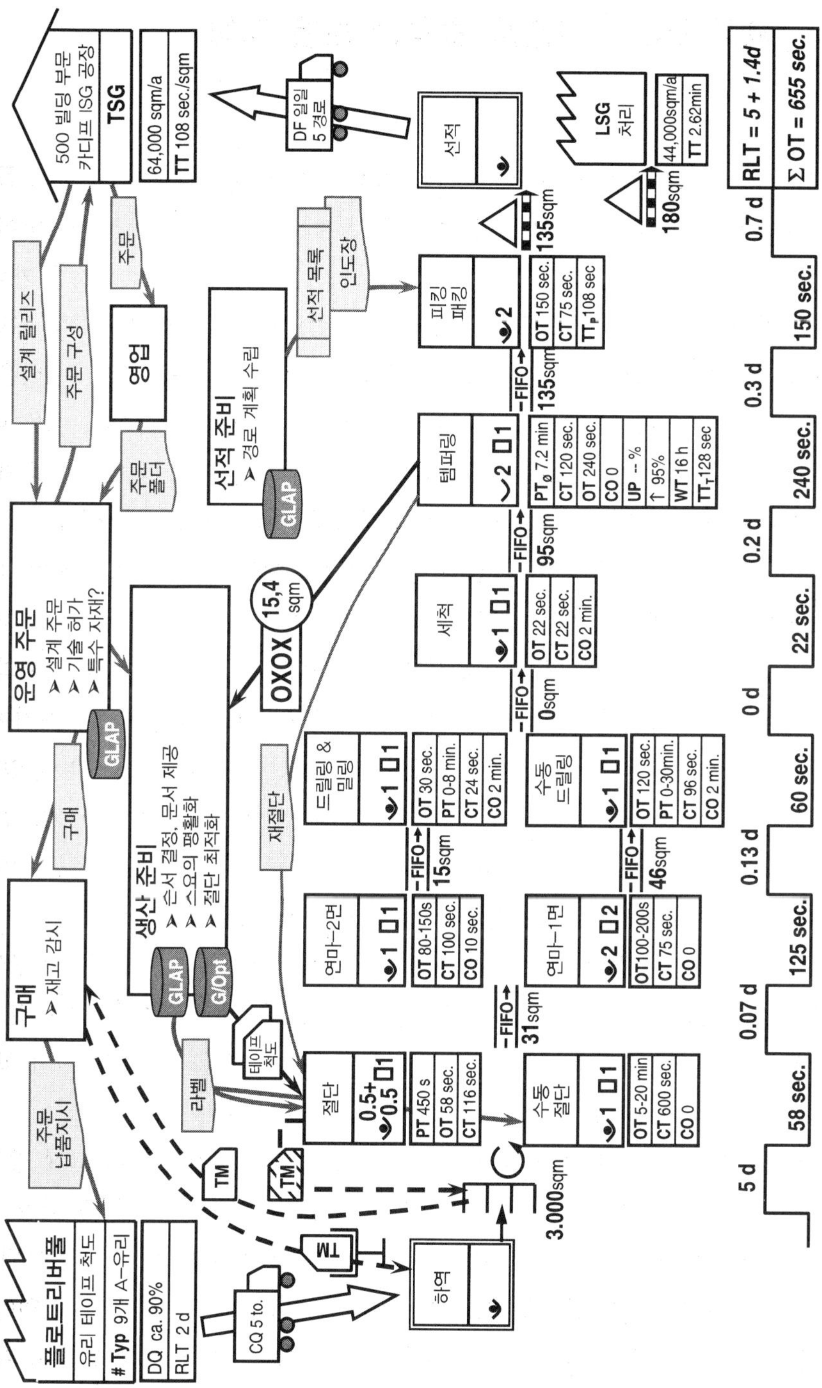

그림 5.20 글래스 PLC의 TSG 생산의 미래 상태

5.4 세코 ULC - 기술을 활용한 흐름 지향

회사

제품. 캐나다 토론토에 위치하고 있는 세코 ULC는 절단 디스크, 연마 디스크, 플랩 디스크 및 다이아몬드 절단 디스크 등과 같은 주로 디스크형 제품을 중심으로 하여 다양한 종류의 접착 연마 제품을 생산 판매하고 있다. 딱 1/3이 조금 넘는 제품은 캐나다와 미국에서 자체 브랜드로 전문점에서 판매되고 있다. 디스크류는 또한 철물점 브랜드로 철물점에도 공급하고 있다. 또한, 각 그라인더와 같은 연마 기계를 제조하는 많은 제조업체가 자체 제품명으로 각각의 이니셜이 들어간 장비를 제작하고 있다. 이들 이른바 '유통업체 상표품'이 생산의 25%를 차지하고 있으며, 1/3은 수출되며, 수출품의 반은 미국으로 수출된다. 전체적으로 2,000여개 고객에게 제품이 공급되고 있다.

고객 수요. 절단 및 연마 디스크류에 대해 보다 상세하게 살펴보기로 하자. 디스크류는 기하학적 규격과 연마제의 측면에서 차이가 있다. 후자에 대해서는 45가지의 배합이 사용되고 있으며, 주로 연마 입자를 주 작용 매체로 사용하고, 수지 기반의 접착 물질과 충진재를 사용한다. 디스크 규격은 9개의 외경과 11개의 두께로 특징지어진다. 또한, 두 개의 서로 다른 표준 구멍 직경과 5가지의 상대적으로 드문 직경이 있다. 또한, 디스크의 중심 구멍은 똑바른 것과 찌그러진 것이 있다. 추가적인 차이가 있는 제품은 서로 다른 브랜드명과 포장 형태로 만들며, 이것들을 서로 다르게 조합하면 수천 개의 이형이 가능하지만, 실제로 사용되는 제품은 상대적으로 소수이다.

실제로 제조하는 이형의 수는 각 이형의 제품 명칭, 결정적인 특징(각각의 구성에 따르는) 및 사용 지침서를 표시한 300개의 품목에 사용되는 점착 라벨의 수로 알 수 있다. 또한, 예를 들어 기밀 캔 또는 수축 포장에 들어 있는 5개에서 20개 들이 고객 고유의 판지 포장과 같은 다양한 형태의 가능한 포장이 있다.

생산에 관한 한, 대부분의 작업 시간은 직경과 두께의 증가에 따라 크게 증가하기 때문에, 서로 다른 유형의 절단 및 연마 디스크 사이의 본질적인 차이는 규격과 관련된 것이다. 따라서, 절단 디스크(CD)는 직경을 기준으로 세 개의 제품군으로 분류된다. 두께는 직경과 상관이 있기 때문에, 제품군의 구성에 있어서 직경은 무시한다. 연마 디스크(GD)는 절단 디스크보다 훨씬 두껍기 때문에 그 자체로 제품군을 형성한다. 각 제품군은 하나의 특정한 직경/두께 조합을 가지고 있으며, 그것이 합계 매출 수량 가운데 가장 큰 비중을 차지하고 있어서, 그것이 대표 제품이 된다. 첫 번째 제품군인 CD1(직경 115mm, 두께 1mm)은 연간 2천 6백만 개가 생산되며, 디스크당 평균 중량은 80g이다. 제품군 CD2(직경 230mm, 두께 3mm)의 연간 수요량은 7백 8십만 개이고, 평균 중량은 240 g이다. 제품군 CD3(직경 350mm, 두께 4mm)의 연간 생산량은 2백만 개이고, 평균 중량은 720g인 반면, 180g짜리 3백4십만 개의 연마 휠(직경 125mm, 두께 6mm)이 연간 생산된다(그림 5.21).

생신은 하루 3교대조로 주 6일 운영되며, 교대조당 30분의 휴식 시간이 있다. 공휴일과 조업 중단을 고려하면, 연간 업무 일수는 290일이며, 합계 일일 수요량은 135,172개이고 모든 디스크에 대한 고객 탁트 타임은 0.6초가 된다(그림 5.21). 비록 벌크 주문인 경우에는 4주의 인도 기간이 적용되지만, 제품은 재고 생산을 한다.

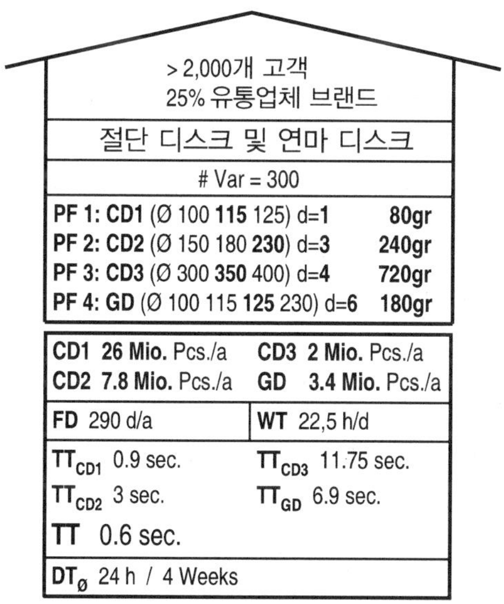

그림 5.21 세코 ULC의 고객 수요

가치 흐름 분석

생산 공정. 절단 및 연마용 디스크의 생산은 두 장소로 분산되어 있다. 한 공장은 나중에 주 공장에서 디스크에 압축해 넣는 접착 매트릭스를 생산한다. 이러한 원재료 디스크는 그 다음 몇 가지 추가적인 과업을 포함하는 열처리를 통해 양생하며, 최종적으로 포장한다. 상세한 생산 공정은 다음과 같다(그림 5.22).

- **선적.** 완제품은 고가 랙 저장 장소에 평행으로 저장하며, 거기서부터 4개의 작업 장소에 탁송 의뢰를 하며, 인도 문서를 수반하는 피킹 목록에 따라 제품을 인출한다. 약 70퍼센트는 운송업체를 통한 선적을 위해 직접 제공하며, 나머지는 총 중량 100kg 미만의 소량 주문을 포함한다. 이것들은 세 개의 포장 작업대로 운반하여, 거기서 우편 인도를 위한 포장 및 요금 납부 일부인을 찍는다. 여기서는 선적에 대해 더 이상 살펴보지 않기 때문에, 어떤 시간도 기록하지 않는다.
- **포장: 캔 또는 수축 포장.** 중소형 디스크는 10개씩 주석 캔에 포장을 하거나 아니면 25개씩 수축 포장을 한다. 개략 25퍼센트는 캔 포장을 한다.
  캔 포장 공정에는 각각 1명의 작업자가 있는 두 개의 작업장을 사용한다. 20초마다 한 개의 캔을 봉인한다. 포장 규격과 작업장 수로 나누면 주기 시간은 1초가 된다. 직경 또는 두께(캔의 높이)가 다른 제품으로 교체하는 시간은 30분이 걸린다. 각 작업장의 가용 시간은 80퍼센트이다.
  수축 포장은 한 작업장에서 작업자 한 사람이 작동하는 작업 로봇을 이용하여 이루어진다. 12.5초마다 하나의 포장이 이루어지는데, 이는 주기 시간 0.5초에 해당한다. 교체 시간은, 필요한 자재가 주된 작업 시간에 평행하여 제공된다는 전제하에 단 1분이다. 가용 시간은 84퍼센트이다.
  대형 절단 디스크 및 연마 디스크는 각각 10개 단위로 수축 포장을 한다. 수축은 세 개의 작업대에서 수작업으로 이루어지며 120초가 걸리므로 주기 시간은 4초가 된다. 모든 이형의 변경에는 자재 공급에 10분이 걸린다.
- **최종 검사.** 최종 검사에서는 디스크를 모서리 결함에 대해 시각적인 검사를 하며, 이에는 생산 주문당 10분이 소요된다. 또한, 품질 보증을 위해서 주문 당 2번의 파괴 검사를 실시하여 응력 파열 시간과 파쇄 행태를 검사한다. 두 가지 시험 모두는 서로 다른 디스크에 대해 수행하며 전부 합해서 15분이 소요된다. 합계 3.2퍼센트의 불합격이 발생한다.
- **덤핑.** 압축 공정에서, 디스크를 분리기로 분리되어 있는 금속 심봉 상에 쌓는다. 일단 양생이 되고 나면, 스택을 한 작업자씩 조작을 하는 여섯 개의 기계 중 한 기계 위에 위아래를 뒤집어서 놓는데, 여기에는 상당한 물리적인 노력이 요구된다. 이제 심봉에 단단하게 붙어 있는 디스크를 느슨하게 풀어서 떼어 내기 위해서 흔드는 동작을 수행하는데, 이 작업은 소음이 많이 생기고 지저분한 작업으로서

디스크와 심봉 모두를 손상시키기 쉽다. 모든 디스크를 심봉에서 떼어내는 데 드는 시간은 네 개의 제품군에 대하여 각각 120, 200, 160 및 100초이다. 직경 변경에는 가이드 레일의 조정이 필요하며, 이에는 5분이 걸린다. 작업장의 가용 시간은 93퍼센트이다. 작업자는 각각의 주문을 냉각 구역으로부터 가지고 온다. 작업자들에게는 고정된 순서 지침이 발급되지 않기 때문에, 그들은 가장 오래 있었던 것으로 보이는 주문을 임의로 선택한다.

- **양생 및 냉각.** 압축 공정의 뒤를 이어, 원판은 필요한 강도를 얻기 위해서 긴 고에너지의 열처리 양생 공정을 거친다. 포크 리프트를 이용한 적재 및 하역을 포함한 노 안에서의 노출 시간은 20시간이다. 공장에는 44개의 노가 있는데, 각 노는 두 개의 800 × 1,200 표준 골조 상자를 담을 수 있다.

  일단 노에서 꺼내고 나면, 양생된 디스크는 대기실에서 6시간 동안, 더운 계절에는 더 오랜 시간 동안 냉각을 해야 한다.
- **클램핑.** 압축된 원판 디스크가 열처리를 하는 동안 휘지 않도록 하기 위해서, 그것들을 추로 눌러 놓거나 또는 심봉에 클램프로 죈다. 한 작업장에서 한 사람의 작업자가 한 개의 심봉에 대해 40초를 작업해야 하며, 가용 시간은 98퍼센트이다.
- **압축.** 원형의 담요를 압축 몰드 안에 넣고, 그 다음 올바른 양의 매트릭스를 가한 다음 또 하나의 담요를 그 위에 덮고, 압착을 위한 압축을 하기 전에 라벨을 놓는다. 이 공정에서는 4퍼센트의 자재 손실이 발생한다.

제품군 1 및 2의 절단 디스크를 위한 6개의 자동 회전 이송 장치가 있으며, 탁트 타임은 6초, 가용 시간은 85퍼센트, 교체 시간은 30분이다. 주기 시간은 1초이다. 또한, 세 대의 다소 낡은 압축 몰드가 사용되고 있는데, 이 기계들에 대한 작업 단계는 표준화되어 문서화되어 있고, 현장에 명확하게 시각화되어 있다. 소형 절단용 디스크와 연마용 휠에 사용하는 11개의 작은 작업장에서는, 48초의 한 주기에 4개의 디스크가 생산된다. 제품군 2용의 2개의 중간 규모의 작업장에서는, 4 개의 디스크를 생산하는 데 72초가 걸린다. 제품군 3용의 6개의 대형 작업장에서는, 80초에 2개의 디스크를 생산한다. 각각의 기계 탁트 타임을 주기 당 디스크 수와 각각의 해당하는 작업장 수로 나누면 주기 시간은 각각 1.1/4.5/6.7초가 된다. 모든 작업장은 가용 시간이 85퍼센트이고 교체 시간은 15퍼센트이며, 절단 디스크의

2.2퍼센트, 그리고 연마 디스크의 1퍼센트가 불합격이며, 이는 수량으로 가중을 하면 합계 2.1퍼센트에 해당한다. 압축된 디스크는 각각의 기계 작업자가 심봉 상에 쌓는다.

- **컨디셔닝 벌크.** 매트릭스는 하루 3번 인도되며, 운송 또는 보관, 또는 심지어는 원래의 혼합 공정 과정에서의 습기로 인해 유발된 뭉침을 제거하기 위해서 특수 처리를 해야 한다. 세 개의 체 가운데 하나를 이용해서 300kg의 혼합물을 거르는 데 12분이 걸리며, 그 다음은 자리잡도록 하는데 6시간이 걸린다. 동일한 세 사람의 작업자는 또한 압축용 몰드를 쌓는 일도 담당한다. 각각 100kg을 이동하는 데 10분의 소요되는 것으로 추정된다. 압축 몰드 작업자들은 필요한 혼합물을 이전

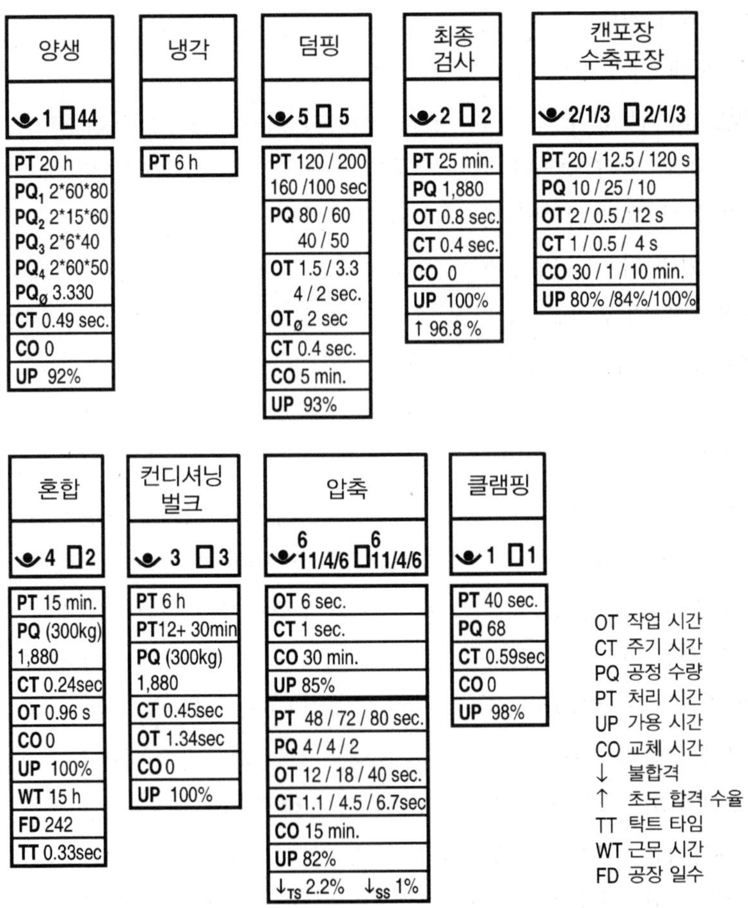

그림 5.22 세코 ULC의 생산 공정

주문을 마치기 전 적당한 시간에 이른바 '레드 보드'에 납품 지시 카드를 부착하는 방법으로 주문한다.

- **혼합.** 먼저, 제품에 맞는 입자를 액체 수지와 함께 8분 정도 섞는다. 그리고 나서 충진재와 분말 수지를 4분에 걸쳐 점차 첨가한다. 그런 후 3분에 걸쳐 혼합물을 다른 드럼을 이용하여 세 개의 봉투에 담는다. 모든 배합은 300kg의 분량에 맞게 설계되어 있다. 이것은 매우 먼지가 많이 나는 작업이며, 그런 이유로 해서 이 공정은 실제의 생산 현장에서 4km 떨어져 있는 다른 장소에서 한다. 매트릭스의 품질은 날씨에 매우 많이 의존한다. 네 명의 작업자가 주당 5일 근무를 하면서 2 교대조로 2개의 혼합 작업장을 담당한다. 연간 242 공장 일수에 일일 15 근무 시간을 근무하면, 이것은 0.33초의 공정 고유의 고객 탁트 타임에 해당한다.

일부 공정은 배치 작업을 하기 때문에, 가치 흐름의 핵심 수치, 주로 주기 시간을 계산해야 하는데, 비록 네 개의 제품군이 중첩되어 생산되지만, 그 각각의 구체적인 공정성과 요건은 상당히 다르다는 사실을 감안해야 한다. 따라서, 네 개의 제품군의 배치 공정에 대해서 롯트 크기와 생산 물량을 구할 뿐만 아니라, 각각의 연간 수요 물량으로 가중한 평균 값도 또한 계산해야 한다.

주문 물량은 혼합 공정에서 300kg단위로 정해진다. 이것과 각각의 제품군 고유의 단위 중량을 기초로, 롯트 크기를 제품군(PF) 별로 그리고 가중 평균 값으로 계산한다. 단, 이 때 자재 손실 4퍼센트를 사감하고 나면 단 288kg의 압축 니스크만이 남는나는 사실을 고려해야 한다.

$$LS_{PF1} = \frac{PS}{W_{PF1}} = \frac{288\text{kg}}{80\text{g}} = 3,600 \qquad LS_{PF2} = \frac{288\text{kg}}{240\text{g}} = 1,200$$

$$LS_{PF3} = \frac{288\text{kg}}{720\text{g}} = 400 \qquad LS_{PF4} = \frac{288\text{kg}}{180\text{g}} = 1,600$$

$$LS_{\phi} = \frac{PS}{\sum_{pf=1}^{4} \frac{W_{pf} \times Pcs_{pf}}{Pcs}} = \frac{288\text{kg}}{\frac{80\text{g} \times 26 + 240\text{g} \times 7.8 + 720\text{g} \times 2 + 180\text{g} \times 3.4)\text{Mio.}}{39.2\text{Mio.}}} \tag{5.7}$$

$$= \frac{288\text{kg}}{\frac{6,004\,\text{to.}}{39.2\text{Mio.}}} = \frac{288\text{kg}}{153\text{g}} \approx 1,880\text{Pieces}$$

여기서, LS 롯트 크기 [pcs.]

W 디스크 당 단위 중량 [gram]

PS 원자재 포장 규격 [kilogram]

Pcs 연간 수요 수량 [pcs.]

Pf 제품군의 계수

혼합, 거르기 및 최종 시험에 대한 주기 시간은 따라서 배치 크기로부터 등식 2.3을 이용하여(약자에 대한 설명에 관해서는 상응하는 표제 참조) 다음과 같이 계산된다.

$$\begin{aligned} CT_{Mixing} &= \frac{PT}{PQ \times \#\text{Res}} = \frac{15\text{min.}}{1,880 \times 2} = 0.24\text{sec.} \\ CT_{Conditioning} &= \frac{PT}{PQ \times \#\text{Res}} = \frac{42\text{min.}}{1,880 \times 3} = 0.45\text{sec.} \\ CT_{Final\,Inspecting} &= \frac{PT}{PQ \times \#\text{Res}} = \frac{25\text{min.}}{1,880 \times 2} = 0.4\text{sec.} \end{aligned} \tag{5.8}$$

압축 후에는, 원판은 각각 60 cm의 심봉 위에, 3 mm의 분리기로 분리하여 쌓는다. 비록 구체적으로 계수는 하지 않지만, 디스크의 두께에 따라서 하나의 심봉 위에는 40에서 80개 사이의 디스크가 있을 수 있다. 네 개의 제품군에 대한 심봉 당 평균 수량은 각각 80, 60, 40, 및 50개의 디스크이며, 각각의 수요량에 비교하면, 심봉 당 평균 디스크 수량은 68이다. 따라서, 클램핑과 관련한 주기 시간은 다음과 같이 계산된다.

$$\begin{aligned} PQ_{Mandril\,\phi} &= \frac{Pcs}{\sum_{pf=1}^{4} \frac{Pcs_{pf}}{PQ_{Mandril\,pf}}} = \frac{39.2}{\frac{26}{80} + \frac{7.8}{60} + \frac{2}{40} + \frac{3,4}{50}} = \frac{39.2\text{Mio.}}{373,000} \approx 68\text{Pieces} \\ CT_{Clamping} &= \frac{PT}{PQ \times \#\text{Res}} = \frac{40\text{sec.}}{68 \times 1} = 0.59\text{sec.} \end{aligned} \tag{5.9}$$

양생을 위해서, 각 노는 원판이 들어 있는 두 개의 골조 상자를 담는다. 각각의 직경과 쌓기 높이에 맞추어, 채우는 용량은 제품군마다 다르다. 한 개의 골조 상자는 제품군 1과 4에 대해 심봉 60개, 제품군 2에 대해 심봉 15개 또는 제품군 3에 대해 심봉 6개로 구성된다. 수량으로 가중하면, 노의 1회 가동 당 3,300개의 디스크가 된다. 각각의 주기 시간은 다음과 같이 계산된다.

$$PQ_{Oven\,\phi}=\frac{Pcs}{\sum_{pf=1}^{4}\frac{Pcs_{pf}}{PQ_{Oven\,pf}}}=\frac{39.2\text{Mio.}}{\frac{26\text{Mio.}}{2\times60\times80}+\frac{7.8\text{Mio.}}{2\times15\times60}+\frac{2\text{Mio.}}{2\times6\times40}+\frac{3.4\text{Mio.}}{2\times60\times5}}$$
$$=\frac{39{,}2\text{Mio.}}{11.775}\approx \mathbf{3{,}330Pieces} \tag{5.10}$$
$$CT_{Curing}=\frac{PT}{PQ\times\#\,\text{Res}}=\frac{20h}{3{,}330\times44}=0.49\text{sec.}$$

각각의 심봉 수량을 감안한 덤핑에 대한 주기 시간은 개별 시간을 수량으로 가중하여 다음과 같이 계산된다.

$$OT_{Dumping}=\sum_{pf=1}^{4}\frac{PT_{pf}\times Stck_{pf}}{PQ_{pf}\times Stck}=\frac{120\times26}{80\times39.2}+\frac{200\times7.8}{60\times39.2}+\frac{160\times2}{40\times39.2}+\frac{100\times3.4}{50\times39.2}=2\text{sec.}$$
$$CT_{Dumping}=\frac{PT}{\#\text{Res}}=\frac{2\text{sec.}}{5}=0.4\text{sec.} \tag{5.11}$$

자재 흐름. 재고는 낱개 단위, 또는 매트릭스인 경우에는 kg 단위로 계수한다. 따라서 수요 대응 기간은 135,172개의 일일 수요량을 기초로 하여 계산한다. 생산에 있어서, 최종 검사의 초도 합격 수율 96.8퍼센트를 감안해야 하며, 그 결과 일일 수요는 139,640개가 된다. 디스크 중량 및 제품군별 제품 수량을 기초로 하여 평균 개당 중량은 153g으로 결정된다. 자재 손실 4퍼센트에 대한 증분을 감안하고 압축 과정의 2퍼센트의 불합격을 차감하면, 일일 필요한 물량은 22.64톤이 된다. 물량 및 수요 대응 기간을 각각의 삼각형 저장 장소 기호 아래에 기입한다(그림 5.23).

- **완제품 저장 장소.** 데이터 요청에 따라 확인해 본 결과, 고가 랙 저장 장소는 3,352백만 개의 절단 및 연마용 디스크를 저장하며, 이것은 24.8일의 수요 대응 기간에 해당한다.
- **WIP – 포장.** 6개의 작업대에서 32개의 주문에 해당하는 합계 물량 62,400개의 디스크가 작업 중에 있으며, 이는 0.45일의 수요 대응 기간에 해당한다.
- **WIP – 최종 검사.** 28개의 주문 즉, 49,960개의 디스크가 최종 검사에서 시험이 이루어지고 있으며 이는 0.36일의 수요 대응 기간에 해당한다.
- **WIP – 덤핑.** 합계 75,000개의 디스크에 조금 못 미치는 38개의 주문이 덤핑 준비가 되어 있거나 덤핑되는 중에 있으며, 이는 0.54일의 수요 대응 기간에 해당한다.

- **WIP – 냉각.** 합계 44,400개의 디스크 즉, 26개의 주문이 현재 냉각 공정을 거치고 있으며, 이는 0.32일의 수요 대응 기간에 해당한다.
- **WIP – 노.** 98개의 주문이 현재 양생 중이거나 양생 대기 중이다. 주문 문서에 따른 합계 수량은 197,000개이며, 이는 1.41일의 수요 대응 기간에 해당한다. 하지만, 양생 공정의 처리 시간인 20시간은 0.9일의 수요 대응 기간에 해당한다는 점을 유의해야 한다.
- **WIP – 클램핑.** 중첩 생산 덕분에, 현재 압축 처리 중에 있는 주문에 해당하는 디스크만이 클램핑을 대기하고 있다. 즉, 4,200개로 추산되는 수량이 여기 해당하며, 이는 0.03일의 수요 대응 기간에 해당한다.
- **WIP – 압축.** 산술적 수요 대응 기간이 0.3일이며, 각각 300kg인 23개의 주문이 처리 중에 있다. 클램핑에 있는 각각의 재고를 차감하면, 수요 대응 기간은 0.27일이다.
- **매트릭스 재고.** 300 kg짜리 합계 125개의 혼합물이 현재 중간 저장 장소에 있으며, 이는 1.66일의 수요 대응 기간에 해당한다.
- **원자재 저장 장소.** 원자재 재고 가운데 가장 중요한 부분은 입자이다. 관찰 대상인 장소에는 3.8톤의 20가지 서로 다른 규격의 입자가 저장되어 있으며, 또 다른 688톤은 공급자 저장 장소에 저장되어 있다. 합계 수요 대응 기간은 45.81일이다.

외부 물류. 선적에 있어서는 소량과 대량의 탁송물을 구분한다. 소량 주문은 최대 건당 30 kg까지 택배를 통해 선적한다. 100 kg 이상의 대량 주문은 운송업체가 팔레트에 적재하여 선적한다(그림 5.23).

매트릭스를 위해 필요한 원자재는 거의 독점적으로 중국에서 생산되며, 입자는 칭다오의 켈리사가 3–4개월의 인도 기간을 두고 공급하고 있다. 운송 실행 및 저장은 매일 토론토의 공장에 들르는 물류 서비스 공급업체인 L&T가 처리한다(그림 5.23).

업무 프로세스. 세코 ULC는 고객 주문을 직접 재고에서 충족하거나 아니면 고객 주문별로 개별적으로 평균 인도 시간 4주에 맞춰 충족한다. 주문 처리는 다음과 같은 4가지의 업무 프로세스로 구분된다(그림 5.23).

- **주문 처리.** 고객의 기술적인 시설에 따라, 주문은 팩스, 전화, 이메일 또는 EDI를 이용하여 접수하며, AS400을 통해 시스템에 입력된다. 재고 확인을 하고 나서, 소

량 주문을 확인한다. 합계 물량의 약 70퍼센트에 해당하는 대량 주문의 경우에는, 그에 따라 일정 계획이 잡힌 주문이 생성된다. 처리 몰드의 능력 활용을 감안하여, 시스템이 인도 일자를 결정하고 그것을 고객에게 확인한다.

- **선적 준비.** 소량 주문의 경우에는, 포장 문서와 선하증권을 AS400에서 직접 생성한다. 대량 주문에도 동일한 방식이 적용되지만, 생산으로부터 준비 신호와 운송업체로부터의 통지에 따라서만 그렇게 한다. 해상 운송을 하는 경우에는, 적하 일자를 고려해야 한다.
- **생산 준비.** 주된 과업은 생산 주문의 생성이다. 특정 고객 주문의 입력으로부터 생성되거나 또는 완제품 저장 장소 내의 재고가 발주점 아래로 떨어짐으로써 자동적으로 생성되는, 시스템에 기록되어 있는 일정계획이 잡힌 주문은 표준화된 배합 물량인 288kg로 변환을 해야 한다. 확인된 인도 일자 및 최대 5일로 가정된 생산 리드 타임을 염두에 두고, 생산 주문은 엑셀 스프레드 시트를 이용하여 특정한 압축 몰드에 할당하여 일정 계획을 수립한다. 이러한 압축 몰드 활용 계획 수립은 주간 단위로 수행하며, 이것은 생산을 통제하며, 추가적으로 역방향 일정 계획 수립 방식을 통해 혼합 공정의 물량 계획 수립에 활용한다.

  또한, 압축 몰드로부터의 정확한 수량, 불량에 대한 최초 검사의 불합격, 그리고 노, 덤핑 및 포장 공정으로부터의 준비 신호를 기록한다.
- **구매.** 원자재는 혼합에서 제공하는 사용 보고를 기초로 일정계획을 수립하며, 중국, 독일, 그리고 이태리의 공급자에게 때로는 매우 긴 인도 기간을 허용하면서 주에 1회 발주를 한다. 다음에서, 우리는 전적으로 매트릭스 생산에 필요한 원자재를 보관하는 물류 서비스 공급업체인 L&T에 대한 입고 지시만을 고려하기로 한다.

개선 잠재력

리드 타임. 매우 긴 리드 타임은 6 업무 일을 기준으로 했을 때 주로 합계 수요 대응 기간 70일 또는 6주에 해당하는 완제품 및 원자재 재고로 인해 기인한다. 원자재 재고가 많은 것은 주로 보충 기간이 길기 때문이다. 한 편, 완제품 재고는 많은 수의 이형을 감안한다 하더라도 불필요하게 많은 것으로 보인다. 이것은 또한 발주점을 아래로 떨어진 재고를 기준으로 발주가 유발되는 시점과 일정 계획 수립 후의 준비 신호 및 재고 보충 주문의 생산 사이의 긴 경과 기간에 기인하는 것일 수도 있으며, 그것은 다시 느린 주간 계획 수립 리듬과 더욱 느린 계획 대상 기간 및 5일이 걸리는 실제의 생산 리드 타임에 의해 유발되기도 한다(그림 5.23).

3일을 조금 넘는 정도에 불과한 재공품 재고는 주로 매트릭스의 준비 및 처리로 인해 유발된다. 첫 번째로는 장소 사이의 두드러지게 많은 운송 노력이 포함되는데, 이것은 제품 품질에 아무런 도움이 되지 않으며, 또한 무엇보다 매트릭스의 처리 요건에 대해 책임이 있고, 한 편으로 양생의 매우 긴 처리 시간은 생산의 원활한 흐름에 지장이 되고 있다. 또한, 다양한 공정 사이에 있는 나머지 재고 역시 확실히 많다. 예를 들어, 제품군 2에 속하는 중간 규격의 절단 디스크는 누적 작업 시간이 18초인데, 이것은 5일의 재공품일 경우에는 극미한 0.045 퍼밀(천분의 일)의 흐름도로 귀결된다. 하지만, 1,880개의 중간 규모의 롯트 크기에서는 이것은 여전히 합리적인 흐름도인 8.4퍼센트를 달성한다.

라인 균형화. 작업자 균형 도표를 보면 애로가 기대치 않은 위치 즉, 클램핑에서 식별된다(그림 5.24). 시간을 예를 이용하여 지도화하고 매우 다양한 제품군에 대해 보간법으로 연장하였으므로, 실제의 클램핑의 시간 소요는, 그렇지 않을 경우에는 각각의 수량을 절대 생산할 수 없었을 것이므로, 약간 작을 가능성이 있다. 그럼에도 불구하고, 자원의 관점에서 가장 비용 효과적인 생산 공정에 대한 불충분한 능력 정의는 자재 흐름의 단절을 방지하기 위해서 조심스럽게 회피하여야만 하며, 이것은 특히 능력 소요가 변동하는 제품 믹스에 기초하여 끊임 없이 변동하는 이형 생산인 경우 더욱 그렇다.

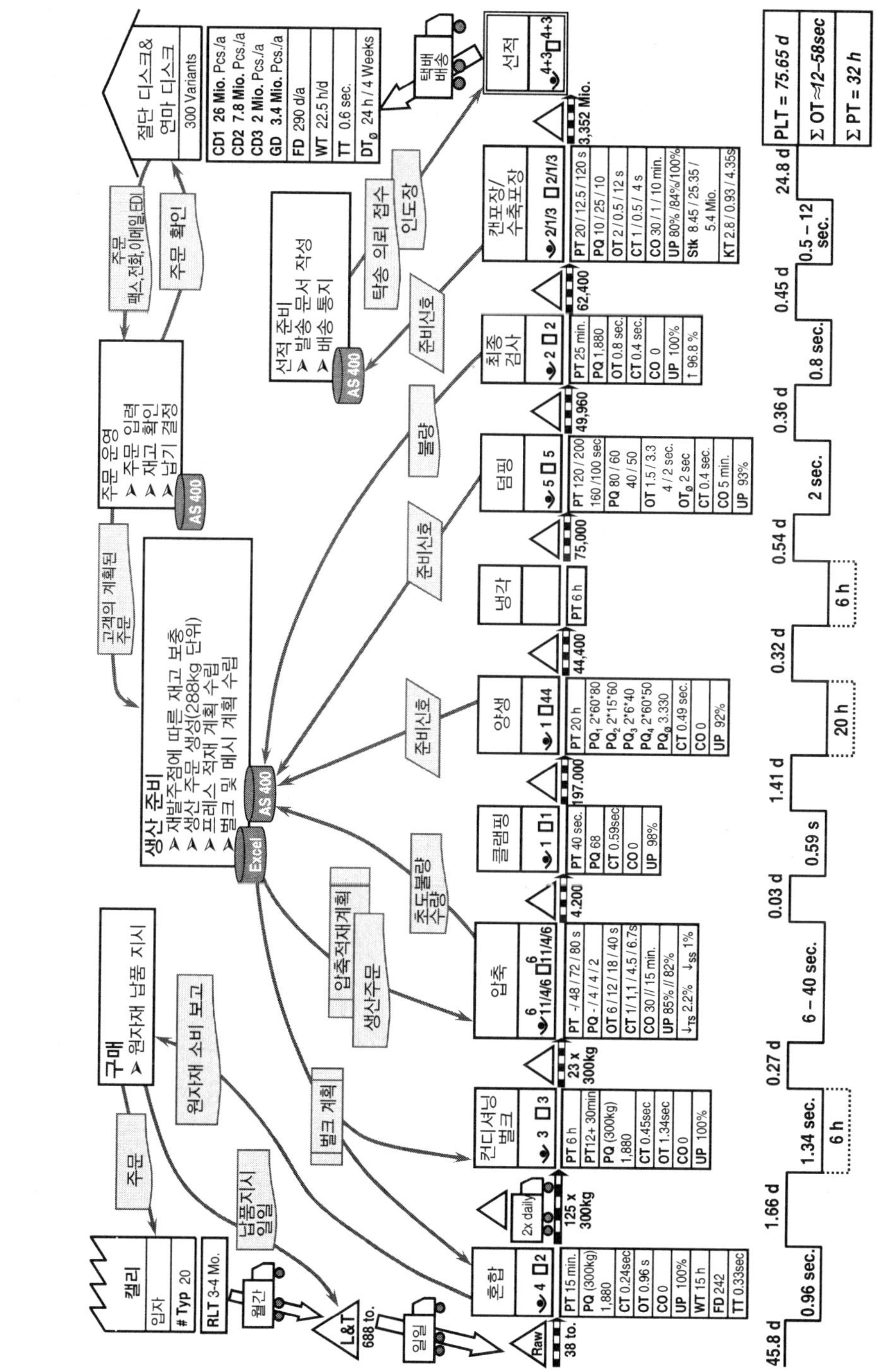

그림 5.23 세코 ULC의 가치 흐름 분석 결과

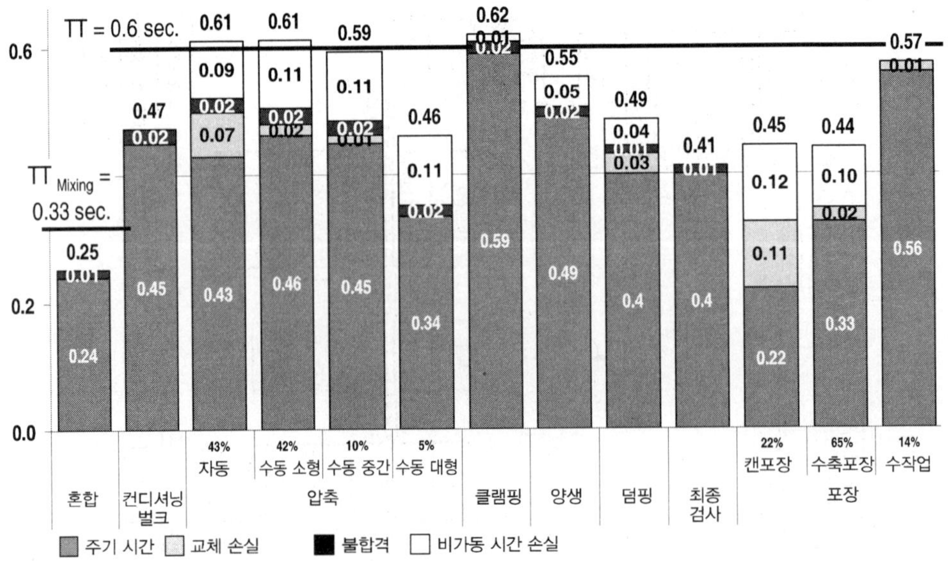

그림 5.24 현재 상태 ULC 작업자 균형 도표

압축 및 포장 공정에서는, 가치 흐름이 세 개 또는 네 개로 각각 분기된다. 작업자 균형 도표를 일관되게 묘사하기 위해서, 각각의 해당하는 주기 시간을 각각의 막대 그래프 아래에 백분비로 표시한다(그림 5.24).

포장 공정의 (부분적인) 자동화 작업장의 높은 교체 및 가용 시간 손실을 감안하였을 때, 비록 복수의 추가적인 수동 포장 작업대가 있지만, 각각의 활용률은 75퍼센트 미만이다. 각각의 작업장은 수량에 관해 최적화되어 있으나, 오로지 특정한 직경에 대해서, 그리고 교체 시간 비율이 높은 캔 포장 공정에 관해서만 그렇다.

물량의 할당은 하나의 특정 자원에 대해서는 제품군 3만을 명확히 할당할 수 있기 때문에 압축 공정에 관해 약간 어렵다. 제품군 1 및 2의 자동 압축은 합계 3천3백8십만 개의 디스크를 생산할 수 있어서, 공정 고유 고객 탁트 타임이 0.69초가 된다. 주기 시간이 1초일 경우, 수요의 최대 70퍼센트를 자동 압축 몰드 상에서 처리할 수 있다. 15퍼센트의 가용 시간 손실과 5퍼센트의 교체 시간 손실을 감안하면, 제품군 1 및 2를 반씩 자동 및 수동 압축으로 나누는 것이 첫 번째 방책으로서 편리한 것으로 보인다. 그 결과로서의 4가지 서로 다른 유형의 압축 몰드에 대한 물량은 다음과 같다.

$$\frac{Pcs_{Automatic\ Pressing}}{Pcs} = 50\% \times \frac{(Pcs_{pf1} + Pcs_{pf2})}{Pcs} = 50\% \times \frac{26 + 7.8}{39.2} = 43\%$$

$$\frac{Pcs_{Manual\ Pressing\ small}}{Pcs} = \frac{50\% \times Pcs_{pf1} + Pcs_{pf4}}{Pcs} = \frac{50\% \times 26 + 3.4}{39.2} = 42\%$$

$$\frac{Pcs_{Manual\ Pressing\ medium}}{Pcs} = \frac{50\% \times Pcs_{pf2}}{Pcs} = \frac{50\% \times 7.8}{39.2} = 10\% \tag{5.12}$$

$$\frac{Pcs_{Manual\ Pressing\ great}}{Pcs} = \frac{Pcs_{pf3}}{Pcs} = \frac{2}{39.2} = 5\%$$

물량을 할당하면 모든 압축 몰드에 대해 높거나 과도한 부하를 부과하면서 상대적으로 균등하게 균형이 잡힌 부하가 가능해진다. 이것은 자동화된 압축 몰드의 가용 시간의 개선과 교체 시간의 단축을 통해 시정할 수 있을 것이다.

자동 압축, 양생 및 캔 포장에 대한 주기 시간 및 시간 손실에 대한 모범적인 계산은 등식 5.13에 표시된 바와 같다.

자동 압축:

$$CT = \frac{OT}{\#Res} \times \frac{Pcs_{Automatic\ Pressing}}{Pcs} = \frac{6sec.}{6} \times 43\% = 0.43sec.$$

$$CT_{CO} = CT \times \frac{CO}{LS \times OT} = 0.43sec. \times \frac{30min.}{1,880 \times 6sec.} = 0.43sec. \times 16\% = 0.07sec.$$

$$CT_Q = CT \times \sum(1 - \uparrow) = 0.43sec. \times [(1 - 96.8\%) + 2.1\%] = 0.023sec.$$

$$CT_{UP} = TT \times (1 - UP) = 0.6sec. \times (1 - 85\%) = 0.09sec.$$

양생:

$$CT_{Curing} = 0.49sec.\ (\text{등식 5.10 참조})$$

$$CT_Q = CT \times \sum(1 - \uparrow) = 0.49sec. \times (1 - 96.8\%) = 0.02sec. \tag{5.13}$$

$$CT_{UP} = TT \times (1 - UP) = 0.6sec. \times (1 - 92\%) = 0.05sec.$$

캔 포장:

$$\frac{Pcs_{Canning}}{Pcs} = 25\% \times \frac{(Pcs_{pf1} + Pcs_{pf2})}{Pcs} = 25\% \times \frac{26 + 7.8}{39.2} = 22\%$$

$$CT = \frac{PT}{PQ \times \#Res} \times \frac{Pcs_{Canning}}{Pcs} = \frac{20\text{min.}}{10 \times 2} \times 22\% = 0.22\text{sec.}$$

$$CT_{CO} = CT \times \frac{CO}{LS \times OT} = 0.22\text{sec.} \times \frac{30\text{min.}}{1{,}880 \times 2\text{sec.}} = 0.22\text{sec.} \times 48\% = 0.11\text{sec.}$$

$$CT_{UP} = TT \times (1 - UP) = 0.6\text{sec.} \times (1 - 80\%) = 0.12\text{sec.}$$

가치 흐름 설계

목표. 전체 생산 공정을 일관된 흐름 지향과 인력적인 노력의 상당한 절감을 달성하기 위해 부분적으로는 아직 개발되어야 하는 기술에 대한 투자를 활용하여 새롭게 설계한다.

생산 공정(1): 양생. 결정적인 요점은 배치 방식으로 수행하는 현재의 양생 공정을 연속 공정으로 대체한다는 의도이다. 적합한 노에 관한 관련 제조업체의 제안이 없는 관계로, 적절한 프로토타입을 특별히 개발하려고 한다. 생산 흐름을 개선하고, 처리 비용과 생산 공간을 절감할 뿐만 아니라 이것은 낡고 단열이 열악한 노에 비해서 상당히 에너지를 절감할 것으로 기대된다.

연속노의 예비 설계에 대해 내부 폭을 1m라고 가정한다. 각각의 디스크의 직경과 제품군에 따라, 컨베이어 벨트 상에 5cm 간격으로 디스크가 장착된 5, 3 또는 2개의 심봉을 놓고 연속노 안에서 처리할 수 있을 것이다(그림 5.25). 노의 길이는 현재의 처리 시간을 반으로 줄이는 즉, 10시간으로 하고 그럼으로써 노의 성능을 자동 압축 몰드의 6초(PF1, 2, 4) 또는 12초(PF3)의 클럭 타임(CLT)과 각각 균형을 맞추고자 하는 결과로 계산된 것이다. 심봉 개당 디스크 수량(MQ)인 80, 55 또는 40개를 감안하면, 다음과 같은 매우 다른 요구되는 노의 길이가 결정된다.

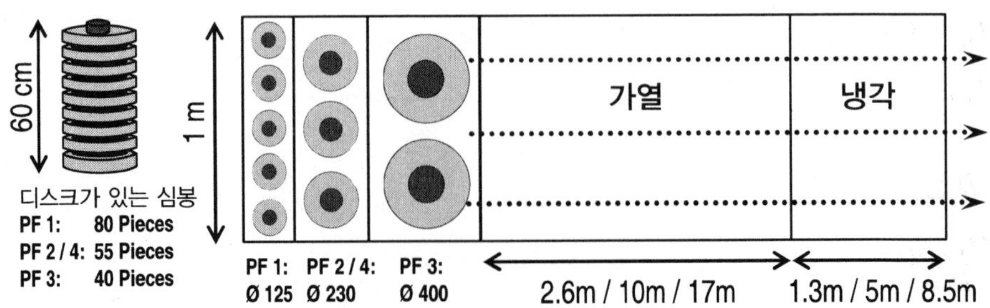

그림 5.25 연속노의 계통도

$$Lenght_{Oven,pf1} = \frac{PT\times(\phi+50\text{mm})}{CLT\times MQ\times\#D} = \frac{10h\times(125\text{mm}+50\text{mm})}{6\text{sec.}\times 80\times 5} = 2.63\text{m}$$

$$Lenght_{Oven,pf2/4} = \frac{10h\times(230\text{mm}+50\text{mm})}{6\text{sec.}\times 55\times 3} = 10.2\text{m} \quad (5.14)$$

$$Lenght_{Oven,pf3} = \frac{10h\times(400\text{mm}+50\text{mm})}{12\text{sec.}\times 40\times 2} = 16.9\text{m}$$

냉각 공정은 5 시간이 걸리는 것으로 가정하였으므로, 따라서 노 길이의 반이 추가되어야 할 것이다. 제품군 1에 필요한 노가 비교적 짧으므로, 그것은 결정된 능력의 2배로 설계를 하고 그럼으로써 두 개의 압축 몰드로부터 생산된 디스크를 담을 수 있을 것이다. 각각의 고객 탁트 타임을 충족시키기 위하여, 제품군마다 다음과 같은 수의 노와 할당된 압축 몰드가 필요할 것이다(그림 5.27).

- PF1. 4개의 노의 탁트 타임이 3초 주기 시간이 0.75초이면, 고객 탁트 타임 0.9초보다 작게 될 것이다. 압축 몰드의 탁트 타임이 그것의 두 배이므로, 8개의 압축 몰드가 필요할 것이다.
- PF2. 노의 탁트 타임이 6초인 3개의 노와 주기 시간이 2초인 압축 몰드가 3개이면 고객 탁트 타임 3초 미만이 될 것이다. 엄밀하게 말하면, 2개의 노로 충분할 것이다.
- PF3. 노의 탁트 타임이 12초인 1개의 노와 한 개의 압축 몰드를 가지면 고객 탁트 타임 11.75초를 약간 초과할 것이다. 하지만, 제품군 2가 상당한 초과 능력을 나타내고 있으므로, 제품군3의 가장 작은 디스크를 제품군 2로 재할당할 수 있을 것이다.
- PF4. 노의 탁트 타임이 6초이고 주기 시간이 6초인 적절한 압축 몰드를 사용하면, 고객 탁트 타임 6.9초 미만이 될 것이다.

노의 개발에 있어서, 전력 효율의 증대를 특히 권장한다. 이러한 맥락에서, 튜브 형상이 연소로의 형상으로서 특히 적합하다는 것이 밝혀졌으며 따라서 계획한 노의 건설에 처음에는 수직으로 사용하게 되었다. 하지만, 이는 엄청난 공간 소요와 불리한 열 분배로 귀결되었다. 노 공간을 회전 이송 장치와 유사한 배열로 복수의 수직 튜브 형태로 분할함으로써 최종적으로 '파이프 오르간 형상'의 연속로의 개발로 귀결되었다(그림

5.26). 해당 노는 아래 방향으로부터 순차적으로 공급되었으나, 복수의 튜브로 분할된 관계로 각각의 배치 크기가 작고 다음 단계에서 설명하는 바와 같은 형태로 압축 및 포장 공정의 라인 생산으로의 완벽한 통합을 가능하게 했다.

생산 공정(2): 덤핑 및 포장. 덤핑 공정은 인체공학적으로 설계될 예정으로, 명백하게 소음과 먼지를 감축하고 무거운 부하를 수작업으로 들어올리는 일을 배제하게 될 것이다. 현재의 것보다 제거하기 쉬운 분리기를 찾을 예정이다. 매트릭스 구성 및 노 안에서의 공정 제어는 수정이 필요할 수 있다. 이상적으로는, 양생 및 냉각이 끝난 디스크는 균등한 속도로 심봉 상에 있는 상태로 노를 빠져 나와 수작업으로 쉽게 제거되어 즉각적인 검사를 진행하게 될 것이다. 또한, 캔 포장과 수축 공정을 통합하는 것이 편리하다는 점이 입증될 수 있다(설계지침 2).

포장 자재(캔, 판지 상자)를 물류 직원이 제공하게 되면서, 교체 시간이 전혀 없게 될 예정이다. 상대적으로 낮은 수준의 자동화를 통해 실질적으로 가용 시간이 증대될 수 있다.

그림 5.26 골조 상자용의 낡은 노와 수직 적재용으로 '파이프 오르간' 형상의 신규 개발 노의 프로토타입 (여기서는 절연물 없이 보임).

대형 절단 디스크(PF 3) 및 연마 휠(PF 4)은 앞으로도 계속 10개의 포장 단위로 120초의 시간을 들여 수작업으로 수축 포장을 하게 될 예정이다. 어떻든 포장을 위해서 디스크를 수작업으로 들어 올려야 하기 때문에, 덤핑 및 품질 관리는 추가적인 시간적인 노력 없이 쉽게 통합할 수 있을 것이다. 이것은 디스크 당 12초의 작업 시간으로 귀결되며, 따라서 모든 절단 디스크용으로 1대의 포장 작업대로 충분하게 되는 한편, 연마 휠은 각각의 노의 주기 시간과 일치시키기 위하여 두 개의 포장 작업대가 필요하게 될 것이다(그림 5.27).

제품군 1과 2에서 25퍼센트의 디스크는 10개 단위로 캔 포장을 해야 하며, 나머지는 25개 단위로 수축 포장을 해야 한다. 그 결과 포장 단위 당 평균 21.25개로 귀결된다. 추정 작업 시간 40초에, 각각 필요한 주기 시간 0.6초, 또는 1.8초가 충족될 것이다(그림 5.27).

생산 공정(3): 압축. 압축 공정은 완전히 자동화될 예정이다. 즉, 현재의 경향을 일관되게 추가적으로 개발해 나갈 예정이다. 추가적으로 자동화를 추진함으로써 약 50퍼센트의 인건비 절감이 실현될 것이다. 기존의 공장을 잠재적인 성과의 척도로 삼아, 7개의 추가적인 몰드가 현재의 18개의 수작업 압축 몰드를 대체하면서, 합계 13개의 자동화된 작업장이 필요할 것이다(그림 5.27).

생산 공정(4): 혼합. 혼합 공정은 생산 위치로 이전할 예정이며, 이로 인해 다음과 같은 몇 가지 효과가 따르게 될 것이다. 즉, 운송 비용이 배제될 것이다. 주문에 따른 매트릭스의 생산은 또한 교대조 당 3명의 작업자가 수행하던 거름 작업(휴가를 제외하고 12명의 작업자)의 필요성을 배제하게 될 것이다(설계지침 2). 또한, 1.5일이 넘는 리드 타임과 매트릭스 저장 장소의 저장 공간을 절감할 수 있다. 또한, 실제 수요에 따라 혼합을 하면 이상적으로는 공조가 된 경내에서 매트릭스의 높은 품질을 보장하게 될 것이다.

품질 개선을 위해서, 혼합 공정 시간을 30분으로 배가하게 될 것이다. 새로 정의한 공정은 이전의 100kg 단위에 맞게 조정된 작은 롯트 크기로 작업을 수행하게 됨으로써 평균 롯트 크기를 1/3로 즉, 627개 디스크로 줄이게 될 예정이다. 3개 교대조에 걸친 일일 디스크 수요 22.64 톤은 시간당 1톤 조금 넘는 수요로 변환된다. 따라서, 시간당 200kg의 수요를 맞추기 위해서 5개가 조금 넘는 즉, 6개의 혼합 설비가 필요하다. 이상적으로는, 한 사람의 작업자가 2개의 혼합 설비를 작동하고 자재는 한 명의 물류 직원이 공급하도록 할 예정이다. 배합의 교체에는 5분의 교체 시간이 소요된다(그림 5.27).

자재 흐름. 나머지의 4개 공정은 최소한의 완충을 이용하여 FIFO 라인을 통해 밀접하게 연결하게 된다(설계지침 3). 원료 배합물은 가능한 사용 시점에 가깝게 준비를 하도록 하고 자동 압축 몰드로 가져가도록 할 예정이다. 압축 몰드 작업자는 기계 옆의 심봉 위에 쌓여 있는 디스크를 들어서 클램핑을 한 다음 노 컨베이어 위에 올려 놓는다. 양생이 끝난 후에 작업자는 붙지 않는 디스크를 분리하는 간단한 공구를 이용하여 디스크를 컨베이어 벨트에서 꺼내어 시각적으로 품질 검사를 한 다음 포장을 하게 된다.

압축으로부터 캔 포장까지의 공정을 가깝게 연결하게 되면 실질적으로 라인 생산을 구성한다. 따라서, 가치 흐름 지도 속에서 이들 공정은 추가적으로 점선으로 연결한다. 극단적인 경우, 이는 단 두 개의 공정 즉, '혼합'과 '디스크 성형'만을 물리적으로 격리된 공정으로 남겨 놓게 된다(설계지침 2). 하지만, 이를 위해서는 일관되게 성공적인 라인 균형화와 부품의 높은 가용성이 필요한데, 그렇기 때문에 단순히 확인하기 위한 목적으로 우리의 공정 지도에서는 공정들을 FIFO 완충을 통해 약하게 결합을 한 것이다. 생산 리드 타임은 3일에서 1일 조금 넘는 수준까지 상당히 감축되었으며, 이는 주로 노의 처리 시간이 15시간이 되었기 때문인데, 그것은 다시 기술적인 이유로 최소한 0.67일의 재공품 재고가 필요하다(그림 5.27 시간선). 공정을 완충으로 보호함으로써, 60퍼센트의 흐름도가 가능하게 된다.

최초 수요 대응 기간 2주(업무일 기준 12일)인 완제품(제품군 1) 용의 슈퍼마켓 저장장소를 상정한다(설계지침 4). 표준 제품만을 저장하고, 고객 고유 제품은 리드 타임의 감축 덕분에 주문을 받은 후 생산할 수 있게 될 것이기 때문에, 이것으로 충분할 것으로 보인다. 이와 같은 고객 고유의 제품(제품군 2)은 생산에서 바로 선적을 위해 제공하게 될 것이다. 만일 존재할 경우 며칠 간의 생산 일자에 걸쳐 분산될 대량 주문은 선적단에서 축적하도록 할 예정이다.

여기서는 공급자 연결 부분은 특별히 고려하지 않을 것인데, 그것은 물류 서비스 공급자를 이용하는 현재의 해결 대안이 매우 잘 작동하고 있을 뿐만 아니라, 그 수요 지향형 통제를 통해 공급자 간반과 매우 유사하게 작동하기 때문이다. 따라서, 변경되지 않은 현재 상태는 그림 5.27에 옅은 회색으로 표시하였다.

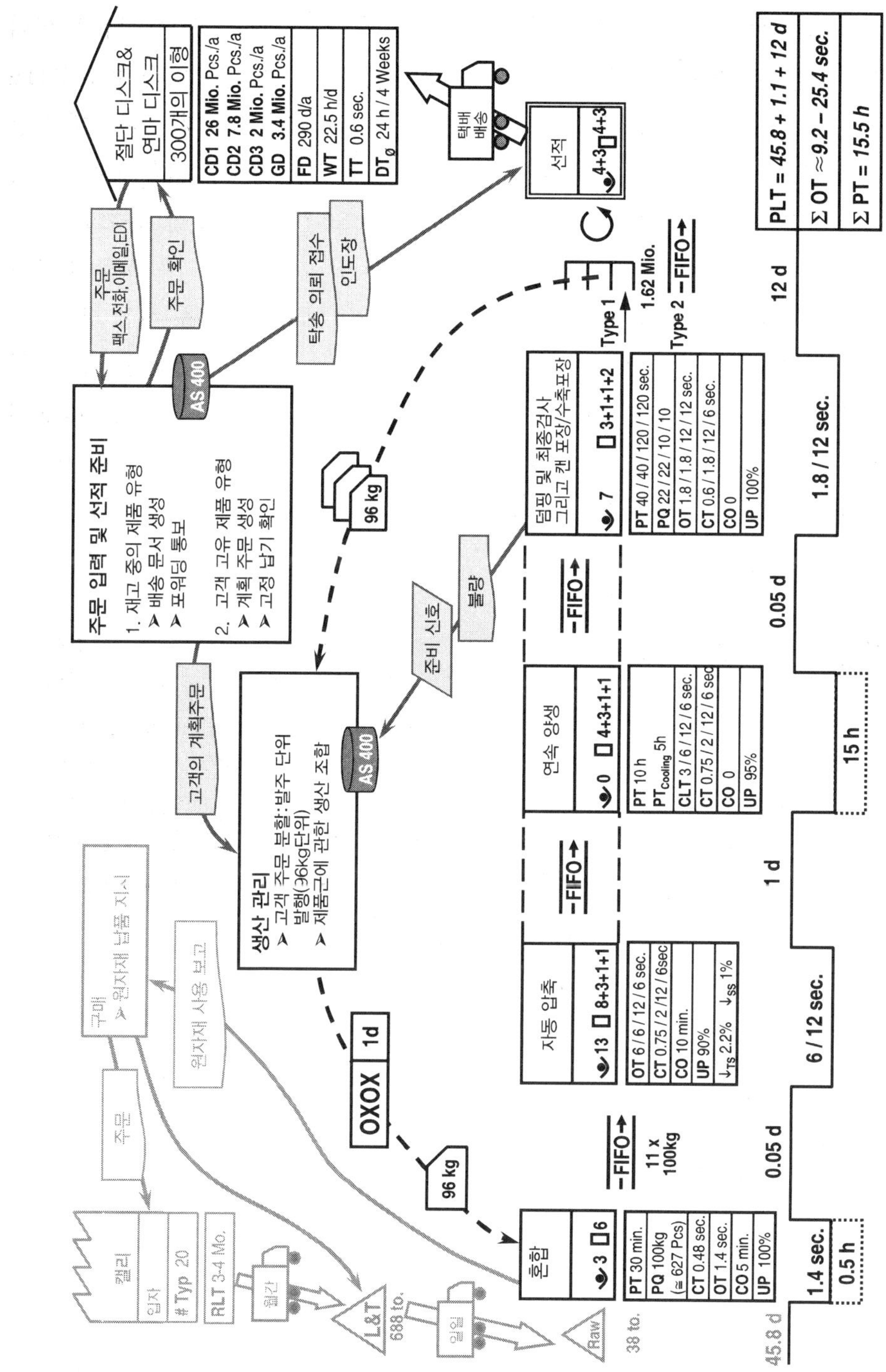

그림 5.27 세코 ULC의 절단 디스크 생산의 미래 상태 지도

생산 관리. 생산은 혼합 공정으로 시작하여 고객 익명 방식 또는 고객 고유의 방식(유발점은 설계지침 5에 따름)으로 수행할 수 있다. 혼합 설비의 능력에 따라 표준 100kg의 발주 단위가 결정되는데, 이것은 자재 손실을 감안하고 난 다음에는 96kg에 해당한다(설계지침 6). 그 다음의 압축해야 할 디스크의 수는 각각의 디스크의 기하학적 형상에 따라 달라지며, 평균 627개에서 완제품 불량 손실 5퍼센트를 차감한 수량이 된다.

'생산 관리'라는 업무 프로세스에서는 AS400에서 생성된 고객 고유 제품에 대한 일정 계획이 잡힌 주문을 통일된 발주 단위로 변환한다. 또한, 완제품 저장 장소에서 시작되는 간반이 존재한다. 두 가지 유형의 발주 단위는 모두 대기행렬에 누적된다. 하루의 발주 대상 기간 이내에, 개략 하루에 225개의 발주 단위가 정의된 4개 제품군의 상호 조합에 따라 생산에 대해 발주된다. 부하 균등화 상자가 각 제품군에 대해 가용한 기계의 균등한 활용을 보장한다(설계지침 7).

결론. 가치 흐름 설계에 있어서 상당히 광범위한 기술적인 변화를 개념적으로 고안하였다. 최초의 목표는 낡은 노를 신규의 노로 대체하고 생산 흐름을 개선하는 것이었다. 일단 이와 같은 결정이 내려지자, 상류의 압축 및 하류의 덤핑 및 포장 공정을 연결하기가 쉬웠다. 이에는 가치 흐름 분석과 연결한 제품군의 생성을 활용하였으며, 이러한 제품군에 기초하여 생산 공정에 대해 적합한 성과 분류를 형성하였다. 압축에서 포장까지의 생산 공정 역시 작업자의 작업 측면에서 적절하게 통합되었다. 따라서, 달성된 결과는 인상적으로 '한 공정 공장'에 가깝다. 오로지 혼합 공정만이 주로 내재적인 먼지 발생으로 인해서 통합될 수 없었다.

CHAPTER 06

참고문헌

John, B., Matthias, H.: The Lean Toolbox. The Essential Guide to Lean Transformation, 4th edn. PICSIE Books, Buckingham (2009)

Duggan Kevin, J.: Creating Mixed Model Value Streams. Practical Lean Technique for Building to. Demand. Productivity Press, New York (2002)

Klaus, E.: Das Technotop. Die technologische Konstruktion der Wirklichkeit. LIT-Verlag, Münster (2000)

Klaus, E., Engelbert, W.: Energiewertstrom. Der Weg zur energieeffizienten Fabrik. Fraunhofer Verlag, Stuttgart (2009)

Klaus, E.: Energy Value Stream. Increasing Energy Efficiency in Production. In: Schuh, G., Neugebauer, R., Uhlmann, E. (eds.) Future Trends in Production Engineering. Springer, Heidelberg (2012)

Eliyahu, G.M., Jeff, C.: The Goal. A Process of Ongoing Improvement. North River, Cambridge (1995)

Liker, J.K.: The Toyota Way. 14 Management Principles from the World's Greatest Manufacturer. McGraw-Hill, New York (2004)

Hermann, L.: Handbook of Manufacturing Control: Fundamentals, description, configuration. Springer, Heidelberg (2012)

Nakajima, S.: Introduction to TPM – Total Productive Maintenance. Productivity Press, Cambridge (1988)

Taiichi, O.: Toyota Production System: Beyond Large-scale Production. Productivity Press, New York (1988)

REFA – Verband für Arbeitsstudien und Betriebsorganisation e. V, Methodenlehre des Arbeitsstudiums. Teil 2. Datenermittlung. Hanser, München (1992)

Günter, R.: Some Methodological Aspects of Modelling Socio-Technical Systems. In: Trappl, R., et al. (eds.) Progress in Cybernetics and Systems Research, vol. 10, pp. 525–536. Hemisphere, Washington DC (1982)

Mike, R., Rick, H.: Creating Continuous Flow. An Action Guide for Managers, Engineers and Production Associates. The Lean Enterprise Institute, Brookline (2001)

Mike, R., John, S.: Learning to See: Value Stream Mapping to Add Value and Eliminate Muda. Lean Enterprise Institute, Cambridge (1999)

Michael, S., Siegfried, W., Egon, M.: Factory Planning Manual: Situation-Driven Production Facility Planning. Springer, Heidelberg (2009)

Art, S.: A Lean Production-System Improvement Guide for Production-Control, Operations, and Engineering Professionals. Lean Enterprise Institute, Cambridge (2004)

Kiyoshi, S.: The New Manufacturing Challenge. Techniques for Continuous Improvement. Free Press, New York (1987)

Don, T., Tom, S.: Value Stream Management for the Lean Office: Eight Steps to Planning, Mapping, and Sustaining Lean Improvements in Administrative Areas. Productivity Press, New York (2003)

Hitoshi, T.: The Synchronized Production System: Going Beyond Just-In-Time Through Kaizen. Kogan Page, Philadephia (2006)

VDI-Guideline 5200, Part 1: Factory planning – Planning procedures. Beuth Verlag, Berlin (2010)

Hans-Hermann, W.: Turbulence Germs and their Impact on Planning and Control – Root Causes and Solutions for PPC Design. CIRP Annals Manufacturing Technology 56(1), 443–446 (2007)

Hans-Hermann, W.: Situative Konfiguration des Auftragsmanagements im turbulenten Umfeld. Jost-Jetter-Verlag, Heimsheim (2002)

Hans-Peter, W.: Load-Oriented Manufacturing Control. Springer, Heidelberg (1995)

CHAPTER 07

부록

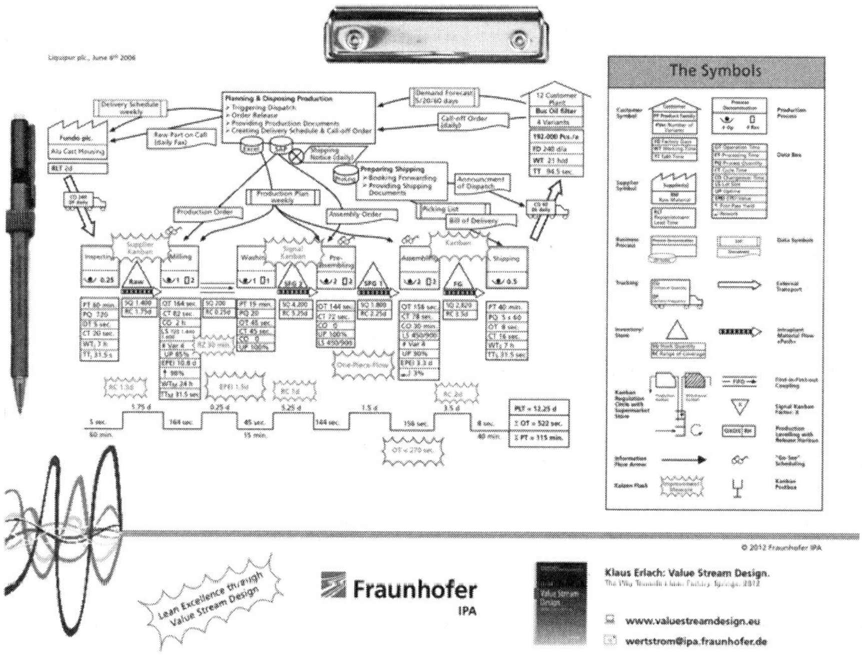

그림 7.1 본 가치흐름 클립보드는 ISO A3용지를 사용해야 하며, 생산 내의 가치흐름지도의 작성을 촉진한다.

7.1 공식 색인

7.1.1 가치흐름 분석을 위한 계산 공식

1. 탁트 타임의 계산

1.1 전체 가치흐름에 대한 일반적인 고객 탁트 타임

$$TT = \frac{\text{연간 가용 근무 시간}}{\text{연간 고객 수요}} = \frac{FD \times WT}{Pcs} = \frac{WT}{DD} \tag{2.1}$$

여기서, TT 탁트 타임 [시간 단위/pcs.]

FD 공장 일수 [d/a]

WT 일일 근무 시간 [시간 단위/d]

Pcs 연간 수량 [pcs./a]

DD 일일 수요 [pcs./d].

1.2 공정 고유 탁트 타임

$$TT_P = TT \times \frac{Pcs}{Pcs_P} \times \frac{WT_P}{WT} = \frac{FD \times WT_P}{Pcs_P} \tag{2.9}$$

여기서, TT 공정 고유 고객 탁트 타임 [시간 단위]

WT_P/WT 일반적인 근무 시간에 대한 공정 고유 근무 시간 [%]

Pcs_P/Pcs 공정 고유 연간 수량의 비율 [%]

FD 공장 일수 [d/a]

2. 주기 시간의 계산

2.1 생산 공정의 순 성과로서의 주기 시간

$$CT = \frac{OP \times \#P}{\#Res} \text{ 또는 } CT = \frac{OP \times \#P}{PQ \times \#Res} \tag{2.3}$$

여기서, CT 주기 시간 [시간 단위]

OT 작업 시간 [시간 단위]

PT 처리 시간 [시간 단위]

PQ 배치 또는 연속 처리에 대한 공정 수량 [pcs.]

#P 완제품당 동일한 부품의 수 [pcs.]

#Res 동일한 자원의 수량 [pcs.]

2.2 시간 손실 하의 조 주기 시간

$$CT_{gross} = CT_{net} + CT_{CO} + CT_{UP} + CT_{Q} \quad (2.22)$$

여기서, CT_{gross} 조 주기 시간 [시간 단위]

CT_{net} 등식 2.3에 따른 순 주기 시간 [시간 단위]

2.2.1 교체에 따른 시간 손실에 대한 추가 시간

$$CT_{CO} = CT_{net} \times COF = CT_{net} \times \sum_{i=1}^{\#Var} \frac{CO_i}{LS_i \times OT_i} \times \frac{Pcs_i}{Pcs} = CT_{net} \times \frac{CO}{LS_{\phi} \times OT} \quad (2.20)$$

여기서, CT_{net} 등식 2.3에 따른 순 주기 시간 [시간 단위]

CT_{CO} 교체에 따른 시간 손실 [시간 단위]

COF 교체에 따른 손실에 대한 계수 [%]

Pcs. 연간 수량 [pcs./a]

OT 작업 시간 [시간 단위]

LS 롯트 크기 [pcs.]

LS_{ϕ} 평균 롯트 크기 [pcs.]

CO 작업 시간 [시간 단위]

2.2.2 고장에 따른 시간 손실에 대한 추가 시간

$$CT_{UP} = TT \times (1 - UP) \quad (2.21)$$

여기서, CT_{UP} 고장에 따른 시간 손실 [시간 단위]

TT 고객 탁트 타임 [시간 단위/pcs.]

UP 가용 시간 [%]

2.2.3 품질 결함에 따른 시간 손실에 대한 추가 시간

$$CT_Q^m = CT_{net}^m \times QL^m = CT_{net}^m \times \left(\downarrow_m + \sum_{pss=1}^{m} (1 - \uparrow_{pss}) \right) \tag{2.7}$$

여기서, pss 공정 m 이후의 $m-1$개의 후속 공정에 대한 지수

여기서, pss	공정 m 이후의 $m-1$개의 후속 공정에 대한 지수
$\mathrm{CT_Q}$	품질 결함으로 인해 시간 손실 [시간 단위]
$\mathrm{CT_{net}}$	CT; 등식 2.3에 따르는 주기 시간 [시간 단위]
QL	품질 손실률 [%]
↑	초도 합격 수율 [%]. 종종 ↓ 즉, 불합격 [%]로도 표현됨
↲	재작업 [%]

3. 고정 롯트 크기에 대한 EPEI 값의 계산

$$EPEI_{fix} = \frac{\sum OT + \sum CO}{\#Res \times UP \times WT}$$

$$EPEI_{fix} = \frac{\sum_{\mathrm{var}=1}^{n} LS_{\mathrm{var}} \times OT_{\mathrm{var}} (1 + \downarrow_{\mathrm{var}}) + \sum_{\mathrm{var}=1}^{n} CO_{\mathrm{var}}}{\#\mathrm{Res} \times UT \times \mathrm{WT}} \tag{2.8}$$

여기서, var	이형 n개에 대한 지수
$\mathrm{EPEI_{fix}}$	고정 롯트 크기에 대한 EPEI 값 [d]
LS	롯트 크기 [pcs]
OT	단위당 작업 시간 [시간 단위]
↲	재작업 [%]
CO	교체 시간 [시간 단위]
#Res	동일한 자원의 수량 [pcs.]
UP	가용 시간 [%]
WT	일일 근무 시간 [시간 단위/d]

4. 수요 대응 기간의 계산

4.1 재고 및 완충 재고의 수요 대응 기간

$$RC = \frac{SQ \times \uparrow}{DD \times \#P} \tag{2.13}$$

여기서, RC　수요 대응 기간 [d]
SQ　재고 수량 [pcs.]
DD　일일 수요 [pcs./d]
↑　초도 합격 수율 [%]
#P　완제품 개당 동일 부품 수 [pcs.]

4.2 주문 대기행렬의 수요 대응 기간

$$Q = \#O \times TT \tag{2.14}$$

여기서, Q　대기 행렬 [시간 단위]
#O　대기 중인 주문 건수 [pcs.]
TT　고객 탁트 타임 [시간 단위/pcs.]

4.3 전체 가치 흐름에 대한 생산 리드 타임

$$PLT = \sum_{i=1}^{Process\,n} \frac{WIP_i \times \uparrow}{DD \times \#P} + \sum_{i=1}^{Stock\,m} RC_i = \sum_{i=1}^{m} \frac{(SQ_i + WIP_i) \times \uparrow}{DD \times \#P} - \sum_i RC_i \tag{2.16}$$

여기서, PLT　생산 리드 타임 [d]
RC　수요 대응 기간 [d]
WIP　재공품 [pcs.]
SQ　재고 수량 [pcs.]
DD　일일 수요량 [pcs./d]
↑　초도 합격 수율 [%]
#P　완제품당 동일 부품의 수량

5. 개선 잠재력 및 낭비의 식별

5.1 가치흐름의 역동성에 대한 척도로서의 흐름도

$$DF = \frac{\sum_{Process}(OT + PT)}{\sum_{Store} RC \times WT} \times 100 \tag{2.17}$$

여기서, DF 흐름도 [%]
OT 작업 시간 [시간 단위]
PT 처리 시간 [시간 단위]
RC 수요 대응 기간 [d]
WT 일일 근무 시간 [시간 단위/d]

5.2 가치흐름의 능력 가용성에 대한 척도로서의 능력활용도

$$DU = \frac{1}{n} \times \sum_{i=1}^{Process\ n} \frac{CT_i}{TT_i} \times 100 \tag{2.18}$$

여기서, n 가치 흐름 내의 생산 공정의 수
DU 능력 활용도 [%]
CT 주기 시간 [시간 단위]
TT 고객 탁트 타임 (공정별) [시간 단위]

7.1.2 가치흐름 설계를 위한 사양 공식

1. 가치흐름의 능력 윤곽의 사양

$$\#Res = \text{ROUNDING UP}\left[\frac{OT}{TT \times (1 - COF) \times UP \times (1 - QL)}\right] \tag{3.1}$$

여기서, #Res 자원 소요량
OT 작업 시간 [시간 단위]
TT 탁트 타임 [시간 단위]
COF 교체로 인한 시간 손실 계수 [%]
UP 가용 시간 [%]
QL 품질 손실률 [%]

2. 연속 흐름 생산의 사양

$$\#OP = \text{ROUNDING DOWN}\left[\frac{\sum OT_i}{TT \times 95\% \times \#Res}\right] \quad (3.2)$$

여기서, #OP	연속 흐름 생산 내의 작업자의 수
OT_i	작업대 i의 작업 시간 [시간 단위]
TT	탁트 타임 [시간 단위]
#Res	평행 라인의 수

3. FIFO 완충의 사양

$$Con\,WIP = \frac{(OT \times CQ) + MZ}{TT} + \frac{(OT_{max} - OT)}{TT} \times LS + \frac{CO}{TT} + \frac{DT_{max}}{TT} + PQ$$

여기서, ConWip	제한된 재고 수준 [pcs.]	
OT	선행 공정의 작업 시간 [시간 단위]	
CQ	이송용 용기 수량 [pcs.]	(3.3)
MT	이동 시간 [시간 단위]	(3.4)
TT	탁트 타임 [시간 단위]	(3.5)
OT_{max}	선행 공정의 작업 시간 [시간 단위]	(3.6)
LS	롯트 크기 [pcs.]	
CO	교체 시간 [시간 단위]	
DT_{max}	최대 비가동 시간 [시간 단위]	
PQ	공정 수량 [pcs.]	

4. 생산 간반의 사양

4.1 필요한 재공품(WIP)의 추정

$$WIP = RLT \times DD \approx 4 \times TCT \times DD \quad (3.8)$$

여기서, WIP	재공품 [pcs.]
RLT	보충 리드 타임 [d]
DD	일일 수요 [pcs./d]
TCT	운송 주기 시간 [시간 단위]

4.2 한 이형의 최대 슈퍼마켓 재고의 결정

$$
\begin{aligned}
SQ_{Var} &= WIP + BS + SS \\
&\approx 4 \times TCT \times DD_{Var} + 4 \times TCT \times \Delta DD_{Var} + RC_{SS} \times DD_{Var}
\end{aligned}
\tag{3.9}
$$

여기서, SQ_{Var}	한 이형의 슈퍼마켓 내의 최대 재고
WIP	재공품 [pcs.]
ES	완충 재고 [pcs.]
SS	안전 재고 [pcs.]
TCT	운송 주기 시간 [시간 단위]
DD_{Var}	이형의 일일 수요 [pcs./d]
ΔDD_{Var}	이형의 최대 추가 일일 수요 [pcs./d]
RC_{SS}	안전재고의 수요 대응 기간 [d]

4.3 이형당 필요 간반 수량의 도출

$$
\#K_{Var} = \text{ROUNDING UP}\left[\frac{SQ_{Var}}{CQ_{Var}}\right] \tag{3.10}
$$

여기서, $\#K_{Var}$	이형의 간반 수
SQ_{Var}	슈퍼마켓 내의 이형의 최대 재고 수량 [pcs.]
CQ_{Var}	이형의 용기 수량 [pcs.]

4.4 슈퍼마켓 재고의 수요 대응 기간

$$
RC = \frac{1}{2} \times \frac{\#K \times CQ}{\#P \times DD} \quad \text{또는} \quad RC = \frac{1}{2} \times \frac{\sum_{i=1}^{var} \#K_{Var} \times CQ_{Var}}{P \times DD} \tag{3.7}
$$

여기서, #K	회전 간반의 수
RC	슈퍼마켓의 수요 대응 기간 [d]
CQ	간반의 용기 수량 [pcs.]
DD	일일 수요 [pcs./d]
#P	완제품당 동일한 부품의 수 [pcs.]

$\#K_{Var}$	이형의 간반의 수
CQ_{Var}	이형의 용기 수량 [pcs.]

5. 신호 간반의 사양

5.1 롯트 크기 결정을 위한 EPEI 값의 계산

$$EPEI_{min} = \frac{\sum CO}{\text{일일 } CO} = \frac{\#Var \times CO}{(WT \times \#Res) \times UP - MLT} = \frac{\#Var \times CO}{(WT \times \#Res) \times UP - \sum_{i=1}^{i=var} OT_i \times DD_i} \tag{3.6}$$

여기서, $EPEI_{min}$	최소 롯트 크기를 정하기 위한 EPEI 값 [d]
CO	교체 시간 [시간 단위]
#Var	이형의 수
WT	일일 근무 시간 [시간 단위]
#Res	자원의 수
UP	가용 시간 [%]
MLT	기계 로딩 시간 [시간 단위]
OT	작업 시간 [시간 단위]
DD	일임 수요 [pcs./d]

5.2 주문점의 계산

$$RL_{Var} = WIP + BS + SS = RLT \times (DD_{Var} + \Delta DD_{Var}) + RC_{SB} \times DD_{Var}$$

$$OP_{Var} = \text{ROUNDING UP}\left[\frac{RL_{Var}}{CQ_{Var}}\right] \tag{3.14}$$

여기서, RL_{Var}	이형 지향 재발주 수준 [pcs.]
OP_{Var}	이형의 발주점 [용기 수량]
WIP	재공품 [pcs.]
BS	완충 재고 [pcs.]
SS	안전 재고 [pcs.]
RLT	보충 리드 타임 [d]

DD_{Var}	이형의 일일 수요 [pcs./d]
ΔDD_{Var}	이형의 최대 추가 일일 수요 [pcs./d]
RC_{SB}	안전 재고의 수요 대응 기간 [d]
CQ_{Var}	이형의 용기 수량 [pcs.]

여기에서, 평균 보충 리드 타임은 다음과 같다.

$$RLT_{\phi} = 2.5 \times (OT \times S_{\phi} \times CQ + CO) + 2 \times TCT \quad (3.16)$$

여기서,	RLT_{ϕ}	평균 보충 리드 타임 [d]
	OT	작업 시간 [시간 단위]
	CQ	간반의 용기 수량 [pcs.]
	S_{ϕ}	평균 신호 간반 계수
	CO	교체 시간 [시간 단위]
	TCT	운송 주기 시간 [시간 단위]

5.3 슈퍼마켓 재고의 수요 대응 기간

$$RC = \frac{1}{2} \times \frac{\sum_{i=1}^{var} (OP_{Var} \times CQ_{Var} + S_{Var} \times CQ_{Var})}{\# P \times DD} \quad (3.15)$$

여기서,	RC	슈퍼마켓의 수요 대응 기간 [d]
	OP_{Var}	이형의 발주점 [용기 수량]
	CQ_{Var}	이형의 용기 수량 [pcs.]
	S	신호 간반 계수
	DD	일일 수요 [pcs./d]
	#P	완제품 당 동일 부품의 수 [pcs.]

6. 발주 단위의 사양

6.1 직렬 및 이형 생산에 있어서의 발주 단위

$$RU_{Series} = TT \times b \times CQ$$

$$RU_{Variety} = TT \times \frac{\sum_{i=1}^{var} b_i \times CQ_i}{\#Var} \qquad < b_i \times CQ_i = const. > \tag{3.20}$$

여기서, RU　발주 단위 [시간 단위]

TT　탁트 타임 [시간 단위/pcs.] 또는 [시간 단위/수량 단위]

b　동시에 발주할 용기의 정수 계수

CQ　용기 수량 [pcs.]

#Var　이형의 수

6.2 단일 품목 생산에 있어서의 발주 단위

$$RU_{Single-Item} = TT \times b \times PQ$$

$$RU_{OT} = CQ \times OT_{\phi} \tag{3.21}$$

여기서, RU　발주 단위 [시간 단위]

TT　탁트 타임 [시간 단위/pcs.] 또는 [시간 단위 / 수량 단위]

b　동시에 발주될 용기에 대한 정수 계수

PQ　원자재의 포장 수량 [수량 단위]

CQ　용기 수량: 정의된 규격 범위 별로 조합한 제품 수량

OT_{ϕ}　작업 시간 [시간 단위]

7.2 기호

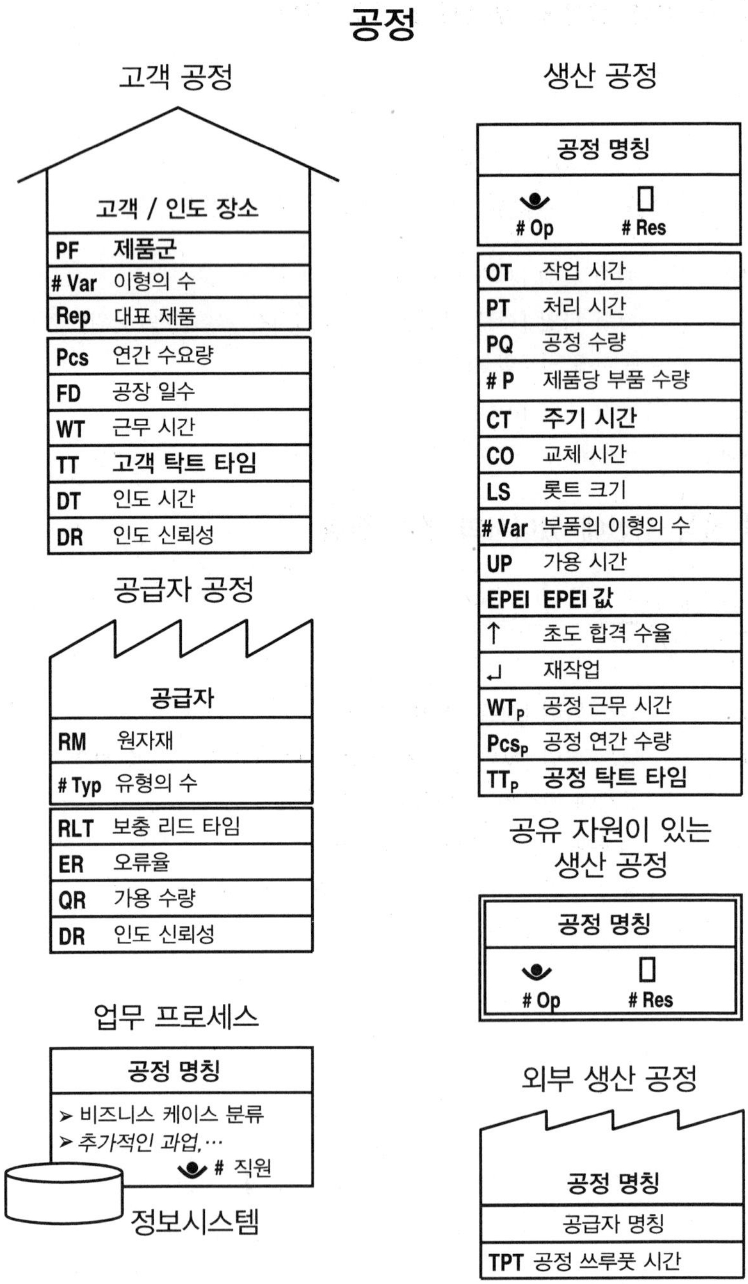
공정
고객 공정
고객 / 인도 장소
PF 제품군
Var 이형의 수
Rep 대표 제품
Pcs 연간 수요량
FD 공장 일수
WT 근무 시간
TT 고객 탁트 타임
DT 인도 시간
DR 인도 신뢰성
공급자 공정
공급자
RM 원자재
Typ 유형의 수
RLT 보충 리드 타임
ER 오류율
QR 가용 수량
DR 인도 신뢰성
업무 프로세스
공정 명칭
➢ 비즈니스 케이스 분류
➢ 추가적인 과업,…
직원
정보시스템
생산 공정
공정 명칭
Op
Res
OT 작업 시간
PT 처리 시간
PQ 공정 수량
P 제품당 부품 수량
CT 주기 시간
CO 교체 시간
LS 롯트 크기
Var 부품의 이형의 수
UP 가용 시간
EPEI EPEI 값
↑ 초도 합격 수율
↵ 재작업
WTp 공정 근무 시간
Pcsp 공정 연간 수량
TTp 공정 탁트 타임
공유 자원이 있는 생산 공정
공정 명칭
Op
Res
외부 생산 공정
공정 명칭
공급자 명칭
TPT 공정 쓰루풋 시간

자재 흐름

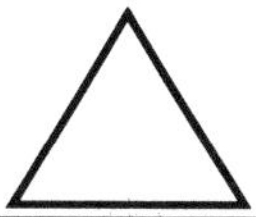
재고 / 저장 장소

공장내
자재 흐름
밀어내기

외부 운송

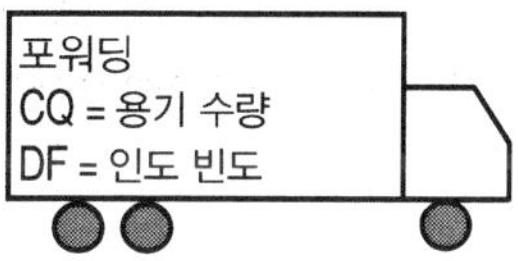

트럭 운송

콘윕 신호

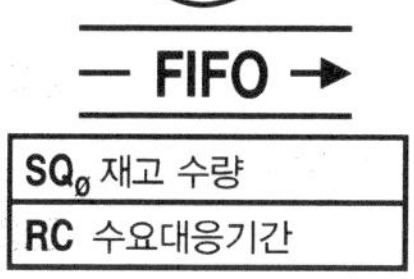

FIFO 결합

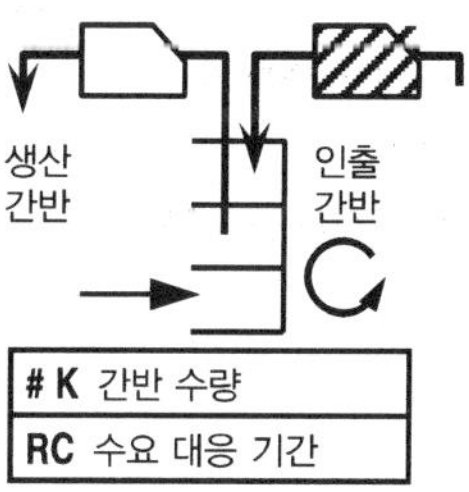

슈퍼마켓
저장소가 있는
간반 조절 주기

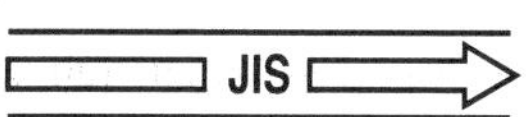

직서열
공급

카이젠 플래시

정보 흐름

정보 흐름 화살표

문서

목록

데이터 세트

"현장 방문"
계획 수립

정규 회의

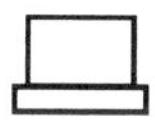
표시 장치

발주 단위

신호 간반
(계수: X)

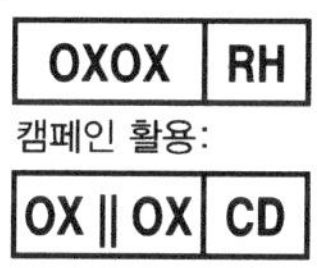

발주대상 기간을
이용한
생산 평활화

간반 우편함

정보시스템 인터페이스

주문 재고

찾아보기

ㅊ

ㅋ

ㅌ

ㅍ

ㅎ

가치 흐름을 디자인 하라
4차 산업 혁명 시대의 린 공장을 향해 가는 길

초판발행 2018년 9월 20일
역자 **윤태근**
발행인 나영옥
펴낸 곳 도서출판 **영**
주소 경기도 고양시 일산서구 탄현로 133, 113동 1404호(탄현동, 일산임광진흥아파트)
전화 031) 904-7905~6
팩스 031) 904-7907
등록번호 825-90-00389
E-mail youngpub@naver.com
ISBN 979-11-88743-45-2 93560

정가 25,000원